PHP 7 und MySQL

Florence Maurice (*https://www.maurice-web.de*) gibt Trainings, Inhouse-schulungen und individuelle Coachings zu Webthemen, setzt eigene Web-projekte um und schreibt regelmäßig Artikel in Fachzeitschriften. Sie ist Autorin mehrerer Fachbücher zu CSS, PHP und MySQL sowie mobilem Web-design.

Papier **plus⁺** PDF.

Zu diesem Buch – sowie zu vielen weiteren dpunkt.büchern – können Sie auch das entsprechende E-Book im PDF-Format herunterladen. Werden Sie dazu einfach Mitglied bei dpunkt.plus⁺:

www.dpunkt.plus

Florence Maurice

PHP 7 und MySQL

Ihr praktischer Einstieg in die Programmierung dynamischer Websites

5., aktualisierte und erweiterte Auflage

 dpunkt.verlag

Florence Maurice

Lektorat: René Schönfeldt
Copy-Editing: Claudia Lötschert, www.richtiger-text.de
Satz: Nadine Thiele, Birgit Bäuerlein
Herstellung: Stefanie Weidner
Umschlaggestaltung: Helmut Kraus, www.exclam.de
Druck und Bindung: M.P. Media-Print Informationstechnologie GmbH, 33100 Paderborn

Bibliografische Information der Deutschen Nationalbibliothek
Die Deutsche Nationalbibliothek verzeichnet diese Publikation in der Deutschen Nationalbibliografie;
detaillierte bibliografische Daten sind im Internet über http://dnb.d-nb.de abrufbar.

ISBN:
Print   978-3-86490-601-5
PDF   978-3-96088-552-8
ePub   978-3-96088-553-5
mobi   978-3-96088-554-2

5., aktualisierte und erweiterte Auflage 2019
Copyright © 2019 dpunkt.verlag GmbH
Wieblinger Weg 17
69123 Heidelberg

5 4 3 2 1 0

Vorwort

PHP ist eine äußerst beliebte Skriptsprache zur serverseitigen Programmierung. Statistiken gehen davon aus, dass PHP auf mehr als 80 % der Webseiten genutzt wird, bei denen die serverseitige Sprache erkannt wird.[1]

Mit PHP können sogenannte dynamische Seiten erstellt werden. Das sind Seiten, die jedes Mal, wenn sie aufgerufen werden, neu, das heißt meist mit aktuellen Daten, erzeugt werden. Besonders beliebt ist PHP in der Kombination mit dem Datenbanksystem MySQL/MariaDB, da beide kostenlos zur Verfügung stehen. Mit PHP können Blogs, Content-Management-Systeme, Shopsysteme, Foren, Bildergalerien usw. programmiert werden. Die Abkürzung PHP selbst steht für *PHP Hypertext Preprocessor*.

PHP hat viele Vorteile:

- Es ist speziell für dynamische Webseiten entwickelt worden – das bedeutet, alle Funktionen sind genau darauf zugeschnitten.

- Es ist relativ einfach zu erlernen ...

- ... und trotzdem ausgereift: PHP liegt derzeit in Version 7.3 vor.

- PHP kann sowohl prozedural als auch objektorientiert programmiert werden und ist damit auch für den Einsatz bei größeren Projekten geeignet.

- PHP ist eine äußerst mächtige Skriptsprache. Es ermöglicht das Arbeiten mit Datenbanken sowie mit Dateien, aber auch vieles mehr, wie etwa die Erstellung von PDFs oder Bilderbearbeitung. Letzteres ist praktisch, um beispielsweise Vorschaubilder automatisch zu erzeugen oder dynamische Diagramme, basierend auf aktuellen Umfragewerten, ausgeben zu lassen.

- Alles, was Sie zur Arbeit mit PHP brauchen, steht frei zur Verfügung. In diesem Buch werden Sie erfahren, wie Sie sich Ihre Entwicklungsumgebung mit wenigen Mausklicks einrichten.

- Webhostingangebote mit PHP-Unterstützung sind inzwischen gängig und preiswert.

---

1. *https://w3techs.com/technologies/details/pl-php/all/all*

PHP ist weit verbreitet. Das bedeutet: Im Internet finden Sie auch bei spezielleren Fragen Hilfe, und es gibt auch für ausgefallenere Anforderungen Lösungen.

Viele bekannte Open-Source-Anwendungen wie die Content-Management-Systeme WordPress, Joomla!, Drupal und TYPO3 basieren auf PHP.

PHP ist für große Anwendungen wie Content-Management-Systeme geeignet, aber auch für kleine: Wenn Sie die Daten aus dem Kontakt-Formular selbst verarbeiten, überprüfen und sich per Mail zusenden lassen wollen, ist PHP ebenfalls die richtige Wahl.

Für große Projekte gibt es inzwischen mehrere Frameworks wie beispielsweise das äußerst beliebte Laravel, die auf PHP aufsetzen.

PHP macht Spaß!

Sie sehen, es sprechen viele Gründe dafür, PHP zu lernen.

Das sollten Sie schon können

Welche Vorkenntnisse brauchen Sie, wenn Sie PHP lernen möchten? Mit PHP erstellen Sie dynamisch HTML-Seiten, die dann an den Browser ausgeliefert werden (Genaueres dazu in Kap. 1). Deswegen sollten Sie über grundlegende HTML-Kenntnisse verfügen. Einen Crashkurs dazu gibt Ihnen Kapitel 3, aber falls Sie noch keine HTML-Seite erstellt haben, sollten Sie für die Einarbeitung in HTML zusätzliche Zeit einplanen und sich noch mit einem speziellen HTML-Buch eindecken.

Und grundsätzlich sollten Sie natürlich Lust haben, sich in die Welt der Programmierung hineinzudenken.

Vorweg: Das behandelt das Buch

Um dynamische Webseiten zu erstellen, bei denen die Inhalte aus einer Datenbank stammen, brauchen Sie PHP für die Programmierung und MySQL/MariaDB für die Datenbankoperationen. Wie das alles funktioniert, lernen Sie in diesem Buch.

Der Schwerpunkt des Buchs liegt dabei auf der Programmierung mit PHP – Sie lernen alle wichtigen Techniken im Zusammenhang mit PHP kennen – von den Basics der Sprache über nützliche Funktionen bis zur Verarbeitung von Formularen und der Arbeit mit Sessions und Cookies. Das sind wichtige Techniken gerade auch im Zusammenhang mit MySQL: So können beispielsweise die in ein Formular eingetragenen Daten mit PHP entgegengenommen und in einer MySQL-Datenbank gespeichert werden. Auch weiterführende Techniken sind ein wichtiges Thema des Buchs: Sie finden einen Einstieg in die objektorientierte Programmierung, erfahren, wie Sie mit PHP Dateien bearbeiten, PDFs erstellen und Bilder erzeugen. Außerdem befassen wir uns mit einem PHP-Framework (Laravel), und Sie sehen, wie Sie jQuery nutzen, um Daten per Ajax zu versenden.

Das Buch, das Sie in den Händen halten, ist die fünfte vollständig überarbeitete und aktualisierte Fassung meines ursprünglich bei Addison-Wesley erschienen Buchs. Behandelt werden alle neuen Features von PHP 7 – inklusive PHP 7.3, wie etwa Spaceship- und Null coalescing-Operator, skalare Typdefinitionen, Fehlerbehandlung mit der Error-Klasse, Änderungen bei der HereDoc-Syntax und vieles mehr. Ergänzt wurde außerdem ein Unterkapitel zur Verwendung der DateTime-Klasse, ein weiteres führt in PDO für den Datenbankzugriff ein, und immer wieder kommen wir auch auf Composer zu sprechen, der sich als Standardtool zur Installation von PHP-Erweiterungen etabliert hat.

PHP-Versionen im Blick

Regelmäßig erscheinen neue Versionen von PHP, so wie es etwa auch bei Microsoft Office immer wieder aktualisierte Versionen gibt. Die Änderungen bei neuen Office-Versionen sind oft weitreichend; es kann sein, dass sich einzelne Menüpunkte nun an einer ganz anderen Stelle befinden. So etwas kann Ihnen mit PHP nicht passieren, denn die grundlegenden Dinge verändern sich bei kleineren Versionssprüngen nicht. Es kommen aber natürlich einzelne neue Features hinzu, andere Features werden vielleicht als unerwünscht gekennzeichnet, was ein Hinweis ist, dass man sie nicht mehr verwenden sollte, weil sie in einer späteren Version eventuell entfernt werden.

Im Buch erfahren Sie das Wichtigste der aktuellen Version; wenn ein Feature erst vor ein paar Versionen hinzugekommen ist, wird das eigens vermerkt. Das ist eine wichtige Information, denn die klassischen Hostingangebote aktualisieren oft nicht direkt auf die neueste Version. Es kann Ihnen durchaus passieren, dass bei Ihrem Hoster noch eine ältere PHP-Version installiert ist. Deswegen kann es sinnvoll sein, nicht direkt die neuesten Features einer neuen Version zu nutzen – aber es ist wichtig zu wissen, wohin der Trend geht, um beispielsweise schon vorab auf den Einsatz von als veraltet gekennzeichneten Features zu verzichten.

Ausführliche Übersicht über die Kapitel

In Kapitel 1 geht es erst einmal um die Grundlagen von PHP – Sie erfahren, was der Unterschied zwischen statischen HTML-Seiten und dynamisch per PHP erzeugten Seiten ist. Kapitel 2 zeigt Ihnen, wie Sie auf Ihrem Computer eine Entwicklungsumgebung installieren. Außerdem sehen Sie am Beispiel, wie Sie PHP konfigurieren. Kapitel 3 vermittelt Ihnen im Schnelldurchlauf die wichtigsten HTML-/CSS-Basics.

> In diesem wie auch in den meisten anderen Kapiteln finden Sie immer *kleine Übungen*, um das Gelesene selbst auszuprobieren und zu testen. Die Lösungen dazu stehen im Anhang und bei den Listings zu diesem Buch.

In Kapitel 4 geht es um die Sprachelemente von PHP: Sie erfahren, wie Sie PHP in HTML-Dateien einbetten und welche Datentypen und Operatoren es gibt. Ebenfalls befassen wir uns damit, wie Sie immer wieder vorkommende Bestandteile von Webseiten zentral erstellen und mit PHP einfügen können – eine sehr nützliche Technik. Außerdem lernen Sie Arrays kennen, und zwar anhand eines Beispiels, bei dem zufällig eines von mehreren Bildern angezeigt wird. Kapitel 5 führt weitere wichtige Sprachelemente ein – Sie erfahren, wie man Programme mit Bedingungen und Schleifen flexibel gestaltet und Funktionen erstellen kann. In Kapitel 6 sehen Sie wichtige fertige Funktionen, die Ihnen PHP zur Verfügung stellt: Mit diesen lassen sich Texte auf jede erdenkliche Art bearbeiten oder Arrays manipulieren. Einige Funktionen sind auch speziell für die Arbeit mit Datum und Uhrzeit gedacht, und dank der DateTime-Klasse können Sie auch mit Zeitzonen arbeiten oder wiederkehrende Termine handeln.

Möchten Sie mit Ihren Benutzern kommunizieren, bieten sich dafür Formulare an. Kapitel 7 vermittelt Ihnen die wichtigsten Techniken zu Formularen, und Sie erfahren auch, wie – und warum – Sie diese absichern müssen. Außerdem sehen Sie, wie Sie mit PHP Mails versenden, und erfahren am Beispiel, wie sich ein Bild-Upload per Formular realisieren lässt.

Cookies und Sessions sind eine weitere zentrale Webtechnologie: Mit Cookies und Sessions können Sie Zustände speichern, was Sie beispielsweise brauchen, um Warenkörbe zu realisieren. Den Details zu Cookies und Sessions widmet sich Kapitel 8; außerdem erhalten Sie einen Einblick in die Erzeugung von Passwort-Hashs mit der von PHP dafür bereitgestellten API.

Durch die objektorientierte Programmierung lassen sich Programme besser warten und einzelne Komponenten leichter wiederverwenden. Kapitel 9 widmet sich detailliert der Objektorientierung und zeigt auch fortgeschrittene Möglichkeiten auf, wie Namespaces, Traits sowie Alternativen zu der in PHP 7.3 als veraltet gekennzeichneten `__autoload()`-Funktion.

Wenn Sie mit umfangreichen Datenmengen arbeiten, diese verändern und auslesen möchten, so empfiehlt sich der Einsatz einer Datenbank. Kapitel 10 liefert Ihnen die wichtigsten MySQL-/MariaDB-Grundlagen. Sie werden mit php-MyAdmin vertraut gemacht und lernen zudem, die wichtigsten MySQL-Befehle selbst zu schreiben. Das brauchen Sie dann in Kapitel 11, wenn es darum geht, per PHP auf MySQL-Datenbanken zuzugreifen. Hierfür lernen Sie zwei APIs kennen: MySQLi und PDO.

Nicht immer sind die Daten, die man bearbeiten möchte, in einer Datenbank gespeichert, manchmal liegen sie auch in Textdateien vor. Kapitel 12 zeigt Ihnen, wie sich Sie Inhalte aus Textdateien auslesen und per PHP in Textdateien schreiben können. Im Weiteren sehen Sie, wie Sie einfach über die Schnittstelle simpleXML auf XML-Dateien zugreifen können, um beispielsweise Newsfeeds von anderen Seiten in Ihre Seite zu integrieren. Zudem befassen wir uns mit Phar-Archiven und der Erzeugung von PDF-Dateien.

PHP kann mehr, als Texte zu bearbeiten – Sie können mit PHP auch dynamisch Grafiken erzeugen oder vorhandene Bilder bearbeiten. Wie das geht, sehen Sie in Kapitel 13 anhand von zwei Beispielen: Sie erfahren, wie Sie automatisch kleine Vorschaubilder von größeren Bildern erstellen lassen und wie Sie Diagramme dynamisch realisieren.

Die letzten beiden Kapitel gehen etwas über PHP hinaus: Kapitel 14 demonstriert, wie man mit dem äußerst attraktiven PHP-Framework Laravel arbeitet. Schließlich zeigt Kapitel 15, wie die beliebte JavaScript-Bibliothek jQuery funktioniert und wie jQuery und PHP zusammenarbeiten – Sie sehen, wie Sie Formulardaten mit Ajax versenden.

Den Abschluss bildet der Anhang mit Lösungen zu den Übungen und mit Informationen zu Möglichkeiten, PHP zu konfigurieren, sowie mit einem Einblick ins Debugging von PHP-Skripten mit phpdbg.

Den gesamten Code der Listings können Sie auf der Verlagswebsite zu diesem Buch unter www.dpunkt.de/php7 herunterladen.

Damit wissen Sie alles Wichtige zum Buch und können mit PHP loslegen. Ich wünsche Ihnen viel Spaß dabei!

Inhaltsübersicht

Inhaltsverzeichnis

1 Das Prinzip dynamischer Webseiten

PHP ist eine serverseitige Skriptsprache. Was aber bedeutet das genau?

»Serverseitig« heißt erst einmal, dass der PHP-Code nicht auf dem Client, d.h. im Browser, ausgeführt wird, sondern *auf dem Server*. Um das besser nachvollziehen zu können, muss man sich einmal vor Augen führen, wie die Kommunikation im Internet bei statischen HTML-Seiten ohne PHP-Code abläuft. Diese besteht im Wesentlichen aus zwei Schritten:

1. Der Surfer gibt eine Adresse in die Adresszeile seines Browsers ein und drückt auf Enter. Der Browser stellt eine Anfrage (REQUEST) an den Server nach der entsprechenden HTML-Datei.

2. Der Server liefert als Antwort (RESPONSE) diese Datei an den Browser, der sie dann darstellt.

In diesem klassischen Fall liegt die HTML-Seite, die der Browser anzeigt, genau in dieser Form auch auf dem Server. Der Server liefert die Datei, die in einem seiner Verzeichnisse liegt, nur aus, er verändert nichts daran.

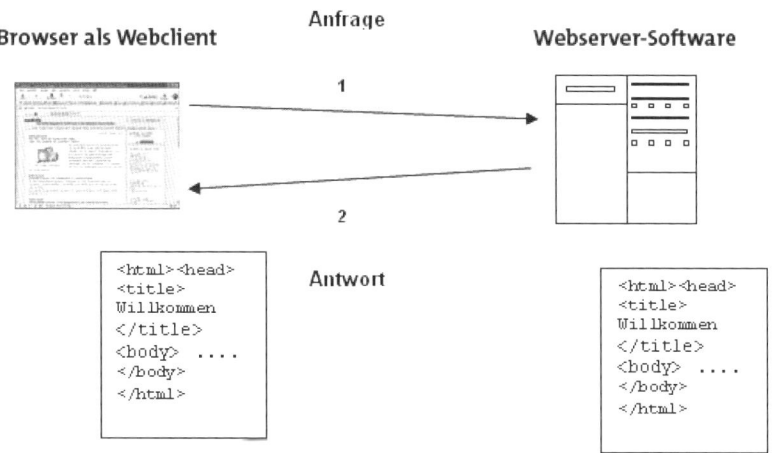

Abb. 1–1 *Kommunikation zwischen Browser und Webserver: Die angeforderte HTML-Seite wird an den Browser ausgeliefert, der diese darstellt.*

Übrigens hat das Wort *Server* zwei Bedeutungen. Zum einen meint man mit Server einen Rechner im Internet, d.h. die Hardware. Entscheidend aber dafür, dass die Kommunikation funktioniert, ist die *Webserver-Software*. Diese hat die Funktion, die Dateien auf Anfrage auszuliefern. Da die wichtige Komponente hier die Server-Software ist, können Sie – wie im nächsten Kapitel beschrieben – sich auch einen Server auf Ihrem normalen Arbeitsrechner einrichten. Äußerst nützlich zum Testen von PHP-Skripten!

Sehen wir uns jetzt an, wie das Ganze funktioniert, wenn PHP mit im Spiel ist. Dieses Mal sind es mehr Schritte:

1. Ein Surfer tippt eine Adresse ein. Der Browser leitet diesen REQUEST an den Webserver weiter.

2. Bei der angeforderten Seite handelt es sich dieses Mal um ein PHP-Skript. Der Webserver erkennt das an der Dateiendung *.php*. Daher liefert er die Seite nicht direkt an den Browser (Client) aus, sondern übergibt sie einem Programm – bei PHP dem PHP-Parser.

3. Der PHP-Parser interpretiert die PHP-Befehle und erzeugt daraus eine neue HTML-Seite.

4. Diese HTML-Seite wird an den Browser zurückgesendet. Die im Browser angezeigte Seite heißt zwar noch *xy.php*, sie enthält aber keinen PHP-Code mehr, sondern nur HTML-Code.

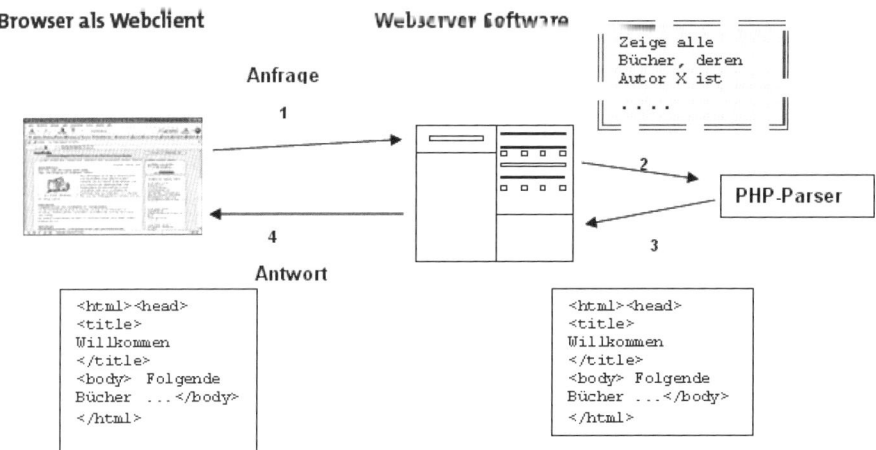

Abb. 1–2 *Die Kommunikation zwischen Client und Server bei dynamischen Seiten*

Der entscheidende Unterschied zu den statischen Seiten ist, dass bei der Anforderung einer PHP-Seite vom Browser in dieser PHP-Seite auf dem Server noch nicht die fertige HTML-Seite vorliegt, sondern PHP-Befehle enthalten sind. Der Server reicht die Seite mit den PHP-Befehlen an den PHP-Parser weiter, der die Befehle ausführt und die neue HTML-Seite generiert. Und damit sind dynamische Seiten möglich, also Seiten, die jedes Mal, wenn sie von einem Client aufgerufen werden, mit aktuellen Daten erstellt werden.

Da ein zusätzlicher Bearbeitungsvorgang auf dem *Server* stattfindet, spricht man davon, dass PHP eine *serverseitige Skriptsprache* ist. Für den Browser ändert sich hingegen nichts: Er erhält wieder eine einfache HTML-Datei. Das ist auch genau das, was der Browser versteht: Er kann nur HTML-Code darstellen, PHP kann er nicht interpretieren.

> Da dynamische Webseiten bei Bedarf erstellt werden, ist es prinzipiell nicht möglich, zu sagen, wie viele Seiten im Internet stehen. Angenommen, Sie suchen ein Buch von Patricia Highsmith in Ihrem Online-Buchladen. Sie geben den Namen der Autorin in ein Formular ein und erhalten danach die Ergebnisse präsentiert. Falls noch niemand vor Ihnen in diesem Online-Buchladen nach Büchern von Patricia Highsmith gesucht hat, hat auch noch niemand genau die Ergebnisseite präsentiert bekommen, die Sie gerade sehen. Oder aber jemand hat vielleicht vor Ihnen schon genau diesen Suchbegriff eingegeben, aber seitdem sind neue Bücher erschienen – dann hat der Besucher vor Ihnen ebenfalls eine Seite mit anderen Ergebnissen gesehen.

Da PHP eine *serverseitige* Skriptsprache ist, steht es beispielsweise im Gegensatz zu *clientseitigem*, das heißt im Browser ausgeführten JavaScript.[1] JavaScript wird zum Beispiel eingesetzt, um Pop-up-Fenster zu öffnen, um Formulareingaben zu prüfen oder für Verbesserungen an der Benutzeroberfläche, wie Tabs und Accordions. Da JavaScript im Browser ausgeführt wird, kann es vom Benutzer im Browser deaktiviert werden.

JavaScript kann wunderbar mit PHP kombiniert werden. Beispielsweise kann man eine Formularprüfung parallel mit JavaScript und PHP durchführen. Die Prüfung per JavaScript findet statt, bevor die Formulardaten den Rechner des Surfers verlassen, der Benutzer erhält dadurch ein schnelles Feedback. Da sich JavaScript jedoch deaktivieren lässt, findet sicherheitshalber eine zusätzliche Prüfung per PHP statt, die vom Benutzer nicht »ausgehebelt« werden kann.

> Beispiele dafür, was Sie mit JavaScript machen können und wie es mit PHP zusammenarbeitet, zeigt Kapitel 15 anhand der beliebten JavaScript-Bibliothek jQuery.

Im nächsten Kapitel erfahren Sie, wie Sie sich Ihre Entwicklungsumgebung einrichten. Davor kurz aber noch die wichtigsten Eckpunkte zur Geschichte von PHP. Der Schöpfer von PHP ist Rasmus Lerdorf. Heute wird PHP von mehreren Entwicklern betreut. Die erste Version von PHP erschien 1995. Damals wurde die Abkürzung PHP noch aufgelöst als Personal Home Page Tools, inzwischen steht

---

1. JavaScript wird allerdings – beispielsweise bei Node.js – heute auch auf dem Server eingesetzt.

PHP wie erwähnt für PHP Hypertext Preprocessor. Die zweite Version von PHP erschien 1996, die dritte 1998. PHP 4 gibt es seit 2000, und im Juli 2004 ist PHP 5 herausgekommen. Weitere Meilensteine sind PHP 5.3, veröffentlicht im Juni 2009, PHP 5.4, erschienen im März 2012, PHP 5.5 vom Juni 2013 sowie PHP 5.6 vom August 2014.

Nach PHP 5.6 wurde allerdings nicht PHP 6 publiziert, sondern PHP 7. Der Grund für diesen Versionssprung: PHP 6 sollte ursprünglich Unicode-Unterstützung bringen, allerdings ging die Implementierung nicht so vonstatten wie gewünscht. Deswegen entschied man sich, stattdessen den 5-er Zweig weiterzuentwickeln und veröffentlichte PHP 5.3. Obwohl PHP 6 nie erschienen ist, gibt es jedoch Bücher und Artikel, die PHP 6 im Titel tragen. Um Verwirrungen zu vermeiden, welche Artikel/Bücher wirklich die neuere Version behandeln, entschied man sich, PHP 6 auszulassen und die neue Version PHP 7 zu nennen. PHP 7 wurde im Dezember 2015 veröffentlicht. Die weiteren Versionen erschienen nun regelmäßig am Ende des Jahres: Dezember 2016 PHP 7.1, November 2017 PHP 7.2 und Ende 2018 PHP 7.3.

2 Die Entwicklungsumgebung einrichten

Zur Arbeit mit PHP benötigen Sie eine entsprechende Entwicklungsumgebung. Dieses Kapitel zeigt Ihnen, wie Sie diese installieren. Außerdem erstellen Sie ein erstes PHP-Beispielskript und sehen, wie Sie die PHP-Konfiguration anpassen können.

2.1 Verschiedene Entwicklungsumgebungen

Um PHP-Skripte zu erstellen, brauchen Sie zwei Dinge:

- die Webserver-Software – am häufigsten benutzt wird hier Apache – und
- PHP selbst.

Wenn Sie dann – wie später im Buch beschrieben – auf eine Datenbank zurückgreifen möchten, brauchen Sie zusätzlich

- MySQL oder MariaDB als Datenbankmanagementsystem.

Eine Möglichkeit ist, dass Sie Ihre Skripte bei einem Provider mit PHP-Unterstützung testen. Dann erstellen Sie Ihre Skripte lokal auf Ihrem Computer und laden sie zum Testen per FTP-Programm auf den Webserver beim Provider.

Praktischer ist es jedoch, wenn Sie sich selbst auf Ihrem lokalen Rechner eine vollständige Entwicklungsumgebung einrichten. Das hat mehrere Vorteile:

- Das Testen geht schneller vonstatten.
- Außerdem können Sie sich mit der Konfiguration von PHP vertraut machen und diese bei Bedarf auch anpassen – das ist eventuell beim Provider nur mit Einschränkungen möglich.
- Zusätzlich können Sie Ihr Skript unter verschiedenen Bedingungen ausprobieren.

Die drei benötigten Komponenten – Webserver, PHP und MySQL/MariaDB – können Sie einzeln herunterladen und installieren. Es gibt jedoch praktische Komplettpakete, die alle benötigten Komponenten schon enthalten und die Installation wesentlich vereinfachen. Besonders erfolgreich ist XAMPP von den Apache Friends.[1]

XAMPP gibt es für Windows, Linux und macOS. Neben den unbedingt benötigten Komponenten beinhaltet XAMPP weitere nützliche Dinge wie beispielsweise phpMyAdmin zur Administration von MySQL-/MariaDB-Datenbanken (Genaueres zu phpMyAdmin in Kap. 10). Deswegen wird hier die Installation von XAMPP gezeigt.

> Sollten Sie doch die Komponenten einzeln installieren wollen, so bietet das PHP-Manual[2] die notwendigen Anleitungen.

Um PHP mit dem Server zu verbinden, können Sie entweder eine direkte Modulschnittstelle benutzen oder PHP als CGI- oder FastCGI-Prozessor benutzen. Die erste Variante wird bei XAMPP eingesetzt und ist prinzipiell aus Performance-Gründen zu bevorzugen.

2.2 XAMPP-Installation unter Windows

Die Installation von XAMPP unter Windows lässt sich in ein paar Schritten erledigen.

Laden Sie die aktuelle Windows-Version unter *https://www.apachefriends.org/de/* herunter. Klicken Sie dann auf die heruntergeladene Datei. Nun werden Sie durch die einzelnen Installationsschritte geführt und können die Komponenten auswählen, die installiert werden sollen – das können Sie aber auch auf dem Standard belassen. Außerdem müssen Sie festlegen, wohin XAMPP installiert werden soll.

> Nehmen Sie prinzipiell besser nicht das Verzeichnis *c:\program files (c:\Programme)* zur Installation, wenn die UAC (User Account Control) aktiviert ist.

Dann können Sie am Fortschrittsbalken verfolgen, wie die Installation fortschreitet. Wenn Sie das Häkchen im letzten Bildschirm nicht entfernen, wird das Kontrollzentrum automatisch gestartet, vorher müssen Sie allerdings die Sprache wählen, in der das Kontrollzentrum erscheinen soll. Ansonsten finden Sie das Kontrollzentrum in Ihrem XAMPP-Ordner unter dem Namen *xampp-control.exe*.

---

1. *http://www.apachefriends.org/de/*
2. *http://www.php.net/manual/de/install.php*

Klicken Sie im Kontrollzentrum bei Apache und MySQL auf *Starten*. Apache und MySQL/MariaDB werden gestartet (Abb. 2–1). Über dieses Bedienfenster können Sie ebenso einzelne Programme wieder stoppen.

Sie können Apache und MySQL/MariaDB auch als Dienst starten. Dann laufen diese Prozesse im Hintergrund. Hierfür müssen Sie *Dienste/Service* aktivieren.

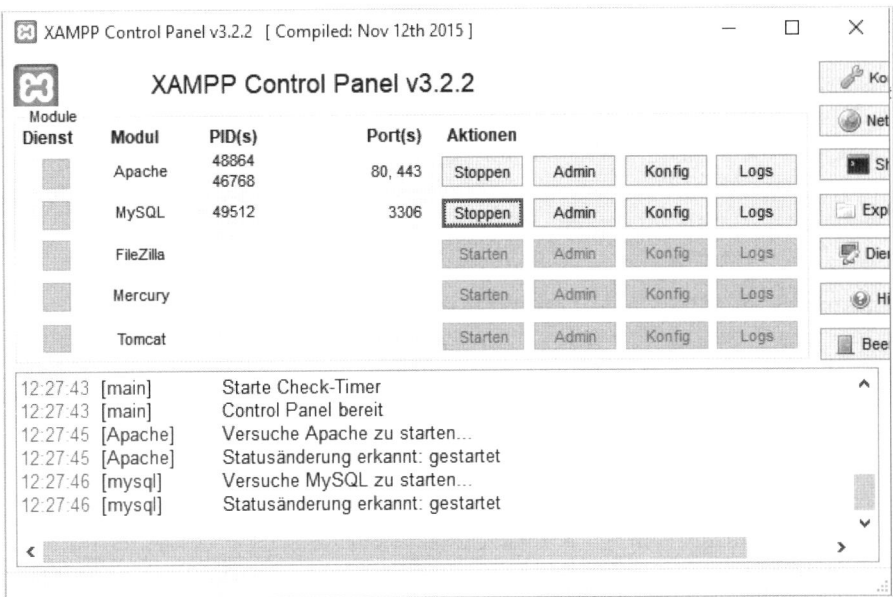

Abb. 2–1   *Das Kontrollzentrum von XAMPP unter Windows*

Alternativ zum Kontrollzentrum lässt sich XAMPP auch über *xampp_start.exe* starten und mit der Datei *xampp_stop.exe* stoppen. Diese Dateien befinden sich ebenfalls in Ihrem XAMPP-Ordner. Das Kontrollzentrum bietet aber mehr Komfort: So erhalten Sie hier auch Hinweise auf mögliche Probleme – nützlich sind außerdem die Buttons, über die Sie direkt zur Konfiguration gelangen oder sich die Logs anzeigen lassen können.

Meist werden Sie Apache und MySQL benötigen, über das Control Panel können Sie ebenfalls die Server FileZilla und Mercury starten.

FileZilla ist gleichzeitig der Name eines FTP-Clients und eines FTP-Servers. Über das XAMPP Control Panel können Sie den FTP-**Server** starten. Diesen brauchen Sie, wenn Sie auf Ihren eigenen Server Dateien per FTP laden möchten, beispielsweise weil Sie anderen Rechnern in einem Netzwerk die Möglichkeit bieten wollen, per FTP Daten zu übertragen. Wenn Sie XAMPP auf dem Rechner installieren, mit dem Sie auch die PHP-Dateien erstellen, benötigen Sie den File-Zilla-Server nicht: Sie können Ihre PHP-Dateien direkt in das richtige Verzeichnis abspeichern.

> Um später Ihre Skripte zum Server des Providers hochzuladen, brauchen Sie hingegen einen FTP-Client, und hier ist das Client-Programm von FileZilla empfehlenswert. Sie finden es unter *http://www.filezilla.de/*.

Mercury ist der Mailserver. Sie benötigen ihn, wenn Sie per PHP Mails über Ihren lokalen Rechner versenden möchten (Kap. 7).

Außerdem sehen Sie die Option, um Tomcat zu starten – was allerdings voraussetzt, dass Sie die XAMPP-Variante mit Apache Tomcat gewählt haben. Tomcat stellt eine Umgebung zur Ausführung von Java-Code auf Webservern bereit. Für die Arbeit mit PHP benötigen Sie Tomcat erst einmal nicht.

> Bei der Installation erhalten Sie eventuell die bei Windows üblichen Warnungen (Benutzerkontenschutz), ob Sie wirklich die entsprechende Aktion ausführen möchten, und müssen bestätigen, dass Sie es wirklich wollen.

Probleme mit dem Starten von Apache hängen oft damit zusammen, dass bereits ein anderes Programm die benötigten Ports belegt. Beispielsweise kann das mit Skype passieren. In diesem Fall müssen Sie bei Skype auf *Aktionen/Verbindungsoptionen/Verbindung* das Häkchen bei *Port 80 als Alternative für eingehende Verbindungen verwenden* entfernen. Danach ist ein Neustart von Skype erforderlich.

Hinweise auf Port- oder andere Probleme liefert Ihnen auch das Control Panel. Hilfreich ist es, die dort erscheinende Meldung eins zu eins in Anführungszeichen bei einer Suchmaschine einzugeben. Meist hatten andere schon dasselbe Problem, und Sie finden dann Lösungsvorschläge in einem Forumbeitrag.

> Weitere nützliche Tipps bei Problemen mit XAMPP unter Windows bietet die FAQ.[3]

---

3. *http://www.apachefriends.org/de/faq-xampp-windows.html*

2.3   XAMPP für Linux

Selbstverständlich können Sie bei allen gängigen Linux-Distributionen die benötigten Komponenten – Apache, PHP und MySQL – einzeln installieren. Aber auch hier bietet XAMPP eine Arbeitserleichterung und ist die richtige Wahl für alle, die sofort einsteigen und nicht erst konfigurieren möchten. Wenn Sie sich für XAMPP unter Linux entscheiden, finden Sie das Paket unter *http://www.apache-friends.org/de/xampp-linux.html*.

Wenn Sie es heruntergeladen haben, müssen Sie es noch installieren. Öffnen Sie eine Konsole und führen Sie den folgenden Befehl aus:

```
chmod 755 xampp-linux-X.X.X-installer.run
```

Dann führen Sie den Installer aus als Superuser:

```
sudo ./xampp-linux-X.X.X-installer.run
```

Ersetzen Sie dabei die X in xampp-linux-X.X.X durch die Zahlen Ihrer Version. Damit wird XAMPP unter opt/lampp installiert.

> LAMPP war der ursprüngliche Name des Projekts und stand für Linux, Apache, MySQL, PHP, Perl. Ihm entsprach WAMPP auf der Windows-Seite. Um von beiden gleichzeitig reden zu können, heißt das Projekt jetzt XAMPP.

Zum Starten dient der Befehl:

```
sudo /opt/lampp/lampp start
```

Die Meldungen in Abbildung 2–2 zeigen, dass Apache und MySQL gestartet wurden.

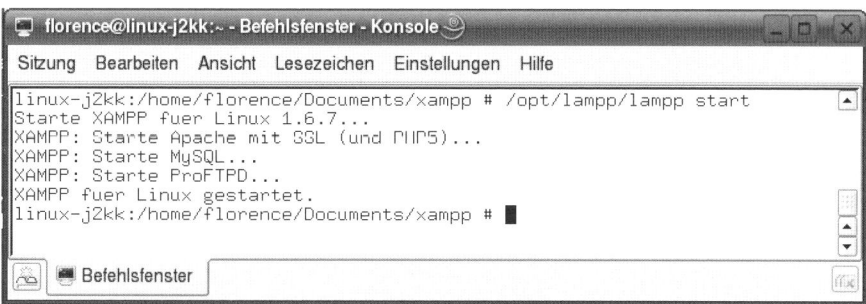

Abb. 2–2   *Es hat geklappt.*

Eben haben Sie gesehen, wie Sie XAMPP starten. Entsprechend können Sie XAMPP auch stoppen über:

```
sudo /opt/lampp/lampp stop
```

Oder über folgende Zeile einen Neustart von XAMPP durchführen:

```
sudo /opt/lampp/lampp restart
```

Es gibt außerdem ein grafisches Tool, um diese Schritte komfortabel durchzuführen:

```
cd /opt/lamp
sudo ./manager-linux.run (oder manager-linux-x64.run)
```

2.4   XAMPP/MAMP für macOS

Auf macOS haben Sie mehrere Möglichkeiten, so können Sie XAMPP nutzen oder auch das häufiger eingesetzte MAMPP verwenden.

Wenn Sie sich für XAMPP entscheiden, sind die Schritte zur Installation ähnlich wie unter Linux. XAMPP für macOS ist allerdings erst lauffähig ab macOS 10.6. Nach dem Herunterladen des Pakets unter *http://www.apachefriends.org/de/xampp-macosx.html*, müssen Sie das DMG-Image öffnen, sofern das nicht automatisch geschieht. Dann müssen Sie den XAMPP-Ordner in den *Programme*-Ordner ziehen. Damit ist XAMPP in */Applications/XAMPP* installiert. Starten und stoppen können Sie XAMPP über das Control Panel.

Eine auf Mac beliebte Alternative zu XAMPP ist MAMP[4]. Von MAMP gibt es eine kostenpflichtige und kostenlose Version. Hier soll die Verwendung der kostenlosen Version gezeigt werden. Zuerst müssen Sie das Paket herunterladen. Sie können es durch Doppelklick öffnen und sich durch die notwendigen Schritte führen lassen. Im Programme-Ordner findet sich danach das Verzeichnis *MAMP*. Ein Klick auf das MAMP-Logo öffnet die MAMP-Steuerung. Über *Server starten* starten Sie den Webserver.

---

4.   *http://www.mamp.info/de/*

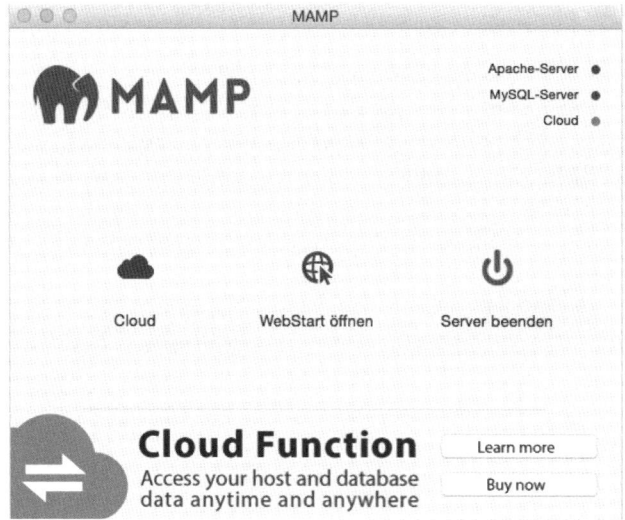

Abb. 2–3   *MAMP ist gestartet.*

Standardmäßig wird dann direkt schon der Browser mit der MAMP-Seite geöffnet, ansonsten können Sie das über *WebStart öffnen* auslösen. Die Startseite von MAMP finden Sie unter *localhost:8888*.

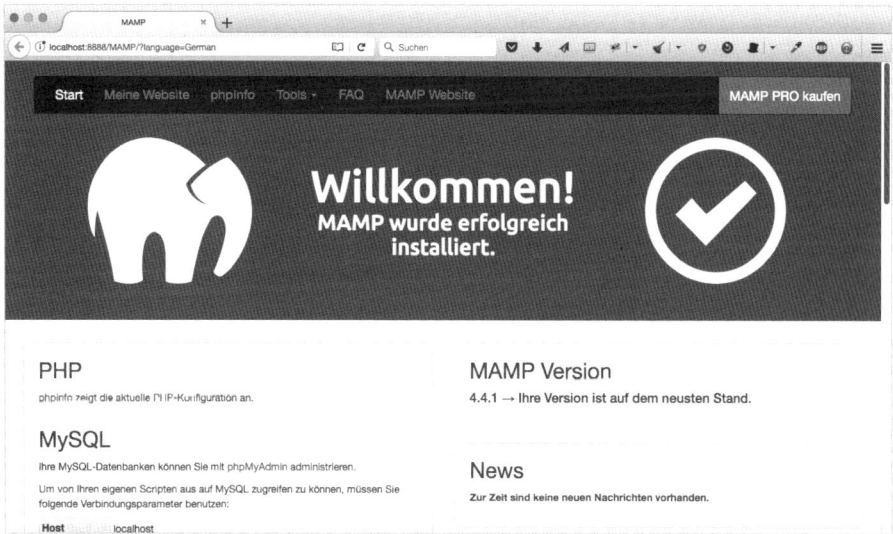

Abb. 2–4   *Startseite von MAMP*

Die Dateien werden – wie auch im Folgenden für XAMPP beschrieben – im Unterordner *htdocs* abgelegt. Und auch die im Weiteren beschriebenen Schritte funktionieren im Wesentlichen wie bei XAMPP.

2.5   XAMPP testen

Sind die Programme gestartet, können Sie XAMPP austesten. Öffnen Sie dafür einen Browser und geben Sie in die Adresszeile `http://localhost` ein. Sie werden automatisch auf *localhost/dashboard/index.html* weitergeleitet, wo Sie Informationen und nützliche Links zu Ihrer XAMPP-Installation finden.

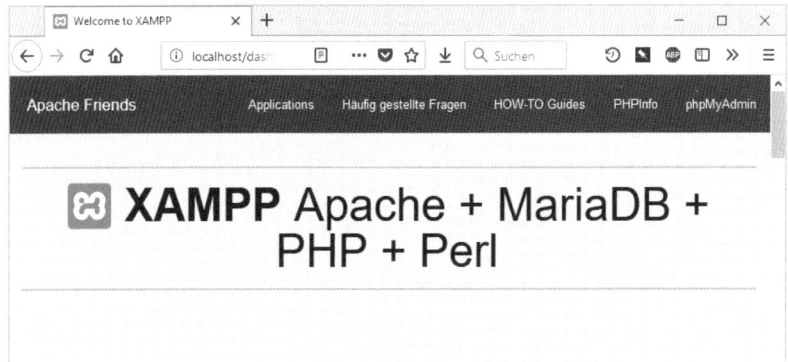

Abb. 2–5   *Dann hat es funktioniert: So sieht der Startbildschirm von XAMPP aus.*

Nützlich sind die *Häufig gestellte Fragen* für Tipps zur Arbeit mit XAMPP, *PHPInfo* für Informationen zur installierten PHP-Version und *phpMyAdmin* zur Administration der Datenbank.

> XAMPP ist für die Entwicklung von dynamischen Webseiten gedacht. Es ist nicht konzipiert als Produktivsystem und dazu nicht geeignet. Dafür ist es viel zu unsicher konfiguriert.

2.6   Erste Beispieldatei

Ihre Dateien, die Sie über den Server ausliefern möchten, müssen Sie in einem besonderen Verzeichnis abspeichern. Bei XAMPP befindet sich dieses Verzeichnis innerhalb des *xampp*-Ordners und heißt *htdocs*.

In diesem Verzeichnis gibt es schon verschiedene Dateien, die von XAMPP benötigt werden. Damit Ihre Dateien diesen nicht in die Quere kommen, erstellen Sie am besten einen neuen Ordner. Nennen Sie ihn *php-beispiele*. In ihm werden Sie später alle Ihre Dateien abspeichern.

> In den folgenden Erläuterungen gehe ich immer davon aus, dass der Ordner *php-beispiele* heißt. Falls Sie ihn anders nennen, müssen Sie die Angaben entsprechend modifizieren.

Erstellen Sie nun eine erste Testdatei. Sie benötigen dafür einen einfachen Editor. Fürs Erste genügt der Editor, der bei Ihrem Betriebssystem dabei ist. Unter Windows finden Sie einen einfachen Editor, wenn Sie in das Suchfeld beim Start-Button »Editor« eingeben. Bei Linux können Sie zu Kate, Kwrite oder Ähnlichem greifen. Schreiben Sie folgenden Code in die Datei:

```php
<?php
phpinfo();
?>
```

Listing 2–1   *Die erste PHP-Datei (phpinfo.php)*

> Übrigens finden Sie alle Listings auf der Verlagswebsite zum Buch unter *www.dpunkt.de/php7* zum Download.

Speichern Sie diese Datei in Ihren eben erstellten Ordner *php-beispiele* im Unterordner *htdocs* des *xampp*-Ordners mit dem Namen *phpinfo.php*. Wichtig ist, dass Sie der Datei die Endung *.php* geben. Damit Ihnen der Editor nicht *.txt* als Endung dranhängt, wählen Sie sicherheitshalber unter Windows bei Dateityp *Alle Dateien* aus.

Nun zum Code-Beispiel: `<?php` dient dazu, den PHP-Code einzuleiten. Entsprechend beendet `?>` den PHP-Code wieder.[5] Innerhalb von `<?php` und `?>` stehen die PHP-Befehle. Der eingesetzte Befehl `phpinfo()` liefert eine Fülle an nützlichen Informationen über die aktuelle PHP-Installation.

Rufen Sie jetzt die Datei im Browser auf, indem Sie in die Adresszeile Folgendes eingeben:

```
http://localhost/php-beispiele/phpinfo.php
```

Das, was Sie über den Server erreichen, sind die Dateien des Ordners *htdocs*. Unterordner von *htdocs* geben Sie als Unterordner im Pfad an, im Beispiel den Unterordner *php-beispiele*. Danach folgt der Dateiname, hier *phpinfo.php*. Ihre Ausgabe sollte wie in Abbildung 2–6 aussehen.

---

5.   In Dateien, die nur PHP-Code enthalten, können Sie das schließende `?>` auch weglassen.

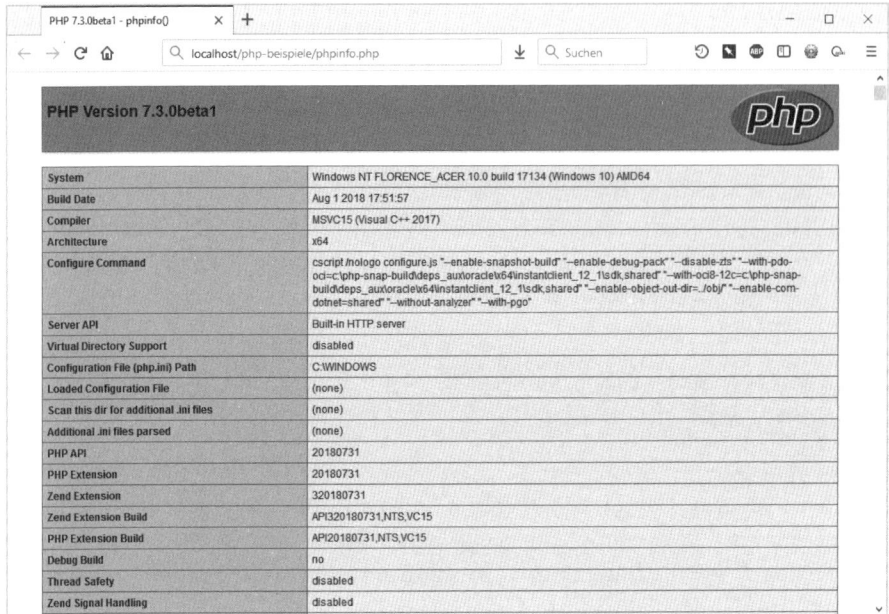

Abb. 2–6   *Ausgabe von phpinfo() unter Windows – nützliche Informationen über die PHP-Installation und eindeutiges Indiz dafür, dass alles geklappt hat*

Der Befehl phpinfo() ist sehr nützlich, um sich rasch einen Überblick darüber zu verschaffen, welche Version von PHP installiert ist, und weitere Informationen über die Konfiguration, Pfade und installierten Module zu erhalten. Wenn Sie so, wie hier beschrieben, PHP selbst installiert haben, könnten Sie diese Informationen theoretisch auch selbst auslesen, weil Sie ja Zugriff auf alle Konfigurationsdateien haben, aber das wäre relativ mühsam. Beim Hoster hingegen steht Ihnen diese Option oft nicht zur Verfügung, sodass der Befehl phpinfo() dort die einzige Möglichkeit ist, sich über PHP-Version und Installation zu informieren.

> Da diese Datei viele wichtige und grundlegende Dinge über PHP, den Webserver usw. verrät, sollten Sie sie nicht unter dem Namen *phpinfo.php* auf einem echten Webserver im Internet belassen: Diese Datei kann nämlich auch ein böswilliger Mensch aufrufen, der damit viele Informationen erhält, die einen möglichen Angriff vereinfachen. Das heißt, Sie sollten die Datei bei einem echten Einsatz anders benennen und danach wieder löschen.

Verdeutlichen wir uns noch einmal, was bei diesem Beispiel geschehen ist: Sie haben die PHP-Datei, die nur aus drei Zeilen besteht, im Webverzeichnis abgespeichert. Wenn Sie im Browser die Adresse http://localhost/php-beispiele/ phpinfo.php eingeben, stellt der Browser eine Anfrage an den Webserver, die betreffende Datei auszuliefern. Der Webserver erkennt an der Endung *.php*, dass es eine PHP-Datei ist, die er nicht direkt ausliefern kann, sondern erst an die PHP-Engine weiterreichen muss. Die PHP-Engine bearbeitet den Befehl und erstellt eine HTML-Datei. Die HTML-Datei wird an den Browser ausgeliefert. Das ist auch genau das, was der Browser versteht: HTML kann er interpretieren und darstellen, PHP versteht er nicht.

Sehen Sie sich einmal den Quelltext der Datei im Browser an. Klicken Sie im Firefox mit der rechten Maustaste in das Dokument und wählen Sie *Seitenquelltext anzeigen*. (Genauso funktioniert die Quelltextanzeige auch im Browser Chrome.) Was sehen Sie? HTML- und CSS-Code, das ist es auch schon.

Allerdings hat nicht jeder Befehl von PHP eine so große Wirkung – meist werden Sie den HTML-Code, den PHP ausgeben soll, selbst schreiben müssen. Deswegen brauchen Sie grundlegende Kenntnisse in HTML und CSS, um PHP richtig anweisen zu können, die HTML-Datei zu erstellen. Im nächsten Kapitel finden Sie einen kurzen Überblick über HTML/CSS, der Ihnen hierbei hilft. Dieser Überblick ist nicht vollständig, denn das Buch handelt schließlich von PHP. Aber Sie haben damit eine gute Basis, auf der Sie aufbauen können. Außerdem erfahren Sie, wo Sie bei Fragen zu HTML nachschauen können. Aber bevor wir dazu kommen, sehen wir uns erst einmal mögliche Probleme an und widmen uns danach dem Thema, wie Sie Ihre PHP-Installation anpassen können.

2.7   Mögliche Probleme beim Aufruf des ersten PHP-Dokuments

Falls der Aufruf Ihres ersten PHP-Dokuments nicht geklappt hat, finden Sie hier Hinweise, woran es liegen könnte.

Wenn Sie die Meldung *Objekt nicht gefunden!* im Browser erhalten, haben Sie sich vielleicht verschrieben. Kontrollieren Sie dann, ob der Ordner in der Adresszeile genauso heißt, wie Sie ihn auch im *htdocs* genannt haben, und ob der Dateiname auch korrekt ist und mit *.php* beendet wurde. *htdocs* selbst darf in der Adresszeile nicht auftauchen. Denn mit `localhost` greifen Sie direkt auf den Inhalt von *htdocs* zu und mit `localhost/beispielordner/` auf den Inhalt, der innerhalb des Ordners *htdocs* im Unterordner *beispielordner* steht.

Abb. 2–7   *Hier stimmt die Adresse nicht: htdocs darf in der Adresszeile nicht angegeben werden.*

Wenn Sie anstelle der gewünschten Ausgabe nichts sehen oder Kryptisches und im Quellcode PHP-Befehle entdecken, dann hat etwas Grundlegendes nicht geklappt. Wie im Beispiel könnte es sein, dass Sie versucht haben, die Datei direkt aufzurufen, ohne über den Server zu gehen.

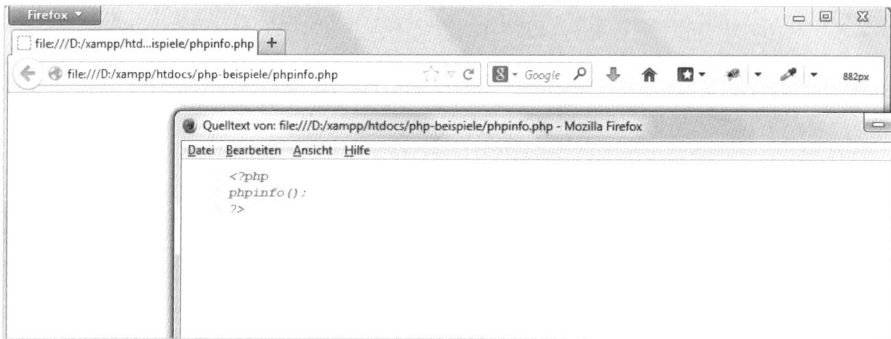

Abb. 2–8   *Diese Anzeige ist ein eindeutiges Zeichen dafür, dass etwas nicht geklappt hat.*

Sie können PHP-Dateien nicht direkt aufrufen – also nicht wie bei HTML-Dateien durch Doppelklick oder durch *Datei/Öffnen* im Browser. In diesem Fall sehen Sie eine leere Seite und in der Quellcode-Ansicht den PHP-Code. Rufen Sie dann die Datei richtig auf, indem Sie am Anfang *localhost* und dann den richtigen Pfad angeben.

Ein weiterer Fehler kann darin bestehen, dass die Endung nicht korrekt ist. Der Server ist so konfiguriert, dass er Dateien mit der Endung *.php* an die PHP-Engine weiterleitet. Steht zusätzlich noch *.txt* hinten dran oder haben Sie anstelle von *.php* die Endung *.html* verwendet, wird es ebenfalls nicht funktionieren.

Eine Meldung, dass die Verbindung fehlgeschlagen ist, ist hingegen ein Hinweis darauf, dass der Server nicht läuft. Starten Sie dann XAMPP.

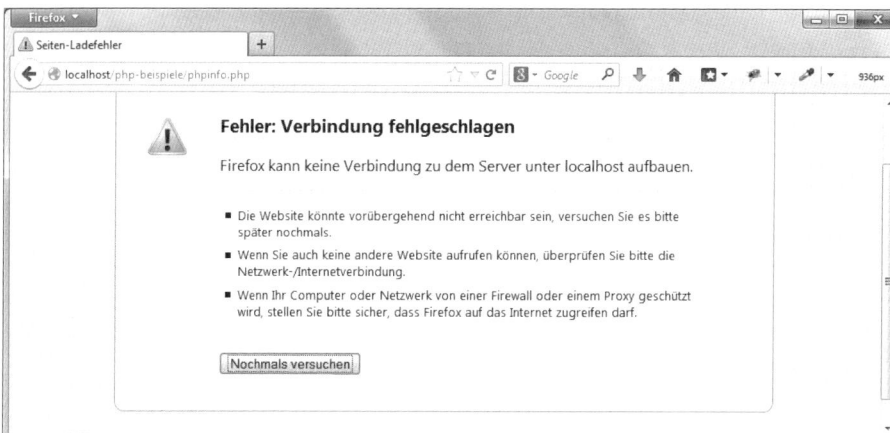

Abb. 2–9   *Wenn XAMPP nicht gestartet ist, erhalten Sie diese Meldung.*

2.8 PHP konfigurieren

Jetzt haben Sie eine Standardinstallation, die Sie an Ihre Bedürfnisse anpassen können. Die Konfiguration von PHP wird über eine Textdatei namens *php.ini* gesteuert. Im Laufe des Buchs wird immer wieder von unterschiedlichen möglichen Konfigurationen die Rede sein. In diesem Abschnitt sehen Sie an einem Beispiel, wie Sie die Konfigurationen ändern. Gezeigt wird das an der Einstellung für die Ausgabe der Fehlermeldungen.

Was die richtige Einstellung für die Ausgabe von Fehlermeldungen ist, hängt vom System ab. Auf einem Produktivsystem, also im echten Einsatz, sollten so wenige Fehlermeldungen wie möglich den Benutzer erreichen. Zum einen natürlich, weil ein Benutzer mit diesen Fehlermeldungen nichts anfangen kann. Zum anderen aber – und dieser Punkt ist weit wichtiger –, weil Fehlermeldungen aus Sicherheitsgründen gefährlich sind: Sie geben einem potenziellen Angreifer viele Informationen über Ihr System und mögliche Schwachstellen.

Das heißt: Lassen Sie keine PHP-Fehlermeldungen im Produktivbetrieb ausgeben! Ganz anders sieht das bei der Entwicklung aus: Hier sollten Sie sich so viele Fehlermeldungen wie möglich anzeigen lassen. Denn Fehlermeldungen geben Ihnen wichtige Hinweise über mögliche Probleme mit Ihrem Code oder auf Stellen, an denen Sie sich einfach verschrieben haben.

Um die Ausgabe der Fehlermeldungen beeinflussen zu können, müssen Sie zuerst herausfinden, wo sich die Konfigurationsdatei von PHP befindet. Am besten konsultieren Sie hierfür die *phpinfo.php*-Datei. Suchen Sie (im Browser über Strg+F) nach *php.ini*.

Loaded Configuration File	D:\xampp\php\php.ini

Abb. 2–10   *Die Information über die benutzte php.ini-Datei findet sich über phpinfo().*

Damit wissen Sie, wo die benutzte *php.ini*-Datei gespeichert ist. Wechseln Sie dann in das angegebene Verzeichnis und wählen Sie die *php.ini*-Datei aus. Je nach Einstellung des Betriebssystems sehen Sie eventuell nur *php* als Dateiname, aber zusätzlich mit dem Hinweis, dass es sich um eine Konfigurationsdatei handelt.

Damit Sie bei Problemen jederzeit die ursprüngliche Datei wiederherstellen können, sollten Sie die *php.ini*-Datei zuerst kopieren.

Öffnen Sie *php.ini* in einem Texteditor.

Alternativ dazu erreichen Sie die *php.ini*-Datei auch über das Kontrollzentrum: Klicken Sie hinter *Apache* auf *Konfig* und wählen Sie die *PHP (php.ini)* aus.

Abb. 2–11   *Die php.ini-Datei können Sie direkt über das Kontrollzentrum aufrufen.*

Die *php.ini*-Datei ist reichhaltig kommentiert. Kommentare sind immer mit einem Strichpunkt am Anfang versehen. In den Kommentaren finden Sie neben Erläuterungen der einzelnen Einstellungen oft auch Beispielkonfigurationen.

Wir wollen jetzt die Stelle finden, wo eingestellt ist, welche Fehler angezeigt werden sollen. Verwenden Sie die Suchfunktion Ihres Editors, um nach dem Wort *error* zu suchen. Sie kommen zum Abschnitt `; Error handling and logging ;`.

Hier erhalten Sie wichtige Hinweise, was Sie alles einstellen können, und es werden auch Beispielkonfigurationen angezeigt. Schließlich sehen Sie die aktuelle Einstellung – noch ein bisschen weiter unten und nicht mit einem Semikolon am Anfang der Zeile versehen. Diese sieht beispielsweise so aus:

```
error_reporting  =  E_ALL & ~E_NOTICE
```

Das bedeutet, dass alle Fehler bis auf Hinweise angezeigt werden. Die Zeile könnte vielleicht auch so lauten:

```
error_reporting = E_ALL & ~E_NOTICE & E_DEPRECATED
```

Das bedeutet, dass alle Fehler bis auf Hinweise und Deprecated-Meldungen angezeigt werden. Deprecated-Meldungen geben Hinweise, wenn Sie Sprachfeatures verwenden, die in Ihrer PHP-Version schon veraltet sind und die es in späteren PHP-Versionen wahrscheinlich nicht mehr geben wird.

Um auf dem Entwicklungssystem möglichst viele Fehler anzeigen zu lassen, sollte hier Folgendes stehen:

```
error_reporting  =  E_ALL
```

Kontrollieren Sie außerdem, ob etwas weiter unten die Anzeige der Fehler eingeschaltet ist:

```
display_errors = On
```

Die vorgeschlagene Konfiguration sorgt dafür, dass auch Hinweise ausgegeben werden. Das ist beispielsweise nützlich, wenn man sich bei Variablen verschreibt (mehr dazu in Kap. 4).

Speichern Sie die *php.ini*-Datei, sofern Sie etwas geändert haben, und schließen Sie sie. Die *php.ini*-Datei wird nicht sofort eingelesen, sondern erst, wenn der Webserver neu gestartet wird. Deswegen müssen Sie, falls Sie Änderungen durch-

geführt haben, den Apache neu starten. Am einfachsten erledigen Sie das in
Windows über das Control Panel von XAMPP.

Nun sollten Sie testen, ob wirklich Hinweise ausgegeben werden. Erstellen
Sie dafür eine neue Datei mit folgendem Inhalt:

```php
<?php
  echo $hallo;
?>
```

Listing 2–2   *Drei Zeilen, um die Anzeige der Fehlermeldungen zu testen (test_fehlermeldungen.php)*

Speichern Sie sie unter dem Namen *test_fehlermeldungen.php* in *php-beispiele*
innerhalb von *htdocs*.

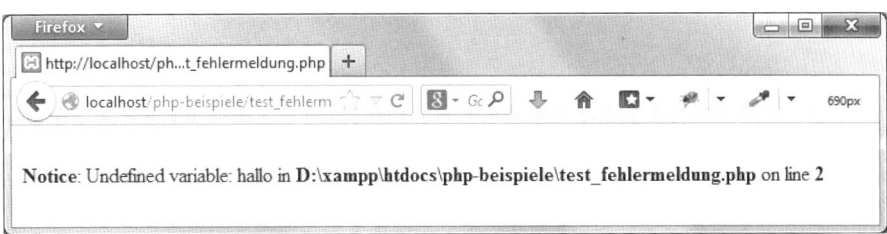

Abb. 2–12   *Ein Hinweis erscheint jetzt und zeigt, dass die Konfiguration geändert wurde.*

Rufen Sie die Datei auf, indem Sie `http://localhost/php-beispiele/test_fehler-`
`meldung.php` in die Adresszeile Ihres Browsers eingeben. Wenn Sie die oben angezeigte Fehlermeldung sehen, ist die Anzeige der Fehlermeldungen gut eingestellt.
Sonst hätten wir keinen Hinweis erhalten, wenn wir eine Variable einsetzen, ohne
sie definiert zu haben, jetzt hingegen sehen wir die Notice. Was es damit auf sich
hat, erfahren Sie genauer in Kapitel 4.

Ohne die Anzeige von Fehlermeldungen ist es schwer bis unmöglich, Fehler in Program-
men zu finden – deswegen ist es sehr wichtig, dass Sie hier die Meldung erhalten.

2.9   Alternative zu XAMPP: integrierter Webserver oder ein eigener virtueller Server

Für die Arbeit mit PHP empfiehlt sich die Installation von XAMPP, weil es so einfach geht und außerdem die anderen benötigten Komponenten wie MySQL und
phpMyAdmin gleich mit installiert sind. Theoretisch könnten Sie sich die Installation eines Webservers auch sparen, denn PHP bringt einen integrierten Webserver mit, der natürlich nur für die Entwicklung und nicht für den produktiven Einsatz gedacht ist. Und so starten Sie den integrierten Webserver:

1. Rufen Sie die Eingabeaufforderung unter Windows auf. Diese erreichen Sie am schnellsten, wenn Sie die Windows-Taste + R drücken. Geben Sie dann ein *cmd*. Unter Mac öffnen Sie ein Terminal über *Programme/Dienstprogramme*.

2. Wechseln Sie in das Verzeichnis, in das Sie PHP installiert haben. Geben Sie hierfür beispielsweise `cd C:\xampp\php` ein, wenn sich der *xampp*-Ordner direkt unter C befindet.

3. Schreiben Sie den Befehl: `php -S localhost:8000`.

4. Darauf erhalten Sie die Meldung, die bestätigt, dass der Webserver gestartet ist (Abb. 2–13).

```
C:\WINDOWS\system32\cmd.exe                              —     □     ×
C:\xampp72>php -S localhost:8000
PHP 7.0.2 Development Server started at Thu May 17 10:30:15 2018
Listening on http://localhost:8000
Document root is C:\xampp72
Press Ctrl-C to quit.
```

Abb. 2–13   *Der in PHP integrierte Webserver ist einsatzbereit.*

Wenn Sie beispielsweise eine Datei mit dem Namen *phpinfo.php* im angegebenen Verzeichnis, das heißt im Verzeichnis von PHP, abgespeichert haben, so können Sie diese über folgende Adresse im Browser aufrufen:

    localhost:8000/servertest.php

Die Anfragen an den Webserver werden in der Eingabeaufforderung/im Terminal mitprotokolliert. Den Webserver stoppen Sie über Strg+C.

Normalerweise werden Sie Ihre PHP-Dateien in einem eigenen Ordner abspeichern. Diesen können Sie beim Starten des Webservers angeben:

    php -S localhost:8000 -t pfad/zum/verzeichnis

Eine Alternative zu XAMPP oder dem integrierten Webserver ist es, einen eigenen virtuellen Server zu installieren. Häufig verwendet man hier VirtualBox als Software für virtuelle Maschinen und Vagrant zur Konfiguration der virtuellen Maschinen. Informationen dazu finden Sie beispielsweise bei

https://www.sitepoint.com/re-introducing-vagrant-right-way-start-php/.

2.10   Mehr PHP: Erweiterungen und Composer

Wenn Sie XAMPP wie beschrieben verwenden, haben Sie eine gute Basis für die Entwicklung von PHP-Skripten. Die Standardeinstellungen sind bestens geeignet zum Testen.

Neben den grundlegenden Bestandteilen sind bei XAMPP auch die wichtigsten Erweiterungen aktiviert. Welche das sind, erfahren Sie ebenfalls über die Ausgabe von phpinfo(). Sollten Sie Erweiterungen brauchen, die nicht aktiviert sind, so sind zwei Schritte erforderlich: Sie brauchen erst einmal die gewünschte Bibliothek und müssen dann PHP noch mitteilen, dass diese Erweiterung berücksichtigt werden soll. Unter Windows geht der letzte Schritt recht einfach: In der *php.ini*-Datei muss der Kommentar vor der entsprechenden Zeile einfach entfernt werden. Unter Unix/Linux müssen Sie hierfür PHP neu kompilieren.

> Mit welchen Optionen die XAMPP-Version für Linux kompiliert wurde, sehen Sie in der Ausgabe von phpinfo() unter Linux bei Configure Command.

Bei Ihrem Provider haben Sie eventuell keinen Zugriff auf diese Konfigurationsmöglichkeiten: Dann müssen Sie Ihren Provider bitten, die gewünschte Erweiterung zu aktivieren. Neben den Erweiterungen, die zu PHP gehören, gibt es *unzählige* weitere. Zur Installation der Pakete sowieso zur Behandlung der Abhängigkeiten untereinander hat sich Composer als Standard-Dependency-Manager entwickelt.[6]

2.10.1   Composer installieren

Für Ihre ersten Schritte mit PHP werden Sie Composer noch nicht brauchen – aber wenn Sie dann zusätzliche Skripte wie beispielsweise den sehr komfortablen PHPMailer für den E-Mail-Versand (siehe Kap. 7) nutzen wollen, sollten Sie Composer installieren. Sie können diesen Abschnitt also auch erst einmal überspringen und hierhin zurückkehren, wenn Sie Composer benötigen.

Composer unter Windows installieren

Composer können Sie über die Kommandozeile installieren, für Windows gibt es allerdings auch einen Installer. Wählen Sie auf der Webseite *https://getcomposer.org/* den Punkt *Download*. Bei der Beschreibung der Installation unter Windows finden Sie den Link auf die Installationsdatei *Composer-Setup.exe*[7]. Ein Klick auf die heruntergeladene Datei führt Sie durch die Installation, bei der Sie alle Einstellungen beim Standard belassen können. An einer Stelle werden Sie nach dem Pfad zur *php.exe*-Datei gefragt. Bei Xampp befindet sich diese Datei im Ordner *xampp\php*.

---

6.   *https://getcomposer.org*
7.   *https://getcomposer.org/download/*

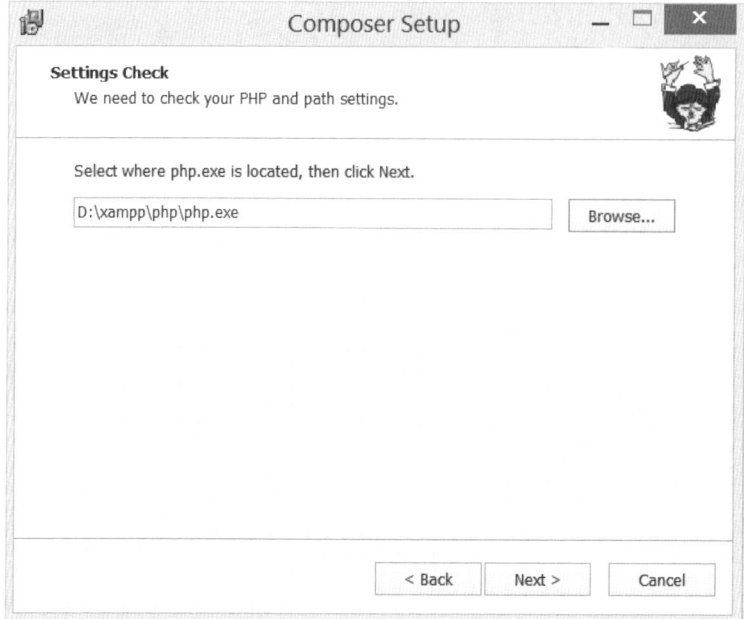

Abb. 2–14   *Composer benötigt den Pfad zu php.exe.*

Das Schöne ist, dass jetzt auch automatisch die benötigten Anpassungen an der Umgebungsvariablen gesetzt werden, sodass Sie Composer von überall aufrufen können.

Nach der Installation sollten Sie einen ersten Test durchführen: Öffnen Sie die Kommandozeile (unter Windows geben Sie dafür in das Suchfeld beim Windows-Button *cmd* ein) und schreiben Sie den Befehl composer. Wenn die Installation erfolgreich war, erscheinen alle Optionen des composer-Befehls.

Abb. 2–15   *Die Ausgabe des Befehls composer auf der Kommandozeile*

Composer unter macOS installieren

Sehen wir uns die Installation von Composer unter macOS an. Gehen Sie zur Webseite von Composer und wählen Sie *Download*. Dort finden Sie den Befehl, den Sie im Terminal eingeben müssen, um Composer herunterzuladen. Am besten kopieren Sie ihn.

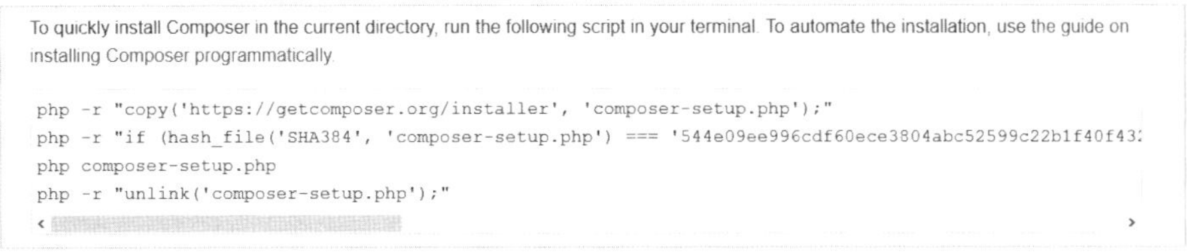

```
To quickly install Composer in the current directory, run the following script in your terminal. To automate the installation, use the guide on installing Composer programmatically.

php -r "copy('https://getcomposer.org/installer', 'composer-setup.php');"
php -r "if (hash_file('SHA384', 'composer-setup.php') === '544e09ee996cdf60ece3804abc52599c22b1f40f43:
php composer-setup.php
php -r "unlink('composer-setup.php');"
```

Abb. 2–16   *Notwendiger Befehl zur Installation von Composer*

Öffnen Sie das Terminal (*Programme/Dienstprogramme/Terminal*) und fügen Sie den kopierten Befehl ein. Composer wird im aktuellen Verzeichnis installiert.

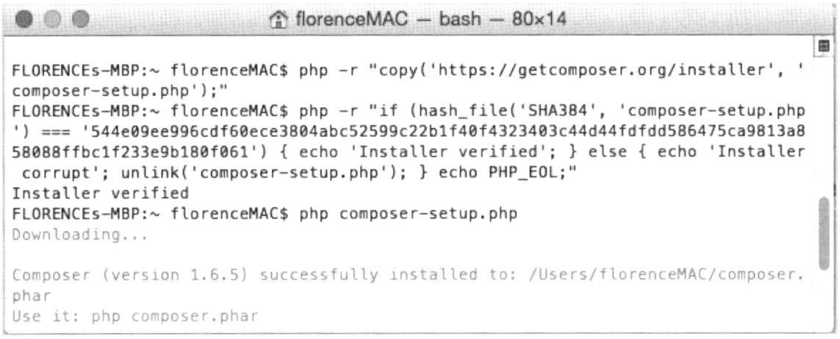

```
●  ●  ●                    ⌂ florenceMAC — bash — 80×14

FLORENCEs-MBP:~ florenceMAC$ php -r "copy('https://getcomposer.org/installer', '
composer-setup.php');"
FLORENCEs-MBP:~ florenceMAC$ php -r "if (hash_file('SHA384', 'composer-setup.php
') === '544e09ee996cdf60ece3804abc52599c22b1f40f4323403c44d44fdfdd586475ca9813a8
58088ffbc1f233e9b180f061') { echo 'Installer verified'; } else { echo 'Installer
 corrupt'; unlink('composer-setup.php'); } echo PHP_EOL;"
Installer verified
FLORENCEs-MBP:~ florenceMAC$ php composer-setup.php
Downloading...

Composer (version 1.6.5) successfully installed to: /Users/florenceMAC/composer.
phar
Use it: php composer.phar
```

Abb. 2–17   *Composer unter Mac installieren*

Um mit Composer zu arbeiten, müssen Sie php composer.phar eingeben. Das sehen Sie auch in der Ausgabe im Terminal Use it: php composer.phar. Einfacher wäre es, man könnte einfach irgendwo composer eingeben. Das können Sie über den folgenden Befehl bewerkstelligen:

```
mv composer.phar /usr/local/bin/composer
```

Falls notwendig, müssen Sie diesen Befehl mit sudo ausführen und Ihr Passwort eingeben. Bei Bedarf müssen Sie außerdem vorher das Verzeichnis */usr/local/bin* erstellen über

```
sudo mkdir -p -m 775 /usr/local/bin
```

Jetzt sollte der Befehl composer ohne weitere Angabe funktionieren.

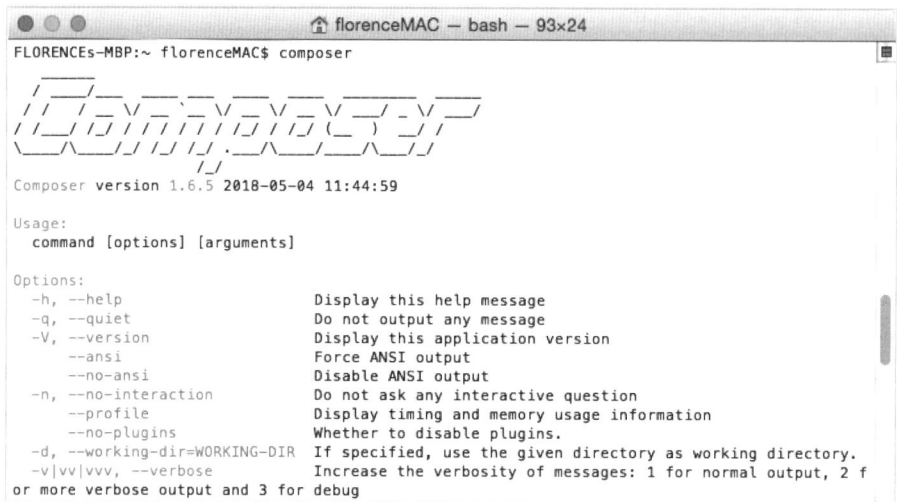

Abb. 2-18   *Der Befehl Composer auf einem Mac-Terminal*

Wir werden Composer an verschiedenen Stellen nutzen: zum Beispiel bei der Installation von PHPMailer in Kapitel 7 oder beim Framework Laravel in Kapitel 14.

2.11   Zusammenfassung

Um bequem mit PHP zu arbeiten, sollten Sie sich eine Entwicklungsumgebung
installieren. Dazu zählen mindestens ein Webserver wie Apache und PHP. Mit
XAMPP ist die Installation mit ein paar Klicks erledigt. Ihre Skripte müssen dann
an einem vorgeschriebenen Ort abgespeichert werden – unter XAMPP ist das
htdocs. Damit die PHP-Skripte ausgeführt werden, müssen Sie sie über den Server, das heißt mit `http://localhost/pfadzumskript`, aufrufen.

`phpinfo()` ist ein nützlicher Befehl, der Ihnen alle Informationen über die verwendete PHP-Version und die aktuelle Konfiguration verrät. Wenn Sie etwas an
den Einstellungen von PHP ändern wollen, so müssen Sie hierfür die Datei
php.ini editieren und danach den Webserver neu starten. Wichtig ist, dass Sie sich
Fehler inklusive Notices anzeigen lassen – das wird Ihnen bei der Programmierung mit PHP ungeheuer helfen.

Zum Schluss haben Sie noch gesehen, wie Sie Composer installieren. Composer ist praktisch, um fertige PHP-Bibliotheken zu nutzen.

So viel zur Entwicklungsumgebung. Im nächsten Kapitel geht es wie ange-
kündigt um die wichtige HTML-/CSS-Basis, und danach machen wir mit PHP
weiter.

3 HTML und CSS – Grundlagen

Webbrowser verstehen kein PHP. Webbrowser verstehen nur HTML und CSS. PHP setzen Sie ein, um HTML-Dokumente zu erstellen – mit dynamischen Inhalten. Deswegen sind auch für die Arbeit mit PHP grundlegende HTML-Kenntnisse notwendig. Diese vermittelt das Kapitel in Kurzform und verrät Ihnen, wo Sie weitere Informationen finden.

3.1 Grundstruktur

HTML steht für *Hypertext Markup Language* und ist eine Auszeichnungssprache für Webseiten. HTML wird vom World Wide Web Consortium – kurz W3C[1] – betreut. Das W3C ist ein unabhängiges Gremium, dem auch Vertreter von Firmen angehören.

HTML dient dazu, die Struktur einer Seite zu definieren und festzulegen, worum es sich bei den einzelnen Bestandteilen handelt, ob also etwas ein Absatz, eine Aufzählungsliste oder eine Überschrift ist. Diese Bestandteile werden dann standardmäßig vom Browser auf eine bestimmte Art formatiert angezeigt. Um diese Default-Formatierungen zu ändern, kommt eine andere Technik ins Spiel: die *Cascading Stylesheets* (CSS), die am Schluss dieses Kapitels besprochen werden.

Jede HTML-Seite besteht aus Tags und normalem Text. Tags werden in spitzen Klammern geschrieben, und man unterscheidet zwischen Start- und Endtags. `<html>` ist ein Starttag, das besagt, dass jetzt HTML folgt. Dieses wird durch ein Endtag `</html>` geschlossen. Es gibt verschiedene Elemente, die auf bestimmte Art ineinander verschachtelt sein können, jedoch basieren alle HTML-Dokumente auf demselben Grundgerüst. Sie sehen hier – wie auch in allen anderen Beispielen – HTML5, die aktuelle Version von HTML.

---

1. *http://www.w3.org/*

```
01 <!DOCTYPE html>
02 <html>
03 <head>
04   <meta charset="UTF-8" />
05   <title>Grundgerüst</title>
06 </head>
07 <body>
08   <p>Erste Webseite!</p>
09 </body>
10 </html>
```

Listing 3–1   *Die Basis aller HTML-Dokumente: das HTML-Grundgerüst (grundgeruest.html)*

Zur besseren Orientierung sind im Folgenden längere Listings, das heißt im Allgemeinen Listings ab 10 Zeilen, mit Zeilennummern versehen. Die Zeilennummern gehören natürlich nicht zum Code, und Sie dürfen sie nicht mit abschreiben.

Ganz am Anfang des Dokuments in Zeile 1 steht die Dokumenttypangabe, im Beispiel diejenige für HTML5. Darauf folgt das html-Starttag.

Alle Dokumente bestehen aus einem head- und einem body-Bereich. Der head-Bereich beinhaltet Informationen über das Dokument, wie beispielsweise den Zeichensatz. Außerdem steht innerhalb des title-Elements der Titel des Dokuments. Dieser wird in der Titelzeile ganz oben im Browser angezeigt.

Innerhalb von <body> und </body> platzieren Sie die eigentlichen Inhalte, die im Browser dargestellt werden. Im Beispiel ist es ein p-Element, das zur Kennzeichnung eines Absatzes dient. Darin steht der Text, der angezeigt wird.

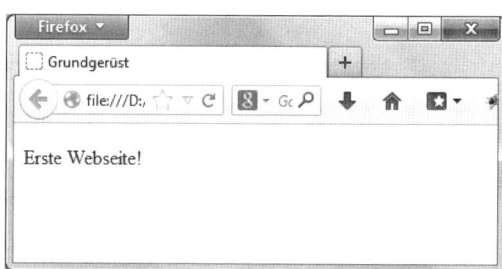

Abb. 3–1   *Ein erstes Dokument im Browser*

Dieses Beispiel können Sie mit einem einfachen Texteditor erstellen. Geben Sie der Datei beim Speichern die Endung *.html*. Zum Betrachten mit dem Browser können Sie sie direkt durch Doppelklick auf den Dateinamen öffnen – etwas, das ja bei PHP-Dokumenten nicht geht: Diese müssen Sie immer beim lokalen Test über den Server localhost aufrufen.

Bei den Dateinamen haben Sie an sich freie Hand: Verwenden Sie aber sicherheitshalber keine Sonderzeichen wie ü, ä, ö oder ß und auch keine Leerzeichen.

Da die Groß- und Kleinschreibung bei Betriebssystemen wie Linux relevant ist
und viele Server im Internet auf Linux laufen, sollten Sie sich am besten angewöhnen, alles kleinzuschreiben. Sie können natürlich auch Groß- und Kleinschreibung mischen, müssen aber dann bei Verlinkungen auf diese Dateien dieselbe
Mischung von Groß- und Kleinschreibung verwenden.

3.1.1   Inhalte mit Überschriften, Absätzen und Listen strukturieren

Das erste Beispiel war inhaltlich noch nicht sehr aufregend. Nun folgen weitere
Elemente, die Sie zur Auszeichnung Ihrer Inhalte verwenden können. Das Element für Absätze p haben Sie bereits kennengelernt. Möchten Sie nur einen Zeilenumbruch innerhalb eines Absatzes machen, so dient dafür <br />.

Zusätzlich gibt es vordefinierte Elemente für Überschriften. Es stehen sechs
zur Verfügung: h1 ist die Überschrift erster Ordnung, h2 die Überschrift zweiter
Ordnung usw. bis h6. Das folgende Listing führt die Überschriften h1 bis h3 vor. Es
beinhaltet außerdem zwei Absätze und zeigt die Verwendung von br für Zeilenumbrüche. Den Zeilenumbruch können Sie als <br> oder als <br /> schreiben.

```
01 <!DOCTYPE html>
02 <html>
03 <head>
04   <meta charset="UTF-8" />
05   <title>Strukturierungen</title>
06 </head>
07 <body>
08   <h1>Überschrift der ersten Ebene</h1>
09   <h2>Überschrift der zweiten Ebene</h2>
10   <h3>Überschrift der dritten Ebene</h3>
11   <p>Ein normaler Absatz<br />mit Zeilenumbruch</p>
12   <p>Ein normaler Absatz ohne Zeilenumbruch</p>
13 </body>
14 </html>
```

Listing 3–2   *Überschriften und Absätze dienen zur Strukturierung von Dokumenten (ueberschriften.html).*

br wird verwendet, um einen Zeilenumbruch im Browser darzustellen. Leerzeichen und Zeilenumbrüche im HTML-Quellcode selbst hingegen werden vom
Browser ignoriert. Sie sollten diese aber einsetzen, um Ihren Code übersichtlich
zu gestalten.

Wie Sie in Abbildung 3–2 sehen, werden Überschriften automatisch fett dargestellt und – zumindest die Überschriften der Ebenen eins bis drei – auch größer
als der Text in Absätzen. Das sind die Defaultvorgaben des Browsers. Per CSS
können Sie das ganz nach Belieben anders gestalten.

Abb. 3–2   *Überschriften und Absätze in einem Dokument*

Suchen Sie eine Möglichkeit, einzelne Wörter oder Satzteile hervorzuheben, so sieht HTML hier zwei Elemente vor: strong und em (*emphasized*).

```
<em>betont</em>
<strong>stärker betont</strong>
```

Übung 1

Nehmen Sie das Dokument *ueberschriften.html* als Basis und ergänzen Sie weitere Überschriften und Absätze!

Die Lösungen zu den Übungen finden Sie im Anhang. Die Lösungsdateien stehen außerdem im Unterordner *loesungen* bei den Listings!

3.1.2   Aufzählungen

Weitere praktische Elemente sind Aufzählungen. Eine ungeordnete Liste erstellen Sie mithilfe des Elements ul (*unordered list*). Innerhalb von <ul> und </ul> stehen die einzelnen Aufzählungspunkte wiederum innerhalb von <li> und </li> (li = *list item*).

Für eine geordnete Liste, die automatisch vom Browser durchnummeriert wird, verwenden Sie anstelle von ul das Element ol (*ordered list*). Auch hier werden die einzelnen Punkte innerhalb von <li> und </li> notiert. Im folgenden Beispiel gibt es sowohl eine nummerierte als auch eine nicht nummerierte Liste:

```
01 <!DOCTYPE html>
02 <html>
03 <head>
04   <meta charset="UTF-8" />
05   <title>Listen</title>
06 </head>
07 <body>
08 <ol>
09   <li>Telefonate führen</li>
10   <li><em>E-Mails</em> beantworten</li>
11   <li>Stadtbibliothek: bestelltes <strong>Buch</strong> abholen</li>
12   <li>Einkäufe</li>
13 </ol>
14 <ul>
15   <li>Brot</li>
16   <li>Weichkäse</li>
17   <li>Buttermilch</li>
18 </ul>
19 </body>
20 </html>
```

Listing 3–3   *Listen im Einsatz (listen.html)*

Abb. 3–3   *Eine nummerierte Aufzählung und eine Liste*

Das Beispiel zeigt außerdem den Einsatz von em und strong für Hervorhebungen. Normalerweise wird ein mit em markierter Teil kursiv, ein mit strong ausgezeichneter Textteil fett dargestellt. Aber auch das können Sie selbstverständlich per CSS ändern.

Bei komplexeren HTML-Dokumenten ist es wichtig, Hinweise unterzubringen, die den HTML-Code erläutern und einem helfen, später Modifikationen oder Ergänzungen vorzunehmen. Hierfür sind die Kommentare gedacht. HTML-Kommentare beginnen Sie mit <!-- und beenden Sie mit -->. Alles, was zwischen <!-- und --> steht, wird vom Browser ignoriert.

```
<!-- Beginn Kopfbereich -->
```

3.2 Sonderzeichen und Zeichencodierung

Wir haben bisher direkt Umlaute wie ü und ä geschrieben – aber geht das denn überhaupt gut, wenn jemand aus dem Ausland mit anderen Browser-Default-Einstellungen auf unsere Seite geht? Ja, sofern Sie den Zeichensatz angeben, wie hier über eine meta-Angabe: Damit wählt der Browser automatisch die richtige Codierung aus, und auch die Sonderzeichen werden richtig dargestellt.

> Die möglichen Zeichensätze werden später noch einmal bei der UTF-8-Unterstützung und den diesbezüglichen Besonderheiten von PHP besprochen (Kap. 6).

Früher hat man häufig die Entity-Schreibweise für Umlaute verwendet. Entities beginnen immer mit einem &-Zeichen und enden mit einem Semikolon. Sie können den Wert des Zeichens dezimal oder hexadezimal angeben. Komfortabler und besser zu merken sind hingegen die benannten Entities. Ü steht beispielsweise für das große Ü. Überschrift gibt der Browser als »Überschrift« aus. Entsprechend gibt es ä für ä oder ß für ß. Sie sollten wissen, was damit gemeint ist, wenn Ihnen solche Entities begegnen, brauchen sie aber nicht mehr aktiv zu verwenden.

Wichtig sind allerdings die Entities für die Zeichen < und &, da diese Zeichen eine Sonderbedeutung in HTML haben: < leitet ein Tag ein, und & steht am Beginn eines Entitys. Wenn Sie diese Zeichen im normalen Text verwenden möchten, müssen Sie die entsprechenden Entities verwenden.

 4 < 5 sollten Sie also als 4 < 5 schreiben.

 Für Panter, Tiger & Co schreiben Sie: Panter, Tiger & Co.

Ausgewählte Entities finden Sie in Tabelle 3–1.

Zeichen	Benannte Entity	Kommentar
ä	&auml;	Entities für Umlaute brauchen Sie heute nicht mehr zu schreiben.
<	&lt;	Wichtig!
>	&gt;	
&	&amp;	Wichtig!
'	&apos;	
"	&quot;	
©	&copy;	
(geschütztes Leerzeichen)		

Tab. 3–1 *Ausgewählte Entities*

3.3   Verknüpfungen – Links und Bilder

Das Internet wäre nicht das Internet ohne Verlinkungen und Bilder.

3.3.1   Links

Für Links gibt es das Element a, abgekürzt von englisch *anchor*. Wichtig ist beim a-Element das Attribut href (*hypertext reference*). Als Wert von href geben Sie den Dateinamen an, auf den Sie verlinken wollen.

> Attribute – wie im Beispiel href – dienen zur weiteren Kennzeichnung von HTML-Elementen. Üblicherweise stehen Attribute in Anführungszeichen.

Der Text, den der Surfer sieht und auf den er klicken kann, um zum angegebenen Ziel zu kommen, steht innerhalb von <a href="pfad"> und </a>:

```
<a href="ueberschriften.html">Dokument Überschriften aufrufen</a>
```

Befindet sich die Datei, auf die Sie verlinken wollen, in demselben Verzeichnis wie Ihr Dokument, geben Sie direkt den Dateinamen an. Steht die Datei hingegen in einem Unterverzeichnis, so schreiben Sie dieses zuerst und den Dateinamen nach einem Slash (/):

```
<a href="dateien/dokument.html">Dokument im Unterverzeichnis </a>
```

Möchten Sie hingegen von einem Unterordner in den übergeordneten Ordner wechseln, notieren Sie zwei Punkte:

```
<a href="../ueberschriften.html">einen Ordner höher</a>
```

Sie können selbstverständlich auch auf eine andere Website im Internet verweisen. Hierfür müssen Sie die vollständige URL mit Protokoll (http://) angeben:

```
<a href="https://www.dpunkt.de/">dpunkt.verlag</a>
```

Standardmäßig werden Links im selben Fenster geöffnet. Soll die ursprüngliche Seite erhalten bleiben und die neue sich in einem neuen *Fenster/Tab* öffnen, so ergänzen Sie beim Link ein target="_blank":

```
<a href="https://www.dpunkt.de/" target="_blank">dpunkt.verlag in neuem Tab</a>
```

Übrigens hängt es dann von den Browser-Einstellungen ab, ob die neue Seite in einem neuen Fenster oder einem neuen Tab geöffnet wird.

Schließlich gibt es noch Links auf E-Mail-Adressen. Falls auf dem Rechner ein Mailprogramm installiert ist, öffnet sich dieses dann per Mausklick, und die Adresse des Adressaten ist schon voreingetragen. Hierfür notieren Sie mailto: vor der E-Mail-Adresse:

```
<a href="mailto:ich@mir.de">E-Mail an ich@mir.de</a>
```

Listing 3–4 führt die einzelnen Linkarten noch einmal vor. Die Links werden –
damit Sie sehen, wie Elemente verschachtelt werden können – innerhalb einer
ungeordneten Liste dargestellt:

```
01 <!DOCTYPE html>
02 <html>
03 <head>
04 <meta charset="UTF-8" />
05 <title>Verlinkungen</title>
06 </head>
07 <body>
08   <ul>
09     <li><a href="ueberschriften.html">Dokument Überschriften
aufrufen</a></li>
10     <li><a href="dateien/weiteresdokument.html">Dokument im
Unterverzeichnis aufrufen</a></li>
11     <li><a href="https://www.dpunkt.de/"> dpunkt.verlag </a></li>
12     <li><a href="https://www.dpunkt.de/" target="_blank"> dpunkt.verlag in
neuem Tab </a></li>
13     <li><a href="mailto:ich@mir.de">E-Mail an ich@mir.de</a></li>
14   </ul>
15 </body>
16 </html>
```

Listing 3–4   *Eine Liste mit Links (verlinkungen.html)*

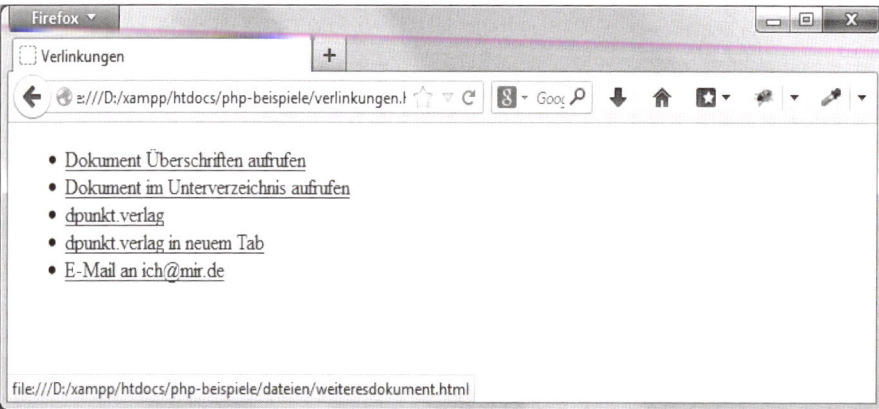

Abb. 3–4   *Die Linkliste im Browser*

Links werden standardmäßig blau und unterstrichen dargestellt; die besuchten
Links sind lila. All das können Sie per CSS abändern.

3.3.2   ... und Bilder

Das, was Sie gerade über die Pfade bei Links erfahren haben, gilt ebenfalls für Pfade zu Bildern. Wenn Sie in eine HTML-Seite ein Bild einfügen möchten, binden Sie das Bild nicht ein, sondern schreiben nur einen Verweis auf das Bild und überlassen das Einbinden dem Browser. Hierfür ist das img-Element vorgesehen, dem Sie beim Attribut src den Pfad zum Bild als Wert zuweisen:

```
<img src="blumen.jpg" />
```

Außerdem sollten Sie noch die Breite (width) und die Höhe (height) in Pixeln angeben und einen alternativen Text spezifizieren. Dieser alternative Text wird angezeigt, falls das Bild nicht geladen werden kann:

```
<img src="blumen.jpg" width="90" height="120" alt="Blumen" />
```

Das img-Element können Sie übrigens auch ohne / am Ende schreiben, also auch als:

```
<img src="blumen.jpg" width="90" height="120" alt="Blumen">
```

Im folgenden Listing werden zwei Bilder eingebunden:

```
01 <!DOCTYPE html>
02 <html>
03 <head>
04 <meta charset="UTF-8" />
05 <title>Bilder</title>
06 </head>
07 <body>
08 <h1>Bilder einbinden</h1>
09 <img src="landschaft.jpg" width="90" height="120" alt="Landschaft" />
10 <img src="blumen.jpg" width="90" height="120" alt="Blumen" />
11 </body>
12 </html>
```

Listing 3–5   *Bilder einbinden per HTML (bilder.html)*

Abb. 3–5   *Ein Dokument mit zwei Bildern und einer Überschrift*

Übung 2

Erstellen Sie ein neues HTML-Dokument mit folgendem Inhalt:

- einer Überschrift (h1)
- einem Absatz
- einem Bild
- einer ungeordneten Liste
- Außerdem soll ein Link dabei sein, der zu *http://php.net/* führt.

Die Lösung zu dieser Übung finden Sie sowohl im Anhang als auch im *loesungen*-Ordner der Listings unter dem Namen *beispiel.html*.

3.4   Daten übersichtlich über Tabellen darstellen

Mit PHP kann man einfach auf Datenbanken zugreifen und die Inhalte nach bestimmten Kriterien gefiltert darstellen lassen. Die bevorzugte Darstellungsform für die Ausgabe von vielen Daten sind Tabellen. Sehen wir uns einmal an, wie man per HTML eine Tabelle erstellt.

Eine Tabelle setzt sich aus mehreren verschachtelten HTML-Elementen zusammen:

- `table` umfasst die gesamte Tabelle. Hier können Sie mit dem Attribut `border="1"` noch dafür sorgen, dass sichtbare Gitternetzlinien angezeigt werden. Das ist für den Entwurf praktisch, da dann Fehler besser zu erkennen sind. Sie können später bei Bedarf die Gitternetzlinien mit `border="0"` auch wieder ausschalten.

- `tr` (*table row*) umfasst jeweils eine Tabellenzeile.

td steht für *table data*, umschließt den Inhalt der eigentlichen Tabellenzellen und wird innerhalb von tr notiert. Wenn Sie drei td-Elemente in einer tr-Zeile haben, so haben Sie eine dreispaltige Tabelle. Innerhalb von td steht der Inhalt der Zelle.

Bei Spalten- oder Zeilenüberschriften sollten Sie für die einzelnen Zellen anstelle von td das Element th (*table header*) benutzen.

Das folgende Beispiel zeigt eine zweispaltige Tabelle mit drei Zeilen:

```
01 <!DOCTYPE html>
02 <html>
04 <head>
05 <meta charset="UTF-8" />
05 <title>Tabelle - Grundgerüst</title>
06 </head>
07 <body>
08   <table border="1">
09     <tr>
10       <th>Abfahrt Hbf</th><th>Ankunft Katzenreuth</th>
11     </tr>
12     <tr>
13       <td>20:07</td><td>20:27</td>
14     </tr>
15     <tr>
16       <td>20:27</td><td>20:47</td>
17     </tr>
18   </table>
19 </body>
20 </html>
```

Listing 3–6   *Tabellengrundgerüst (tabelle_grundgeruest.html)*

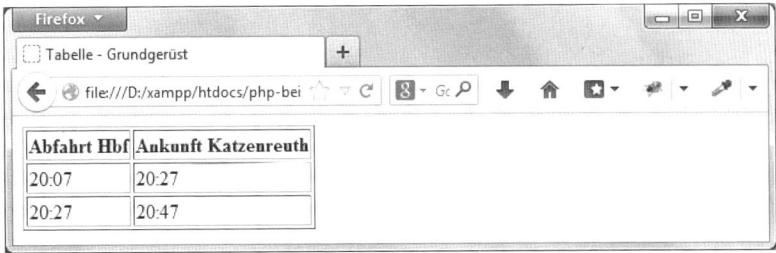

Abb. 3–6   *So sieht die Tabelle im Browser aus.*

Über rowspan und colspan können Sie Tabellenzellen verbinden: colspan verbindet Spalten und rowspan Zellen. Dahinter geben Sie jeweils an, wie viele Spalten bzw. Zellen verbunden werden sollen.

Das folgende Beispiel demonstriert das:

```
<!DOCTYPE html>
<html>
<head>
<meta charset="UTF-8" />
<title>Zellen verbinden</title>
</head>
<body>
  <table border="1">
    <tr>
     <td>eins</td><td>zwei</td><td>drei</td>
    </tr>
    <tr><!--colspan verbindet Spalten -->
      <td colspan="3">vier</td>
    </tr>
    <tr><!--rowspan verbindet Zeilen -->
      <td>fünf</td><td rowspan="2">sechs</td><td>sieben</td>
    </tr>
    <tr>
      <td>acht</td><td>neun</td>
    </tr>
  </table>
</body>
</html>
```

Listing 3–7   *Zellen verbinden (zellen_verbinden.html)*

Abb. 3–7   *Zelle vier erstreckt sich über drei Spalten (colspan="3"), und Zelle sechs erstreckt sich über zwei Zeilen (rowspan="2").*

Übung 3

Ergänzen Sie beim Beispiel *tabelle_grundgeruest.html* zwei weitere Zeilen mit fiktiven Abfahrtszeiten. Fügen Sie dann zu Beginn noch eine Zeile ein, die sich über die beiden Spalten erstreckt und den Inhalt *Verbindungen* hat. Die Lösung finden Sie im Anhang und unter *loesungen/kapitel03/tabelle_erweitert.html*.

Abb. 3–8   *Die erweiterte Tabelle*

3.5   Elemente zur Strukturierung

Bisher haben Sie Elemente kennengelernt, um die einzelnen Bereiche von Dokumenten zu unterteilen und auszuzeichnen. Daneben gibt es weitere Elemente für die große Struktur. Dazu gehören die folgenden:

- header kennzeichnet den ersten Teil eines Bereichs, den Kopfbereich, also etwa die Einführung.

- nav ist das Element zur Gruppierung der Hauptnavigationslinks einer Webseite. Es sollten also nicht zu viele nav-Elemente innerhalb einer Webseite sein!

- section dient zur Kennzeichnung eines Bereichs einer Webseite; zum Beispiel sind auf einer Startseite die Einführung, das Aktuelle und die Kontaktinformationen jeweils eigene sections.

- main bezeichnet den Hauptteil des Dokuments, in den meisten Fällen gibt es nur einen main-Bereich pro Dokument.

- footer ist das Element für einen Fußbereich, aber es muss nicht der Fußbereich des ganzen Dokuments sein.

- article: für einen Artikel im Blog oder ein zusammenhängendes Inhaltselement

aside für Randbemerkungen. Innerhalb eines `article`-Elements beziehen sich die Randbemerkungen auf den Artikel, außerhalb eines Artikelelements beziehen sich die Randbemerkungen auf die Seite. Es kann zur Auszeichnung einer Sidebar verwendet werden, aber das ist nicht der einzige Einsatzbereich.

Optisch haben diese Elemente keine direkte Auswirkung. Aber sie helfen Suchmaschinen und anderen automatisierten Tools dabei, den Inhalt der Webseite besser zu verstehen.

3.6   Meta-Elemente

Sie haben in den Beispielen gesehen, dass man den Zeichensatz der Dokumente über ein meta-Element angibt.

```
<meta charset="UTF-8" />
```

Neben diesem meta-Element gibt es sehr viele weitere. Mit am wichtigsten sind die Beschreibung und die Viewport-Steuerung. Die folgende Zeile zeigt eine Beschreibung:

```
<meta name="description" content="Eine Beschreibung der aktuellen Seite in
einem Satz " />
```

Diese Beschreibung kann in den Trefferlisten der Suchmaschinen angezeigt werden. Sie sorgt also nicht für ein besseres Ranking, dafür kann sie Besuchern helfen zu entscheiden, ob die Seite das enthält, was sie interessiert.

Durch eine weitere meta-Angabe können Sie die standardmäßige Skalierung von Webseiten unterbinden, d.h. den Viewport steuern:

```
<meta name="viewport" content="width=device-width, initial-scale=1.0"
```

Smartphones stellen normalerweise Webseiten verkleinert da, sodass ungefähr 980 Pixel in der Breite im Porträtmodus Platz haben. Wenn Sie Anpassungen vornehmen, damit die Seite auf solchen Geräten gut funktioniert, sollten Sie diese Skalierung durch die gezeigte Zeile unterbinden.

In den folgenden Beispielen wird, um den Code kurz zu halten, jedoch nur die meta-Angabe für den Zeichensatz angegeben.

3.7   Formatierung mit CSS

CSS dient zur Formatierung von Webseiten. CSS steht für Cascading Stylesheets, was kaskadierende Formatvorlagen bedeutet. Es ist die Formatierungssprache für Webseiten und wird ebenfalls vom W3C betreut.

CSS-Regeln folgen immer einem klaren Schema. Zuerst steht der sogenannte Selektor. Dieser wählt aus, für welche HTML-Elemente die angegebene Formatierung gelten soll. Dahinter stehen in geschweiften Klammern die CSS-Anweisungen. Eine CSS-Anweisung besteht aus dem Namen der Eigenschaft, einem

Doppelpunkt und einem vorgegebenen Wert. Abgeschlossen wird das mit einem Semikolon.

Wenn Sie als Selektor den Namen eines Elements schreiben – also beispielsweise h1 oder p –, so gelten die angegebenen Formatierungen für alle entsprechenden Elemente. Die folgende Regel färbt alle h1-Überschriften rot ein und gibt ihnen eine gelbe Hintergrundfarbe:

```
h1 {
    background-color: yellow; color: red;
}
```

CSS-Regeln können Sie an verschiedenen Stellen notieren. Beim Entwurf ist es praktisch, die Angaben im Kopf des Dokuments zu notieren. Dafür schreiben Sie innerhalb des head-Bereichs <style type="text/css"> </style>, wobei Sie die type-Angabe auch weglassen können wie in folgendem Beispiel:

```
01 <!DOCTYPE html>
02 <html>
03 <head>
04 <meta charset="UTF-8" />
05 <title>Erste Formatierungen</title>
06 <style>
07 h1 { background-color: yellow; color: red; }
08 p { background-color: gray; color: white; }
09 </style>
10 </head>
11 <body>
12 <h1>Eine Überschrift</h2>
13 <p>Und ein Absatz – dieses Mal bunt!</p>
14 <p>Noch ein Absatz</p>
15 </body>
16 </html>
```

Listing 3–8   *Ein erstes CSS-Beispiel mit den CSS-Angaben im Dokumentkopf (css_anfang.html)*

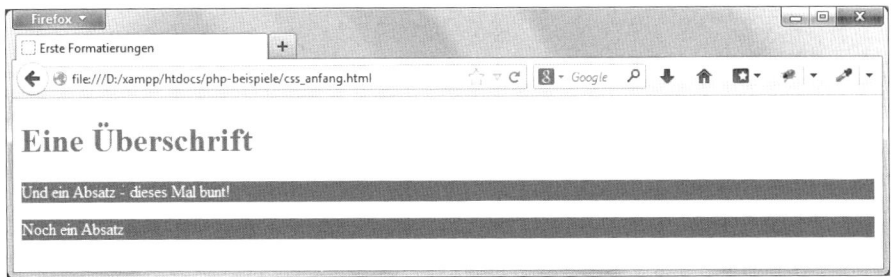

Abb. 3–9   *Überschrift und Absatz in verschiedenen Farben*

3.7.1   Farbangaben

Oben haben Sie gesehen, dass für die Farbangabe ein englischer Farbname
benutzt wurde. Offiziell erlaubt sind folgende sechzehn: black (Schwarz), green
(Grün), navy (Dunkelblau), gray (Grau), lime (Hellgrün), blue (Blau), maroon
(Dunkelrot), olive (Olivgrün), purple (Violett), red (Rot), yellow (Gelb), fuchsia
(Magenta), silver (Hellgrau), aqua (Cyan), teal (Blaugrün), white (Weiß).

Das ist gut zum Testen, aber für den richtigen Einsatz braucht man ein ausge-
feilteres System. Im Web werden RGB-Farben (Rot-Grün-Blau) eingesetzt, die
üblicherweise über zweistellige Hexadezimalzahlen angegeben werden. Hexade-
zimale Ziffern reichen von 0 über 9 und A bis F. Der größtmögliche Wert ist
damit FF, der kleinstmögliche 00.

Die Farbangaben bestehen aus sechs Stellen und werden direkt nach einem
Gatterzeichen (#) notiert. Die beiden ersten Stellen geben den Rotwert, die beiden
nächsten den Grün- und die beiden letzten den Blauanteil an. Damit lässt sich die
Farbe Weiß als #FFFFFF schreiben, #FF0000 beschreibt einen Rotton usw.

```
h1 { color: #FF0000; }
```

3.7.2   Mehr Freiheit durch Klassen

Bisher haben Sie gesehen, wie man Formatierungen für alle Elemente einer
bestimmten Art vornimmt, beispielsweise für alle Absätze. Nicht immer möchte
man aber alle gleichartigen Elemente gleich formatieren, sondern auch Ausnahmen definieren. Das lässt sich über Klassen realisieren. Im folgenden Beispiel gibt
es mehrere Absätze. Manche von ihnen enthalten einen sehr wichtigen Text. Sie
werden im HTML-Code mit der Klasse wichtig gekennzeichnet:

```
<p>Ein normaler Absatz …</p>
<p>Noch ein normaler Absatz …</p>
<p class="wichtig">Ein wichtiger Absatz</p>
<p>Noch ein normaler Absatz …</p>
<p class="wichtig">Noch ein wichtiger Absatz</p>
```

Wenn wir gezielt diese Elemente ansprechen wollen, schreiben wir einen Punkt
gefolgt vom Namen der Klasse und geben dann die gewünschte Formatierung an.

```
.wichtig { background-color: orange;}
```

Listing 3–9   *Elemente mit Klassen auswählen (klassen.html)*

Damit erhalten die Absätze mit der Klasse wichtig einen orangefarbenen Hintergrund.

Ein weiterer Selektor ist der ID-Selektor. Wenn Sie ein Element mit einer ID
kennzeichnen, etwa <div id="beispiel">, können Sie dieses Element über den
Selektor #beispiel (am Anfang steht ein #) für die Formatierung auswählen.

3.7.3 Weitere Selektoren

CSS bietet viele weitere Möglichkeiten, Elemente auszuwählen. Bisher haben Sie die Element, Klassen- und ID-Selektoren kennengelernt. Außerdem gibt es noch sogenannten Pseudoklassen. Mit diesen können Sie unterschiedliche Formatierungen für verschiedene Linkzustände definieren:

- `a:link` für die normalen Links
- `a:visited` für die besuchten Links
- `a:hover` beim Hovern – das heißt, wenn sich der Mauszeiger über einem Link befindet
- `a:active`, während auf den Link geklickt wird
- `a:focus`, wenn der Link mit dem Tab ausgewählt wird

Das können wir bei unserem Dokument *verlinkungen.html* anwenden. Wir definieren eine besondere Farbe für die Links, sie sollen außerdem fett sein (`font-weight: bold`) und nicht unterstrichen (`text-decoration: none`). Beim Hover-, Focus- und Active-Zustand fügen wir hingegen wieder eine Unterstreichung dazu.

```
a:link, a:visited {
  color: red;
  font-weight: bold;
  text-decoration: none;
}
a:hover, a:focus, a:active {
  text-decoration: underline;
}
```

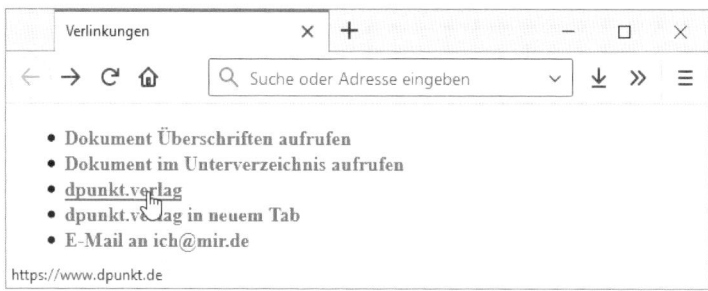

Abb. 3–10 *Links mit geänderter Formatierung*

Sie können mit CSS auch nur jedes zweites Element (oder jedes dritte, vierte usw.) auswählen. Dafür gibt es die Pseudoklasse `:nth-child()`. Mit `:nth-child(2n)` wählen Sie nur jedes zweite Element aus. Das ist praktisch für Tabellen: Wir können jede zweite Zeile anders einfärben, um die Lesbarkeit zu verbessern. Solche Tabellen nennt man Zebratabellen.

Für unsere Zebratabelle ergänzen wir im Kopfbereich innerhalb eines style-Bereichs zwei Zeilen:

```
table { background-color: #FFC080; }
tr:nth-child(2n) { background-color: #FFDFBF; }
```

Damit definieren wir eine Hintergrundfarbe für die gesamte Tabelle und färben jede zweite Zeile (tr) anders ein. Hier sehen Sie den vollständigen Code für die Zebratabelle:

```
01 <!DOCTYPE html>
02 <html>
03 <head>
04 <meta charset="UTF-8" />
05 <title>Zebratabelle</title>
06 <style>
07 table { background-color: #FFC080; }
08 tr:nth-child(2n){ background-color: #FFDFBF; }
09 </style>
10 </head>
11 <body>
12   <table border="1">
13     <tr>
14       <th>Abfahrt Hbf</th><th>Ankunft Katzenreuth</th>
15     </tr>
16     <tr>
17       <td>20:07</td><td>20:27</td>
10     </tr>
19     <tr>
20       <td>20:27</td><td>20:47</td>
21     </tr>
22     <tr>
23       <td>20:47</td><td>21:07</td>
24     </tr>
25     <tr>
26       <td>21:07</td><td>21:27</td>
27     </tr>
28   </table>
29 </body>
30 </html>
```

Listing 3–10   *Bei dieser Tabelle erhält jede zweite Zeile eine andere Hintergrundfarbe (zebratabelle.html).*

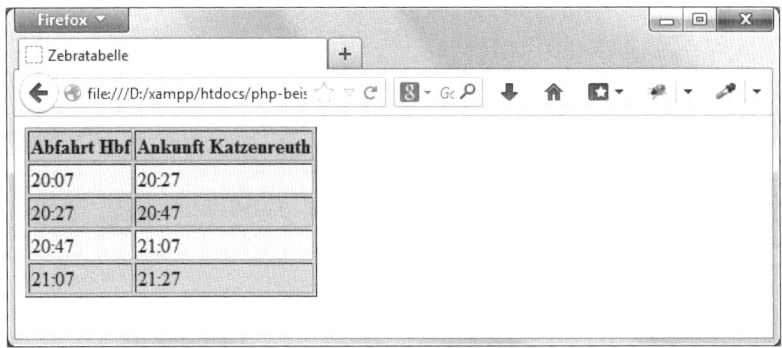

Abb. 3–11   *Zebratabelle – jede zweite Zeile ist in einer anderen Farbe eingefärbt.*

Es gibt viele weitere mächtige Selektoren in CSS.

3.7.4   Weitere häufig benötigte Formatierungen

Bisher wurden in den Beispielen für CSS-Formatierungen hauptsächlich Farben eingesetzt. Aber es gibt natürlich mehr. Hier eine Auflistung häufig benötigter Formatierungen:

Schriftart
Die Schriftart geben Sie über `font-family` an. Als Eigenschaft notieren Sie eine Liste von Schriften. Ist die erste auf dem Computer des Surfers nicht vorhanden, nimmt der Browser die nächste usw.

```
p { font-family: Verdana, sans-serif; }
```

Schriftgröße
Zur Angabe der Schriftgröße benutzen Sie `font-size`. Notieren Sie dabei die Einheit direkt an den Wert. Einsetzen können Sie px für Pixel oder em. Der genaue Wert eines em orientiert sich jeweils an der gewählten Schriftgröße und entspricht im Normalfall 16 Pixeln.

```
h2 { font-size: 1.2em; }
```

Kursiv
Um etwas kursiv zu machen, notieren Sie `font-style: italic`.

Fett
Durch die Anweisung `font-weight: bold` wird etwas fett.

Ausrichtung
Über `text-align: center` zentrieren Sie Inhalte; `text-align: right` würde sie hingegen rechts anordnen.

Textausschmückungen
Mit `text-decoration` können Sie eine Unterstreichung (`text-decoration: underline`) bestimmen oder diese auch per `text-decoration: none` entfernen.

Ausmaße von Elementen

Mit width lässt sich die Breite von Elementen bestimmen, mögliche Einheiten sind zum Beispiel px, em oder %: Die Angabe width: 300px macht ein Element 300 Pixel breit, height macht dasselbe für die Höhe. Mit padding schaffen Sie Abstand zwischen Elementen und ihrem Rand. border können Sie für einen Rahmen einsetzen.

Das folgende Listing zeigt die Formatierungen im Einsatz:

```
01 <!DOCTYPE html>
02 <html>
03 <head>
04   <meta charset="UTF-8" />
05   <title>Formatierungen</title>
06   <style>
07   body { font-family: Verdana, sans-serif; }
08   .stil1 { font-style: italic; }
09   .stil2 { color: red; background-color: yellow;font-size:1.5em;}
10   .stil3 { font-weight: bold; text-align: center; }
11   .stil4 { border: 2px dotted blue; padding: 20px; }
12   .stil5 { width: 400px; height: 80px; background-color: orange;}
13   p { background-color: #DDDDDD; }
14   </style>
15 </head>
16 <body>
17 <p class="stil1">Hier steht kursiver Text (font-style: italic)</p>
18 <p class="stil2">Groß (font-size: 1.5em) und bunt (color: red; background-
      color: yellow)</p>
19 <p class="stil3">Fett (font-weight: bold) und zentriert (text-align:
      center).</p>
20 <p class="stil4">Ein Absatz mit Rahmen und Innenabstand: border: 2px dotted
      blue; und padding: 20px</p>
21 <p class="stil5">Ein Absatz mit festgelegter Breite und Höhe (width: 400px;
      height: 80px; background-color: orange) </p>
22 </body>
23 </html>
```

Listing 3–11   *CSS-Formatierungen am Beispiel (formatierungen.html)*

Im Beispiel wird für body die Schriftart Verdana oder eine andere serifenlose Schrift festgelegt (Zeile 7). Da body das umfassende Element ist, in dem alle anderen Elemente stehen, erben diese die Schriftart. Ab Zeile 8 beginnt die Definition von fünf Klassen, die immer unterschiedliche Formatierungen haben. Diese Klassen werden weiter unten innerhalb von body dann den einzelnen p-Elementen zugewiesen (Zeile 17–21). Außerdem wird allgemein für p eine graue Hintergrundfarbe definiert (Zeile 13).

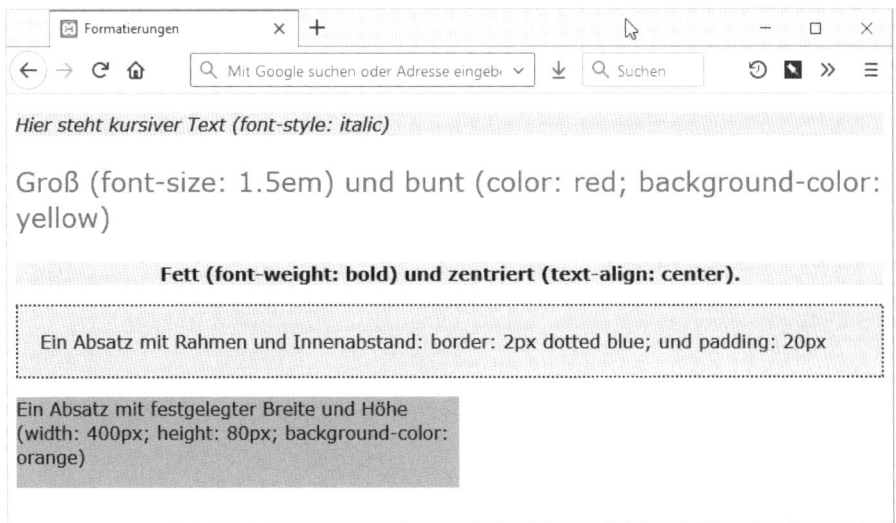

Abb. 3–12   *Das Formatierungsbeispiel*

Im Beispiel hatten wir den CSS-Code immer direkt in der HTML-Datei notiert. Das ist gut für Tests und für Formatierungen, die nur in einer Datei vorkommen. Bei projektweiten Formatierungen ist es hingegen besser, Sie setzen auf eine externe CSS-Datei. Dafür schneiden Sie den gesamten CSS-Code aus und speichern ihn in einer Datei mit der Endung *.css*:

```
body { font-family: Verdana, sans-serif; }
.stil1 { font-style: italic; }
.stil2 { color: red; background-color: yellow; font-size: 1.5em; }
.stil3 { font-weight: bold; text-align: center; }
.stil4 { border: 2px dotted blue; padding: 20px; }
.stil5 { width: 400px; height: 80px; background-color: orange; }
p { background-color: #DDDDDD; }
```

Listing 3-12   *Die CSS-Formatierungen in einer eigenen Datei (formate.css)*

Und in Ihrer HTML-Datei erstellen Sie dann einen Verweis auf diese CSS-Datei:

```
<link rel="stylesheet" href="formate.css" />
```

Diese Zeile muss innerhalb von <head> und </head> notiert werden, und der bei href angegebene Pfad muss auf die CSS-Datei verweisen. Hier sehen Sie das gesamte HTML-Dokument mit dem Link auf die CSS-Datei:

```
01 <!DOCTYPE html>
02 <html>
03 <head>
04   <meta charset="UTF-8" />
05   <title>Formatierungen</title>
06   <link rel="stylesheet" href="formate.css" />
07 </head>
08 <body>
09 <p class="stil1">Hier steht kursiver Text (font-style: italic)</p>
10 <p class="stil2">Groß (font-size: 1.5em) und bunt (color: red; background-
      color: yellow)</p>
11 <p class="stil3">Fett (font-weight: bold) und zentriert (text-align:
      center).</p>
12 <p class="stil4">Ein Absatz mit Rahmen und Innenabstand: border: 2px dotted
      blue; und padding: 20px</p>
13 <p class="stil5">Ein Absatz mit festgelegter Breite und Höhe (width: 400px;
      height: 80px; background-color: orange) </p>
14 </body>
15 </html>
```

Listing 3–13   *Jetzt ist der CSS-Code ausgelagert (formate-extern.html).*

3.8   Zusammenfassung

Dieses Kapitel hat Ihnen einen Crashkurs in HTML & CSS geboten. Wir haben uns das HTML-Grundgerüst angeschaut, das die Basis aller HTML-Dokumente darstellt. Innerhalb des head-Elements stehen Informationen wie Zeichensatz und Seitentitel, innerhalb von body die eigentlichen Inhalte. Inhalte können sowohl Absätze (p) als auch Überschriften (h1–h6), Links (a) oder Bilder (img) sein.

HTML ist für die Struktur der Dokumente zuständig, wie diese jedoch aussehen sollten, bestimmt CSS. Sie haben gesehen, wie Sie über Elementselektoren alle Elemente eines Typs auswählen oder Klassenselektoren einsetzen. Am Schluss haben Sie am Beispiel ein paar typische CSS-Formatierungen kennengelernt.

Aber natürlich hat dieser kurze Überblick über HTML/CSS aus Platzgründen nicht alle Möglichkeiten behandelt. Wenn Sie weitere Informationen suchen, so gibt es viele Quellen im Web, beispielsweise Selfhtml.[2] Eine sehr gute Quelle ist außerdem »MDN web docs« von Mozilla.[3]

Im nächsten Kapitel widmen wir uns wieder PHP, und Sie lernen die wichtigsten Basics.

---

2.   *http://wiki.selfhtml.org/wiki/Startseite*
3.   *https://developer.mozilla.org/de/docs/Web*

4   PHP-Basics

In diesem Kapitel erhalten Sie wichtige PHP-Grundkenntnisse. Sie erfahren, wie Sie PHP in HTML-Dokumente einbinden und wie Sie mit Variablen Ihre Skripte flexibel halten. Außerdem geht es um unterschiedliche Datentypen und speziell um Arrays zum Speichern mehrerer Elemente. Zum Schluss sehen Sie, wie Sie mit PHP Dateien einbinden können – praktisch, um auf mehreren Seiten vorkommende Inhalte zentral zu speichern.

4.1   PHP in HTML-Dokument einbinden

PHP-Code können Sie direkt in HTML-Dokumente einbinden. Damit der PHP-Parser die PHP-Befehle als solche erkennt, müssen diese innerhalb von <?php und ?> notiert werden. Im folgenden Beispiel wird mit echo ein Text ausgegeben:

```
01 <!DOCTYPE html>
02 <html>
03 <head>
04   <meta charset="UTF-8" />
05   <title>PHP in HTML einbinden</title>
06 </head>
07 <body>
08 <?php
09   echo "Ein erstes PHP-Dokument";
10 ?>
11 </body>
12 </html>
```

Listing 4–1   *PHP-Code in ein HTML-Dokument einbinden (php_einbinden.php)*

Damit das Beispiel funktioniert, ist zweierlei notwendig: Zum einen muss die Datei im richtigen Verzeichnis abgespeichert sein, und zum anderen muss die Endung *.php* lauten. Falls es hierbei Probleme gibt, schauen Sie noch einmal in Kapitel 2 nach.

.php ist die übliche und gängigste Endung für PHP-Dateien. Was als Endung bestimmt wird, lässt sich in der Konfiguration des Webservers festlegen: Sie könnten auch eine beliebige andere Zeichenkombination als Endung für PHP festlegen. Bei manchen Providern gibt es beispielsweise die Option, eine Endung wie *.php4* zu verwenden, wenn man möchte, dass die Skripte mit der veralteten Version 4 von PHP verarbeitet werden sollen, oder umgekehrt, dass nur Skripte mit der Endung *.php5* auch mit PHP verarbeitet werden.

Wollen Sie hingegen, dass *.html*-Dateien vom PHP-Parser verarbeitet werden sollen, können Sie das ebenfalls bestimmen. Ergänzen Sie dafür in dem Ordner mit den *.html*-Dateien eine *.htaccess*-Datei mit der folgenden Zeile:

```
AddType application/x-httpd-php .html
```

Weitere Informationen zu *.htaccess*-Dateien finden Sie in Anhang A.

Wenn Sie die Datei im Unterverzeichnis *php-beispiele* abgespeichert haben, rufen Sie sie über *http://localhost/php-beispiele/php_einbinden.php* in Ihrem Browser auf.

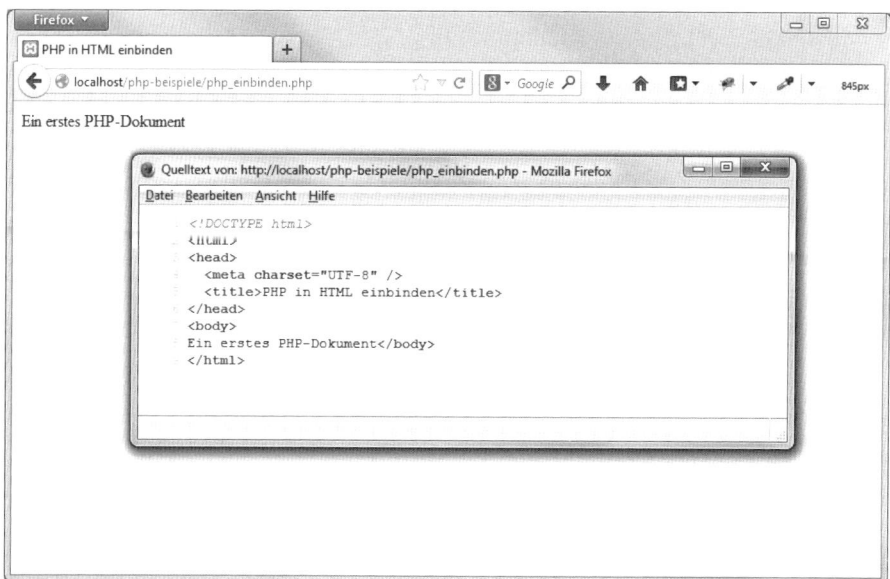

Abb. 4–1   *Dokument mit per PHP erzeugtem Text*

Wechseln Sie dann einmal in den Quellcode, im Firefox etwa über *Extras/Web-Entwickler/Seitenquelltext anzeigen:* Hier sehen Sie keinen PHP-Code, sondern nur HTML-Code. Wenn das so ist, hat alles geklappt.

Wir haben es hier mit zwei verschiedenen Quellcode-Dateien zu tun: Die Datei, die Sie in Ihrem Editor erstellt haben, enthält den PHP-Code, der mit HTML-Code gemischt sein soll. Das hingegen, was Sie als »Seitenquelltext« in Ihrem Browser sehen, ist das, was der PHP-Interpreter auf dem Server erzeugt hat – ein reiner HTML-Code ohne PHP-Befehle.

Jetzt genauer zum PHP-Code: Im Beispiel wird der PHP-Befehl echo einge-setzt, der zur Ausgabe dient. Handelt es sich um einen Text wie im Beispiel, müssen Sie diesen in Anführungszeichen schreiben: echo "Unser erstes PHP-Dokument";.

Für das, was hier allgemeinsprachlich mit *Text* bezeichnet wurde, gibt es die Fachbezeichnung *Zeichenkette* oder englisch *String*.

Außerdem sehen Sie am Ende ein Semikolon. Dieses dient in PHP dazu, Anweisungen abzuschließen.

4.1.1 Verschiedene Varianten der Einbindung

Im Beispiel wurde <?php und ?> zum Einbinden des PHP-Codes benutzt. Das ist die gebräuchlichste und die beste Variante. In den Beispielen kombinieren wir HTML und PHP, deswegen benötigen wir ?> zum Schließen des PHP-Teils. In reinen PHP-Dateien können Sie hingegen ?> auch weglassen, das ist auch empfohlen.

Vor PHP 7.x war es auch möglich, PHP mit einem script-Element einzubinden:

```
<script language="php">
  echo "Eine veraltete Möglichkeit, PHP einzubinden";
</script>
```

oder die ASP-Syntax zu nutzen:

```
<% echo "auch das war möglich"; %>
```

Diese beiden Varianten funktionieren allerdings seit PHP 7 nicht mehr.

Eine Variante der Einbindung kommt ohne das Wort php aus – das soge-nannte Short-open-Tag:

```
<? echo "noch mal hallo"; ?>
```

Diese sehr kurze Option funktioniert nur, wenn die Konfigurationseinstellung short_open_tag auf On steht. Ob das bei Ihrer Installation der Fall ist, können Sie in der Ausgabe von phpinfo() nachsehen.

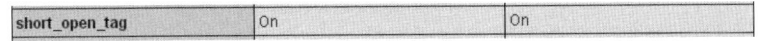

short_open_tag	On	On

Abb. 4–2   *Wenn die entsprechende Zeile in der Ausgabe von phpinfo() so aussieht, würden die Short-Open-Tags ebenfalls funktionieren – ansonsten müssen Sie die Konfiguration von PHP anpassen, wenn Sie die verkürzte Schreibweise nutzen wollen.*

Da die verkürzte Schreibweise nur bei bestimmten Konfigurationen funktioniert, sollten Sie die klassische Form <?php und ?> benutzen.

4.1.2   PHP-Befehle überall

Die PHP-Befehle können Sie an beliebigen Stellen in Ihrem HTML einfügen – immer da, wo Sie sie brauchen. Also dort, wo Sie beispielsweise – wie später gezeigt – einen Wert aus der Datenbank ausgeben oder das Ergebnis einer Berechnung anzeigen lassen wollen:

Im folgenden Beispiel wird PHP-Code an mehreren Stellen eingefügt:

```
01 <?php date_default_timezone_set("Europe/Berlin");?>
02 <!DOCTYPE html>
03 <html>
04  <head>
05   <meta charset="UTF-8" />
06   <title><?php echo date("j.n. "); ?></title>
07 <style>
08   body { background-color: <?php echo "yellow"; ?>; }
09 </style>
10 </head>
11 <body>
12 <?php
13   echo "Schönen Tag auch!";
14 ?>
15 </body>
16 </html>
```

Listing 4–2   *PHP-Code kann an sich überall stehen (php_code_ueberall.php).*

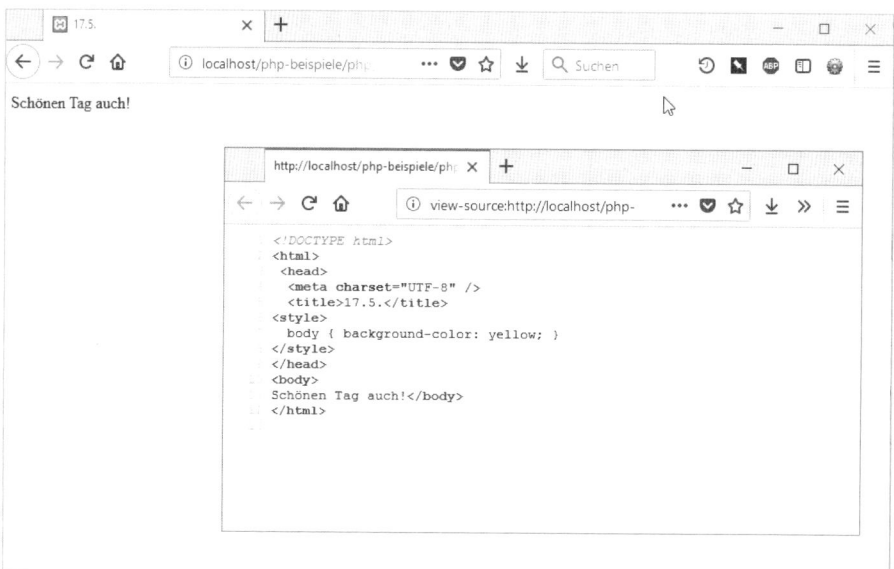

Abb. 4–3   *Das Ergebnis ist wieder korrektes HTML.*

In Zeile 1 – sogar vor der HTML-Dokumenttypangabe – steht ein erster Aufruf von PHP. Im Beispiel wird damit die Zeitzone gesetzt. In Zeile 6 folgt der nächste Aufruf von PHP: Hier wird im Seitentitel das Datum ausgegeben.

> Mehr zur Funktion, um die Zeitzone zu setzen, sowie zu `date()` zur Datumsausgabe in Kapitel 6.

In Zeile 8 wird noch einmal PHP aufgerufen: dieses Mal innerhalb der CSS-Angaben, und zwar bei der Zuweisung einer Hintergrundfarbe für das body-Element. Der letzte Aufruf von PHP erfolgt dann in Zeile 13, wo eine Begrüßung ausgegeben wird. Das alles ist problemlos möglich. Wichtig ist nur, dass das Ergebnis wieder korrektes HTML ist.

Umgekehrt können Sie natürlich auch HTML-Code direkt innerhalb des Texts schreiben, der per echo ausgegeben wird:

```
<?php
   echo "<p>Schönen Tag auch!<br />Bis später</p>";
?>
```

In diesem Fall könnten Sie <p> und </p> auch außerhalb des PHP-Codes notieren – das macht keinen Unterschied:

```
<p>
<?php
   echo "Schönen Tag auch!<br />Bis später";
?>
</p>
```

Am Quellcode des HTML-Dokuments, das ausgeliefert wird, können Sie prinzipiell nicht feststellen, welche Teile über PHP-Befehle erzeugt werden und welche direkt im HTML-Code standen.

Im Beispiel wurde immer echo eingesetzt. Stattdessen können Sie übrigens auch print benutzen:

```
<?php
   print "Schönen Tag auch!<br />Bis später";
?>
```

> Ob Sie echo oder print wählen, ist im Wesentlichen Geschmackssache. Es gibt allerdings kleinere Unterschiede, die im Normalfall nicht relevant sind: So gibt print einen Rückgabewert zurück, echo hingegen nicht. Und außerdem können Sie echo auch mehrere durch Komma getrennte Parameter übergeben, also beispielsweise echo "eins", "zwei". Zu den Begriffen *Rückgabewert* und *Parameter* kommen wir später noch ausführlich.

Leerzeichen und neue Zeilen sind für PHP nicht relevant. Sie sind jedoch ganz essenziell für die Lesbarkeit des Skripts. Wie man diese geschickt einsetzt, erfahren Sie etwas später – in Kapitel 5 –, wenn Sie weitere PHP-Sprachelemente kennengelernt haben.

Innerhalb von Anführungszeichen sind die Leerzeichen hingegen schon relevant, sie werden eins zu eins so in den ausgegebenen Quellcode übernommen. Hier sind die meisten aber nicht sichtbar, da Browser Leerzeilen im HTML-Code ignorieren und mehrere Leerzeichen zu einem zusammenfassen.

4.2   Kommentare

Mit Kommentaren können Sie Erklärungen zu Ihrem Skript in den Quellcode schreiben, die vom PHP-Interpreter ignoriert werden. Vielleicht ist Ihnen heute bei einem Skript noch klar, warum Sie was an welche Stelle geschrieben haben, aber sehen Sie sich mal ein von Ihnen selbst geschriebenes Skript nach ein paar Monaten noch einmal an: Sie werden sich an wenig erinnern und froh sein, wenn Sie Hinweise finden, was die einzelnen Schritte bedeuten und warum sie durchgeführt wurden. Außerdem sind Kommentare ganz essenziell, wenn mehrere Personen an einem Skript arbeiten.

Kommentare können einzeilig sein:

```
//dies ist ein Kommentar
#dies ist auch ein Kommentar
```

Einzeilige Kommentare können auch als Anschluss an einen PHP-Befehl stehen:

```
echo "Hallo"; //gibt Hallo aus
```

Mehrzeilige Kommentare stehen zwischen /* und */:

```
/* dies ist ein
mehrzeiliger
Kommentar */
```

Kommentare können auch verwendet werden, um gerade nicht benötigte Code-Zeilen auszukommentieren. Im nächsten Beispiel wird die zweite Ausgabe auskommentiert:

```
<?php
  echo "<p>Schönen Tag auch!<br />Bis später</p>";
  /* echo "Der derzeitige Gesamtbetrag ist 42,50<br />"; */
  echo "Weitere interessante Produkte finden Sie unter ... ";
?>
```

Das kann man bei der Fehlersuche einsetzen, um festzustellen, ob die Fehlermeldung durch eine bestimmte Zeile bzw. einen bestimmten Code-Bereich hervorgerufen wurde.

Mehrzeilige Kommentare dürfen nicht verschachtelt werden. Das Folgende würde **nicht** funktionieren:

```
/* Das ist ein Kommentar
/* und hier fängt ein neuer Kommentar an */
Und erst hier wird der Kommentar beendet */
```

Das Ende des zweiten, im ersten verschachtelten Kommentars würde auch den ersten Kommentar beenden.

Prinzipiell verwendet man /* und */ für längere Kommentare zu Beginn eines Skripts oder eines Skriptbereichs, für die kleinen Schritte dazwischen hingegen //. In den Skripten in diesem Buch sehen Sie hingegen wesentlich häufiger die /*..*/-Kommentare. Das liegt daran, dass die Zeilen hier kürzer sind als sonst.

4.3   Variablen definieren und ausgeben

Sie haben bisher gesehen, wie Sie über PHP Texte ausgeben lassen können. Viele zusätzliche Möglichkeiten ergeben sich durch ein ganz wichtiges weiteres PHP-Sprachelement: die **Variablen**. Variablen sind Platzhalter für unterschiedliche Daten – zum Beispiel Text oder Zahlen – und nichts anderes als ein symbolischer Bezeichner für einen Speicherbereich, in dem ein Wert abgelegt wird. Variablen sind beispielsweise notwendig, um Eingaben der Benutzer weiterzuverarbeiten: Sie wissen ja noch nicht, was die Benutzer eingeben, möchten aber trotzdem darauf zugreifen, um die Inhalte beispielsweise auszugeben.

Variablennamen beginnen in PHP immer mit einem Dollarzeichen: `$meineVariable`. Die Namen von Variablen vergeben Sie selbst. Dabei müssen Sie folgende Regeln beachten:

- Groß- und Kleinschreibung wird unterschieden. So sind `$meineVariable` und `$MeineVariable` unterschiedliche Variablen.

- Nach dem Dollarzeichen darf nicht direkt eine Zahl folgen: `$7kaese` wäre also kein korrekter Variablenname.

- Leerzeichen, Punkte, Ausrufezeichen oder Bindestriche sind in Variablennamen nicht erlaubt. Statt des Leerzeichens nehmen Sie am besten einen Unterstrich, zum Beispiel `$brutto_preis`.

Um einer Variablen einen Wert zuzuweisen, verwenden Sie den Zuweisungsoperator `=`:

```
$name = "Lola";
$alter = 2;
```

`=` kennen Sie sicher auch aus der Mathematik. In der Mathematik bedeutet es »ist gleich«, hier in PHP hingegen »erhält den Wert«.

Ihren Variablen können Sie natürlich nicht nur einen festen Wert, sondern auch das Ergebnis einer Berechnung zuweisen:

```
$erg = 17 + 4;
```

4.3.1   Notice bei nicht initialisierten Variablen

Wenn Sie eine Variable einsetzen, der Sie keinen Wert zugewiesen haben, erhalten Sie eine entsprechende Notice – allerdings nur, wenn die Einstellung error_reporting wie in Kapitel 2 beschrieben angegeben ist. Ein Beispiel:

```
$zahl = 5;
$erg = $Zahl + 10;
```

Listing 4–3   *Nicht initialisierte Variable (nichtinitialisiert.php)*

Hier wird $zahl der Wert 5 zugewiesen, dann aber in der Berechnung $Zahl (mit Großbuchstaben) verwendet. Da die Groß-/Kleinschreibung von Variablen relevant ist, sind $zahl und $Zahl für PHP verschiedene Variablen, und $Zahl ist nicht initialisiert, das heißt, Sie haben ihr keinen expliziten Wert zugewiesen.

Abb. 4–4   *Fehlermeldung bei nicht initialisierter Variablen*

Sie erhalten dann die in Abbildung 4–4 gezeigte Meldung – das Skript würde ansonsten aber trotzdem funktionieren, und der Variablen $Zahl würde der Defaultwert 0 zugewiesen. Die Fehlermeldung ist aber hier sehr hilfreich, da sie Ihnen einen Hinweis auf Ihren Tippfehler gibt.

4.3.2   Den Inhalt von Variablen ausgeben

Den Inhalt von Variablen können Sie per echo ausgeben:

```
echo $name;
```

Häufig möchte man Textinhalt mit dem Inhalt von Variablen kombinieren, also nicht nur »Lola« ausgeben lassen, sondern einen ganzen Satz. Das geht denkbar einfach: Sie können direkt Text und Variablen bei der Ausgabe kombinieren:

```
echo "$name ist $alter Jahre alt.";
```

Das gibt aus: »Lola ist 2 Jahre alt.«

Dieser Vorgang, dass innerhalb einer Zeichenkette Variablennamen erkannt und durch ihren Wert ersetzt werden, heißt *Variableninterpolation* und wird nur durchgeführt, wenn Sie den Text in doppelten Anführungszeichen schreiben. Verwenden Sie stattdessen einfache Anführungszeichen, sehen Sie *$name* anstelle von *Lola* in der Ausgabe und *$alter* anstelle von *2*:

```
echo '$name ist $alter Jahre alt.';
```

Häufig müssen Sie nur schnell in den PHP-Modus wechseln, um einen Wert ausgeben zu lassen:

```
<?php echo $wert; ?>
```

Genau für diesen Fall gibt es eine verkürzte Schreibweise. Sie schreiben direkt nach <? ein =-Zeichen und dann das, was Sie ausgeben lassen möchten:

```
<?=$wert?>
```

Übung 1

Nehmen Sie das Dokument *ueberschriften.html* als Basis und ergänzen Sie weitere Überschriften und Absätze!

4.3.3   Sonderzeichen in Anführungszeichen

Möchten Sie zum Beispiel innerhalb von doppelten Anführungszeichen wirklich ein Dollarzeichen ausgeben lassen, müssen Sie es *maskieren*: So stellen Sie sicher, dass PHP das Dollarzeichen als normales Dollarzeichen und nicht als Einleitung für eine Variable nimmt:

```
echo "Das Buch kostet 14 \$";
```

Genauso müssen Sie auch einen Backslash vor ein doppeltes Anführungszeichen schreiben, wenn Sie es innerhalb von doppelten Anführungszeichen einsetzen wollen. Das werden Sie häufig bei Attributwerten in HTML brauchen, die selbst in Anführungszeichen geschrieben werden:

```
echo "<img src=\"wiesen.jpg\" width=\"137\" height=\"103\" alt=\"Landschaft\"
/>";
```

ergibt dann als HTML-Code:

```
<img src="wiesen.jpg" width="137" height="103" alt="Landschaft" />
```

Wenn man sich die Datei im Browser ansieht, wird – sofern das Bild im Ordner vorhanden ist – die Landschaft angezeigt.

Anstatt die doppelten Anführungszeichen über \" zu maskieren, können Sie auch einfache Anführungszeichen für die Attributwerte in HTML verwenden:

```
echo "<img src='wiesen.jpg' width='137' height='103' alt='Landschaft' />";
```

Dies ließe sich auch umgekehrt schreiben, indem Sie außen die einfachen und innerhalb dieser die doppelten Anführungszeichen einsetzen.

```
echo '<img src="wiesen.jpg" width="137" height="103" alt="Landschaft" />';
```

Listing 4–4 fasst diese unterschiedlichen Verwendungen noch einmal zusammen.

Bei diesem Beispiel wurde das umfassende HTML-Grundgerüst nicht mehr mit abgedruckt. Das wird im Folgenden immer so gehandhabt, wenn der PHP-Teil ganz normal innerhalb von <body> und </body> steht.

```
01   $name = "Lola";
02   $alter = 2;
03   $erg = 17 + 4;
04   echo "<h3>Mit doppelten Anführungszeichen: </h3>";
05   echo "$name ist $alter Jahre alt.";
06   echo "<h3>Mit einfachen Anführungszeichen: </h3>";
07   echo '$name ist $alter Jahre alt.<br />';
08   echo "<h3>Und noch ein paar Bilder: </h3>";
09   echo "<img src=\"wiesen.jpg\" width=\"137\" height=\"103\"
     alt=\"Landschaft\" />";
10   echo "<img src='wiesen.jpg' width='137' height='103' alt='Landschaft' />";
11   echo '<img src="wiesen.jpg" width="137" height="103" alt="Landschaft" />';
```

Listing 4–4   *Variablen ausgeben mit einfachen und doppelten Anführungszeichen*
              (variablen_ausgeben.php)

Abb. 4–5   *Unterschiedliche Verwendung von einfachen und doppelten Anführungszeichen*

Sie haben gesehen, wie Sie den Backslash innerhalb von doppelten Anführungszeichen einsetzen können, um Sonderzeichen wie das $-Zeichen oder doppelte
Anführungszeichen selbst auszugeben. Daneben gibt es weitere Kombinationen
von Backslash und Zeichen, die innerhalb von doppelten Anführungszeichen eine
besondere Bedeutung haben.

\n und \t für einen übersichtlichen HTML-Quellcode

Ihren HTML-Quellcode strukturieren Sie in der Regel durch Zeilenumbrüche
und Einrückungen. Um dies auch für den HTML-Code zu machen, den der PHP-
Interpreter aus den PHP-Befehlen erzeugt, verwenden Sie \n und \t. \n erzeugt
einen Zeilenumbruch, \t einen Tabulator:

```
echo "Unser erstes \nphp-Dokument. \n";
echo "\tUnser erstes \tphp-Dokument. \n";
```

Listing 4–5   *Tabulator und Newline im Einsatz (escapesequenzen.php)*

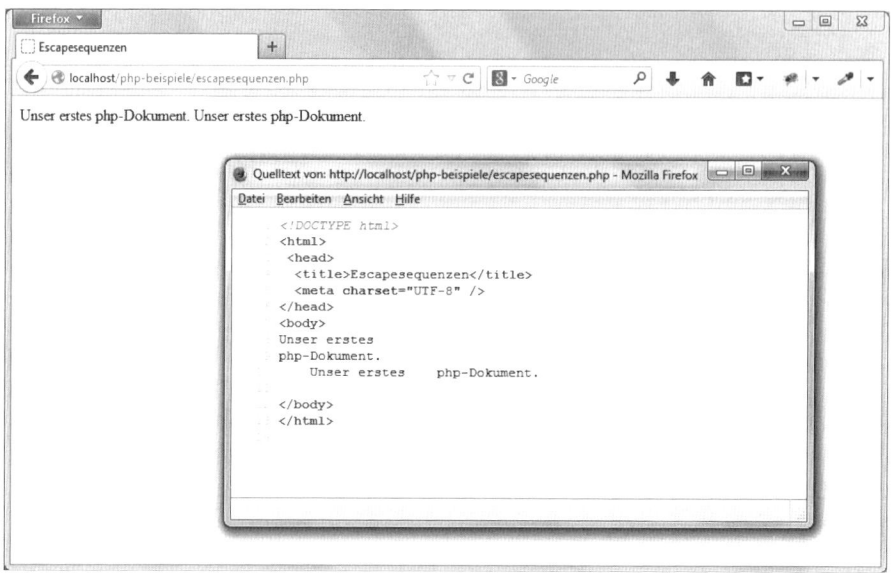

Abb. 4–6   *Sichtbar sind \t und \n nur im HTML-Quellcode, nicht in der Ausgabe des Browsers.*

In Abbildung 4–6 sehen Sie deutlich, dass \t und \n aus dem PHP-Code keine Auswirkung im Browser haben, sondern nur im HTML-Quellcode. Sinnvoll ist ihr Einsatz beispielsweise, wenn man mit PHP eine Tabelle ausgeben lässt. Hier kann man den Quellcode für eine bessere Lesbarkeit per \t und \n einrücken – das ist hilfreich, um mögliche Verschachtelungsfehler beim Einsatz von <tr> oder <td> zu finden.

> Nützlich ist \n ebenfalls für die Erzeugung von Zeilenumbrüchen in Textdateien (siehe Kap. 12) oder bei Textmails (Kap. 7).

Wenn Sie in Ihrem Text selbst ein \ benutzen, so müssen Sie dieses ebenfalls durch einen weiteren Backslash maskieren:

```
$windowspfad = "C:\\xampp";
```

Alle möglichen Escapesequenzen

Die Kombination von Backslash plus Zeichen wird *Escapesequenz* genannt. Alle möglichen Escapesequenzen führt Tabelle 4–1 vor: Innerhalb von einfachen Anführungszeichen gibt es nur zwei Escapesequenzen: \' für ein einfaches Anführungszeichen innerhalb von Anführungszeichen und \\ für den Backslash innerhalb von einfachen Anführungszeichen selbst.

Kombination	Bedeutung
"\\"	\
"\n"	Neue Zeile
"\t"	Tabulator
"\$"	Dollarzeichen
"\""	"
"\r"	Wagenrücklauf
"\v"	Vertikaler Tabulator
"\f"	Seitenvorschub
"\100"	Das Zeichen, das der angegebenen Oktalzahl in der Code-Tabelle des Zeichensatzes entspricht – hier @
"\X40"	Das Zeichen, das der angegebenen Hexadezimalzahl in der Code-Tabelle des Zeichensatzes entspricht – hier @
'\\'	\
'\''	'

Tab. 4–1   *Escapesequenzen in einfachen und doppelten Anführungszeichen*

4.3.4   Variablennamen über {} kennzeichnen

Noch eine Besonderheit gibt es bei der Variableninterpolation: Sie haben ja gesehen, dass Sie den Wert von Variablen direkt in doppelten Anführungszeichen ausgeben lassen können. Was aber, wenn man direkt an den Wert etwas dranhängen möchte, beispielsweise ein Genitiv-s?

```
$vorname= "Amina";
```

Nehmen wir an, Sie möchten »Aminas Jacke« ausgeben lassen. Wenn Sie das so versuchen:

```
echo "$vornames Jacke";
```

versteht der PHP-Interpreter $vornames als Variablenname. Da Sie keine Variable mit diesem Namen definiert haben, wird nichts ausgegeben. Wenn – wie in Kapitel 2 beschrieben – die Anzeige der Fehlermeldungen so eingestellt ist, dass auch Hinweise (Notices) angezeigt werden, erhalten Sie eine Meldung, dass Sie eine nicht definierte Variable verwenden.

Aber es besteht natürlich eine Möglichkeit, etwas direkt an die Variable anzuhängen. Sie müssen PHP dabei nur mitteilen, wie weit der Variablenname geht und wo der zusätzliche Text ist. Dazu brauchen Sie geschweifte Klammern:

```
echo "{$vorname}s Jacke";
```

Die Schreibung mit den geschweiften Klammern können Sie immer nutzen.

4.3.5   Komfortable Ausgabe über HereDoc und NowDoc

HereDoc und NowDoc sind weitere Möglichkeiten zur Ausgabe von Text. Wenn
Sie mehr HTML-Tags und Variablen mischen wollen, ist das manchmal mühsam:
Sie müssen immer darauf achten, die Anführungszeichen zu maskieren oder die
jeweils anderen zu verwenden usw. Eine Vereinfachung kann die HereDoc-Syntax bringen.

Um etwas über HereDoc ausgeben zu lassen, schreiben Sie hinter echo drei
spitze Klammern <<< und einen Bezeichner; im Beispiel ist es DOC. Danach geben
Sie Ihren HTML-Code ganz »normal« an – Sie können beispielsweise Anführungszeichen unmaskiert verwenden. Sie beenden die HereDoc-Syntax mit dem
Bezeichner, mit dem Sie das Ganze begonnen haben, und ein Semikolon.

```
echo <<<DOC

DOC;
```

Wichtig ist, dass der abschließende Bezeichner bei der HereDoc-Syntax ganz am
Anfang der Zeile steht. Es darf kein Leerzeichen und auch kein anderes Zeichen
davor stehen.

> Ab PHP 7.3 ist die Syntax etwas lockerer, der Bezeichner muss nicht am Anfang der Zeile
> stehen. Allerdings dürfen im ausgegebenen Text nicht Leerzeichen und Tabs gemischt
> werden.

Das folgende Listing zeigt die HereDoc-Syntax zur Ausgabe einer Tabelle:

```
01 $vorname = "Amina";
02 $alter   = 3;
03 echo <<<DOC
04 <table border="1" >
05   <tr>
06     <td>Name</td>
07     <td>Alter</td>
08   </tr>
09   <tr>
10     <td>$vorname</td>
11     <td>$alter</td>
12   </tr>
13 </table>
14 DOC;
```

Listing 4–6   *Ausgabe über die HereDoc-Syntax (heredoc.php)*

Sie müssen den Text nicht direkt ausgeben lassen, sondern können ihn auch in
einer Variablen speichern und später bei Bedarf ausgeben.

```
01 $vorname = "Amina";
02 $alter = 3;
03 $ausgabe = <<<DOC
04 <table border="1" >
05   <tr>
06     <td>Name</td>
07     <td>Alter</td>
08   </tr>
09   <tr>
10     <td>$vorname</td>
11     <td>$alter</td>
12   </tr>
13 </table>
14 DOC;
15 echo $ausgabe;
```

Listing 4–7   *Dieses Mal wird der Text erst einmal in einer Variablen gespeichert (heredoc_2.php).*

Der Text innerhalb der HereDoc-Syntax wird vom PHP-Interpreter so behandelt, als stünde er in doppelten Anführungszeichen – und Variablen werden interpoliert. Im Beispiel erscheint nach der Verarbeitung anstelle von $vorname der zugewiesene Wert *Amina*. Genau darin unterscheidet sich eine andere mögliche Konstruktion namens NowDoc von HereDoc. Bei NowDoc wird der Inhalt so behandelt, als stünde er in einfachen Anführungszeichen, und der Wert der Variablen wird nicht ausgegeben.

NowDoc definieren Sie wie HereDoc – mit dem Unterschied, dass Sie den Bezeichner in einfachen Anführungszeichen schreiben (siehe Zeile 3).

```
01 $vorname = "Amina";
02 $alter = 3;
03 echo <<<'DOC'
04 <table border="1" >
05   <tr>
06     <td>Name</td>
07     <td>Alter</td>
08   </tr>
09   <tr>
10     <td>$vorname</td>
11     <td>$alter</td>
12   </tr>
13 </table>
14 DOC;
```

Listing 4–8   *NowDoc (nowdoc.php)*

Abb. 4–7   Links NowDoc ohne Variableninterpolation, rechts HereDoc-Syntax mit

4.3.6   Qual der Wahl: einfache oder doppelte Anführungszeichen?

In den vorigen Abschnitten ging es um die Definition von Variablen und um die Ausgabe von Texten und Variablen. Dabei macht es ja einen Unterschied, ob Sie die doppelten oder die einfachen Anführungszeichen wählen. Was soll man jetzt im konkreten Fall jeweils nehmen – einfache oder doppelte Anführungszeichen? Der Unterschied ist ja bekanntlich, dass bei doppelten Anführungszeichen der Wert von Variablen ausgegeben wird, bei einfachen nicht.

Wenn man diesen Unterschied ernst nimmt und konsequent berücksichtigt, sollte man natürlich nur dann doppelte Anführungszeichen verwenden, wenn sie benötigt werden.

Typischer Fall für doppelte Anführungszeichen: `echo "Hallo $name";`

Eher ein Fall für einfache Anführungszeichen: `echo "Guten Morgen";`

Andererseits ist es – nach meiner Erfahrung aus Kursen – für PHP-Einsteiger relativ umständlich und mitunter verwirrend, wenn sie bei allen Ausgaben immer zuerst überlegen müssen, welche Anführungszeichen denn nun angebracht sind.

Deswegen werden hier im Buch konsequent doppelte Anführungszeichen eingesetzt, und wenn innerhalb dieser weitere benötigt werden – zum Beispiel bei Attributwerten bei HTML-Tags –, einfache benutzt. Diese Regel lässt sich durchgehend anwenden und funktioniert immer.

4.3.7   Voll flexibel: variable Variablen

In PHP können Sie Variablennamen selbst in Variablen speichern und darüber auf die Variablen zugreifen. Dafür benutzen Sie zwei Dollarzeichen:

```
$varname = "beispiel";
$$varname = "php";
echo $beispiel;
```

Listing 4–9   *Variable Variable (variable_variablen.php)*

Im Beispiel wird eine Variable namens $varname definiert mit dem String "bei-spiel" als Inhalt. Dann erhält $$varname den Inhalt php. Die Ausgabe von echo $beispiel ist "php".

4.4 Konstanten definieren

Der Inhalt von Variablen ist, wie der Name sagt, variabel, er kann sich im Laufe des Skripts ändern. Wenn Sie hingegen mit feststehenden Werten in Ihrem Skript arbeiten, sollten Sie Konstanten einsetzen. Konstanten können Sie mit dem Schlüsselwort const definieren. Durch folgende Zeile wird eine Konstante namens MAXWERT definiert und auf den Wert 10 gesetzt:

```
const MAXWERT = 10;
```

Diese Art, Konstanten zu definieren, hat ein paar Einschränkungen, so können Sie sie beispielsweise nicht innerhalb einer Klassendefinition nutzen. Stattdessen können Sie zur Definition einer Konstanten auch die Funktion define() einsetzen. In runden Klammern geben Sie dabei zuerst den Namen der Konstanten an und nach einem Komma den Wert.

define() ist eine von PHP vorgegebene Funktion. PHP stellt Ihnen viele solcher vordefinierten Funktionen zur Verfügung, die Sie direkt einsetzen können. Hinter dem Funktionsnamen stehen runde Klammern, in denen Sie PHP die Parameter für die Funktion übergeben. Mit Parametern bestimmen Sie, mit was die Funktion operieren soll. Mehrere Parameter werden dabei durch Komma voneinander getrennt. Wie viele Parameter Sie angeben können und wie viele Sie angeben müssen, ist von Funktion zu Funktion unterschiedlich. In diesem und dem nächsten Kapitel werden Sie immer wieder weitere Funktionen kennenlernen. Vordefinierte Funktionen in PHP sind dann auch das alleinige Thema von Kapitel 6. Die Definition der Konstanten sieht bei Einsatz von define() folgendermaßen aus:

```
define("MAXWERT", 10);
```

Um im Skript auf die Konstante zuzugreifen, schreiben Sie sie direkt ohne Dollarzeichen. Das ist auch der formale Unterschied zu den Variablen.

```
echo MAXWERT; /* gibt 10 aus */
```

Wenn Sie versuchen, einer Konstanten einen neuen Wert zuzuweisen, erhalten Sie eine Fehlermeldung.

Im Unterschied zu Variablen können Sie Konstanten nicht direkt in einem String in Anführungszeichen ausgeben lassen, da der PHP-Interpreter sie nicht von Text unterscheiden kann:

```
echo "Der maximale Wert ist MAXWERT"; /* Gibt aus: Der maximale Wert ist
MAXWERT */
```

Normalerweise spielt die Groß- und Kleinschreibung von Konstanten eine Rolle. Wenn
diese hingegen nicht relevant sein soll, übergeben Sie einen dritten Parameter true:

```
define("MAXWERT", 10, true);
echo maxwert; /* gibt 10 aus */
```

Allerdings erhalten Sie ab PHP 7.3 in diesem Fall eine deprecated-Warnung. Deswegen
sollten Sie im Sinne von zukunftsfreundlichem Code besser darauf verzichten und nur
Konstanten erstellen, bei denen Groß-/Kleinschreibung eine Rolle spielt.

Über define() definieren Sie selbst Konstanten. Daneben stellt Ihnen PHP viele
vordefinierte Konstanten zur Verfügung – zum Beispiel mathematische Konstanten wie die Zahl Pi:

```
echo M_PI; /* 3.14159265359 */
```

Mehr mathematische Konstanten finden Sie im PHP-Manual unter:
http://www.php.net/manual/de/math.constants.php

Über eine weitere vordefinierte Konstante können Sie sich beispielsweise Informationen über die eingesetzte PHP-Version anzeigen lassen:

```
echo "Verwendete PHP-Version" . PHP_VERSION . "<br />\n";
```

Sogenannte *magische Konstanten* liefern Ihnen Informationen über das aktuelle
Skript. Sie werden mit zwei Unterstrichen am Anfang und am Ende geschrieben.
__LINE__ liefert Ihnen die aktuelle Zeile des Skripts, __FILE__ den Namen der
Datei und __DIR__ den Namen des Ordners, in dem sich das Skript befindet:

```
01 echo "PI: ";
02 echo M_PI;
03 echo "<br />\n";;
04 echo "Verwendete PHP-Version: ";
05 echo PHP_VERSION;
06 echo "<br />\n";
07 echo "Aktuelle Zeile des Skripts: ";
08 echo __LINE__;
09 echo "<br />\n";
10 echo "Name der Datei: ";
11 echo __FILE__;
12 echo "<br />\n";
13 echo "Name des Ordners: ";
14 echo __DIR__;
15 echo "<br />\n";
```

Listing 4–10   *Vordefinierte Konstanten (vordefinierte_konstanten.php)*

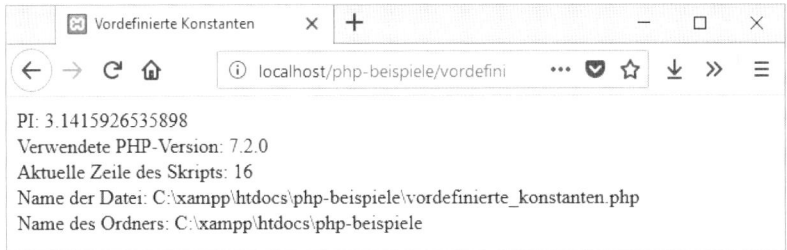

Abb. 4–8   *Ausgabe von vordefinierten Konstanten*

Alle vordefinierten Konstanten in PHP finden Sie im Manual.[1]

4.5 Operatoren

Operatoren brauchen Sie für Berechnungen und zur Verkettung von Zeichenketten.

4.5.1 Arithmetische Operatoren

Natürlich gibt es in PHP auch die in Programmiersprachen üblichen arithmetischen Operatoren. Tabelle 4–2 listet die fünf gebräuchlichen Operatoren für Zahlen auf:

Operator	Operation	Beispiel
+	Addition	$i = 6 + 4; // 10
-	Subtraktion	$i = 6 - 4; // 2
*	Multiplikation	$i = 6 * 4; // 24
/	Division	$i = 6 / 4; // 1.5
%	Modulo	$i = 6 % 4; // 2
**	Potenzieren	$i = 3 ** 2; // 9

Tab. 4–2   *Arithmetische Operatoren*

Die meisten arithmetischen Operatoren kennen Sie sicher. Neu wird Ihnen aber eventuell der Modulo-Operator (%) sein, der den ganzzahligen Rest einer Division zurückgibt.

```
$i = 6 % 4;
```

Der Rest der Division von 6 durch 4 ist 2, so erhält $i den Wert 2. Mit dem Modulo-Operator lasst sich beispielsweise leicht ermitteln, ob eine Zahl gerade

---

1. *http://www.php.net/manual/en/reserved.constants.php*

ist oder nicht. Denn wenn bei der Teilung durch 2 kein Rest übrig bleibt, ist die
Zahl gerade.

```
$z = $i % 2; /* Wenn $z gleich 0, dann ist $i gerade */
```

Punkt vor Strich

Wenn Sie Berechnungen im PHP-Code durchführen, dann gilt, so wie man es
erwarten würde, die Regel »Punkt vor Strich«. Das heißt, dass in einem Ausdruck
wie

```
$i = 5 - 3 * 2;
```

zuerst die Multiplikation ausgeführt wird (3 * 2) und danach die Subtraktion.
Deswegen erhält im obigen Beispiel $i den Wert -1. Wenn Sie hingegen wollen,
dass zuerst eine andere Operation durchgeführt werden soll, müssen Sie Klammern einsetzen:

```
$k = (5 - 3) * 2;
```

Jetzt wird zuerst 5 – 3 berechnet und das Ergebnis mit 2 malgenommen, $k erhält
also den Wert 4.

Das sind die beiden wichtigsten Regeln zur Rangfolge der Operatoren. Weitere Regeln lesen Sie in Kapitel 5.

Kombinierte Operatoren

Häufig ändert man einen Wert und speichert den geänderten Wert wieder in der
Variablen:

```
$i = 5;
$i = $i + 2;
```

$i hat jetzt den Wert 7.

> An diesem Beispiel sehen Sie noch einmal deutlich, dass das =-Zeichen in PHP nicht »ist
> gleich« bedeutet, sondern »erhält den Wert«.

$i = $i + 2; lässt sich kürzer schreiben über einen sogenannten kombinierten Operator +=:

```
$i = 5;
$i += 2;
```

Diese kombinierten Operatoren gibt es ebenfalls für die anderen Operatoren.

```
$i *= 2; /* entspricht $i = $i * 2; */
$i -= 2; /* entspricht $i = $i - 2; */
$i /= 2; /* entspricht $i = $i / 2; */
$i %= 2; /* entspricht $i = $i % 2; */
```

Sehr häufig möchte man einen Wert um eins erhöhen

```
$i += 1;
```

Speziell hierfür gibt es noch einen weiteren Operator – den Inkrementoperator.

```
$i++;
```

Entsprechend verringert der Dekrementoperator den Wert um 1

```
$i--;
```

Übung 2

Definieren Sie zwei Variablen für Zahlen und lassen Sie mit PHP eine Berechnung durchführen – wählen Sie dabei einen der arithmetischen Operatoren aus! Lassen Sie dann das
Ergebnis ausgeben, beispielsweise als X + Y = Z.

4.5.2   Strings verknüpfen

Neben den Operatoren für Zahlen gibt es auch welche für Strings, also Texte. Am
wichtigsten ist der Verknüpfungsoperator zur Verkettung von Strings – der Punkt:

```
$vorname = "Denis";
echo "Hallo " . " Welt. "; /* Hallo Welt */
echo "Hallo " . $vorname; /* Hallo Denis */
echo "<br />Guten Morgen, " . $vorname . ", – gut geschlafen?"; /* Guten
Morgen, Denis, gut geschlafen? */
```

Wie Sie sehen, können Sie über den Punkt auch Variablen anketten.

Der Verknüpfungsoperator für Strings lässt sich auch mit einer Zuweisung
kombinieren, also .=.

Zuerst sehen Sie die ausführliche Variante:

```
$koffer = "Zahnbürste, ";
$koffer = $koffer . "Hose ";
$koffer = $koffer . "und T-Shirt";
echo "Ich nehme $koffer mit.";
```

Im Beispiel wird die Variable $koffer mit einem Anfangswert belegt, der dann
nach und nach mit weiteren Strings ergänzt wird. Die Ausgabe ist: »Ich nehme
Zahnbürste, Hose und T-Shirt mit.«".

Das lässt sich über .= auch verkürzen:

```
$koffer = "Zahnbürste, ";
$koffer .= "Hose ";
$koffer .= "und T-Shirt";
echo "Ich nehme $koffer mit.";
```

Listing 4–11   *Verknüpfungsoperator für Strings (verknuepfungsoperator.php)*

Abb. 4–9   *Die Ausgabe ist in beiden Fällen gleich.*

4.6   Datentypen

Es gibt verschiedene Typen von Daten, mit denen PHP arbeiten kann. Strings und Zahlen sind Ihnen bereits begegnet. Der richtige Zeitpunkt, diese und die weiteren möglichen Datentypen einmal genauer zu betrachten.

Die Datentypen werden in PHP – im Unterschied beispielsweise zu den streng typisierenden Sprachen wie Java – jedoch üblicherweise nicht vom Programmierer explizit gesetzt, sondern von PHP aus dem Kontext erkannt.

4.6.1   Strings

Den Typ String oder Zeichenkette haben Sie bereits kennengelernt. Ein String besteht aus ein oder mehreren Zeichen. Strings werden in einfachen oder doppelten Anführungszeichen notiert. Wahlweise können Sie auch die HereDoc- oder die NowDoc-Konstruktion benutzen:

```php
$text  = "Das hier ist ein String";
$text2 = 'Das hier ist auch ein String';
$text3 = "7"; /* auch ein String */
$text4 = "10 Eier";
```

4.6.2   Integer und Float

Außerdem gibt es zwei unterschiedliche Typen für Zahlen: Integer für ganze Zahlen und Float für Fließkommazahlen.

Integer können positiv oder auch negativ sein und werden nicht in Anführungszeichen geschrieben.

```php
$ganzezahl = 42;
$nocheine  = -13;
```

Integer werden sicher am häufigsten als Dezimalzahlen angegeben, das heißt mit 10 als Basis. Aber Sie können auch Zahlen definieren, die eine andere Basis als 10 haben, wie Oktalzahlen oder Hexadezimalzahlen. Bei Oktalzahlen, die als Basis 8 haben, wird eine 0 vorangestellt.

```php
$oktal = 012; /* entspricht 10 */
```

Hexadezimalzahlen mit der Basis 16 kennen Sie von den Farbangaben in HTML/CSS: In PHP schreiben Sie am Anfang von Hexadezimalzahlen 0x:

```
$hexadezimal = 0xFF; /* entspricht dezimal 255 */
```

Fließkommazahlen (Float) werden mit einem Punkt geschrieben:

```
$float = 1.5;
```

Ebenfalls möglich ist die wissenschaftliche Schreibweise für Fließkommazahlen:

```
$a = 1.2e3; /* entspricht 1.2 * 103, das heißt 1200 */
$b = 7e-2; /* entspricht 7 * 10-2 , das heißt 0.07 */
```

> Neben Float finden Sie übrigens an manchen Stellen auch die Bezeichnung Double. Float und Double sind bei PHP identisch, und der Name Double taucht mitunter aus historischen Gründen auf.

4.6.3   Wahrheitswerte

Der boolesche Typ ist ein weiterer möglicher Datentyp, dabei handelt es sich um einen Wahrheitswert. Er kann nur true (wahr) oder false (falsch) annehmen. Sie haben ihn schon als drittes Argument von define() gesehen.

```
$regnen = true;
```

Die Groß- und Kleinschreibung ist dabei nicht relevant, Sie können auch TRUE und FALSE schreiben. Boolesche Werte brauchen Sie bei der Überprüfung von Bedingungen, das heißt, wenn beispielsweise eine Meldung ausgegeben werden soll, sofern der Benutzer einen gültigen Benutzernamen eingegeben hat. Das Ergebnis einer Überprüfung ist dann true oder false. Mehr dazu in Kapitel 5.

Wenn Sie true und false per echo ausgeben, erhalten Sie bei true die Zahl 1 und bei false nichts.

```
echo "true: " . true;
echo "<br />false: " . false;
```

Listing 4–12   *true und false ausgeben lassen (true_false_ausgabe.php)*

4.6.4   Weitere Datentypen

Es gibt noch weitere sogenannte zusammengesetzte Typen: Arrays und Objekte. Zu Arrays folgt gleich mehr (Abschnitt 4.7), und Genaueres zu Objekten lesen Sie in Kapitel 5.

Außerdem gibt es noch Ressourcen, die eine Referenz auf eine externe Ressource beinhalten, wie beispielsweise auf eine geöffnete Datei oder auf eine Verbindung zu einer Datenbank. Wie Sie mit PHP auf Dateien zugreifen, ist Thema von Kapitel 12, und in Kapitel 11 geht es um Datenbankverbindungen.

NULL ist ein weiterer Datentyp und repräsentiert eine Variable ohne Wert. Das bedeutet: Diesem Typ gehört eine Variable an, der Sie entweder noch keinen Wert zugewiesen haben, die Sie explizit auf NULL gesetzt haben oder die Sie mit der PHP-Funktion unset() gelöscht haben.

4.6.5   Immer der richtige Typ

Eine Variable kann innerhalb eines Skripts beliebig den Wert wechseln:

```
$a = "Hallo"; // String
$a = 7; // Integer
$a = 3.5; // Float
```

In diesem Beispiel ist $a zuerst vom Typ String, dann ein Integer und schließlich eine Fließkommazahl. PHP führt Konvertierungen zwischen den einzelnen Variablentypen automatisch durch. Es ermittelt automatisch den Typ einer Variable aus dem Kontext.

Float und Integer

Was das Ergebnis einer Berechnung ist – eine Fließkommazahl oder ein Integer – ist eigentlich so, wie man es intuitiv erwarten würde. Um das genauer anzusehen, brauchen wir eine Methode, um zu ermitteln, welchem Datentyp eine bestimmte Variable angehört. Hier bietet sich die Funktion var_dump() an. var_dump() übergeben Sie in runden Klammern die Variable, über die Sie mehr Informationen erhalten möchten. var_dump() gibt dann den Inhalt der Variablen und den Typ aus.

```
01 $a = 20;
02 $b = 3;
03 $c = 3.5;
04 $d = -3;
05 $e = -20;
06
07 $erg = $a / $b;
08 var_dump($erg);
09 echo "<br />\n";
10 $erg2 = $a + $b;
11 var_dump($erg2);
12 echo "<br />\n";
13 $erg3 = $a + $c;
14 var_dump($erg3);
15 echo "<br />\n";
16 $erg4 =  $a / $e;
17 var_dump($erg4);
```

Listing 4–13   *Jonglieren zwischen Integer und Float (integer_float.php)*

In den ersten fünf Zeilen werden Variablen mit Werten vorbelegt. Zeile 7 berechnet 20/3. Das Ergebnis samt Variablentyp wird über var_dump() in Zeile 8 ausgegeben: Ein Float mit dem Wert 6.666666667. In Zeile 10 werden zwei ganze Zahlen (20+3) addiert, und das Ergebnis ist ein Integer, wie man erwarten würde. Genauso einsichtig sind auch die beiden anderen Ergebnisse. Die Ausgabe des Skripts zeigt Abbildung 4–10.

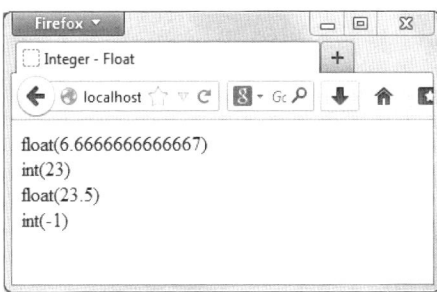

Abb. 4–10   *Das Ergebnis der Berechnungen mit Angabe des Dateityps*

Konvertierung von String in Zahlen

Werden Strings und Zahlen kombiniert, findet die Konvertierung automatisch statt. Die Konvertierung von Zahl zu String ist einfach, aus 7 wird eben »7«. Umgekehrt gibt es teilweise ungewöhnliche Ergebnisse.

Um das an einem Beispiel zu zeigen, benötigen wir wieder einen Kontext, der eine Konvertierung von einem String in eine Zahl auslöst, beispielsweise die Addition. Bei der Konvertierung in eine Zahl gilt folgendes Prinzip: Wenn ein String mit einer Zahl beginnt, wird diese genommen und der Rest verworfen. Wenn der String nicht mit einer Zahl beginnt, wird der String zu 0 konvertiert. Das gilt aber nur für das Ergebnis, der Inhalt der Variablen selbst bleibt unverändert. Ein Beispiel zeigt das:

```
01 $str1 = "10 Eier";
02 $str2 = "Schachtel mit 10 Eiern";
03 $str3 = "3.5 Äpfel";
04 $erg1 = $str1 + 2;
05 var_dump($erg1);
06 echo "<br />\n";
07 $erg2 = $str2 + 2;
08 var_dump($erg2);
09 echo "<br />\n";
10 $erg3 = $str3 + 2;
11 var_dump($erg3);
```

Listing 4–14   *Beispiel für die automatische Konvertierung von Strings (string_zu_zahl.php)*

In Zeile 4 wird »10 Eier«+2 berechnet. Das Ergebnis ist 12. Das Ergebnis von »Schachtel mit 10 Eiern«+2 ist hingegen 2. Denn »Schachtel mit 10 Eiern« beginnt nicht mit einer Zahl und wird als 0 ausgewertet. »3.5 Äpfel«+2 (Zeile 10) ergibt dann entsprechend 5.5 und ist ein Float. Allerdings erhalten Sie seit PHP 7.1 in diesem Fall Hinweise (wenn der String mit einer Zahl beginnt) und Warnungen (wenn keine Zahl im String vorhanden).

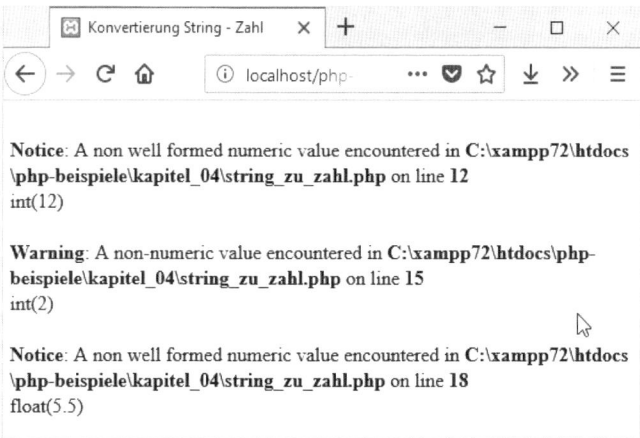

Abb. 4–11   *Das Ergebnis der Addition mit Strings und Zahlen*

Schön sind diese Umwandlungen nicht, und im Normalfall wird man vermeiden, so etwas zu tun.

4.6.6   TypeCasting

Anstatt Umwandlungen von PHP automatisch durchführen zu lassen, können Sie auch direkt eine Umwandlung anstoßen, beispielsweise über (int) in einen Integer, über (float) in eine Fließkommazahl oder über (string) in einen String. In folgendem Beispiel wird ein String explizit in einen Integer verwandelt. Die Ausgabe von var_dump() ist entsprechend »int(22)«:

```
$string = "22";
$zahl = (int) $string;
var_dump($zahl);
```

Listing 4–15   *Umwandlungen direkt durchführen (typecasting.php)*

Außerdem stehen hierfür auch Funktionen zur Verfügung, nämlich intval(), floatval(), strval() und auch boolval().

4.7   Arrays

Die Typen von Variablen, die bisher besprochen wurden, speichern genau einen Wert. Manchmal möchte man aber gleichzeitig mit mehreren Werten arbeiten, beispielsweise mit einer Liste von möglichen Farben, einer Liste von Gästen, einer Liste von zur Verfügung stehenden Versionen oder Sprachen, einer Liste von Preisen oder Produkten usw. Genau dafür sind Arrays gedacht, die mitunter auch Felder genannt werden.

Wenn man in einer Variablen mehrere Werte speichert, stehen viele nützliche Möglichkeiten offen: Die Werte lassen sich sortieren und neu ausgeben, man kann auf einzelne gezielt zugreifen, sie vergleichen, zählen, weitere ergänzen und wieder ausgeben lassen.

4.7.1   Arrays erstellen

Um ein Array zu erstellen, schreiben Sie die Werte in eckigen Klammern. Hier einmal ein Beispiel für ein einfaches Array mit drei Elementen:

```
$antworten = ["nie", "manchmal", "oft"];
```

Bei der Definition eines Arrays schreiben Sie die einzelnen Werte durch Komma getrennt innerhalb von eckigen Klammern. Wenn es Strings sind, schreiben Sie sie wie gewohnt in Anführungszeichen. Zahlen notieren Sie ohne:

```
$werte = [42, 66, 3.5, 55, 7];
```

Innerhalb eines Arrays können auch verschiedene Typen kombiniert werden:

```
$antworten = ["nie", "manchmal", "oft", 42];
```

> Die Definition von Arrays durch die Schreibung in eckigen Klammern gibt es erst seit PHP 5.4. Davor musste man das array()-Sprachkonstrukt verwenden:
>
> ```
> $antworten = array("nie", "manchmal", "oft", 42);
> ```
>
> Sie können selbst entscheiden, welche der beiden Varianten – array()-Sprachkonstrukt oder Schreibweise in eckigen Klammern – Ihnen lieber ist. Und übrigens können Sie – unabhängig davon, welche Arraydefinitionsart Sie wählen – auch hinter dem letzten Element ein Komma schreiben.

Die einzelnen Elemente werden von PHP automatisch durchnummeriert. Die Nummerierung beginnt dabei – das ist wichtig – bei 0. Das ist der sogenannte Index. Um ein einzelnes Element auszulesen, schreiben Sie den Namen des Arrays und in eckigen Klammern den Index:

```
echo $antworten[0]; /* nie */
echo "<br />\n";
echo $antworten[2]; /* oft */
```

Sie können Arrays auch problemlos im Nachhinein mit weiteren Elementen ergänzen. Nehmen wir noch einmal das bestehende Array:

```
$antworten = ["nie", "manchmal", "oft", 42];
```

Dann können Sie durch folgende Zeile ein weiteres Element anhängen:

```
$antworten[] = "aus Prinzip nicht";
```

Und das ließe sich natürlich ausgeben:

```
echo $antworten[4];
```

Listing 4–16   *Arrays erweitern und einzelne Elemente ausgeben lassen (arrays.php)*

Außerdem gibt es auch die Möglichkeit der Dereferenzierung von Arrays wie im folgenden Beispiel:

```
echo [1, 2, 3][0];
```

Damit wird 1 ausgegeben. Diese Syntax werden Sie wahrscheinlich nicht aktiv brauchen, aber es ist gut zu wissen, dass es sie gibt.

4.7.2   Informationen über Arrays ausgeben lassen

Wenn Sie versuchen, das Array als Ganzes per echo auszugeben, sieht das Ergebnis nicht wie gewünscht aus:

```
echo $antworten;
```

Das schreibt einfach »Array« auf den Bildschirm.

Um sich schnell einen Überblick über die Inhalte zu verschaffen, ist die PHP-Funktion print_r() praktisch.

```
print_r($antworten);
```

Listing 4–17   *Ausschnitt aus dem Listing arrays_print_r.php*

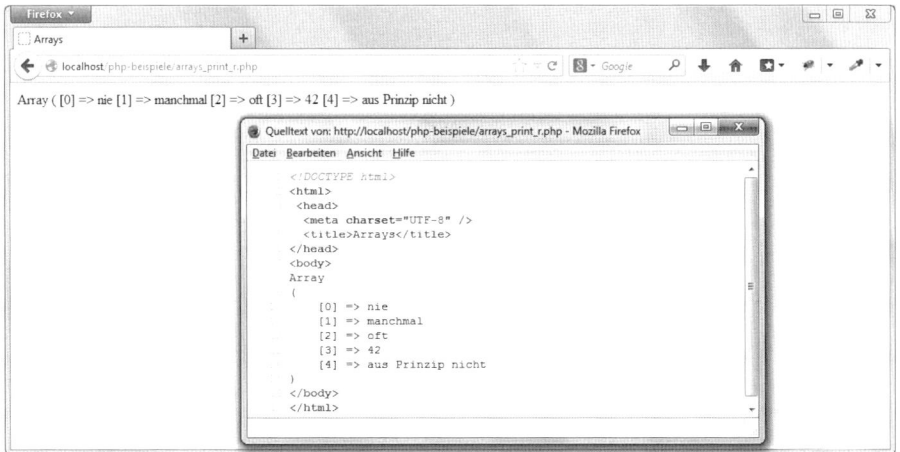

Abb. 4–12   *print_r() zeigt, was in Ihrem Array steckt.*

Abbildung 4–12 zeigt das Ergebnis von print_r(): Die Anzeige der Arrayinhalte mit den zugehörigen Indizes wird im Quellcode noch übersichtlicher angezeigt. Diese Einrückung wird natürlich im Browser nicht dargestellt, da Einrückungen im HTML-Quellcode vom Browser ignoriert werden.

Wollen Sie den Browser dazu bringen, die Inhalte wie im Quellcode anzuzeigen, inklusive aller Leerzeichen, können Sie das ansonsten selten verwendete HTML-Element pre benutzen und die Ausgabe von print_r() innerhalb der Start- und Endtags von pre schreiben:

```
echo "<pre>";
print_r($antworten);
echo "</pre>";
```

Listing 4–18   *Mit ergänztem HTML-Element pre (arrays_print_r_pre.php)*

Noch ausführlichere Informationen über Ihr Array erhalten Sie, wenn Sie anstelle von print_r() die Funktion var_dump() benutzen:

```
echo "<pre>";
var_dump($antworten);
echo "</pre>";
```

Listing 4–19   *Der Inhalt des Arrays wird dieses Mal über die Funktion var_dump() ausgegeben*
(arrays_var_dump.php).

Sie sehen dann gleichzeitig, um welchen Datentyp es sich handelt, und bei Strings auch ihre Länge.

Abb. 4–13   *var_dump() liefert ausführlichere Informationen zu den Inhalten von Arrays.*

4.7.3   Arrays durchlaufen mit foreach

Die Ausgabe mit `var_dump()` oder `print_r()` ist nur geeignet, um sich bei der Programmierung einen schnellen Überblick über den Inhalt zu verschaffen – man könnte diese Ausgabe nicht einem normalen Benutzer zumuten. Dafür gibt es andere Wege: Speziell für die Ausgabe oder sonstige Bearbeitung aller Elemente eines Arrays existiert die Schleife `foreach`. Bei `foreach` werden Schritt für Schritt die einzelnen Elemente des Arrays durchlaufen und die von Ihnen festgelegten Anweisungen für jedes Element ausgeführt. Sie müssen `foreach` nicht sagen, wie oft es das durchführen soll, denn `foreach` wird durch die Anzahl der Arrayelemente selbst begrenzt.

In runden Klammern hinter `foreach` geben Sie zuerst das Array an, das Sie durchlaufen möchten. Danach folgt das Schlüsselwort `as` und danach der Name einer temporären Variablen, die den Wert der einzelnen Elemente zwischenspeichert. Der Name der Variablen ist frei wählbar. In geschweiften Klammern steht der Code, der für jedes Element ausgeführt werden soll. Um jedes Element auszugeben, verwenden Sie den Namen, den Sie für die temporäre Variable eingesetzt haben.

Durch folgenden Code wird jedes Element des $antworten-Arrays ausgegeben – gefolgt jeweils von einem Zeilenumbruch:

```
foreach ($antworten as $aw) {
  echo "$aw <br />\n";
}
```

Wenn Sie außerhalb von `foreach` noch einmal auf die Variable $aw zugreifen, erhalten Sie den zuletzt dort gespeicherten Array-Wert:

```
foreach ($antworten as $aw) {
  echo "$aw <br />";
}
echo $aw; /* aus Prinzip nicht */
```

Listing 4–20   *Arrays können über foreach durchlaufen werden (arrays_foreach.php).*

Um die Anzahl der Elemente eines Arrays zu ermitteln, können Sie die Funktion count() einsetzen. Bei count() notieren Sie in runden Klammern das Array, dessen Elemente Sie zählen möchten. Als Rückgabewert erhalten Sie die Anzahl der Elemente:

```
$anzahl = count($antworten);
echo $anzahl; // 5
```

Übung 3

Erstellen Sie ein Array mit fünf Orten. Lassen Sie dann alle Orte in einer foreach-Schleife ausgeben, wobei nach jedem Ort immer ein Zeilenumbruch <br /> eingefügt werden soll.

Übung 4

Modifizieren Sie die Ausgabe des Arrays aus der letzten Übung, sodass die Orte als ungeordnete Liste ausgegeben werden.

Sie erinnern sich: Eine ungeordnete Liste wird mit <ul> eingeleitet und mit </ul> beendet. Die einzelnen Punkte werden hingegen von <li> und </li> eingerahmt (siehe auch Kap. 3).

Kontrollieren Sie dann in der HTML-Quellcode-Ansicht, ob der erzeugte HTML-Code korrekt ist!

Abb. 4–14   *Eine mögliche Ausgabe mit dem erzeugten HTML-Code*

4.7.4   Zufällig ein Bild anzeigen lassen

Jetzt ein kleines Beispiel für die Verwendung von Arrays. Es soll zufällig eines von mehreren Bildern ausgegeben werden. Die Pfade zu den Bildern werden dafür in einem Array gespeichert.

Außerdem benötigen wir eine Funktion, die eine zufällige Zahl ermittelt. Genau dafür gibt es rand(). rand() erwartet in runden Klammern zwei Werte: Der eine bestimmt den minimalen Wert der Zufallszahl, der andere gibt den höchsten möglichen Wert an:

```
$zufallszahl = rand(0, 4);
```

Damit ist eine Zahl von 0 bis einschließlich 4 in $zufallszahl gespeichert.

Kommen wir zur zufälligen Ausgabe von Bildern:

```
01 <!DOCTYPE html>
02 <html>
03  <head>
04   <meta charset="UTF-8" />
05   <title>Zufallsbilder</title>
06  </head>
07  <body>
08  <?php
09  $bilder = ["blumen.jpg", "boot.jpg",
10                    "landschaft.jpg", "stadt_am_meer.jpg",
11                    "strand.jpg"];
12  $max = count($bilder) - 1;
13  $zufallszahl = rand(0, $max);
14  echo "<img src='$bilder[$zufallszahl]' height='200' width='150' />";
15  ?>
16  </body>
17 </html>
```

Listing 4–21   *Welches Bild angezeigt wird, bestimmt der Zufall (zufallsbilder.php).*

In Zeile 9 wird ein Array namens $bilder angelegt. Es beinhaltet die Pfade zu den Bildern, die sich in demselben Ordner befinden wie das PHP-Skript selbst.

Zeile 12 ermittelt die Anzahl der Elemente des Arrays und zieht 1 davon ab. Damit haben wir in $max den höchsten Index des Arrays. Im Beispiel enthält das Array 5 Elemente. Der letzte Index ist aber 4– da beim Index mit 0 zu zählen begonnen wird –, also eins weniger.

Zeile 13 ruft die Funktion rand() auf. Sie soll eine Zahl zwischen 0 und dem in $max gespeicherten höchsten Index generieren. Diese wird in der Variablen $zufallszahl gespeichert.

In Zeile 14 erfolgt die Ausgabe des Zufallsbilds über das hierfür benötigte img-Element, das beim Attribut src den Pfad zur Datei erwartet. Hier wird auf das Array $bilder zurückgegriffen und als Index die Variable $zufallszahl benutzt, die ja einen Wert zwischen 0 und dem letzten Index enthält. Damit wird immer ein anderes Bild aus dem Bilderarray ausgelesen.

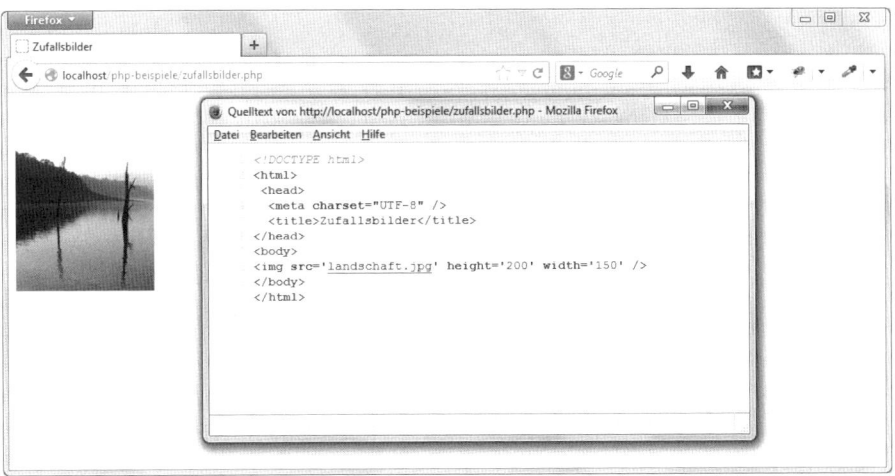

Abb. 4–15 *Zufallsbild – und anbei der erzeugte Quellcode*

Wenn Sie das Skript testen, klicken Sie mehrmals auf den Reload-Button: Welche Bilder angezeigt werden, wird zufällig bestimmt.

Übung 5

Ändern Sie das Beispiel *zufallsbilder.php* so ab, dass zufällig einer von mehreren Texten angezeigt wird. Dafür müssen Sie natürlich zuerst ein Array mit mehreren Strings definieren!

Das Beispiel sollte den Zusammenhang von Index und Anzahl der Elemente eines Arrays illustrieren. Sonst hätte man sich eine Zeile Code sparen können, indem man die von PHP zur Verfügung gestellte Funktion `array_rand()` benutzt, die aus dem Array, das man ihr in Klammern übergibt, zufällig einen Index wählt. Das Beispiel finden Sie unter dem Namen *zufallsbilder_array_rand.php* ebenfalls in den Listings, die Sie auf der Webseite zu diesem Buch unter www.dpunkt.de/php7 herunterladen können.

4.7.5 Assoziative Arrays

Bisher haben wir die einzelnen Elemente über Nummern angesprochen. Manchmal möchte man aber die Arrayelemente über Namen ansprechen. Solche Schlüssel-Wert-Paare können Sie einsetzen, wenn Sie beispielsweise deutsche Farbnamen den entsprechenden in HTML/CSS üblichen hexadezimalen Farbbezeichnungen zuordnen möchten oder um Vorwahlnummern Städten zuzuordnen, Produktklassen zu Mehrwertsteuersätzen usw. Auch das ist mit Arrays möglich. Diese Sorte von Arrays wird im Gegensatz zu den gerade besprochenen indizierten Arrays als *assoziative Arrays* bezeichnet.

Zur Erstellung eines assoziativen Arrays verwenden Sie wieder array(), schreiben aber in runde Klammern immer die Schlüssel-Wert-Paare, die durch => verknüpft werden:

```
$farben = ["rot"  => "#FF0000",
           "grün" => "#00FF00",
           "blau" => "#0000FF"];
```

Sie können die Elemente eines assoziativen Arrays auch einzeln definieren:

```
$farben["rot"]  = "#FF0000";
$farben["grün"] = "#00FF00";
```

Auf diese Art lassen sich auch nachträglich weitere Elemente ergänzen:

```
$farben["schwarz"] = "#000000";
```

Einzelne Werte sprechen Sie an, indem Sie in eckigen Klammern den Schlüssel schreiben:

```
echo $farben["rot"];
```

Es gibt auch viele in PHP vordefinierte assoziative Arrays. So können Sie über $_SERVER["PHP_SELF"] auf den Pfad zum aktuellen Skript zugreifen oder über $_GET["name"] oder $_POST["name"] auf den Inhalt von Formulardaten. $_SERVER lernen Sie in der nächsten Übung kurz kennen, die anderen assoziativen Arrays sind Thema von Kapitel 7.

Einen schnellen Überblick über den Inhalt eines Arrays verschaffen Sie sich wiederum mit print_r() oder var_dump():

```
print_r($farben);
```

Um die Inhalte ansprechender auszugeben, brauchen Sie foreach. In runden Klammern geben Sie zuerst den Namen des Arrays an, das durchlaufen werden soll. Dann folgen das Schlüsselwort as und zwei Variablen, die als temporäre Speicher für jeweils den Schlüssel und den dazugehörigen Wert dienen und durch => getrennt werden.

```
foreach ($farben as $k => $v){
  echo "Schlüssel: $k, Wert: $v<br />\n";
}
```

Listing 4–22   *Assoziative Arrays können ebenfalls über foreach ausgegeben werden (ass_array.php).*

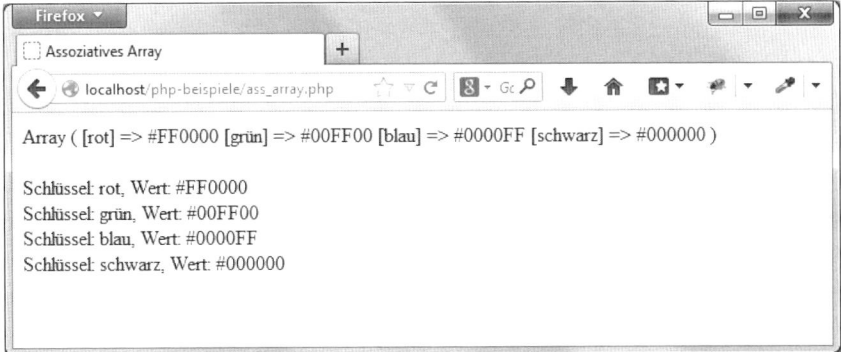

Abb. 4–16   Das assoziative Array wird ausgegeben: oben über print_r(), unten über foreach.

Übung 6

Erstellen Sie eine `foreach`-Schleife, die das vordefinierte Array `$_SERVER` ausgibt. Den Code können Sie ganz parallel zum Beispiel *ass_array.php* aufbauen – mit dem einzigen Unterschied, dass Sie `$_SERVER` nicht erst definieren müssen.

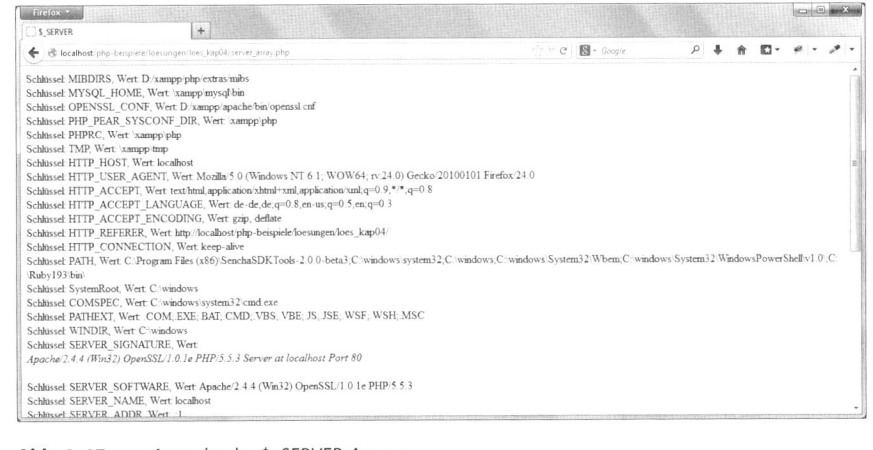

Abb. 4–17   Ausgabe des $_SERVER-Arrays

Übung 7

Modifizieren Sie das Beispiel aus der letzten Übung so, dass Sie das $_SERVER-Array innerhalb einer Tabelle ausgeben lassen. Innerhalb der ersten Spalte soll jeweils der Schlüssel ausgegeben werden, innerhalb der zweiten Spalte der Wert.

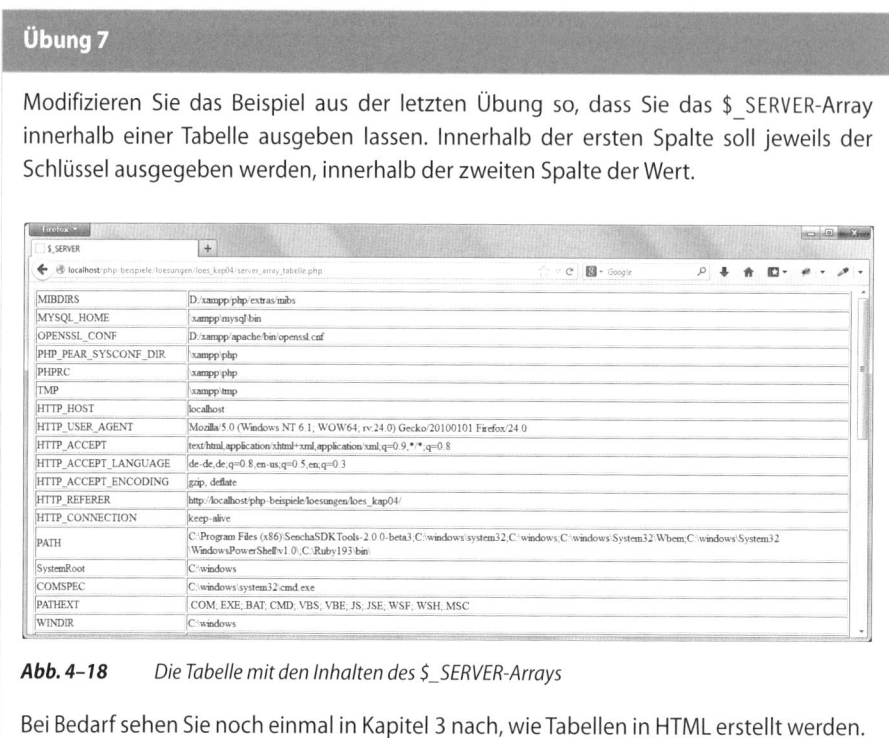

Abb. 4–18   *Die Tabelle mit den Inhalten des $_SERVER-Arrays*

Bei Bedarf sehen Sie noch einmal in Kapitel 3 nach, wie Tabellen in HTML erstellt werden.

4.7.6   Schlüssel von Arrays richtig angeben

Kommen wir noch einmal zur Ausgabe eines einzelnen Elements bei assoziativen Arrays. Dafür schreiben Sie den Schlüssel in den eckigen Klammern in Anführungszeichen, sofern es sich um einen String handelt:

```
echo $farben["rot"];
```

Wenn Sie bei diesem Schlüssel, der ein String ist, die Anführungszeichen weglassen, erhalten Sie eine Warnung (vor PHP 7.2 haben Sie stattdessen eine Notice erhalten), in späteren Versionen wird das einen Fehler erzeugen. PHP beschwert sich, dass eine nicht definierte Konstante verwendet wird:

```
echo $farben[rot];
```

Abb. 4–19   *Warnung, wenn man bei einem Schlüssel, der ein String ist, keine Anführungszeichen setzt.*

Sie erinnern sich? Konstanten werden ohne Dollarzeichen geschrieben. Bei nicht definierten Konstanten nimmt PHP an, dass es sich um den entsprechenden String handelt, und gibt diesen aus.

Diese Schreibweise ohne Anführungszeichen begegnet Ihnen mitunter noch in älteren Skripten, Sie sollten sie aber auf jeden Fall vermeiden, besonders da dies in späteren Versionen von PHP zu einem Fehler führt.

Handelt es sich hingegen um eine Zahl beim Schlüssel, verwenden Sie natürlich keine Anführungszeichen:

```
echo $antworten[0];
```

4.7.7 Arrays und Variableninterpolation

Nun zu Besonderheiten bei der Interpolation von Arrayvariablen in Strings. Wenn der Schlüssel eine Zahl ist, können Sie den Wert des Arrayelements problemlos in doppelten Anführungszeichen ausgeben lassen:

```
echo "Sag niemals $antwort[0]";
```

Wenn Sie hingegen einen String als Schlüssel haben, funktioniert das so schon einmal nicht:

```
echo "die Farbe ist $farben["rot"]"; /* geht nicht */
```

Auch mit einfachen Anführungszeichen geht es nicht:

```
echo "die Farbe ist $farben['rot']"; /* geht nicht */
```

Mit einfachen Anführungszeichen klappt es hingegen, wenn Sie – wie bereits in Abschnitt 4.3.4 vorgestellt – die geschweiften Klammern zur Klammerung des Ausdrucks verwenden:

```
echo "die Farbe ist {$farben['rot']}; /* geht */
```

Zwei weitere Varianten gibt es noch: Sie können den Verknüpfungsoperator einsetzen, um das Problem elegant zu umgehen:

```
echo "die Farbe ist " . $farben["rot"]; /* geht auch */
```

Es funktioniert außerdem noch, wenn Sie den Schlüssel ohne Anführungszeichen schreiben:

```
echo "die Farbe ist $farben[rot]"; /* geht auch */
```

4.7.8   Verschachtelte Arrays am Beispiel

Arrays können Sie auch verschachteln. Eben hatten wir ja ein Beispiel, in dem zufällig eins von mehreren Bildern angezeigt wurde. Dabei wurde ein img-Element mit unterschiedlichen Pfadangaben ausgegeben. Was aber, wenn man noch mehr Informationen zum jeweiligen Bild ausgeben lassen möchte? Obligatorisch wäre ja eigentlich das alt-Attribut für einen alternativen Text, außerdem könnte man das img-Element noch mit einem title-Attribut bestücken. Der Inhalt des title-Attributs wird von Browsern in Form eines Tooltipps angezeigt. Damit müsste beispielsweise folgender Code erzeugt werden:

```
<img src='stadt_am_meer.jpg' height='200' width='150' alt='Häuser'
title='Griechische Häuser am Abend' />
```

Dieses Mal soll sich also nicht nur der Inhalt des src-Attributs ändern, sondern es sollen auch andere Texte für alt und title gezeigt werden.

Dafür braucht man ein verschachteltes Array. Die Bildinformationen zu einem einzelnen Bild werden als assoziatives Array gespeichert:

```
["pfad" => "stadt_am_meer.jpg",
    "alt"  => "Häuser",
    "titel" => "Griechische Häuser am Abend"];
```

Entsprechend geht das auch für die anderen Bilder. Aus diesen Arrays wird dann ein verschachteltes Array gebaut, das ist ein Array, das selbst wieder Arrays als Elemente hat. Im Beispiel heißt das Array $bilder und enthält als Elemente die Arrays mit den einzelnen Bildinformationen:

```
01 $bilder = [
02              ["pfad"  => "blumen.jpg",
03                "alt"  => "rote Blumen",
04                "titel" => "Strauß aus roten Blumen"],
05              ["pfad"  => "landschaft.jpg",
06                "alt"  => "Landschaft",
07                "titel" => "Landschaft im Nebel"],
08              ["pfad"  => "stadt_am_meer.jpg",
09                "alt"  => "Häuser",
10                "titel" => "Griechische Häuser am Abend"],
11              ["pfad"  => "strand.jpg",
12                "alt"  => "Strand",
13                "titel" => "Strand mit Bergen"],
14              ["pfad"  => "boot.jpg",
15                "alt"  => "Boot",
16                "titel" => "Boot auf einem Felsen"]
17          ];
```

Um auf einzelne Werte zuzugreifen, schreiben Sie zuerst den Namen des Arrays, also $bilder. Dahinter folgen zwei eckige Klammernpaare. In das erste schreiben Sie den Index des verschachtelten Arrays, auf das Sie zugreifen wollen, und in die zweiten eckigen Klammern schreiben Sie den Namen des Werts, den Sie auslesen möchten:

```
echo $bilder[0]["pfad"]; // blumen.jpg
```

Damit lässt sich das Skript zur zufälligen Ausgabe von Bildern mit mehr Informationen folgendermaßen erstellen:

```
   /*Definition des verschachtelten Arrays wie oben */
18 $max = count($bilder) - 1;
19 $zufallszahl = rand(0, $max);
20 echo "<img src='{$bilder[$zufallszahl]['pfad']}'
21       height='200' width='150'
22       alt='{$bilder[$zufallszahl]['alt']}'
23       title='{$bilder[$zufallszahl]['titel']}' />\n";
```

Listing 4–23 *Dieses Mal können bei den einzelnen per Zufall angezeigten Bildern die jeweils passenden alt- und title-Werte bestimmt werden (zufallsbilder_erweitert.php).*

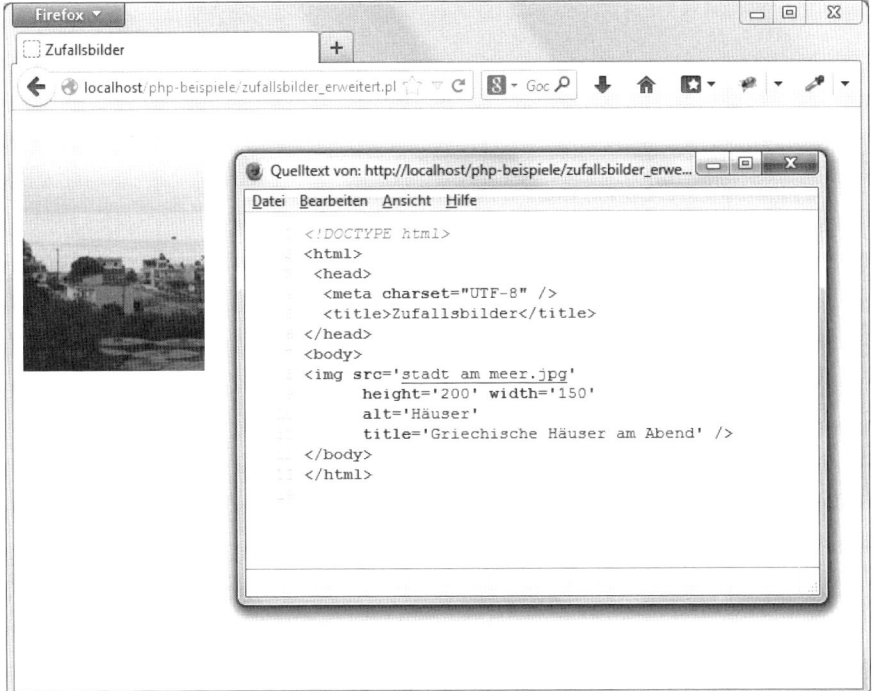

Abb. 4–20 *Zufallsbilder mit den richtigen Attributen, wie man in der HTML-Code-Ansicht sieht*

PHP stellt viele nützliche Funktionen zur Arbeit mit Arrays bereit. Mehr dazu in Kapitel 6.

4.8   Nützlich für alle Zwecke: Dateien einbinden

Zum Abschluss des Kapitels geht es um eine praktische Funktion zum Einbinden von Dateien. Oft haben Sie bei Webprojekten Bereiche, die auf allen Webseiten vorkommen – beispielsweise einen Kopfbereich oder eine Fußzeile. Wenn sich der Inhalt bei einem dieser Bereiche ändert, müssen Sie jede Datei einzeln bearbeiten, in der dieser Bereich vorkommt. Praktischer ist es, diese Bereiche in einzelne Dateien auszulagern und dann per PHP einzubinden.

Genau hierfür gibt es in PHP zwei Sprachkonstrukte, nämlich `include` und `require`. Sehen wir uns erst einmal die Funktionsweise von `include` an. An die Stelle, an der Sie die externe Datei einbinden wollen, notieren Sie `include` und dahinter den Pfad zu der Datei, die Sie einbinden möchten.

Im folgenden Beispiel wird `include` zweimal eingesetzt: Am Anfang des Dokuments wird damit ein Begrüßungstext ausgegeben, und am Ende des Dokuments wird über eine externe Datei ein Copyright-Vermerk ergänzt.

```
01 <!DOCTYPE html>
02 <html>
03  <head>
04   <meta charset="UTF-8" />
05   <title>Dateien einbinden</title>
06 </head>
07 <body>
08 <?php
09 include "header.php";
10 ?>
11 <h2>Lorem ipsum dolor </h2>
12 <p>sit amet ....</p>
13 <?php
14 include "copyright.php";
15 ?>
16 </body>
17 </html>
```

Listing 4–24   *Zwei Dateien werden per include eingebunden (include_beispiel.php).*

Kommen wir zu den eingebundenen Dateien. Der Inhalt von *copyright.php* ist ganz kurz, die Datei besteht nur aus einer Zeile (kein HTML-Gerüst drumherum!):

```
<p>&copy; Example.com</p>
```

Listing 4–25   *Die Datei copyright.php ist einzeilig.*

In *copyright.php* steht nur HTML-Code: ein Absatz mit einem ©-Zeichen und einer Domain.

Nun zur zweiten eingebundenen Datei: *header.php*. Diese beinhaltet hingegen PHP-Code: Hier wird ein Willkommensgruß mit dem aktuellen Datum (Tag und Monat) ausgegeben.

```php
<?php
date_default_timezone_set("Europe/Berlin");
echo "<h1>Willkommen am ";
echo date("j.n.");
echo "</h1>\n";
?>
```

Listing 4–26   *Der Inhalt von header.php*

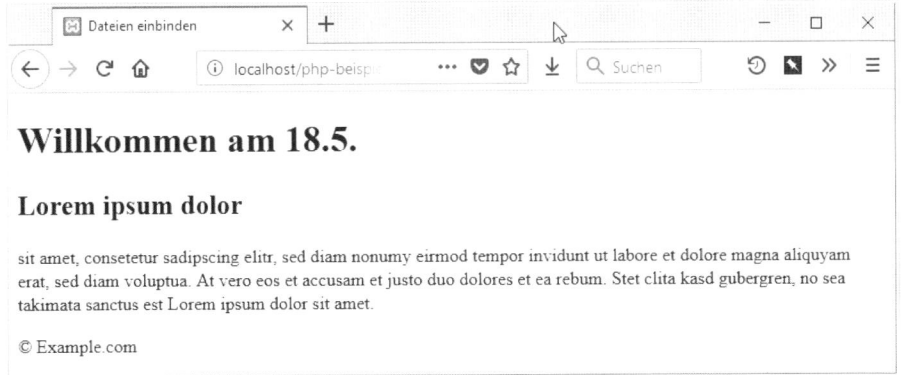

Abb. 4–21   *Die Ausgabe des Dokuments mit den zwei eingebundenen Dateien*

Wie Sie gesehen haben, können Sie mit `include` Dateien einbinden, die nur HTML-Code enthalten, aber Sie können auch in den eingebundenen Dateien PHP-Befehle schreiben. Wenn Sie PHP-Code einbinden wollen, müssen Sie in der eingebundenen Datei dann aber den Code auch mit `<?php` einleiten und – fakultativ – mit `?>` beenden, wie Sie in der Datei *header.php* sehen.

Neben `include` gibt es `require`, das prinzipiell genauso funktioniert:

```php
require "header.php";
```

Der Unterschied zwischen `require` und `include` zeigt sich nur, wenn die angegebene Datei *nicht* geladen werden kann. In beiden Fällen wird eine Warnung ausgegeben, aber bei `require` zusätzlich noch ein fataler Fehler, und die Abarbeitung des Skripts wird abgebrochen.

Wie bereits erwähnt, sollte die Ausgabe der Fehlermeldungen beim echten Einsatz der Skripte unterbunden werden. Und dann wird der Unterschied zwischen `include` und `require` sehr deutlich: Bei `include` wird der restliche Inhalt der Seite normal angezeigt, bei `require` hingegen nicht. Das heißt, `require` verwenden Sie zur Einbindung von essenziellem Code, ohne den der Rest der Verarbeitung nicht mehr sinnvoll ist. `include` benutzen Sie hingegen für Fälle wie im Beispiel. Hier wäre es sinnvoll, die Seite trotzdem ausgeben zu lassen, auch wenn zum Beispiel die Copyright-Information fehlt.

Eine Einstellung, die für `include` und `require` relevant ist, ist der sogenannte include-path. Dieser sagt dem Skript, wo es nach eingebundenen Dateien nachsehen soll. Standardmäßig sind hier ein Punkt und der Pfad zu PEAR angegeben. Worauf der `include-path` gesetzt ist, sehen Sie wieder in der Ausgabe von `phpinfo()`.

| include_path | .;D:\xampp\php\PEAR | .;D:\xampp\php\PEAR |

Abb. 4–22   *Einstellung für den include_path bei XAMPP unter Windows*

Bei XAMPP unter Windows steht hier beispielsweise: `.;LAUFWERK:\xampp\php\pear\`. Der Punkt am Anfang steht für das aktuelle Verzeichnis, danach kommt das Semikolon als Trennzeichen für die Angabe von mehreren Verzeichnissen und noch der Pfad `LAUFWERK:\xampp\php\pear`. Das bedeutet: Wird `include` oder `require` eingesetzt, wird zuerst nach der entsprechenden Datei ausgehend vom aktuellen Verzeichnis nachgesehen. Falls sie hier nicht gefunden wird, geht die Suche im Verzeichnis *LAUFWERK:\xampp\php\pear* weiter.

Unter Linux/Unix wird als Trennzeichen für mehrere Pfadangaben nicht das Semikolon, sondern der Doppelpunkt eingesetzt.

Wenn Sie mit mehreren verschachtelten Includes in Unterverzeichnissen arbeiten, sollten Sie absolute Pfade verwenden. Benutzen Sie dann:

```
include __DIR__ . "/pfad/zur/include/datei";
```

Praktischerweise können Sie auch Dateien einbinden, die sich außerhalb des Webroot-Ordners befinden. Der Webroot-Ordner ist bei XAMPP der *htdocs*-Ordner. Der Vorteil: Diese Dateien können nicht direkt durch einen Benutzer angefordert werden, damit eignet sich diese Methode zur Speicherung sensiblerer Daten wie beispielsweise von Zugangsdaten.

Übung 8

- Definieren Sie ein Array mit den Namen der Übungsdateien dieses Kapitels.
- Lassen Sie das Array mit einer `foreach`-Schleife ausgeben. Modifizieren Sie dann die Ausgabe so, dass die Dateinamen nicht nur erscheinen, sondern zu anklickbaren Links werden.
- Zur Erinnerung: Einen Link erstellen Sie in HTML etwa über `<a href='arrays.php'>` `arrays.php </a>`.
- Erstellen Sie ein weiteres Dokument, das nur eine h1-Überschrift enthält, beispielsweise mit dem Text »PHP-Übungen«.
- Unter dieser Überschrift sollen die Links per `include` eingebunden werden.
- Sehen Sie sich auf jeden Fall den erzeugten HTML-Code an. Es ist wichtig, dass Sie in dieser Ausgabe nicht zwei ineinander verschachtelte HTML-Strukturen haben. Es darf also `<html><head> ...</head><body> ..</body></html>` nur einmal vorkommen!

→

Übung 8

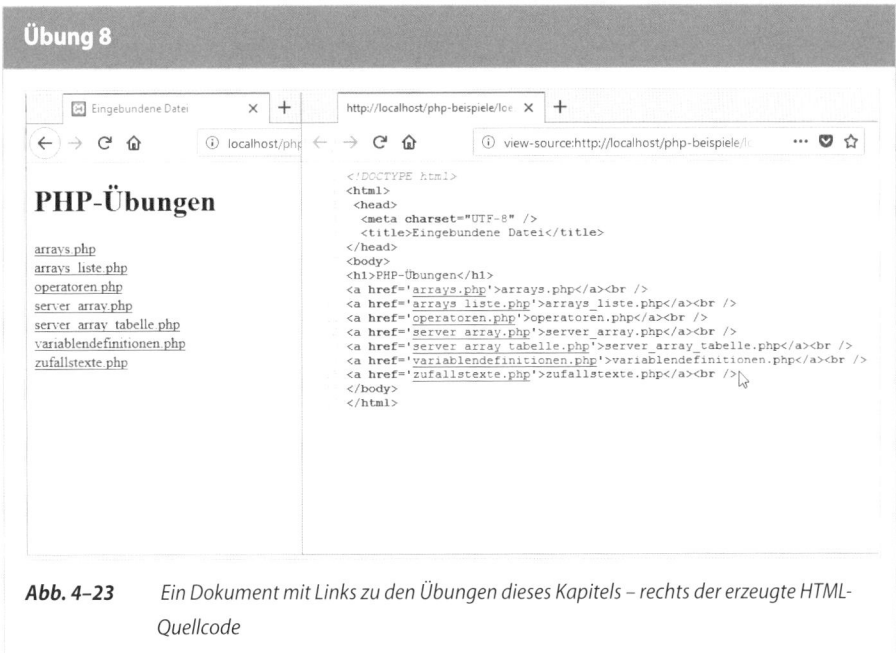

Abb. 4–23   *Ein Dokument mit Links zu den Übungen dieses Kapitels – rechts der erzeugte HTML-Quellcode*

4.9   Zusammenfassung

Das Kapitel hat Ihnen wichtige Basics zu PHP vermittelt. Sie haben erfahren, dass Sie den PHP-Code innerhalb von `<?php` und `?>` in Ihr Dokument einbinden. Außerdem haben Sie gesehen, wie Sie mit Variablen arbeiten, die in PHP immer mit einem Dollarzeichen beginnen. Ein weiteres Thema war die Variableninterpolation, das heißt, dass innerhalb von doppelten Anführungszeichen der Wert von Variablen ausgegeben wird. Schließlich haben Sie unterschiedliche Datentypen kennengelernt, wie Strings, Integer, Float und boolesche Werte. Ausführlicher haben wir uns mit Arrays beschäftigt – der Möglichkeit, mehrere Werte unter einem Namen anzusprechen. Arrays können Sie mit `foreach`-Schleifen durchlaufen, und über `count()` lässt sich die Anzahl der Elemente in einem Array ermitteln. Schließlich haben Sie noch `include` und `require` kennengelernt, die praktisch sind, um externe Dateien einzubinden.

Mit `foreach` haben Sie eine erste Schleife kennengelernt – um weitere Schleifen geht es im nächsten Kapitel, das Ihnen mehr wichtige PHP-Basics vermittelt.

5   Mehr Basics

Im letzten Kapitel haben Sie wichtige Sprachelemente wie Variablen kennengelernt und die Verwendung von unterschiedlichen Datentypen. In diesem Kapitel geht es um weitere wichtige Grundlagen: Sie erfahren, wie Sie Ihre Skripte über Verzweigungen flexibler gestalten und über Schleifen Anweisungen mehrmals ausführen können. Außerdem sehen Sie, wie Sie über Funktionen und dann auch über Objekte Code wiederverwenden können. Schließlich erhalten Sie noch Tipps zur Fehlersuche.

5.1   Je nachdem ... Entscheidungen fällen

Häufig läuft ein Programm nicht starr ab, sondern soll flexibel auf Bedingungen reagieren. Dafür braucht man Verzweigungen. Beispielsweise soll je nachdem, ob der Besucher im Formular seinen Namen eingegeben hat, etwas anderes geschehen: Wenn kein Name eingetragen ist, soll beispielsweise eine entsprechende Meldung ausgegeben werden, ansonsten soll er persönlich begrüßt werden. In Kapitel 7 bei den Formularen erfahren Sie, wie das im Detail geht. Wichtig ist aber hier: Für diese und andere Fälle brauchen Sie Verzweigungen.

5.1.1   if – elseif – else

Für Verzweigungen im Programmablauf nutzen Sie if. Nach if steht in runden Klammern ein Ausdruck, der als boolescher Ausdruck ausgewertet wird und entweder true oder false ergibt. Ist true das Ergebnis und somit die Bedingung wahr, wird die Anweisung in geschweiften Klammern ausgeführt. Im folgenden Beispiel ist die Bedingung wahr, da 5 größer als 4 ist:

```
$i = 5;
if ($i > 4) {
  echo "$i ist größer als 4";
  /* hier können weitere Anweisungen folgen */
}
```

Für eine weitere Operation, die ausgeführt werden soll, wenn die Bedingung nicht zutrifft, verwenden Sie else:

```
$i = 5;
if ($i > 4) {
  echo "$i ist größer als 4";
  /* hier können weitere Anweisungen folgen */
} else {
  echo "$i ist nicht größer als 4";
  /* weitere Anweisungen bei Bedarf */
}
```

Bei else können Sie keine weitere Bedingung angeben – denn else umfasst einfach »alles Sonstige«. Wenn Sie weiter differenzieren wollen, das heißt mehrere Bedingungen testen, benutzen Sie elseif:

```
$i = 5;
if ($i > 4) {
  echo "$i ist größer als 4";
} elseif ($i == 4) {
  echo "$i gleich 4";
} else {
  echo "$i ist kleiner als 4";
}
```

Listing 5–1   *Verzweigungen (if_elseif_else.php)*

Abb. 5–1   *Das Ergebnis der Verzweigung mit if-elseif-else*

Übrigens können Sie auch innerhalb eines Anweisungsblocks den PHP-Modus verlassen, müssen danach aber wieder hineinwechseln, um die schließende geschweifte Klammer zu ergänzen. Im folgenden Beispiel wird mehrmals zwischen dem PHP- und dem HTML-Modus gewechselt. Dies ist sinnvoll, wenn man längeren HTML-Code ausgeben lassen möchte:

```
01 <?php
02 $i = 5;
03 if ($i > 4) {
04 ?>
05 <p>Die Bedingung ist wahr.</p>
06 <?php
07 } else {
08 ?>
09 <p>Die Bedingung ist nicht wahr.</p>
10 <?php
11 }
12 ?>
```

Listing 5–2   *Munterer Wechsel zwischen PHP- und HTML-Modus (html_php_wechsel.php)*

Beachten Sie, dass in Zeile 10 noch einmal in den PHP-Modus gewechselt wird, um die schließende Klammer in Zeile 11 zu setzen.

Doppeltes Gleichheitszeichen für Vergleiche

In den Beispielen wurden zwei Vergleichsoperatoren eingesetzt: > »größer als« und == zur Überprüfung, ob die Variable den Wert 4 hat. Zur Überprüfung, ob eine Variable einen bestimmten Wert hat, dient also ein **doppeltes Gleichheitszeichen**. Das einfache = hingegen weist einer Variablen einen Wert zu.

Und diese Unterscheidung ist wichtig. Falls Sie nämlich bei der Überprüfung das einfache = verwenden, erhalten Sie nicht das gewünschte Ergebnis:

```
$i = 5;
echo "Vor if ist \$i $i<br />\n";
if ($i = 4) {
  echo "\$i gleich 4<br />\n";
}
echo "Nach if ist \$i $i<br />\n";
```

Listing 5–3   *Zuweisung anstelle von Vergleich (zuweisung_statt_vergleich.php)*

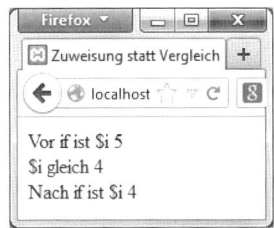

Abb. 5–2   *Dieses Ergebnis war sicher nicht beabsichtigt.*

In diesem Fall erhalten Sie keinerlei Fehlermeldung. Es wurde einfach die Zuweisung durchgeführt, der Wert in runden Klammern nach dem if wird als 4 ausgewertet, und das entspricht dem booleschen Wert true.

Übung 1

Definieren Sie eine beliebige Zahl und lassen Sie entweder »Zahl ist gerade« oder »Zahl ist ungerade« ausgeben.

Hierfür brauchen Sie eine if-else-Verzweigung. Zur Überprüfung, ob eine Zahl gerade ist oder nicht, können Sie den Modulo-Operator benutzen. Wenn eine Zahl gerade ist, dann ergibt Zahl % 2 gleich 0.

Konvertierung von und in boolesche Werte

In Kapitel 4 haben Sie Beispiele gesehen, wie Strings in bestimmten Kontexten wie bei der Addition in Zahlen konvertiert werden. Genauso gibt es auch Konvertierungen zwischen Zahlen und Strings und booleschen Werten. Die Bedingung in runden Klammern beim if ist ein Kontext, bei dem der Inhalt als boolescher Wert ausgewertet wird.

Folgende Werte werden als false behandelt:

die Zahlen 0 und 0.0

eine leere Zeichenkette "" oder auch eine Zeichenkette mit dem Element "0"

ein Array ohne Elemente

der spezielle Typ NULL

Das Wort false selbst. Allerdings wird der String »false« selbst als true ausgewertet wie alle Strings, die nicht leer sind.

Alle anderen Ausdrücke werden zu true ausgewertet.

Wird ein boolescher Wert per echo oder print ausgegeben, wird er dafür in einen String verwandelt. false entspricht einem leeren String, true der 1.

Um explizit eine Konvertierung in einen booleschen Wert durchzuführen, können Sie (bool) einsetzen: (bool)($a) konvertiert die Variable in einen booleschen Wert.

Alternativ dazu gibt es die Funktion boolval(). Sehen wir uns dazu ein Beispiel an. Zuerst werden ein paar Variablen definiert. Danach werden die Variablen mit var_dump() direkt ausgegeben und dann noch ein zweites Mal, nachdem sie über boolval() in einen booleschen Wert umgewandelt wurden:

```
$a = 0.0;
$b = "nix";
$c = "false";
$d = false;

echo var_dump($a), ": " , var_dump(boolval($a)), "<br />";
echo var_dump($b), ": " , var_dump(boolval($b)), "<br />";
echo var_dump($c), ": " , var_dump(boolval($c)), "<br />";
echo var_dump($d), ": " , var_dump(boolval($d));
```

Listing 5–4   Konvertierung in boolesche Werte (boolval.php)

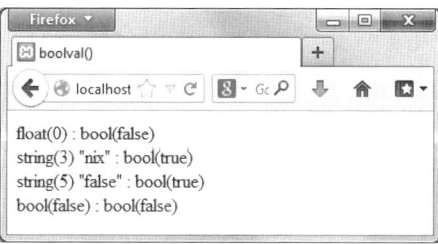

Abb. 5–3   Konvertierung in boolesche Werte

Die Ausgabe zeigt, dass 0 als `false` gewertet wird, der String `"false"` hingegen als true, weil jeder nicht leere String `true` ergibt.

Vergleichsoperatoren

Zwei Vergleichsoperatoren haben Sie im Beispiel eben gesehen: das > (größer als) und das ==. Es gibt natürlich weitere. Eine vollständige Liste finden Sie in Tabelle 5–1.

Operator	Bedeutung
<	kleiner
<=	kleiner oder gleich
>	größer
>=	größer oder gleich
==	gleich
!= oder <>	ungleich
===	Identität
!==	Nichtidentität
<=>	Spaceship-Operator (kombinierter Vergleichsoperator)

Tab. 5–1   *Vergleichsoperatoren*

Neben < (kleiner als) und > (größer als), gibt es auch <= (kleiner oder gleich) und entsprechend >= (größer oder kleiner). Und das Gegenteil der Überprüfung auf Gleichheit == ist !=, die Ungleichheit. Erklärungsbedürftig ist sicher der dreifache ===-Operator. Dieser überprüft nicht nur, ob ein Wert gleich ist, sondern auch, ob er identisch ist, das heißt, er berücksichtigt auch noch den Variablentyp. Danach kommen wir auch zum Spaceship-Operator.

Dreifaches Ist-gleich-Zeichen

Ein Beispiel zum dreifachen Ist-gleich-Zeichen. In Listing 5–5 wird $i der Wert "4" zugewiesen (Zeile 1), es ist also ein String. Dann folgen zwei if-Anweisungen. In der ersten (Zeile 2) wird nur auf Gleichheit überprüft. PHP führt automatisch eine Typumwandlung durch, und so ist die erste Prüfung wahr. In der zweiten Prüfung (Zeile 6) wird der Identitätsoperator eingesetzt. Diese Prüfung schlägt fehl, da $i ein String ist und 4 ein Integer, sie also nicht vom selben Typ sind.

```
01 $i= "4";
02 if ($i == 4) {
03   var_dump($i);
04   echo " == 4<br />\n";
05 }
06 if ($i === 4) {
07   var_dump($i);
```

```
08   echo " === 4<br />\n";
09 } elseif ($i !== 4) {
10   var_dump($i);
11   echo " !== 4<br />\n";
12 }
```

Listing 5–5   *Bei === muss auch der Variablentyp übereinstimmen (identitaetsoperator.php).*

Im Beispiel wird außerdem noch immer über var_dump() der Typ ermittelt. In der Ausgabe in Abbildung 5–4 sehen Sie schön: Der String "4" ist gleich mit der Zahl 4, aber nicht typidentisch mit 4.

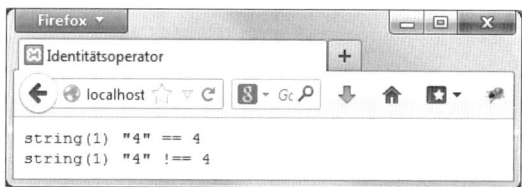

Abb. 5–4   *Ausgabe von Listing 5–5*

Spaceship-Operator

Der Spaceship-Operator <=> ist in PHP 7 eingeführt und hat seinen Namen daher, dass er an die Raumschiffe der frühen Star-Trek-Spiele erinnert. Dieser Operator hilft beim Schreiben von Vergleichsfunktionen. Nehmen wir den folgenden Ausdruck:

    $a <=> $b

Dieser Ausdruck ergibt:

- 0, wenn beide Operanden gleich sind.
- -1, wenn $a kleiner als $b ist.
- 1, wenn $b kleiner als $a ist.

In Kapitel 6 sehen Sie ein Beispiel, wie Sie diesen Operator bei der Definition eigener Sortierungsfunktionen einsetzen.

Abkürzungen

Noch einmal zurück zur Syntax. Sie haben gesehen, dass der Anweisungsblock, also das, was ausgeführt werden soll, wenn eine Bedingung wahr ist, immer in geschweiften Klammern steht. Die geschweiften Klammern sind nur notwendig, wenn mehr als eine Anweisung ausgeführt werden soll. Das heißt, in den obigen Beispielen wären sie teilweise nicht notwendig. Es ist aber praktisch, sie zu setzen, da sie nicht falsch sind, die Lesbarkeit des PHP-Codes erhöhen und außerdem problemlos um weitere Anweisungen ergänzt werden können.

Eine weitere Verkürzungsmöglichkeit gibt es durch den ?-Operator. Als Beispiel sehen Sie eine if-else-Anweisung, die Ihnen aus der letzten Übung bekannt vorkommen dürfte:

```
$i = 6;
if ($i % 2 == 0) {
  $fazit = "gerade";
} else {
  $fazit = "nicht gerade";
}
echo "Das Ergebnis: $fazit";
```

Dies lässt sich über den ?-Operator verkürzen:

```
$fazit = ($i % 2 == 0) ? "gerade" : "ungerade";
echo "Das Ergebnis: $fazit";
```

Listing 5–6   *Verkürzung durch den ?-Operator (ternary_operator.php)*

Den ?-Operator setzen Sie ein, wenn Sie einer Variablen, abhängig von der Auswertung einer Bedingung, einen anderen Wert zuweisen möchten. Hierfür notieren Sie den Ausdruck, der ausgewertet werden soll, und dann das Fragezeichen. Dahinter folgt zuerst der Ausdruck, der zugewiesen werden soll, wenn die Bedingung wahr ist, und nach einem Doppelpunkt der Ausdruck, der zugewiesen werden soll, wenn die Bedingung falsch ist.

Abb. 5–5   *Das Ergebnis ist dasselbe – ob Sie if-else einsetzen oder den ?-Operator.*

Eine weitere Verkürzung ist über den Operator ?: möglich (*Ternary Short Cut*). Dabei wird der Ausdruck, der vor ?: steht, überprüft: Ist er wahr, wird er zurückgeliefert, ansonsten der Ausdruck, der nach ?: steht.

```
echo "<pre>";
var_dump(false ?: "Hallo");
var_dump(true ?: "Hallo");
$erg = (5 ?: 4);
echo $erg;
echo "</pre>";
```

Listing 5–7   *Ternary Short Cut (ternary_shortcut.php)*

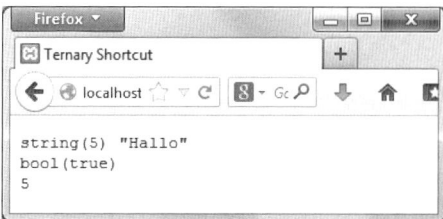

Abb. 5-6   *Die Ausgabe von Listing 5–7*

In PHP 7 wurde der ??-Operator eingeführt, der sogenannte »null coalescing operator«, der bei der Überprüfung auf nicht existente Variablen hilft. Ein Beispiel dazu sehen Sie in Kapitel 6.

5.1.2   Bedingungen kombinieren

Bis jetzt haben wir immer nur eine Bedingung getestet. Es lassen sich auch mehrere Bedingungen kombinieren:

Wenn zwei Bedingungen zutreffen sollen, verknüpfen Sie sie mit &&:

```
if (($i < 5) && ($j == 10)) { }
```

Der Ausdruck in Klammern hinter if wird als wahr ausgewertet, wenn gleichzeitig $i kleiner als 5 ist und $j den Wert 10 hat.

Soll hingegen nur eine von mehreren Bedingungen zutreffen, so verwenden Sie ||.

```
if (($i < 5) || ($j == 10)) { }
```

Die Anweisung wird ausgeführt, wenn $i kleiner als 5 ist, oder aber, wenn $j den Wert 10 hat.

Ein Beispiel hierzu. Das folgende Skript gibt je nach Uhrzeit eine andere Begrüßung aus:

```
01 <?php
02   date_default_timezone_set("Europe/Berlin");
03   $uhrzeit = date("H");
04   if ($uhrzeit < 5 || $uhrzeit > 20) {
05       $gruss = "Gute Nacht";
06   } elseif ($uhrzeit < 11) {
07       $gruss = "Guten Morgen";
08   } elseif ($uhrzeit < 15) {
09       $gruss = "Guten Mittag";
10   } elseif ($uhrzeit < 18) {
11       $gruss = "Guten Nachmittag";
12   } else {
13       $gruss = "Guten Abend";
14   }
15 ?>
```

```
16 <!DOCTYPE html>
17 <html>
18  <head>
19   <meta charset="UTF-8" />
20   <title>Unterschiedliche Begrüßung </title>
21 </head>
22 <body>
23 <?php
24   echo $gruss;
25 ?>
26 </body>
27 </html>
```

Listing 5–8   *Unterschiedliche Begrüßung je nach Tageszeit (untersch_begr.php)*

In Zeile 2 wird die Zeitzone gesetzt und in Zeile 3 die Uhrzeit ermittelt (Genaueres zur Funktion date() in Kap. 6). Ab Zeile 4 gehen die if-elseif-else-Verzweigungen los. In Zeile 4 wird überprüft, ob die Uhrzeit kleiner als 5 oder größer als 20 ist. In diesem Fall wird die Variable $gruss mit dem Wert »Gute Nacht« belegt.

Zeile 6 prüft, ob die Uhrzeit kleiner als 11 ist, und weist wieder den Variablen $gruss den passenden Wert zu usw. In Zeile 24 wird auf die Variable $gruss zugegriffen und der Gruß ausgegeben.

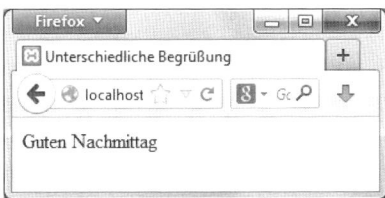

Abb. 5–7   *Begrüßungstext*

Diese Aufgabe lässt sich natürlich auf ganz verschiedene Arten lösen. Aber noch zu einem Punkt der vorgestellten Lösung: Angenommen, es ist 4 Uhr morgens. Dann trifft die erste Bedingung zu (Zeile 4): Die $uhrzeit ist kleiner als 5. Es treffen aber an sich auch die elseif-Bedingungen in den Zeilen 6, 8 oder 10 zu, denn 4 ist auch kleiner als 11 oder 15. Das spielt jedoch hier keine Rolle, denn bei einer if-elseif-else-Konstruktion wird, wenn die erste Bedingung zutrifft, der entsprechende Code ausgeführt und mit der Abarbeitung des Skripts unterhalb des if-elseif-else-Blocks weitergemacht.

In Zeile 4 wurden zwei Bedingungen über || verknüpft, das heißt, dass nur eine von beiden wahr sein muss, damit der entsprechende Codeblock ausgeführt wird. Für || können Sie auch das englische Wort OR schreiben und anstelle von && auch das englische Wort AND. Tabelle 5–2 fasst es noch einmal zusammen.

Symbol	engl. Bezeichnung	Bedeutung
$a && $b	$a AND $b	Beide Bedingungen müssen wahr sein.
$a || $b	$a OR $b	Eine von beiden Bedingungen muss zutreffen.
	$a XOR $b	Eine – jedoch nicht beide – Bedingung muss wahr sein.
!$a		Logische Negation, kehrt die Wahrheitswerte um.

Tab. 5–2   *Bedingungen verknüpfen*

Übung 2

Erweitern Sie das letzte Beispiel mit den unterschiedlichen Begrüßungen je nach Uhrzeit so, dass immer der Seitenhintergrund unterschiedlich eingefärbt wird!

Die Farbe des Seitenhintergrunds bestimmen Sie über CSS. Wenn Sie im head-Bereich Folgendes eingeben ...

```
<style>
body {
   background-color: yellow;
}
</style>
```

... wird beispielsweise der Hintergrund der Seite gelb.

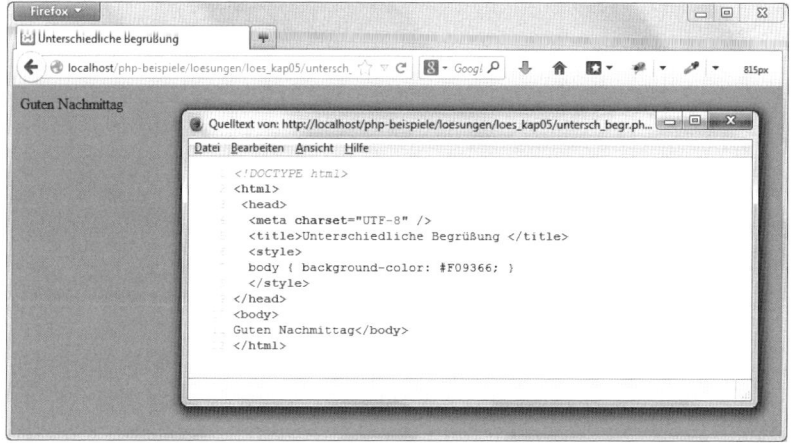

Abb. 5–8   *Jetzt ändert sich je nach Uhrzeit auch die Hintergrundfarbe der Seite: In der Abbildung sehen Sie zusätzlich den erzeugten HTML-/CSS-Code.*

Rangfolge der Operatoren

Es gibt einen Unterschied zwischen AND und && – der derselbe ist, der auch zwischen OR und || existiert. Sie unterscheiden sich in ihrem Rang. Der Rang von Operatoren spezifiziert, in welcher Reihenfolge mehrere Operatoren ausgewertet werden. Sie erinnern sich, dass auch in PHP die Punkt-vor-Strich-Regel gilt:

```
$i = 5 + 2 * 3;
```

Das Ergebnis dieser Rechnung ist 11 – da 2 * 3 zuerst ausgeführt wird und danach die Addition. Wie die Rangfolge von Operatoren ist, wird üblicherweise als Tabelle angegeben. Je weiter ein Operator oben steht, desto höheren Rang hat er, und desto eher wird er ausgeführt.

* / % stehen in der Tabelle der Rangfolge oberhalb von + -. (Addition, Subtraktion, Operator zur Verknüpfung von Strings), das heißt, sie werden vor diesen ausgeführt.

Und genau in der Rangfolge unterscheiden sich auch AND und &&. && hat einen höheren Rang als AND. Zwischen beiden befindet sich der Zuweisungsoperator (= usw.). Das heißt, && bindet enger als die Zuweisungen, AND schwächer.

Bei der Auswertung von komplexen Ausdrücken spielt außerdem noch die Assoziativität eine Rolle. Ist die Rangfolge der Operatoren gleich, sagt die Assoziativität, in welche Richtung ausgewertet wird. Ein Beispiel:

```
$i = 5 - 7 - 8;
```

Das Minus-Zeichen hat eine linke Assoziativität, das heißt, dass der Ausdruck von links nach rechts ausgewertet wird. Das Ergebnis ist also -10.

Tabelle 5–3 listet für die bisher besprochenen Operatoren die Rangfolge und die Assoziativität auf. Es gilt: desto weiter oben, desto eher ausgeführt.

Operator	Assoziativität
** ! ++ --	rechts
* / %	links
+ - .	links
< <= > >=	keine Richtung
== != === !==	keine Richtung
&&	links
||	links
??	rechts
?:	links
= += -= *= **= /= .= %=	rechts
AND	links
XOR	links
OR	links

Tab. 5–3   *Rangfolge der Operatoren*[1]

1. Die vollständige Tabelle mit der Rangfolge aller Operatoren finden Sie im PHP-Manual unter *http://de2.php.net/manual/de/language.operators.precedence.php.*

5.1.3 switch

Wenn Sie mehrere einzelne Überprüfungen haben, so bietet sich eine alternative Konstruktion an: switch.

Schreiben Sie hinter switch in runden Klammern die Variable, die überprüft werden soll. Dann folgen in geschweiften Klammern die Überprüfungen. Für die einzelnen Fälle notieren Sie case und dahinter den möglichen Wert, auf den Sie überprüfen wollen. Nach einem Doppelpunkt folgen die Anweisungen, die in diesem Fall ausgeführt werden sollen, und ein break. Am Ende können Sie noch default notieren für eine Anweisung, die ausgeführt werden soll, wenn keiner der anderen Fälle zutrifft.

```
01 $dasda = "Apfel";
02 switch ($dasda) {
03   case "Apfel":
04     echo "$dasda ist ein Obst";
05     break;
06   case "Karotte":
07     echo "$dasda ist ein Gemüse";
08     break;
09   case "Käse":
10     echo "$dasda ist ein Milchprodukt";
11     break;
12   default:
13     echo "Kenne ich nicht";
14 }
```

Listing 5–9 *Mehrere Fälle abdecken mit switch (switch.php)*

Abb. 5–9 *Ausgabe der switch-Anweisung*

Die Ausgabe sieht so aus, wie Sie wahrscheinlich erwarten (Abb. 5–9).

Im Beispiel sind es Strings ("Apfel", "Karotte"), auf die geprüft wird. Wenn Sie auf numerische Werte prüfen würden, würden Sie diese ohne Anführungszeichen schreiben:

```
case 7:
  echo "... ist 7";
```

Jetzt zur Bedeutung von break. Sehen wir uns einmal an, was passiert, wenn wir es weglassen:

```
01 $dasda = "Apfel";
02 switch ($dasda) {
03   case "Apfel":
04     echo "$dasda ist ein Obst<br />";
05   case "Karotte":
06     echo "$dasda ist ein Gemüse<br />";
07   case "Käse":
08     echo "$dasda ist ein Milchprodukt<br />";
09   default:
10     echo "Kenne ich nicht<br />";
11 }
```

Listing 5–10   *Hier steht kein break bei den einzelnen Fällen (switch_ohne_break.php).*

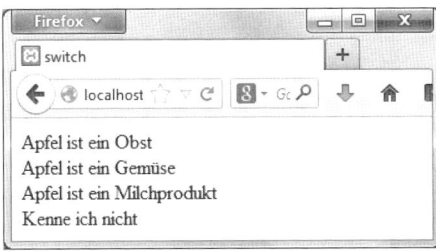

Abb. 5–10   *Das war wahrscheinlich nicht beabsichtigt …*

Abbildung 5–10 zeigt es deutlich: Ohne break werden nach dem ersten zutreffenden Fall alle folgenden Anweisungen ausgeführt. Das ist meist nicht erwünscht, und genau das verhindert das break.

5.2   Schleifen – mehrmals dasselbe tun

Mit Schleifen weisen Sie Ihr Programm an, etwas mehrmals zu tun. Eine Schleife haben Sie bereits kennengelernt: In Kapitel 4 haben Sie gesehen, wie man foreach einsetzt, um Arrays zu durchlaufen. Jetzt geht es um weitere Schleifenkonstruktionen: while, do-while und for.

5.2.1   while-Schleife

Beginnen wir mit der while-Schleife. Hinter while schreiben Sie in runden Klammern eine Bedingung, die überprüft werden soll. Solange die Bedingung erfüllt ist, wird die in geschweiften Klammern stehende Anweisung ausgeführt.

Das folgende Beispiel schreibt 5-mal »hallo« auf den Bildschirm:

```
01 $i = 1;
02 while ($i < 6){
03    echo "hallo ";
04    $i++;
05 }
```

Listing 5–11   *Eine einfache while-Schleife (while.php)*

In Zeile 1 wird $i mit dem Wert 1 vorbelegt. In Zeile 2 beginnt die while-Schleife. In runden Klammern wird überprüft, ob $i < 6 ist. Das ist der Fall. Die Anweisungen in den geschweiften Klammern werden ausgeführt: In Zeile 3 wird der Wert von $i und hallo ausgegeben. In der folgenden Zeile (4) wird $i um 1 erhöht (inkrementiert). War $i am Anfang 1, hat es jetzt den Wert 2.

Nun springt die Ausführung wieder zurück in Zeile 2, und die Bedingung wird erneut überprüft: Ist $i kleiner als 6? Und die Anweisung wird erneut ausgeführt. Das geht so weiter, bis $i den Wert 6 erhält. Wieder wird die Bedingung geprüft, aber da 6 nicht kleiner als 6 ist, wird unterhalb der schließenden geschweiften Klammer mit der Abarbeitung des Skripts fortgefahren.

Übung 3

Lassen Sie mit while einen wichtigen Satz 20-mal ausgeben. Die Zeilen sollen außerdem durchnummeriert sein!

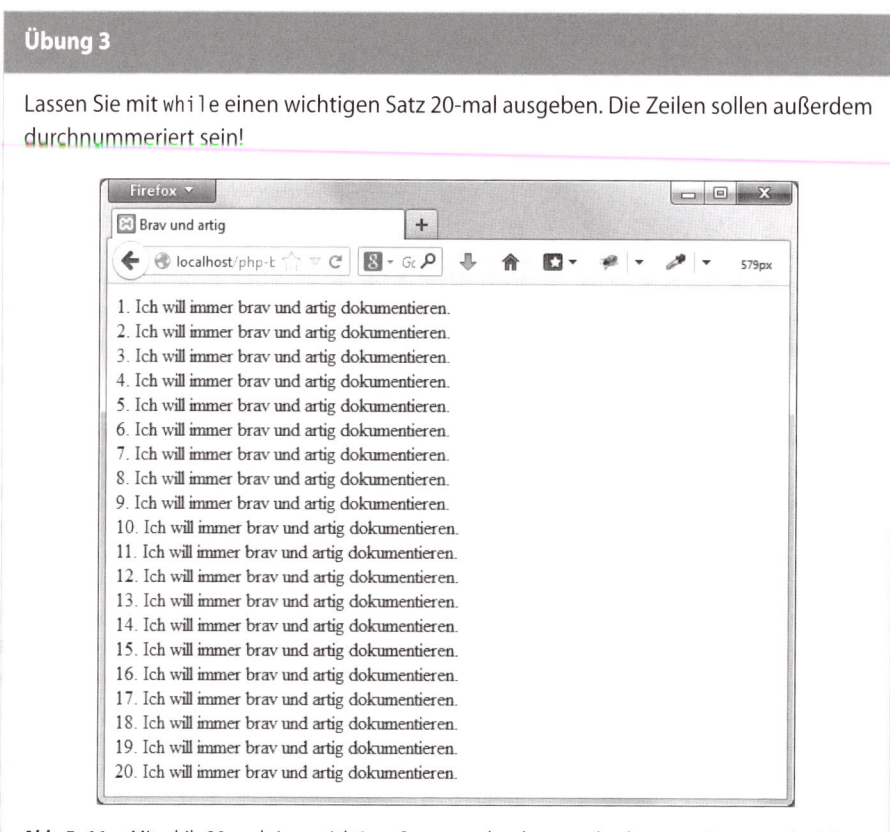

Abb. 5–11   *Mit while 20-mal einen wichtigen Satz ausgeben lassen – durchnummeriert, versteht sich ...*

Je nachdem, welche Bedingung bei der `while`-Schleife steht, kann es auch sein, dass eine `while`-Schleife kein einziges Mal ausgeführt wird. Wenn beispielsweise `$i` im Listing zu Beginn den Wert 6 erhält, wird die `while`-Schleife nicht ausgeführt:

```
$i = 6;
while ($i < 6){
  echo "hallo";
  $i++;
}
```

5.2.2 do-while-Schleife: zumindest einmal

Genau das ist bei der `do-while`-Schleife anders. Diese wird *mindestens einmal* ausgeführt, da die Bedingung erst nach der ersten Ausführung steht.

```
$i = 6;
do {
  echo "hallo ";
  $i++;
}
while ($i < 6);
```

Listing 5–12   Mindestens einmal ausgeführt: die do-while-Schleife (do_while.php)

Das heißt, obwohl die Bedingung von Anfang an nicht zutrifft, wird die Schleife trotzdem einmal ausgeführt und einmal »hallo« ausgegeben.

5.2.3 Kompakt: die for-Schleife

Eine weitere Schleife ist die `for`-Schleife. Hinter `for` kommt eine runde Klammer mit drei Angaben: dem Anfangswert eines Zählers, der Bedingung und der Wertänderung. Diese drei Elemente werden durch Semikolons voneinander getrennt.

```
for ($i = 1; $i < 6; $i++){
  echo "$i. Hallo<br />\n";
}
```

Listing 5–13   Die kompakte for-Schleife (for.php)

Eine for-Schleife funktioniert so: Der Anfangswert wird gesetzt (`$i = 1`), dann die Bedingung überprüft (ist `$i` kleiner als 6?). Jetzt wird der Schleifenkörper abgearbeitet, in unserem Beispiel der Wert von `$i` und `Hallo` mit einem Zeilenumbruch ausgegeben. Dann wird die Variable `$i` um eins erhöht. Und wiederum wird die Bedingung kontrolliert und eine neue Zeile geschrieben ... Dies geht so lange, bis die Bedingung (`$i < 6`) nicht mehr wahr ergibt. Dann wird die Schleife beendet. Das Ergebnis ist dasselbe wie bei der `while`-Schleife.

Prinzipiell ist die `while`-Schleife besser geeignet als die `for`-Schleife, wenn die Anzahl an Ausführungen nicht feststeht. So wird beispielsweise eine `while`-

Schleife eingesetzt, wenn man Daten aus einer Datenbanktabelle ausliest. Dabei verwendet man eine Funktion, die `false` zurückgibt, wenn keine Daten mehr vorhanden sind. Eine for-Schleife hingegen ist die richtige Wahl, wenn von Vornherein schon feststeht, wie oft die Anweisungen durchgeführt werden sollen. In unserem Beispiel ist deswegen die for-Schleife praktischer.

Bei for-, while- und do-while-Schleifen müssen Sie aufpassen, dass Sie keine Endlosschleife erstellen. Eine Endlosschleife würde beispielsweise durch folgenden Code erzeugt:

```
for ($i = 1; $i < 6; $i--){
  echo "$i. Hallo<br />\n";
}
```

Hier wird $i zu Beginn auf 1 gesetzt und überprüft, ob $i kleiner als 6 ist. Der Schleifenkörper wird abgearbeitet. Dann wird jedoch $i um eins verringert (dekrementiert). $i erhält also den Wert 0. Da $i immer kleiner wird, wird die Bedingung ($i < 6) immer zutreffen und die Schleife theoretisch endlos laufen.

Endlosschleifen können allerdings in der Kombination mit break oder continue durchaus sinnvoll sein (siehe hierzu Abschnitt 5.2.5).

5.2.4   Verschachtelte Schleifen

Schleifen können auch ineinander verschachtelt werden. Möchte man beispielsweise das kleine Einmaleins anzeigen lassen, braucht man zwei ineinander verschachtelte Schleifen. Im Beispiel soll das kleine Einmaleins als Tabelle ausgegeben werden. Bevor man daran geht, eine solche Aufgabe zu lösen, empfiehlt es sich, erst einmal zu überlegen, wie der erzeugte HTML-Code aussehen soll. Sehen Sie sich bei Bedarf in Kapitel 3 noch einmal an, wie Tabellen in HTML erstellt werden.

Nun zum Beispiel: Das kleine Einmaleins als Tabelle bedeutet, dass 10 Zeilen mit jeweils 10 Zellen benötigt werden. Dafür werden zwei for-Schleifen eingesetzt. Die äußere ist für die Zeilen (tr) zuständig, die innere für die 10 Zellen (td) jeweils in einer Zeile.

```
01 <!DOCTYPE html>
02
03 <html>
04  <head>
05   <meta charset="UTF-8" />
06   <title>Einmaleins</title>
07 </head>
08 <body>
09 <table border="1">
10 <?php
11 for ($i = 1; $i <= 10; $i++) {
12   echo "<tr>\n";
```

```
13   for ($j = 1; $j <= 10; $j++) {
14      $zahl = $i * $j;
15      echo "\t<td>$zahl</td>\n";
16   }
17   echo "</tr>\n";
18 }
19 ?>
20 </table>
21 </body>
22 </html>
```

Listing 5–14   *Das kleine Einmaleins über PHP ausgegeben (einmaleins.php)*

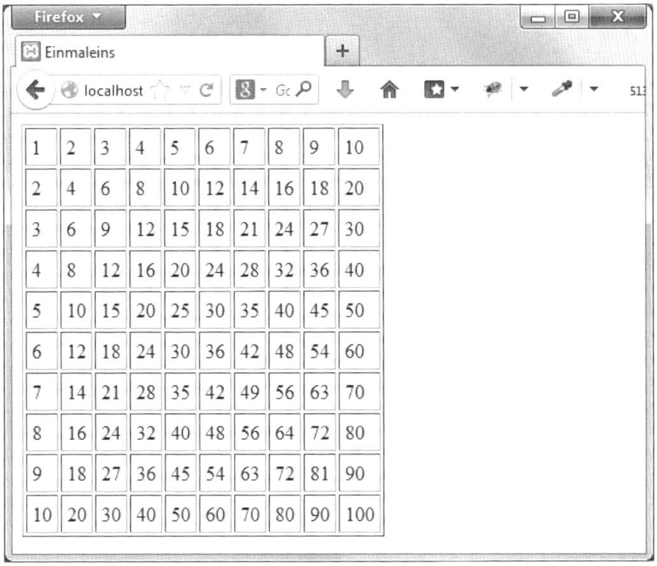

Abb. 5–12   *Das kleine Einmaleins als Tabelle*

In Zeile 9 beginnt die Tabelle. Dieser Code steht noch außerhalb von PHP. In Zeile 11 beginnt die äußere for-Schleife, die von 1 bis 10 hochzählt und in Zeile 12 das tr-Starttag und in Zeile 17 das tr-Endtag ausgibt. Beim ersten Durchlauf hat $i den Wert 1. Es wird <tr> geschrieben und in die innere Schleife gewechselt (Zeile 13).

Die innere for-Schleife verwendet als Zähler $j, da dieser unabhängig sein muss vom Zähler der äußeren Schleife. In der inneren Schleife wird das Produkt der beiden Zähler berechnet (Zeile 14) und jeweils in eine Zelle geschrieben (Zeile 15). Beim ersten Durchgang der inneren Schleife wird also 1*1 in die erste Zelle geschrieben, beim zweiten Durchgang 1*2, beim dritten Durchgang 1*3 bis zu 1*10. Sind die 10 Zellen erstellt, ist die innere Schleife beendet und </tr> wird ausgegeben.

Dann beginnt die äußere Schleife erneut. $i hat jetzt den Wert 2. Eine neue <tr> wird geschrieben und wieder in die innere Schleife gewechselt, die wieder 10 Zellen ausgibt, dieses Mal berechnet sie aber 2*1, 2*2, 2*3 usw.

Die möglichen Verschachtelungen gehen natürlich weiter. Nehmen wir an, wir wollen immer zufällig genau eine Zeile anders einfärben (beispielsweise die Zeile, die wir abfragen wollen). Dafür muss diese Zeile mit einer class versehen werden, die per CSS eine Hintergrundfarbe erhält (siehe auch Kap. 3).

```
01 <!DOCTYPE html>
02 <html>
03  <head>
04   <meta charset="UTF-8" />
05   <title>Einmaleins</title>
06 <style>
07 .wichtig { background-color: red; }
08 </style>
09 </head>
10 <body>
11 <table border="1">
12 <?php
13 $zufallszahl = rand(1, 10);
14 for ($i = 1; $i <= 10; $i++) {
15     if ($i == $zufallszahl) {
16         echo "<tr class='wichtig'>\n";
17     } else {
18         echo "<tr>\n";
19     }
20     for ($j = 1; $j <= 10; $j++) {
21         $zahl = $i * $j;
??         echo "\t<td>$zahl</td>\n";
23     }
24     echo "</tr>\n";
25 }
26 ?>
27 </table>
28 </body>
29 </html>
```

Listing 5–15   *Eine zufällige Zeile erhält eine CSS-Klasse, die für eine Hintergrundfarbe sorgt (einmaleins_zufallsauswahl.php).*

Die Änderungen sind in Listing 5–15 fett markiert. In den Zeilen 6–8 wird über CSS für die Klasse .wichtig eine Hintergrundfarbe definiert. In Zeile 13 lassen wir mit rand() eine Zufallszahl erzeugen. In Zeile 15 wird geprüft, ob $i der Zufallszahl entspricht– $i speichert ja die Nummer der aktuellen Zeile. Wenn das der Fall ist, wird das tr-Starttag geschrieben, in diesem aber noch class='wichtig' ergänzt. Im anderen Fall (Zeile 18), wird tr ohne Klassenangabe geschrieben.

Übung 1

Lassen Sie das kleine Einmaleins als Tabelle ausgeben. Setzen Sie dieses Mal aber eine while-Schleife anstelle einer for-Schleife ein.

5.2.5   Schleifen steuern über break und continue

break haben Sie bereits beim switch-Statement gesehen. Dort dient es dazu, die switch-Anweisung zu verlassen. Sie können break in dieser Funktion auch in anderen Schleifen einsetzen, also bei for, while oder do-while. Auch continue dient zur Steuerung von Schleifen. Hiermit bewirken Sie aber, dass wieder zum Anfang des Schleifenblocks zurückgesprungen wird.

Ein Beispiel zeigt break und continue im Einsatz:

```
01 for ($i = 1; $i <= 10; $i++) {
02   if ($i == 3) {
03     continue;
04   }
05   echo "$i. Durchlauf<br />\n";
06   if ($i == 5) {
07     break;
08   }
09 }
```

Listing 5–16   *Schleife steuern über break und continue (break_continue.php)*

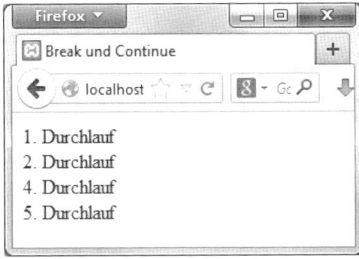

Abb. 5–13   *Durch den Einsatz von break oder continue wird die Schleife nicht von 1 bis 10 durchlaufen.*

Im Listing sehen Sie eine for-Schleife, die an sich von 1 bis 10 durchläuft. Ausgegeben wird außerdem die Nummer des aktuellen Durchlaufs. Jetzt gibt es zwei if-Anweisungen. Die erste in Zeile 2 überprüft, ob $i den Wert 3 hat. (Achten Sie auf das doppelte Gleichheitszeichen.) Ist das der Fall, wird mit continue bewirkt, dass die Ausführung wieder an den Anfang des Schleifenblocks zurückspringt. Das heißt, »3. Durchlauf« wird nicht ausgegeben. Eine weitere if-Anweisung in Zeile 6 prüft, ob $i den Wert 5 hat, dann wird mit break die for-Schleife verlassen. Deswegen wird nach »5. Durchlauf«" nichts mehr ausgegeben. Abbildung 5–13 zeigt das Ergebnis.

Wenn Sie break oder continue ohne weitere Angabe schreiben, wird damit immer die aktuelle Schleife verlassen. Bei verschachtelten Schleifen können Sie aber auch festlegen, welche der Schleifen verlassen werden soll. Notieren Sie dabei einfach die Zahl der Schleife, aus der break ausbrechen soll, bzw. bei continue die Zahl der Schleife, zu deren Anfang zurückgesprungen werden soll.

Um das zu demonstrieren, brauchen wir eine Konstruktion mit verschachtelten Schleifen. Im folgenden Beispiel sehen Sie zwei ineinander verschachtelte for-Schleifen. Innerhalb der äußeren Schleife wird der Zähler der äußeren Schleife und innerhalb der inneren Schleife der Zähler der inneren Schleife ausgegeben. Zuerst wird break ohne weitere Angabe benutzt.

```
01 for ($i = 1; $i <= 3; $i++) {
02   echo "außen: $i<br />\n";
03   for ($j = 1; $j <= 3; $j++) {
04     echo "innen $j<br />\n";
05     if ($j == 2)  {
06       break;
07     }
08   }
09 }
```

Listing 5–17   *break in einer verschachtelten Schleife (break_verschachelt.php)*

Durch das break in der inneren Schleife wird dafür gesorgt, dass diese nur bis 2 läuft. Statt break könnten Sie hier auch break 1 schreiben. Die äußere Schleife hingegen läuft ungestört.

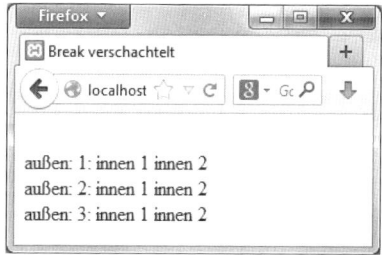

Abb. 5-14   *break bewirkt, dass die innere Schleife nur bis 2 läuft.*

Wenn wir jetzt einmal break in ein break 2 ändern, wird in diesem Moment nicht die innere, sondern die äußere Schleife verlassen:

```
01 for ($i = 1; $i <= 3; $i++) {
02   echo "<br />außen: $i: ";
03   for ($j = 1; $j <= 3; $j++) {
04     echo "innen $j ";
05     if ($j == 2)  {
06       break 2;
07     }
08   }
09 }
```

Listing 5–18   *Mit break die äußere Schleife verlassen (break_verschachtelt_2.php)*

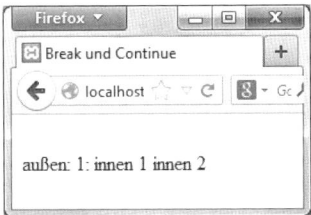

Abb. 5–15   *Jetzt wird die äußere Schleife durch break 2 verlassen.*

Kommen wir zu einem kleinen Beispiel mit einer einfachen Schleife und break. Wir wollen so lange würfeln, bis wir einen Pasch haben. »Würfeln« bedeutet in unserem Beispiel, dass wir zwei Zufallszahlen zwischen 1 und 6 erzeugen. Und das machen wir in einer while-Schleife so lange, bis die Zahlen identisch sind, dann verlassen wir mit break die Schleife:

```
01 $min = 1;
02 $max = 6;
03 $zaehler = 0;
04 while(1) {
05   $zahl1 = rand($min, $max);
06   $zahl2 = rand($min, $max);
07   echo "$zahl1 $zahl2<br>\n";
08   $zaehler++;
09   if ($zahl1 == $zahl2){
10     break;
11   }
12 }
13 echo "Beim $zaehler. Versuch geklappt";
```

Listing 5–19   *Pasch würfeln (pasch_wuerfeln.php)*

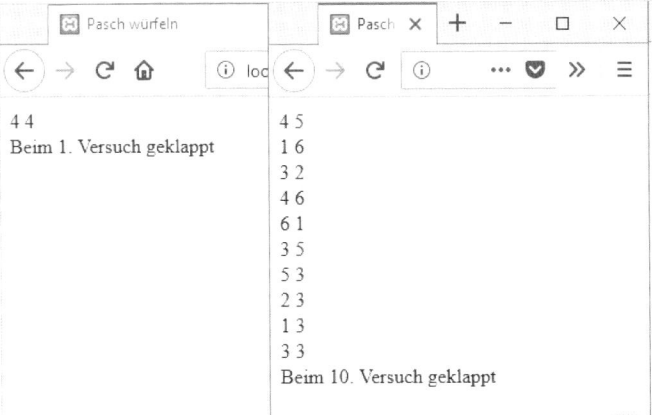

Abb. 5–16   *Es dauert unterschiedlich lang, bis zufällig zweimal dieselbe Zahl erzeugt wird.*

5.2.6   goto

Außerdem gibt es in PHP `goto`. Hinter `goto` geben Sie einen Bezeichner an, zu diesem wird dann direkt gesprungen:

```
goto a;
echo "Grundsätzlich bin ich überflüssig";
a:
echo "Das wars schon";
```

Listing 5–20   *Sprungmarken über goto (goto.php)*

`goto a` bewirkt, dass das Skript beim Bezeichner a: weitergeführt wird. Deswegen wird nur der zweite Text ausgegeben.

5.2.7   Alternative Syntax für Verzweigungen und Schleifen

Für `if-else` und Schleifen mit `while`, `for`, `foreach` und `switch` gibt es eine alternative Syntax. Bei dieser wird anstelle der öffnenden geschweiften Klammer ein Doppelpunkt benutzt und anstelle der schließenden Klammer `endif`, `endwhile`, `endfor`, `endforeach` oder `endswitch`. Hier ein Beispiel für eine `if`-Verzweigung und eine `while`-Schleife:

```
$i = 5;
if ($i > 4):
  echo "$i ist größer als 4<br />\n ";
endif;
$j = 1;
while ($j < 6):
  echo "$j: hallo<br />\n";
  $j++;
endwhile;
```

Listing 5–21   *Verzweigungen und Schleifen können auch ohne geschweifte Klammern geschrieben werden (alternative_syntax.php).*

Diese Syntax wird beispielsweise üblicherweise in den Templates von WordPress benutzt:

```
<?php while ( have_posts() ) : the_post(); ?>
<?php get_template_part( 'content', get_post_format() ); ?>
<?php endwhile; ?>
```

Diese Schreibweise ist praktisch, wenn HTML- und PHP-Code intensiv gemischt werden, was bei den Templates der Fall ist. Dann nämlich ist ein weiter unten auftretendes `<?php endwhile; ?>` besser zuzuordnen als nur ein `<?php } ?>`. Bei Letzterem könnte die geschweifte Klammer ja genauso gut auch zu einem `if`, `for` usw. gehören.

5.3   Funktionen schreiben

PHP stellt Ihnen viele nützliche Funktionen zur Verfügung. Ein paar haben Sie bereits kennengelernt, wie beispielsweise count(), um die Elemente eines Arrays zu zählen, oder rand(), das Ihnen eine Zufallszahl zurückgibt, oder auch var_dump() zur Ausgabe von Informationen über Variablen.

Sie können aber auch selbst Funktionen definieren. Das ist nützlich für Code-Fragmente, die eine klare Aufgabe haben und häufiger vorkommen. Sie brauchen sie nur einmal zu schreiben, können sie jedoch beliebig oft aufrufen. Dadurch ist der Code besser organisiert und leichter auf Fehler zu durchsuchen.

Eine Funktion besteht aus dem Wort function und einem Namen, den Sie selbst bestimmen. (Zu den namenlosen Funktionen gleich in Abschnitt 5.3.5.) Danach stehen runde Klammern mit den Argumenten, und in geschweiften Klammern folgt der Funktionsrumpf mit den Anweisungen.

```
function ausgabe()
{
  echo "Hallo München";
}
```

Um die Funktion auszuführen, müssen Sie sie aufrufen:

```
ausgabe();
```

Eine Funktion kann auch einen Wert zurückgeben. Dafür notieren Sie in der Funktion das Schlüsselwort return und dahinter den Wert, der zurückgegeben werden soll:

```
function copyright()
{
  return "Copyright 2019";
}
```

Wenn Sie die Funktion jetzt aufrufen, können Sie den Wert, den die Funktion zurückgibt, einer Variablen zuweisen. Und mit dieser Variablen können Sie dann weitere Operationen durchführen. Im Beispiel wird der Text in Großbuchstaben ausgegeben – das macht die Funktion strtoupper().

```
$c = copyright();
echo strtoupper($c);
```

Übrigens beendet return die Funktion. Steht dahinter noch eine Anweisung, wird diese nicht ausgeführt. Im Beispiel hat echo also keinerlei Auswirkung:

```
function copyright2()
{
  return "Copyright 2019",
  echo "Hallo, hallo, warum hört mich denn niemand";
}
```

Listing 5–22   *Beispiele für Funktionen (funktionen.php)*

Wollen Sie über return mehrere Werte zurückgeben, können Sie ein Array zurückgeben lassen.

Die bisherigen Funktionen machen unter allen Umständen dasselbe. Flexibler werden Funktionen durch Parameter. Nehmen wir an, Sie haben eine Funktion, die Ihnen den Bruttowert berechnet. Dann möchten Sie wahrscheinlich den Bruttowert von *unterschiedlichen Beträgen* ermitteln. Dafür definieren Sie, dass Ihre Funktion einen Parameter erwartet. Hierfür schreiben Sie eine Variable in die runden Klammern bei der Funktionsdefinition. Mit dieser Variablen führen Sie dann im Funktionsrumpf die Berechnung durch.

```
01 function brutto($netto)
02 {
03   return $netto * 1.19;
04 }
05 $betrag = 25;
06 $bruttowert = brutto($betrag);
07 echo "$betrag ergibt $bruttowert inkl. MWSt<br />\n";
```

Im Beispiel erwartet die Funktion einen Nettowert und führt mit ihm die Berechnung durch. Beim Aufruf der Funktion in Zeile 6 wird die Variable $betrag übergeben, die den Wert 25 hat. Damit wird nun die Berechnung durchgeführt. Das von der Funktion zurückgegebene Ergebnis wird in der Variablen $bruttowert gespeichert und in Zeile 7 ausgegeben.

Mehrere Parameter geben Sie durch Komma getrennt an. Im folgenden Beispiel wird die Funktion brutto() erweitert: Sie nimmt neben dem Nettobetrag auch den Mehrwertsteuersatz entgegen.

```
01 function brutto2($netto, $mwstSatz)
02 {
03   return $netto * (100 + $mwstSatz) / 100;
04 }
05 $betrag = 25;
06 $bruttowert = brutto2($betrag, 7);
07 echo "$betrag ergibt $bruttowert inkl. MWSt<br />\n";
08
09 $bruttowert2 = brutto2($betrag, 19);
10 echo "$betrag ergibt $bruttowert2 inkl. MWSt<br />\n";
```

Listing 5–23   *Funktion mit Parameter (funktionen_parameter.php)*

Übung 5

In Kapitel 4 haben Sie gesehen, dass Sie Arrays gut mit print_r() ausgeben lassen können. Die hilfreichen Einrückungen sieht man allerdings nur im HTML-Quellcode der Seite oder wenn man um den Aufruf von print_r() <pre> und </pre> ergänzt:

→

Übung 5

```
echo "<pre>";
print_r($antworten);
echo "</pre>";
```

Schreiben Sie eine Funktion, die ein Array entgegennimmt und dieses Array mit print_r() und <pre> behandelt ausgibt! Testen Sie dann Ihre Funktion mit einem Array.

Schreiben Sie dann eine weitere Funktion, die im Vergleich zur Vorherigen zwei Änderungen aufweist: Zum einen soll statt print_r() das Array mit var_dump() ausgegeben werden. Notieren Sie zum anderen nach der Ausgabe die(), wodurch das Skript beendet wird. Diese Kombination von Informationen ausgeben und danach Skript beenden, ist recht praktisch.

5.3.1   Übergabe per Wert und per Referenz

Wenn Sie in einer Funktion einen Wert übergeben und diesen in der Funktion verändern, so verändert er sich dadurch nicht. Man spricht hier davon, dass einer Funktion eine Variable *als Wert* übergeben wird. Anders ist es, wenn Sie eine Variable *als Referenz* übergeben, dann können Sie innerhalb der Funktion den Wert verändern, und das wirkt sich auch außerhalb der Funktion aus. Um einer Funktion eine Variable per Referenz zu übergeben, schreiben Sie bei der Parameterliste vor die Variable ein &-Zeichen, das ist der Referenzoperator.

```
function veraendern2(&$a, &$b) {}
```

Hierzu ein Beispiel. Im folgenden Listing gibt es zwei Funktionen. Diese erwarten jeweils zwei Parameter. Der ersten Funktion werden die Variablen als Werte übergeben, der zweiten als Referenz.

```
01 echo "<h3>Übergabe per Wert</h3>\n";
02 function veraendern($a) {
03   $a++;
04 }
05 $c = 2;
06 echo "Vor Funktionsaufruf: \$c ist $c<br />\n";
07 veraendern($c);
08 echo "Nach Funktionsaufruf: \$c ist $c<br />\n";
09 echo "<h3>Übergabe per Referenz</h3>\n";
10 function veraendern2(&$a) {
11   $a++;
12 }
13 echo "Vor Funktionsaufruf: \$c ist $c<br />\n";
14 veraendern2($c);
15 echo "Nach Funktionsaufruf: \$c ist $c<br />\n";
```

Listing 5–24   *Unterschiede bei der Übergabe per Referenz und per Wert (referenz_wert.php)*

Abb. 5–17   *Durch die Übergabe der Variablen per Referenz wirkt sich die Veränderung innerhalb der*
Funktion auch außerhalb der Funktion aus.

In Zeile 2 wird die Funktion namens veraendern() definiert, die einen Parameter
erwartet. Dieser wird dann im Funktionsrumpf verändert – $a wird inkrementiert.

In Zeile 5 wird die Variable $c definiert und mit dem Wert 2 belegt. Zeile 6
gibt den Wert der Variablen aus. In Zeile 7 wird die Funktion veraendern() aufgerufen und ihr die Variable übergeben. Zeile 8 gibt aus, welchen Wert die Variable
nach dem Funktionsaufruf hat. Sie sehen es in Abbildung 5–17: Die Variable hat
vor und nach dem Funktionsaufruf denselben Wert. Das ist so bei der standard-
mäßigen Übergabe per Wert.

Anders ist das Ergebnis der zweiten Funktion. In Zeile 10 sehen Sie eine weitere definierte Funktion. Hier wird die Variable per Referenz übergeben, und vor
dem Parameter steht der Referenzoperator (&). Ansonsten ist alles wie gehabt. Die
Änderungen zeigen sich dann in der Testausgabe: Vor dem Funktionsaufruf hat
die Variable den Wert 2. Nach dem Funktionsaufruf ist jedoch der Wert verändert: $c ist 3.

Wenn Sie hingegen *beim Aufruf der Funktion* die Variable per Referenz übergeben:

```
veraendern(&$c);
```

so funktioniert das nicht.

5.3.2   Defaultwerte für Parameter

Bei Funktionen können Sie auch Defaultwerte für Parameter angeben, die
genommen werden, wenn der entsprechende Parameter nicht angegeben ist. Nehmen wir als Beispiel noch einmal den Bruttoberechner. Wir können ihn jetzt so
modifizieren, dass im Normalfall von einem Mehrwertsteuersatz von 19% ausgegangen wird:

```
function brutto ($netto, $mwstSatz = 19) { }
```

Die Funktion können Sie nun auf zwei unterschiedliche Arten nutzen: Wenn Sie beim Aufruf nur einen Parameter angeben, wird der Defaultwert mit 19 % Mehrwertsteuer benutzt. Soll ein anderer Mehrwertsteuersatz verwendet werden, so übergeben Sie der Funktion zwei Parameter:

```
function brutto ($netto, $mwstSatz = 19)
{
  return $netto * (100 + $mwstSatz) / 100;
}
$betrag = 25;
$bruttowert = brutto ($betrag);
echo "$betrag ergibt $bruttowert inkl. MWSt.<br />\n";
$bruttowert2 = brutto ($betrag, 7);
echo "$betrag ergibt $bruttowert2 inkl. MWSt.<br />\n";
```

Listing 5–25   *Funktion mit Defaultwert (brutto_default_wert.php)*

Wichtig ist dabei, dass zuerst die Parameter ohne Defaultangabe stehen und danach die Parameter mit Defaultwerten. Die umgekehrte Reihenfolge funktioniert nicht:

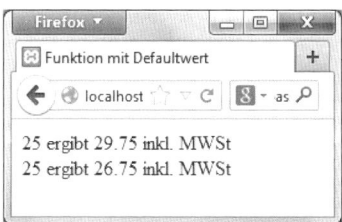

Abb. 5–18   *Ausgabe von Listing 5–25*

Übrigens verwendet PHP selbst bei vielen der vordefinierten Funktionen Defaultparameter. Erinnern Sie sich an die Funktion count(), um Arrays zu zählen? Hier können Sie neben dem obligatorischen ersten Parameter – dem Array – über einen fakultativen zweiten Parameter die Art zu zählen bestimmen.

Übung 6

Erstellen Sie eine Funktion, die die Kosten einer Arbeitsleistung ermittelt. Der Funktion übergeben Sie die Anzahl der geleisteten Stunden und den Stundensatz. Die Funktion berechnet daraus den Gesamtbetrag.

Modifizieren Sie dann Ihre Funktion so, dass ein Standardstundensatz als Defaultparameter definiert ist.

Testen Sie Ihre Funktionen mit unterschiedlichen Parametern!

5.3.3   Zugriff auf Variablen innerhalb und außerhalb von Funktionen

Eine Variable, die Sie außerhalb einer Funktion definieren, ist im globalen Geltungsbereich. Variablen innerhalb von selbst definierten Funktionen befinden
sich hingegen im lokalen Funktionsskopus (Skopus = Geltungsbereich). Konkret
heißt das: Sie können normalerweise nicht in Funktionen auf Variablen außerhalb der Funktion zugreifen.

Im folgenden Beispiel wird eine Variable $vorname definiert und ihr der String
»Lilli« zugewiesen. In der Funktion wird versucht, auf diese Variable zuzugreifen
und sie auszugeben.

```
$vorname = "Lilli";
function gruss()
{
  echo "Hallo $vorname<br />\n";
}
gruss();
```

Dies funktioniert jedoch nicht: Das Skript gibt nur »Hallo« aus, und bei strengem
Fehlermeldungslevel erscheint der Hinweis, dass eine undefinierte Variable
benutzt wird.

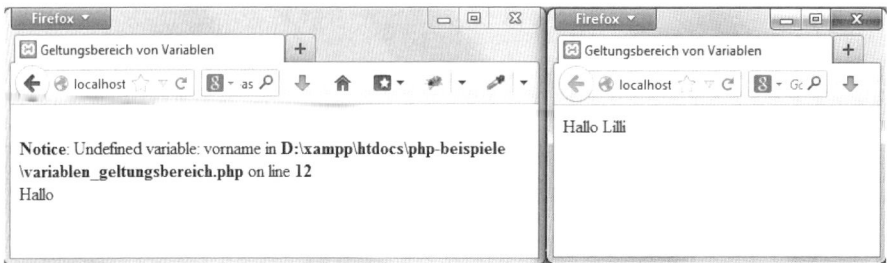

Abb. 5–19   *Links: Innerhalb einer Funktion können Sie nicht auf eine Variable zugreifen, die außerhalb*
der Funktion definiert ist. Rechts: Nach Einfügen von global klappt es hingegen.

Wenn Sie innerhalb von Funktionen auf eine Variable außerhalb zugreifen wollen, brauchen Sie zusätzlich das Schlüsselwort global. Dieses schreiben Sie innerhalb der Funktion vor die Variable und kennzeichnen damit, dass Sie auf die
gleichnamige Variable aus dem globalen Geltungsbereich zugreifen möchten.

```
$vorname = "Lilli";
function gruss()
{
  global $vorname;
  echo "Hallo $vorname<br />\n";
}
gruss();
```

Listing 5–26   *Mit global greifen Sie auf außerhalb von Funktionen definierte Variablen zu*
(variablen_geltungsbereich.php).

Eine andere Möglichkeit ist der Einsatz des von PHP vordefinierten Arrays $GLO-BALS. Dieses vordefinierte Array enthält als Elemente alle im globalen Geltungsbereich existierenden Variablen. Es ist ein assoziatives Array: Der Schlüssel ist jeweils der Name der Variablen, und der Wert ist der Wert der Variablen.

Das bedeutet: Über $GLOBALS["vorname"] können Sie innerhalb der Funktion auf den Inhalt der außerhalb der Funktion stehenden Variablen $vorname zugreifen.

```
$vorname = "Lilli";
function gruss()
{
  echo "Hallo {$GLOBALS['vorname']}<br />\n";
}
gruss();
```

Listing 5–27   *Zugriff per $GLOBALS (variablen_geltungsbereich_2.php)*

5.3.4   Variadische Funktionen

Der ...-Operator (Splat-Operator) ist für variadische Funktionen vorgesehen. Variadische Funktionen sind Funktionen, bei denen die Anzahl der Parameter nicht bereits bei der Deklaration festgelegt ist. Ein Beispiel zeigt den Operator im Einsatz. Wir definieren eine Funktion kofferpacken, die eine beliebige Anzahl an Parametern erwartet – in runden Klammern bei der Funktion sehen Sie den ...-Operator in Aktion:

```
function kofferpacken(...$dinge) {
  foreach($dinge as $ding) {
    echo "$ding ";
  }
}
```

Nun können wir die Funktion mit beliebig vielen Parametern aufrufen.

```
echo "Ich nehme mit: ";
echo kofferpacken("Zahnbürste", "Bluse", "Bergschuhe");
```

Listing 5–28   *Operator für variadische Funktionen (variadische_funktion.php)*

Ausgegeben wird im Beispiel »Ich nehme mit: Zahnbürste Bluse Bergschuhe«".

5.3.5   Lambda-Funktionen und Closures

Sie können auch Funktionen ohne Namen definieren, sogenannte *anonyme Funktionen*, die auch *Lambda-Funktionen* genannt werden. Dies ist ein fortgeschrittenes, aus der funktionalen Programmierung entliehenes Feature.

Diese anonymen Funktionen können Sie beispielsweise einer Variablen zuweisen:

```
$lambda = function($a) { return $a / 2; };
```

Und dann können Sie die Funktion folgendermaßen aufrufen:

```
$ergebnis = $lambda(5);
```

Wichtig ist das Semikolon, um die Zuweisung zu $lambda abzuschließen. Ansonsten erhalten Sie eine Fehlermeldung.

Das ist praktisch, um Funktionen als Parameter zu übergeben – beispielsweise bei der von PHP vordefinierten Funktion array_map(). Über array_map() können Sie bestimmte Verarbeitungsschritte *für alle Elemente eines Arrays* durchführen. Als ersten Parameter erwartet array_map() eine Funktion, die bestimmt, was mit den einzelnen Elementen des Arrays geschehen soll, als zweiten Parameter das Array.

Wenn die Funktion, die Sie an array_map() übergeben, ansonsten nicht benötigt wird, empfiehlt sich die Verwendung einer anonymen Funktion. Im folgenden Beispiel wird eine anonyme Funktion definiert, die Werte durch 2 teilt. Außerdem gibt es ein Array mit ein paar Zahlen. Dann wird array_map() aufgerufen und für jedes der Array-Elemente die vorher definierte Funktion aufgerufen bzw. durchgeführt.

```
$lambda = function($a) { return $a / 2; };
$zahlen = [4, 33, 2];
$ergebnis = array_map($lambda, $zahlen);
print_r($ergebnis);
```

Listing 5–29   *Lambda-Funktion (lambda.php)*

Abb. 5–20   *Alle Elemente des Arrays werden durch 2 geteilt.*

Sie können dies abkürzen, indem Sie die anonyme Funktion direkt bei array_ map() angeben. Das Ergebnis ist dasselbe wie in Abbildung 5–20.

```
$zahlen = [4, 33, 2];
$ergebnis = array_map(function($a) { return $a / 2; }, $zahlen);
print_r($ergebnis);
```

Listing 5–30   *Noch kompakter – die anonyme Funktion wird direkt array_map() übergeben*
                   (lambda_2.php).

Wenn man Lambda-Funktionen an externe, außerhalb der Funktion existierende Variablen bindet, spricht man von *Closures*. Die Variablen, die benutzt werden sollen, werden mit use angegeben. Das Besondere dabei ist, dass die Variable an die Closure gebunden wird, wenn diese definiert wird. Wird die Variable dann geändert, hat das keinerlei Einfluss:

```
01 $faktor = 2;
02 $lambda = function($a) use($faktor) {
03   return $a / $faktor;
04 };
05 $erg1 = $lambda(33);
06 echo "\$erg1 ist $erg1<br />\n";
07
08 $faktor = 3;
09 $erg2 = $lambda(33);
10 echo "\$erg2 ist $erg2<br />\n";
```

Listing 5–31   *Closure (closures.php)*

Im Beispiel wird in Zeile 2 eine Closure definiert und die Variable $faktor, die in Zeile 1 auf 2 gesetzt ist, mit use verwendet. Wie zu erwarten ist $erg1 damit 16.5.

In Zeile 8 wird der Faktor geändert, nämlich auf 3 gesetzt. Das hat jedoch auf die Closure keine Auswirkung, auch $erg2 ist 16.5.

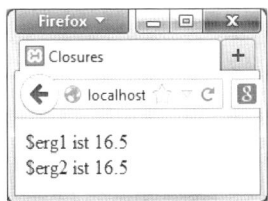

Abb. 5–21   *Die Änderung des Inhalts von $faktor nach Definition der Closure hat keinen Einfluss.*

Lambda-Funktionen und Closures sind Features, die Sie sicher nicht ständig brauchen werden. Praktisch sind Lambda-Funktionen aber beispielsweise für Sortierfunktionen und bei Funktionen, die Arrayinhalte ändern. Daher sollten Sie wissen, worum es sich dabei handelt.

5.4 Funktionen: Datentyp von Parametern und Rückgabewerten angeben

In Bezug auf Datentypen ist PHP nicht streng, üblicherweise geben Sie den Datentyp bei Variablen nicht an. In manchen Fällen kann es jedoch sinnvoll sein, genau zu spezifizieren, welcher Datentyp erwartet wird. Sie können in PHP festlegen, dass eine Funktion einen bestimmten Datentyp erwartet oder zurückgibt – und das seit PHP 7 auch für einfache (skalare) Datentypen über string, int (Integers), float oder bool (boolesche Werte). Seit PHP 7.1 gibt es außerdem noch void und null.

5.4.1   Datentyp von Parametern bestimmen – skalare Typdeklarationen

Im folgenden Beispiel bestimmen wir, dass der übergebene Parameter vom Typ Integer sein soll, indem wir bei der Funktionsdefinition vor den Parameter int schreiben:

```
function verdoppeln(int $zahl){
  return $zahl * 2;
}
echo verdoppeln(20);
```

Listing 5–32   *Bei der Funktion ist der Datentyp des Parameters angegeben (parameter_typ.php)*

Wenn Sie nun der Funktion beim Aufruf einen String statt eines Integers übergeben, funktioniert es nicht:

```
function verdoppeln(int $zahl){
  return $zahl * 2;
}
echo verdoppeln("Hallo");
```

Listing 5–33   *Das klappt nicht: Ein String wird übergeben, obwohl ein Integer vorgeschrieben ist (parameter_typ_fehler.php).*

Sie erhalten dann die Fehlermeldung: »Fatal error: Uncaught TypeError: Argument 1 passed to verdoppeln() must be of the type integer, string given«.

Sie können außerdem noch den strikten Modus aktivieren, indem Sie **in die erste Zeile** Ihres Skripts schreiben:

```
declare(strict_types=1);
```

In diesem Fall erhalten Sie eine Fehlermeldung, wenn Sie unsere Beispielfunktion folgendermaßen aufrufen:

```
echo verdoppeln("20");
```

Wenn Sie den strikten Modus hingegen nicht aktiviert haben, funktioniert der Code, weil in diesem Fall der String »20« in den Integer 20 konvertiert wird. Am besten testen Sie das Beispiel *parameter_typ_strictmode.php* aus!

5.4.2   Datentyp bei Rückgabewerten festlegen

PHP 7 hat ebenfalls die Möglichkeit eingeführt, den Datentyp von Rückgabewerten anzugeben. Diesen schreiben Sie nach den runden Klammern der Funktion nach einem Doppelpunkt. Bei der folgenden Funktion ist definiert, dass der Rückgabewert vom Typ Integer sein muss, ausgegeben wird 42.

```
function antwort() : int {
  return 42;
}
echo antwort();
```

Listing 5–34   *Den Datentyp des Rückgabewerts festlegen (datentyp_rueckgabewert.php)*

Wie bei den Datentypen für Funktionen können Sie auch hier den Strict-Modus aktivieren, um die automatische Datentypkonvertierung zu verhindern. Dafür schreiben Sie declare(strict_types=1); in die erste Zeile Ihres Skripts.

Mit aktiviertem Strict-Modus erzeugt das Folgende einen Fehler, da der String »42« zurückgegeben wird:

```
function antwort() : int {
  return "42";
}
```

Ohne Strict-Modus würde es hingegen keinen Fehler geben.

> Der Strict-Modus gilt für die Datei, in der er aktiviert ist, aber nicht für inkludierte, das heißt mit include oder require eingebundene Dateien. Er gilt aber, wenn aktiviert, ebenfalls für die PHP-eigenen Funktionen, die in der Datei eingesetzt werden.

5.5   Klassen und Objekte

Sie haben gerade gesehen, wie Sie über Funktionen Ihre PHP-Skripte besser organisieren können. Die Objekte und Klassen, die in diesem Abschnitt behandelt werden, gehen noch einen Schritt weiter: Sie erlauben es, Funktionen, die hier aber *Methoden* genannt werden, und Variablen, die hier *Eigenschaften* genannt werden, zu bündeln und gemeinsam wiederzuverwenden. Das Ziel: gut organisierter, leicht wieder verwendbarer und gut wartbarer Code, was gerade bei größeren Projekten wichtig ist. Und damit kommen wir zur Objektorientierung

5.5.1   Objektorientierte Programmierung

Was Sie bisher kennengelernt haben, war die prozedurale Programmierung, daneben können Sie in PHP auch objektorientiert programmieren. Objektorientierte Programmierung ist eine fortgeschrittene Programmiertechnik. Warum aber sollten Sie sich als Einsteiger schon mit Objektorientierung auseinandersetzen?

Prinzipiell werden Sie am objektorientierten Ansatz nicht vorbeikommen, da einige grundlegende Funktionen von PHP objektorientiert konstruiert sind. Also müssen Sie Klassen und Objekte verwenden und sollten deswegen die etwas andere Syntax verstehen.

Größere PHP-Anwendungen wie Content-Management-Systeme o.Ä. sind häufig objektorientiert programmiert. Wenn Sie Erweiterungen oder Modifikationen hierfür schreiben möchten, müssen Sie diese ebenfalls objektorientiert programmieren. Das Gleiche gilt auch für PHP-Frameworks.

Nun zu den Prinzipien der Objektorientierung: In der objektorientierten Herangehensweise ist erst einmal alles ein Objekt. Wenn Sie einen Shop programmieren, können Sie beispielsweise ein Objekt Warenkorb haben, ein anderes Objekt Kunde und wieder ein anderes Objekt Produkt. Bei einem anderen Projekt könnten Sie es mit einem Objekt zu tun haben, das die Aufgabe eines Dateimanagers erfüllt, oder Sie könnten Objekte haben, über die Sie die Kommunikation mit der Datenbank regeln.

Diese Objekte haben dann verschiedene *Eigenschaften* (Variablen) und *Methoden* (Funktionen). Eigenschaften und Methoden gehören zu einem Objekt und machen das Objekt als Ganzes aus. Das Objekt Warenkorb hat beispielsweise als Eigenschaften die jeweilige Nummer des Kunden und eine Liste von Artikeln. Außerdem hat es sicher Methoden, um den Inhalt des Warenkorbs anzeigen zu lassen, einen Artikel zum Warenkorb hinzuzufügen oder zu löschen.

Die einzelnen konkreten Warenkörbe der Kunden werden aber unterschiedlich sein: Erst einmal unterscheiden sie sich natürlich in der Kundennummer, dann aber auch im Inhalt des Warenkorbs usw. Gemeinsam ist ihnen aber, dass sie eine Kundennummer und einen Inhalt mit Artikel(n) haben. Es gibt also einerseits das allgemeine Schema – das, was alle Warenkörbe gemeinsam haben – und den konkreten Fall – das, was ein individueller Warenkorb beinhaltet.

Diese Unterscheidung wird auch in der objektorientierten Programmierung abgebildet: Das, was alle Warenkörbe gemeinsam haben, also das Konzept dahinter, wird durch die Definition einer *Klasse* festgelegt. Der Einzelfall – der individuelle Warenkorb – ist hingegen dann eine Instanziierung der Klasse und konkret ein *Objekt*.

Das ist vielleicht auch der größte Unterschied zur prozeduralen Programmierung: Prozedural legen Sie sofort los, beim objektorientierten Ansatz erstellen Sie zuerst eine Klassendefinition als Schablone. Dann erstellen Sie ein konkretes Objekt mit den spezifischen Daten.

5.5.2   Methoden und Eigenschaften

Ein erstes Beispiel zeigt die Definition einer Klasse. Eine Klasse erstellen Sie mit dem Schlüsselwort `class`, gefolgt vom Namen der Klasse. Üblicherweise sollten Klassennamen mit einem Großbuchstaben beginnen.

```
class Kunde {}
```

Fehlen natürlich noch Eigenschaften und Methoden:

```
class Kunde
{
  public $name;
  public function halloSagen()
```

```
    {
      echo "Hallo";
    }
}
```

Innerhalb unserer Klasse wird eine Eigenschaft $name definiert. Außerdem gibt es eine Methode halloSagen(). Für Methoden verwenden Sie das bereits bekannte Schlüsselwort function, gefolgt vom Namen der Methode und runden Klammern. In geschweiften Klammern steht der Rumpf der Methode.

Außerdem ist vor allen Eigenschaften und Methoden das Schlüsselwort public angegeben. Es regelt den Zugriff auf die entsprechende Eigenschaft/Methode (mehr hierzu in Kap. 9).

Wenn Sie das obige Skript ausführen, passiert noch nichts, weil Sie zwar die Klasse definiert, aber noch kein konkretes Objekt erzeugt haben.

Ein konkretes Objekt erstellen Sie mit dem Schlüsselwort new und dem Namen der Klasse. Dies weisen Sie einer Variablen zu, über die Sie das Objekt der Klasse dann ansprechen können:

```
$neuerKunde = new Kunde();
```

Dann können Sie die einzelnen Eigenschaften setzen:

```
$neuerKunde->name = "Anja";
```

Schreiben Sie dafür den Namen der Variablen, die den Verweis auf das Objekt speichert, den Pfeiloperator, gefolgt von der Eigenschaft *ohne Dollarzeichen*.

Genauso greifen Sie auch auf die Methoden der Klasse zu, müssen hier aber hinter dem Methodennamen die runden Klammern notieren:

```
$neuerKunde->halloSagen();
```

Die Methoden, die Sie in Klassen definieren, können – genauso wie Funktionen – selbstverständlich auch Parameter übernehmen.

Hier sehen Sie das ganze Skript noch einmal im Gesamtzusammenhang:

```
01 class Kunde
02 {
03   public $name;
04   public function halloSagen()
05   {
06     echo "Hallo";
07   }
08 }
09 $neuerKunde = new Kunde();
10 $neuerKunde->name = "Anja";
11 $neuerKunde->halloSagen();
12 echo " ";
13 echo $neuerKunde->name;
```

Listing 5–35   *Ein Objekt der Klasse Kunde wird erstellt (kunde_beispiel.php).*

Das Skript gibt »Hallo Anja« aus.

Das soll als erster kurzer Hinweis auf die objektorientierte Programmierung mit PHP genügen. Sie werden dazu im Folgenden weitere Beispiele finden, und Kapitel 9 widmet sich dann ausschließlich diesem Thema und stellt auch fortgeschrittene Möglichkeiten vor.

5.6 Unterstützung bei der Fehlersuche

Bei den Übungen oder beim Ausprobieren der Skripte haben Sie sicher gute Bekanntschaft mit den Fehlermeldungen gemacht. Um Fehler besser zu finden oder gleich zu vermeiden, helfen erst einmal zwei Dinge: ein übersichtlich gestalteter Code und der richtige Editor. Außerdem erhalten Sie Tipps, wie Sie die Fehlermeldungen besser verstehen.

5.6.1 Leerzeichen und Einrückungen

Inzwischen sind die Skripte schon komplexer geworden, und Sie haben viele wichtige Sprachkonstruktionen kennengelernt. Der richtige Zeitpunkt, sich noch einmal anzusehen, wie es sich mit Leerzeichen und Einrückungen in den PHP-Skripten verhält.

Das folgende Beispiel zeigt – anhand des Codes des kleinen Einmaleins (Listing 5–14) –, wo Sie überall beliebig viele Leerzeichen setzen können, ohne dass PHP bei der Ausführung des Skripts stort.

```
for  (  $i  =  1  ;  $i  <=  10  ;  $i++  )  {
  echo  "<tr>\n"  ;
  for  (  $j  =  1  ;  $j  <=  10  ;  $j++  )  {
    $zahl  =  $i  *  $j  ;
    echo  "\t<td>$zahl</td>\n"  ;
  }
  echo  "</tr>\n"  ;
}
```

Listing 5–36 *An vielen Stellen sind beliebig viele Leerzeichen möglich (einmaleins_luftig.php).*

Außerdem könnte überall, wo ein Leerzeichen steht, auch ein Zeilenumbruch stehen.

Das waren jetzt Beispiele dafür, wo Zeilenumbrüche und Leerzeichen stehen können. Sie können sie aber auch weglassen und ebenfalls die Zeilenumbrüche entfernen, wie das folgende Listing zeigt:

```
for($i=1;$i<=10;$i++){echo"<tr>\n";for($j=1;$j<=10;$j++)
{$zahl=$i*$j;echo"\t<td>$zahl</td>\n";}echo"</tr>\n";}
```

Listing 5–37 *Ganz ohne Zeilenumbrüche (einmaleins_eine_zeile.php)*

Prinzipiell haben Sie hier also relativ viel Freiheit. Es gibt jedoch Ausdrücke, die zusammenstehen müssen. Nicht durch Leerzeichen trennen dürfen Sie beispielsweise den Inkrementoperator ($i++), das Newline-Zeichen \n oder Operatoren wie &&, <= oder == usw.

Sie sehen: Für die Ausführung der Skripte sind die meisten Leerzeichen und Zeilenumbrüche nicht relevant. Sie sind aber ganz wichtig, damit der Code lesbar ist, und helfen bei der Fehlersuche. Wichtig ist insbesondere, dass man bei Anweisungsblöcken erkennt, wozu sie gehören. Das geschieht über die korrekten Einrückungen.

Im Buch wird aus Platzgründen der Code immer nur um zwei Zeichen eingerückt. Sie sollten der besseren Lesbarkeit Ihrer Skripte zuliebe aber besser die doppelte Anzahl nehmen, also vier Leerzeichen.

Für die Anordnung der geschweiften Klammern gibt es mehrere Möglichkeiten. Die öffnende Klammer kann in eine neue Zeile oder in dieselbe Zeile geschrieben werden. Hier im Buch folge ich diesbezüglich den PSR-2-Coding-Standards[2]: Bei Funktionen schreibe ich die öffnende Klammer in eine neue Zeile, bei Kontrollstrukturen hingegen in die Zeile, in der die Kontrollstruktur beginnt. Das sieht dann so aus:

```
function beispiel()
{
  if () {
  } else {
  }
}
```

Wichtig ist, dass die schließenden Klammern immer so angeordnet sind, dass der Bezug ganz eindeutig ist.

Es gibt verschiedene Best-Practice-Anweisungen, wie übersichtlicher PHP-Code aussehen sollte. Im Zweifelsfall orientieren Sie sich an dem erwähnen Coding Style Guide PSR-2 (PSR = PHP Standard Recommendation). Verantwortlich dafür ist die PHP Framework Interoperability Group (PHP-FIG).

Den Code gut einzurücken und übersichtlich zu gestalten, erleichtert die Fehlersuche bei Problemen. Eine weitere Hilfe bietet Ihnen der richtige Editor.

5.6.2 Editor mit mehr Fähigkeiten

Ebenfalls sehr empfehlenswert ist es, einen Editor einzusetzen, der etwas mehr kann als der einfache Texteditor: Zumindest sollte er Syntaxhervorhebung bieten, zusammenhängende Klammern markieren können und die Zeilennummer anzeigen – das ist die Minimalanforderung.

---

2. *https://www.php-fig.org/psr/psr-2/*

Ein kostenloser Editor für alle Betriebssysteme, der diese Funktionen bereitstellt und inzwischen recht beliebt ist, ist Atom.[3]

Ein weiterer beliebter Editor ist SublimeText.[4]

Atom bietet verschiedene Features, die Sie zumindest bei einem Editor vorfinden sollten:

- Die einzelnen Bestandteile Ihres Codes werden in unterschiedlichen Farben hervorgehoben. Wenn die Farbzuweisungen an einer Stelle nicht mehr stimmen, ist das meist ein Hinweis darauf, dass Sie einen Fehler in Ihrem Code haben. Vergessen Sie beispielsweise das schließende Anführungszeichen bei einem String, folgen die weiteren Zeilen bis zum nächsten Anführungszeichen nicht dem sonstigen Farbschema, dass Klammern beispielsweise eine andere Farbe haben als Schlüsselwörter wie else usw.

- Sie sehen, welche Klammern zusammengehören. Wenn Sie eine geschweifte Klammer mit der Maus markieren, wird die zugehörige Klammer durch einen Unterstrich hervorgehoben.

- Codezeilen lassen sich ausblenden. Dafür bewegen Sie die Maus links an den Anfang der Zeile des Codeblocks. Es erscheint ein kleiner Pfeil nach unten, durch den sich der Codeblock ein- und ausklappen lässt.

```php
12  <?php
13  for ($i = 1; $i <= 10; $i++) {
14      echo "<tr>\n";
15      for ($j = 1; $j <= 10; $j++)
16          $zahl = $i*$j;
17          echo "\t<td>$zahl</td>\n";
18      }
19      echo "</tr>\n";
20  }
21  ?>
```

```php
12  <?php
13  for ($i = 1; $i <= 10; $i++) {
14      echo "<tr>\n";
15      for ($j = 1; $j <= 10; $j++)
19          echo "</tr>\n";
20  }
21  ?>
22  </table>
23  </body>
24  </html>
```

Abb. 5-22   *Atom: links ausgeklappt, rechts mit eingeklapptem Codeblock*

Bei Fehlermeldungen erhalten Sie in PHP die Nummer der Zeile ausgegeben, in der PHP auf den Fehler gestoßen ist. Auch diese Zeilennummern werden standardmäßig in Atom angezeigt. Das Schöne an Atom ist außerdem, dass es sehr viele Erweiterungen[5] gibt.

---

3. *https://atom.io/*
4. *http://www.sublimetext.com/*
5. *https://atom.io/packages*

Einen Schritt weiter bei der Unterstützung als Editoren gehen Entwicklungsumgebungen (IDE: integrated development environment). Sehr beliebt ist für PHP die kommerzielle Entwicklungsumgebung PHPStorm[6] von Jetbrains, die von Haus aus alle gängigen PHP-Frameworks unterstützt und Ihnen bei der Fehlersuche (Debugging) und Code-Verbesserungen (Refactoring) hilft. Außerdem lassen sich von derselben Oberfläche viele Aufgabe wie Versionskontrolle, Verwaltung der Datenbank usw. bewerkstelligen.

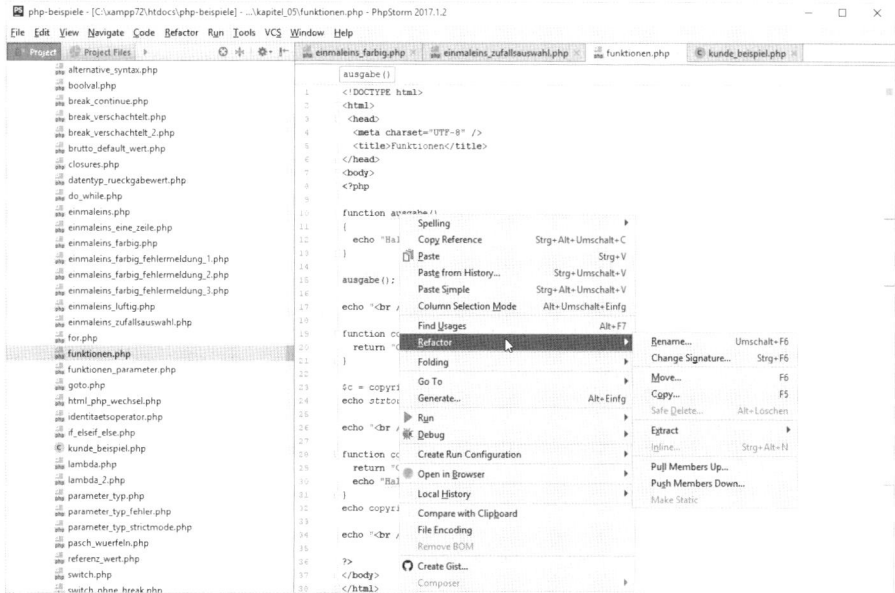

Abb. 5–23   *PHPStorm mit Refactor-Optionen für eine Funktion*

5.7   Fehlersuche – der Parse Error

Abb. 5–24   *Parse Error*

Ein übersichtlich gestalteter Code und der richtige Editor helfen bei der Fehlersuche. Wichtige Hinweise auf den Fehler liefern die Fehlermeldungen – wenn man weiß, wie man sie zu interpretieren hat. Ihnen ist sicher schon häufig der Parse

---

6.   *https://www.jetbrains.com/phpstorm/*

Error begegnet, ein Fehler, der beim Parsen des Skripts auftritt. Beim Parse Error wird das Skript gar nicht verarbeitet. Wenn Sie den zugrunde liegenden HTML-Quellcode ansehen, sehen Sie, dass nicht einmal das HTML-Grundgerüst ausgegeben wird. Es erscheint eine Fehlermeldung und mehr nicht.

5.7.1   Fehlendes Anführungszeichen

Nehmen wir als Beispiel einmal das Listing *einmaleins_zufallsauswahl.php* (Listing 5–15). Angenommen, Sie haben ein Anführungszeichen vergessen – ein typischer Fall für einen Parse Error:

```
15     if ($i == $zufallszahl) {
16         echo "<tr class='wichtig'>\n;
17     } else {
18         echo "<tr>\n";
```

Listing 5–38   *Ein fehlendes Anführungszeichen in Zeile 16 (einmaleins_zufallsauswahl_fehler_1.php)*

Sie sehen einen Ausschnitt aus dem fehlerhaften Listing. Die Nummerierung beginnt hier bei 15, was der Nummerierung der Zeilen im Skript entspricht. Am Ende der Zeile 16 fehlt ein Anführungszeichen. Sie erhalten dann die in Abbildung 5–24 gezeigte Fehlermeldung: PHP meldet ein unerwartetes > in Zeile 18. Das bedeutet, PHP meldet einen Fehler zwei Zeilen später. Warum das?

Der String wird für PHP beim nächsten Auftreten eines Anführungszeichens geschlossen. Der String umfasst also.

```
16         echo "<tr class='wichtig'>\n;
17     } else {
18         echo "<tr>\n";
```

Das heißt, der String geht bis echo ". Dann folgt ein Kleiner-als-Zeichen und tr, das PHP als Konstante interpretiert. Erst beim schließenden >, das PHP als Größer-als-Zeichen liest, passt es nicht mehr, und an dieser Stelle meldet PHP den Fehler.

Rechnen Sie also bei einem Parse Error damit, dass Sie den Fehler früher gemacht haben. Fehler mit fehlenden Anführungszeichen entdecken Sie gut über die Funktion zur Syntaxhervorhebung Ihres Editors.

> Hilfreich zur Vermeidung solcher Fehler ist es, sich bei Strings, die man schreibt, direkt beide Anführungszeichen zu notieren und danach den Inhalt zu ergänzen.

Dabei müssen Sie dann nur noch darauf achten, dass Sie, wenn Sie für HTML-Attributwerte weitere Anführungszeichen brauchen, die Anführungszeichen maskieren oder gleich einfache nehmen.

5.7.2   Vergessene geschweifte Klammern

Vergessene geschweifte Klammern sind ebenfalls ein beliebter Fehler – und auch hier stimmt oft die Nummer, die der PHP-Interpreter bei der Fehlermeldung angibt, nicht mit der Zeile überein, in der Sie eigentlich die Klammer vergessen haben.

Ein Beispiel zeigt dies:

```
14 for ($i = 1; $i <= 10; $i++) {
15     if ($i == $zufallszahl) {
16         echo "<tr class='wichtig'>\n";
17     } else {
18         echo "<tr>\n";
19
20     for ($j = 1; $j <= 10; $j++) {
21         $zahl = $i * $j;
22         echo "\t<td>$zahl</td>\n";
23     }
24     echo "</tr>\n";
25 }
26 ?>
27 </table>
28 </body>
29 </html>
```

Listing 5–39   *Fehlende geschweifte Klammer (einmaleins_zufallsauswahl_fehler_2.php)*

Im Beispiel fehlt in Zeile 19 die schließende Klammer des else-Zweigs. Der PHP-Interpreter ordnet die Klammern neu zu. Als schließende Klammer für else wird die schließende Klammer in Zeile 25 ausgemacht. Damit fehlt aber noch die schließende Klammer der umfassenden for-Schleife. Sie erhalten dann eine Fehlermeldung »unexpected end of file«.

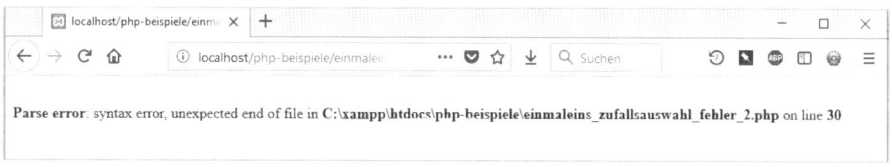

Abb. 5–25   *Eine Fehlermeldung bei einer fehlenden geschweiften Klammer*

Die Fehlermeldung besagt, dass das Ende des Skripts unerwartet kommt. Und angezeigt wird der Fehler für die letzte Zeile des Skripts. Im Beispiel ist das die letzte Zeile nach dem schließenden </html>. Es könnte aber noch weiter hinten sein – wenn weitere leere Zeilen am Ende anschließen. Kontrollieren Sie in diesem Fall Ihre Klammern.

Aber natürlich gibt es auch einfachere Fälle: Fälle, in denen die Zeile, in der der Fehler vom PHP-Interpreter gemeldet wird, auch wirklich mit der Zeile übereinstimmt, in der der Fehler aufgetreten ist. Hierzu folgendes Beispiel:

```
15    if ($i == $zufallszahl) {
16        echo "<tr class='wichtig'>\n";
17    else {
18    echo "<tr>\n";
19    }
20    for ($j = 1; $j <= 10; $j++) {
```

Listing 5–40   *Fehlende geschweifte Klammer vor dem else (einmaleins_zufallsauswahl_fehler_3.php)*

Hier fehlt in Zeile 17 die schließende Klammer vom `if`-Zweig, bevor das `else` losgeht.

Abb. 5–26   *Dieses Mal ist der Fehler wirklich in Zeile 17.*

Genau das meldet der PHP-Interpreter auch *unexpected 'else' (T_ELSE)* in Zeile 17. Erwartet wird an dieser Stelle nicht `else`, sondern es müsste eine Klammer stehen. Und warum meldet der PHP-Interpreter zusätzlich `T_ELSE` zu `else`? Intern werden bestimmte Bestandteile von PHP als Token bezeichnet. *Token* heißt so viel wie »Zeichen/Marke«. In den meisten Fällen ist es einfach: Sie streichen das `T_` am Anfang und wissen, worum es sich handelt.[7]

Und noch zwei Tipps zur Fehlersuche: Im Index dieses Buchs finden Sie alle Fehlermeldungen, die besprochen wurden, unter dem Eintrag »Fehlermeldung« aufgeführt. Wenn Ihnen ansonsten der Text einer Fehlermeldung sehr kryptisch vorkommt, hilft oft eine Internetsuche. Bei dieser geben Sie den ersten Teil Ihrer Fehlermeldung wörtlich ins Suchfeld ein – selbstverständlich aber ohne Angabe der Datei und der Zeilennummer, weil das von Skript zu Skript variiert. In den meisten Fällen stellen Sie dann fest, dass jemand schon ein ähnliches Problem hatte und hoffentlich auch eine Lösung gefunden hat.

---

7.   Eine Auflistung der Token finden Sie unter *http://www.php.net/manual/en/tokens.php*.

5.7.3   Mehr Fehlertypen

Neben dem Parse Error gibt es folgende Fehlertypen:

Fatal Error
Der fatale Fehler deutet auf ein ernsthaftes Problem hin, wenn man zum Beispiel eine Funktion verwendet, die es nicht gibt. In diesem Fall wird das Skript bis zur Stelle mit dem fatalen Fehler ausgeführt und dann die weitere Verarbeitung abgebrochen. Ein Teil dieser Fehler (bei denen »Uncaught Error« steht) kann jedoch seit PHP 7 abgefangen werden; ein Beispiel dazu sehen Sie in Kapitel 9.

Warning
Die Warnung ist ein Hinweis, dass etwas mit Ihrem Programm nicht so ist, wie es sein sollte. Sie erhalten etwa eine Warnung, wenn Sie versuchen, foreach bei einem String zu benutzen. Bei Warnungen wird der Code ansonsten normal ausgeführt.

Notice
Diese Hinweise erhalten Sie beispielsweise, wenn Sie eine nicht definierte Variable benutzen. Die entsprechende Konstante heißt E_NOTICE.

Strict Standards
beinhalten Ermahnungen zu Ihrem Programmierstil. Die Konstante, die die Ausgabe dieser Meldungen steuert, heißt E_STRICT.

DEPRECATED
Diese Meldung erhalten Sie, wenn Sie Features verwenden, die eigentlich nicht mehr erwünscht sind und die es in einer zukünftigen PHP-Version nicht mehr geben wird.

Das Skript wird nur bei einem Fatal Error abgebrochen, ansonsten wird es trotz Meldung ausgeführt.

Das sind die Fehler, die Ihnen PHP anzeigen *kann*. Welche aber wirklich angezeigt werden, ist eine Konfigurationssache. Sie können über Einstellungen bestimmen, welche Fehler wo diese Fehler ausgegeben werden sollen.

error_reporting steuert, welche Fehler angezeigt werden sollen. Dies wird über Konstanten geregelt. Hier ein paar gebräuchliche Varianten:

E_ALL zeigt alle Fehler an.

E_ALL & ~E_NOTICE zeigt alle Fehler bis auf die Hinweise.

display_errors in der *php.ini*-Datei bestimmt, ob die Fehler im Browser angezeigt werden sollen.

display_errors = On ist die richtige Wahl für ein System, auf dem man entwickelt.

display_errors = Off ist die richtige Wahl für einen Produktivbetrieb.

`log_errors` legt fest, ob die Fehler in eine Logdatei (Standard-Errorlog des Web-servers) geschrieben werden sollen.

- `log_errors = off` ist für Entwicklungssysteme geeignet, wo Sie sich die Fehler direkt anzeigen lassen.
- `log_errors = on` ist für Produktivsysteme geeignet.

Welche Fehler angezeigt werden sollen, können Sie auch direkt in einzelnen Skripten regeln. Über folgende Zeile schalten Sie die Anzeige von Fehlern aus:

```
error_reporting(0);
```

Durch folgende Zeile werden alle Fehler gemeldet:

```
error_reporting(-1);
```

Wenn alle Fehler außer `E_NOTICE` angezeigt werden, können Sie hingegen diese Zeile nutzen:

```
error_reporting(E_ALL ^ E_NOTICE);
```

So ärgerlich Fehlermeldungen erst einmal sind, so sind sie doch äußerst nützlich. Wesentlich mühsamer ist es, Fehler zu finden, wenn Sie keine Fehlermeldung erhalten.

5.8   Zusammenfassung

In diesem Kapitel haben Sie wichtige PHP-Sprachkonzepte kennengelernt: `for`- und `while`-Schleifen oder Verzweigungen mit `if – else` werden Ihnen in den weiteren Kapiteln immer wieder begegnen, weil man sie immer wieder braucht. Ein weiteres Thema waren die Funktionen, über die Sie Code-Teile definieren können, die Sie häufiger benötigen. Am Schluss haben wir uns mit dem Thema Fehlersuche beschäftigt, und Sie haben erfahren, warum beim Parse Error die gemeldete Fehlerzeile nicht unbedingt mit dem eigentlichen Fehler übereinstimmen muss.

Im nächsten Kapitel geht es um die Vorstellung von weiteren nützlichen Funktionen zur Arbeit mit Strings oder Arrays sowie zur Ausgabe von Datums- und Zeitinformationen.

6 Funktionen für Strings, Arrays, Datum und mehr

In den bisherigen Kapiteln haben Sie schon einzelne Beispiele für nützliche Funktionen gesehen, die Ihnen zur Verfügung stehen. Dieses Kapitel widmet sich jetzt den in PHP vordefinierten Funktionen im Detail. Vorgestellt wird Nützliches für die Arbeit mit Strings, Arrays und Datumsfunktionen. Zuerst erfahren Sie aber, wo Sie weitere Informationen zu Funktionen nachschlagen können.

6.1 Funktionen im PHP-Manual

Das PHP-Manual ist die offizielle Dokumentation zu PHP. Hier finden Sie auch Informationen zu (fast) allen Funktionen. Kennen Sie den Namen einer Funktion, können Sie ganz rasch über die offizielle PHP-Seite zur entsprechenden Seite im PHP-Manual gelangen. Geben Sie in das Suchfeld bei *Search* den Namen der Funktion ein, nach der Sie suchen, und Sie gelangen zur Dokumentation.

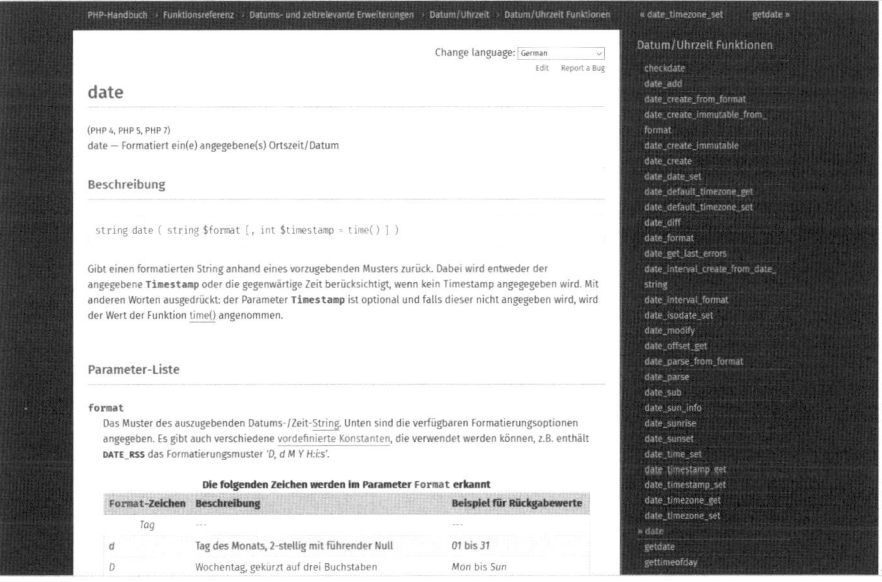

Abb. 6–1   *Übersichtlich: die Funktionsreferenz im Online-Manual*

Die Informationen zu den einzelnen Funktionen haben einen vordefinierten Aufbau:

- Zuerst steht der Name der Funktion.

- In Klammern darunter sehen Sie, in welchen PHP-Versionen die Funktion zur Verfügung steht.

- In der Beschreibung erhalten Sie Informationen dazu, welche Parameter die Funktion erwartet und was der Rückgabewert ist.

Bei der Funktion `date()` sieht diese Beschreibung beispielsweise folgendermaßen aus:

```
string date ( string $format [, int $timestamp = time() ] )
```

Vor dem Namen der Funktion ist der Rückgabewert angegeben. `date()` gibt einen String zurück. Falls eine Funktion nichts zurückgibt, steht an dieser Stelle `void`.

In runden Klammern stehen die Parameter, die die Funktion erwartet. `date()` erwartet einen Parameter, der ebenfalls ein String ist (genauere Informationen zu den Parametern folgen im Manual dann weiter unten). In eckigen Klammern stehen weitere mögliche Parameter, die jedoch optional sind, das heißt, dass Sie sie nicht einzusetzen brauchen.

Neben den gängigen Variablentypen (siehe Kap. 4), die hier verwendet werden, gibt es noch drei weitere, die keine echten Variablentypen sind, sondern nur in der Dokumentation auftauchen, um die Beschreibungen zu vereinfachen:

- `mixed` zeigt an, dass eine Funktion unterschiedliche Variablentypen erwartet. Das können alle sein oder nur ein Teil der in PHP vorhandenen. `mixed` ist beispielsweise bei `var_dump()` angegeben, das man ja bei beliebigen Datentypen einsetzen kann.

- `number` steht für Float oder Integer.

- `callback` steht für benutzerdefinierte Callback-Funktionen. Das sind Funktionen, die anderen Funktionen als Parameter übergeben werden. So erwartet beispielsweise `array_map()` als ersten Parameter eine Funktion. Hier können dann anonyme Funktionen (siehe Kap. 5) eingesetzt werden.

Nach der Beschreibung finden Sie weitere Erläuterungen zur Verwendung und Beispiele. Sehr nützlich sind auch die Kommentare von Benutzern, die am Schluss folgen, die jedoch von unterschiedlicher Qualität sind.

> Falls Sie eine gewünschte Information nicht finden, sollten Sie einmal auf die englische Version umschalten, die mitunter vollständigere oder auch aktuellere Informationen enthält.

6.2 Funktionen für Variablen

Vorweg sollen ein paar Funktionen für die Arbeit mit Variablen vorgestellt werden. Gut kennen Sie beispielsweise schon `print_r()` und `var_dump()`, um Informationen über Variablen herauszufinden.

Mit `isset()` prüfen Sie, ob eine Variable gesetzt ist. Das ist besonders praktisch bei der Arbeit mit Formularen (Kap. 7).

```
$z = 0;
if (isset($z)) {
  echo "Variable ist gesetzt<br />\n";
}
```

Listing 6–1   *Variablen prüfen (isset.php)*

In diesem Fall wird die Bedingung zu `true` ausgewertet und *Variable ist gesetzt*
ausgegeben.

Häufig möchte man eine Variable auf einen bestimmten Wert setzen, wenn
dieser definiert ist, und ansonsten einen Defaultwert angeben. Beispiel: Wenn der
Benutzer in ein Formular seinen Namen eingetragen hat, soll dieser verwendet
werden, sonst der String »Unbekannter«. Das lässt sich gut mit `isset()` und einer
`if-else`-Verzweigung realisieren.

Im folgenden Beispiel setze ich `$name` auf einen definierten Wert, bei echten
Projekten würde dieser aus einem Formular stammen – wie Sie Formulardaten
auslesen, ist allerdings erst Thema von Kapitel 7:

```
$name = "Tim";
if (isset($name)) {
  $benutzer = $name;
} else {
  $benutzer = "Unbekannter";
}
echo "Hallo $benutzer";
```

Listing 6–2   *Benutzername mit Fallback (isset_benutzer.php)*

In diesem Fall wird *Hallo Tim* ausgegeben. Wenn man die erste Zeile auskommentiert, lautet die Ausgabe hingegen *Hallo Unbekannter*.

Da man solche Überprüfungen so häufig braucht, gibt es seit PHP 7 über den
»null coalescing operator« eine Abkürzung. Das Beispiel von eben lässt sich auch
schreiben als:

```
$name = "Tim";
$benutzer = $name ?? "Unbekannter";
echo "Hallo $benutzer";
```

Listing 6–3   *Abkürzung mit dem ??-Operator (null_coalescing_operator.php)*

Das Ergebnis ist genau dasselbe – aber der Code wesentlich kürzer! Der »null coalescing operator« überprüft, ob ein Wert NULL oder eine Variable nicht gesetzt ist. Der erste Nicht-NULL-Wert wird dann zurückgegeben.

Der ??-Operator lässt sich auch mit mehr als zwei Angaben nutzen. Im folgenden Beispiel wird der über POST oder der über GET übertragene Name genommen – und wenn beide nicht vorhanden sind, $benutzer auf *Unbekannter* gesetzt.

```
$benutzer = $_POST["name"] ?? $_GET["name"] ?? "Unbekannter";
```

Genaueres zu $_POST und $_GET folgt in Kapitel 7 bei der Formularverarbeitung.

Die Funktion empty() ist ähnlich wie isset(),macht aber noch mehr: Sie liefert wahr zurück, wenn ein String leer ist. Aber ebenso liefert empty() wahr, wenn eine nicht gesetzte Variable überprüft wird oder wenn eine Variable den Wert 0 hat. Im Allgemeinen gibt empty() wahr zurück, wenn der Wert false ergibt.

```
$z     = 0;
$falsch = false;
if (empty($gibtsnicht)) {
  echo " das ist zu wenig - ";
}
if (empty($z)) {
  echo " von nichts kommt nichts - ";
}
if (empty($falsch)) {
  echo " wieder nix ";
}
```

Listing 6–4   *Überprüfung mit empty() (empty.php)*

Alle drei Überprüfungen funktionieren, es werden also alle Texte ausgegeben: *das ist zu wenig – von nichts kommt nichts – wieder nix.*

Außerdem können Sie empty() einen beliebigen Ausdruck übergeben, also beispielsweise auch eine Funktion. Im Folgenden wird die Funktion niete() definiert, die 0 zurückgibt. Diese Funktion wird an empty() übergeben. Die Überprüfung ist wahr, und deswegen erscheint *Wird ausgegeben.*

```
function niete() {
  return 0;
}
if (empty(niete())) {
  echo "Wird ausgegeben.<br />\n";
}
```

Listing 6–5   *empty() wird eine Funktion übergeben (empty_erg.php).*

Ebenfalls nützlich für die Arbeit mit Variablen ist unset(), durch das Sie eine Variable löschen können.

Weitere Funktionen für Variablen werden Sie ebenfalls in Kapitel 7 im praktischen Einsatz sehen: So gibt es eine Reihe von Funktionen, um den Datentyp zu prüfen: `is_string()` prüft etwa, ob etwas ein String ist.

6.3   Funktionen für Strings

Zur Bearbeitung von Strings gibt es viele nützliche vordefinierte Funktionen.

Um einzelne Zeichen aus einem String zu ermitteln oder auch zu ersetzen, brauchen Sie keine Funktionen. Das können Sie direkt machen, indem Sie den String so behandeln, als wäre er ein Array. Auf ein einzelnes Zeichen eines Strings greifen Sie zu, indem Sie den Namen der Variablen notieren und dahinter in eckigen Klammern die Position des Zeichens schreiben. Die Zählung beginnt dabei wie bei Arrays mit 0.

```php
$tier = "Maus";
$erster = $tier[0];
echo "$tier beginnt mit $erster<br />\n";
$tier[0] = "L";
echo $tier;
if (!isset($tier[4])) {
  echo "<br />\n $tier hat weniger als 5 Buchstaben";
}
```

Listing 6–6   *Einzelne Zeichen eines Strings ausgeben und ändern (einzelne_zeichen.php)*

Im Beispiel wird zuerst das erste Zeichen ausgelesen und ausgegeben. Dann wird es ersetzt und das Ergebnis wieder ausgegeben. Sie können diese Methode des Zugriffs auf einzelne Zeichen aus einem String über eckige Klammern auch einsetzen, um zu überprüfen, wie lang ein String ist. `isset()` prüft, ob die Variable gesetzt, das heißt definiert, ist. Wenn `$tier[4]` nicht gesetzt ist, bedeutet es, dass der String weniger als fünf Buchstaben hat, da die Zählung wie gesagt bei null beginnt.

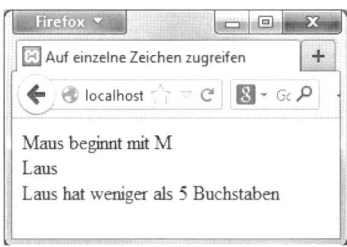

Abb. 6–2   *Auf einzelne Buchstaben eines Strings kann man ohne Funktion direkt mit eckigen*
                Klammern zugreifen.

Mit den eckigen Klammern können Sie nur feststellen, ob an einer Position noch ein Zeichen vorhanden ist oder nicht. Um hingegen die Länge eines Strings zu ermitteln, brauchen Sie die Funktion strlen().

```
$name = " Hans-Heinerich ";
$laenge = strlen($name);
echo "$name ist $laenge Zeichen lang (inkl. Leerzeichen)<br />\n";
```

Listing 6–7   *Die Länge eines Strings ermittelt strlen() (strlen.php).*

Im Beispiel wird die Länge eines Strings ermittelt und ausgegeben. Der String beinhaltet Leerzeichen, die mitgezählt werden. Deswegen ist das Ergebnis 16 Zeichen. Um Leerzeichen zu entfernen, können Sie trim(), rtrim() und ltrim() benutzen.

trim() entfernt Leerzeichen am Anfang und Ende eines Strings. Als Leerzeichen zählen dabei auch das Newline-Zeichen oder der Tabulator. trim() ist praktisch, um mögliche *Leerzeichen von Eingaben* zu entfernen. Sie wollen schließlich »Maier« in Ihrer Datenbank (oder sonst wo) speichern und nicht » Maier «. Denn schließlich werden Sie auch beim Auslesen prüfen, ob der Name »Maier« ist und nicht, ob er » Maier « ist.

```
01 $nn = "   Maier        ";
02 $vn = "\tBerenice\n ";
03 echo "<pre>";
04 echo "Vor trim:
05          Name: $nn,
06          Vorname $vn.";
07 $nn = trim($nn);
08 $vn = trim($vn);
09 echo "Nach trim:
10          Name: $nn.
11          Vorname: $vn.";
12 echo "</pre>";
```

Listing 6–8   *Leerzeichen entfernen mit trim() (trim.php)*

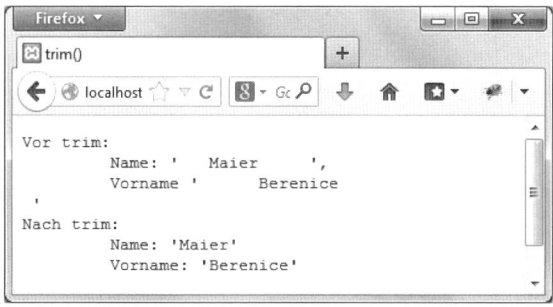

Abb. 6–3   *trim() im Einsatz*

Im Beispiel wird das HTML-Element pre eingesetzt, damit die Leerzeichen auch im Browser sichtbar sind.

trim() kann mehr als Leerzeichen entfernen. Sie können trim() auch benutzen, um andere Zeichen zu entfernen. Hierfür geben Sie als zweiten Parameter eine Liste der Zeichen an, die Sie löschen möchten. Im folgenden Beispiel sollen das Hochkomma und der Punkt am Anfang und Ende der Zeichenkette entfernt werden:

```
$str = "'O'Brien'...";
echo trim($str, "'.");
```

Das Ergebnis ist *O'Brien*. Das ' im String bleibt unberührt. Um alle Vorkommen von bestimmten Zeichen zu entfernen, gibt es str_replace() (Abschnitt 6.3.2).

Um Zeichen nur vorne oder nur hinten zu entfernen, existieren zwei weitere Funktionen: rtrim() entfernt die gewünschten Zeichen rechts (hinten) und ltrim() links, das heißt vorne.

Übung 1

Wie könnte man trim() mit empty() sinnvoll in einer Überprüfung kombinieren?

6.3.1 Mehr Optionen für die Ausgabe

In diesem Abschnitt geht es um die formatierte Ausgabe über printf() und die Formatierung von Zahlen.

Formatierte Ausgabe über printf()

Mit print oder echo geben Sie die Dinge so aus, wie sie sind. Eine *formatierte Ausgabe* ist hingegen mit printf() möglich. printf() erwartet als ersten Parameter einen Formatierungsstring, darauf können mehrere Parameter verschiedenen Typs folgen.

Die Formatierungsstrings sind immer durch das Prozentzeichen (%) gekennzeichnet, deswegen können Sie den Formatierungsstring mit »normalem« Text kombinieren. %s steht dabei für einen String und %d für einen Integer. Die folgende Zeile

```
printf("%s ist %d Jahre alt", "Ben", 4);
```

gibt *Ben ist 4 Jahre alt* aus.

Wenn Sie einen anderen Typ übergeben, als Sie im Formatierungsstring angegeben haben, führt printf() die Konvertierung durch:

```
printf("%d", 2.567);
```

Hier steht als Formatierungsstring %d, das heißt eine ganze Zahl, übergeben wird allerdings eine Fließkommazahl. Ausgegeben wird 2 – die Stellen hinter dem Komma werden abgeschnitten.

Außerdem können Sie angeben, wie lange der zurückgegebene String mindestens sein soll und was als Füllzeichen verwendet werden soll:

```
printf("%04d", 815);
```

Jetzt bestimmt 04, dass der String mindestens 4 Zeichen lang sein soll und als Füllzeichen 0 benutzt werden soll. Ausgegeben wird in diesem Fall *0815*.

> Wenn Sie kein Füllzeichen angeben, werden Leerzeichen benutzt. Andere Zeichen als 0 müssen Sie über ein ' kennzeichnen.

printf() kann zur Formatierung von Fließkommazahlen benutzt werden: Für Floats wird %f benutzt, und Sie können angeben, wie viele Dezimalstellen angezeigt werden. Diese geben Sie hinter einem Punkt an:

```
printf("%.2f", 34.567); //34.57
```

Durch .2f beschränken Sie die Ausgabe auf zwei Dezimalzeichen.

Sie können natürlich gleichzeitig die Gesamtlänge des Strings und die Anzahl der Nachkommastellen bestimmen:

```
printf("%07.2f", 34.567);
```

Dabei bestimmt 7 nicht – wie häufig fälschlich angenommen wird – die Anzahl der Zeichen vor dem Punkt, sondern *die Gesamtlänge des Strings*. Ausgegeben wird hier 0034.57, das heißt, der Punkt zählt mit.

Praktisch an printf() ist, dass Sie die einzelnen Bestandteile – den Formatierungsstring und die zu formatierenden Inhalte – über Variablen bestimmen können. So kann die Art der Ausgabe von Bedingungen abhängig gemacht werden:

```
$genau   = true;
$ergebnis = 9.123456;
if ($genau) {
  $format = "%.4f";
} else {
  $format = "%.2f";
}
printf($format, $ergebnis);
```

Listing 6–9   *Je nach Bedingung unterschiedlich formatierte Ausgabe (printf.php)*

> Das Listing *printf.php* enthält alle Beispiele zu printf() aus diesem Abschnitt.

`printf()` könnte man deswegen auch gut verwenden, um eine Ergebnismeldung unterschiedlich – je nach gewählter Sprache – auszugeben.

Neben `printf()` gibt es auch `sprintf()`. `sprintf()` funktioniert genauso wie `printf()`, aber es erlaubt die Speicherung des formatierten Strings in einer Variablen:

```
$formergebnis = sprintf($format, $ergebnis);
```

Bisher haben Sie `%s` für String, `%d` für Integer und `%f` für eine Fließkommazahl kennengelernt. Tabelle 6–1 listet die möglichen Zeichenkombinationen auf.

String	Bedeutung
%%	Prozentzeichen
%b	Binärzahl
%c	entsprechendes ASCII-Zeichen
%d	Integer mit möglichen Vorzeichen
%e	Zahl in wissenschaftlicher Notation
%u	positiver vorzeichenloser Integer
%f	Float – abhängig von der Einstellung in Locales (siehe Abschnitt 6.5.2) unterschiedliche Dezimaltrennzeichen
%F	Float – unabhängig von Einstellung der Locales
%o	Oktalzahl
%s	String
%x	Hexadezimalwert in Kleinbuchstaben
%X	Hexadezimalwert in Großbuchstaben

Tab. 6–1   *Mögliche Formatierungsstrings bei printf()*

Übung 2

Was müssen Sie als Formatierungsstring schreiben, damit statt 7 nämlich 007 ausgegeben wird? Welche Angabe ist dafür in folgender Zeile statt des X notwendig?

```
printf("X", 7);
```

Zahlen formatieren

Im Deutschen ist es üblich, als Tausendertrennzeichen den Punkt zu benutzen und als Dezimaltrennzeichen das Komma. Diese Transformation lässt sich bequem per `number_format()` vornehmen. `number_format()` erwartet als ersten Parameter die zu formatierende Zahl und als zweiten Parameter die Anzahl an Dezimalstellen. Außerdem können Sie dann noch das Trennzeichen für die Nachkommastellen und das Tausendertrennzeichen bestimmen.

Nachfolgend wird eine den deutschsprachigen Konventionen entsprechende Zahl ausgegeben:

```
$erg = 12345.678;
echo number_format($erg, 2, ",", ".");
```

Listing 6–10   *Eine Zahl wird so formatiert, wie es im deutschsprachigen Raum üblich ist (number_format.php).*

Dies gibt aus: 12.345,68.

Übung 3

In Kapitel 5 gab es ein Beispiel (Listing 5–23), das über eine Funktion aus einem Nettowert den Bruttowert berechnet (*funktionen_parameter.php*). Modifizieren Sie das Beispiel so, dass der Bruttowert passend formatiert ausgegeben wird!

6.3.2   Suchen, Finden und Ersetzen

Viele Funktionen helfen dabei, wenn Sie prüfen möchten, ob ein Teilstring in einem String enthalten ist, oder wenn Sie Zeichen ersetzen möchten.

strpos() ermittelt das erste Vorkommen eines Zeichens in einem String. Die Zählung beginnt bei 0. strpos() erwartet zwei Parameter: Übergeben Sie als ersten Parameter, worin Sie suchen möchten, und als zweiten, was Sie suchen möchten. strpos() liefert false zurück, wenn nichts gefunden wird.

```
$satz = "Der Hund hat einen Knochen";
$suche = "noch";
$pos = strpos($satz, $suche);
if ($pos === false) {
  echo "$suche ist nicht in $satz";
} else {
  echo "$suche befindet sich an Position $pos in '$satz'";
}
```

Im Beispiel wird nach »noch« innerhalb des Satzes »Der Hund hat einen Knochen« gesucht, und da es gefunden wird, wird ausgegeben, an welcher Stelle es sich befindet.

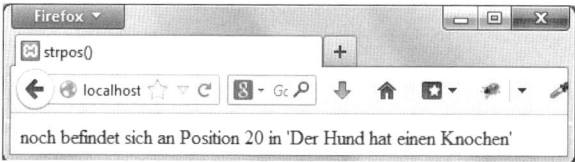

Abb. 6–4   *Der String »noch« wurde im Satz gefunden.*

Im Beispiel wird für die Überprüfung, ob der String vorhanden ist, das dreifache = verwendet, das gleichzeitig auch überprüft, ob die beiden Operanden vom selben Typ sind. Der Grund dafür: Angenommen, $pos liefert 0 zurück, weil der String an der 0. Position zu finden ist. Dann würde $pos == false ebenfalls true zurückliefern, da 0 – in einen booleschen Wert konvertiert – false ergibt. Durch das === erhalten Sie auch in diesem Fall das richtige Ergebnis. Testen können Sie dies, wenn Sie einmal nach »Der« in dem Beispielstring suchen – nur mit === erhalten Sie das erwartete Ergebnis.

```
echo "<br />\n";
$satz = "Der Hund hat einen Knochen";
$suche = "Der";
$pos = strpos($satz, $suche);
if ($pos === false) {
    echo "$suche ist nicht in $satz";
} else {
    echo "$suche befindet sich an Position $pos in '$satz'";
}
```

Listing 6–11   *Finden, wo etwas ist (strpos.php)*

substr() ist eine weitere praktische Funktion: Sie dient dazu, Teile aus Strings zu extrahieren. Bei substr() geben Sie zuerst den String an, den Sie zerlegen möchten, danach legen Sie fest, von wo Sie beginnen möchten. Der dritte Parameter ist fakultativ. Wenn Sie nichts angeben, wird der String bis zum Ende zurückgeliefert, ansonsten können Sie hier auch die Anzahl von Zeichen bestimmen, die Sie haben möchten. Sehen wir uns cin Beispiel an: Der Beispielsatz, aus dem wir verschiedene Teile ausschneiden, ist wie gehabt.

```
01 $satz = "Der Hund hat einen Knochen";
02 $ausschnitt = substr($satz, 4, 8);
03 echo $ausschnitt;
04 echo "<br />\n";
05 $gekuerzt = substr($satz, 0, 12);
06 echo $gekuerzt;
07 echo "<br />\n";
08 $ende = substr($satz, -13);
09 echo $ende;
10 echo "<br />\n";
11 $kuerzer = substr($satz, 0, -7);
12 echo $kuerzer;
```

Listing 6–12   *Teile ausschneiden (substr.php)*

In Zeile 2 wird der Text ab Position 4 angezeigt und dann 8 Zeichen. Zeile 5 zeigt, dass substr()ebenfalls gut geeignet ist, um einen längeren String auf eine vordefinierte Anzahl von Zeichen zu kürzen: Dann ist die Startposition 0, und als Länge geben Sie die Anzahl an Zeichen an, die Sie erhalten möchten.

Wenn Sie substr() einen negativen Wert für die Startposition übergeben wie in Zeile 8, wird von hinten gezählt. Bei einem negativen Wert für die Länge (Zeile 11) wird die entsprechende Anzahl an Zeichen entfernt.

Abb. 6–5   *Mit substr() lassen sich Teile aus Strings ausschneiden.*

str_replace() ersetzt im angegebenen String bestimmte Zeichenfolgen durch andere.

```
$satz = "außerhalb der Straße";
$erg  = str_replace("ß", "ss", $satz);
echo "Vorher: $satz, nachher: $erg";
echo "<br />\n";

$text = "Schöne Grüße";
$sonder = ["ö", "ä", "ü", "ß", "Ö", "Ü", "Ä"];
$ohne = ["oe", "ae", "ue", "ss", "Oe", "Ue", "Ae"];
echo str_replace($sonder, $ohne, $text);
```

Listing 6–13   *Einfache Ersetzung (str_replace.php)*

Im Beispiel wird str_replace() zweimal eingesetzt: Beim ersten Mal wird *ß* durch *ss* ersetzt. Beim der zweiten Verwendung werden Arrays benutzt, sowohl für die Zeichen, die ersetzt werden sollen, als auch für die Zeichen, durch die sie ersetzt werden sollen: In diesem Fall wird das erste Zeichen aus dem ersten Array durch das erste Zeichen aus dem zweiten Array ersetzt usw.

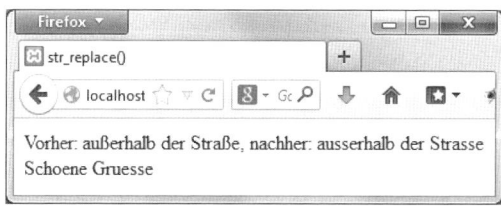

Abb. 6–6   *Ersetzung durch str_replace()*

Eine recht praktische Funktion ist explode(). explode() verwandelt einen String in ein Array, indem es den String an einem vorgegebenen Zeichen aufteilt.

explode() erwartet zwei Parameter: zuerst das Trennzeichen, an dem die Aufteilung stattfinden soll, und dann den String, der aufgeteilt werden soll. Zurückgeliefert wird ein Array:

```
$str = "Müsli Rosinen Bananen";
$liste = explode(" ", $str);
print_r($liste);
```

Listing 6-14   *String in Bestandteile zerlegen über explode() (explode.php)*

Im Beispiel wird der String am Leerzeichen aufgeteilt. Das Array mit den einzelnen Elementen wird dann per `print_r()` ausgegeben.

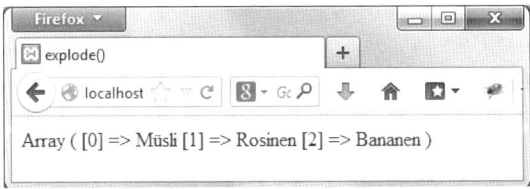

Abb. 6-7   *Ein Array als Ergebnis*

6.3.3   Volle Freiheit mit regulären Ausdrücken

`str_replace()` ist eine ganz wunderbare Funktion, um einzelne Zeichenfolgen durch andere zu ersetzen. Aber nicht immer ist alles so einfach: Nicht immer suchen Sie nach einem genau definierten Ausdruck, sondern manchmal nach einem Ausdruck, der einem *bestimmten Schema* (Muster) folgt, um diesen herauszufiltern, zu überprüfen oder zu ersetzen. Telefonnummern etwa folgen einem bestimmten Schema – es gibt nur Zahlen, Klammern, Bindestriche und Schrägstriche und keine anderen Zeichen. Genau das können reguläre Ausdrücke: die Mustererkennung.

Im Folgenden erfahren Sie, wie Sie Perl-kompatible reguläre Ausdrücke (*Perl Compatible Regular Expression* = PCRE) erstellen.

Früher ließen sich in PHP auch reguläre Ausdrücke nach dem POSIX-Standard verwenden, allerdings ist die Unterstützung dafür seit PHP 7 entfernt. Die veralteten Funktionen erkennen Sie daran, dass sie mit `ereg.`beginnen, die heute zu verwendenden hingegen mit `preg`.

Aufbau von regulären Ausdrücken

Sehen wir uns einen ersten regulären Ausdruck an. Die Perl-kompatiblen regulären Ausdrücke werden mit Begrenzungszeichen eingefasst, hier wird üblicherweise / eingesetzt.

Das Folgende wäre ein einfaches Muster, das für die Zeichenfolge *und* steht:

```
$muster = "/und/";
```

Jetzt brauchen wir eine Testmöglichkeit, um zu ermitteln, ob ein bestimmter regulärer Ausdruck auf einen String passt. Dafür kann man `preg_match()` einsetzen. Diese Funktion erwartet als ersten Parameter das Muster und als zweiten den String, der überprüft werden soll. Wenn das Muster auf den String passt, liefert `preg_match()` 1 zurück, wenn nicht 0. Das lässt sich gut in eine `if`-Verzweigung einbauen, denn 1 wird zu `true` ausgewertet, 0 zu `false`:

```
$muster = "/und/";
$in = "Der Hund hat einen Knochen";
if(preg_match($muster, $in)) {
  echo "$muster passt auf '$in'";
}
```

Listing 6–15 *Prüfen, ob ein Suchmuster in einem String vorhanden ist (preg_match.php)*

In diesem Beispiel wird ausgegeben, dass das Muster auf den String passt, denn die Zeichenfolge *und* ist im String vorhanden.

Nun genauer zum Aufbau von Mustern: Die meisten Zeichen stehen für sich selbst, so wie im Beispiel /und/ für die Buchstabenfolge *und* steht. Mächtig und interessant werden die regulären Ausdrücke durch verschiedene Sonderzeichen.

. (der Punkt) steht für ein beliebiges Zeichen: /.und/ passt auf *Hund*, aber auch auf *Mund* oder *kund*. Wollen Sie einen Punkt hingegen wörtlich verwenden, müssen Sie ihn maskieren, das heißt mit einem Backslash schützen (\.).

Sie können Muster »verankern«. Wenn Sie wollen, dass der Treffer am Anfang des Strings liegen muss, brauchen Sie ^, wenn Sie wollen, dass der Treffer am Ende des Strings liegen soll, benutzen Sie das $-Zeichen. ^ und $ lassen sich gleichzeitig verwenden:

- /^.und/ passt nicht auf *Der Hund*, aber auf *Hund*.
- /^.er/ passt auf *Der Hund*.
- /.chen$/ passt auf *Knochen*.
- /^hat$/ passt auf *hat*, aber nicht auf *hatte* oder auf *anhat*.

Wenn an einer Stelle eines von mehreren Zeichen stehen kann, können Sie dies durch Zeichenklassen angeben. Zeichenklassen werden in eckigen Klammern aufgeführt:

- /[HM]und/ passt auf *Hund* oder *Mund*, nicht aber auf *Fund*.

Soll keines der in eckigen Klammern angegebenen Zeichen vorkommen, schreiben Sie am Anfang ein ^-Zeichen:

- /[^HM]und/ passt auf *Fund*, *kund*, aber nicht auf *Hund* oder *Mund*.

Alternativen legen Sie über die Pipe | fest.

- /Jacke|Hose/ passt auf *Jacke* oder *Hose*. Aber natürlich auch auf *Hosenträger*, denn es ist nicht verankert.

Anstelle von /[HM]und/ können Sie auch /(H|M)und/ schreiben. Die Klammern dienen hierbei zur Gruppierung. Außerdem können die Klammern benutzt werden, um einen Teilbereich eines Suchmusters zu markieren – um es später wiederzuverwenden. Dazu gleich mehr.

Einen *Zeichenbereich* legen Sie über einen Bindestrich fest:

/[A-Z]und/ passt auf einen beliebigen Großbuchstaben, gefolgt von *und*.

/[0-9]-mal/ passt auf *1-mal*, *2-mal*, aber nicht auf *dreimal*.

Über Quantifizierer spezifizieren Sie, wie oft ein bestimmtes Zeichen vorkommen darf. Mögliche Quantifizierer stehen in Tabelle 6–2.

Quantifizierer	Bedeutung
+	Bedeutet, dass das Zeichen bzw. die Zeichenklasse mindestens einmal, aber beliebig häufig vorkommen darf.
?	Steht für ein- oder keinmal.
*	Steht für keinmal bis beliebig oft.
{4}	Genau viermal. Sie können statt 4 beliebige Zahlen angeben.
{1,5}	Steht für mindestens einmal, höchstens fünfmal. Anstelle von 1 und 5 sind beliebige Zahlen möglich. Sie können auch nur einen Minimalwert angeben: {7,} bedeutet mindestens siebenmal bis zu beliebig viele. Umgekehrt bedeutet {,7} höchstens siebenmal.

Tab. 6–2   *Quantifizierer bei regulären Ausdrücken*

/^[A-Za-z]+und$/ passt auf *Stund*, *Hund* und auch auf *Basketballbund*.

/https?:/ passt auf *http:* oder *https:*.

Sollen sich Quantifizierer auf mehrere Zeichen beziehen, setzen Sie Klammern ein: /^(http:\/\/)?/ passt auf *http://php.net*, aber auch auf *php.net*.

> Im Beispiel müssen Sie den / durch den Backslash maskieren, weil als Begrenzungszeichen ebenfalls der / benutzt wird und der PHP-Interpreter sonst beim zweiten Vorkommen von / das Ende des regulären Ausdrucks annimmt. Sie könnten sich die Backslashes auch sparen, wenn Sie andere Begrenzungszeichen benutzen, beispielsweise das @-Zeichen: @^(http://)?@.

Übung 4

Mit welchem regulären Ausdruck könnte man überprüfen, dass ein Dateiname ein JPEG Bild ist? (Die übliche Endung für JPEG-Bilder kann sowohl *jpeg* als auch *jpg* sein!)

Zeichenklassen haben Sie oben kennengelernt. Für manche gibt es Abkürzungen, die Tabelle 6–3 aufführt.

Ausdruck	Bedeutung
\s	Whitespace (Leerzeichen, Newline-Zeichen, Tabulator usw.)
\S	Nicht-Whitespace-Zeichen
\b	Wortgrenze
\B	Nicht-Wortgrenze
\d	Ziffer
\D	Nicht-Ziffer
\w	Wortzeichen (Ziffern, Buchstaben sowie Unterstrich)
\W	Nicht-Wortzeichen

Tab. 6–3   *Ausdrücke für bestimmte Klassen von Zeichen*

/\bnoch\b/ passt nicht auf *Knochen*, aber auf *Das auch noch!*.

Die anderen \-Sequenzen – also \n für einen Zeilenumbruch oder \t für einen Tabulator (siehe Kap. 4) – gelten natürlich auch weiterhin.

Soll die Suche unabhängig von Groß- und Kleinschreibung funktionieren, benutzen Sie i als Modifizierer nach dem Begrenzungszeichen für den regulären Ausdruck:

@http://@i passt auch auf *HTTP://PHP.NET.*

Modifizierer	Bedeutung
i	Groß- und Kleinschreibung wird ignoriert.
m	Nur relevant, wenn das Suchmuster ^ und $ sowie die Zeichenkette \n beinhaltet. Mit diesem Modifizierer passen Zeilenanfang- und Zeilenende-Konstrukte dann nicht nur auf den Anfang und das Ende der Zeichenkette, sondern auch auf den Anfang und das Ende nach oder vor einem Zeilenumbruch.
s	Ist diese Option gesetzt, passt der Punkt (.) auch auf das Newline-Zeichen.
U	Bewirkt, dass Quantifizierer standardmäßig nicht gierig sind (ein Beispiel dazu weiter unten).

Tab. 6–4   *Modifizierer und ihre Bedeutung*

Viele Zeichen haben bei regulären Ausdrücken eine Sonderbedeutung, wie beispielsweise der Punkt, das Sternchen oder das Fragezeichen. Denken Sie daran, diese zu maskieren, das heißt, mit einem Backslash zu versehen, wenn Sie sie in Ihrer wörtlichen Bedeutung benutzen wollen. Allerdings haben die meisten Zeichen ihre Sonderbedeutung nicht innerhalb von eckigen Klammern. Innerhalb von eckigen Klammern ist ein Punkt ein Punkt.

Treffer zurückgeben lassen

Noch einmal zurück zur Funktion preg_match():Sie haben gesehen, dass man sie verwenden kann, um festzustellen, ob ein Muster auf einen String passt. preg_match() erwartet als ersten Parameter das Muster und als zweiten den String, in dem nach dem Muster gesucht werden soll. preg_match() erlaubt noch einen dritten optionalen Parameter: Wenn Sie hier eine Variable übergeben, werden Ihnen darin die Treffer geliefert.

```
$muster = "/und/";
$in = "Der Hund hat einen Knochen";
if(preg_match($muster, $in, $treffer)) {
  echo "$muster passt auf '$in'<br />\n";
  print_r($treffer);
}
```

Listing 6–16   *Treffer ausgeben lassen (preg_match_treffer.php)*

Der Inhalt des Arrays $treffer wird über print_r() ausgegeben: Es besteht im Beispiel aus einem Element mit dem Treffer.

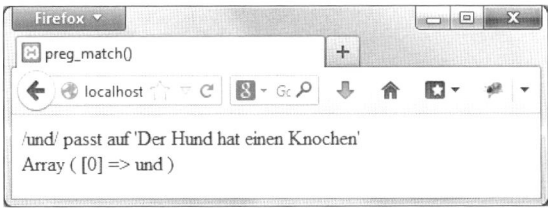

Abb. 6–8   *Die Treffer werden als Array zurückgegeben.*

> Falls Sie das Verhalten des dritten Parameters etwas seltsam finden: Die Erklärung dafür ist, dass dieser Parameter per Referenz übergeben wird und damit in der Funktion geändert werden kann. Im PHP-Manual[1] erkennen Sie das daran, dass bei der Funktionsbeschreibung beim Parameter der &-Operator steht.

Wenn Sie im Suchmuster mit runden Klammern arbeiten, können Sie auf deren Inhalte über weitere Arrayelemente zugreifen. Ein Beispiel dazu sehen Sie bei preg_match_all().

Manchmal möchte man auch mehrere Vorkommen eines Suchmusters innerhalb eines Strings finden. Hierfür gibt es die Funktion preg_match_all(), die genauso wie preg_match() funktioniert, aber *alle Treffer* findet.

Im Beispiel gibt es den String »123 456 7890 123«. In diesem sollen Dreiergruppen von Zahlen gefunden werden. Im Suchmuster wird zuerst eine Wortgrenze verlangt \b, dann drei Ziffern \d{3} und wieder eine Wortgrenze \b. Gefunden werden drei Treffer, und das Array $treffer wird per print_r() angezeigt.

1.   *http://www.php.net/manual/de/function.preg-match.php*

```
$muster = "/\b\d{3}\b/";
$str = "123 456 7890 123";
if(preg_match_all($muster, $str, $treffer)) {
  echo "$muster passt auf '$str'<br />\n";
  echo "<pre>";
  print_r($treffer);
  echo "</pre>";
}
```

Listing 6–17   *Mehrere Treffer finden (preg_match_all.php)*

Sie sehen, dass das Array $treffer ein zweidimensionales Array ist. Über $treffer[0][0] könnte man auf den ersten Treffer zugreifen (*123*), über $treffer[0][1] auf den zweiten (*456*).

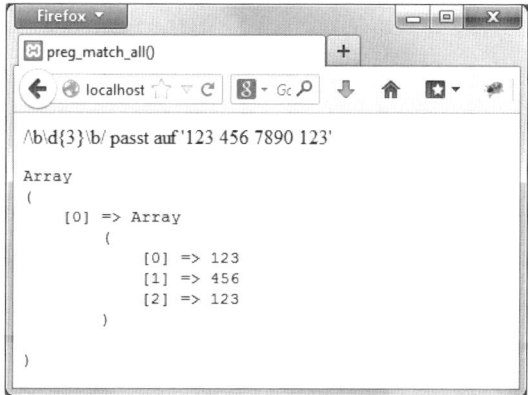

Abb. 6-9   *Drei Treffer werden angezeigt.*

Inhalte eines HTML-Elements auslesen

Noch ein weiteres Beispiel für einen regulären Ausdruck. Oft möchte man auf ein bestimmtes HTML-Element zugreifen und den Inhalt auslesen. Versuchen wir einmal, einen regulären Ausdruck zu schreiben, der die Inhalte von p-Elementen ausliest.

Aus folgendem HTML-Ausschnitt wollen wir die Inhalte der Absätze haben, also »Ein Absatz und das geht gleich weiter«, »Hier folgt der zweite« sowie »Und ein dritter« (im Folgenden fett hervorgehoben):

```
<p class='example'>Ein Absatz und das geht gleich weiter</p><p>Hier folgt der
zweite</p><p>Und ein dritter</p>
```

Kommen wir zum Muster: Da wir innerhalb des Musters selbst das Zeichen / brauchen, empfiehlt es sich, ein anderes Begrenzungszeichen zu nehmen, beispielsweise das @-Zeichen. Dann sieht ein erster Entwurf des regulären Ausdrucks so aus:

```
$muster = "@<p[^>]*>.*</p>@";
```

Was wir suchen, beginnt mit <p, dann können Attribute (zum Beispiel oben class='example') folgen, bevor eine spitze schließende Klammer > kommt. Wie lassen sich die möglichen Attribute über einen regulären Ausdruck definieren? Es kann ein Attribut sein, aber es können auch mehrere sein oder aber keins. Eine Möglichkeit wäre, jetzt zu überlegen, welche Zeichen hier vorkommen können. Die andere Möglichkeit ist es, davon auszugehen, dass das, was dann folgt, auf jeden Fall keine schließende Klammer ist [^>]. Und von diesen »Nicht-spitze-Klammer-Zeichen« können 0 bis beliebig viele kommen; das kennzeichnet das *. Dann kommt die schließende spitze Klammer. Das, was innerhalb des Elements p steht, kann ganz unterschiedlich sein, auch ein leerer Absatz ist denkbar – dafür wird .* benutzt. Was jetzt folgt, ist wieder einfacher, nämlich das schließende p-Tag </p>. Hier stehen alle Zeichen für sich und haben keine Sonderbedeutung.

Fügen wir das Muster in die Testumgebung ein, um das Ergebnis zu sehen:

```
$muster = "@<p[^>]*>.*</p>@";
$in = "<p class='example'>Ein Absatz und das geht gleich weiter</p><p>Hier
folgt der zweite</p><p>Und ein dritter</p>";
if(preg_match_all($muster, $in, $treffer)) {
  echo "$muster passt auf '$in'<br />\n";
  print_r($treffer);
}
```

Das Ergebnis sieht man besser, wenn man in die Quellcode-Ansicht im Browser wechselt (Abb. 6–10). Das Erstaunliche: Es wurden nicht wie angenommen drei Treffer, sondern nur einer gefunden.

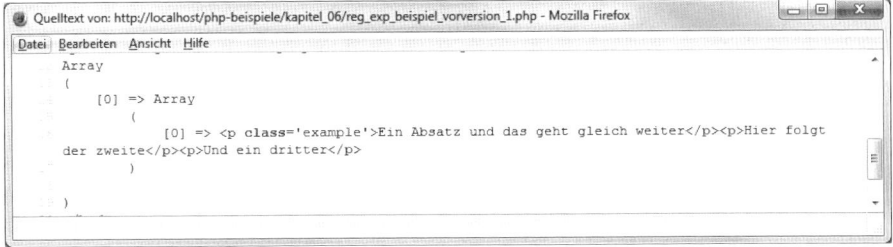

Abb. 6–10   *Nur ein Treffer – das war anders gedacht.*

Der reguläre Ausdruck passt auf den Gesamtstring. Warum denn das? Das liegt an der *Gefräßigkeit der Quantifizierer*, also am Ausdruck .*. Dieser Ausdruck besagt ja, dass ein beliebiges Zeichen folgt und davon 0 bis unendlich viele. Im Beispiel nimmt dieser Ausdruck alles von der spitzen schließenden Klammer vom Starttag von p einschließlich des Worts »dritter« – also bis dort, wo die spitze Klammer vom Endtag beginnt. Das ist das Standardverhalten von Quantifizierern: Sie sind gierig und nehmen so viel, wie sie kriegen können. In diesem Fall ist das Verhalten nicht erwünscht. Um die Quantifizierer dazu zu bringen, nicht so viel wie möglich, sondern *so wenig wie nötig* zu nehmen, benutzen Sie den Modifizierer U:

```
$muster = "@<p[^>]*>.*</p>@U";
```

Mit dieser Modifikation passt es wie gewünscht – das Array mit den Treffern enthält nun drei Elemente. (Wie wir nur den Inhalt der Absätze erhalten, das heißt ohne <p> usw.? Dazu kommen wir gleich.)

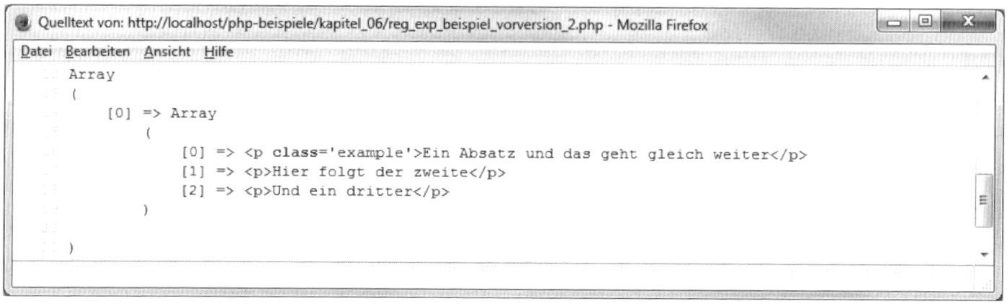

Abb. 6–11   *Drei Treffer*

Noch eine weitere Modifikation: Wenn ein Zeilenumbruch innerhalb eines Absatztexts steht, klappt das Auslesen nicht.

```
$in = "<p class='example'>Ein Absatz
        und das geht gleich weiter</p><p>Hier folgt der zweite</p><p>Und ein
dritter</p>";
```

Denn der Punkt . gilt für ein beliebiges Zeichen, nicht aber für das Newline-Zeichen. Wieder gibt es einen nützlichen Modifizierer, der dies ändert – das kleine s:

```
$muster = "@<p[^>]*>.*</p>@Us";
```

Noch eine letzte Sache: Wir wollten ja den Inhalt von Absätzen auslesen und nicht die gesamten Absätze mit Textinhalt erhalten. Dafür setzen wir runde Klammern um den Inhalt, den wir auslesen wollen:

```
$muster = "@<p[^>]*>(.*)</p>@Us";
```

Das Array $treffer beinhaltet dann als erstes Element ein Array mit den Treffern, die auf den gesamten Ausdruck passen. Das zweite Element des Arrays ist das Array mit den Treffern für den geklammerten Ausdruck.

```
Array
(
    [0] => Array
        (
            [0] => <p class='example'>Ein Absatz
    und das geht gleich weiter</p>
            [1] => <p>Hier folgt der zweite</p>
            [2] => <p>Und ein dritter</p>
        )

    [1] => Array
        (
            [0] => Ein Absatz
    und das geht gleich weiter
            [1] => Hier folgt der zweite
            [2] => Und ein dritter
        )

)
```

Abb. 6–12   *Das erste Arrayelement enthält die Treffer für das Gesamtmuster, das zweite die Treffer für den Ausdruck in runden Klammern.*

Damit lassen sich die einzelnen Textinhalte der Absätze aus dem Array $tref-fer[1] auslesen. Wenn Sie mehrere Klammernpaare benutzen, werden weitere Arrayelemente für diese Treffer bereitgestellt.

Hier noch einmal das fertiggestellte Beispiel, bei dem zusätzlich eine foreach-Schleife ergänzt ist, die $treffer[1] mit den Textinhalten durchläuft und ausgibt.

```
$muster = "@<p[^>]*>(.*)</p>@Us";
$in = "<p class='example'>Ein Absatz
        und das geht gleich weiter</p><p>Hier folgt der zweite</p><p>Und ein
dritter</p>";
if(preg_match_all($muster, $in, $treffer)) {
  echo "passt <br />\n";
  print_r($treffer);
  echo "<br/>\n";
  foreach($treffer[1] as $str) {
    echo "$str ";
  }
}
```

Listing 6–18   *So klappt es mit dem Auslesen des Inhalts der p-Elemente (reg_exp_beispiel.php).*

Sie haben Beispiele für die Verwendung von preg_match() und preg_match_all() gesehen. Weitere praktische Funktionen sind preg_replace() für eine Ersetzung auf der Basis von regulären Ausdrücken oder preg_split() zur Zerlegung von Zeichenketten anhand eines regulären Ausdrucks.

Allgemeine Tipps zur Verwendung von regulären Ausdrücken

Reguläre Ausdrücke sind sehr mächtig, aber auch relativ komplex und unhand-lich. Prinzipiell gilt: Wenn Sie eine Aufgabe ohne reguläre Ausdrücke lösen kön-nen, dann lösen Sie sie ohne reguläre Ausdrücke. Feste Zeichenfolgen sucht man schneller mit str_pos() und den anderen in Abschnitt 6.3.2 vorgestellten Funktionen. Für viele Aufgaben liefert PHP auch schon selbst Funktionen – so könnte man mit regulären Ausdrücken die HTML-Tags aus Strings herauslöschen –, aber besser erledigt es die Funktion strip_tags(). Deswegen lohnt sich immer ein Blick in das Manual, ob es für das, was Sie anstreben, nicht vielleicht schon eine fertige Lösung gibt.

Wenn Sie einen regulären Ausdruck schreiben, sollten Sie ihn mit möglichst vielen möglichst unterschiedlichen Eingaben testen. Um zu überprüfen, ob etwas ein Nachname sein könnte, könnte man erst einmal vermuten, dass bei Namen nur Buchstaben erlaubt sind. Neben Buchstaben ist aber auch das '-Zeichen möglich (*O'Brien*), und es gibt Doppelnamen mit oder ohne Bindestrich, wie zum Beispiel *Müller-Thurgau*.

6.3.4   Zusammenarbeit mit HTML

PHP wird üblicherweise zusammen mit HTML eingesetzt, deswegen gibt es natürlich genau darauf spezialisierte Funktionen.

Die spitzen Klammern haben in HTML eine besondere Bedeutung, denn dadurch werden Tags gekennzeichnet. Auch das &-Zeichen hat eine spezielle Funktion: Es dient zur Einleitung von Entities wie ä. Wenn Sie diese Zeichen nicht für Tags oder Entities benutzen wollen, sondern normal im Text ausgeben möchten, müssen Sie stattdessen Entities verwenden. Dafür können Sie htmlspecialchars() benutzen. Die Funktion htmlspecialchars() wandelt alle HTML-spezifischen Sonderzeichen um. Dabei werden folgende Ersetzungen durchgeführt:

- & wird zu &
- < wird zu >
- > wird zu >
- " wird zu "

htmlspecialchars() erwartet als ersten Parameter Text, der behandelt werden muss. Über einen zweiten Parameter können Sie die Behandlung von Anführungszeichen über Konstanten festlegen. Diese können folgende Werte haben:

ENT_QUOTES
Beide Anführungszeichen werden umgewandelt, das heißt zusätzlich zu den oben geschilderten auch einfache Anführungszeichen. ' wird zu '.

ENT_NOQUOTES
Keines der Anführungszeichen wird umgewandelt.

ENT_COMPAT
ist der Standard: Die doppelten Anführungszeichen werden transformiert, die einfachen nicht.

Das folgende Listing führt den Einsatz von `htmlspecialchars()` mit den verschiedenen Optionen vor. Außerdem wird die Funktion `htmlspecialchars_decode()` eingesetzt, die die Umwandlung von `htmlspecialchars()` rückgängig macht.

```
01 $behauptung = "2 < 4 && \"5\" == '5'";
02 echo htmlspecialchars($behauptung);
03 echo "<br />\n";
04 echo htmlspecialchars($behauptung, ENT_QUOTES);
05 echo "<br />\n";
06 echo htmlspecialchars($behauptung, ENT_NOQUOTES);
07 echo "<br />\n";
08 $mit = htmlspecialchars($behauptung);
09 $ohne = htmlspecialchars_decode($mit);
10 echo $ohne;
```

Listing 6–19   *htmlspecialchars() wandelt HTML-Sonderzeichen um (htmlspecialchars.php).*

Abbildung 6–13 zeigt das Ergebnis. Hier sehen Sie den HTML-Quellcode, die Entities sind deutlich zu erkennen.

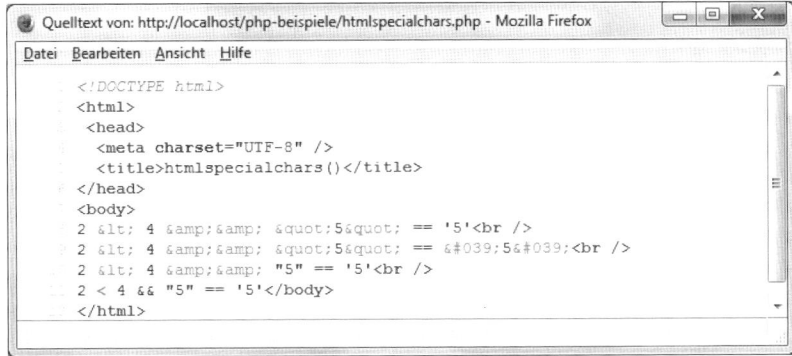

Abb. 6–13   *htmlspecialchars() und zurück*

Die Funktion `htmlentities()` ist ähnlich wie `htmlspecialchars()`. Sie wandelt aber zusätzlich zu den bei `htmlspecialchars()` umgewandelten Zeichen auch Sonderzeichen wie *ä*, *ö* und ähnliche Zeichen in die entsprechenden HTML-Entities um.

Die Funktion `strip_tags()` geht einen Schritt weiter: Sie entfernt HTML-Tags aus einem String. Als ersten Parameter geben Sie den String an, den Sie von Tags bereinigen möchten, als zweiten Parameter können Sie HTML-Elemente spezifizieren, die nicht entfernt werden sollen:

```
01 $string = "<p>Ein Absatz mit <em>mehrfacher</em> <strong>Betonung</strong></p>";
02 echo $string;
03 echo "\n";
04 echo strip_tags($string);
05 echo "\n";
06 echo strip_tags($string, "<p><em>");
```

Listing 6–20   *HTML-Tags entfernen (strip_tags.php)*

```
   <!DOCTYPE html>
   <html>
    <head>
     <meta charset="UTF-8" />
     <title>strip_tags()</title>
    </head>
    <body>
    <p>Ein Absatz mit <em>mehrfacher</em> <strong>Betonung</strong></p>
    Ein Absatz mit mehrfacher Betonung
    <p>Ein Absatz mit <em>mehrfacher</em> Betonung</p></body>
   </html>
```

Abb. 6–14   *Tags löschen*

Der behandelte String enthält verschiedene Tags: <p>, <strong> und <em> (Zeile 1) und wird einmal unverändert ausgegeben (Zeile 2). Gibt man strip_tags() ohne zweiten Parameter an, werden einfach alle Tags rausgelöscht (Zeile 4). Beim zweiten Aufruf von strip_tags() wird hingegen festgelegt, dass <p> und <em> stehen bleiben sollen (Zeile 6). In diesem Fall wird nur <strong> entfernt.

htmlspecialchars() und strip_tags() spielen eine entscheidende Rolle bei der Absicherung Ihrer Skripte gegen bösartige Manipulationen (Kap. 7) und werden uns dort noch einmal begegnen.

Auch für die Bearbeitung von URLs gibt es eigene Funktionen: Um selbst Parameter über URLs zu übergeben, können Sie urlencode() verwenden. Sonderzeichen werden über % mit zwei hexadezimalen Zahlen codiert, Leerzeichen als +. urldecode() machen das wieder rückgängig. Ebenfalls interessant ist parse_url(), über die Sie eine URL in ihre Bestandteile zerlegen können.

6.3.5   Zeichencodierungen

In Kapitel 3 haben Sie gesehen, wie Sie im HTML-Dokument die Codierung des Dokuments festlegen – über die meta-Angabe. Der richtige Moment, um das etwas genauer zu betrachten.

Codierungen

Es gibt unterschiedliche Codierungen:

- Der *ASCII-Code* umfasst beispielsweise 128 verschiedene Zeichen. Um jedes eindeutig darzustellen, genügen 7 Bit.

- Bei den *ISO-Zeichensätzen* wird dem 7-stelligen Code eine Stelle hinzugefügt, sodass 256 Zeichen codiert werden können, wofür 8 Bit (ein Byte) benötigt werden. Die ersten 127 Zahlencodes der ISO-Zeichensätze gehören dem ASCII-Basisalphabet an, die Codes von 128 bis 255 werden bei jedem ISO-Zeichensatz anders vergeben. Für das Deutsche verwendet werden ISO-8859-

1 oder ISO-8859-15, wobei Letzterer zusätzlich das Eurozeichen enthält. Die ISO-Zeichensätze sind in ihrem Einsatzbereich beschränkt: Zum einen gibt es natürlich Sprachen, die nicht mit den in ISO frei verfügbaren 128 Zeichen auskommen (die ersten 127 sind ja immer gleich). Und zum anderen können Sie immer nur einen Zeichensatz pro Dokument verwenden. Die ISO-Zeichensätze werden im Web viel verwendet, aber selbst nicht mehr weiterentwickelt. Anders ist das bei Unicode, der im Web hauptsächlich als UTF-8 zum Einsatz kommt.

Unicode hat zum Ziel, für alle Zeichen aller bekannten Schriftkulturen einen digitalen Code festzulegen. Bei *UTF-8* wird der alte 7-Bit-ASCII-Code nicht nur wie bei den ISO-Zeichensätzen um 1 Bit aufgestockt, sondern es werden gleich zwischen 1 und 4 Byte für jedes Zeichen zur Verfügung gestellt. Die ersten 128 Zeichen sind identisch und werden durch 1 Byte dargestellt, für die anderen Zeichen werden mehr Bytes zur Verfügung gestellt.

Die Zeichencodierung bestimmen Sie über verschiedene Methoden:

über eine meta-Angabe im head-Bereich des Dokuments selbst:

```
<meta charset="UTF-8" />
```

über einen HTTP-Header, den der Server mitsendet:

```
Content-Type: text/html;charset=UTF-8
```

Dies können Sie beispielsweise über eine *.htaccess*-Datei machen (mehr zu *.htaccess*-Dateien im Anhang A) oder über die header-Funktion von PHP (siehe Kap. 8).

> Wichtig ist jedoch, dass die vom Server gesendete Header-Information sich im Zweifelsfall durchsetzt, das heißt, dass diese gilt, auch wenn im Dokument ein abweichender Zeichensatz angegeben ist.

Probleme bei UTF-8

Wie schaut es jetzt mit PHP und den verschiedenen Zeichencodierungen aus? Sie können UTF-8 benutzen und Text über PHP ausgeben lassen, das funktioniert problemlos – wir haben es bisher in allen Beispielen ja auch so gemacht.

Jedoch sind die normalen Stringbearbeitungsfunktionen von PHP auf die Verwendung von 1-Byte-Zeichensätzen ausgerichtet. Das heißt: Wenn Sie UTF-8 einsetzen, kann es zu unerwarteten Ergebnissen kommen. Ein Beispiel dafür ist die Funktion strlen():

```
01 <!DOCTYPE html>
02 <html>
03  <head>
04   <meta charset="UTF-8" />
05   <title>strlen mit UTF-8</title>
06 </head>
07 <body>
08 <?php
09 $str = "Mäßigung";
10 $anz = strlen($str);
11 echo "'$str' hat $anz Zeichen";?>
12 </body>
13 </html>
```

In diesem Beispiel wird ein String »Mäßigung« definiert, die Anzahl von Zeichen ermittelt und ausgegeben. Zählen Sie einmal kurz selbst. »Mäßigung« hat 8 Zeichen – nicht wahr? PHP sieht das anders (Abb. 6–15).

Abb. 6–15   *Komische Art zu zählen …*

Wie Sie in Abbildung 6–15 sehen, ermittelt PHP als Anzahl 10 Zeichen. Der Grund dafür: PHP geht von einem 1-Byte-Zeichensatz aus, und die Nicht-ASCII-Zeichen ä und ß, die über 2 Byte codiert werden, bringen die Berechnungen aus dem Tritt.

Man kann hier natürlich tricksen, damit es wieder funktioniert: PHP stellt die praktische Funktion `utf8_decode()` zur Verfügung, die einen UTF-8-codierten String in einen ISO-8859-1-codierten umwandelt. Wenn man diese Funktion aufruft und vom Ergebnis die Anzahl an Zeichen zählen lässt, dann klappt alles wieder:

```
$anz = strlen(utf8_decode($str));
echo "'$str' hat $anz Zeichen";
```

Listing 6–21   *strlen() bei einem UTF-8-codierten Dokument (strlen_problem.php)*

Jetzt wird die korrekte Anzahl – 8 Zeichen – ausgegeben.

> Parallel zu `utf8_decode()` gibt es `utf8_encode()`, das einen ISO-8859-1-codierten String in UTF-8 umwandelt. Beides sind sehr nützliche Funktionen beim Einsatz von UTF-8!

Ein weiteres Beispiel für Probleme mit UTF-8 ist etwa die Funktion `strtoupper()`, um alle Buchstaben eines Strings in Großbuchstaben zu verwandeln.

strtoupper() funktioniert problemlos, wenn Sie es mit 1-Byte-Zeichensätzen nutzen. Bei UTF-8 hingegen kann es wieder zu Problemen kommen, wie folgendes Beispiel zeigt:

```
01 $str = "Im Münchner Hofbräuhaus trinken Leute Bier in Maßkrügen<br />\n";
02 echo "Am Anfang: $str";
03 echo "<br />----mit strtoupper()---<br />\n";
04 echo strtoupper($str);
05
06 echo "<br />----mit Multibyte-Funktion ---<br />\n";
07 echo mb_strtoupper($str, "UTF-8");
```

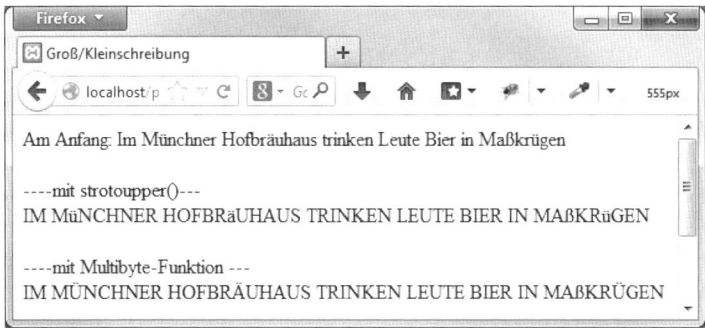

Abb. 6–16   *Ungereimtheiten bei der Verwendung von strotoupper() mit der Codierung UTF-8. Mit den Multibyte-Entsprechungen geht's hingegen.*

Auch in diesem Dokument wird UTF-8 benutzt. Ein String wird definiert und dann mit strtoupper()in Großbuchstaben ausgegeben. Dass die Ausgabe nicht wie gewünscht funktioniert, zeigt Abbildung 6–16: Die *ü*s und *ä*s werden nicht umgewandelt.

In Zeile 6 wird eine andere Funktion – die sogenannten Multibyte-Varianten dieser Funktion – eingesetzt, bei denen man zusätzlich die benutzte Codierung angibt. Jetzt klappt die Ausgabe fast wie gewünscht. Nicht umgewandelt wird allerdings bis einschließlich PHP 7.2 das *ß* ins Doppel-*S* – das müssten Sie noch per Hand erledigen, etwa mit str_replace():

```
echo "<br />----händisch ß umgewandelt ---<br />\n";
echo mb_strtoupper(str_replace("ß", "SS", $str), "UTF-8");
```

Listing 6–22   *Wechsel zwischen Groß- und Kleinbuchstaben (gross_klein_mehrbyte.php)*

Ab PHP 7.3 ist dieser Schritt nicht mehr notwendig.

Damit Sie die Multibyte-Funktionen einsetzen können, muss die Erweiterung *mbstring* installiert sein. Ob das der Fall ist, erfahren Sie über die Ausgabe von phpinfo(). Suchen Sie hier nach dem Abschnitt *mbstring*.

6.4   Funktionen für Arrays

Auch für Arrays gibt es viele nützliche Funktionen, um die es in diesem Abschnitt geht.

6.4.1   Arrays und Strings

In Abschnitt 6.3.2 haben Sie gesehen, wie man per `explode()` aus einem String ein Array macht. Genau das Umgekehrte macht `implode()`: Es verbindet mehrere Arrayelemente zu einem String. Es erwartet als ersten Parameter einen String, der die einzelnen Elemente zusammenkleben soll, und als zweiten Parameter das Array:

```php
$liste = ["Oliven", "Kapern", "Ananas"];

$str = implode(" und ", $liste);
echo $str;
```

Listing 6–23   *Arrayelemente über implode() zu einem String verketten (implode.php)*

Abb. 6-17   *Der aus den Arrayelementen zusammengesetzte String*

`implode()` ist eine gute Funktion, wenn Sie einen String erhalten möchten, den Sie beispielsweise auch Benutzern präsentieren können. Soll der Inhalt von Arrays hingegen nur aus programmiertaktischen Gründen in einen String umgewandelt werden mit dem Ziel, das später rückgängig zu machen, so sind die Funktionen `serialize()` und `unserialize()` das Richtige.

Das könnte man beispielsweise brauchen, um mehrere Werte aus einem Array in einem Cookie zu speichern (siehe Kap. 8), um die Informationen aus einem Array über ein verstecktes Feld (siehe Kap. 7) weiterzugeben oder um ein Array in einer Datenbanktabelle zu speichern (Kap. 11).

```php
$farben =["hellblau" =>  "lightblue",
          "schwarz" => "black",
          "gelb" => "yellow",
          "himmelblau" => "skyblue",
          "rot" => "red"];
$serial = serialize($farben);
echo $serial;
$arr = unserialize($serial);
print_r($arr);
```

Listing 6–24   *Ein Array wird serialisiert (serialisieren.php).*

Im Beispiel wird ein assoziatives Array erstellt, serialisiert und ausgegeben. Nach der Deserialisierung sieht es genauso aus wie zuvor.

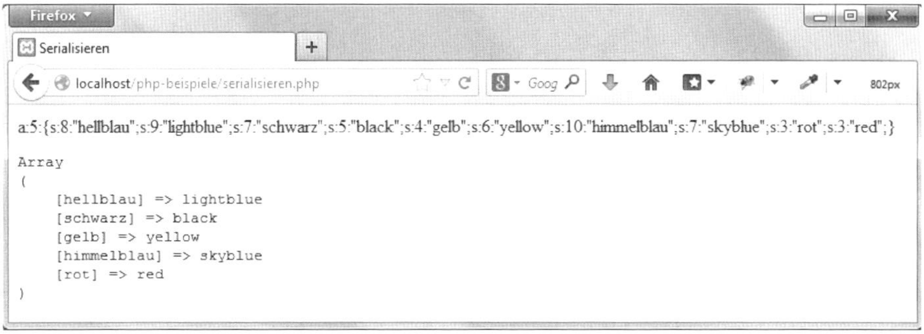

Abb. 6–18 *Einmal serialisieren und zurück*

6.4.2 Arrays sortieren

Viele unterschiedliche Funktionen dienen zum Sortieren von Arrays: Sie können bei Arrays sowohl Schlüssel als auch Werte sortieren, und das noch auf- oder absteigend usw.[2]

Für indizierte Arrays geeignet sind sort() und rsort(). Beide erwarten als Parameter ein Array, das per Referenz übergeben wird. Das bedeutet: Die Funktionen ändern das Array selbst.

> Im Manual erkennen Sie das wieder daran, dass bei der Funktionsbeschreibung vor $array der Referenzoperator & steht:
>
> ```
> bool sort ( array &$array )
> ```

sort() sortiert aufsteigend, rsort() absteigend.

```
echo "<pre>";
$liste = ["Kapern", "Oliven", "Ananas"];

sort($liste);
print_r($liste);
rsort($liste);
print_r($liste);
echo "</pre>";
```

Listing 6–25 *Array sortieren (sortieren.php)*

---

2. *http://php.net/manual/de/array.sorting.php*

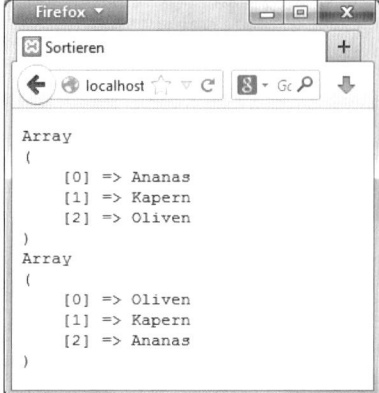

Abb. 6–19 *Zuerst aufsteigend sortiert, dann absteigend*

Wenn Sie Umlaute oder andere sprachspezifische Sonderzeichen in Ihren Strings verwenden, funktioniert die Sortierung nicht wie gewünscht. Damit sie funktioniert, können Sie über setlocale() die Sprache bestimmen und bei sort() zusätzlich SORT_LOCALE_STRING angeben:

```
$umlaute = ["Abend", "Oper", "Öl", "Ärger"];
setlocale(LC_ALL, "de_DE@euro", "de_DE", "deu_deu");
sort($umlaute, SORT_LOCALE_STRING);
print_r($umlaute);
```

Listing 6–26 *So werden die deutschen Umlaute richtig einsortiert (sortieren_sprachspezifisch.php).*

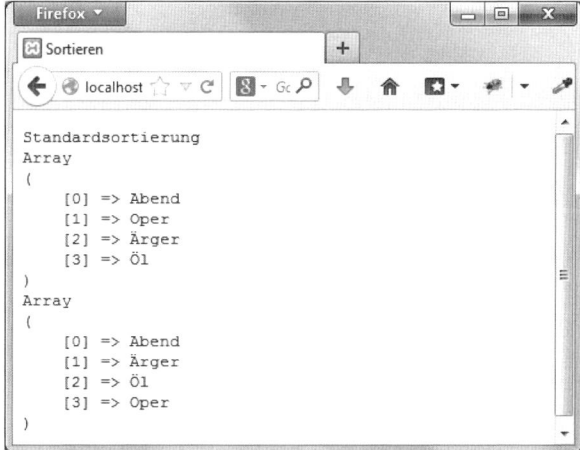

Abb. 6–20 *Die erste Ausgabe zeigt die normale Sortierung mit den falsch eingeordneten Umlauten; die zweite Ausgabe nach set_locale() macht es richtig.*

Noch besser geht die Sortierung sprachspezifischer Sonderzeichen mit der Collator-Klasse, die Teil der PHP-intl-Erweiterung ist. Diese muss installiert und aktiviert sein, damit Sie die Collator-Klasse nutzen können. Ob das der Fall ist, sehen Sie in der Ausgabe von phpinfo(), wenn Sie nach »intl« suchen.

Zur Aktivierung der Erweiterung entfernen Sie innerhalb von *php.ini* das Semikolon vor:

```
;extension=intl
```

Wir wollen ein paar Sonderzeichen sortieren, die in einem Array gespeichert sind:

```
$sonderzeichen = ["æ", "a", "ø", "z"];
```

æ und ø gibt es im Dänischen. Dort stehen sie am Ende des Alphabets, das heißt nach dem Buchstaben Z.

Diese Sonderzeichen sollen einmal korrekt so wie im Dänischen sortiert werden und zum anderen so wie im Deutschen, wo æ hinter a einsortiert wird und Z der letzte Buchstabe ist.

Zuerst definieren wir ein Collator-Objekt, dem wir die gewünschte Sortierung als Kürzel übergeben. Dann können wir die sort()-Methode aufrufen, um die Sortierung auszuführen:

```
$da = new Collator("da_DK");
$de = new Collator("de_DE");

echo "<pre>";
$sonderzeichen = ["æ", "a", "ø", "z"];
echo "\nSortierung nach da_DK\n";
$da->sort($sonderzeichen);
print_r($sonderzeichen);

echo "\nSortierung nach de_DE\n";
$de->sort($sonderzeichen);
print_r($sonderzeichen);
echo "</pre>";
```

Listing 6–27   *Sortieren mit der Collator-Klasse (sortieren_sprachspezifisch_collator.php)*

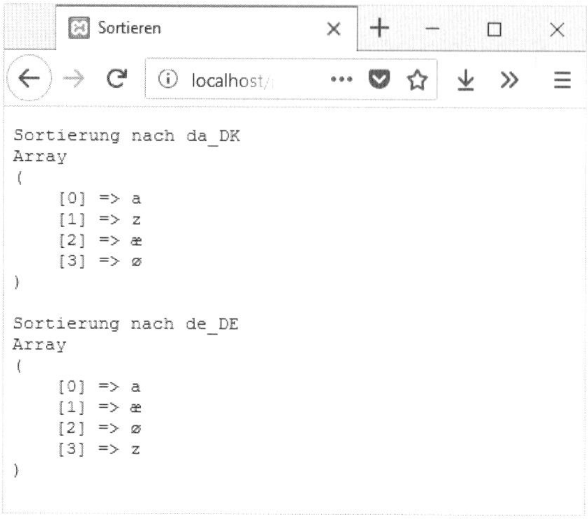

Abb. 6–21   *Zweimal sortiert: oben so wie im Dänischen üblich, unten wie im Deutschen üblich*

Die bisher vorgestellten Sortierfunktionen sind für indizierte Arrays geeignet; für assoziative Arrays brauchen Sie andere Funktionen, bei denen der Zusammenhang zwischen Schlüssel und Wert beibehalten wird.

asort() macht genau das: Es sortiert ein Array nach Werten und behält die Verbindung zum Index. ksort() sortiert entsprechend nach den Schlüsseln. Von beiden gibt es noch die Rückwärtsvariante: arsort() sortiert ein Array nach Werten absteigend, und krsort() sortiert absteigend nach Schlüsseln.

```
01 $farben = ["hellblau" =>  "lightblue",
02                  "schwarz" => "black",
03                  "gelb" => "yellow",
04                  "himmelblau" => "skyblue",
05                  "rot" => "red"];
06 echo "<strong>asort()</strong>: ";
07 asort($farben);
08 print_r($farben);
09 echo "<br /><strong>arsort()</strong>: ";
10 arsort($farben);
11 print_r($farben);
12 echo "<br /><strong>ksort()</strong>: ";
13 ksort($farben);
14 print_r($farben);
15 echo "<br /><strong>krsort()</strong>: ";
16 krsort($farben);
17 print_r($farben);
```

Listing 6–28   *Sortieren von assoziativen Arrays (assoziative_sortieren.php)*

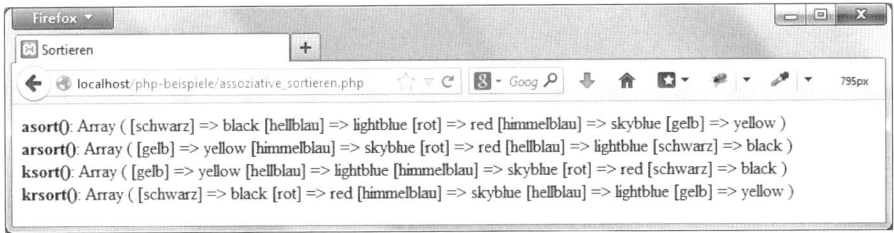

Abb. 6–22 *Zuerst wird vorwärts und rückwärts nach Werten sortiert, dann nach Schlüssel: Die Zuordnung von Wert zu Schlüssel bleibt dabei erhalten.*

Außerdem können Sie auch Ihre eigene Sortierungsfunktion schreiben und bei usort() angeben. usort() erwartet als ersten Parameter das Array, das sortiert werden soll, und als zweiten Parameter die selbst definierte Funktion:

```
usort($array, "sortieren");
```

Die Vergleichsfunktion muss ...

- die Zahl 0 zurückgeben, wenn die beiden Argumente gleich groß sind.
- eine Zahl kleiner 0 zurückgeben, wenn das erste Argument kleiner als das zweite ist.
- eine Zahl größer als 0 zurückgeben, wenn das erste Argument größer als das zweite ist.

Sehen wir uns eine einfache Implementierung zur Sortierung von Zahlen an. Wenn diese gleich groß sind, lassen wir 0 zurückgeben. Ist die erste Zahl kleiner als die zweite, geben wir -1 zurück, sonst 1. Danach wenden wir diese Funktion mit usort() auf ein Array mit Zahlen an.

```
function sortieren($a, $b)
{
  if ($a == $b) {
    return 0;
  }
  return ($a < $b) ? -1 : 1;
}
$array = [20, 5, 3, 17];
usort($array, "sortieren");
echo "<pre>";
print_r($array);
echo "</pre>";
```

Listing 6–29 *Sortieren mit benutzerdefinierter Funktion (usort.php)*

In diesem einfachen Fall hätten wir natürlich keine benutzerdefinierte Sortierungsfunktion benötigt – aber es sollte deutlich geworden sein, wie usort() funktioniert. Die Vergleichsfunktion beinhaltet relativ viel Code für einen so einfachen Fall. Das lässt sich durch den in PHP 7 eingeführten »Spaceship«-Operator

(<=>) verkürzen. Dies im folgenden gezeigte Funktion macht genau dasselbe wie die vorher definierte – aber sie ist wesentlich kürzer:

```
function sortieren($a, $b)
{
  return $a <=> $b;
}
```

Listing 6–30   *Verkürzte Sortierfunktion dank Spaceship-Operator (usort_spaceship.php)*

6.4.3   Weitere Arrayfunktionen

Um die Elemente von Arrays einzelnen Variablen zuzuweisen, ist das Sprachkonstrukt list() richtig:

```
$liste = ["Kapern", "Oliven", "Ananas"];
list($a, $b, $c) = $liste;
echo "mit $a, $b und $c ...";
```

Listing 6–31   *Die Elemente eines Arrays werden einzelnen Variablen zugewiesen (list.php).*

Im Beispiel wird ein Array definiert. Die einzelnen Elemente werden mit list() dann den Variablen $a, $b und $c zugewiesen.

list() können Sie auch in einer foreach-Schleife verwenden. In folgendem Beispiel gibt es ein verschachteltes Array. Dieses wird in einer foreach-Schleife durchlaufen, und in jedem Durchgang werden die einzelnen Elemente Variablen zugewiesen.

```
$array = [
  [11, 12, 13],
  [21, 22, 23]
];
foreach ($array as list($a, $b, $c)) {
  echo "A: $a; B: $b, C: $c<br />\n";
}
```

Listing 6–32   *: list() in einer foreach-Schleife (list_foreach.php)*

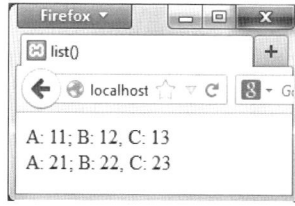

Abb. 6–23   *Die Elemente eines mehrdimensionalen Arrays werden aufgeteilt.*

array_map(), das dazu dient, eine Operation bei jedem einzelnen Arrayelement durchzuführen, kennen Sie bereits aus Kapitel 5 aus den Beispielen für anonyme Funktionen. Neben benutzerdefinierten Funktionen können auch von PHP bereitgestellte Funktionen angegeben werden. Im folgenden Beispiel wird `trim` bei allen Arrayelementen angewandt.

Zuerst wird ein Array definiert, die einzelnen Elemente haben viele Leerzeichen. Danach wird das Array ausgegeben. Im nächsten Schritt wird auf alle Elemente mit `array_map()` die Funktion `trim` angewandt. Danach wird das geänderte Array noch einmal zum Vergleich ausgegeben.

```php
$liste = [" Kapern ", "  Oliven ", "  Ananas "];
foreach($liste as $el) {
  echo "'$el'";
}
$liste = array_map("trim", $liste);
echo "<br />\n nach trim <br />\n";
foreach($liste as $el) {
  echo "'$el'";
}
```

Listing 6–33   *Alle Arrayelemente werden mit trim() behandelt (array_map.php).*

```
<body>
' Kapern ''  Oliven ''  Ananas '<br />
 nach trim <br />
'Kapern''Oliven''Ananas'
</body>
```

Abb. 6–24   *Der Ausschnitt aus dem HTML-Quellcode zeigt die Arrayelemente vor der Anwendung von array_map() mit vielen Leerzeichen und nach der Anwendung von array_map() ohne Leerzeichen.*

Um zu ermitteln, ob ein Array bestimmte Elemente enthält, dienen `in_array()` und `array_search()`. `in_array()` liefert true zurück, wenn ein bestimmter Wert in einem Array enthalten ist, `array_search()` liefert in diesem Fall hingegen den Schlüssel des Arrays zurück.

Beide Funktionen erwarten als ersten Parameter den Wert, der im Array gesucht werden soll. Als zweiten Parameter geben Sie das Array an, in dem gesucht werden soll. Optional können Sie als dritten Parameter true angeben, dann wird auch überprüft, ob die Datentypen übereinstimmen.

```php
$farben = ["hellblau" => "lightblue",
           "schwarz" => "black",
           "gelb" => "yellow",
           "himmelblau" => "skyblue",
           "rot" => "red"];
$such = "yellow";
if (in_array($such, $farben)) {
  echo "$such vorhanden. Zugehöriger Schlüssel: ";
  echo array_search($such, $farben);
}
```

Listing 6–34   *Bestimmen, ob ein Wert in einem Array vorhanden ist (array_werte_suchen.php)*

Abb. 6–25   *Der Wert yellow wurde gefunden und der zugehörige Schlüssel ermittelt.*

Den Splat-Operator ... haben Sie bereits in Kapitel 5 bei den variadischen Funktionen kennengelernt. Dieser Operator lässt sich auch dafür nutzen, einer Funktion, die eigentlich einzelne Parameter erwartet, ein Array zu übergeben. Wenn das Array mit dem Splat-Operator gekennzeichnet ist, weiß die Funktion damit, dass die Arrayelemente aufgeteilt werden müssen. Sehen wir uns ein Beispiel mit der mail()-Funktion an. Sie erwartet als ersten Parameter den Adressaten, danach den Betreff und schließlich den Nachrichtentext. Klassischerweise verwendet man sie etwa folgendermaßen:

```
mail("mir@sanmir.de", "Betreff der Mail", "Und hier der Inhalt");
```

Wie im Beispiel auch zu erkennen ist, erwartet die Funktion drei Parameter.

Mit dem Splat-Operator kann man der Funktion auch ein Array übergeben. Beginnen wir mit der Erstellung eines Arrays mit drei Elementen:

```
$mail[] = "mir@sanmir.de";
$mail[] = "Betreff der Mail";
$mail[] = "Und hier ist der Inhalt";
```

Das Neue kommt jetzt: Wir können der Funktion mail() das Array mit dem vorgestellten Splat-Operator übergeben:

```
mail(...$mail);
```

Listing 6–35   *Splat-Operator (splat-operator.php)*

Die Arrayelemente werden dann aufgeteilt.

Dies ist nur ein kleiner Ausschnitt aus den Arrayfunktionen von PHP. Weitere finden Sie im Manual[3].

6.5   Arbeiten mit Datum und Uhrzeit – klassisch mit date() & Co.

Dass man per PHP das Datum ausgeben kann, haben Sie schon an einigen Beispielen gesehen. Nun erfahren Sie genauer, wie date() und andere Datumsfunktionen arbeiten und welche Optionen sie bieten. Im folgenden Unterkapitel sehen Sie dann, wie man stattdessen die DateTime-Klasse von PHP nutzt.

---

3.   *http://de.php.net/manual/de/ref.array.php*

6.5.1   Datum formatiert ausgeben über date()

Es gibt mehrere Funktionen, um ein aktuelles Datum formatiert auszugeben. Eine davon ist date(). Sie erwartet als ersten Parameter einen Formatierungsstring. Mit diesem geben Sie an, welche Informationen (Jahr, Monat, Tag, Stunde oder/und Minute usw.) Sie wünschen und auf welche Art Sie diese erhalten möchten. So kann man beispielsweise bestimmen, ob man den Monat als Zahl oder als englische Bezeichnung haben möchte. Als zweiten Parameter können Sie einen Zeitstempel angeben (dazu mehr in Abschnitt 6.5.3). Wenn Sie hier nichts angeben, wird das aktuelle Datum genommen.

Tabelle 6–5 führt die wichtigsten Formatierungsoptionen auf.

Formatierungs-string	Erklärung	Beispiel
Tag		
d	Zweistelliger Tag des Monats	01 bis 31
D	Abgekürzter Wochentag	Mon bis Sun
j	Tag des Monats ohne führende 0	1 bis 31
l	Wochentag ausgeschrieben	Sunday bis Saturday
N	Eine der ISO-8601-Norm entsprechende Darstellung des Wochentags	1 (Montag) bis 7 (Sonntag)
w	Numerische Darstellung des Wochentags	0 (Sonntag) bis 6 (Samstag)
z	Der wievielte Tag des Jahrs ist es? Die Zählung beginnt bei 0.	0 bis 365
Woche		
W	Gibt an, welche Kalenderwoche im Jahr es ist. Begonnen wird mit Montag. Ist konform zur ISO-8601-Norm.	10
Monat		
F	Ausgeschriebener Monatsname (englisch)	January bis December
m	Monat zwischen 01 und 12	01 bis 12
M	Abgekürzter Monatsname	Jan bis Dec
n	Monat zwischen 1 und 12 (ohne führende 0)	1 bis 12
t	Anzahl der Tage in einem Monat	28 bis 31
Jahr		
L	Schaltjahr	1, wenn Schaltjahr, sonst 0
Y	Vierstellige Jahreszahl	2009
y	Zweistellige Jahreszahl	99 oder 08

→

Formatierungs-string	Erklärung	Beispiel
Zeit		
a	Kleingeschrieben *am* oder *pm*	*am* oder *pm*
A	*AM* oder *PM* großgeschrieben	*AM* oder *PM*
g	Stunde von 1 bis 12 ohne führende 0	1 bis 12
G	Stunde von 0 bis 23 ohne führende 0	0 bis 23
h	Stunde von 1 bis 12 mit führender 0	01 bis 12
H	Stunde von 0 bis 23 mit führender 0	00 bis 23
i	Minuten mit führender 0	00 bis 59
s	Sekunden mit führender 0	00 bis 59
u	Millisekunden	54321
Zeitzone		
e	Identifiziert die Zeitzone	UTC, GMT, Atlantic/Azores
I (großes i)	Sommerzeit oder nicht	Bei Sommerzeit, 1, sonst 0
O	Unterschied zur mittleren Greenwich-Zeit (GMT) in Stunden	+0200
P	Unterschied zur GMT in Stunden mit Doppelpunkt zwischen Stunden und Minuten	+02:00
T	Abkürzung der Zeitzone	EST, MDT ...
Z	Zeitzonenoffset relativ zur UTC in Sekunden. Westlich von UTC ist der Offset immer negativ, östlich von UTC immer positiv	−43200 bis 50400
Vollständige Datum/Zeitangabe		
c	ISO-8601-Datum	2009-04-27T08:30:21+02:00
r	Gemäß RFC 2822 formatiertes Datum, praktisch etwa für E-Mail- oder HTTP-Header	Thu, 21 Dec 2000 16:01:07 +0200
U	Seit der Unix-Epoche verstrichene Sekunden (1.1.1970 00:00:00 GMT)	

Tab. 6–5   *Mögliche Angaben bei date()*

Wenn Sie date() einsetzen, empfiehlt es sich, die Defaultzeitzone zu setzen (was aber auch über die *php.ini* erfolgen kann). Im Beispiel wird als Zeitzone immer "Europe/Berlin" verwendet.[4]

---

4.   Weitere mögliche Zeitzonen stehen online unter *http://de.php.net/manual/de/timezones.php*.

Das folgende Skript zeigt den Einsatz von date():

```
01 date_default_timezone_set("Europe/Berlin");
02 echo date("d.m. H:i:s");
03 echo "<br />\n";
04 echo date("d.m., \u\m H  \U\h\\r i");
05 echo "<br />\nDer aktuelle Monat hat ";
06 echo date("t") . " Tage.<br />\n";
07 if (date("I") == 1) {
08    echo "Es ist Sommerzeit.";
09 } else {
10    echo "Es ist keine Sommerzeit.";
11 }
```

Listing 6–36   *Datum, Uhrzeit und Zusatzinformationen ausgeben lassen per date() (date.php)*

In der ersten Zeile wird die Defaultzeitzone gesetzt, dann kommt date() zum Einsatz. Beim ersten Aufruf von date() in Zeile 2 werden Formatierungsstrings mit Satzzeichen kombiniert – mit Punkten und Doppelpunkten, wie man es für Datum-/Zeitangaben gewohnt ist. Bei der zweiten Verwendung von date() (Zeile 4) wird zusätzlicher Text ausgegeben (um und Uhr). Dabei müssen Sie Zeichen, die innerhalb von date() eine spezielle Bedeutung haben, mit einem \ maskieren. Ein Sonderfall ist das r. Hier genügt ein Backslash nicht, da \r für einen Wagenrücklauf steht (siehe auch Kap. 4). Deswegen werden in diesem Fall zwei \ benutzt.

Nun folgen zwei weitere nützliche Informationen, die sich per date() ermitteln lassen. In Zeile 6 wird ermittelt, wie viele Tage der aktuelle Monat hat. In den Zeilen 7 bis 11 wird überprüft, ob Sommerzeit ist oder nicht, und eine entsprechende Meldung ausgegeben.

Abb. 6–26   *Über date() formatierte Ausgaben*

Übung 5

Verwenden Sie date(), um unterschiedliche Meldungen am Wochenende und unter der Woche ausgeben zu lassen. Beispielsweise soll die Meldung »Schönes Wochenende« am Samstag und Sonntag angezeigt werden. An anderen Wochentagen soll hingegen »Gute Woche« erscheinen date() gibt Wochentage und Monatsnamen in Englisch aus. Um diese einzudeutschen, können Sie ein Array mit den deutschsprachigen Werten übergeben und dann immer den entsprechenden Wert auslesen:

```
01 date_default_timezone_set("Europe/Berlin");
02 $tage = [
03          "Mon" => "Montag",
04          "Tue" => "Dienstag",
05          "Wed" => "Mittwoch",
06          "Thu" => "Donnerstag",
07          "Fri" => "Freitag",
08          "Sat" => "Samstag",
09          "Sun" => "Sonntag"
10          ];
11 $monate = [
12          "Jan" => "Januar",
13          "Feb" => "Februar",
14          "Mar" => "März",
15          "Apr" => "April",
16          "Mai" => "Mai",
17          "Jun" => "Juni",
18          "Jul" => "Juli",
19          "Aug" => "August",
20          "Sep" => "September",
21          "Oct" => "Oktober",
22          "Nov" => "November",
23          "Dec" => "Dezember"
24          ];
25 $monat = $monate[date("M")];
26 $wochentag = $tage[date("D")];
27 echo "$wochentag, den ";
28 echo date("j. " ) .$monat;
```

Listing 6–37   *Deutsche Wochentage und Monatsnamen (date_deutsch.php)*

Im Listing werden zwei assoziative Arrays angelegt: Im Array $tage (Zeile 2) wird den englischen kurzen Wochentagen immer der entsprechende deutsche Wochentag zugeordnet. Das Array $monate macht dasselbe für die Monate. In Zeile 25 wird der aktuelle deutsche Monat ermittelt: Verwendet wird hierfür das Array $monate, dem als Schlüssel die englische Kurzform des Monats übergeben wird. Genau das ermittelt date("M"). In Zeile 26 wird dasselbe für den Wochentag durchgeführt und dann das Datum ausgegeben.

Abb. 6–27   *Eine mögliche Ausgabe von date() – nun mit deutschen Wochentagen und Monat*

Dieses Beispiel ließe sich natürlich auch objektorientiert erstellen, nämlich über eine Klasse namens Datum, die die Methode ausgeben() enthält:

```
01 class Datum
02 {
03   public function ausgeben()
04   {
05     date_default_timezone_set("Europe/Berlin");
06     $tage = [
07         "Mon" => "Montag",
08         "Tue" => "Dienstag",
09         "Wed" => "Mittwoch",
10         "Thu" => "Donnerstag",
11         "Fri" => "Freitag",
12         "Sat" => "Samstag",
13         "Sun" => "Sonntag"];
14     $wochentag = $tage[date("D")];
15     $monate = [
16         "Jan" => "Januar",
17         "Feb" => "Februar",
18         "Mar" => "März",
19         "Apr" => "April",
20         "Mai" => "Mai",
21         "Jun" => "Juni",
22         "Jul" => "Juli",
23         "Aug" => "August",
24         "Sep" => "September",
25         "Oct" => "Oktober",
26         "Nov" => "November",
27         "Dec" => "Dezember"];
28     $monat = $monate[date("M")];
29     $wochentag = $tage[date("D")];
30     echo "$wochentag, den ";
31     echo date("j. " ) .$monat;
32   }
33 }
34 $heute = new Datum();
35 $heute->ausgeben();
```

Listing 6-38   *Dieses Mal objektorientiert (date_deutsch_oo.php)*

Damit dann auch wirklich etwas ausgegeben wird, wird in Zeile 34 ein neues Objekt zur Klasse Datum erstellt und in Zeile 35 die Methode ausgeben() aufgerufen.

6.5.2   strftime() und setlocale()

Eine weitere Möglichkeit, um Datum und Uhrzeit formatiert auszugeben, ist die Verwendung von strftime(). strftime() erwartet wie date() als ersten Parameter einen Formatierungsstring. Mit diesem spezifizieren Sie, welche Information in welchem Format ausgegeben werden soll. Anders als bei date() werden die Formatierungszeichen aber mit einem %-Zeichen davor gekennzeichnet. Ein weiterer, wesentlicher Unterschied zu date() ist, dass strftime() die Werte unterschiedlich von den gesetzten Locale-Informationen ausgibt. Das bedeutet: Wenn Sie die Locale auf Deutsch setzen, erhalten Sie *Mittwoch* als Wochentag und nicht *Wednesday*.

Zum Setzen der Locale-Information dient die Funktion setlocale(). setlocale() setzt die Gebietsschemaparameter, das heißt den lokalen Gegebenheiten entsprechende Zahlen-, Währungs-, Datums- und Zeitformate. Die exakte Verwendung von setlocale() ist je nach benutztem Betriebssystem unterschiedlich, und außerdem muss, damit setlocale() funktionieren kann, die entsprechende Sprachunterstützung auch auf dem System installiert sein.

Durch folgenden String werden verschiedene mögliche Locale-Namen für Deutsch probiert:

```
setlocale(LC_TIME, "de_DE@euro", "de_DE", "deu_deu");
```

> Es gibt jedoch eine Einschränkung bei der Benutzung von setlocale(): Es ist nicht thread-sicher. Im PHP-Manual steht dazu folgende Warnung: »Sofern Sie PHP mit einer Multithreaded Server API wie IIS oder Apache unter Windows einsetzen, rechnen Sie mit unerwarteten Änderungen der Locale-Einstellungen zur Laufzeit des Skripts, auch wenn das Skript selbst keinen setlocale()-Aufruf durchführt. Dies passiert, da andere Skripte in verschiedenen Threads desselben Prozesses zur selben Zeit prozessweit die Locale-Einstellungen mittels setlocale() ändern.«[5]

Ein Beispiel zur Verwendung von setlocale(): Zuerst werden die Locale-Informationen gesetzt, dann verschiedene Datumsangaben ausgegeben. Da Prozentzeichen zur Kennzeichnung der Formatierungsstrings benutzt werden, lässt sich strftime() problemlos mit der Ausgabe von weiterem Text kombinieren.

```
date_default_timezone_set("Europe/Berlin");
setlocale(LC_TIME, "de_DE@euro", "de_DE", "deu_deu");
echo strftime("Heute ist %A.<br />\n");
echo utf8_encode(strftime("Monat: %B<br />\n"));
echo strftime("Datum: %x<br />\n");
echo strftime("Uhrzeit: %X<br />\n");
```

Listing 6–39   *Einsatz von strftime() (strftime.php)*

---

5.   *http://de.php.net/manual/de/function.setlocale.php*

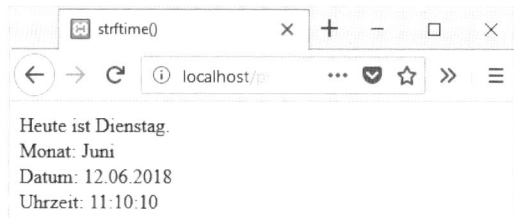

Abb. 6–28   *Lokalisierte Ausgabe von strftime()*

Weil es ansonsten zu Problemen mit den Umlauten bei Monatsnamen wie März kommen kann, wurde beim Monat zusätzlich utf8_encode() eingesetzt.

Tabelle 6–6 führt wichtige mögliche Angaben von strftime() auf:

Formatierungsstring	Bedeutung
%a	Wochentag, abgekürzt
%A	Wochentag, ausgeschrieben
%b	Monat, abgekürzt
%B	Monat, ausgeschrieben
%c	Datum und Zeit
%x	Datum
%X	Zeit

Tab. 6–6   *Ausgewählte Formatierungsangaben für strftime()*

Eine vollständige Liste der Formatierungsangaben für strftime() finden Sie im PHP-Manual[6]. Beachten Sie aber beim Ausprobieren, dass nicht alle Formatierungsangaben auch unter Windows funktionieren. Welche unter Windows funktionieren, erfahren Sie, wenn Sie bei *http://msdn.microsoft.com/* im Suchfeld »strftime« eingeben.

6.5.3   Ein beliebiges Datum festlegen

Bisher haben Sie mit strftime() und date() zwei Möglichkeiten gesehen, um das *aktuelle* Datum auszugeben. Sie können aber auch ein anderes Datum als zweiten Parameter in Form eines Zeitstempels übergeben. PHP rechnet intern mit dem Zeitstempel, das sind die Sekunden, die seit der sogenannten Unixepoche – dem 1. Januar 1970 00:00 Uhr UTC – vergangen sind.

---

6.   *http://www.php.net/manual/de/function.strftime.php*

Der gültige Bereich eines Zeitstempels liegt typischerweise zwischen dem 13. Dezember 1901 und dem 19. Januar 2038.

Den aktuellen Zeitstempel können Sie mit time() ausgeben lassen. time() liefert Ihnen die seit Beginn der Unixepoche vergangenen Sekunden. Das lässt sich beispielsweise nutzen, um zu ermitteln, wie lange keine Aktion mehr stattgefunden hat, und eine Person dann automatisch auszuloggen. Noch detaillierter ist microtime(), das Ihnen den Zeitstempel mit Millisekunden zurückgibt. microtime() kann man zum Beispiel verwenden, um zu überprüfen, wie lange die Ausführung einer bestimmten Operation dauert.

Wenn Sie den Zeitstempel eines bestimmten Datums erzeugen wollen, verwenden Sie mktime(). mktime() erwartet als Parameter – in dieser Reihenfolge – Stunde, Minute, Sekunde, Monat, Tag, Jahr.

Im folgenden Skript wird über mktime() der Zeitstempel vom 24.12.2022 um 17 Uhr erstellt und dieser dann über date() formatiert ausgegeben:

```
01 date_default_timezone_set("Europe/Berlin");
02 $tage = [
03        "Mon" => "Montag",
04        "Tue" => "Dienstag",
05        "Wed" => "Mittwoch",
06        "Thu" => "Donnerstag",
07        "Fri" => "Freitag",
08        "Sat" => "Samstag",
09        "Sun" => "Sonntag"];
10 $weihnachten = mktime(17, 0, 0, 12, 24, 2022);
11 $wochentag = $tage[date("D", $weihnachten)];
12 echo "$wochentag, den ";
13 echo date("d.m.Y H:i:s", $weihnachten);
```

Listing 6–40   *Mit mktime() kann man beliebige Zeitstempel erstellen (weihnachten.php).*

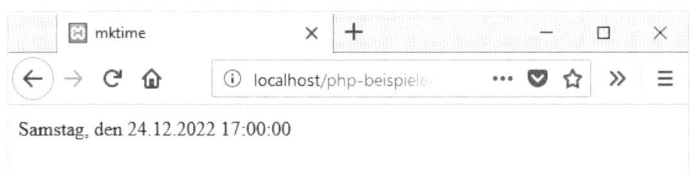

Abb. 6–29   *Weihnachten, genau genommen Heiligabend, 2022 fällt auf einen Samstag.*

mktime() in Kombination mit date() lässt sich auch nutzen, um ein relatives Datum zu ermitteln. Nehmen wir an, Sie möchten das Datum von vorgestern ausgeben:

```
$vorgestern  = mktime(0, 0, 0, intval(date("m")), intval(date("d")-2));
echo date("d.m.Y ", $vorgestern);
```

Im Beispiel bestimmen Sie mit date("m") den aktuellen Monat und über date("d") – 2, den aktuellen Tag minus 2. Das Jahr wird nicht angegeben und damit automatisch auf das aktuelle Jahr gesetzt. intval() wird hier zusätzlich benutzt, da date() einen String zurückgibt, mktime() aber eigentlich einen Integer erwartet. intval() macht aus dem String einen Integer – was der PHP-Interpreter ansonsten aber auch für Sie übernimmt.

Eine weitere Möglichkeit, ein relatives Datum zu ermitteln, ist über strtotime(). Dieses erwartet ein Datum entsprechend US-amerikanischer Schreibweise und gibt den dafür ermittelten Zeitstempel zurück. Erlaubt sind auch relative Angaben, wie +1 day/week/month/year usw.:

```
date_default_timezone_set("Europe/Berlin");
echo date("d.m. H:i:s", strtotime("+1 day"));
echo "<br />\n";
echo date("d.m. H:i:s", strtotime("+2 day"));
echo "<br />\n";
echo date("d.m. H:i:s", strtotime("+1 week"));
echo "<br />\n";
echo date("d.m. H:i:s", strtotime("next Monday"));
echo "<br />\n";
```

Listing 6–41   *Relative Angaben vom aktuellen Datum ab gerechnet sind auch über strtotime() möglich*
              (strtotime.php).

Je nachdem, wann Sie das Skript aufrufen, erhalten Sie natürlich ganz andere Ausgaben. Abbildung 6–30 zeigt das Ergebnis am 12. Juni.

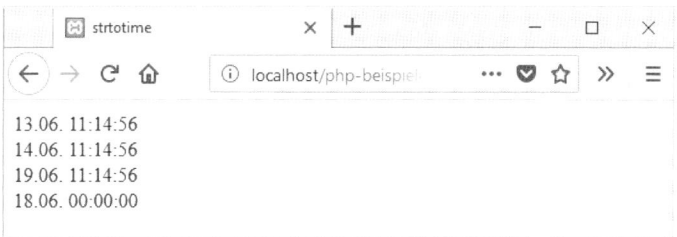

Abb. 6–30   *Relative Zeitangaben.*

6.5.4   Die Differenz zwischen zwei Daten berechnen

Häufiger möchte man ermitteln, wie viel Zeit zwischen zwei Daten verstrichen ist. Das lässt sich relativ leicht erledigen, da Sie mit den Zeitstempeln zweier unterschiedlicher Daten rechnen können. Wenn Sie einen Zeitstempel von einem anderen subtrahieren, erhalten Sie die Differenz in Sekunden. Diese lassen sich dann bei Bedarf in eine andere Einheit wie Minuten, Stunden, Tage oder Wochen umrechnen. Genau das macht die Funktion zeitdifferenz() im folgenden Listing:

```
01 date_default_timezone_set("Europe/Berlin");
02 function zeitdifferenz($t1, $t2, $einheit)
03 {
04   $differenz = abs($t1 - $t2);
05   $anzSek = [
06     "Sekunden" => 1,
07     "Minuten"  => 60,
08     "Stunden"  => 3600,
09     "Tage"     => 86400,
10     "Wochen"   => 604800
11   ]; 12   if (isset($anzSek[$einheit])) {
13       return floor($differenz/$anzSek[$einheit]);
14   } else {
15       return "Ungültige Eingabe";
16   }
17 }
18 $vorgestern = mktime(0, 0, 0, intval(date("m")), intval(date("d")-2));
19 $heute      = time();
20 echo zeitdifferenz($heute, $vorgestern, "Tage");
21 echo "<br />\n";
22 echo zeitdifferenz($vorgestern, $heute, "Tage");
```

Listing 6–42   *Berechnet den Unterschied zwischen zwei Zeitstempeln (zeitdifferenz.php)*

Die Funktion zur Berechnung der Differenz von zwei Zeitangaben erwartet drei
Parameter: zwei Zeitstempel und außerdem die Einheit, in der das Ergebnis ausgegeben werden soll. In Zeile 4 wird die Differenz zwischen den zwei Zeitstempeln ermittelt. Falls $t1 kleiner ist als $t2, wäre das Ergebnis negativ. Da eine Aus-
sage wie »Zwischen X und Y liegen –2 Tage« eher ungewöhnlich wäre, wird
zusätzlich die Funktion abs() eingesetzt. Diese liefert den Betrag ohne Vorzei-
chen, sorgt also dafür, dass das Ergebnis nicht negativ ist.

In Zeile 5 wird ein Array erstellt, das mögliche Einheiten möglichen Umrech-
nungswerten zuweist. Soll die Zeitdifferenz in Sekunden ausgegeben werden, sind
keine weiteren Umrechnungen möglich – der Faktor ist 1. Bei Minuten muss man
das Ergebnis durch 60 teilen, bei Stunden durch 60 * 60 usw.

Zeile 12 überprüft, ob die angegebene Einheit stimmt, indem sie prüft, ob die
Variable – das Arrayelement mit dem angegebenen Schlüssel – gesetzt ist. Ist das
der Fall, wird die Umrechnung durchgeführt, das heißt, die Differenz durch den
je nach Einheit gewählten Faktor geteilt. floor() rundet das Ergebnis ab. Anstelle
von 1.8 wird 1 ausgegeben – zurückgeliefert werden also nur die ganzen
Tage/Wochen usw.

In Zeile 18 wird die Funktion getestet: Zuerst wird der Zeitstempel von vorgestern erstellt, dann der aktuelle mit time() ermittelt. Mit diesen beiden Parametern und der Einheit Tage wird die Funktion aufgerufen und das Ergebnis ausgegeben. Zeile 22 zeigt im Test, dass bei umgekehrter Reihenfolge (zuerst der
Zeitstempel von vorgestern, dann der von heute) dasselbe Ergebnis heraus-
kommt. Wie zu erwarten, wird beide Male »2« ausgegeben.

6.5.5   Datumsangabe überprüfen

Was Sie ebenfalls häufig brauchen werden, ist die Überprüfung einer Datumsangabe, um festzustellen, ob es das Datum überhaupt gibt. Genau das macht die Funktion `checkdate()`. `checkdate()` berücksichtigt dabei auch Schaltjahre. Die Funktion erwartet drei Parameter: den Monat, den Tag und das Jahr. Sie gibt `true` zurück, wenn das Datum existiert, und `false`, wenn nicht.

```
var_dump(checkdate(2, 29, 2008)); //true
var_dump(checkdate(2, 29, 2009)); //false
```

Falls Sie ein Datum überprüfen wollen, bei dem Sie die einzelnen Angaben von einem Benutzer erhalten haben, sollten Sie vorher mit `is_numeric()` prüfen, ob die Angaben numerisch sind. Die folgende Funktion `datumpruefen()` erwartet Tag, Monat und Jahr. Wenn Zahlen übergeben wurden, wird das Datum mit `checkdate()` überprüft und das Ergebnis zurückgeliefert. Ansonsten wird gleich `false` zurückgegeben.

```
01 function datumpruefen($t, $m, $j)
02 {
03   if (is_numeric($t) && is_numeric($m) && is_numeric($j)) {
04     return checkdate($m, $t, $j);
05   } else {
06     return false;
07   }
08 }
09 if (datumpruefen("a", 2, 2009)) {
10   echo "Termin gibt es";
11 } else {
12   echo "Termin gibt es nicht";
13 }
```

Listing 6–43   *Datum prüfen (checkdate.php)*

Im Beispiel sehen Sie dann, wie diese Funktion in einer `if`-Verzweigung eingesetzt wird. Da im Beispiel ein String »a« anstelle einer Zahl übergeben wurde, erscheint die Meldung »Termin gibt es nicht«.

6.6   DateTime-Klasse – Datumsangaben inklusive Zeitzonen und mehr

Neben den klassischen Datumsfunktionen wie `date()` oder `strtotime()` können Sie in PHP auch die `DateTime`-Klasse (und weitere Klassen) nutzen. Der Vorteil der `DateTime`-Klasse ist, dass Sie auch Informationen über Zeitzonen speichern können und dass es keine Probleme bei Datumsangaben vor oder nach der Unixepoche gibt. Das heißt, Sie können sichergehen, dass eine Datumsangabe wie 4.4.2050 immer korrekt interpretiert wird. Der Nachteil der `DateTime`-Klasse ist, dass Sie teilweise etwas mehr Code schreiben müssen.

Ein Beispiel zum Vergleich. Wir legen ein Datum nach der Unixepoche fest, nämlich den 4. April 2050. Dieses Datum lassen wir zunächst über date() ausgeben, wobei wir zuerst den Formatierungsstring für die Ausgabe festlegen und als zweiten Parameter den Timestamp des Datums übergeben.

Danach nutzen wir die DateTime-Klasse. Dieser übergeben wir den Datumsstring und lassen das formatierte Datum über die format()-Methode ausgeben.

```
$datumsstring = "4.4.2050";
echo date("d.m.Y", strtotime($datumsstring));
echo "<br>\n";
echo (new DateTime($datumsstring))->format("d.m.Y");
```

Listing 6–44   *Zeitangaben mit date() und DateTime im Vergleich (date_DateTime.php)*

Je nachdem, auf welchem System Sie PHP ausführen, können Sie die Beschränkung von date() sehen – bei mir hier funktioniert es beispielsweise nicht korrekt, wie der Screenshot zeigt – statt 2050 wird 1970 (Beginn der Unixepoche) genommen. Dieses Problem tritt bei der DateTime-Klasse nicht auf.

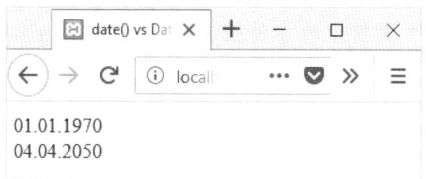

Abb. 6–31   *date() kann Probleme mit Datumsangaben außerhalb der Unixepoche haben.*

6.6.1   Die DateTime-Klasse nutzen

Ein Beispiel mit mehreren Datumsangaben zeigt, wie man mit der DateTime-Klasse arbeitet. Sie erstellen ein neues DateTime-Objekt und speichern es in einer Variablen. Der DateTime-Klasse übergeben Sie dabei das Datum, mit dem Sie arbeiten möchten. Wenn Sie nichts übergeben, wird das aktuelle Datum genommen (Zeile 1). Sie können aber auch eine relative Angabe machen und einen Tag addieren (Zeile 2). Außerdem können Sie das Datum so schreiben, wie es bei uns üblich ist (Zeile 3), aber auch das ISO-Format einsetzen (Zeile 4), das beispielsweise auch von MySQL verwendet wird.[7] Wenn das Datum definiert ist, wird es über format() (ab Zeile 6) im gewünschten Format ausgegeben. Die Formatierungsangaben bei format() entsprechen dabei den Angaben bei date().

---

7.   Die möglichen Formate finden Sie bei *http://php.net/manual/de/datetime.formats.date.php* aufgelistet.

```
01 $jetzt = new DateTime();
02 $morgen = new DateTime("+1 day");
03 $buechnergeburtstag = new DateTime("17.10.1813");
04 $weihnachten = new DateTime("2020-12-24");
05
06 echo $jetzt->format("d.m.Y");
07 echo "<br>\n";
08 echo $morgen->format("d.m.Y");
09 echo "<br>\n";
10 echo $buechnergeburtstag->format("d.m.Y");
11 echo "<br>\n";
12 echo $weihnachten->format("d.m.Y");
13 echo "<br>\n";
```

Listing 6–45   *DateTime-Klasse verwenden – dateTime.php*

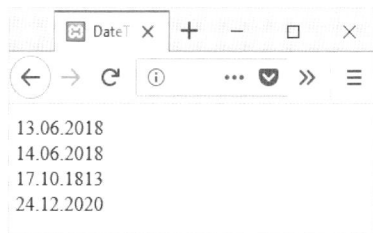

Abb. 6–32   *Formatierte Datumgsangaben mit DateTime*

6.6.2   Eingedeutschte Datumsangaben

Angenommen, wir wollen wissen, auf welchen Wochentag Heiligabend 2022 fällt. Diese Information können wir über format("D") ermitteln, allerdings erhalten wir dann den englischen Wochentag:

```
$weihnachten = new DateTime("24.12.2022");
echo $weihnachten->format("D");
```

Für das Eindeutschen gibt es verschiedene Techniken. Wir können zum einen »klassisch« ein Array mit Wochentagen erstellen und darauf zurückgreifen:

```
01 $tage = [
02     "Mon" => "Montag",
03     "Tue" => "Dienstag",
04     "Wed" => "Mittwoch",
05     "Thu" => "Donnerstag",
06     "Fri" => "Freitag",
07     "Sat" => "Samstag",
08     "Sun" -> "Sonntag"];
09 $weihnachten = new DateTime("24.12.2022");
10 //echo $weihnachten->format("D");
11 echo $tage[$weihnachten->format("D")];
12 echo $weihnachten->format(", d.m.Y");
```

Listing 6–46   *Deutscher Wochentag dank Array (DateTime_deutsch_1.php)*

Die Alternative dazu besteht im Einsatz der `IntlDateFormatter`-Klasse. Um diese nutzen zu können, muss die intl-Erweiterung installiert und aktiviert sein. Dann geht es folgendermaßen:

```php
$formatter = new IntlDateFormatter(
    "de-DE",
    IntlDateFormatter::LONG,
    IntlDateFormatter::NONE,
    "Europe/Berlin",
    IntlDateFormatter::GREGORIAN,
    "EEEE', ' dd. MMMM YYYY"
);
$weihnachten = new DateTime("24.12.2022");
echo $formatter->format($weihnachten);
```

Listing 6–47   *Formatierung wie im Deutschen üblich mit intlDateFormatter (DateTime_deutsch_2.php)*

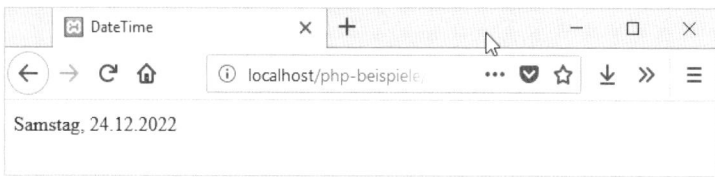

Abb. 6–33   *Der Wochentag lässt sich auf Deutsch auf verschiedene Arten ermitteln – das Ergebnis ist gleich.*

Bei `IntlDateFormatter` müssen Sie eine Reihe von Angaben schreiben: die Locale, also für Deutschland de-DE und dann das Format des Datums, die Zeitzone und das Format der Uhrzeit sowie auch den verwendeten Kalender.[8]

Übung 6

Testen Sie einmal beim Beispiel *DateTime_deutsch_2.php* eine andere Locale-Angabe, beispielsweise fr-FR für Französisch (weitere mögliche Angaben finden Sie unter *http://www.lingoes.net/en/translator/langcode.htm*).

6.6.3   Zeitspannen addieren und mit wiederkehrenden Terminen arbeiten

Sie kennen wahrscheinlich von Ihrem elektronischen Kalender die Funktionalität, dass Sie einen Termin festlegen und dabei bestimmen, dass sich dieser dreimal wiederholen soll. Auch das lässt sich in PHP gut umsetzen. Dafür brauchen Sie zuerst einmal die `DateInterval`-Klasse zur Addition von Zeitspannen und `DatePeriod` für wiederkehrende Angaben.

---

8.   Informationen zu diesen Angaben unter *http://userguide.icu-project.org/formatparse/datetime*

Zuerst arbeiten wir nur mit `DateInterval`: Wir definieren ein Datum – den 1.1.2020 und 12 Uhr – und lassen es ausgeben.

```
$datetime = new DateTime("2020-01-01 12:00:00");
echo $datetime->format("d.m.Y H:i:s");
echo "<br>\n";
```

Nun kommt `DateInteval()` mit einer Reihe von Angaben:

`P` steht für Period, das leitet Angaben wie Wochen, Tage usw. ein.

`2W` steht für 2 Wochen.

`T` leitet die Zeitangaben ein.

`1H` bedeutet eine Stunde.

`20M` steht für 20 Minuten.

```
$interval = new DateInterval("P2WT1H20M");
```

Wenn wir dieses Zeitintervall mit der `add()`-Methode zum ursprünglichen Datum (1.1.2020) addieren, erhalten wir den 15.1.2020 und 13:20:

```
$datetime->add($interval);
echo $datetime->format("d.m.Y H:i:s");
```

Listing 6–48   *Zeiträume addieren (DateInterval.php)*

Damit lassen sich wiederkehrende Termine formulieren: Wir definieren den 1.1.2020 um 8:00 Uhr als Startdatum:

```
$start = new DateTime("01.01.2020 08:00");
```

Außerdem legen wir ein »Intervall« von 1 Woche fest:

```
$zeitspanne = new DateInterval("P1W");
```

Und – das ist neu – wir definieren eine Zeitperiode mit `DatePeriod`, die beim Startdatum beginnt, jeweils mit 1 Woche Abstand und 3 Wiederholungen:

```
$termine = new DatePeriod($start, $zeitspanne, 3);
```

Wir erhalten die Termine als Array, das wir durchlaufen können und mit `format()` ausgeben lassen.

```
foreach ($termine as $z) {
  echo $z->format("d.m.Y H:i:s"), "<br>\n";
}
```

Listing 6–49   *Wiederkehrende Termine festlegen (DatePeriod.php)*

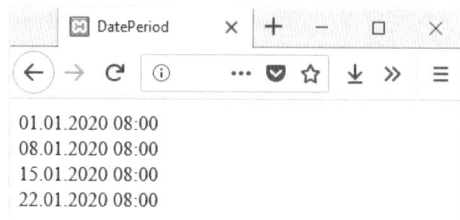

Abb. 6–34   *Vom Startdatum ausgehend werden drei weitere Termine mit einer Woche Abstand festgelegt*

6.6.4 Mit Zeitzonen arbeiten – oder wie viel Uhr ist es in Mexico City?

Wenn Sie bei `DateTime` keine Zeitzone angeben, wird die aktuelle Zeitzone genommen, wir können aber auch eine andere Zeitzone angeben. Im Beispiel verwenden wir zum einen die aktuelle Zeitzone und zum anderen die von Mexico City[9] und lassen dann jeweils Datum und Uhrzeit ausgeben:

```
$format = "d.m. H:i:s";
$jetzt = new DateTime();
$jetztMexiko = new DateTime("America/Mexico_City");

echo $jetzt->format($format);
echo "<br>\n";
echo $jetztMexiko->format($format);
```

Listing 6–50   *Mit Zeitzonen arbeiten (zeitzonen.php)*

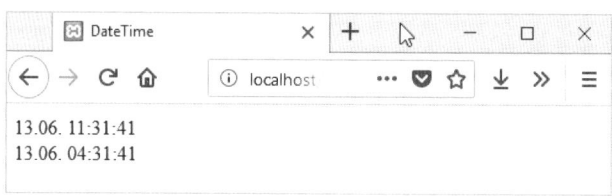

Abb. 6–35   *Oben: Datum/Uhrzeit in Deutschland, darunter Datum/Uhrzeit in Mexico City*

Das war nur ein kleiner Einblick in die Möglichkeiten von `DateTime` und verwandten Klassen – aber er sollte gezeigt haben, dass diese Klassen wirklich alles bieten, was man für die Arbeit mit Datum/Zeit braucht.

---

9.   Eine Liste der unterstützten Zeitzonen finden Sie – geografisch geordnet – unter *http://php.net/manual/de/timezones.php*.

6.7   Zusammenfassung

In diesem Kapitel haben Sie viele von PHP vordefinierte Funktionen kennengelernt: von nützlichen Funktionen für die Arbeit mit Variablen wie `isset()` über
Funktionen zur Bearbeitung von Strings wie `htmlspecialchars()` und Funktionen
für die Arbeit mit Arrays bis hin zu Datumsfunktionen – etwa `date()` und `strf-
time()` oder den erweiterten Möglichkeiten der Klassen `DateTime`, `DatePeriod` usw.
Natürlich war das nur ein Ausschnitt aus der großen Anzahl der von PHP vordefinierten Funktionen. Wenn Sie eine Lösung für ein konkretes Problem brauchen,
lohnt sich immer ein Blick in das PHP-Manual: Oft gibt es schon eine vordefinierte Funktion für Ihr Problem. Mit dem Wissen aus diesem Kapitel sollten Sie
bestens gerüstet sein, um die Funktionen dann auch einzusetzen.

Im nächsten Kapitel erfahren Sie, wie Sie in Formularen eingegebene Daten
verarbeiten und damit mit Ihren Besuchern kommunizieren können. Dabei werden Ihnen einige der in diesem Kapitel vorgestellten Funktionen wiederbegegnen
– etwa `htmlspecialchars()`, `isset()` oder `in_array()`.

7 Formulare verarbeiten mit PHP

Formulare sind eine zentrale Komponente von Webseiten, weil sie die komfortabelste Möglichkeit sind, Input von Benutzern zu erhalten – sei es das einfache Kontaktformular auf einer Webseite, ein Suchfeld zur Site-internen Suche, ein Formular für einen Forenbeitrag oder das Formular bei einem Bestellvorgang im Onlineshop. HTML stellt Ihnen die Formularfelder zur Verfügung, aber für die Weiterverarbeitung brauchen Sie PHP oder eine andere serverseitige Skriptsprache.

In diesem Kapitel erfahren Sie, wie Sie Formulare erstellen und mit PHP auf die Daten zugreifen. Ausführlich widmet sich das Kapitel dem Thema Sicherheit, das heißt, welche Gefahren durch bösartige Formulareingaben drohen und wie Sie Ihre Formulare absichern. Da die Daten aus Formularen häufig per Mail versendet werden, geht es in diesem Kapitel auch darum – sowohl um Text- als auch um HTML-Mails. Im letzten Abschnitt dreht sich dann alles um den Upload von Dateien und konkret um das Hochladen und Speichern von Bildern.

7.1 Formularbasis

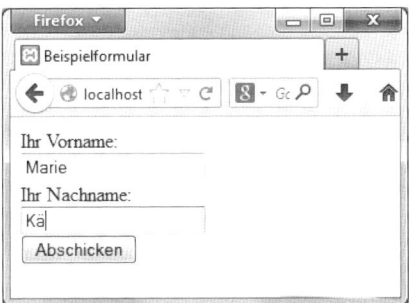

Abb. 7–1   *Beispielformular zur Eingabe von Vor- und Nachnamen*

Sehen wir uns an, wie man ein einfaches Formular (Abb. 7–1) erstellt – erst einmal rein den HTML-Code, noch ohne PHP:

```
01  <form action="verarbeitung.php" method="get">
02  Ihr Vorname: <br />
03  <input type="text" name="vorname" size="20" maxlength="30" />
04  <br />
05  Ihr Nachname: <br />
06  <input type="text" name="nachname" size="20" maxlength="30" />
07  <br />
08  <input type="submit" value="Abschicken" />
09  </form>
```

Listing 7–1   *Ein Formular mit zwei Textfeldern (formular.php)*

Im Beispielformular werden mehrere HTML-Elemente eingesetzt:

Alle Formularelemente eines Formulars werden innerhalb von <form> (Zeile 1) und </form> (Zeile 9) geschrieben. Im form-Starttag ist daneben noch angegeben, was mit den Formulardaten geschehen soll und wie es geschehen soll:

Bei action steht der Pfad zu einem Skript, das die Verarbeitung übernimmt. Im Beispiel ist es *verarbeitung.php*.

Bei method schreiben Sie die Methode, wie die Formulardaten versendet werden können. Möglich ist neben get noch post. Genaues zu den Unterschieden in Abschnitt 7.2.

Der Text in den Zeilen 2 und 5 ist der sichtbare Text, der dem Benutzer sagt, welche Informationen er in den Formularfeldern angeben soll.

In Zeile 3 wird ein Textfeld erzeugt. Hierzu dient das input-Element mit dem Attribut type="text". Wichtig ist außerdem, dem Formularfeld einen Namen (name) zu geben. Über diesen können Sie dann per PHP auf den eingetragenen Inhalt des Formularfelds zugreifen. size legt die sichtbare Größe fest, und maxlength bestimmt, wie viele Zeichen eingegeben werden können.

> Wenn Sie aber sichergehen möchten, dass wirklich nur eine bestimmte Anzahl an Zeichen eingegeben wird, müssen Sie das noch per PHP prüfen. Mehr hierzu in Abschnitt 7.5.2.

Ein zweites Textfeld, diesmal für den Nachnamen, wird in Zeile 6 erzeugt. Zeile 8 erstellt den Absende-Button über ein input-Element mit type="submit". Der bei value angegebene Wert wird als Beschriftung des Buttons im Browser angezeigt.

Um Ihr Formular benutzerfreundlicher zu machen, sollten Sie unbedingt zusätzlich das label-Element einsetzen. Es dient zur Beschriftung von Formularfeldern. Der Einsatz von label macht es möglich, durch einen Klick in die Beschriftung das jeweilige Element auszuwählen, Textfelder erhalten beispielsweise den Fokus. Außerdem ist dadurch gewährleistet, dass der Bezug zwischen Beschriftung und zugehörigem Feld auch für assistive Geräte wie Screenreader ersichtlich ist.

```
<label for="vorname">Vorname: </label>
<input type="text" name="vorname" size="20" maxlength="40" id="vorname" />
```

Die Verknüpfung von label zum dazugehörigen Kontrollelement erreichen Sie über das Attribut for bei label, das denselben Wert erhält, der über id an das Formularelement vergeben wird. Das label-Element hat aber auf die Verarbeitung per PHP keine Auswirkung, und deswegen kommen die weiteren Formularbeispiele in diesem Kapitel um der Einfachheit willen ohne label aus.

Sehen wir uns jetzt an, wie man per PHP auf die Inhalte zugreifen kann: PHP stellt Ihnen alle Formulardaten in zwei assoziativen Arrays zur Verfügung: $_POST für per POST und $_GET für per GET versendete Formulardaten. Um auf den Inhalt eines bestimmten Formularfelds zuzugreifen, geben Sie den Namen des Formularfelds als Schlüssel an. Im Beispielformular wird GET als Übertragungsmethode verwendet, deswegen können Sie über $_GET["vorname"] und mit $_GET["nachname"] auf die eingetragenen Werte der beiden Formularfelder zugreifen.

> $_POST und $_GET sind superglobal. Das heißt, Sie können auf diese auch innerhalb von Funktionen zugreifen, ohne global zu benutzen.

In unserem Formular hatten wir auf die Datei *verarbeitung.php* verwiesen, die beim Abschicken des Formulars aufgerufen wird:

```
01 <form action="verarbeitung.php" method="get">
```

Jetzt sollten wir *verarbeitung.php* erstellen. In *verarbeitung.php* soll nur der Inhalt der Formularfelder ausgegeben werden.

```
echo "Ihre Eingaben<br />\n";
echo "Vorname: {$_GET['vorname']}<br />\n";
echo "Name: {$_GET['nachname']}<br />\n";
```

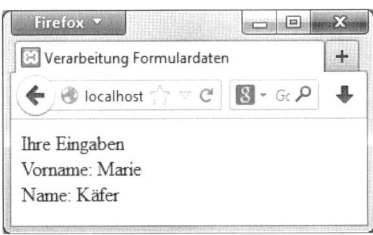

Abb. 7–2   *Die eingetragenen Daten werden ausgegeben.*

Noch eine Ergänzung: Um Cross-Site-Scripting zu verhindern, müssen Sie alle Inhalte von Formularfeldern *bei der Ausgabe* mit htmlspecialchars() behandeln:

```
echo "Ihre Eingaben<br />\n";
echo "Vorname: " . htmlspecialchars($_GET["vorname"]) . "<br />\n";
echo "Name: " . htmlspecialchars($_GET["nachname"]) . "<br />\n";
```

Listing 7–2   *Die Ausgabe der Formulardaten (verarbeitung.php)*

Was Cross-Site-Scripting ist und warum Sie es auf die angegebene Art verhindern
können, erfahren Sie genauer in Abschnitt 7.4.1.

> Wenn Sie ein Framework nutzen, wird üblicherweise diese Absicherung automatisch
> durchgeführt, sodass Sie `htmlspecialchars()` o.Ä. dann nicht schreiben müssen.

Übung 1

Ergänzen Sie das Beispiel durch zwei weitere Felder für eine E-Mail-Adresse und eine
Telefonnummer. Die Eingaben dieser beiden Felder sollen ebenfalls ausgegeben werden. Sie können dabei auf die HTML5-Input-Elemente `type="email"` (E-Mail-Adresse)
und `type="tel"` (Telefonnummer) zurückgreifen.

7.1.1   Verarbeitung im selben Skript

Im Beispiel steht der Code zur Verarbeitung in einer eigenen Datei, häufig werden
aber bei PHP das Formular und die Verarbeitung in demselben Skript untergebracht. Dafür geben Sie bei `action` im `form`-Starttag den Namen des aktuellen
Skripts an. Bevor die Ausgabe erfolgt, soll aber überprüft werden, ob das Formular
überhaupt abgesendet wurde. Wenn es abgesendet wurde, sind die entsprechenden
Variablen gesetzt. Deswegen kann man hier zur Überprüfung zu `isset()` greifen.

```
01 <form action="formular_ausgabe.php" method="get">
02 Ihr Vorname: <br />
03 <input type="text" name="vorname" size="20" maxlength="30" />
04 <br />
05 Ihr Nachname: <br />
06 <input type="text" name="nachname" size="20" maxlength="30" />
07 <br />
08 <input type="submit" value="Abschicken" />
09 </form>
10 <?php
11 if (isset($_GET["vorname"])) {
12   echo "Ihre Eingaben<br />\n"
13     . "Vorname: " . htmlspecialchars($_GET["vorname"])
14     . "<br />\n Name: " . htmlspecialchars($_GET["nachname"])
15     . "<br />\n";
16 }
17 ?>
```

Listing 7–3   *PHP-Verarbeitung der Formulardaten im selben Skript (formular_ausgabe.php)*

Abb. 7–3   *Unterhalb des Formulars werden die eingegebenen Daten wieder angezeigt.*

Im Beispiel soll beim Absenden das Skript selbst aufgerufen werden. Deswegen ist der Name der aktuellen Datei bei `action` eingetragen (Zeile 1).

Das ist aber unpraktisch, denn wenn Sie das Skript unter einem neuen Namen abspeichern, müssen Sie jeweils den Pfad anpassen. Besser ist es, von PHP selbst den Namen des Skripts ermitteln zu lassen, der in der Variablen `$_SERVER ["PHP_SELF"]` steht. Damit lässt sich das form-Starttag folgendermaßen schreiben:

```
<form action="<?php echo $_SERVER["PHP_SELF"];?>" method="get">
```

Nach `action="` wechseln Sie in den PHP-Modus und lassen die Variable `$_SER-VER["PHP_SELF"]` per echo ausgeben. Ein Semikolon schließt die Anweisung ab, danach wird der PHP-Code-Teil per `?>` beendet, und das letzte `"` ist das schließende Anführungszeichen von `action`.

Außerdem sollten Sie auch hier `htmlspecialchars()` benutzen:

```
<form action="<?php echo htmlspecialchars($_SERVER["PHP_SELF"]);?>"
method="get">
```

Listing 7–4   *Ausschnitt aus formular_ausgabe_pfadautomatisch.php*

Testen Sie damit einmal Ihr Skript. Wenn Sie in den Quellcode wechseln, sehen Sie, dass PHP Ihnen den richtigen Pfad bei `action` automatisch eingetragen hat.

```
Quelltext von: http://localhost/php-beispiele/formular_ausgabe_pfadautomatisch.php?vorname=Marie&nachname=K%C3...
Datei  Bearbeiten  Ansicht  Hilfe
        <head>
         <meta charset="UTF-8" />
         <title>Beispielformular</title>
        </hcad>
        <body>
        <form action="/php-beispiele/formular_ausgabe_pfadautomatisch.php" method="get">
        Ihr Vorname: <br />
        <input type="text" name="vorname" size="20" maxlength="30" />
        <br />
```

Abb. 7–4   *Die Pfadangabe bei action ist automatisch ergänzt worden.*

Formular oder Auswertung anzeigen

Wenn Sie nicht wollen, dass bei der Auswertung das Formular selbst erneut angezeigt wird, so lässt sich dies natürlich verhindern:

```php
01 <?php
02 if (!isset($_GET["vorname"])) {
03 ?>
04 <form action="<?php echo htmlspecialchars($_SERVER["PHP_SELF"]);?>"
      method="get">
05 Ihr Vorname: <br />
06 <input type="text" name="vorname" size="20" maxlength="30" />
07 <br />
08 Ihr Nachname: <br />
09 <input type="text" name="nachname" size="20" maxlength="30" />
10 <br />
11 <input type="submit" value="Abschicken" />
12 </form>
13 <?php
14 } else {
15     echo "Ihre Eingaben<br />\n"
16     . "Vorname: " . htmlspecialchars($_GET["vorname"])
17     . "<br />\n Name: " . htmlspecialchars($_GET["nachname"])
18     . "<br />\n";
19 }
20 ?>
```

Listing 7–5   *Dieses Mal wird das Formular bei der Auswertung nicht mehr angezeigt*
(formular_oder_auswertung.php).

Jetzt wird die Ausgabe des Formulars in Zeile 2 von der Bedingung abhängig gemacht, dass die Variable `$_GET["vorname"]` *nicht gesetzt ist*:

```php
02 if (!isset($_GET["vorname"])) {
```

das Formular also nicht abgesendet wurde. Ansonsten (`else` in Zeile 14) wird die Auswertung angezeigt.

Übung 2

Modifizieren Sie das Beispiel aus Übung 1 so, dass die Auswertung innerhalb desselben Skripts steht und außerdem entweder die Ausgabe oder das Formular angezeigt wird.

Eingegebene Werte wieder eintragen

Manchmal möchte man hingegen auch bei der Auswertung das Formular anzeigen lassen, aber in den Formularfeldern sollen die bereits eingegebenen Werte stehen. So ist das etwa bei der Suche in Suchmaschinen: Hier erscheint nach der Eingabe eines Suchbegriffs das Formular erneut mit dem eingetragenen Suchbegriff und unten den Suchergebnissen.

Dafür muss man zuerst einmal wissen, dass das, was Sie im HTML-Attribut value in einem Textfeld angeben, im Textfeld angezeigt wird.

```
<input type="text" name="vorname" size="20" maxlength="30" value="Marie N." />
```

Das können wir im Skript anwenden:

```
01 <!DOCTYPE html>
02
03 <html>
04  <head>
05   <meta charset="UTF-8" />
06   <title>Beispielformular</title>
07 </head>
08 <body>
09 <?php
10 if (isset($_GET["vorname"])) {
11     $vorname = htmlspecialchars($_GET["vorname"]);
12     $nachname = htmlspecialchars($_GET["nachname"]);
13 } else {
14     $vorname = "";
15     $nachname = "";
16 }
17 ?>
18 <form action="<?php echo htmlspecialchars($_SERVER["PHP_SELF"]);?>"
       method="get">
19 Ihr Vorname: <br />
20 <input type="text" name="vorname" size="20" maxlength="30" value="<?php
       echo $vorname; ?>" />
21 <br />
22 Ihr Nachname: <br />
23 <input type="text" name="nachname" size="20" maxlength="30"  value="<?php
       echo $nachname; ?>" />
24 <br />
25 <input type="submit" value="Abschicken" />
26 </form>
27 <?php
28 if (isset($_GET["vorname"])) {
29   echo "Ihre Eingaben<br />\n";
30   echo "Vorname: $vorname, Name: $nachname<br />\n";
31 }
32 ?>
33 </body>
34 </html>
```

Listing 7–6   *Die eingegebenen Werte werden wieder in die Textfelder geschrieben (formular_voreingetragen.php).*

In Zeile 10 wird überprüft, ob das Formular abgesendet wurde. In diesem Fall werden die Variablen $vorname und $nachname auf die eingegebenen Werte gesetzt, sonst auf einen Leerstring. Im Formular selbst stehen bei den Textfeldern die value-Attribute. Bei diesen muss in den PHP-Modus gewechselt und die Inhalte der Variablen müssen per echo ausgegeben werden.

Abb. 7–5   *Die eingegebenen Werte werden im Formular wieder angezeigt.*

Übung 3

Wie würde *formular_voreingetragen.php* aussehen bei Verwendung der Short-Open-Tags?

Übertragung per POST

Bisher wurde GET als Übertragungsmethode eingesetzt. Wenn man das auf POST
ändert, müssen auch die PHP-Variablen zum Zugriff auf die Formulareingaben
angepasst werden. Sie lauten dann entsprechend $_POST["vorname"] und
$_POST["nachname"].

```
01 <form action="<?php echo htmlspecialchars($_SERVER["PHP_SELF"]);?>"
      method="post">
02 <!-- Rest des Formulars wie gehabt --></form>
03 <?php
04 if (isset($_POST["vorname"])) {
05   echo "Ihre Eingaben<br />\n"
06     . "Vorname: " . htmlspecialchars($_POST["vorname"])
07     . ", Name: " .htmlspecialchars($_POST["nachname"])
08     . "<br />\n";
09 }
10 ?>
```

Listing 7–7   *Die Formulardaten werden dieses Mal per POST übergeben (formular_post.php).*

Die Ausgabe ist dieselbe wie in Abbildung 7–5.

> Übrigens stellt Ihnen PHP noch ein weiteres vordefiniertes Array zur Verfügung: $_REQUEST.
> Damit können Sie auf Formulardaten unabhängig davon zugreifen, ob sie per GET oder per
> POST übertragen wurden. Es beinhaltet außerdem Cookie-Daten (siehe hierzu Kap. 8).

Mit diesen Skripten als Basis lassen sich jetzt die Unterschiede der zwei Übertragungsmethoden – POST und GET – einmal genauer betrachten.

7.2   Zwei Methoden: POST und GET

Der wesentliche Unterschied bei den Übertragungsmethoden POST und GET ist, dass bei GET die Formulardaten über die URL übertragen werden. Wenn Sie das Skript *formular_ausgabe.php* noch einmal aufrufen, etwas eintragen und dann die Adresszeile im Browser betrachten, sehen Sie es deutlich:

Abb. 7–6   *Bei der Übertragung mit GET wird die URL modifiziert.*

Hinter der URL des Skripts folgt ein Fragezeichen und dann der Name des ersten Formularfelds und nach einem = der eingetragene Wert. Im Beispiel ist es Marie N. Das Leerzeichen wird durch ein +-Zeichen ersetzt. Nach einem Ampersandzeichen & folgt das zweite Formularfeld. Wieder ist der Name des Felds mit = vom eingegebenen Wert getrennt. Im Beispiel wurde *Käfer* eingegeben.

Dieser Aufbau ist praktisch, da Sie auch selbst in Ihren Skripten auf diese Art Daten an ein anderes Skript übergeben können – Sie basteln die URL einfach entsprechend zusammen und fügen sie in einen Link ein.

```
<a href="beispiel.php?nr=2&kat=56">...</a>
```

bzw. da Sie in HTML das Ampersandzeichen maskieren müssen:

```
<a href="beispiel.php?nr=2&amp;kat=56">...</a>
```

Dadurch stehen im aufgerufenen Skript *beispiel.php* die Variablen $_GET["nr"] mit dem Wert 2 und $_GET["kat"] mit dem Wert 56 zur Verfügung.

Da GET die normale Methode ist, in der der Browser Webseiten vom Server anfordert, ist zur Übertragung von Informationen über eine URL nicht mehr notwendig, als sie eben in dieser Form anzuhängen. Für den Webserver oder das verarbeitende Skript ist es auch *nicht ersichtlich*, ob die Daten aus einem Formular stammen oder nicht. Beispiele für die Übergabe von Informationen an ein anderes Skript über die URL sehen Sie in Kapitel 8 und Kapitel 11.

Dass die Daten bei GET per URL übertragen werden, hat mehrere Vorteile und auch Nachteile:

An sich kann man mit dieser URL alles machen, was man mit URLs so machen kann – ein Benutzer kann sie beispielsweise in die Lesezeichen aufnehmen, und die Parameter werden mit aufgenommen. Das macht GET praktisch für Suchanfragen. Suchmaschinen wie Yahoo! oder Google verwenden beispielsweise GET bei der Verarbeitung der ins Suchformular eingegebenen Daten: Das bedeutet, dass man eine Yahoo!-Abfrage auch in die Lesezeichen aufnehmen kann, später aufrufen und das aktuelle Ergebnis ansehen kann. Und der Benutzer kann die URLs von Suchabfragen auch per Mail versenden.

Die URL samt Parameter kann auch in der Browser-History gespeichert werden.

Die Daten in der URL sind natürlich sichtbar – zur Versendung von Log-in-Daten samt Passwort wäre GET eindeutig die falsche Wahl.

Die Daten lassen sich direkt vom Surfer editieren. Das verleitet dazu, mal eben rasch auszuprobieren, was passiert, wenn man hier einen Wert ändert.

Die Menge der Daten, die übertragen werden können, ist begrenzt.

Bei der Entwicklung und bei ersten Tests hat GET einige Vorteile – durch die Sichtbarkeit der übertragenen Daten können Sie kontrollieren, was und wie es übertragen wird. Wenn Sie allerdings auf den Reload-Button klicken, um das Skript neu zu laden, werden die vorher eventuell bereits eingetragenen Daten erneut gesendet. Bei Bedarf können Sie diese aus Ihrer URL löschen.

Bei der Datenübertragung per POST werden die Formulardaten nicht über die URL, sondern im Dokumentkörper mit übertragen. Sie sind auf normalem Wege nicht sichtbar.

Allerdings kann man die per POST übersendeten Daten mit Entwicklungstools wie beispielsweise den integrierten Entwicklungstools im Firefox sichtbar machen. Rufen Sie hierfür die Entwicklungstools im Firefox über den Punkt *Web-Entwickler/Werkzeuge ein-/ausblenden* in der Menüleiste auf. Aktivieren Sie dann den Tab *Netzwerkanalyse* und dort den Unterpunkt *Parameter*. Eventuell müssen Sie die Seite mit den POST-Daten erneut laden oder die Daten noch einmal eintragen und abschicken, und dann werden sie Ihnen angezeigt.

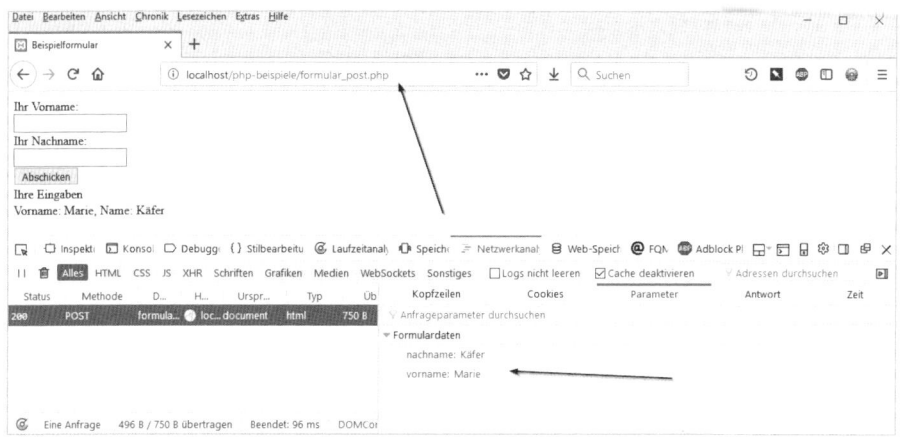

Abb. 7–7   Auch per POST versendete Informationen lassen sich im Browser sichtbar machen – hier beispielsweise in den internen Entwicklungstools von Firefox.

Prinzipiell gilt: Immer wenn viele Daten übertragen werden – oder auch sensible Daten – oder wenn das Formular verwendet wird, um Änderungen in einer Datenbank zu speichern, sollten Sie unbedingt POST verwenden, ansonsten GET. Trotzdem sind per POST versendete Daten nicht an sich geschützt – um sie zu

schützen, müssen Sie sie mit HTTPS[1] verschlüsselt übertragen. Seit dem endgültigen Inkrafttreten der Datenschutzverordnung DSGVO im Mai 2018 müssen Sie
beim Einsatz von Kontaktformularen o. Ä. immer eine Verschlüsselung nutzen.

7.3   Weitere Formularelemente

Bisher wurden nur die Textfelder und der Absende-Button besprochen. Sehen wir
uns jetzt weitere Formularelemente an.

7.3.1   Radiobuttons, Auswahllisten und mehrzeilige Textfelder

Radiobuttons, Auswahllisten und mehrzeilige Textfelder bieten, was den Zugriff
auf die eingegebenen Daten per PHP anbelangt, wenige Besonderheiten und werden deswegen gemeinsam besprochen. Zuerst betrachten wir einmal das Beispielformular, in dem all diese Formularfelder vereint sind.

Abb. 7–8   *Radiobuttons, Auswahlliste und mehrzeiliges Textfeld*

```
01 <form action="<?php echo htmlspecialchars($_SERVER["PHP_SELF"]);?>"
      method="get">
02 <input type="radio" name="anrede" value="Frau" checked="checked"/> Frau
03 <input type="radio" name="anrede" value="Herr" /> Herr
04 <input type="radio" name="anrede" value="Firma" /> Firma <br />
05 Nachname: <br />
06 <input type="text" name="nachname" size="20" maxlength="30" />
07 <br />
08 Themen: <br />
09 <select name="thema">
10   <option value="HTML">HTML</option>
```

---

1. *http://de.wikipedia.org/wiki/Hypertext_Transfer_Protocol_Secure*; wenn Sie HTTPS brauchen,
    sollten Sie mit Ihrem Webhoster reden.

```
11   <option value="CSS">CSS</option>
12   <option value="JavaScript">JavaScript</option>
13   <option value="PHP">PHP</option>
14 </select>
15 <br />
16 Kommentar: <br />
17 <textarea name="kommentar" rows="3" cols="20"></textarea>
18 <br />
19 <input type="submit" value="Abschicken" />
20 </form>
```

Im Beispiel wird die Anrede über Radiobuttons realisiert (Zeile 2–4). Aus einer Gruppe von Radiobuttons kann ein Benutzer immer nur einen auswählen. Damit das funktioniert, müssen die zusammengehörigen Radiobuttons denselben Namen erhalten (im Beispiel anrede). Was hingegen übertragen wird, steht beim Attribut value. Soll ein Radiobutton zu Anfang schon aktiviert sein, notieren Sie zusätzlich checked="checked" (Zeile 2).

In den Zeilen 9–14 wird eine Auswahlliste erstellt. Auswahllisten werden über select und option realisiert. select ist das umfassende Element, dem Sie einen Namen geben müssen. Die einzelnen Auswahlpunkte werden in option-Elementen geschrieben. Standardmäßig ist der erste Punkt der Liste vorausgewählt. Soll es ein anderer sein, so ergänzen Sie beim gewünschten Punkt selected="selected".

In Zeile 17 sehen Sie ein mehrzeiliges Textfeld. Das mehrzeilige Textfeld wird über ein eigenes Element mit dem Namen textarea realisiert. Über rows und cols legen Sie die Größe fest: rows bestimmt die Anzahl an Zeilen, cols die Anzahl an Zeichen nebeneinander. Wenn jemand mehr eingibt, erscheinen automatisch Scrollleisten. Soll schon Text im mehrzeiligen Textfeld stehen, so wird dieser zwischen <textarea> und </textarea> notiert.

Nun zur Auswertung per PHP, die direkt darunter erfolgt:

```
21 <?php
22 if (!empty($_GET["nachname"])) {
23   echo "Ihre Eingaben<br />\n";
24   if (!empty($_GET["anrede"])) {
25     echo htmlspecialchars($_GET["anrede"]);
26   }
27   echo " " . htmlspecialchars($_GET["nachname"]) . "<br />\n";
28   if (!empty($_GET["thema"])){
29    echo "Das gewählte Thema: ". htmlspecialchars($_GET["thema"]) . "<br />\n ";
30    }
31   if (!empty($_GET["kommentar"])) {
32     echo "Ihr Kommentar: " . htmlspecialchars($_GET["kommentar"]);
33   }
34 }
35 ?>
```

Listing 7–8   *Mit PHP auf weitere Formularfelder zugreifen (formular_weitere.php)*

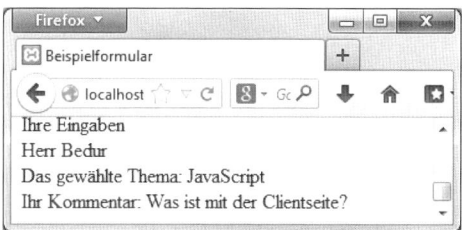

Abb. 7–9   *Eine Beispielausgabe von eingegebenen Daten*

Dieses Mal wird nicht `isset()` zur Überprüfung verwendet, sondern `!empty()`. Damit prüfen Sie gleichzeitig zwei Dinge: zum einen, ob eine Variable gesetzt ist, und zum anderen, ob sie nicht leer ist. Nur in diesem Fall werden die Inhalte ausgegeben. Auf diese greifen Sie wie bei den Textfeldern zu.

Eine Ergänzung zur Ausgabe des Inhalts des `textarea`-Elements: Falls jemand einen Zeilenumbruch in einem mehrzeiligen Textfeld macht, wird dieser nicht wieder angezeigt, weil im HTML-Code angegebene Zeilenumbrüche nicht im Browser dargestellt werden.

```
Ihre Eingaben                                           Ihre Eingaben<br />
Frau Bedur                                              Frau Bedur<br />
Das gewählte Thema: HTML                                Das gewählte Thema: HTML<br />
Ihr Kommentar: Und die Basis von allem? Das ist doch HTML, oder?      Ihr Kommentar: Und die Basis von allem?
                                                        Das ist doch HTML, oder? </body>
```

Abb. 7–10   *Ein in ein textarea-Element eingegebener Zeilenumbruch erscheint zwar im HTML-Quellcode (rechts), wird aber nicht im Browser (links) angezeigt.*

Wenn Sie jedoch möchten, dass die Zeilenumbrüche in der Browseranzeige zu sehen sind, können Sie die Funktion `nl2br()` einsetzen. Diese verwandelt `\n` in `<br />`:

```php
if (!empty($_GET["kommentar"])){
    echo "Ihr Kommentar: ";
    echo nl2br(htmlspecialchars($_GET['kommentar']));
    echo "<br />\n";
}
```

Listing 7–9   *Ins Textfeld eingegebene Zeilenumbrüche werden in <br /> umgewandelt und damit wieder angezeigt (formular_textarea_nl.php).*

Zuerst müssen Sie `htmlspecialchars()` auf den Inhalt anwenden und dann `nl2br()`: Sonst wandeln Sie die gerade erzeugten `<br />`-Zeichen in `&lt;br /&gt;` um, und das ist nicht erwünscht.

`nl2br()` erzeugt standardmäßig Zeilenumbrüche im XHTML-Format, das heißt als `<br />`. Wenn Sie hingegen `<br>` als Ausgabe möchten, können Sie als zweiten Parameter `false` übergeben:

```php
echo nl2br("Nicht \n ganz \n ungebrochen", false);
```

Übung 4

In Kapitel 5 gab es ein Beispiel mit einer Funktion, die zu einem Nettobetrag den Brutto-betrag berechnet (*funktionen_parameter.php, Listing 5.23*). Das Beispiel soll jetzt so ver-ändert werden, dass ein Benutzer den Nettobetrag über ein Formular eingeben kann. Außerdem kann er über eine Auswahlliste den Mehrwertsteuersatz wählen. Nach Absen-den des Formulars findet die Umrechnung statt, und das Ergebnis wird ausgegeben.

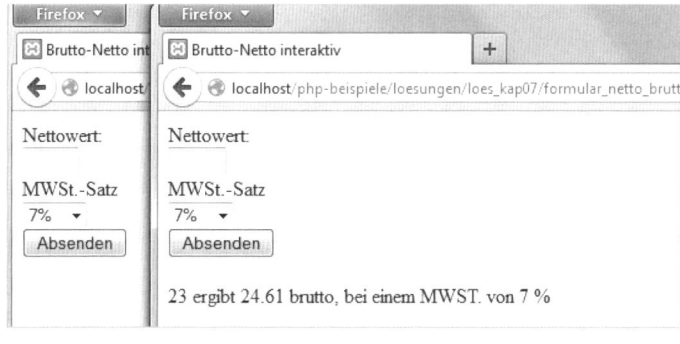

Abb. 7–11   *Brutto-Netto-Rechner interaktiv*

7.3.2   Checkboxen

Von den Formularfeldern fehlen noch die Checkboxen. Im Unterschied zu den Radiobuttons kann man bei einer Gruppe von Checkboxen mehrere ankreuzen.

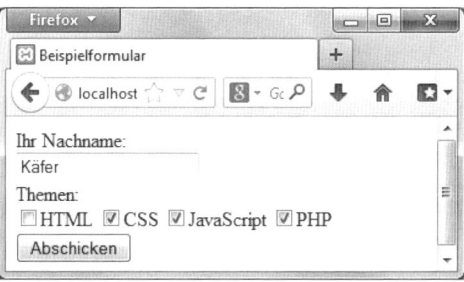

Abb. 7–12   *Bei Checkboxen kann man mehrere gleichzeitig ankreuzen.*

Checkboxen sind ebenfalls input-Elemente, allerdings dieses Mal vom type="check-box". Wie alle Formularelemente brauchen sie einen Namen. Hier ist aber etwas zu beachten: Mehrere Checkboxen können gleichzeitig angekreuzt werden, das heißt, es sollen mehrere Werte übertragen werden. Mehrere Werte über einen Namen ansprechen – genau dafür sind Arrays da. Damit PHP die Werte aller angekreuzten Checkboxen als Array abspeichert, müssen Sie beim Namen *eckige Klammern* schreiben.

```
<input type="checkbox"  name="thema[]" value="PHP" />
```

Wenn Sie die eckigen Klammern weglassen, würde nur der letzte Wert abgespeichert werden.

Damit sieht das Beispielformular folgendermaßen aus:

```
01 <form action="<?php echo htmlspecialchars($_SERVER["PHP_SELF"]);?>"
method="get">
02 Ihr Nachname: <br />
03 <input type="text" name="nachname" size="20" maxlength="30" />
04 <br />
05 Themen: <br />
06 <input type="checkbox" name="thema[]" value="HTML" />HTML
07 <input type="checkbox" name="thema[]" value="CSS" />CSS
08 <input type="checkbox" name="thema[]" value="JavaScript" />JavaScript
09 <input type="checkbox" name="thema[]" value="PHP" />PHP<br />
10 <input type="submit" value="Abschicken" />
11 </form>
```

Es folgt wieder die Auswertung per PHP:

```
12 if (!empty($_GET["nachname"])) {
13   echo "Ihre Eingaben<br />\n"
14     . "Name: ". htmlspecialchars($_GET["nachname"]) . "<br />\n";
15   if (isset($_GET["thema"]) && is_array($_GET["thema"])){
16     echo "Die gewählten Themen: <br />\n ";
17     foreach($_GET["thema"] as $th) {
18       echo htmlspecialchars($th) . "<br />\n";
19     }
20   }
21 }
```

Listing 7–10   *Checkboxen (formular_checkbox.php)*

Durch die Überprüfung in Zeile 12 wird sichergestellt, dass die Ausgabe nur erfolgt, wenn das Formular abgesendet und beim Feld für den Nachnamen etwas eingetragen wurde.

Die Ausgabe der Themen beginnt in Zeile 15. Zuerst wird überprüft, ob die Variable gesetzt ist. Denn wenn keine Checkbox angekreuzt ist, wird auch nichts übertragen. Außerdem stellt is_array() sicher, dass $_GET["thema"] wirklich ein Array ist. Nur dann wird in einer foreach-Schleife der Inhalt ausgegeben.

$_GET ist ja das von PHP bereitgestellte assoziative Array. In diesem Fall enthält es mehrere Werte und auch eben als einen Wert wiederum das Array für die Werte der Checkbox, es ist damit im Beispiel ein verschachteltes Array.

Eine Ausgabe mit `print_r()` zeigt den Aufbau:

```
   Array
   (
         [nachname] => Käfer
         [thema] => Array
             (
                 [0] => CSS
                 [1] => JavaScript
                 [2] => PHP
             )

   )
```

Abb. 7-13   *Der Aufbau des verschachtelten $_GET-Arrays im Beispiel*

Im Beispiel wurden die gewählten Themen in Zeile 18 mit einem Zeilenumbruch getrennt ausgegeben. Je nachdem, wie diese Daten weiterverarbeitet werden sollen, brauchen Sie diese Daten aber auch in einem String. Dafür können Sie `implode()` einsetzen.

Modifizieren wir die Ausgabe der gewählten Themen entsprechend:

```php
if (isset($_GET["thema"]) && is_array($_GET["thema"])){
  echo "Die gewählten Themen: <br />\n ";
  $themen = implode(" ", $_GET["thema"]);
  echo htmlspecialchars($themen);
}
```

Listing 7-11   *Die Themen als String (formular_checkbox_implode.php)*

Übung 5

Ergänzen Sie beim Formular aus Übung 2 Checkboxen, beispielsweise zur Auswahl von interessanten Themen. Lassen Sie die gewählten Themen dann als ungeordnete Liste ausgeben!

Abb. 7-14   *Die gewählten Themen werden nach den anderen Angaben als Liste ausgegeben.*

Die Themen werden jetzt, durch Leerzeichen getrennt, aneinandergehängt in der Variablen $themen gespeichert. So könnte man sie auch in einer Datenbank speichern oder per Mail versenden.

Ein weiteres praktisches Formularfeld ist das versteckte Feld:

```
<input type="hidden" name="id" value="123" />
```

Es ist vom Typ hidden und wird in der Browserausgabe nicht angezeigt. Durch das obige Feld wird beim Absenden des Formulars id=123 übertragen. Das versteckte Feld dient dazu, Daten zwischen verschiedenen Seiten zu übertragen, und es verhält sich wie ein normales Formularfeld – mit dem einzigen Unterschied, dass es in der normalen Browseransicht nicht angezeigt wird. Ein Beispiel zur Verwendung sehen Sie in Kapitel 11.

HTML5: mehr als Textfelder

HTML5 stellt eine Reihe von neuen Input-Typen zur Verfügung. Anstatt für alle Texteingaben global type="text" zu schreiben, können Sie differenzieren und etwa type="email" für eine E-Mail verwenden oder type="tel" für eine Telefonnummer, wie Sie es bereits in Übung 1 gemacht haben. Außerdem gibt es eine Reihe von speziellen Felder wie type="color" für Farben oder type="date" für eine Datumsangabe. Das kann eine Auswirkung auf die Anzeige haben. So wird bei type="date" – Browserunterstützung vorausgesetzt – ein Kalenderwidget angezeigt. Außerdem können die speziellen Typen bei Smartphones bewirken, dass die richtige Tastatur ausgewählt ist – bei type="email" ist beispielsweise das @-Zeichen direkt erreichbar. Zusätzlich wird in Browsern eine Überprüfung durchgeführt, ob der Inhaltstyp stimmt. Es erscheint eine Meldung, wenn in ein E-Mail-Feld etwas anderes als eine E-Mail eingegeben wird. Von der PHP-Seite her gibt es aber keine Besonderheiten: Sie können die Werte der neuen Inputfelder genauso auslesen wie die klassischen Textfelder.[2]

7.4 Sicherheit – misstrauen Sie Ihren Besuchern

Bei Formularen gibt es einiges in puncto Sicherheit zu beachten. Allerdings hört man immer wieder die Meinung, Sicherheit wäre für Anfänger nicht relevant. Das ist korrekt, solange Sie mit Ihren Experimenten auf Ihrem heimischen Rechner oder in einem Intranet bleiben. Wenn Sie hingegen Ihre PHP-Seiten ins Internet stellen, werden Sie nicht anders behandelt, nur weil Sie Anfänger sind. Und auch kleine private Homepages können das Ziel von Angriffen werden, wenn sie es den Angreifern gar zu leicht machen.

---

2. Einen Überblick über mögliche Input-Typen finden Sie unter
    https://developer.mozilla.org/de/docs/Web/HTML/Element/Input

Zwei Einstellungen, die mit Formularen/Sicherheit zu tun haben, werden hier nicht behandelt, weil sie veraltet sind: So gab es früher in PHP die sogenannten Magic Quotes, wodurch bestimmte Zeichen aus Formularen bei der Ausgabe automatisch mit Backslashes versehen wurden. Das ist heute nicht mehr relevant, weil die entsprechende Einstellung in PHP 5.4 gestrichen wurde. Ebenfalls veraltet ist die Einstellung `register_globals`, die einen schnelleren direkten Zugriff auf Formulareingaben erlaubte, aber sicherheitstaktisch sehr problematisch war. Auch diese Einstellung gibt es seit PHP 5.4 nicht mehr.

7.4.1   Bösartige Formulareingaben

Bisher haben wir alle Formularinhalte für die Ausgabe immer mit `htmlspecialchars()` behandelt. Sehen wir uns einmal an, warum das notwendig ist. Häufig wird der Inhalt, der von einem Nutzer in ein Formularfeld eingegeben wurde, wieder auf einer Webseite ausgegeben. Bei einem Blog gibt es beispielsweise üblicherweise die Möglichkeit, einen Kommentar zu hinterlassen, der gespeichert und anderen Benutzern angezeigt wird.

Bilden wir diesen Fall einmal etwas vereinfacht nach. Vereinfacht bedeutet, dass der Inhalt direkt ausgegeben wird – noch schlimmer wird die Sicherheitslücke allerdings, wenn die Inhalte dann auch anderen Benutzern gezeigt werden, da sie zum Beispiel in einer Datenbank gespeichert und von dort wieder ausgelesen werden. Aber an dem gezeigten Beispiel sollte das Grundprinzip gut deutlich werden.

```php
01 <form method="get" action="<?php echo $_SERVER["PHP_SELF"]; ?>">
02 Suchbegriff: <br />
03 <input type="text" name="suche" size="80">
04 <br />
05 <input type="submit"><br />
06 <?php
07 if(isset($_GET["suche"])) {
08   echo "Ihre Suche nach <hr />" . stripslashes($_GET["suche"])
09      . "<hr /> hat folgende Ergebnisse ...";
10 }
11 ?>
12 <p>Lorem ipsum dolor sit amet... amet. <!-- und viel weiterer Text --></p>
```

Listing 7–12   *Beispielformular für Manipulationen (formular_sicherheit.php)*

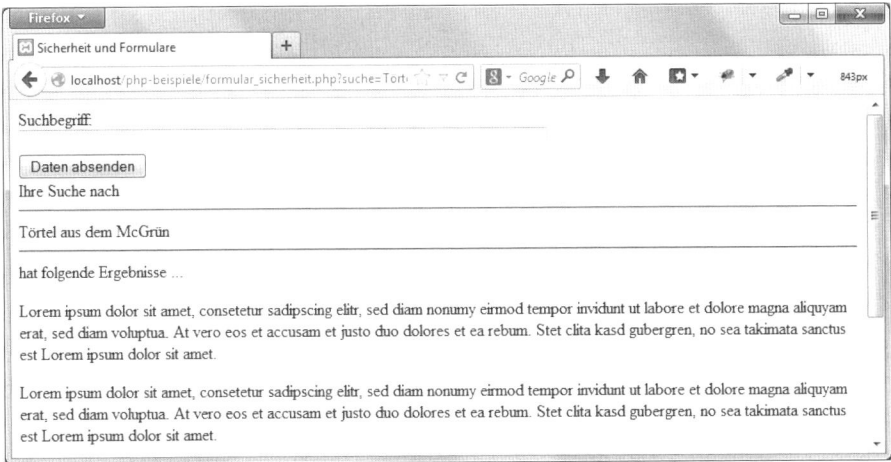

Abb. 7–15   *So sollte es sein ...*

Im Listing sehen Sie ein einfaches Formular mit einem Formularfeld (Zeile 3). Der Inhalt dieses Formularfelds wird in Zeile 8 ausgegeben – ohne `htmlspecialchars()`. Darunter stehen einige Absätze Blindtext. Abbildung 7–15 zeigt, wie es sein sollte: Ein Suchbegriff wird eingegeben und auf der Webseite wieder ausgegeben.

Je nachdem, was ein Benutzer eingibt, können aber ganz andere Dinge geschehen. Am besten testen Sie das selbst einmal mit der angegebenen Datei.

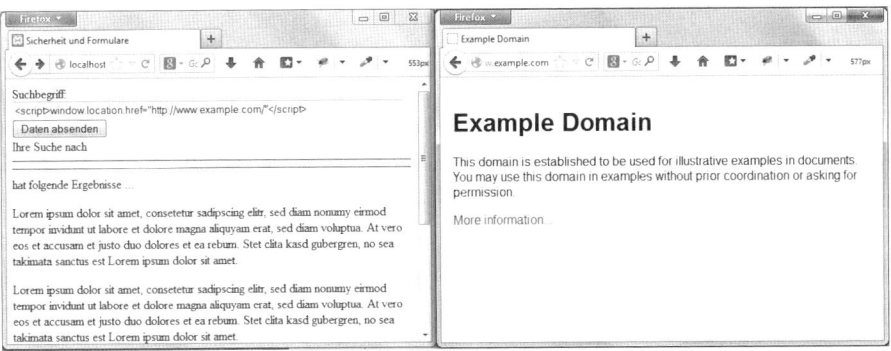

Abb. 7–16   *Schreibt jemand den richtigen JavaScript-Code in das Feld (links), wird automatisch eine Umleitung auf eine andere Seite durchgeführt (rechts) – im Beispiel nur auf die harmlose Example-Domain.*

- Gibt jemand in das Formularfeld `<div style=background-color:red>` ein, so wird der ganze untere Bereich rot eingefärbt. Auch andere optische Entstellungen sind möglich.

- Auch die Eingabe von `<style>` hat eine relativ große Auswirkung: Der ganze untere Text verschwindet.

Aber Benutzer können bei dieser Datei auch JavaScript-Code ausführen lassen: etwa durch die Eingabe von <script> alert("Attacke!")</script> in das Formularfeld. In diesem Fall wird »Attacke« in einem alert-Fenster ausgegeben.

Der Besucher könnte allerdings auch bösartigeren JavaScript-Code ausführen. Durch die Eingabe des folgenden Codes geschieht eine automatische Umleitung auf *http://www.example.com/*:

```
<script>window.location.href="http://www.example.com/"</script>
```

Beim letzten Beispiel kann eine beliebige Adresse eingegeben werden und damit eine automatische Umleitung auf eine Seite stattfinden, die zum Beispiel versucht, einen Trojaner zu installieren. Beim letzten Beispiel, wie auch bei allen vorher aufgeführten Beispielen, müssen Sie sich natürlich vorstellen, dass bei einer Kommentarfunktion o.Ä. der schadhafte Beitrag ja allen Besuchern angezeigt wird, die danach auf die Webseite kommen. Im letzten Fall würde es bedeuten: Alle, die die Seite besuchen, nachdem der Kommentar mit dem schadhaften Code gepostet wurde, werden automatisch auf die andere Seite umgeleitet.[3]

In dem Moment, in dem ein Besucher ungestört JavaScript-Code in ein Formular eingeben kann und dieser ausgeführt wird, ist noch wesentlich mehr möglich:

- Log-in-Daten von Benutzern, die später auf die befallene Seite surfen, können ausgelesen und an einen fremden Server versendet werden.

- Auch der Inhalt von Cookies kann an einen fremden Server geschickt werden.

Das Ausführen von bösartigem JavaScript-Code wird als *Cross-Site-Scripting* (XSS) bezeichnet.

Das Problem, mit dem wir es hier zu tun haben, ist, dass Benutzer in das Formular *selbst HTML-Code eingeben* und dieser genauso behandelt wird wie der andere HTML-Code der Seite auch.

Selbstverständlich gibt es Möglichkeiten, das zu unterbinden. Die einfachste ist, die Sonderzeichen, die es in HTML gibt – das heißt auf jeden Fall < und > – durch die entsprechenden Entities zu ersetzen. Das macht die Funktion htmlspecialchars() – und deswegen sollten Sie sie immer bei der Ausgabe von Formularinhalten einsetzen.

```
if(isset($_GET["suche"])) {
  echo "Ihre Suche nach <hr />" .
  htmlspecialchars(stripslashes($_GET["suche"])) . " <hr /> hat folgende
  Ergebnisse ...";
```

Listing 7–13 *Minimale Absicherung: Behandlung der Daten mit htmlspecialchars()*
(formular_htmlspecialchars.php)

---

3. Viele Tricks hierzu – und damit viele Tricks, was man bei der Sicherheit berücksichtigen muss – finden Sie unter *https://www.owasp.org/index.php/XSS_Filter_Evasion_Cheat_Sheet*.

Wenn Sie jetzt im Formular den Beispiel-Schadcode von oben eingeben, werden Sie keinen Erfolg haben: Da die spitzen Klammern in die entsprechenden HTML-Entities < und > umgewandelt werden, wird dieser Code zwar angezeigt, aber eben nicht mehr als HTML-Quellcode ausgeführt, und das heißt, er ist nicht mehr gefährlich.

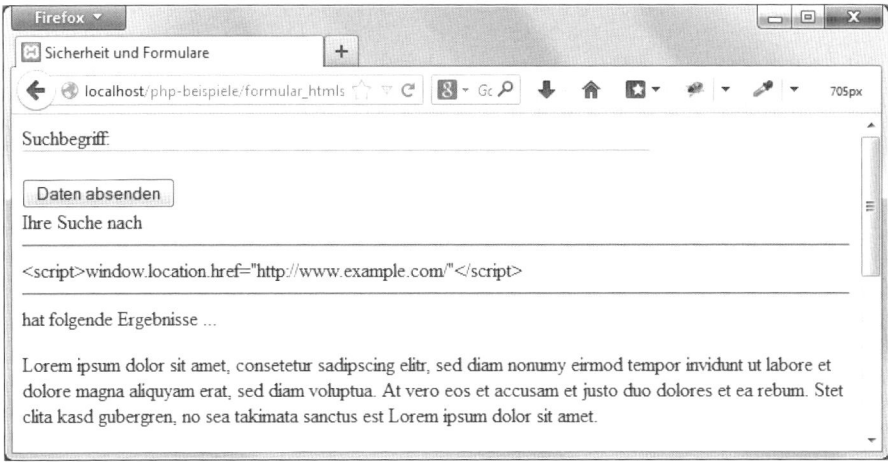

Abb. 7–17   *Jetzt wird der JavaScript-Code nicht ausgeführt, und auch die anderen Manipulationen funktionieren nicht mehr.*

Welche Eingaben müssen mit htmlspecialchars() behandelt werden? Auf den ersten Blick könnte man vermuten, dass die Anwendung von htmlspecialchars() auf Textfelder und Textarea-Felder reichen könnte. Bei den anderen kann man doch nichts anderes eingeben, oder?

7.4.2   Formulare manipulieren

Erst einmal können selbstverständlich alle per GET versendeten Formulardaten direkt manipuliert werden. So kann man beim Listing 7–8 – das war das Beispiel, bei dem die Arbeit mit Radiobuttons und Auswahllisten gezeigt wurde – die URL direkt editieren. Aus der ursprünglichen Version

```
http://localhost/php-
beispiele/formular_weitere.php?anrede=Frau&nachname=Muser&thema=JavaScript
```

lässt sich natürlich leicht eine nicht vorgesehene Anrede machen oder auch schadhafter Code integrieren:

```
http://localhost/php-
beispiele/formular_weitere.php?anrede=<script>alert(42)</script>
```

Aber – und dieser Punkt ist entscheidend – das geht *prinzipiell auch bei per POST-versendeten Formulardaten.* Beispielsweise funktioniert das bei Auswahllisten ganz komfortabel über die Firefox-Erweiterung Web Developer Toolbar[4]: Diese hat einen eigenen Menüpunkt *Forms.*

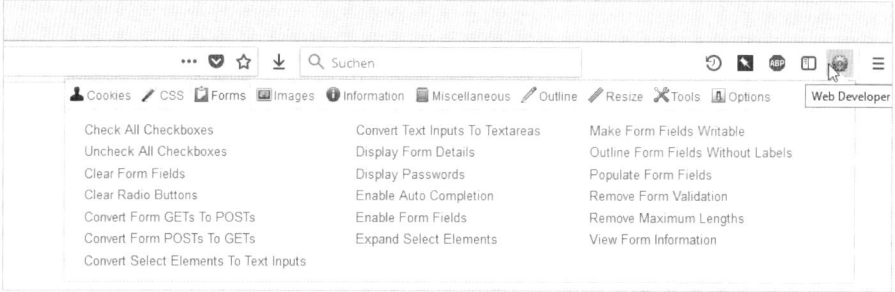

Abb. 7–18   *Viele interessante Optionen für Formulare bei der Web Developer Toolbar*

Hier haben Sie unter anderem folgende Optionen:

Convert Forms GETs to POSTs
Hier können Sie die Übertragungsart ändern, von GET zu POST und beim darunter befindlichen Menüpunkt auch umgekehrt.

Convert Select Elements To Text Inputs
Diese Option macht genau das, was ihr Name andeutet: Aus Auswahllisten, die über das HTML-Element `select` erstellt wurden, werden normale Textfelder. Das heißt: Auch wenn Sie bei einer `select`-Auswahlliste nur bestimmte Optionen vorgeben, kann ein Benutzer hier beliebige Inhalte eingeben und damit natürlich auch schadhaften Code.

Remove Maximum Length
Die bei Textfeldern über `maxlength` angegebene Höchstzeichenzahl wird hier aufgehoben.

Aber natürlich sind das nicht alle Möglichkeiten: Die volle Freiheit hat ein Surfer über die Entwicklertools, wie sie die Browser heute standardmäßig mitbringen. Die Entwicklertools rufen Sie auf, indem Sie mit der rechten Maustaste in ein Dokument klicken und *Element untersuchen* wählen. Dann können Sie ein HTML-Element auswählen und den Code beliebig bearbeiten. In den Entwicklungstools von Firefox erreichen Sie die Option etwa durch einen Rechtsklick und *HTML bearbeiten.* Anschließend kann man das manipulierte Formular ganz normal ausfüllen und abschicken.

---

4.   *https://addons.mozilla.org/de/firefox/addon/web-developer/*

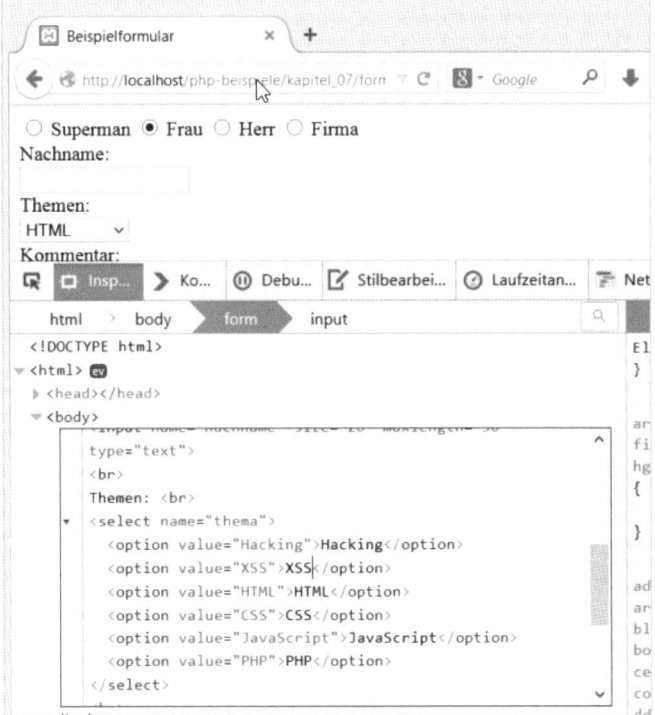

Abb. 7–19   *Jedes beliebige Formular kann man in den Entwicklertools verändern (Superman als zusätzliche Anrede im Beispiel, XSS und Hacking als Thema) und dann das veränderte Formular absenden.*

Diese Beispiele sollten deutlich gezeigt haben, dass die *Gefahr von XSS bei allen über Formulare erhaltenen Daten* droht – ganz unabhängig davon, ob es Checkboxen, Auswahllisten oder Textfelder sind.

Ebenfalls kann über die Skript-URL bösartiger Code einschleust werden. Deshalb sollten Sie anstelle von

```
<form method="get" action="<?php echo $_SERVER["PHP_SELF"]; ?>">
```

immer Folgendes schreiben:

```
<form method="get" action="<?php echo htmlspecialchars($_SERVER["PHP_SELF"]);
?>">
```

Neben den $_POST-, $_GET- und $_COOKIE-Daten, zu denen Sie mehr in Kapitel 8 erfahren, betreffen die Sicherheitsprobleme ebenfalls HTTP-Header. Was genau HTTP-Header sind, erfahren Sie ebenfalls in Kapitel 8.

7.5   Formulare absichern

Es gibt zwei wichtige Strategien, die Sie bei Formulardaten anwenden sollten:

- *Output maskieren*, um XSS zu verhindern. Das ist natürlich nur relevant, wenn Sie die Inhalte wieder auf der Webseite anzeigen lassen wie bei einer Kommentarfunktion.

- *Input filtern* – damit keine unerwarteten Dinge in Ihrer Datenbank o. Ä. gespeichert werden.

Zu diesen beiden Punkten jetzt im Detail.

7.5.1   Output maskieren

Das Beispiel in Abschnitt 7.4.1 zeigt, dass der Einsatz von `htmlspecialchars()` eine sehr effektive Methode ist, um den Inhalt zu schützen. Wie Sie in Kapitel 6 gesehen haben, lässt `htmlspecialchars()` standardmäßig einfache Anführungszeichen unverändert. Sicherheitshalber sollten Sie deshalb als zweiten Parameter `ENT_QUOTES` übergeben, damit alle Anführungszeichen behandelt werden:

```
echo htmlspecialchars($eingabe, ENT_QUOTES);
```

Das ist besonders wichtig, wenn Sie eine Eingabe wieder in ein Formularfeld schreiben und selbst einfache Anführungszeichen zur Begrenzung von Attributwerten in HTML benutzen:

```
<input type="text" name="nachname" value='<?php echo
htmlspecialchars($eingabe, ENT_QUOTES); ?>'>
```

`strip_tags()` lässt sich ebenfalls zur Bereinigung von Eingaben aus Formularen einsetzen. Damit werden möglicherweise eingegebene HTML-Tags ganz gelöscht und nicht angezeigt. Das ist jedoch nicht immer erwünscht – bei einem Forum, in dem es um Fragen zu HTML geht, würden dadurch die meisten Beiträge sinnlos.

Wenn Sie `strip_tags()` benutzen, sollten Sie zusätzlich `htmlspecialchars()` einsetzen, denn `strip_tags()` entfernt nur mögliche Tags, lässt aber alle Anführungszeichen unverändert. Und je nachdem, in welchem Kontext die Ausgabe der Inhalte erfolgt, kann es durch eingegebene Anführungszeichen zu Problemen kommen.

```
htmlspecialchars(strip_tags($eingabe), ENT_QUOTES);
```

Problematisch wird es, wenn man den Benutzern bestimmte HTML-Befehle zur Strukturierung oder aber beispielsweise das Einfügen von Links erlauben möchte. Zwar bietet `strip_tags()` als zweiten Parameter die Angabe von erlaubten Tags an, aber das ist nicht unproblematisch und zwar aus zwei Gründen:

Sie können bei `strip_tags()` nur festlegen, welche HTML-Elemente erlaubt sind, aber nicht die erlaubten Attribute beschränken. JavaScript-Code kann beispielsweise leicht über Eventhandler wie `onclick()` in beliebigen Elementen ergänzt werden.

JavaScript-Code ist an mehr Stellen möglich, als man so gemeinhin annimmt: in manchen Browsern in den `src`-Attributen von `img`-Elementen und beim Internet Explorer beispielsweise auch bei CSS-Angaben.

Wenn Sie bestimmte HTML-Tags erlauben möchten, brauchen Sie eine aufwendigere Lösung. Eine eigens für diesen Einsatzzweck entwickelte Bibliothek ist beispielsweise HTML Purifier[5].

7.5.2   Input prüfen

Das Maskieren des Outputs ist relativ gradlinig. Bei der Überprüfung des Inputs aus den Formulardaten wird es ein bisschen komplizierter, weil die Anwendungen so unterschiedlich sind. Je nachdem, nach welchen Daten Sie fragen und was Sie mit den eingegebenen Daten machen wollen, gibt es ganz verschiedene Ansätze, und Sie müssen mehr oder weniger Aufwand bei der Prüfung der Inhalte betreiben.

Bei allen Formulardaten sollten Sie vor dem Zugriff per `isset()` prüfen, ob die entsprechende Variable überhaupt existiert. Dies gilt auch für Radiobuttons oder Checkboxen, auch wenn eine von ihnen beim Laden des Formulars standardmäßig ausgewählt ist, denn das kann der Benutzer ja aushebeln.

Außerdem bietet es sich bei Textfeldern an, mit `empty()` zu überprüfen, ob überhaupt etwas drin steht. Wenn Sie `empty()` einsetzen, können Sie sich die Überprüfung mit `isset()` sparen, da `!empty()` bei nicht gesetzten Variablen ebenfalls `false` zurückgibt – ohne dass Sie eine Notice erhalten. Falls das Etwas nur ein Leerzeichen ist, ist das natürlich mager. Hier hilft `trim()`: Es entfernt Leerzeichen am Anfang und am Ende eines Strings.

Funktionen wie `trim()` – aber auch `htmlspecialchars()` oder `strip_tags()` – funktionieren nicht mit Arrays. Zur Überprüfung, ob etwas ein Array ist, verwenden Sie `is_array()`. Entsprechend können Sie mit `is_string()` prüfen, ob etwas ein String ist.

Um die Länge des Inputs bei Textfeldern zu überprüfen, können Sie die Funktion `strlen()` verwenden. Über `substr()` lassen sich darüber hinausgehende Zeichen entfernen.

Wenn für ein bestimmtes Formularfeld nur bestimmte Werte erwünscht sind – das heißt bei Auswahllisten, Checkboxen und Radiobuttons –, sollten Sie sicherstellen, dass wirklich auch nur diese und nicht etwas anderes eingegeben wurde. Hierfür erstellen Sie am besten ein Array mit den möglichen Werten und prüfen per `in_array()`, ob der angegebene Wert im Array vorhanden ist. Das folgende Beispiel führt das für eine Auswahlliste vor:

---

5.   *http://htmlpurifier.org/*

```php
01 <?php
02 $themen = ["HTML", "CSS", "JavaScript", "PHP"];
03 ?>
04 <form action="<?php echo htmlspecialchars($_SERVER["PHP_SELF"]);?>"
method="get">
05 Ihr Nachname: <br />
06 <input type="text" name="nachname" size="20" maxlength="30" />
07 <br />
08 Themen: <br />
09 <select name="thema">
10 <?php
11 foreach ($themen as $el) {
12   echo "<option value='$el'>$el</option>\n";
13 }
14 ?>
15 </select>
16 <br />
17 <input type="submit" value="Abschicken" />
18 </form>
19 <?php
20 if (!empty($_GET["nachname"]) && is_string($_GET["nachname"])) {
21   echo "Ihre Eingaben<br />\n";
22   echo "Name: " . htmlspecialchars($_GET["nachname"]) . "<br />\n";
23   if (isset($_GET["thema"]) && (in_array($_GET["thema"], $themen))){
24     echo "Das gewählte Thema: {$_GET['thema']}<br />\n ";
25   }
26 }
27 ?>
```

Listing 7–14　　Jetzt wird geprüft, ob das gewählte Thema in der Themenliste vorhanden ist
　　　　　　　　　(formular_auswahlliste_pruef.php).

Die entscheidenden Stellen sind fett hervorgehoben: Zuerst wird ein Array mit den möglichen Werten erstellt (Zeile 2). Innerhalb des Formulars werden in einer foreach-Schleife die einzelnen option-Elemente basierend auf dem Array erstellt (Zeile 11–13). Bei der Ausgabe des Themas wird geprüft, ob das gewünschte Thema in der Themenliste vorhanden ist (Zeile 23). Nur dann wird es ausgegeben (Zeile 24).

Beim anderen Formularfeld wurde zumindest mit is_string() (Zeile 20) sichergestellt, dass es sich um einen String handelt, und bei der Ausgabe wurde dieser String mit htmlspecialchars() behandelt.

Dass die option-Elemente hier ebenfalls basierend auf dem Array $themen automatisch erstellt werden, macht Anpassungen einfacher: Sie müssen nur das Array ändern, wenn weitere Themen aufgenommen werden sollen.

In manchen Feldern sind nur Zahlen erwünscht – wenn Sie beispielsweise das Alter eines Benutzers erfragen wollen. Verwenden Sie, um zu prüfen, ob der Inhalt eines Formularfelds eine Zahl ist, die Funktion is_numeric(). Eine Alternative ist, den Wert mit (int) in einen Integer zu verwandeln.

is_int() oder is_float() eignen sich in diesem Fall nicht, da der Inhalt eines Formularfelds intern von PHP immer als String behandelt wird.

Prinzipiell gibt es bei Prüfungen zwei Herangehensweisen: die Whitelist- und die
Blacklist-Prüfung. Bei der Whitelist-Prüfung prüfen Sie, ob nur die erlaubten Zei-
chen bzw. Inhalte vorkommen. Bei der Blacklist-Prüfung prüfen Sie hingegen auf
die Existenz von nicht erlaubten Zeichen. Wo immer es möglich ist, sollten Sie die
Whitelist-Prüfung vorziehen, da die Gefahr besteht, dass man bei einer Blacklist-
Prüfung nicht alle gefährlichen Zeichen berücksichtigt.

Schwieriger wird es, wenn Sie weitere Einschränkungen als die oben geschilderten machen möchten. Hier brauchen Sie reguläre Ausdrücke oder können
auch auf die filter-Erweiterung zurückgreifen (dazu gleich mehr). Nicht banal
ist zum Beispiel die Überprüfung, ob eine E-Mail-Adresse korrekt ist. Ob eine
E-Mail-Adresse wirklich stimmt, lässt sich eigentlich nur dadurch feststellen, dass
man an die entsprechende Adresse eine E-Mail sendet und eine Antwort erhält.
Diese Art der Überprüfung kann oder soll in vielen Fällen nicht so durchgeführt
werden. Dann kann nur eine formale Prüfung verhindern, dass jemand aus Versehen in ein E-Mail-Feld statt einer E-Mail-Adresse seine Straße eingibt oder seinen
Namen. Eine nicht existente, aber syntaktisch korrekte E-Mail-Adresse wie
dagobert@entenhausen.de filtern Sie damit nicht aus.

7.5.3 Inhalte prüfen mit der Erweiterung filter

Die Erweiterung filter ist direkt bei PHP integriert und hilft beim Filtern von
Input. In der Ausgabe von phpinfo() sehen Sie, ob die Erweiterung filter aktiviert ist.

filter beinhaltet mehrere Funktionen, die alle mit filter beginnen und über
Konstanten gesteuert werden. filter_var() benutzen Sie, um einen Filter anzuwenden. Als ersten Parameter übergeben Sie die Variable, die Sie filtern möchten,
als zweiten Parameter legen Sie fest, wie sie gefiltert werden soll. Als Rückgabewert erhalten Sie entweder false, wenn das Element nicht der angegebenen Form
entspricht, oder den Wert selbst, sodass Sie ihn weiterverarbeiten können.

Ob etwas eine E-Mail-Adresse sein kann, prüfen Sie beispielsweise so:

```
filter_var($email, FILTER_VALIDATE_EMAIL)
```

Im Erfolgsfall gibt filter_var() false zurück, ansonsten gibt es den gefilterten
String zurück. Damit lässt sich dies gut in eine if-Überprüfung einbauen:

```
$email = "ich@mir.de";
if (filter_var($email, FILTER_VALIDATE_EMAIL) === false) {
    echo "E-Mail $email nicht gültig";
```

```
    } else {
      echo "E-Mail gültig";
    }
```

Listing 7–15   *Überprüfung einer E-Mail über die filter-Erweiterung (filter.php)*

Im Beispiel wird »E-Mail ich@mir.de gültig« ausgegeben, da die E-Mail formal korrekt ist.

Im Beispiel haben wir die Konstante FILTER_VALIDATE_EMAIL zur Überprüfung von E-Mails eingesetzt. Zum Filtern von ganzen Zahlen dient die Konstante FILTER_VALIDATE_INT:

```
    filter_var($zahl, FILTER_VALIDATE_INT);
```

Über einen dritten Parameter können Sie weitere Optionen übergeben und beispielsweise festlegen, in welchem Bereich sich die Zahl befinden soll. Im folgenden Beispiel wird überprüft, ob eine Zahl zwischen 3 und 99 liegt:

```
    $min = 3;
    $max = 99;
    $test = "4";
    $optionen =
      ["options" =>
        ["min_range" => $min,
          "max_range" => $max
        ]
      ];
    var_dump(filter_var($test, FILTER_VALIDATE_INT, $optionen));
```

Listing 7–16   *Sicherstellen, dass sich Zahlen in einem bestimmten Bereich bewegen (filter_zahl.php)*

Sie sehen, wie hier die weiteren Optionen als dritter Parameter an die Funktion filter_var() übergeben werden. Die Optionen werden in Form eines verschachtelten Arrays angegeben mit einem Unterelement namens options, das selbst wiederum zwei Elemente mit den Schlüsseln min_range und max_range enthält.

Da sich die Beispielzahl 4 innerhalb des angegebenen Bereichs – zwischen 3 und 99 – befindet, wird sie zurückgegeben.

Fließkommazahlen auch mit Komma

Mit der Konstante FILTER_VALIDATE_FLOAT können Sie überprüfen, ob etwas eine Fließkommazahl ist:

```
    $zahl = 1.2;
    var_dump(filter_var($zahl, FILTER_VALIDATE_FLOAT));
```

Gerade für den deutschen Sprachraum ist es praktisch, dass Sie als Option noch die Art des Trennzeichens übergeben können; denn so können Sie eine deutsche Kommazahl in eine für PHP verarbeitbare Fließkommazahl mit Punkt als Trennzeichen umwandeln:

```
$betrag = "1,4";
$optionen = [
  "options" =>
    ["decimal" => ","]
];
var_dump(filter_var($betrag, FILTER_VALIDATE_FLOAT, $optionen));
```

Listing 7–17 *Fließkommazahlen filtern (filter_float.php)*

In diesem Fall wird der String 1,4 als korrekt erkannt, und die Funktion `filter_var()` gibt die Fließkommazahl 1.4 zurück.

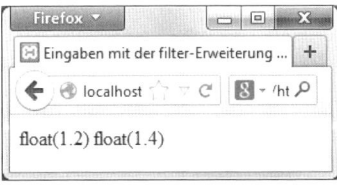

Abb. 7–20 *Filter für Fließkommazahlen: Im zweiten Fall wurde 1,4 übergeben, aber als Trennzeichen das Komma bestimmt.*

URLs

Auch URLs können überprüft werden, hierfür dient die Konstante `FILTER_VALIDATE_URL`:

```
$url = "http://www.php.net";
var_dump(filter_var($url, FILTER_VALIDATE_URL));
```

Dabei können Sie noch folgende Flags setzen:

`FILTER_FLAG_PATH_REQUIRED`
Eine Pfadangabe muss vorhanden sein, dabei gilt allerdings ein / am Ende bereits als Pfad.

`FILTER_FLAG_QUERY_REQUIRED`
Ein Querystring ist gefordert.

Im folgenden Beispiel wird zusätzlich ein Pfad verlangt. Dieser Filter wird zweimal angewandt, einmal auf eine URL mit Pfad und einmal auf eine URL ohne Pfad. Wie zu erwarten, wird im ersten Fall die URL zurückgegeben und im zweiten Fall `false`.

```
$url = "http://www.php.net/index.php";
var_dump(filter_var($url, FILTER_VALIDATE_URL, FILTER_FLAG_PATH_REQUIRED));
/* passt */

$url = "http://www.php.net";
var_dump(filter_var($url, FILTER_VALIDATE_URL, FILTER_FLAG_PATH_REQUIRED));
/* false */
```

Listing 7–18 *URLs prüfen (filter_url.php)*

Mehrere Werte gleichzeitig prüfen

Sie können auch gleichzeitig mehrere Werte überprüfen, indem Sie der Funktion filter_var_array() ein Array übergeben. Sie erhalten ebenfalls ein Array zurück, das aber nur die Werte enthält, die der Prüfung standgehalten haben. Die anderen sind heraus*gefiltert*. Im Beispiel wird ein Array mit drei Zahlen und zwei Strings übergeben – nach der Filterung beinhaltet das Array nur noch die Zahlenelemente.

```
$arr = [4, "5","-6", "", "text"];
$gefiltert = filter_var_array($arr, FILTER_VALIDATE_INT);

foreach($gefiltert as $k=>$v) {
  echo "$k: $v<br />\n";
}
```

Listing 7–19   *Alle Elemente eines Arrays können über filter_var_array() überprüft werden (filter_mehrere.php).*

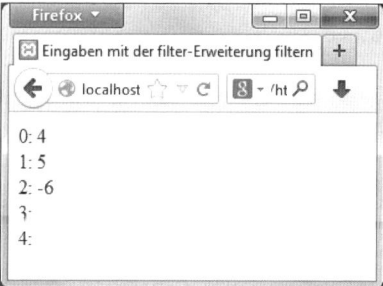

Abb. 7–21   *Die Inhalte des Arrays mit den gefilterten Werten*

Werte aus Formularen direkt prüfen

Außerdem bietet diese Erweiterung die Möglichkeit, direkt die per GET oder POST übertragenen Daten zu filtern. Dazu dient die Funktion filter_input(). Als ersten Parameter erwartet sie die Konstante INPUT_GET oder INPUT_POST, je nachdem, ob es sich um per GET oder per POST übertragene Daten handelt. Als zweiten Parameter geben Sie den Namen des Felds an, das Sie überprüfen wollen, als dritten Parameter den zu verwendenden Filter. Über die folgende Zeile wird der Inhalt eines Formularfelds namens alter geprüft, das per GET übertragen wird:

```
$alter = filter_input(INPUT_GET, "alter", FILTER_VALIDATE_INT);
```

Ein kleines Beispiel demonstriert das im Gesamtzusammenhang. Zusätzlich eingesetzt wird die Funktion filter_has_var(), mit der man überprüfen kann, ob die entsprechende Variable gesetzt ist. Im Beispiel gibt es ein Formularfeld zur Eingabe des Alters. Darunter wird im PHP-Teil überprüft, ob das entsprechende Feld ausgefüllt wurde und ob der Wert zwischen 3 und 99 liegt. Wenn ja, wird das Alter ausgegeben, ansonsten eine Fehlermeldung.

```
01 <form action="<?php echo htmlspecialchars($_SERVER["PHP_SELF"]);?>"
method="get">
02 Ihr Alter: <br />
03 <input type="text" name="alter" size="3" maxlength="3" />
04 <br />
05 <input type="submit" value="Abschicken" />
06 </form>
07 <?php
08 if (filter_has_var(INPUT_GET, "alter")) {
09    $min = 3;
10    $max = 99;
11    $optionen = [
12      "options" => [
13                    "min_range"=>$min,
14                    "max_range"=>$max]
15    ];
16    $alter = filter_input(INPUT_GET, "alter", FILTER_VALIDATE_INT,
$optionen);
17    if ($alter !== false) {
18      echo "Sie haben $alter angegeben";
19    } else {
20      echo "Bitte geben Sie ein Alter zwischen 3 und 99 an!";
21    }
22 }
23 ?>
```

Listing 7–20   *Das Alter muss zwischen 3 und 99 liegen (filter_input.php).*

Das war eine Auswahl aus den wichtigsten Optionen zur Benutzung der filter-Erweiterung. Neben den hier vorgestellten Filtern zur Überprüfung, gibt es noch solche zur Bereinigung von Inhalten. Die dafür benötigten Konstanten haben in ihrem Namen anstelle von VALIDATE die Komponente SANITIZE. Mit der Konstante FILTER_SANITIZE_EMAIL werden beispielsweise in E-Mail-Adressen nicht erlaubte Zeichen aus dem String entfernt. Eine vollständige Auflistung aller möglichen Konstanten der filter-Erweiterung finden Sie im PHP-Manual.[6]

7.6   Formularvalidierung mit vorausgefüllten Formularfeldern

An einem Beispiel soll jetzt gezeigt werden, wie eine Überprüfung von Formulardaten stattfinden kann. Fehlen obligatorische Inhalte, wird eine Fehlermeldung ausgegeben und das Formular erneut angezeigt. Dabei werden bei diesem erneut angezeigten Formular die vorher eingegebenen Werte wieder eingetragen – etwas, was Sie eigens programmieren müssen. (Im Gegensatz etwa dazu, wenn Sie die Überprüfung mit JavaScript oder HTML5 durchführen.)

Das Formular enthält drei Formularfelder: eines für den Vornamen, eines für den Nachnamen und eine Auswahlliste für einen Themenwunsch. Der Vorname

---

6.   *http://www.php.net/manual/de/filter.constants.php*

muss nicht angegeben werden, Nachname und Themenwunsch hingegen schon. Die beiden Letzteren sind deswegen mit einem Sternchen gekennzeichnet.

Damit man überprüfen kann, ob ein Thema gewählt wurde, wird als erster Punkt der Auswahlliste kein Thema, sondern ... angezeigt (siehe Abb. 7–22). Wenn ... am Schluss ausgewählt bleibt, bedeutet das, dass kein Thema gewählt wurde. Sind die obligatorischen Felder nicht ausgefüllt, erscheint eine Fehlermeldung in Rot, und das Formular wird erneut ausgegeben. Die vorher eingetragenen Daten stehen wieder in den Formularfeldern.

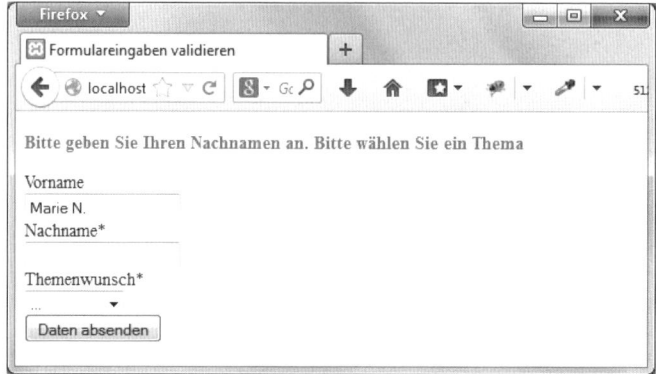

Abb. 7–22   *Meldung bei unvollständig ausgefülltem Formular*

Erst einmal sehen Sie hier das gesamte Skript, danach folgen Erläuterungen:

```
01 <!DOCTYPE html>
02
03 <html>
04  <head>
05   <meta charset="UTF-8" />
06   <title>Formulareingaben validieren</title>
07   <style>
08     .fehler { color: red; font-weight: bold; }
09    </style>
10 </head>
11 <body>
12 <?php
13 $themen = ["...", "HTML", "CSS", "JavaScript", "PHP"];
14 if (isset($_POST["gesendet"])) {
15   formverarbeiten();
16 } else {
17   formausgeben();
18 }
19 function formausgeben($vorname= "", $nachname ="", $thema = "", $fehler="")
20 {
21   global $themen;
22   if (!empty($fehler)) {
23     echo "<p class='fehler'>$fehler</p>";
24   }
```

```
25 ?>
26 <form method="post" action="<?php echo
     htmlspecialchars($_SERVER["PHP_SELF"]); ?>">
27 Vorname <br />
28 <input type="text" name="vorname" size="20" maxlength="30" value="<?php
     echo htmlspecialchars($vorname); ?>" />
29 <br />
30 Nachname* <br />
31 <input type="text" name="nachname" size="20" maxlength="30" value="<?php
     echo htmlspecialchars($nachname); ?>" />
32 <br />
33 Themenwunsch* <br />
34 <select name="thema">
35 <?php
36   foreach ($themen as $el) {
37     if ($el == $thema) {
38       $gew = " selected='selected' ";
39     } else {
40       $gew = "";
41     }
42     echo "<option value='$el' $gew>$el</option>\n";
43   }
44 ?>
45 </select>
46 <br />
47 <input type="submit" name="gesendet" />
48 <?php
49 }
50 function formverarbeiten()
51 {
52   global $themen;
53   isset($_POST["nachname"]) && is_string($_POST["nachname"]) ? $nachname =
        trim($_POST["nachname"]) : $nachname= "";
54   isset($_POST["vorname"])  && is_string($_POST["vorname"])  ? $vorname =
        trim($_POST["vorname"]) : $vorname= "";
55   isset($_POST["thema"]) && is_string($_POST["thema"])? $thema =
        $_POST["thema"] : $thema = "";
56   $fehler = "";
57   if (empty($nachname)) {
58     $fehler = "Bitte geben Sie Ihren Nachnamen an. ";
59   }
60   if (!in_array($thema, $themen) || $thema == "...") {
61     $fehler .= "Bitte wählen Sie ein Thema";
62   }
63   if (strlen($fehler) > 0) {
64     formausgeben($vorname, $nachname, $thema, $fehler);
65   } else {
66     echo "Vielen Dank für Ihre Eingaben";
67   //mail versenden;
68   }
69 }
```

Listing 7–21   *Formular mit Validierung und Vorausfüllung (formular_validierung.php)*

Die Auswahl der Themen läuft über eine Auswahlliste. Die möglichen Inhalte legt das Array $themen in Zeile 13 fest.

Die Zeilen 14 bis 18 beinhalten kurz und knapp die Hauptlogik des gesamten Skripts:

```
14 if (isset($_POST["gesendet"])) {
15   formverarbeiten();
16 } else {
17   formausgeben();
18 }
```

Wenn $_POST["gesendet"] gesetzt ist, also das Formular abgesendet wurde, soll die Funktion formverarbeiten() aufgerufen werden, ansonsten die Funktion formausgeben(). Wie Sie später sehen werden, wird formausgeben() ebenfalls im Falle eines Fehlers aufgerufen.

In Zeile 19 wird die Funktion formausgeben() definiert, die das Formular erstellt. Sie erwartet vier Parameter, die die Inhalte der Formularfelder bei einer erneuten Anzeige nach einer Fehlermeldung sowie die Fehlermeldung selbst beinhalten. Dies ist wichtig, weil formausgeben() auch bei einem Fehler aufgerufen wird, damit in diesem Fall die bereits eingetragenen Werte nicht verloren gehen, sondern erneut eingetragen werden können. Defaultmäßig sind die Formularfelder allerdings auf einen Leerstring gesetzt.

Zeile 21 sorgt über global dafür, dass auf das Array $themen, das außerhalb der Funktion definiert ist, zugegriffen werden kann.

Falls eine Fehlermeldung übergeben wurde, wird diese in Zeile 23 ausgegeben.

Ab Zeile 26 wird das Formular erstellt. Wir sehen uns die Funktion formausgeben() gleich noch einmal an, um genauer zu betrachten, was passiert, wenn diese nach einem Fehler aufgerufen wird.

In Zeile 50 wird die Funktion formverarbeiten() definiert. In der Funktion wird zuerst überprüft, ob alle Variablen gesetzt und Strings sind – denn es werden hier Strings erwartet. Wenn ja, werden mögliche Leerzeichen entfernt, sonst werden die Variablen auf Leerstrings gesetzt.

Sehen wir uns das einmal an einem Beispiel an:

```
53   isset($_POST["nachname"]) && is_string($_POST["nachname"]) ? $nachname =
     trim($_POST["nachname"]) : $nachname= "";
```

Zur Überprüfung kommt der ternäre Operator zum Einsatz: Sind die beiden ersten Bedingungen vor dem Fragezeichen wahr, wird in der Variablen $nachname der über trim() von Leerzeichen bereinigte String $_POST["nachname"] gespeichert, ansonsten wird $nachname auf den Leerstring gesetzt.

In Zeile 57 findet eine Überprüfung statt, ob die Variable $nachname leer ist, und in diesem Fall wird eine passende Fehlermeldung in der Variablen $fehler gespeichert.

In Zeile 60 wird die Überprüfung des Themas durchgeführt. Das Thema muss ein Element des Arrays $themen sein und darf außerdem nicht dem ... (die erste Option, die standardmäßig angezeigt wird) entsprechen. Ansonsten wird die Variable $fehler um diese weitere Fehlermeldung ergänzt. Dafür, dass die Fehlermeldung ergänzt und nicht überschrieben wird, sorgt .=, das heißt der Punkt vor dem Ist-gleich.

Falls der String in der Variablen $fehler länger ist als 0, ist ein Fehler aufgetreten (Zeile 63). Dann wird die Funktion formausgeben() erneut aufgerufen, ihr aber die Variablen $vorname, $nachname, $thema und $fehler übergeben, damit diese in das Formular eingetragen werden können.

Ansonsten wird die Meldung "Vielen Dank für Ihre Eingaben" (Zeile 66) ausgegeben. An dieser Stelle würde auch die weitere Verarbeitung stattfinden – beispielsweise könnte man die Daten per Mail versenden (Abschnitt 7.7) oder in einer Datenbank speichern (Kapitel 11).

Sehen wir uns noch einmal an, wie die Funktion formausgeben() arbeitet, wenn sie nach einem Fehler aufgerufen wird: Dann sind die Variablen $vorname, $nachname, $thema und $fehler ja gefüllt. Da jetzt ein Fehler aufgetreten ist, beinhaltet die Variable $fehler die Fehlermeldung und wird in Zeile 23 ausgegeben. Die Angabe class='fehler' verweist auf die CSS-Formatierung der Klasse in Zeile 8 und sorgt dafür, dass der Text rot und fett ist.

Bei der Erstellung der Textfelder in den Zeilen 28 und 31 werden die vorher eingetragenen Werte bei value ausgegeben, so beispielsweise beim Feld vorname:

```
28 <input type="text" name="vorname" size="20" maxlength="30" value="<?php
   echo htmlspecialchars($vorname); ?>" />
```

Bei der Auswahlliste geht das etwas anders: Damit die vorher ausgewählte Option erneut ausgewählt ist, muss sie mit selected='selected' gekennzeichnet werden. Bei der Erstellung der Auswahlliste über eine foreach-Schleife wird bei der Ausgabe jedes Punkts überprüft, ob es sich um das aktuelle Thema handelt, und in diesem Fall wird in der Variablen $gew = "selected='selected' " gespeichert, ansonsten ein Leerstring. Dann erst wird die Option ausgegeben:

```
34 <select name="thema">
35 <?php
36   foreach ($themen as $el) {
37     if ($el == $thema) {
38       $gew = " selected='selected' ";
39     } else {
40       $gew = "";
41     }
42     echo "<option value='$el' $gew>$el</option>\n";
43   }
44 ?>
45 </select>
```

Übung 6

Ergänzen Sie das Listing *formular_validierung.php* durch ein weiteres obligatorisches Feld – nämlich für die Angabe einer E-Mail-Adresse – und führen Sie alle notwendigen Ergänzungen durch.

Übung 7

Ergänzen Sie im Beispiel aus Übung 6 noch eine Überprüfung, ob die E-Mail-Adresse das korrekte Format hat. Verwenden Sie hierfür die `filter`-Erweiterung.

Zusätzlich zur Überprüfung per PHP können Sie eine Überprüfung per JavaScript durchführen. Der JavaScript-Code wird im Browser ausgeführt. Damit wird die Überprüfung durchgeführt, *bevor* die Formulardaten abgesendet werden, und der Benutzer erhält sofort ein Feedback, was aus Gründen der Usability positiv ist. Statt einer Überprüfung per JavaScript können Sie eine Basisprüfung auch mit den neuen Ergänzungen aus HTML5 für Formulare durchführen. Bei einem mit dem Attribut `required` gekennzeichneten Element erscheint automatisch eine Fehlermeldung, wenn es nicht ausgefüllt ist.

Der Nachteil der Prüfung per JavaScript oder der Verwendung der neuen HTML5-Formularerweiterungen ist, dass Sie sich nicht auf sie verlassen können: JavaScript kann im Browser jederzeit deaktiviert werden und die HTML5-Überprüfung kann ausgehebelt werden. Deswegen ist es sinnvoll, die Überprüfung *mit JavaScript/HTML5 und mit PHP* durchzuführen. Ein Beispiel, wie sich eine Überprüfung per JavaScript in unserem Code integrieren lässt, finden Sie im Listing *formular_validierung_plus_js.php* bei den Listings auf der Webseite zum Buch. Das Beispiel *formular_validierung_plus_html5.php* zeigt den Einsatz von `required` beim Nachnamen-Feld und damit eine clientseitige Überprüfung ohne JavaScript.

7.7   Formulardaten per E-Mail versenden

Die in ein Formular eingetragenen Werte sollen häufig per Mail versendet werden.

7.7.1   E-Mail versenden – Grundlagen

Eine E-Mail per PHP zu versenden, ist sehr einfach. Hierzu gibt es die Funktion `mail()`. Sie erwartet drei Parameter: den Adressaten, den Betreff und den eigentlichen Text.

```
mail("ich@mir.de", "Hallo von PHP", "Eine erste E-Mail");
```

Eine E-Mail setzt sich prinzipiell aus zwei Bestandteilen zusammen: aus dem Header mit den Kopfzeilen und aus dem Body mit dem eigentlichen Inhalt der Nachricht. Adressat und Betreff gehören zum Header, der Textinhalt ist Teil des Bodys.

Im Header sind neben Adressat und Betreff viele weitere Informationen möglich, wie der Absender (From), der Kopieempfänger (Cc und Bcc), an wen die Antwort gehen soll (Reply-To) oder auch die Priorität (X-Priority) und vieles mehr. Mailprogramme zeigen üblicherweise nicht alle Header an. Das kann man aber bei Bedarf bei einzelnen Mails auch ändern – bei Thunderbird beispielsweise über *Ansicht/Kopfzeilen/Alle*, wenn man gerade eine Mail einzeln aufgerufen hat.

Bei der mail()-Funktion ist ein vierter Parameter mit zusätzlichen Headern möglich: Beispielsweise mit der Absenderadresse über From: ich@example.com:

```
mail("ich@mir.de", "Hallo von PHP", "Eine erste E-Mail", "From:
ich@example.com");
```

Weitere Header können angegeben werden – etwa an wen eine Kopie einer Mail gehen soll (Cc) oder an wen eine unsichtbare Kopie gehen soll (Bcc). Diese Header müssen Sie durch \r\n trennen:

```
mail("newuser@localhost", "Hallo von PHP", "Eine erste E-Mail", "FROM:
ich@example.com\r\nCc: du@example.com");
```

Mehrere Adressen bei Cc oder Bcc geben Sie durch Komma getrennt an.

mail() liefert true zurück, wenn die Mail zur Auslieferung akzeptiert wurde. Das bedeutet, Sie können mail() in eine Überprüfung mit if() einbauen. Allerdings heißt der Rückgabewert true nicht, dass die Mail auch zugestellt werden konnte.

Das Verwenden der mail()-Funktion ist an sich einfach und unproblematisch.[7] Das lokale Testen kann jedoch etwas mühsam sein.

Unter XAMPP gibt es die mailToDisk-Funktionalität. Dann werden Mails automatisch in einem XAMPP-Ordner gespeichert, wo man sie ansehen und prüfen kann, ob der Inhalt passt. Dafür muss man die Datei *php.ini* bearbeiten/kontrollieren.

Suchen Sie nach [mail function]. Die folgende Option muss aktiviert sein (kein ; davor):

```
sendmail_path = C:\xampp\mailtodisk\mailtodisk.exe
```

Die Pfadangabe kann je nach XAMPP-Installation auch anders aussehen.

Damit die Änderungen wirksam werden, muss der Server heruntergefahren und wieder neu gestartet werden. Die danach per PHP versendeten Mails landen dann automatisch in dem Unterordner *xampp/mailoutput*. Dort sind sie einzeln

---

7. Falls Sie einmal Probleme haben, in Skripten, die bei Ihrem Hoster gespeichert sind, mit PHP Mails zu versenden, schauen Sie in den FAQ Ihres Hosters nach. Manchmal gibt es besondere Spamschutzmechanismen, die verlangen, dass weitere Header bei mail() spezifiziert werden.

aufgeführt, wobei sich im Dateinamen das Datum befindet. In der Datei kann man sich ansehen, wie die Mail aussehen würde ... äußerst praktisch!

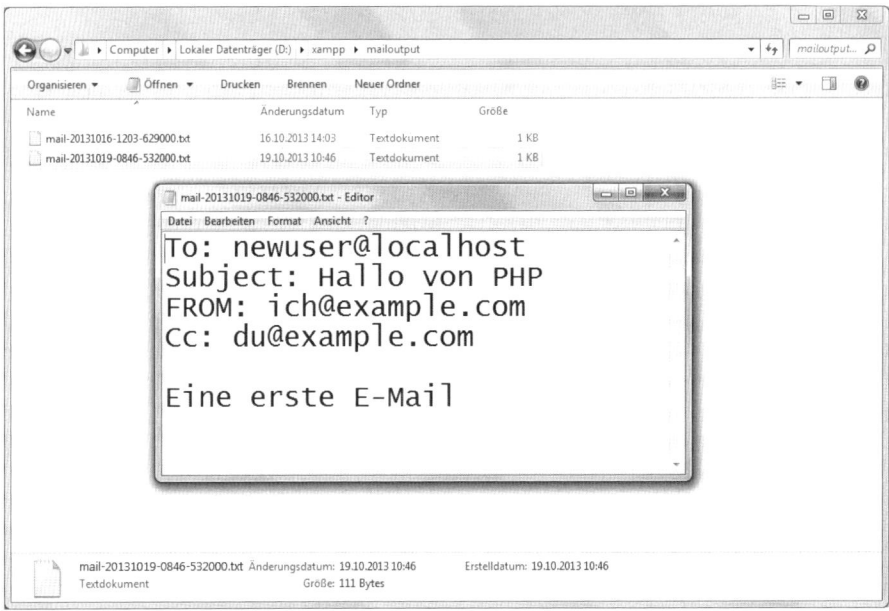

Abb. 7–23   *Mails werden bei XAMPP unter Windows automatisch im Verzeichnis mailoutput gespeichert.*

Das lokale Versenden funktioniert übrigens richtig, wenn Sie `phpMailer()` einsetzen, was später vorgestellt wird.

7.7.2   Daten aus Formularen per E-Mail versenden

Nun zur Versendung von Formulardaten per Mail. Sie können innerhalb von Betreff und Nachricht natürlich Variablen mit den Inhalten aus dem Formular integrieren.

Angenommen, `$anrede`, `$name`, `$email` und `$kommentar` stammen aus einem Kontaktformular, dann lässt sich eine Nachricht folgendermaßen zusammensetzen:

```
$nachricht = "$anrede $name ($email) hat folgendes Anliegen: $kommentar";
mail("ich@mir.de", "Nachricht vom Kontaktformular", $nachricht, "From:
ich@example.com");
```

Sie sollten es allerdings unbedingt *vermeiden*, eine aus einem Formular übernommene Absenderadresse direkt als zusätzlichen Header hinter `From:` zu ergänzen:

```
/* das sollten Sie nicht ohne genaue Prüfung der Mail-Adresse machen */
$nachricht = "$anrede $name hat folgendes Anliegen: $kommentar";
mail("ich@mir.de", "Nachricht vom Kontaktformular", $nachricht, "From: $email" );
```

Der Grund: Jemand könnte in das entsprechende Formularfeld für die E-Mail-Adresse zusätzliche E-Mail-Header integrieren und das Formular als Spamschleuder missbrauchen. Dies ist möglich, wenn eine folgendermaßen konstruierte Eingabe in das Formularfeld für die E-Mail-Adresse erfolgt:

```
ich@mir.de\r\nBcc: zusgespammt@example.com, dirauch@example.com,
auchdumeinsohn@example.com
```

Die einfache Methode, um das zu verhindern, ist, als From-Header eine feste Adresse anzugeben und sie nicht aus einem Formularfeld zu übernehmen. Die andere Möglichkeit besteht darin, die E-Mail-Adresse wie besprochen zu validieren.

Mit mail() versenden Sie auf diese Art normale Textmails – also sollten Sie darauf achten, keine HTML-Tags einzuschließen und Zeilenumbrüche in der Nachricht über \n zu realisieren.

Damit es keine Probleme mit Sonderzeichen gibt, sollten Sie bei mail() den Zeichensatz über einen zusätzlichen Header angeben Im folgenden Beispiel werden drei Header gesetzt: der Absender, der MIME-Type und der Zeichensatz:

```
$headers = "From: ich@example.com\r\n" ;
$headers.= "MIME-Version: 1.0\r\n";
$headers .= "Content-Type: text/plain; charset=utf-8\r\n";
```

Eine Alternative, das Problem zu lösen, besteht in der Verwendung von PHP-Mailer. Dazu gleich mehr.

7.7.3   Komfortabel Mails versenden über den PHPMailer

Komfortabler als über mail() geht das Versenden von Mails über die Klasse PHP-Mailer(). Das hat auch den Vorteil, dass Ihre Mails nicht so leicht im Spamordner landen.

PHPMailer installieren

Erst benötigen Sie den Code. Die empfohlene Installation setzt auf Composer. Wenn Sie Composer noch nicht installiert haben, sollten Sie das jetzt nachholen. Sie finden eine Erläuterung der Installation von Composer in Kapitel 2.

Öffnen Sie dann ein Eingabefenster/ein Terminal. Wechseln Sie in den Ordner, wo Sie die Dateien installieren wollen, das heißt in Ihr PHP-Arbeitsverzeichnis (zum Beispiel in *htdocs/php-beispiele*). Geben Sie dann ein:

```
composer require phpmailer/phpmailer
```

Die Dateien werden heruntergeladen.

```
C:\WINDOWS\system32\cmd.exe                                              —   □   X

C:\xampp72\htdocs\php-beispiele>composer require phpmailer/phpmailer
Using version ^6.0 for phpmailer/phpmailer
./composer.json has been created
Loading composer repositories with package information
Updating dependencies (including require-dev)
Package operations: 1 install, 0 updates, 0 removals
  - Installing phpmailer/phpmailer (v6.0.5) Downloading: 100%
phpmailer/phpmailer suggests installing psr/log (For optional PSR-3 debug logging)
phpmailer/phpmailer suggests installing league/oauth2-google (Needed for Google XOAUTH2 authentication)
phpmailer/phpmailer suggests installing hayageek/oauth2-yahoo (Needed for Yahoo XOAUTH2 authentication)
phpmailer/phpmailer suggests installing stevenmaguire/oauth2-microsoft (Needed for Microsoft XOAUTH2 authenticati
on)
phpmailer/phpmailer suggests installing symfony/polyfill-mbstring (To support UTF-8 if the Mbstring PHP extension
 is not enabled (^1.2))
Writing lock file
Generating autoload files
```

Abb. 7–24   *phpmailer über Composer installieren*

Nach der Installation finden Sie in Ihrem Verzeichnis eine Reihe von neuen Dateien/Ordner:

  Einen Ordner *vendor*, in dem sich die Datei *autoload.php* und das Verzeichnis *composer* und *phpmailer* befinden. Hier stehen die eigentlichen Dateien, die Sie für die Arbeit brauchen.

  Die Dateien *composer.json* und *composer.lock*: Diese benötigt Composer, um festzuhalten, welche Bibliotheken Sie installiert haben.

> Wenn Sie PHPMailer nicht über Composer installieren wollen, können Sie es auch direkt von der Webseite *https://github.com/PHPMailer/PHPMailer* herunterladen. Der benötigte Code zur Verwendung unterscheidet sich dann nur am Anfang etwas, bei der Einbindung der Dateien; Beispiele finden Sie auf der Webseite des Projekts.

Mails mit PHPMailer per SMTP versenden

Wie sich PHPMailer zum Versand per SMTP nutzen lässt, sehen Sie jetzt ganz praktisch.

SMTP steht für *Simple Mail Transfer Protocol* und wird üblicherweise zum Versenden von E-Mails verwendet. Damit Sie über SMTP mit PHP Mails versenden können, brauchen Sie eine E-Mail-Adresse. Außerdem müssen Sie Ihren SMTP-Postausgangsserver, Benutzernamen und Ihr Passwort kennen. Das sind dieselben Informationen, die Sie auch benötigt haben, als Sie Ihr Mailprogramm (Outlook, Thunderbird oder Ähnliches) konfiguriert haben.

Das folgende Beispiel geht davon aus, dass Sie PHPMailer über Composer installiert haben und dass sich der *vendor*-Unterordner im selben Ordner wie die PHP-Dateien befindet.

Zuerst müssen Sie sich um das Laden aller benötigten Dateien sowie um die Namensraumangabe (mehr zu Namensräumen in Kap. 9) kümmern:

```
// PHP-Mailer-Klassen in den globalen Namensraum importieren
use PHPMailer\PHPMailer\PHPMailer;
use PHPMailer\PHPMailer\Exception;
//Composers Autoload laden
require 'vendor/autoload.php';
```

Dann wird eine neue Instanz der Klasse erstellt und true übergeben.

```
$mail = new PHPMailer(true);
```

Der eigentliche Code wird in einen try-catch-Block eingefügt. Über try wird ein Versuch des Mailversands unternommen, falls dieser fehlschlägt, wird das Problem im catch-Block abgefangen. Im try-Block müssen Sie alle Einstellungen angeben, die Ihr Mailserver verlangt.

```
try {
  //Server-Einstellungen
  $mail->SMTPDebug = 2;    //Debug-Hinweise – sehr nützlich!
  $mail->isSMTP();         // SMTP verwenden
  $mail->Host = 'IHR SMTP-SERVER';
  $mail->SMTPAuth = true;        //SMTP-Authentifizierung
  $mail->Username = 'IHR BENUTZERNAME';
  $mail->Password = 'IHR PASSWORT';
  $mail->Port      = 587; //Port bei Bedarf ändern
  $mail->SMTPSecure = 'tls';
  $mail->setLanguage('de',
   'vendor/phpmailer/phpmailer/language/phpmailer.lang-de.php');
  $mail->CharSet = 'UTF-8';
  $mail->setFrom('IHRE ABSENDERADRESSE');
  $mail->addAddress('ADRESSAT');

  //Inhalt
  $mail->Subject = "Betreff für die Mail";
  $mail->Body    = "Dieser Text beinhaltet die eigentliche Nachricht, auch mit
   Üs, Äs und so";

  $mail->send();
    echo 'Nachricht wurde versendet';
} catch (Exception $e) {
    echo 'Nachricht wurde nicht gesendet: ', $mail->ErrorInfo;
}
```

Hier sehen Sie noch einmal das Beispiel in seiner Gesamtheit:

```php
01 <?php
02 // PHP-Mailer-Klassen in den globalen Namensraum importieren
03 use PHPMailer\PHPMailer\PHPMailer;
04 use PHPMailer\PHPMailer\Exception;
05
06 //Composers Autoload laden
07 require 'vendor/autoload.php';
08
09 $mail = new PHPMailer(true);
10 try {
11   //Server-Einstellungen
12   $mail->SMTPDebug = 2;
13   $mail->isSMTP();
14   $mail->Host = 'IHR SMTP-SERVER';
15   $mail->SMTPAuth = true;
16   $mail->Username = 'IHR BENUTZERNAME';
17   $mail->Password = 'IHR PASSWORT';
18   $mail->Port      = 587;
19   $mail->SMTPSecure = 'tls';
20   $mail->setLanguage('de',
         'vendor/phpmailer/phpmailer/language/phpmailer.lang-de.php');
21   $mail->CharSet = 'UTF-8';
22
23   $mail->setFrom('IHR ABSENDERADRESSE');
24   $mail->addAddress('ADDRESSAT');
25
26
27   //Inhalt
28   $mail->Subject = "Betreff für die Mail";
29   $mail->Body    = "Dieser Text beinhaltet die eigentliche Nachricht, auch
       mit Üs, Äs und so";
30
31
32   $mail->send();
33   echo 'Nachricht wurde versendet';
34 } catch (Exception $e) {
35   echo 'Nachricht wurde nicht gesendet: ', $mail->ErrorInfo;
36 }
```

Listing 7–22   *Mails versenden über den PHPMailer – Sie müssen unbedingt Ihre SMTP-Daten eintragen,
damit es wirklich klappt (phpmailer_beispiel.php).*

Wenn es nicht funktioniert, kontrollieren Sie Ihre SMTP-Daten noch einmal. Und falls Sie
sich fragen, was es denn genau mit `try-catch` und `namespace` auf sich hat: Beides ist
Thema von Kapitel 9.

Wenn Sie den PHPMailer ohne Installation über Composer nutzen wollen, müssen Sie zu Beginn alle benötigten Dateien über require einbinden:

```php
<?php
use PHPMailer\PHPMailer\PHPMailer;
use PHPMailer\PHPMailer\Exception;

require 'pfad/zu/PHPMailer/src/Exception.php';
require 'pfad/zu/PHPMailer/src/PHPMailer.php';
require 'pfad/zu/PHPMailer/src/SMTP.php';
```

HTML-Mails mit Anhang versenden

Auch das Versenden von HTML-Mails mit Anhang ist mit dem PHPMailer sehr einfach zu realisieren. Zum Anhängen von Dateien gibt es addAttachment(), und außerdem können Sie festlegen, dass die E-Mail als HTML versendet werden soll:

```php
$mail->addAttachment('/beispiel.jpg');
$mail->isHTML(true);
```

Auf der Webseite von PHPMailer finden Sie schöne Beispiele für die vielen weiteren Möglichkeiten, die PHPMailer Ihnen bietet. Schauen Sie sich bei Bedarf dort einmal um.

7.8   Dateien hochladen

Über PHP können Sie auch vom Benutzer hochgeladene Dateien entgegennehmen und verarbeiten.

7.8.1   Dateiupload: Grundlegendes

Dafür müssen Sie erst einmal das Formular zum Dateiupload erstellen:

```html
<form action="<?php echo htmlspecialchars($_SERVER["PHP_SELF"]); ?>"
method="post" enctype="multipart/form-data">
Datei: <br />
<input type="hidden" name="MAX_FILE_SIZE" value="30000" />
<input type="file" name="datei" /><br />
<input type="submit" value="Hochladen" />
</form>
```

Wichtig ist, dass Sie beim Dateiupload als Übertragungstyp POST und nicht GET verwenden. Zusätzlich notwendig ist enctype="multipart/form-data" im form-Starttag.

Das Feld zum Hochladen einer Datei ist ein input-Element vom Typ file, dem Sie außerdem wie gewohnt einen Namen geben. Der Browser erzeugt Ihnen dann automatisch die benötigte *Durchsuchen*-Schaltfläche. Wenn der Benutzer darauf klickt, öffnet sich das Menü zum Hochladen von Dateien.

Abb. 7–25　　*Ein Formular zum Hochladen einer Datei*

Mit dem versteckten Formularfeld namens MAX_FILE_SIZE können Sie eine maximal akzeptierte Dateigröße vorgeben. Der bei value stehende Wert wird in Byte angegeben. Dieses versteckte Feld muss vor dem Dateihochladen-Feld stehen, damit es von PHP korrekt ausgewertet wird. Eine praktische Angabe – nur leider kann man sich darauf nicht verlassen. Sie haben bereits gesehen, wie man Formulare manipulieren kann – und das gilt gleichermaßen für dieses versteckte Feld.

> Die maximale Größe für hochgeladene Dateien können Sie in der *php.ini* festlegen. Die entsprechende Einstellung heißt upload_max_filesize. Relevant ist außerdem die Einstellung post_max_size, über die Sie die maximale Größe von POST-Daten definieren; der Wert bei post_max_size muss größer sein als der bei upload_max_filesize, damit größere Dateien hochgeladen werden können. Zudem sollte memory_limit größer sein als post_max_size.

So weit, so gut – Sie können damit schon eine Datei hochladen, jedoch wird diese standardmäßig sofort gelöscht. Es fehlt also noch der PHP-Code, der dafür sorgt, dass die Datei entgegengenommen und an eine geeignete Stelle kopiert wird. Dafür benötigen Sie bestimmte Informationen über die hochgeladene Datei, die Ihnen im assoziativen Array $_FILES["name-des-Inputfelds"] zur Verfügung stehen. Diese können Sie sich in einem ersten Schritt einmal ausgeben lassen:

```
if (isset($_FILES["datei"])) {
  foreach ($_FILES["datei"] as $k => $v) {
    echo "$k: $v <br />\n";
  }
}
```

Listing 7–23　　*Informationen über eine hochgeladene Datei anzeigen lassen (datei_upload_info.php)*

Abb. 7–26   *Im Beispiel wurde eine JPG-Datei hochgeladen.*

`$_FILES["datei"]["name"]` enthält den Namen der Datei auf dem System des Anwenders.

`$_FILES["datei"]["type"]` beinhaltet den MIME-Typ der Datei, so wie der Browser ihn an den Server gesendet hat. (Ist also auch nicht sicher.)

> MIME steht für *Multipurpose Internet Mail Extensions* und ist ein Standard zur Bezeichnung verschiedener Medientypen.[8]

`$_FILES["datei"]["tmp_name"]` ist der temporäre Dateiname inklusive Pfad, wo die hochgeladene Datei temporär gespeichert ist[9]. Von dort muss die Datei später abgeholt und in das gewünschte Verzeichnis kopiert werden.

`$_FILES["datei"]["error"]` beinhaltet den Fehlercode. Wenn alles geklappt hat, ist der Fehlercode 0 wie im Beispiel.

`$_FILES["datei"]["size"]` gibt die Größe der hochgeladenen Datei in Bytes an und ist zuverlässiger als das eben erwähnte versteckte Feld.

Jetzt müssen Sie die Datei aus dem temporären Verzeichnis in das gewünschte Zielverzeichnis kopieren. Dafür ist die Funktion `move_uploaded_file()` gedacht. Sie überprüft gleichzeitig auch, ob es sich bei der Datei wirklich um eine hochgeladene Datei handelt.

> Deswegen sollten Sie unbedingt immer diese Funktion verwenden und nicht die Funktion `copy()`. Falls es nur um die Überprüfung geht, ob es sich um eine hochgeladene Datei handelt, ist `is_uploaded_file()` praktisch.

---

8.   Eine Auflistung möglicher MIME-Typen finden Sie unter
     http://www.iana.org/assignments/media-types/media-types.xhtml.
9.   Das Verzeichnis, in dem Dateien automatisch gespeichert werden, können Sie über die
     Einstellung `upload_tmp_dir` in der *php.ini*-Datei ändern.

move_uploaded_file() gibt false zurück, wenn das zu verschiebende Dokument keine hochgeladene Datei ist oder wenn das Verschieben nicht geklappt hat, weil beispielsweise das Verzeichnis, in das die Datei hochgeladen werden soll, nicht beschreibbar ist.

> Wenn Sie den Dateiupload bei Ihrem Provider testen, können Sie das Verzeichnis dort über Ihr FTP-Programm beschreibbar machen. Im Allgemeinen geht das über einen Rechtsklick auf den Ordner und durch Setzen der entsprechenden Eigenschaften. Mehr hierzu und zu den verschiedenen möglichen Rechten neben den Schreibrechten lesen Sie in Kapitel 12.

Das folgende Listing zeigt, wie eine hochgeladene Datei in den Unterordner *upload* verschoben wird:

```
01 if (isset($_FILES["datei"]) AND ! $_FILES["datei"]["error"]) {
02   if (move_uploaded_file($_FILES["datei"]["tmp_name"], "upload/" .
        basename($_FILES["datei"]["name"]))) {
03     echo "Dateiupload hat geklappt";
04   } else {
05     echo "Dateiupload hat nicht geklappt";
06   }
07 }
```

Listing 7–24   *Die hochgeladene Datei wird in das gewünschte Verzeichnis verschoben*
                (datei_upload.php)

Mit if wird in der ersten Zeile überprüft, ob eine Datei hochgeladen wurde und kein Fehler auftrat. In diesem Fall wird versucht, diese Datei mit move_uploaded_file() zu verschieben. Der Funktion move_uploaded_file() wird als erster Parameter der ursprüngliche Dateiname und dann das Ziel übergeben. Als Ziel wird das Verzeichnis *upload* angegeben und als Dateiname der ursprüngliche Dateiname. Da manche Browser beim ursprünglichen Dateinamen zusätzlich den vollständigen Pfad angeben, wird basename() eingesetzt, das eine eventuell vorhandene Pfadangabe entfernt.

7.8.2   Skript für den Bildupload

Beim Dateiupload besteht die Gefahr, dass jemand beispielsweise ein bösartiges PHP-Skript hochlädt und es danach aufruft. Es wird dann ausgeführt und somit der ganze Code, der darin steht. Damit kann jemand beliebigen Code ausführen. Wie sich so etwas verhindern lässt, soll am Beispiel eines Bildupload-Skripts gezeigt werden.

Ein erster Ansatz, das zu verhindern, besteht in der Prüfung des MIME-Typs der Datei. Dieser steht in $_FILES["datei"]["type"], allerdings so, wie der Browser ihn an den Server gesendet hat, und kann beliebig manipuliert werden.

Sie können auch HTML-technisch bei hochgeladenen Dateien angeben, dass diese nur von einem bestimmten Typ sein sollen. Dafür verwenden Sie das Attribut accept beim input-Feld:

```
<input type="file" name="bild" accept=".jpg, .jpeg, .png">
```

Das hat den Vorteil, dass ein Besucher beim Dateiöffnungsdialog nur die Dateien der vorgegebenen Typen angezeigt bekommt. Aber natürlich lässt sich das durch den Benutzer ganz einfach direkt manipulieren, deswegen ist eine Überprüfung mit PHP zusätzlich sinnvoll.

MIME-Typ über exif_imagetype() () ermitteln

- Sicherer ist es, wenn Sie den MIME-Typ über exif_imagetype() ermitteln. Die Funktion exif_imagetype() liest die ersten Bytes eines Bilds und überprüft die Signatur. Sie liefert eine entsprechende Konstante, wenn es sich um ein Bild handelt, sonst ist der Rückgabewert false. 1 entspricht der Konstanten IMAGE-TYPE_GIF.

- 2 steht für IMAGETYPE_JPEG.

- 3 für IMAGETYPE_PNG.

Sie können ein Array von erlaubten Bildtypen definieren und mit exif_image-type() prüfen, ob die Datei einem dieser Bildtypen entspricht.

```
$erlaubt = [IMAGETYPE_PNG, IMAGETYPE_JPEG, IMAGETYPE_GIF];
$bildinfo = exif_imagetype($_FILES["datei"]["tmp_name"]);
if (!in_array($bildinfo, $erlaubt)) {
  die("kein Bild");
}
```

Außerdem können Sie die integrierte Erweiterung fileinfo verwenden, um den MIME-Typ einer Datei zu ermitteln. fileinfo zieht zur Bestimmung des Dateityps eine interne Liste von Informationen über Dateitypen heran.

Dann lässt sich diese Erweiterung folgendermaßen nutzen:

```
$finfo = finfo_open(FILEINFO_MIME, "/pfad/zu/magic/mime");
if (!$finfo) {
  echo "fileinfo-Datenbank konnte nicht geöffnet werden";
  exit();
}
/* MIME-Typ einer Datei ermitteln und ausgeben lassen*/
$filename = "/pfad/zur/datei";
echo finfo_file($finfo, $filename);

/* Verbindung schließen */
finfo_close($finfo);
```

Weitere Schutzvorkehrungen

Nur mit der richtigen Endung: Außerdem ist es noch zusätzlich empfehlenswert, dafür zu sorgen, dass nur Dateien mit erwünschten Endungen im Upload-Verzeichnis landen – da Sie auch über PHP Bilder erstellen können (siehe Kap. 13). Bei diesen per PHP erstellten Bildern würde `getimagesize()` ebenfalls `true` zurückliefern. Diese Bilder haben allerdings dann die Endung `.php` und könnten weiteren schadhaften Code enthalten.

　　Und der Webserver muss natürlich so konfiguriert sein, dass er Dateien mit der Endung `.jpg`, `.gif` oder `.png` nicht an den PHP-Parser weiterleitet. Ansonsten könnte nämlich in einem Bild als Textkommentar PHP-Code eingebunden werden.

　　Um sicherzustellen, dass das Bild die gewünschte Endung hat, werden wir gleich im Skript die ursprüngliche Endung entfernen und dann eine neue Endung anhängen, die aus dem MIME-Typ ermittelt wurde.

　　▨　**Nur erwünschte Zeichen im Bildnamen**
　　　Außerdem sollten Sie dafür Sorge tragen, dass nur erwünschte Zeichen im Bildnamen vorkommen. Das wird im folgenden Skript durch einen regulären Ausdruck sichergestellt.

　　▨　**Keine bestehenden Dateien überschreiben**
　　　Wenn jemand ein Bild hochlädt und ein gleichnamiges Bild im Zielverzeichnis existiert, wird es überschrieben. Auch das wird im folgenden Skript abgefangen: Wenn die entsprechende Datei schon existiert, wird `kopie_` am Anfang des Namens ergänzt. Das geschieht so oft, bis es keine Datei mehr unter dem angegebenen Namen im Verzeichnis gibt.

　　▨　Da die Gefahr beim Dateiupload dadurch droht, dass jemand eine gefährliche Datei direkt aufruft, ist es eine gute Schutzmethode, die Dateien **außerhalb des Webverzeichnisses** zu speichern. Bei XAMPP würde das bedeuten, dass Sie den *upload*-Ordner außerhalb des *htdocs*-Verzeichnisses anlegen. Leider ist dieses Prozedere bei einfachen Webhosting-Angeboten nicht immer möglich.

Bildupload-Skript

Jetzt zum Bildupload-Skript, das diese Punkte berücksichtigt. Sie sehen es zuerst in seinem Gesamtzusammenhang, danach werden die einzelnen Teile besprochen.

```
01 <form action="<?php echo htmlspecialchars($_SERVER["PHP_SELF"]); ?>"
      method="post" enctype="multipart/form-data">
02   Datei: <br/>
03   <input type="hidden" name="MAX_FILE_SIZE" value="300000"/>
04   <input type="file" name="datei"/><br/>
05   <input type="submit" value="Hochladen"/>
06 </form>
07
```

```
08 <?php
09 if (isset($_FILES["datei"]) AND !$_FILES["datei"]["error"] AND
     ($_FILES["datei"]["size"] < 300000)) {
10   $erlaubt = [IMAGETYPE_PNG, IMAGETYPE_JPEG, IMAGETYPE_GIF];
11   $bildinfo = exif_imagetype($_FILES["datei"]["tmp_name"]);
12   if (!in_array($bildinfo, $erlaubt)) {
13     die("kein Bild");
14   } else {
15     $mime = $bildinfo;
16     $mimetypen = [
17       2 => "jpg",
18       1 => "gif",
19       3 => "png"
20     ];
21     $endung = $mimetypen[$mime];
22
23     $neuername = basename($_FILES["datei"]["name"]);
24     $neuername = preg_replace("/\.(jpe?g|gif|png)$/i", "", $neuername);
25     $neuername = preg_replace("/[^a-zA-Z0-9_-]/", "", $neuername);
26     $neuername .= ".$endung";
27
28     $ziel = "upload/$neuername";
29
30     while (file_exists($ziel)) {
31       $neuername = "kopie_$neuername";
32       $ziel = "upload/$neuername";
33     }
34     if (@move_uploaded_file($_FILES["datei"]["tmp_name"], $ziel)) {
35       echo "Dateiupload hat geklappt";
36     } else {
37       echo "Dateiupload hat nicht geklappt";
38     }
39   }
40 }
```

Listing 7–25   *41 ?>Das Skript zum Upload von Bilddateien (datei_upload_bild.php)*

Zu Beginn – Zeile 1–6 – wird das Formular erstellt:

```
01 <form action="<?php echo htmlspecialchars($_SERVER["PHP_SELF"]); ?>"
     method="post" enctype="multipart/form-data">
02 Datei: <br />
03 <input type="hidden" name="MAX_FILE_SIZE" value="300000" />
04 <input type="file" name="datei" /><br />
05 <input type="submit" value="Hochladen" />
06 </form>
```

In Zeile 9 werden erste grobe Überprüfungen durchgeführt:

```
09 if (isset($_FILES["datei"]) AND ! $_FILES["datei"]["error"]  AND
     ($_FILES["datei"]["size"] < 300000 )) {
```

Nur wenn das Formular abgesendet wurde, es keine Fehler beim Upload gab und die Größe den vorgegebenen Wert nicht überschreitet, wird die Überarbeitung durchgeführt.

In den nächsten Zeilen wird ein Array mit erlaubten Bildtypen erstellt und über exif_imagetype() der Typ ermittelt. Wenn dieser nicht im vorher definierten Array vorhanden ist, wird die Verarbeitung über die() abgebrochen.

```
10    $erlaubt = [IMAGETYPE_PNG, IMAGETYPE_JPEG, IMAGETYPE_GIF];
11    $bildinfo = exif_imagetype($_FILES["datei"]["tmp_name"]);
12    if (!in_array($bildinfo, $erlaubt)) {
13      die("kein Bild");
14    }
```

die() bricht die Verarbeitung eines Skripts ab. Vorher wird aber noch die in Klammern stehende Meldung ausgegeben.

Der Dateityp wird in $mime gespeichert. Außerdem wird ein Array mit Bildendungen definiert und den Rückgabewerten von exif_imagetyp() zugeordnet. Schließlich wird die passende Endung ermittelt:

```
14    } else {
15      $mime = $bildinfo;
16      $mimetypen = [
17        2 => "jpg",
18        1 => "gif",
19        3 => "png"
20      ];
21      $endung = $mimetypen[$mime];
```

Jetzt wird der neue Dateiname zusammengesetzt. Als Basis dient der übergebene Name:

```
23    $neuername = basename($_FILES["datei"]["name"]);
```

Die vorhandene Endung jpeg, jpg, gif oder png wird durch nichts – also einen leeren String – ersetzt:

```
24    $neuername = preg_replace("/\.(jpe?g|gif|png)$/i", "", $neuername);
```

Außerdem sollen nur bestimmte Zeichen im Dateinamen zugelassen werden, alle anderen werden gelöscht:

```
25    $neuername = preg_replace("/[^a-zA-Z0-9_-]/", "", $neuername);
```

Schließlich wird die Endung drangehängt:

```
26    $neuername .= ".$endung";
```

Jetzt wird das Ziel angegeben: Die Datei soll im Verzeichnis *upload* unter dem neu erstellten Namen abgespeichert werden. Ob dort eine gleichnamige Datei bereits existiert, prüft file_exists(). Diese von PHP vorgegebene Funktion liefert true zurück, wenn dort bereits eine Datei mit dem angegebenen Namen vorhanden ist. In diesem Fall wird der Name mit kopie_ am Anfang versehen (Zeile 31).

Die Überprüfung findet innerhalb einer while-Schleife statt, das heißt, es wird so lange kopie_ an den Dateinamen gehängt, bis keine gleichnamige Datei mehr vorhanden ist.

```
28      $ziel = "upload/$neuername";
29
30      while (file_exists($ziel)) {
31        $neuername = "kopie_$neuername";
32        $ziel = "upload/$neuername";
33      }
```

Schließlich wird die Datei über move_uploaded_file() am angegebenen Ort abgespeichert. Eventuell auftretende Fehlermeldungen werden über das @-Zeichen vor der Funktion abgefangen.

```
34      if (@move_uploaded_file($_FILES["datei"]["tmp_name"], $ziel)){
35        echo "Dateiupload hat geklappt";
36      } else {
37        echo "Dateiupload hat nicht geklappt";
38      }
39    }
40 }
```

In Zeile 39 folgt die schließende Klammer des else-Zweigs, der in Zeile 14 begonnen hat, und in Zeile 40 die schließende Klammer des umfassenden if aus Zeile 9.

7.9   Zusammenfassung

In diesem Kapitel haben Sie gesehen, wie Sie mit PHP die Daten, die ein Benutzer in ein Formular einträgt, weiterverarbeiten können. Über die assoziativen Arrays $_GET und $_POST können Sie auf die per GET oder POST versendeten Informationen zugreifen. Bei beiden Arrays geben Sie in eckigen Klammern den Namen des Formularfelds an, so wie er beim name-Attribut im HTML-Code steht. Sie haben erfahren, warum es wichtig ist, Daten aus Formularen, die wieder auf einer HTML-Seite ausgegeben werden, mit htmlspecialchars() zu behandeln. Außerdem haben Sie die filter-Erweiterung kennengelernt, mit der man die eingegebenen Daten filtern kann. Häufig wird man Formulardaten per E-Mail versenden – dafür gibt es die praktische Funktion mail(). Für mehr Optionen und auch zum komfortablen Versenden von Anhängen greift man besser zum PHPMailer. Am Schluss ging es noch darum, wie man Dateien über ein Formular hochladen kann, per PHP in Empfang nimmt und abspeichert.

Damit beenden wir die Behandlung der Formulare, aber auch im nächsten Kapitel geht es um wichtige Webtechniken – nämlich darum, wie Sie mit Cookies und Sessions Benutzer wiedererkennen und Zustände speichern. Formulare werden Ihnen wieder in Kapitel 11 begegnen, dann werden wir die in ein Formular eingetragenen Daten in einer Datenbank speichern.

8 Zustände über Cookies und Sessions beibehalten

HTTP – das Protokoll, über das der Austausch von Daten zwischen Webserver und Client stattfindet – ist statuslos. Das bedeutet: Ein Browser fordert vom Webserver ein bestimmtes Dokument an. Dann fordert derselbe Browser vom selben Webserver ein weiteres Dokument an. Diese beiden Vorgänge sind jedoch vollständig unabhängig voneinander, das heißt, der Webserver merkt sich nicht, dass er an den Client bereits ein Dokument gesendet hat. Für manche Anwendungen braucht man aber gerade das, nämlich eine Möglichkeit, einen Anwender wiederzuerkennen. Klassisches Beispiel ist der Warenkorb in einem Shopsystem, in den ein Benutzer Produkte hineineinlegen kann, und diese Produkte bleiben im Warenkorb, auch wenn der Benutzer die Seite wechselt. Auch für personalisierte Seiten, die einen Benutzer persönlich begrüßen und die auf ihn zugeschnittene Inhalte zeigen, braucht man eine Möglichkeit, Zustände zu speichern.

Wenn Sie ein Formular einsetzen, können Sie über versteckte Felder (type="hidden") Informationen an weitere Seiten übermitteln. Jedoch ist dies auf den Einsatz von Formularen beschränkt. Eine globalere Lösung bieten Cookies und Sessions, die in diesem Kapitel vorgestellt werden.

8.1 Cookies

Cookies sind kleine Textinformationen, die vom Server an den Browser gesendet werden und die beim Surfer auf der Festplatte gespeichert werden. Bei späteren Zugriffen auf denselben Webserver sendet der Browser jeweils das Cookie wieder mit. Auf diese Art kann der Webserver einen Anwender wiedererkennen.

> Aus rechtlichen Gründen sollten Sie einen Besucher mit einem sogenannten Cookie-Banner darauf hinweisen, dass Sie Cookies verwenden.

8.1.1   Cookies – allgemeine Eigenschaften

Es gibt dabei bestimmte Beschränkungen für Cookies, die jedoch in den einzelnen Browsern unterschiedlich implementiert sein können. Nach der Cookie-Spezifikation[1] sollen Browser mindestens 300 Cookies speichern, die jeweils 4.096 Bytes groß sein dürfen, wobei 20 Cookies pro Domain erlaubt sind.

Cookies können dabei immer nur von der Domain gelesen werden, die das Cookie auch gesetzt hat. Umgangen wird diese Einschränkung jedoch manchmal dadurch, dass über Bilder, die von anderen Domains eingebunden werden, ebenfalls Cookies gesetzt werden.

Ob und welche Cookies gespeichert werden dürfen, bestimmt der Benutzer in seinen Browsereinstellungen. Wie das geht, sehen wir uns bei Firefox und Chrome an.

Cookies im Firefox

Im Firefox finden Sie die entsprechende Option unter *Einstellungen/Datenschutz&Sicherheit*. Wenn Sie unter *Chronik* den Punkt *Firefox wird eine Chronik anlegen* wählen, sehen Sie die Optionen für Cookies und Websitedaten.

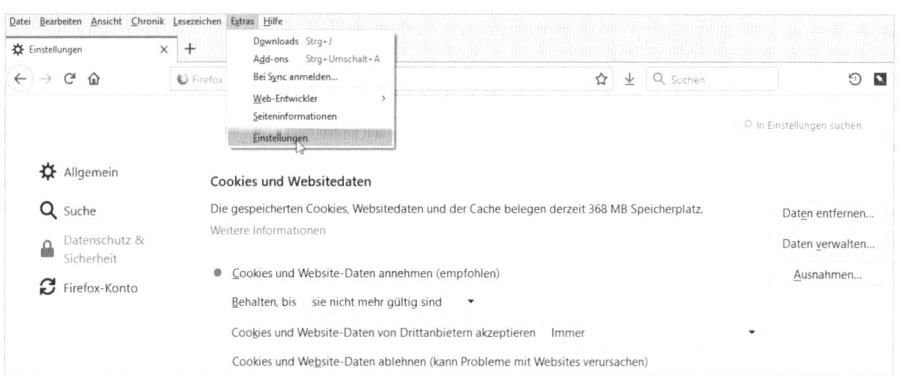

Abb. 8–1   *Einstellungen für Cookies im Firefox*

Hier legen Sie fest, ob Sie allgemein Cookies akzeptieren möchten und ob Sie auch Cookies von Drittanbietern akzeptieren möchten und wie lange Sie die Cookies behalten möchten.

Cookies von Drittanbietern sind Cookies, die über in einer Seite referenzierte Bilder auch von anderen Domains als der ursprünglichen Seite gesetzt werden können. Dadurch lassen sich allgemeine Profile des Surfverhaltens erstellen. Deswegen könnte es sinnvoll sein, diese nicht zuzulassen.

Über *Daten verwalten* verschaffen Sie sich einen Überblick über die auf Ihrem Computer gespeicherten Cookies und andere Daten. Sie können im Suchfeld

---

1.   *http://tools.ietf.org/html/rfc2965*

oben nach einer Website suchen, um zu ermitteln, ob sie Cookies gesetzt hat. Außerdem können Sie hierüber die Cookies, die eine Webseite gesetzt hat, löschen.

Abb. 8–2   *php.net hat 3 Cookies gesetzt.*

Den Inhalt der Cookies sehen Sie auf eine andere Methode: Rufen Sie die Seite im Firefox auf, öffnen Sie die Entwicklertools durch Klick mit der rechten Maustaste und *Element untersuchen*. Wählen Sie dann den Tab *Web-Speicher* und links *Cookies*.

Abb. 8–3   *Der Inhalt der von php.net gesetzten Cookies*

Abbildung 8–3 zeigt beispielsweise, dass die Website php.net drei Cookies gesetzt hat. Das Cookie LAST_LANG speichert die zuletzt verwendete Sprache, im Beispiel de. Durch dieses Cookie können die Erläuterungen des PHP-Manuals bei der nächsten Benutzung gleich in der richtigen Sprache angezeigt werden.

Sehr komfortabel können Sie Cookies mit der Erweiterung Cookie Manager für Firefox ansehen und bearbeiten.[2]

---

2.   *https://addons.mozilla.org/en-US/firefox/addon/a-cookie-manager/*

Cookies im Chrome

Vorweg: Cookies sind browserspezifisch. Cookies, die in einem Browser gesetzt sind, stehen im anderen Browser nicht zur Verfügung.

Die Einstellung für Cookies finden Sie in Chrome über *Einstellungen* (diese erreichen Sie über die drei Punkte ganz oben rechts). Wählen Sie unten auf der Seite *Erweitert*. Dort finden Sie *Sicherheit und Datenschutz* und dann *Inhaltsein-stellungen*. Der erste Punkt betrifft Cookies. Hier legen Sie fest, ob Cookiedaten gespeichert werden dürfen oder nicht.

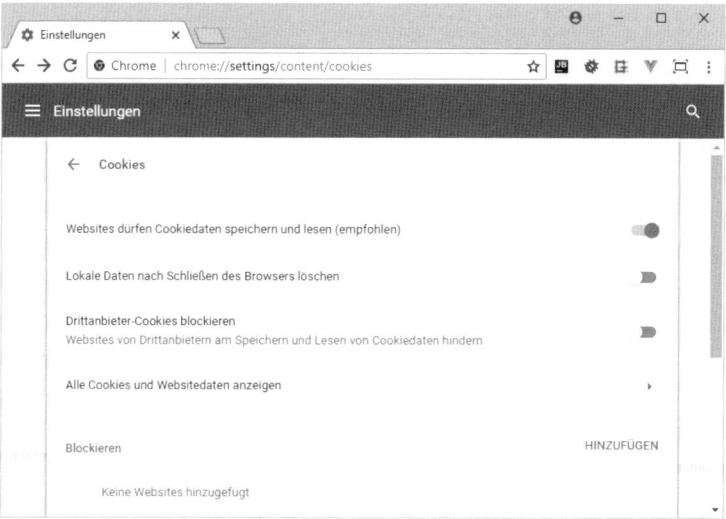

Abb. 8–4   *Chrome: Cookie-Einstellungen*

Bei *Alle Cookies und Websitedaten anzeigen* erhalten Sie einen Überblick über die gespeicherten Cookies samt Inhalt, wenn Sie auf den Namen eines Cookies klicken.

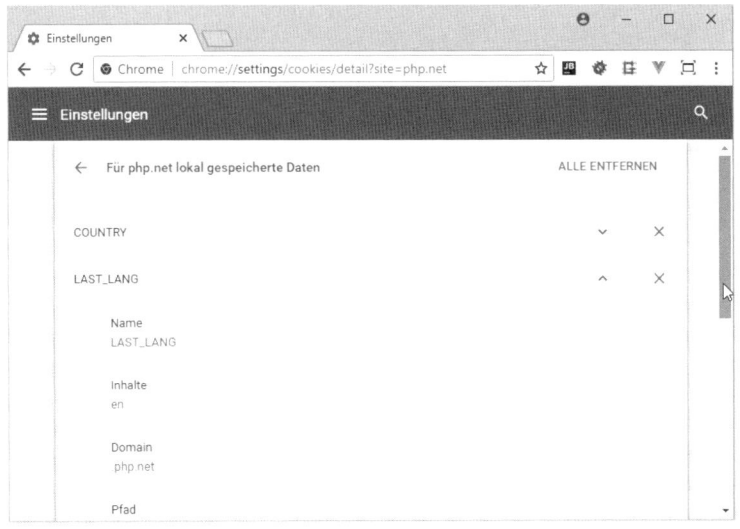

Abb. 8–5   *Chrome: Inhalt einzelner Cookies*

8.1.2   Kommunikation zwischen Browser und Server

Cookies werden über den HTTP-Header versendet. Um das nachzuvollziehen, ist es nützlich, zu verstehen, wie eigentlich die Kommunikation zwischen Browser und Server funktioniert. Wenn Sie im Browser eine Adresse eingeben und absenden, stellt der Browser eine Anfrage, die folgendermaßen beginnt:

```
GET https://developer.mozilla.org/en-US/search?q=client+server+overview
HTTP/1.1
Host: developer.mozilla.org
```

Zuerst steht die Übertragungsmethode, um Seiten anzufordern. GET ist die häufigste. Dann folgt der Name der angeforderten Datei und am Schluss die verwendete HTTP-Version. In der nächsten Zeile hinter `Host:` steht der eigentliche Domain-Name. Üblicherweise werden noch weitere Informationen mitgeschickt, wie über den verwendeten Browser usw.

Der Server schickt in seinem Antwort-Header verschiedene Informationen. Am Anfang stehen das Protokoll und der Statuscode:

```
HTTP/1.1 200 OK
```

Darauf folgen Informationen wie der MIME-Typ und die Länge des Dokuments, der verwendete Server usw. Wenn alles geklappt hat, wird im Body der Antwort das Dokument mitgesendet, das der Browser darstellt.

Noch einmal zurück zum Anfang: Cookies werden vom Server mit dem *Header* mitgesendet, nicht mit dem *Body* der Antwort, bei dem das Dokument gesendet wird. Auf diesen Punkt kommen wir etwas später noch einmal zu sprechen, wenn es darum geht, warum die Funktion zum Setzen von Cookies ganz am Anfang des Dokuments stehen sollte.

8.1.3   Cookies setzen per PHP

Zum Setzen von Cookies stellt PHP die Funktion `setcookie()` zur Verfügung. Diese Funktion erlaubt mehrere Parameter:

```
setcookie("sprache", "en", time()+3600, "/", ".example.com", true, true);
```

Dabei bedeuten die einzelnen Parameter:

- der *Name* des Cookies, im Beispiel `sprache`

- der *Wert*, hier `en`

- das Verfallsdatum in Form eines Unix-Zeitstempels. Üblicherweise verwendet man hier den aktuellen Zeitstempel, zu dem man noch die gewünschte Anzahl an Sekunden addiert. Wenn Sie diesen Parameter nicht setzen, gilt das Cookie nur während dieser Browsersitzung und wird gelöscht, wenn jemand seinen Browser schließt.

- der *Pfad*. Standardmäßig gilt das Cookie nur für den Unterordner, in dem das Skript steht, das das Cookie gesetzt hat. Über diese Einstellung können Sie das ändern. Wenn Sie hier / angeben, ist das Cookie für die gesamte Domain gültig. Geben Sie hier hingegen `/manual/` an, ist das Cookie nur für den Ordner *manual* und alle Unterordner gültig.

- die *Domain*, für die das Cookie gilt. Das ist nur relevant, wenn Sie mit Subdomains arbeiten. Zwei mögliche Subdomains zu `example.com` könnten beispielsweise `de.example.com` und `en.example.com` sein. Normalerweise gilt das Cookie nur für die Subdomain, die das Cookie setzt. Soll ein Cookie hingegen in allen Subdomains von `example.com` gelten, schreiben Sie `.example.com`. Sie können hier aber, da Cookies immer nur von derselben Domain ausgelesen werden, nicht einfach eine fremde Domain angeben.

- *Verbindungstyp:* Wenn Sie für diesen Parameter `true` angeben, darf das Cookie nur über sichere HTTPS-Verbindungen versendet werden.

- `httponly`: Über den letzten Parameter können Sie durch die Angabe `true` festlegen, dass das Cookie nur über das HTTP-Protokoll ausgelesen wird und nicht beispielsweise per JavaScript. Das kann helfen, einen Identitätsklau über XSS zu verhindern.

Obligatorisch ist nur der erste Parameter – der Name –, die anderen sind fakultativ.

8.1.4   Cookies setzen und auslesen

Die auf diese Art gesetzten Cookies können Sie über das von PHP bereitgestellte assoziative Array $_COOKIES auslesen. Die Name-Wert-Paare dieses Arrays entsprechen dem Namen und dem Wert der gesetzten Cookies.

Sehen wir uns das einmal am Beispiel an. Im ersten Skript werden zwei Cookies gesetzt. Außerdem gibt es einen Link auf eine weitere Datei, in der die Cookies ausgelesen werden. Dieses Mal ist das gesamte Listing inklusive HTML-Teil angegeben, da der PHP-Code an verschiedenen Stellen steht.

```
01 <?php
02 setcookie("name", "Marie", time()+7200);
03 setcookie("farbe", "rot", time()+7200);
04 ?>
05 <!DOCTYPE html>
06
07 <html>
08  <head>
09   <meta charset="UTF-8" />
10   <title>Cookies setzen</title>
11 </head>
12 <body>
13 <p>In diesem Dokument sollten zwei Cookies gesetzt werden.</p>
14 <p>Prüfen Sie, ob das geklappt hat, über
15 <a href="cookie_auslesen.php">cookie_auslesen.php</p>
16 </body>
17 </html>
```

Listing 8–1   *Zwei Cookies werden gesetzt (cookie_setzen.php).*

Im Beispiel wird in Zeile 2 ein Cookie gesetzt. Es erhält den Namen name, den Wert Marie, und als Verfallsdatum wird time()+7200 bestimmt. time() liefert den aktuellen Timestamp, zu dem 7200 Sekunden (60 * 60 * 2), also zwei Stunden, addiert werden. In Zeile 3 wird ein weiteres Cookie gesetzt, dieses Mal mit dem Namen farbe und dem Wert rot.

Dass setcookie() ganz am Anfang steht, ist kein Zufall: Da Cookies über den Header versendet werden, müssen Sie die Funktion setcookie() aufrufen, bevor irgendeine Ausgabe erfolgt. Allerdings können Sie in der Konfiguration von PHP auch das Output-Buffering aktivieren, dann gilt diese Beschränkung nicht. Dazu gleich noch mehr.

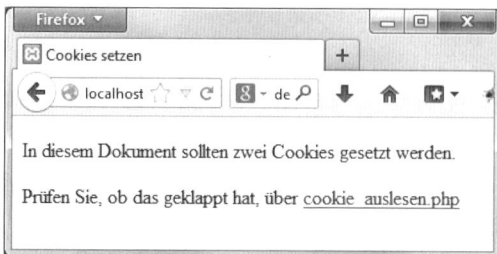

Abb. 8–6   *In diesem Dokument werden die Cookies gesetzt.*

Das zweite Skript dient dazu, die Cookie-Werte auszulesen:

```
if (isset($_COOKIE["name"]) && isset($_COOKIE["farbe"])) {
  echo "Cookies wurden gesetzt<br />\n";
  echo "Name: " . htmlspecialchars($_COOKIE["name"]) . "<br />\n";
  echo "Farbe: " . htmlspecialchars($_COOKIE["farbe"]);
} else {
  echo "keine Cookies gesetzt";
}
```

Listing 8–2   *Die Werte werden wieder ausgelesen (cookie_auslesen.php).*

Im zweiten Skript wird geprüft, ob die beiden Variablen $_COOKIE["name"] und
$_COOKIE["farbe"] existieren. Wenn das der Fall ist, werden die beiden Werte aus-
gegeben. Sind hingegen die Variablen nicht gesetzt, erscheint eine andere Meldung. Da das Setzen von Cookies ja im Browser deaktiviert werden kann, sollten
Sie immer, bevor Sie auf die Werte zugreifen, testen, ob die entsprechenden Variablen gesetzt sind.

Abb. 8–7   *Die über Cookies gesetzten Werte werden ausgegeben.*

Zum Löschen von Cookies gibt es keine eigene Funktion. Sie löschen ein Cookie,
indem Sie ein Cookie mit denselben Parametern setzen, aber mit einer Ablaufzeit,
die in der Vergangenheit liegt:

```
setcookie("name", "Marie", mktime(0, 0, 0, 1, 1, 1980));
```

8.1.5 Die einzelnen Schritte genau betrachtet

Sehen wir uns die einzelnen Schritte noch einmal im Detail an:

1. Schritt
   Das Dokument *cookie_setzen.php* wird vom Browser angefordert.

2. Schritt
   Der Server sendet das Dokument und versucht gleichzeitig, das Cookie zu set-
   zen. (Das schlägt fehl, wenn der Benutzer das Setzen von Cookies in seinen
   Browsereinstellungen unterbunden hat.)

3. Schritt
   Der Benutzer klickt auf den Link im Dokument *cookie_setzen.php*, und das
   Dokument *cookie_auslesen.php* wird vom Browser angefordert. In seiner
   Anforderung sendet *der Browser gleichzeitig das Cookie* mit den Werten mit.

4. Schritt
   Der Server liefert das Dokument *cookie_auslesen.php* zurück, in dem der
   Inhalt des Cookies sichtbar ausgegeben wird.

5. Schritt
   Bei jeder weiteren Anforderung von Seiten derselben Domain und im selben Unterordner sendet der Browser erneut das Cookie mit – solange es noch gültig ist.

Das lässt sich gut mit den Browser-Entwicklungstools verfolgen. Wenn Sie die
internen Entwicklungstools von Firefox aufrufen – beispielsweise über einen
Rechtsklick ins Dokument und dann einen Klick auf *Element untersuchen*, können Sie den Netzwerkanalyse-Tab aktivieren. Um die Header zu sehen, müssen
Sie die Seite noch einmal neu laden. Dann sehen Sie die GET-Anfrage. Ein Klick
darauf zeigt die Kopfzeilen an. Und hier sehen Sie in der Kopfzeile der Anfrage
vom *Browser*, dass das Cookie mitgesendet wird.

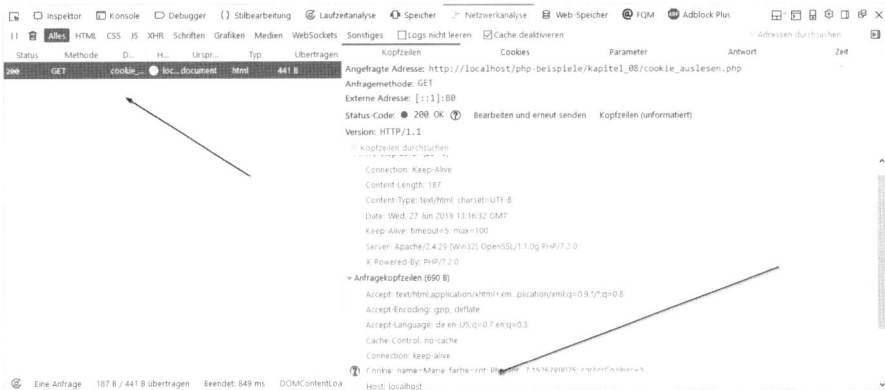

Abb. 8–8 *Der Netzwerkanalyse-Tab in den Entwicklungswerkzeugen von Firefox zeigt auch die Header der HTTP-Kommunikation und damit die Cookies.*

Wenn Sie nur die Cookies sehen wollen, können Sie auch auf den Tab *Cookies* klicken. Der Browser sendet bei jeder Anforderung von Dateien die Cookies mit. Wenn eine Webseite außer dem eigentlichen HTML-Code auch noch aus Bildern, JavaScript-Dateien, Stylesheets usw. besteht, werden die Cookies bei jeder dieser Anforderungen mitgesendet. Damit werden relativ viele Daten übertragen, was schlecht für die Performance sein kann. Eine andere Speichermöglichkeit für Daten auf dem Client ist WebStorage – eine im Umkreis von HTML5 angesiedelte Technologie zum Speichern von Daten über JavaScript.

8.1.6   Headers already sent

Wenn Sie *irgendetwas vor dem Aufruf* von `setcookie()` *ausgeben lassen*, erhalten Sie (eventuell) die Warnung, dass die Header-Information nicht verändert werden kann, weil der Header bereits gesendet wurde. Außerdem werden die Cookies nicht gesetzt. Die Fehlermeldung lautet: »Cannot modify header information – headers already sent«.

Wenn nämlich eine Ausgabe erfolgt ist, dann sendet PHP automatisch den für HTML-Dokumente üblichen Header und kann keinen weiteren erstellen. Hier ein paar Beispiele dafür, was alles als Ausgabe zählt:

- Zuerst einmal natürlich der HTML-Code, unabhängig davon, ob Sie ihn direkt oder per PHP ausgeben lassen.

- Aber dazu zählen auch Leerzeichen, die vor dem öffnenden `<?php`-Tag stehen.

- Falls Sie Dateien per `include()` oder `require()` einbinden, zählen natürlich auch Ausgaben, die von diesen Dateien stammen!

- Leerzeichen und Zeilen innerhalb des PHP-Codes stören hingegen nicht, da sie keine Ausgabe erzeugen.

- Besonders tricky ist das Ganze bei der Verwendung von UTF-8 als Codierung. Denn bei UTF-8-Dateien kann am Anfang ein sogenanntes BOM integriert sein. BOM steht für Byte Order-Mark (Bytereihenfolge-Markierung) und enthält drei Bytes, die die Codierung markieren. PHP vor Version 5.3 interpretiert diese 3 Bytes als Ausgabe und meldet entsprechend einen Fehler.

8.1.7   Ausgabepufferung aktivieren

Um das Problem mit `Header already sent` zu umgehen, können Sie die Konfiguration abändern. Wenn Sie in der *php.ini* das Output-Buffering aktivieren, können Sie den Code zum Setzen von Cookies auch schreiben, nachdem eine HTML-Ausgabe erfolgt ist. Die entscheidende Direktive lautet `output_buffering`. Der Standardwert ist 0, das heißt, das Output-Buffering ist nicht aktiviert. Sie aktivieren es mit dem Wert `on`. Wenn Sie die Größe des Buffers beschränken wollen, können Sie die maximale Größe in Bytes angeben (zum Beispiel `output_buffering=4096`).

Die andere Möglichkeit besteht darin, dass Sie über die Funktion `ob_start()` im Skript selbst das Ouput-Buffering aktivieren. Alles, was Sie danach per `echo` oder über eine andere Funktion ausgeben, wird in den Puffer geschrieben. Erst wenn Sie `ob_end_flush()` angeben, findet die Ausgabe wirklich statt. PHP kümmert sich dann selbst darum, dass der Befehl zum Setzen von Cookies im Header steht.

```php
01 <?php
02 ob_start();
03 ?>
04 <!DOCTYPE html>
05
06 <html>
07  <head>
08   <meta charset="UTF-8" />
09   <title>Cookie setzen mit Ausgabepufferung</title>
10 </head>
11 <body>
12 <?php
13 setcookie("stadt", "München", time()+3600);
14 echo "Cookies werden mitten im Skript gesetzt und es funktioniert!";
15 ob_end_flush();
16 ?>
17 </body>
18 </html>
```

Listing 8–3   *Ist die Ausgabepufferung aktiviert, kann der Befehl zum Setzen von Cookies auch später im Skript erfolgen (cookie_ausgabepufferung.php).*

Übung 1

- Erstellen Sie ein Formular mit einem Textfeld, in dem der Benutzer seinen Namen eingeben kann. Zusätzlich gibt es außerdem einen Absende-Button.
- Speichern Sie diese Information in einem Cookie.
- Erstellen Sie dann ein weiteres Dokument – das heißt eine weitere Datei –, in dem diese Information ausgelesen wird. Begrüßen Sie dort den Benutzer bei gesetztem Cookie mit seinem Namen oder ansonsten mit »Hallo Unbekannter«.

8.1.8 Cookies und Sicherheit

Können Sie den Inhalten von Cookies vertrauen? Leider nein. Cookies können beliebig manipuliert werden. Schließlich ist es eine Information, die auf der Festplatte des Surfers gespeichert ist. Besonders komfortabel kann ein Benutzer Cookies etwa über die Web-Developer Toolbar[3] erstellen, die Firefox-Erweiterung, die Sie auch schon in Kapitel 7 kennengelernt haben. Hierfür braucht er nur in

---

3. *https://addons.mozilla.org/de/firefox/addon/web-developer/*

der Web-Developer-*Symbolleiste Cookies/add Cookie* zu wählen. Das bedeutet: Sie müssen die Inhalte von Cookies genauso prüfen, wie Sie die von Formularen gesendeten Daten prüfen müssen (siehe hierzu Kap. 7).

8.2   Sessions – Sitzungen

Auch Sessions werden dazu verwendet, Benutzer wiederzuerkennen und Daten über mehrere Webseiten hinweg verfügbar zu halten. Der grundlegende Unterschied zu Cookies ist aber der, dass die Daten bei Sessions nicht auf dem Client (Browser), sondern *auf dem Server* gespeichert werden. Auf dem Client wird hingegen nur ein Cookie gespeichert, das den Client beim Server identifiziert. Ein weiterer Unterschied ist, dass Sie über Sessions üblicherweise nur Informationen während einer Browsersitzung speichern. Eine Sitzung dauert so lange, bis der Browser geschlossen wird.

Um eine Session zu starten, verwenden Sie den PHP-Befehl session_start(). Wenn Sie eine Session gestartet haben, können Sie das von PHP bereitgestellte vordefinierte assoziative Array $_SESSION verwenden, um Schlüssel-Wert-Paare zu speichern.

Im ersten Skript werden Informationen in $_SESSION abgelegt.

```
01 <?php
02 session_start();
03 ?>
04 <!DOCTYPE html>
05
06 <html>
07  <head>
08   <meta charset="UTF-8" />
09   <title>Session verwenden</title>
10 </head>
11 <body>
12 <?php
13 $_SESSION["name"]  = "Marie";
14 $_SESSION["farbe"] = "rot";
15 echo "Dieses Mal werden Werte über Sessions gesetzt. ";
16 echo "Hier können Sie sie auslesen <a
href='session_auslesen.php'>session_auslesen.php
17 </a>";
18 ?>
19 </body>
20 </html>
```

Listing 8–4   *Eine Session starten und Werte speichern (session.php)*

In Zeile 2 wird der Befehl zum Starten einer Session aufgerufen. Dieser muss – genau wie setcookie() – stehen, bevor irgendeine Ausgabe erfolgt ist. In den Zeilen 13 und 14 wird das $_SESSION-Array zur Speicherung der Werte benutzt.

Abb. 8–9   *Die Ausgabe von session.php*

Klickt der Nutzer auf den bereitgestellten Link, werden im Skript *session_aus-lesen.php* die Werte ausgegeben.

```
01 <?php
02 session_start();
03 ?>
04 <!DOCTYPE html>
05
06 <html>
07  <head>
08   <meta charset="UTF-8" />
09   <title>Session verwenden</title>
10 </head>
11 <body>
12 <?php
13 if (isset($_SESSION["name"]) && isset($_SESSION["farbe"])) {
14   echo "Die geschriebenen Werte sind: <br />";
15   echo "Name: {$_SESSION['name']} <br />\n";
16   echo "Farbe: {$_SESSION['farbe']} <br />\n";
17 } else {
18   echo "Noch keine Session gesetzt";
19 }
20
21 ?>
22 </body>
23 </html>
```

Listing 8–5   *Die über die Session gespeicherten Informationen werden wieder ausgelesen*
                    (session_auslesen.php).

Um auf die in der Session gespeicherten Werte zugreifen zu können, muss zuerst wieder session_start() in Zeile 2 aufgerufen werden. Mit if wird in Zeile 13 geprüft, ob die entsprechenden Variablen gesetzt sind, und diese werden dann ausgegeben.

Abb. 8–10   *Die Werte werden ausgegeben.*

8.2.1   Speicherung von Session-Informationen

Sehen wir uns einmal an, wo diese Informationen gespeichert werden. Um nicht die Cookies der vorherigen Skripte zu sehen, sollten Sie erst einmal die Cookies für *localhost* löschen (siehe Abschnitt 8.1.1). Rufen Sie dann die Beispiele zur Verwendung von Sessions erneut auf. Im Browser findet sich nun ein Cookie namens PHPSESSID mit einem ziemlich kryptischen Wert, den PHP selbst vergibt.

Abb. 8–11   *Auf dem Client wird ein Cookie mit der Session-ID gespeichert.*

Die eigentlichen Informationen, die gespeichert werden, verbleiben auf dem Server. Bei der XAMPP-Installation unter Windows ist das Verzeichnis, in dem diese Daten gespeichert werden, das Unterverzeichnis *tmp* innerhalb von *xampp*. Hier finden Sie eine Datei, die mit sess_ beginnt, und darauf folgt der als Inhalt des Cookies vergebene Wert. Darin stehen die gespeicherten Daten in serialisierter Form.

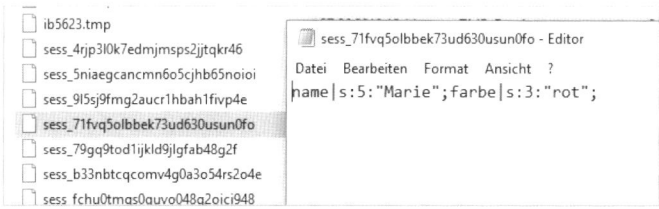

Abb. 8–12   *Im entsprechenden Unterordner auf dem Webserver sind die Sessiondaten gespeichert.*

8.2.2   Sessions bei deaktivierten Cookies

Da die Identifizierung des Clients über ein Cookie geschieht, funktionieren Sessions bei vollständiger Deaktivierung von Cookies durch den Benutzer nicht. Er muss zumindest temporäre Cookies zulassen, das heißt diejenigen, die bis zum Beenden des Browsers erhalten bleiben.

Sollen Sessions auch bei deaktivierten Cookies funktionieren, müssen Sie die Session-ID über die URL übergeben. In unserem Beispiel muss man dafür die Datei *session.php* genau an der Stelle bearbeiten, an der der Link steht. Diesen muss man um die Session-Information erweitern. Dafür brauchen Sie den von PHP vergebenen Sessionnamen, den `session_name()` liefert, und den Wert, den Sie über `session_id()` ermitteln können.

```
echo "Hier können Sie sie auslesen <a href='session_auslesen.php?"
    . session_name()  . "="
    . session_id()
    . "'>session_auslesen.php</a>";
```

Listing 8–6   *An den Link wird die Session-Information angehängt (session_id_url.php).*

Abb. 8–13   *Hier wird die Session-ID über die URL übertragen.*

> Statt diese Links von Hand zu erstellen, könnten Sie hierfür auch die Einstellung `session.use_trans_sid` in der *php.ini* aktivieren, dann erledigt PHP das für Sie.

Allerdings ist die Übertragung der Session-ID über Links aus sicherheitstechnischen Gründen nicht empfehlenswert. Dadurch ergibt sich das Problem der *Session Fixation*.

Darunter versteht man folgende Situation:

Der Angreifer verschafft sich eine Session-ID.

Dann schiebt der Angreifer diese Session-ID einem anderen Benutzer unter – indem er den Benutzer dazu bringt, auf einen Link zu klicken, bei dem genau die vom Angreifer benutzte Session-ID angegeben ist (der Link muss im Prinzip nur so aussehen, wie in Abb. 8–13 gezeigt). Wenn der Benutzer sich danach mit seinen Benutzerdaten anmeldet, so ist diese Information »angemeldeter Benutzer« mit derjenigen Session-ID verknüpft, die ursprünglich vom Angreifer stammt. Jetzt hat der Angreifer Zugriff auf alle Informationen/Daten, die eigentlich nur der angemeldete Benutzer haben sollte.

8.3   Ein Log-in-System mit Sessions

Eine klassische Anwendung für Sessions ist ein Log-in-System, das nur berechtigten Benutzern Zugriff auf bestimmte Informationen erlaubt. Wie so etwas geht, soll nun gezeigt werden.

Das Beispiel besteht aus mehreren Dateien:

start.php beinhaltet die Startseite mit dem Formular, in das der Benutzer seinen Benutzernamen und sein Passwort eintragen kann.

In *login.php* werden die Log-in-Informationen verarbeitet. Wenn die eingegebenen Daten korrekt sind, findet eine Weiterleitung zur Datei *willkommen.php* statt. Sind die Daten hingegen nicht korrekt, wird wieder zur Startseite umgeleitet, und es erscheint eine Fehlermeldung.

Die Seite *willkommen.php* erreicht nur ein dazu berechtigter Benutzer. Er findet hier auch einen Link auf *logout.php*, um sich auszuloggen. Wird die Seite *willkommen.php* ohne Berechtigung aufgerufen, wird der Benutzer wieder auf *start.php* umgeleitet.

In *logout.php* werden alle Session-Informationen gelöscht, und der Benutzer wird wieder zur Startseite umgeleitet.

Jetzt zum ersten Skript, *start.php*:

```
 1 <!DOCTYPE html>
 2 <html>
 3 <head>
 4   <meta charset="UTF-8" />
 5   <title>Login mit Sessions</title>
 6   <style>
 7     .fehler {
 8       color: red;
 9     }
10
11     label {
12       display: block;
13     }
14   </style>
15 </head>
16 <body>
17 <?php
18 if (isset($_GET['f'])) {
19   echo "<p class='fehler'>Login-Daten nicht korrekt</p>";
20 }
21 ?>
22 <form method="post" action="login.php">
23   <p>
24     <label>Ihr Name: </label>
25     <input type="text" name="name" size="20" />
26   </p>
```

```
27    <p>
28      <label for="passwort">Passwort:</label>
29      <input type="password" name="passwort" size="20" />
30    </p>
31    <input type="submit" value="Login" />
32  </form>
33  </body>
34  </html>
```

Listing 8–7   *Die Startseite mit dem Log-in-Formular (start.php)*

start.php beinhaltet ab Zeile 22 das Log-in-Formular. Die Daten werden an das Skript *login.php* gesendet.

> Die Formulardaten und damit auch das Passwort werden im Beispiel über HTTP versen-det. Die ganze Kommunikation per HTTP kann jedoch ausspioniert werden. Deswegen sollten Sie in solchen Fällen die Verbindung über HTTPS absichern.

Erklärungsbedürftig ist auf jeden Fall die Überprüfung in Zeile 17: Hier wird, wenn $\_GET["f"]$ den Wert 1 hat, eine zusätzliche Fehlermeldung ausgegeben. Dieser Parameter wird in *login.php* gesetzt, wenn sich jemand mit falschen Daten einloggt.

Abb. 8–14   *Links das Log-in-Formular beim ersten Mal, rechts das Log-in-Formular bei einem Fehler*

login.php beinhaltet die Verarbeitung der im Formular eingegebenen Daten. Sehen wir uns hier erst einmal die etwas vereinfachte Version an:

```
01  <?php
02  session_start();
03
04  $benutzer = [
05    "frodo" => "12345",
06    "sam" => "6789",
07    "merry" => "asdfg"
08  ];
09
```

```
10 $name = $_POST["name"] ?? "";
11 $passwort_aktuell = $_POST["passwort"] ?? "";
12
13 if (!array_key_exists($name, $benutzer)) {
14    $extra = "start.php?f=1";
15 } elseif ($benutzer[$name] != $passwort_aktuell) {
16    $extra = "start.php?f=2";
17 } else {
18    $extra = "willkommen.php";
19    $_SESSION["login"] = "ok";
20    $_SESSION["name"] = $name;
21 }
22 header("Location: $extra");
```

Listing 8–8   *Die Überprüfung der Benutzerdaten in vereinfachter Version (login_einfach.php)*

In Zeile 2 wird eine Session gestartet. In den Zeilen 4–8 wird ein Array mit Benutzernamen und Passwörtern erstellt. In Zeile 10 wird die Variable $name gesetzt: Wenn die Variable $_POST["name"] gesetzt ist, wird dieser Wert genommen, sonst wird $name auf einen Leerstring gesetzt. Zum Einsatz kommt dabei der Null Coalescing Operator (??). Genauso wird mit $passwort_aktuell verfahren. Bei einer echten Anwendung würden Benutzernamen/Passwörter nicht hartcodiert im Skript stehen, sondern aus einer Datenbank stammen.

In Zeile 13 folgt die Überprüfung, ob die eingegebene Benutzer-Passwort-Kombination korrekt ist. Wenn der $name im Benutzerarray nicht vorhanden ist wird eine Variable $extra mit dem Wert start.php?f=1 erstellt. Diese wird später verwendet, um eine Umleitung auf die angegebene Seite zu erstellen, wobei zusätzlich f=1 übergeben wird. Wenn der Benutzername existiert, kann es immer noch sein, dass das Passwort nicht dazupasst. Diese Überprüfung findet in Zeile 15 statt. Wenn der Benutzername nicht zum Paswort passt, wird $extra auf start.php?f=2 gesetzt.

Wenn die Daten hingegen korrekt sind, werden zwei Session-Variablen erstellt: eine mit dem Benutzernamen und eine weitere mit einer Kennung, dass das Log-in korrekt war. Außerdem erhält $extra den Wert *willkommen.php*.

Die Umleitung wird über die Funktion header() in Zeile 22 realisiert, die allgemein zum Senden von HTTP-Headern dient. Deswegen muss diese Funktion – genau wie session_start() oder setcookie() eingesetzt werden, bevor eine Ausgabe erfolgt ist. Für die Umleitung schreiben Sie Location: und den gewünschten Pfad, im Beispiel haben wir den Dateinamen in der Variable $extra gespeichert. Die Funktion header() kann wesentlich mehr als Umleitungen. Genaueres lesen Sie im Manual.[4]

Sind die eingegebenen Daten hingegen nicht korrekt, wird der Benutzer zurück auf die *start.php*-Seite geführt, zusätzlich wird (Zeile 10) noch ein Parameter angehängt, nämlich f=1 bzw. f=2. Auf diesen wird im Skript *start.php* in der

---

4.   *http://www.php.net/manual/de/function.header.php*

Zeile 12 zurückgegriffen, um eine Fehlermeldung auszugeben. Allerdings wird bei der Fehlermeldung nicht zwischen den beiden Fehlertypen – Benutzername existiert nicht, bzw. Benutzername und Passwort passen nicht zusammen – unterschieden.

Ein Punkt soll korrigiert werden. Die Umleitung wird ja über Location realisiert. Das Protokoll HTTP 1.1 verlangt eine absolute URL bei Location[5], auch wenn viele Clients hier mit relativen URLs zurechtkommen. Die absolute URL könnten Sie natürlich direkt angeben – das hat aber den Nachteil, dass Sie diese Stelle dann anpassen müssen, wenn das Skript woanders laufen soll. Deswegen lassen wir die absolute URL automatisch von PHP ermitteln.

Mehrere Bestandteile werden für den absoluten Pfad zusammengefügt: $host beinhaltet die eigentliche Domain, $uri den Unterordner, und der eigentliche Dateiname mit eventuell vorhandenen Parametern wird in $extra gespeichert. Die um den Code für die absolute URL erweiterte Datei *login.php* sehen Sie im nächsten Listing.

```
01 <?php
02 session_start();
03 $host = $_SERVER["HTTP_HOST"];
04 $uri = rtrim(dirname($_SERVER["PHP_SELF"]), "/\\");
05
06 $benutzer = [
07   "frodo" => "12345",
08   "sam" => "6789",
09   "merry" => "asdfg"
10 ];
11
12 $name = $_POST["name"] ?? "";
13 $passwort_aktuell = $_POST["passwort"] ?? "";
14
15 if (!array_key_exists($name, $benutzer)) {
16   $extra = "start.php?f=1";
17 } elseif ($benutzer[$name] != $passwort_aktuell) {
18   $extra = "start.php?f=2";
19
20 } else {
21   $extra = "willkommen.php";
22   $_SESSION["login"] = "ok";
23   $_SESSION["name"] = $name;
24 }
25
26 header("Location: http://$host$uri/$extra");
```

Listing 8–9   *Die Überprüfung, ob Benutzername und Passwort korrekt sind (login.php)*

---

5.   *http://www.w3.org/Protocols/rfc2616/rfc2616-sec14.html#sec14.30*

Fehlt schließlich noch die Datei *willkommen.php*, die die Seite mit den zu schützenden Informationen enthält. Hier muss natürlich sichergestellt werden, dass diese Seite nicht ohne vorheriges korrektes Log-in aufgerufen wird.

```
01 <?php
02 session_start();
03 if (isset($_SESSION["login"]) && $_SESSION["login"] == "ok") {
04 ?>
05 <!DOCTYPE html>
06
07 <html>
08  <head>
09   <meta charset="UTF-8" />
10   <title>Willkommen im geschützten Bereich</title>
11 </head>
12 <body>
13 <?php
14   echo "<h1>Hallo {$_SESSION['name']}</h1>";
15 ?>
16 <p>Hier stehen viele weitere interessante Informationen</p>
17 <p><a href="logout.php">Ausloggen</p>
18 </body>
19 </html>
20 <?php
21 } else {
22   $host  = htmlspecialchars($_SERVER["HTTP_HOST"]);
23   $uri   = rtrim(dirname(htmlspecialchars($_SERVER["PHP_SELF"])), "/\\");
24   $extra = "start.php";
25   header("Location: http://$host$uri/$extra");
26 }
```

Listing 8–10   *Die Willkommensseite nur für berechtigte Benutzer (willkommen.php)*

In Zeile 2 wird über `session_start()` die Session gestartet. In Zeile 3 findet die Überprüfung statt, ob die betreffende Person eingeloggt ist; das ist sie, wenn `$_SESSION["login"]` den Wert ok hat. In Zeile 14 wird dann etwas Text ausgegeben. Falls jedoch jemand nicht korrekt eingeloggt ist, wird er über den else-Zweig, der in Zeile 21 beginnt, wieder auf die Startseite umgeleitet.

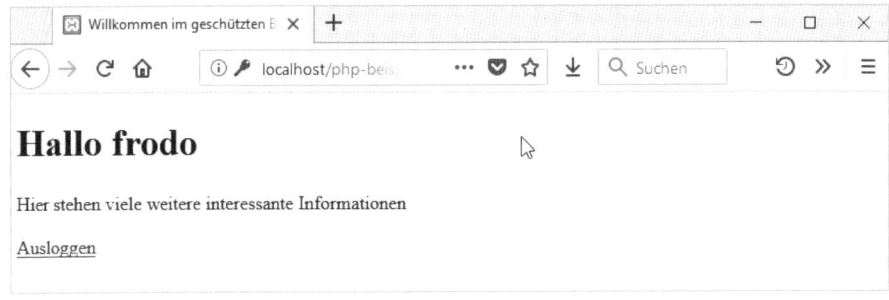

Abb. 8–15   *Die Willkommensseite ist geschützt und würde im echten Einsatz ein bisschen mehr Infos enthalten.*

Bei einem Klick auf den Link *Ausloggen* im *willkommen.php*-Skript wird die Datei
logout.php aufgerufen. Dieses Skript sorgt dafür, dass die Session-Informationen
und das Cookie gelöscht werden und der Benutzer wieder zur Startseite gelangt.

```
01  <?php
02  session_start();
03  $_SESSION = [];
04  if (isset($_COOKIE[session_name()])) {
05      setcookie(session_name(), "", time()-42000, "/");
06  }
07  session_destroy();
08  $host  = htmlspecialchars($_SERVER["HTTP_HOST"]);
09  $uri   = rtrim(dirname(htmlspecialchars($_SERVER["PHP_SELF"])), "/\\");
10  $extra = "start.php";
11  header("Location: http://$host$uri/$extra");
```

Listing 8–11   Das Skript zum Ausloggen (logout.php)

In Zeile 2 wird erst einmal noch die Session gestartet. In Zeile 3 wird das `$_SES-`
`SION`-Array auf ein leeres Array gesetzt, damit werden also alle Inhalte gelöscht.
Außerdem wird in Zeile 4 das Cookie gelöscht – sofern eines gesetzt wurde.
Wenn eines gesetzt wurde, dann existiert im `$_COOKIE`-Array die Variable mit dem
Session-Namen als Schlüssel. In diesem Fall (Zeile 5) wird das Cookie gelöscht,
indem das Ablaufdatum auf einen negativen Wert gesetzt wird. Schließlich wird
die Sitzung über `session_destroy()` zerstört. Für die Umleitung auf die Startseite
wird die absolute URL wieder aus den einzelnen Bestandteilen zusammengesetzt.
Diesen Code-Teil kennen Sie schon aus *login.php* und *willkommen.php*.

Übung 2

▨ In *login.php* kam der `??`-Operator zum Einsatz. Wie würde dieser Code in der ausführlichen Schreibweise – das heißt mit `if` – heißen?

▨ Derzeit wird dieselbe Fehlermeldung ausgegeben, wenn der Benutzername nicht
   stimmt oder wenn Benutzername und Passwort nicht zusammenpassen. Wie könnte
   man unterschiedliche Meldungen ausgeben lassen? Und warum ist das vielleicht
   auch keine gute Idee?

Passwörter besser abspeichern

Im Beispiel werden die Passwörter im Klartext im Skript *login.php* gespeichert.
Auch wenn man sich vorstellt, dass man später die Benutzerdaten – Benutzername und Passwort – in einer Datenbank speichert, ist die Speicherung im Klartext äußerst ungünstig. Wenn Passwörter im Klartext gespeichert sind und
jemand aus irgendeinem Grund Zugang zu der Passwortliste erhält, kann er sich
als beliebiger Benutzer einloggen, und weitere Probleme ergeben sich, falls
jemand das Passwort häufiger verwendet. Besser ist es, das Passwort verschlüsselt

abzuspeichern. Dafür gibt es in PHP komfortable Möglichkeiten. Das Prinzip sieht dabei folgendermaßen aus: Sie verschlüsseln das Passwort, wobei der Prozess nicht umkehrbar ist: Aus dem verschlüsselten Passwort kann niemand das Klartextpasswort generieren. Dieses verschlüsselte Passwort wird abgespeichert. Beim Log-in wird das Klartextpasswort verlangt, vom Skript verschlüsselt und mit der verschlüsselten Version verglichen. Damit aber sichergestellt ist, dass das Passwort nicht durch Erraten herausgefunden wird, sollten natürlich bessere Passwörter als *12345* usw. zum Einsatz kommen.

8.4   Die Passwort-API

In PHP gibt es eine Passwort-API, die das Handling von Passwörtern vereinfacht. Zur Erzeugung eines Passwort-Hashes dient die Funktion `password_hash()`. Sie erwartet als ersten Parameter das Passwort im Klartext und als zweiten Parameter den Algorithmus, der verwendet werden soll. Folgende Parameter sind möglich:

PASSWORD_DEFAULTn
   der Default-Algorithmus – seit PHP 5.5. ist bcrypt. Das kann sich allerdings ändern.

> Wenn Sie das Passwort in einer Datenbank speichern, sollten Sie mindestens 255 Zeichen Platz für diese Spalte reservieren.

PASSWORD_BCRYPT
   Der `CRYPT_BLOWFISH`-Algorithmus wird zur Erstellung des Hashes benutzt.

PASSWORD_ARGON2I
   Der Argon2-Algorithmus wird verwendet.

Die folgenden Zeilen erzeugen ein gehashtes Passwort, das danach ausgegeben wird:

```
$meinhash = password_hash("geheim", PASSWORD_DEFAULT);
echo $meinhash."<br />\n";
```

Angezeigt wird:

```
$2y$10$h3YfBSnzhknOEr4GCIC6i.aOKCSxx.cS.MqRdvqll/GleKKgkxXoC
```

Mit `password_verify()`: prüfen Sie, ob ein gehashtes Passwort einem Klartextpasswort entspricht.

```
$meinhash = password_hash("geheim", PASSWORD_DEFAULT);
if (password_verify("geheim", $meinhash)) {
  echo "Passwort passt";
} else {
  echo "Passt nicht";
}
```

Listing 8–12   *Passwort-Hashing (password_hash.php)*

In diesem Fall wird »Passwort passt« ausgegeben.

Informationen über das Passwort und den verwendeten Algorithmus gibt die Funktion `password_get_info()` im Form eines Arrays mit drei Elementen: Nummer des Algorithmus, Name des Algorithmus und verwendeter Salt.

Wenn wir die Passwort-API bei unserem *login.php*-Skript einsetzen, so sind ein paar Änderungen notwendig, die im Folgenden hervorgehoben sind.

```
01 <?php
02 session_start();
03 $host = $_SERVER["HTTP_HOST"];
04 $uri = rtrim(dirname($_SERVER["PHP_SELF"]), "/\\");
05
06 //Hash nie in doppelten Anführungszeichen!
07 $benutzer = [
08    "frodo" =>
      '$2y$10$0d5E3W.JQNta0Vjd.F10le08tYa4lUoWUoWtfr6NbhDI8jXBOXGwC',
09    "sam" => '$2y$10$gJXdI4jT.kU3al50w9uCHOwJMrr1YvuSFIvlv1cC.Eq.ZCZIVLQOi',
10    "merry" => '$2y$10$QaxNOMPRD4n9bIn4IUBWH.HzOBVbN3Dq3c2PRhkwtKEaZceLbxU8q'
11 ];
12
13 $name = $_POST["name"] ?? "";
14 $passwort_aktuell = $_POST["passwort"] ?? "";
15
16 if (!array_key_exists($name, $benutzer)) {
17    $extra = "start.php?f=1";
18 } elseif (!password_verify($passwort_aktuell, $benutzer[$name])) {
19    $extra = "start.php?f=2";
20 } else {
21    $extra = "willkommen.php";
22    $_SESSION["login"] = "ok";
23    $_SESSION["name"] = $name;
24 }
25
26 header("Location: http://$host$uri/$extra");
```

Listing 8–13   *Log-in mit verschlüsselten Passwörtern (login_pw_verschl.php)*

Es gibt folgende Änderungen: Zum einen sind im Array die verschlüsselten Passwörter gespeichert – diese sollten nie in doppelten Anführungszeichen stehen, da es passieren kann, dass ein $-Zeichen vorkommt, was als Variablenkennzeichnung missverstanden werden würde. Zum anderen wird nun `password_verify()` in Zeile 18 zur Überprüfung genutzt.

Um das Beispiel auszutesten, müssen Sie den Pfad bei `action` in *start.php* auf den geänderten Dateinamen setzen!

Apropos Sicherheit: Wie verhält es sich eigentlich allgemein bezüglich der Sicherheit bei Sessions? An sich sind die Daten sicherer als bei Cookies, da sie ja beim Server und nicht im Client gespeichert werden. Falls jemand aber eine Session-ID »errät« und ein Cookie mit der Session-ID an den Server liefert, wird der Server ihn für die andere Person halten. Und an sich ist es natürlich auf jeden Fall sicherer, wenn die Session-ID nicht über die URL übertragen, sondern in einem Cookie gespeichert wird. Die Hauptgefahr besteht also im *Session-Hijacking*, was heißt, dass jemand auf einer fremden Session surft. Möglichkeiten, das zu verhindern, sind unter *http://shiflett.org/articles/the-truth-about-sessions* beschrieben.

8.5   Zusammenfassung

Cookies und Sessions sind beides Mechanismen, um den Benutzer wiederzuerkennen. Während beim Cookie die eigentliche Information als kleine Textdatei beim Benutzer gespeichert ist, wird bei Sessions die Information auf dem Server abgespeichert. Beim Benutzer verbleibt – wenn Sie Sessions einsetzen – nur ein Cookie mit einer kryptischen Kennung, über die der Bezug zur Information, die auf dem Server gespeichert ist, hergestellt werden kann.

Da Cookies und Sessions über den Header gesendet werden, müssen Sie die entsprechenden Funktionen angeben, bevor eine Ausgabe erfolgt ist. Allerdings lässt sich dieses Verhalten über die Konfiguration von PHP auch ändern – oder aber Sie verwenden die Ausgabepufferung über `ob_start()`. Außerdem haben Sie gesehen, wie man über die nützliche Funktion `header()` eine Umleitung realisiert, so etwas braucht man häufig.

Im Dunstkreis von HTML5 tauchen alternative Möglichkeiten auf, um Informationen auf dem Client zu speichern. Dadurch kann man in einzelnen Fällen auf Cookies verzichten, aber nicht überall – Cookies werden auch weiterhin ein probates Mittel bleiben, um Benutzer wiederzuerkennen.

Am Beispiel eines Log-in-Systems haben Sie Sessions im Einsatz gesehen. Zum Schluss haben wir uns mit der Frage beschäftigt, wie man Passwörter nicht im Klartext abspeichert: Recht komfortabel geht das mit der Passwort-API von PHP.

Im nächsten Kapitel beschäftigen wir uns mit einem fortgeschrittenen PHP-Konzept – der Objektorientierung.

9 Objektorientierung

An verschiedenen Stellen sind Sie in den vorherigen Kapiteln bereits mit der Objektorientierung in Berührung gekommen. Dieses Kapitel fasst das bisher Gesagte zusammen und führt Sie in fortgeschrittene Techniken bei der Objektorientierung ein.

9.1 Methoden und Eigenschaften

Sie erinnern sich: In der objektorientierten Herangehensweise ist alles ein Objekt. Und Objekte haben verschiedene *Eigenschaften* (Variablen) und *Methoden* (Funktionen). Die Baupläne der Objekte sind die Klassen. Sie definieren, welche Eigenschaften und Methoden vorgesehen sind, und bei den konkreten Objekten werden diese dann gefüllt bzw. ausgeführt.

Wir werden im Folgenden mehrmals mit einer Klasse Kunde arbeiten, die Eigenschaften von Kunden speichert. Die allererste einfache Version kennen Sie schon aus Kapitel 5, die jetzt im Folgenden erweitert werden soll:

```
01 class Kunde
02 {
03   public $name;
04   public function halloSagen()
05   {
06     echo "Hallo";
07   }
08 }
09 $neuerKunde = new Kunde();
10 $neuerKunde->name = "Anja";
11 $neuerKunde->halloSagen();
12 echo " ";
13 echo $neuerKunde->name;
```

Listing 9–1   *Ein Objekt der Klasse Kunde wird erstellt (kunde_beispiel.php).*

Es ist üblich, dass Klassendefinitionen in separaten Dateien stehen, die genauso heißen wie die Klassen. Unsere Kundenklasse wäre also gut in einer eigenen Datei *Kunde.php* untergebracht. In einer zweiten Datei bindet man dann diese Klasse ein (oder lässt sich automatisch laden, dazu später mehr) und verwendet sie. Für unsere einfachen Beispiele ist es allerdings oft praktischer, nur mit einer Datei zu arbeiten, in der sowohl die Klassendefinition als auch die Verwendung stehen.

Hier wird eine Klasse Kunde mit einer Eigenschaft – $name – und einer Methode – halloSagen() – erstellt. In Zeile 9 wird ein neuer Kunde über das Schlüsselwort new erstellt; als Rückgabewert liefert new Kunde() eine Referenz, die in einer Variablen abgespeichert wird. Über diese Variable kann man den neuen Kunden ansprechen.

Übrigens könnten Sie hier auch ein neues Objekt ohne Klammern erstellen, also new Kunde anstelle von new Kunde() schreiben.

Dem Kunden wird ein Name zugewiesen – die Eigenschaft $name gesetzt –, und es wird die Methode halloSagen() aufgerufen. Zum Zugriff auf Eigenschaften und Methoden dient der Objektoperator ->. Das Skript gibt »Hallo Anja« aus.

Außerdem haben Sie die Möglichkeit, eine Methode oder Eigenschaft der Klasse direkt bei der Instanziierung aufzurufen – im folgenden Beispiel hervorgehoben:

```
class Kunde
{
  public $name;
  public function halloSagen()
  {
    echo "Hallo";
  }
}
(new Kunde)->halloSagen();
```

Listing 9–2   *Auch auf diese Art können Sie auf eine Methode der Klasse zugreifen. Ausgegeben wird*
»Hallo« (instanziierung_methode_aufrufen.php).

Im Beispiel wird »Hallo« ausgegeben.

Wenn Sie sich auf die Schnelle Informationen zu den Eigenschaften eines Objekts anzeigen lassen wollen, so ist var_dump($objekt) hilfreich.

9.2 Konstruktor und Destruktor

Ein Kunde ohne Namen wäre nicht so recht sinnvoll. Wenn Sie sichergehen möchten, dass immer, wenn ein neuer Kunde erstellt wird, auch sein Name angegeben wird, können Sie einen Konstruktor einsetzen.

Ein Konstruktor ist eine Methode mit dem vorgegebenen Namen __construct(). Die Konstruktormethode wird automatisch aufgerufen, wenn ein neues Objekt erstellt wird, und eignet sich daher für Automatismen bei der Erzeugung von Objekten.

> Am Anfang dieses Methodennamens stehen wirklich zwei Unterstriche. Diese zwei Unterstriche kennzeichnen magische Methoden.

Erweitern wir das Beispiel durch eine Konstruktormethode:

```
01 class Kunde
02 {
03   public $name;
04   public function __construct($name)
05   {
06     $this->name = $name;
07   }
08   public function halloSagen()
09   {
10     echo "Hallo {$this->name}";
11   }
12 }
```

Der Konstruktor erhält in runden Klammern die Variable übergeben, und im Rumpf des Konstruktors wird der übergebene Wert der Eigenschaft name zugewiesen. Dies geschieht über $this->name. Das Schlüsselwort $this enthält eine Referenz auf das *aktuelle Objekt* – das bei der Definition der Klasse ja noch nicht bekannt ist. Auch in der Methode halloSagen() wird über $this->name auf den übergebenen Namen zugegriffen. Über $this können Sie also auf Eigenschaften und Methoden des Objekts zugreifen.

Um ein Objekt dieser veränderten Klasse zu initialisieren, müssen Sie nun den Namen übergeben:

```
13 $neuerKunde = new Kunde("Anja");
14 $neuerKunde->halloSagen();
```

Listing 9–3   *Die Klasse Kunde mit Konstruktor (konstruktor.php)*

Diese Zeilen geben bei Verwendung der angepassten Klasse wieder »Hallo Anja« aus.

Vor der Einführung der __construct() Methode hat man Konstruktoren über Methoden erstellt, die genauso heißen wie der Name der Klasse. In unserem Bei-

spiel würde eine Konstruktormethode des alten Stils also kunde() heißen (siehe
Beispiel *konstruktor_alter_stil.php*). Seit PHP 7 erhalten Sie aber eine
DEPRECATED-Meldung, wenn Sie solche Konstruktormethoden nutzen, und sie
werden in einer zukünftigen Version von PHP entfernt werden. Verwenden Sie
deswegen immer die hier gezeigte __construct()-Methode. Parallel zum Konstruktor gibt es auch einen Destruktor namens __destruct(). Diese Methode wird
automatisch aufgerufen, wenn ein Objekt zerstört wird, und ist praktisch für
Aufräumarbeiten, die noch durchgeführt werden sollen.

```
01 class Beispielklasse
02 {
03   public function __construct()
04   {
05     echo get_class($this) . " wurde erstellt<br />";
06   }
07   public function __destruct()
08   {
09     echo get_class($this) . " wurde zerstört";
10   }
11 }
12 $objekt = new Beispielklasse();
13 unset($objekt);
```

Listing 9–4   *Beispiel für einen Destruktor (destruktor.php)*

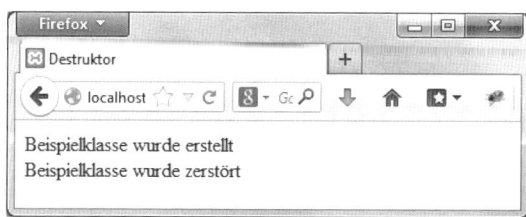

Abb. 9–1   *Konstruktor und Destruktor werden automatisch aufgerufen.*

Im Listing wird eine Klasse Beispielklasse erstellt, die nur zwei Methoden hat:
eine __construct()- und eine __destruct()-Methode. In diesen wird jeweils die
aktuelle Klasse, die mit get_class($this) ermittelt wird, sowie ein passender Text
ausgegeben.

Danach wird ein neues Objekt der Beispielklasse erstellt (Zeile 12) und über
die Funktion unset() wieder zerstört. Beide definierten Methoden werden automatisch aufgerufen: __construct() bei Erstellung des Objekts, __destruct() bei
der Vernichtung. Dieselbe Ausgabe haben Sie auch ohne expliziten Aufruf von
unset(), da Objekte am Ende eines Skripts automatisch zerstört werden.

> ### Übung 1
>
> Definieren Sie eine Klasse mit dem Namen Fahrzeug, die die folgenden Eigenschaften hat:
>
> - Farbe
>
> - Hersteller
>
> Und außerdem hat sie zwei Methoden, die jeweils eine Meldung ausgeben:
>
> - Starten
>
> - Stoppen
>
> Erstellen Sie dann ein Objekt zu der Klasse!

9.3 Anonyme Klassen

Seit PHP 7 können Sie auch anonyme Klasse definieren. Die Syntax ist dieselbe wie die von normalen Klassen, mit dem Unterschied, dass sie keinen Namen haben. Man kann anonyme Klassen einer Variablen zuweisen, von einer Funktion zurückgeben oder an eine Funktion übergeben lassen usw. Im folgenden Beispiel wird eine anonyme Klasse einer Variablen zugewiesen:

```
$anonym = new class
{
  public $eigenschaft = "rot";
};
echo $anonym->eigenschaft;
```

Listing 9–5   *Eine anonyme Klasse (anonyme_klasse_beispiel.php)*

Ausgegeben wird *rot*.

Praktisch sind anonyme Klassen, wenn eine Klasse nicht dokumentiert werden muss, nur einmal verwendet wird oder für Tests.

9.4 Objekte verschachteln

Objekte können auch verschachtelt werden. Im folgenden Beispiel gibt es eine Klasse BeispielA:

```
class BeispielA
{
  public function ausgabe()
  {
    echo "Ausgabe aus BeispielA";
  }
}
```

Außerdem wird eine Klasse BeispielB definiert. In ihrem Konstruktor wird eine neue Instanz der Klasse BeispielA erstellt:

```
class BeispielB
{
  public $a;
  public function __construct()
  {
    $this->a = new BeispielA();
  }
}
```

Wenn man jetzt eine Instanz der Klasse BeispielB erzeugt, kann man auf die dort erstellte Instanz von BeispielA zugreifen und deren Methode ausgabe() aufrufen.

```
$b = new BeispielB();
$b->a->ausgabe();
```

Listing 9–6   *Verschachtelte Objekte (obj_verschachteln.php)*

Ausgegeben wird entsprechend »Ausgabe aus BeispielA«. Mit solchen verschachtelten Objekten kommen Sie wieder in Kapitel 12 in Berührung, wenn wir mit XML-Dateien arbeiten.

9.5   Konstanten definieren

Im Beispiel wurden Variablen für Eigenschaften verwendet. Sie können auch Konstanten benutzen, deren Wert unveränderlich ist. Diese definieren Sie in der Klasse mit dem Schlüsselwort const. Sie können nur lesend auf diese Konstanten zugreifen. Das nächste Beispiel zeigt eine Beispielklasse mit einer Konstanten und den Zugriff auf diese – innerhalb und außerhalb der Klassendefinition.

```
01 class Klasse {
02   const KONST_WERT = 42;
03   public function ausgabe()
04   {
05     echo self::KONST_WERT;
06   }
07 }
08 echo Klasse::KONST_WERT;
09 echo "<br />\n";
10 $obj = new Klasse();
11 $obj->ausgabe();
```

Listing 9–7   *Konstanten definieren (konstanten.php)*

Zum Zugriff auf die Konstante verwenden Sie innerhalb der Klasse self::KONST_WERT (Zeile 5). Außerhalb der Klasse können Sie den Wert einer Konstanten über den Klassennamen, gefolgt von zwei Doppelpunkten und dem Namen der Konstanten, ausgeben: Klasse::KONST_WERT (Zeile 8). Im Beispiel wird zweimal 42 ausgegeben.

Zum Zugriff auf Konstanten dient der Doppel-Doppelpunkt-Operator, der auch *Gültigkeitsbereichsoperator* oder *Paamayim Nekudotayim* genannt wird. »Paamayim Nekudotayim« heißt »Doppel-Doppelpunkt« auf Hebräisch. Sie werden noch weitere Einsatzbereiche für diesen Operator kennenlernen.

9.6 Mehr Funktionalität bei der Klasse Kunde

Um weitere wichtige Konzepte der Objektorientierung zu demonstrieren, kehren wir noch einmal zu unserer Beispielklasse Kunde zurück und implementieren etwas mehr Funktionalität: Die Kunden sollen Speicherplatz zur Verfügung gestellt bekommen, und über die Klasse soll die Speichermenge verwaltet werden. Die Speichermenge ist selbstverständlich begrenzt.

Dafür soll es drei zusätzliche Methoden geben:

- Die Methode speichern() überprüft zuerst beim Speichern, ob genügend Speicher zur Verfügung steht, und verringert den freien Speicher nach dem Speichervorgang.

- Die Methode speicherFreigeben() dient zum Freigeben von Speicher.

- Außerdem gibt es eine Methode namens zustandAusgeben(), die den aktuell verfügbaren Speicher ausliest.

Am Anfang der Klassendefinition werden die benötigten Eigenschaften aufgeführt:

```
01 class Kunde
02 {
03   public $name;
04   public $speicherGesamt = 50;
05   public $speicherVerbraucht;
```

Der Gesamtspeicher wird auf 50 gesetzt. Eine weitere Eigenschaft steht für den verbrauchten Speicher.

Es ändert sich auch der Konstruktor, das heißt die Methode, die beim Erstellen der Klasse automatisch aufgerufen wird. Sie erwartet nun neben dem Namen auch den bereits verbrauchten Speicher. Wenn der zweite Parameter nicht angegeben wird, wird von einem Speicherverbrauch von 0 ausgegangen.

Genauso wie bei Funktionen können Sie auch bei Methoden Defaultwerte für Parameter vergeben, was wir an dieser Stelle machen.

```
07   public function __construct($name, $speicherVerbraucht = 0)
08   {
09     $this->name = $name;
10     $this->speicherVerbraucht = $speicherVerbraucht;
11   }
```

Außerdem werden im Konstruktor beide Parameter den Eigenschaften zugewiesen.

Die Methode halloSagen() bleibt gleich:

```
13    public function halloSagen()
14    {
15      echo "Hallo {$this->name}";
16    }
```

Nun kommt die neue Methode speichern(). Sie erhält den gewünschten Speicherbedarf als Parameter übergeben:

```
18    public function speichern($speicherBedarf)
19    {
20      if (($this->speicherGesamt - $this->speicherVerbraucht) >=
          $speicherBedarf) {
21        $this->speicherVerbraucht =
            $this->speicherVerbraucht+$speicherBedarf;
22        echo "$speicherBedarf gespeichert";
23      } else {
24        echo "$speicherBedarf nicht gespeichert. Nicht genügend Speicher mehr
            frei.";
25      }
26    }
```

Zuerst wird überprüft, ob genügend Speicher vorhanden ist (Zeilen 20–21). Dafür muss der Gesamtspeicher minus dem verbrauchten Speicher größer oder gleich sein als der Speicherbedarf. Dann wird der aktuell verbrauchte Speicher gespeichert und außerdem eine Meldung ausgegeben. Steht nicht genügend Speicher zur Verfügung, wird eine entsprechende Meldung ausgegeben.

Die Methode zur Freigabe von Speicher ist schnell implementiert: Sie erwartet als Parameter die freizugebende Speichermenge. Im Methodenrumpf wird die verbrauchte Menge an Speicherplatz aktualisiert und eine Meldung ausgegeben.

```
27    public function speicherFreigeben($speicher)
28    {
29      $this->speicherVerbraucht = $this->speicherVerbraucht -   $speicher;
30      echo "$speicher Speicher freigegeben";
31    }
```

Fehlt nur noch die Methode, die den aktuell verbrauchten und den aktuell zur Verfügung stehenden Speicher ausgibt:

```
32    public function zustandAusgeben()
33    {
34      $speicherFrei = $this->speicherGesamt –
          $this->speicherVerbraucht;
35      echo "<p>Derzeit sind {$this->speicherVerbraucht}
          Speicher verbraucht<br />";
36      echo "Es sind damit noch $speicherFrei frei</p>";
37    }
```

So sieht der Code der Klasse im Gesamtzusammenhang aus:

```
01 class Kunde
02 {
03   public $name;
04   public $speicherGesamt= 50;
05   public $speicherVerbraucht;
06
07   public function __construct($name, $speicherVerbraucht=0)
08   {
09     $this->name = $name;
10     $this->speicherVerbraucht = $speicherVerbraucht;
11   }
12
13   public function halloSagen()
14   {
15    echo "Hallo {$this->name}";
16   }
17
18   public function speichern($speicherBedarf)
19   {
20     if (($this->speicherGesamt - $this->speicherVerbraucht) >=
         $speicherBedarf) {
21       $this->speicherVerbraucht =
           $this->speicherVerbraucht+$speicherBedarf;
22       echo "$speicherBedarf gespeichert";
23     } else {
24      echo "$speicherBedarf nicht gespeichert. Nicht genügend Speicher mehr
         frei.";
25     }
26   }
27   public function speicherFreigeben($speicher)
28   {
29     $this->speicherVerbraucht = $this->speicherVerbraucht - $speicher;
30     echo "$speicher Speicher freigegeben";
31   }
32   public function zustandAusgeben()
33   {
34     $speicherFrei = $this->speicherGesamt —
       $this->speicherVerbraucht;
35     echo "<p>Derzeit sind {$this->speicherVerbraucht}
       Speicher verbraucht<br />";
36     echo "Es sind damit noch $speicherFrei frei</p>";
37   }
38 }
```

Jetzt kann man einen neuen Kunden erstellen und die Methoden aufrufen:

```
39 $neuerKunde = new Kunde ("Anja");
40 $neuerKunde->halloSagen();
41 $neuerKunde->zustandAusgeben();
42 $neuerKunde->speichern(20);
43 $neuerKunde->zustandAusgeben();
44 $neuerKunde->speichern(40);
45 $neuerKunde->zustandAusgeben();
```

Listing 9–8   *Die Klasse Kunde wurde um weitere Methoden ergänzt (kunde_erweitert.php).*

In Zeile 39 wird ein neuer Kunde erstellt. Es wird nur der Name des Kunden übergeben, nicht jedoch der verbrauchte Speicher. Damit wird dieser auf den Defaultwert 0 gesetzt, was auch der Aufruf der Methode `zustandAusgeben()` zeigt: Es ist 0 Speicher verbraucht. Dann folgen weitere Aufrufe zum Speichern und Freigeben von Speicher. Abbildung 9–2 zeigt die Ausgabe.

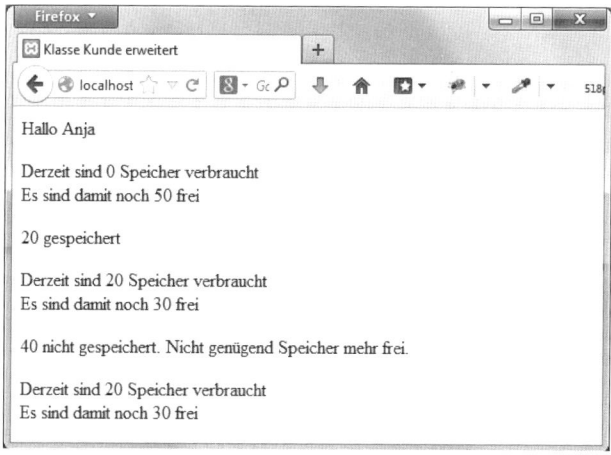

Abb. 9–2   *Die Ausgabe von Listing 9–8*

9.7   Vererbung

Die Vererbung ist ein zentrales Konzept bei der objektorientierten Programmierung: Hierdurch können Sie Basisklassen erweitern und mit zusätzlichen Funktionen ausstatten.

9.7.1   Premiumkunden

Nehmen wir an, dass es neben den normalen Kunden auch noch Premiumkunden geben soll. Diesen steht mehr Speicherplatz zur Verfügung, und außerdem haben sie mehr Konfigurationsmöglichkeiten und können etwa das Farbschema der Benutzeroberfläche bestimmen.

Dies realisieren Sie am besten über eine neue Klasse `Premiumkunde`. Diese Klasse hat sehr viele Gemeinsamkeiten mit der Klasse `Kunde`, weicht aber in ein paar Punkten ab. Es wäre jetzt unökonomisch, den Code der Klasse `Kunde` zu kopieren und mit den notwendigen Ergänzungen zu versehen. Denn wenn dann etwas an den Eigenschaften oder Methoden der Klasse `Kunde` geändert wird, müssten Sie diese Änderungen an zwei Stellen durchführen – außer an der Klasse `Kunde` auch an der Klasse `Premiumkunde`.

Genau für solche Fälle gibt es die Vererbung. Sie können eine neue Klasse erstellen, die die Eigenschaften und Methoden einer bestehenden Klasse erbt. Zusätzlich kann die neue Klasse aber dann weitere Eigenschaften definieren, neue Methoden implementieren oder bestehende überschreiben.

Um zu kennzeichnen, dass eine neue Klasse die Eigenschaften und Methoden von einer bestehenden Klasse erben soll, schreiben Sie hinter dem Namen der Klasse das Schlüsselwort extends, gefolgt von der Klasse, von der sie erben soll:

```
class Premiumkunde extends Kunde
```

Damit Premiumkunden mehr Speicher erhalten, genügt folgende Klassendefinition:

```
class Premiumkunde extends Kunde
{
   public $speicherGesamt = 100;
}
```

Wenn Sie einen neuen Premiumkunden erstellen und wie eben die verschiedenen Methoden zum Speichern und Speicherfreigeben aufrufen, werden Sie sehen, dass es geklappt hat: Der Premiumkunde hat alle Eigenschaften und Methoden geerbt – allerdings hat er mehr Gesamtspeicherplatz.

```
01 require_once "kunde.php";
02 class Premiumkunde extends Kunde
03 {
04    public $speicherGesamt = 100;
05 }
06 $kunde2 = new Premiumkunde ("Fritz");
07 $kunde2->halloSagen();
08 $kunde2 ->zustandAusgeben();
09 $kunde2 ->speichern(20);
10 $kunde2 ->zustandAusgeben();
11 $kunde2 ->speichern(40);
12 $kunde2 ->zustandAusgeben();
```

Listing 9–9   *Ein Premiumkunde (premiumkunde_beispiel.php)*

Sie sehen, dass zu Beginn des Beispiels die Datei *kunde.php* eingebunden wird. Diese enthält die Klassendefinition der Klasse `Kunde`. Abbildung 9–3 zeigt die Ausgabe von Listing 9–9.

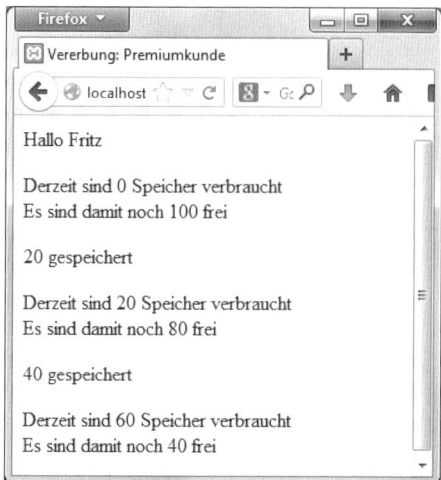

Abb. 9–3   *Ein Premiumkunde erbt alles vom normalen Kunden, hat aber mehr Speicherplatz.*

Im Beispiel von Listing 9–9 wurde die Eigenschaft $speicherGesamt überschrieben. Ebenso lassen sich auch Methoden überschreiben oder zusätzliche Eigenschaften und Methoden definieren.

Wenn der Premiumkunde das Aussehen seiner Benutzeroberfläche wählen kann und dies wird über den Konstruktor übergeben, können Sie auch den Konstruktor überschreiben:

```
01 class Premiumkunde extends Kunde
02 {
03   public $speicherGesamt= 100;
04   public $farbSchema;
05   public function __construct($name, $speicherVerbraucht = 0, $farbSchema =
       "Sonnenaufgang")
06   {
07     $this->name = $name;
08     $this->speicherVerbraucht = $speicherVerbraucht;
09     $this->farbSchema = $farbSchema;
10   }
11 }
```

Und bei der Erstellung eines neuen Kunden können dann drei Parameter übergeben werden:

```
12 $kunde3 = new Premiumkunde ("Julian", 20, "Wüstenstimmung");
13 $kunde3->halloSagen();
14 echo "<br />Das gewählte Farbschema ist: {$kunde3->farbSchema}<br />";
15 $kunde3 ->zustandAusgeben();
```

Listing 9–10   *Der Konstruktor wird in der abgeleiteten Klasse überschrieben*
                        (premiumkunde_beispiel_erw.php).

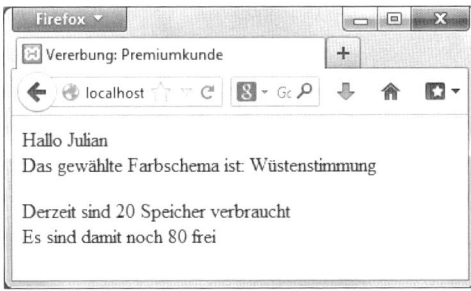

Abb. 9–4   *In der erweiterten Version können Premiumkunden auch ein Farbschema wählen.*

Sie haben gesehen, wie die Klasse Premiumkunde die Eigenschaften und Methoden der Klasse Kunde erben und erweitern kann. Bei der ursprünglichen Klasse, also Kunde, spricht man auch von einer *Elternklasse*, bei der abgeleiteten von einer *Kindklasse*. Wie Sie gleich sehen werden, kann man innerhalb der abgeleiteten Klasse die Elternklasse über parent (engl. für »Elternteil«) ansprechen. Aber im Unterschied zu der Abstammung in der realen Welt, in der Kinder immer die Eigenschaften von zwei Elternteilen erben, können in PHP Klassen immer nur von einer Elternklasse abgeleitet werden. Es gibt keine Mehrfachvererbung im Gegensatz beispielsweise zu C++. Sie können aber richtige Stammbäume erstellen, das heißt, immer weiter und tiefer abgeleitete Klassen definieren.

Beim Entwurf von Klassen stellt sich mitunter die Frage, welche man als Elternklasse definieren soll und welche als abgeleitete. Eigentlich könnte man das Beispiel doch auch umgekehrt aufbauen, also die Premiumkunden als ursprüngliche Klasse implementieren und die Kundenklasse davon ableiten – oder nicht?

Nehmen Sie das extends zur Ableitung einer Klasse ruhig einmal wörtlich: Es heißt »erweitert«. Die *abgeleitete Klasse erweitert die Basisklasse* und bietet mehr und speziellere Funktionalität – und dann ist klar, dass die Basisklasse der Kunde ist und der Premiumkunde abgeleitet wird und nicht umgekehrt. Prinzipiell geht es bei der Vererbung immer vom Allgemeineren zum Spezielleren.

Noch ein weiteres Beispiel für Basisklassen und abgeleitete Klassen: Wenn Sie PHP-Frameworks zur Arbeitserleichterung einsetzen, so werden Sie sehen, dass üblicherweise die Frameworks Ihnen die Basisklassen automatisch generieren; Ihre Änderungen notieren Sie hingegen in den abgeleiteten Klassen.

Übung 2

In der letzten Übung haben Sie eine Klasse Fahrzeug definiert. Erstellen Sie jetzt dazu eine abgeleitete Klasse namens Auto. Diese Klasse hat folgende Unterschiede im Vergleich zur Basisklasse:

▪ Es gibt eine Eigenschaft zur Speicherung des Kilometerstands.

▪ Es gibt eine Methode zum Fahren, bei der der Kilometerstand um die gefahrenen Kilometer erhöht wird.

9.7.2   Konstruktoren in der Basisklasse und in der abgeleiteten Klasse

Noch einmal zum Konstruktor in Eltern- und abgeleiteten Klassen. In Listing 9–9 haben Sie gesehen, dass in abgeleiteten Klassen prinzipiell der Konstruktor der Elternklasse aufgerufen wird. Der Konstruktor der Elternklasse wird jedoch nicht aufgerufen, wenn Sie ihn in der abgeleiteten Klasse überschrieben haben. Wenn Sie dann trotzdem den Konstruktor der Elternklasse aufrufen möchten, verwenden Sie parent::__construct(), also das Schlüsselwort parent in Kombination mit dem Gültigkeitsbereichsoperator :: und __construct(). Das folgende Beispiel demonstriert noch einmal, wie das mit dem Konstruktor in Eltern- und Kindklasse ist:

```
01 class Elternklasse
02 {
03   public function __construct()
04   {
05     echo "In " . get_class($this);
06     echo ": Aufruf des Konstruktors der Elternklasse<br />\n";
07   }
08 }
09
10 class Kindklasse1 extends Elternklasse
11 {
12
13 }
14
15 class Kindklasse2 extends Elternklasse
16 {
17   public function __construct()
18   {
19     echo "In " . get_class($this);
20     echo ": Aufruf des Konstruktors der Kindklasse<br />\n";
21     parent::__construct();
22   }
23 }
24
25 $objekt1 = new Elternklasse();
26 $objekt2 = new Kindklasse1();
27 $objekt3 = new Kindklasse2();
```

Listing 9–11   *Auch der Konstruktor der Elternklasse kann in der abgeleiteten Klasse aufgerufen werden*
                (aufruf_konstr_elternklasse.php).

Im Beispiel wird in Zeile 1 eine Klasse namens Elternklasse definiert. Sie enthält einen Konstruktor, in dem die aktuelle Klasse und der Text »Aufruf des Konstruktors der Elternklasse« ausgegeben werden.

Die Klasse Kindklasse1 in Zeile 10 erweitert die Elternklasse, definiert aber nichts Neues. Eine zweite Klasse Kindklasse2 in Zeile 15 enthält hingegen einen eigenen Konstruktor, der den Namen der aktuellen Klasse und eine Meldung ausgibt. Außerdem wird im Konstruktor von Kindklasse2 der Konstruktor der

Elternklasse aufgerufen (Zeile 21). Schließlich werden in den Zeilen 25–27 Objekte von allen Klassen erstellt.

Die Ausgabe zeigt, dass in Kindklasse1 automatisch der Konstruktor der Elternklasse aufgerufen wird. In Kindklasse2 muss dieser Aufruf hingegen explizit geschehen, und dann werden beide Konstruktoren – der Elternklasse und der Kindklasse – ausgeführt. Wenn Sie einmal testweise Zeile 21 im obigen Listing auskommentieren, sehen Sie, dass der Aufruf des Konstruktors der Elternklasse nicht mehr automatisch geschieht, wenn der Konstruktor in der abgeleiteten Klasse überschrieben ist.

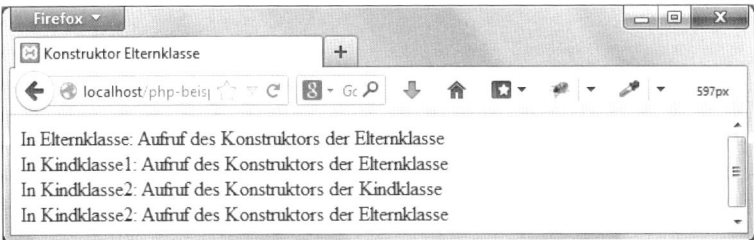

Abb. 9–5 *Ist der Konstruktor der Elternklasse in der abgeleiteten Klasse überschrieben, kann er über parent::__construct() explizit aufgerufen werden.*

Im Beispiel haben Sie gesehen, wie Sie über parent::__construct() die Konstruktormethode der Elternklasse aufrufen. parent können Sie aber auch zum Aufruf beliebiger anderer Methoden der Elternklasse nutzen.

9.8 Zugriff steuern

Derzeit haben wir bei der Klasse Kunde eigene Methoden erstellt, um den verbrauchten Speicher zu ermitteln. Ungeachtet dessen kann man aber den verbrauchten Speicher auch direkt setzen – oder sogar den Gesamtspeicher.

```
require_once "kunde.php";
$neuerKunde = new Kunde("Anja");
$neuerKunde->speicherGesamt = 500;
$neuerKunde->speicherVerbraucht = 150;
$neuerKunde->zustandAusgeben();
```

Listing 9–12 *Eigenschaften wie der Gesamtspeicher können direkt gesetzt werden (kunde_speicher_direkt.php).*

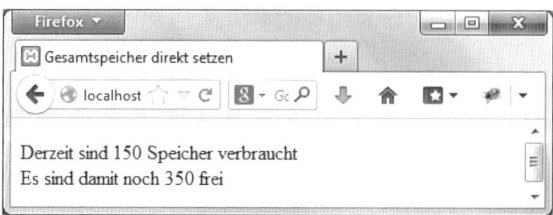

Abb. 9–6   *Noch 350 frei – das ist eigentlich nicht vorgesehen.*

Das stellt das ganze System infrage und widerspricht dem Grundgedanken, wie die Klasse entworfen wurde. Um dem entgegenzuwirken, müssen Sie den *direkten Zugriff auf bestimmte Methoden/Eigenschaften einschränken*. Genau hierfür gibt es die Schlüsselwörter private, protected und public.

> Durch die Zugriffsbeschränkungen ist eine Datenkapselung möglich – ein wichtiges Konzept der objektorientierten Programmierung.

Bisher stand bei Methoden und Eigenschaften immer public. public erlaubt den Zugriff aus dem Objektkontext und auch aus abgeleiteten Klassen heraus, also kurz gesagt immer.

Bei Eigenschaften und Methoden gibt es Unterschiede bei den Zugriffsmodifizierern. Wenn Sie bei einer Methode keinen Zugriffsmodifizierer angeben, wird diese als public behandelt. Bei Eigenschaften müssen Sie etwas angeben. Seit PHP 7.1 dürfen Sie bei Konstanten auch einen Zugriffsmodifizierer bestimmen.

private und protected schränken hingegen den Zugriff ein. Auf eine als private oder protected deklarierte Eigenschaft bzw. Methode können Sie nicht von einem Objekt aus zugreifen.

Durch Listing 9–13 erhalten Sie die in Abbildung 9–7 gezeigte Fehlermeldung.

```
class Beispielklasse
{
  private $eigenschaft = 50;
}
$objekt = new Beispielklasse();
$objekt->eigenschaft = 500;
```

Listing 9–13   *Das ist nicht erlaubt: Zugriff auf eine private Eigenschaft (zugriffsfehler.php).*

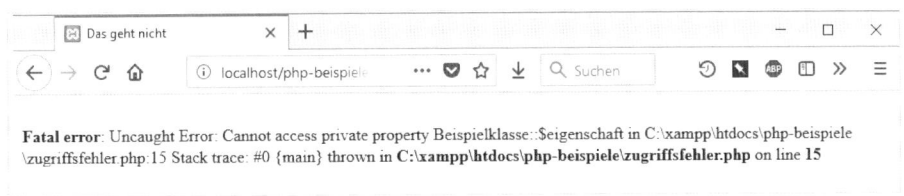

Fatal error: Uncaught Error: Cannot access private property Beispielklasse::$eigenschaft in C:\xampp\htdocs\php-beispiele
\zugriffsfehler.php:15 Stack trace: #0 {main} thrown in **C:\xampp\htdocs\php-beispiele\zugriffsfehler.php** on line 15

Abb. 9–7   *Fehlermeldung bei direktem Zugriff auf eine als private gekennzeichnete Eigenschaft*

Genauso wird ein Fehler gemeldet, wenn Sie die Eigenschaft als protected deklarieren und versuchen, über das Objekt direkt zuzugreifen. Der folgende Code erzeugt ebenfalls eine Fehlermeldung:

```
class Beispielklasse
{
    protected $eigenschaft = 50;
}
$objekt = new Beispielklasse();
$objekt->eigenschaft = 500;
```

Im Objektkontext gibt es keinen Unterschied zwischen private und protected. Bei abgeleiteten Klassen hingegen ist ein Unterschied festzustellen: Eine als protected gekennzeichnete Methode bzw. Eigenschaft kann in der abgeleiteten Klasse abgerufen werden, eine als private gekennzeichnete Methode bzw. Eigenschaft ist in der abgeleiteten Klasse *hingegen nicht sichtbar.* Das ist ein wichtiger Punkt: Das bedeutet nämlich, dass man in der abgeleiteten Klasse eine Methode bzw. Eigenschaft mit demselben Namen definieren kann, aber nicht auf die ursprüngliche zugreifen kann.

Ein Beispiel hierzu: In der BeispielklasseA wird $eigenschaft als private gekennzeichnet:

```
01 class BeispielklasseA
02 {
03   private $eigenschaft = 50;
04 }
```

Die BeispielklasseB ist von BeispielklasseA abgeleitet. In ihr gibt es eine Methode mit dem Namen test(), in der versucht wird, auf die als private gekennzeichnete Eigenschaft der Elternklasse zuzugreifen:

```
05 class BeispielklasseB extends BeispielklasseA
06 {
07   public function test() {
08     echo "Versuch Zugriff auf private-Eigenschaft ";
09     echo $this->eigenschaft;
10   }
11 }
12 $objekt = new BeispielklasseB();
13 $objekt->test();
```

Listing 9–14   *Versuch, in einer abgeleiteten Klasse auf die als private gekennzeichnete Eigenschaft der*
Elternklasse zuzugreifen (protected_private.php)

Wie zu erwarten, funktioniert der Zugriff nicht, denn als `private` gekennzeichnete Eigenschaften sind in abgeleiteten Klassen nicht sichtbar. Jedoch erzeugt der Zugriff auf die unbekannte Eigenschaft der Elternklasse *keinen fatalen Fehler*, sondern genau wie sonst auch löst der Einsatz einer nicht initialisierten Variablen einen Hinweis (Notice) aus, sofern Sie den Fehlermeldungslevel entsprechend eingestellt haben.

Abb. 9-8   *Der Zugriff auf eine private Eigenschaft der Elternklasse erzeugt nur eine Notice.*

Das Ganze klappt hingegen, wenn die Eigenschaft in der Elternklasse als `pro-tected` gekennzeichnet ist:

```
01 class BeispielklasseA
02 {
03    protected $eigenschaft = 50;
04 }
05 class BeispielklasseB extends BeispielklasseA
06 {
07    public function test() {
08       echo "Versuch Zugriff auf protected Eigenschaft ";
09       echo $this->eigenschaft;
10    }
11 }
12 $objekt = new BeispielklasseB();
13 $objekt->test();
```

Listing 9-15   *So geht's: In der abgeleiteten Klasse kann man auf die als protected deklarierte Eigenschaft der Elternklasse zugreifen (protected_private_mod.php).*

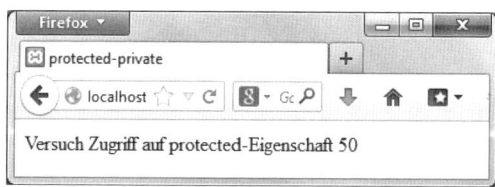

Abb. 9-9   *Der Zugriff auf eine als protected deklarierte Eigenschaft klappt in der abgeleiteten Klasse.*

Ebenfalls möglich ist es allerdings, eine `private` Eigenschaft der Elternklasse in der abgeleiteten Klasse neu zu definieren:

```
01 class BeispielklasseA
02 {
03   private $eigenschaft = 50;
04 }
05
06 class BeispielklasseB extends BeispielklasseA
07 {
08   protected $eigenschaft = 20;
09   public function test() {
10     echo " Zugriff auf Eigenschaft ";
11     echo $this->eigenschaft;
12   }
13 }
14 $objekt = new BeispielklasseB();
15 $objekt->test();
```

Listing 9–16   *Das hingegen geht: Eine private Eigenschaft der Elternklasse kann in der abgeleiteten Klasse neu definiert werden (private_ueberschreiben.php).*

Wie zu erwarten, wird dann hier 20 ausgegeben – der in der abgeleiteten Klasse gesetzte Wert.

Abb. 9–10   *Der als private deklarierte Wert in der Elternklasse kann in der Kindklasse überschrieben werden.*

Kehren wir noch einmal zurück zum Beispiel mit den Klassen Kunde und Premiumkunde. Hier ist es auf jeden Fall sinnvoll, den direkten Zugriff auf $speicherGesamt und $speicherVerbraucht über protected zu verhindern. Alle anderen Eigenschaften bzw. Methoden müssen jedoch public bleiben, da ein direkter Zugriff vorgesehen ist.

```
class Kunde
{
  public $name;
  protected $speicherGesamt;
  protected $speicherVerbraucht;

  public function __construct()
  public function halloSagen()

  public function speichern()
  public function speicherFreigeben()
  public function zustandAusgeben()
 }
class Premiumkunde extends Kunde
{
```

```
    protected $speicherGesamt;
    public $farbSchema;
    public function __construct()
}
```

Listing 9–17   *Hier sehen Sie nur die Namen von Eigenschaften und Methoden mit*
den Zugriffsmodifizierern. Das vollständige Beispiel finden Sie unter
kunden_mit_zugriffsmod.php.

Dieses Beispiel ließe sich jetzt noch weiter verfeinern, indem der direkte Zugriff auf weitere Eigenschaften wie $name oder $farbSchema ebenfalls über den Zugriffsmodifizierer protected unterbunden wird. Dann müsste man zusätzliche Methoden implementieren, über die eine Ausgabe möglich ist. Ein Beispiel, bei dem das auch so gehandhabt wird, ist die in PHP vordefinierte Klasse Exception (siehe Abschnitt 9.17).

Durch diese Zugriffsmodifizierer ist eine Kapselung von Informationen möglich. Wenn Sie eine Klasse benutzen, müssen Sie nur wissen, welche öffentlichen Methoden und Eigenschaften es gibt und wozu diese da sind. Wie sie implementiert sind und was es darüber hinaus noch an nicht öffentlichen Methoden und Eigenschaften gibt, ist für Sie nicht relevant – außer, Sie wollen die Klasse erweitern.

9.9   Vererbung und Überschreibung genau steuern

Gerade haben Sie gesehen, wie Sie den Zugriff auf Methoden und Eigenschaften steuern können. Jetzt geht es darum, wie sich steuern lässt, ob und wie welche Eigenschaften bzw. Methoden überschrieben werden können.

9.9.1   Überschreibung verhindern mit final

Wichtige Methoden können durch final geschützt werden.

final bei Methoden

Wenn Sie in einer Klasse Methoden implementiert haben, die für den allgemeinen Ablauf sehr wichtig sind, können Sie mit final verhindern, dass diese in abgeleiteten Klassen überschrieben werden. So könnten Sie beispielsweise in der Kunde-Klasse die Methoden speichern() und speicherFreigeben() als final deklarieren. Dann können sie in der abgeleiteten Klasse nicht überschrieben und damit auch nicht verändert werden. Das Schlüsselwort final wird ganz am Anfang, das heißt vor dem Zugriffsmodifizierer notiert.

```
01 class Kunde
02 {
03 /* alles andere wie gehabt */
04    final public function speichern($speicherBedarf)
05    {
06     if (($this->speicherGesamt - $this->speicherVerbraucht)
07        >= $speicherBedarf) {
08       $this->speicherVerbraucht=
09        $this->speicherVerbraucht+$speicherBedarf;
10       echo "$speicherBedarf gespeichert";
11     } else {
12       echo "Nicht gespeichert. Nicht genügend Speicher mehr frei.";
13     }
14    }
15    final public function speicherFreigeben($speicher)
16    {
17     $this->speicherVerbraucht= $this->speicherVerbraucht -
18     $speicher;
19     echo "$speicher Speicher freigegeben";
20    }
21 /* alles andere wie gehabt */
22 }
```

Versuchen Sie jetzt, die Methoden zu überschreiben, erhalten Sie eine Fehlermeldung.

```
23 class PremiumKunde extends Kunde
24 {
25 /* alles andere wie gehabt */
26    public function speicherFreigeben($speicher) {
27      echo "doch überschrieben";
28    }
29 }
30 $kunde3 = new PremiumKunde ("Julian", 20, "Wüstenstimmung");
31 $kunde3->halloSagen();
32 echo "<br />Das gewählte Farbschema ist: {$kunde3->farbSchema}<br />";
33 $kunde3 ->zustandAusgeben();
34 $kunde3 ->speichern(20);
```

Listing 9–18   *Als final deklarierte Methoden können in abgeleiteten Klassen nicht überschrieben werden (final.php).*

Abb. 9–11   *Fehlermeldung beim Versuch, eine als final deklarierte Methode zu überschreiben.*

final ist also wichtig, um sicherzustellen, dass etwas eins zu eins in die abgeleitete
Klasse übernommen wird. Umgekehrt sollten Sie daran denken, wenn Sie eine
fremde Klasse verwenden, dass Sie keinerlei Änderungen in Ihrer abgeleiteten
Klasse an den mit final deklarierten Methoden vornehmen können.

final bei Klassen

Eben ging es darum, welche Wirkung final bei einer Methode hat. Wenn Sie hingegen eine Klasse als final deklarieren, sorgen Sie dafür, dass sie nicht abgeleitet
werden kann. Das folgende Listing gibt deswegen eine Fehlermeldung aus:

```
final class Endgueltig
{
}
class Versuch extends Endgueltig
{
}
$obj = new Versuch();
```

Listing 9–19   *Eine Klasse wird als final gekennzeichnet (finale_klasse.php).*

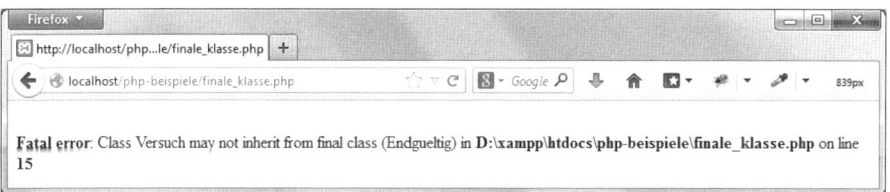

Abb. 9–12   *Beim Versuch, eine als final gekennzeichnete Klasse abzuleiten, wird eine Fehlermeldung*
          ausgegeben.

Wie Sie gesehen haben, können Sie final bei Methoden und Klassen einsetzen,
bei Eigenschaften wäre es hingegen nicht sinnvoll.

9.9.2   Überschreibung fordern mit abstract

Auch das Schlüsselwort abstract ist wichtig bei der Vererbung. Es macht aber
genau das Gegenteil von final: Eine Methode, die als abstract deklariert wird,
muss in einer abgeleiteten Klasse *überschrieben werden*. Zwei Punkte gibt es
dabei zu beachten:

 Wenn eine Klasse auch nur eine als abstract deklarierte Methode erhält, können Sie von dieser Klasse nicht direkt ein Objekt erzeugen, sondern müssen
   erst eine Klasse ableiten, in der Sie die Methode implementieren.

 Außerdem muss die gesamte Klasse als abstract definiert werden, wenn sie
   auch nur eine abstrakte Methode enthält.

Ein Beispiel: Die Klasse `GanzAbstrakt` wird als abstract deklariert, da sie eine abstrakte Methode `begruessen()` beinhaltet.

```
01 abstract class GanzAbstrakt
02 {
03   abstract public function begruessen();
04   public function ausgabe()
05   {
06     echo "nicht abstrakt";
07   }
08 }
```

Abstrakte Methoden erhalten das Schlüsselwort abstract und nur den Namen – ganz ohne Funktionsrumpf, selbst leere geschweifte Klammern {} würden eine Fehlermeldung erzeugen.

Dann wird eine neue Klasse erstellt, die von der Klasse `GanzAbstrakt` abgeleitet wird. Sie implementiert die Methode `begruessen()`:

```
09 class NeueKlasse extends GanzAbstrakt
10 {
11   public function begruessen()
12   {
13     echo "Schönen Tag auch!";
14   }
15 }
```

Von der abgeleiteten Klasse kann dann ein neues Objekt erstellt werden. Direkt ein Objekt auf der Basis der abstrakten Klasse zu erstellen, ist hingegen nicht möglich.

```
16 /* das geht nicht: */
17 /*$beispiel = new GanzAbstrakt;
18 $beispiel->begruessen(); */
19
20 /* das geht */
21 $beispiel = new NeueKlasse();
22 $beispiel->begruessen();
```

Listing 9–20   *Von einer abstrakten Klasse kann nicht direkt ein Objekt erzeugt werden (abstract.php).*

Abb. 9–13   *Wenn Sie versuchen, direkt eine Instanz einer abstrakten Klasse zu erstellen, erhalten Sie eine Fehlermeldung.*

9.9.3   Schnittstellen – Interfaces

Gerade haben Sie gesehen, dass man von abstrakten Klassen nicht direkt Objekte erstellen kann. Das gilt ebenso für die nun vorgestellten Schnittstellen. Diese gehen jedoch noch einen Schritt weiter als abstrakte Klassen: In Schnittstellen definieren Sie, welche Methoden zu implementieren sind, ohne jedoch vorzugeben, wie. Nützlich sind Schnittstellen, um die Funktionalität von mehreren Klassen zusammenzufassen.

Eine Schnittstelle erstellen Sie mit dem Schlüsselwort interface anstelle von class. Alle Methoden, Eigenschaften und Konstanten von Schnittstellen müssen öffentlich, das heißt public, sein. Um die Schnittstelle anzuwenden, verwenden Sie das Schlüsselwort implements anstelle von extends.

Im folgenden Listing sehen Sie die Definition eines Interfaces Schreiben mit drei öffentlichen Methoden ohne Methodenrumpf. Die Klasse Dateischreiben implementiert dieses Interface, das heißt, sie definiert die einzelnen Methoden. Von dieser Klasse kann dann ganz normal ein Objekt erstellt und es können die Methoden aufgerufen werden.

```
01 interface Schreiben
02 {
03   public function oeffnen();
04   public function schreiben();
05   public function schliessen();
06 }
07 class Dateischreiben implements Schreiben
08 {
09    public function oeffnen()
10    {
11      echo "Datei geöffnet. ";
12    }
13   public function schreiben()
14    {
15      echo "In Datei schreiben. ";
16    }
17   public function schliessen()
18    {
19      echo "Datei geschlossen. ";
20    }
21 }
22 $beispiel = new Dateischreiben();
23 $beispiel->oeffnen();
24 $beispiel->schreiben();
25 $beispiel->schliessen();
```

Listing 9–21   *Die Definition und Implementierung eines Interfaces (interface.php)*

Abb. 9–14   *Das Interface wird genutzt*

Wichtig ist dabei, dass in der Klasse, die das Interface implementiert, wirklich *alle* Methoden definiert werden. Fehlt eine, erhalten Sie eine Fehlermeldung.

Eine Klasse kann gleichzeitig von einer anderen Klasse erben und ein bestimmtes Interface implementieren:

```
class A extends B implements C
```

Außerdem kann eine Klasse auch mehrere Interfaces implementieren, vorausgesetzt, dass sie nicht gleichlautende Methodennamen besitzen:

```
class D implements E, F
```

Und Interfaces können auch vererbt werden.

9.10   Typdeklarationen (ursprünglich Type Hints)

Häufig kommt es vor, dass das Programm an bestimmten Stellen nur Objekte allgemein oder Objekte eines bestimmten Typs erwartet, um funktionieren zu können. Das können Sie bestimmen über Typdeklarationen.

> In Kapitel 5 haben Sie bereits skalare Typdeklarationen gesehen, das heißt, man gibt an, ob eine Funktion als Parameter einen String, Integer usw. verlangt. Hier geht es darum, wie man bestimmt, dass Objekte oder Objekte eines bestimmten Typs erwartet werden.

Im folgenden Beispiel gibt es eine Funktion, bei der vor dem Parameter `object` angegeben ist. Damit werden nur Objekte akzeptiert – diese Möglichkeit existiert seit PHP 7.2:

```
function akzeptiertObjekt(object $obj) {
  echo "nur Objekte können übergeben werden";
}
akzeptiertObjekt(new StdClass());
```

Listing 9–22   *Nur Objekte werden akzeptiert (typdeklaration_object.php).*

Beim Aufruf der Funktion wird ein Objekt der `StdClass` (eine in PHP vordefinierte Klasse) übergeben – und es gibt keine Fehlermeldung. Wenn wir hingegen die Funktion mit einem String aufrufen:

```
akzeptiertObjekt("Ein String");
```

erhalten wir einen »Fatal error: Uncaught TypeError«.

`object` bei Typdeklarationen gibt es seit PHP 7.2. Bereits seit PHP 5 gibt es hingegen die Möglichkeit, anzugeben, dass Objekte eines bestimmten Typs erwartet werden (früher Type Hints genannt).

Angenommen, `oeffnen()` und `schreiben()` der Klasse `Dateischreiben` sind zwei Methoden, die Sie häufig zusammen brauchen. Dann können Sie sich eine Funktion schreiben, die dafür sorgt, dass beide in der richtigen Reihenfolge ausgeführt werden:

```
function direktschreiben($obj)
{
  $obj->oeffnen();
  $obj->schreiben();
}
```

`direktschreiben()` funktioniert allerdings nur, wenn Sie ihr Objekte übergeben, die die entsprechenden Methoden auch implementieren: Das heißt, die Objekte müssen von der Klasse `Dateischreiben` stammen oder von einer anderen Klasse, die das Interface `Schreiben` implementiert. Dies können Sie über Typdeklarationen (in PHP 5 auch als *Type Hints*) angeben. Dazu schreiben Sie vor den bei der Funktion übergebenen Parameter den Namen der Klasse, von der das Objekt eine Instanz sein soll, oder geben das Interface an:

```
function direktschreiben(Schreiben $obj)
```

Im Zusammenhang sieht das dann so aus:

```
01 interface Schreiben
02 {
03   /* wie oben */}
04 class Dateischreiben implements Schreiben
05 {
06 /* wie oben */
07 }
08
09 $beispiel = new Dateischreiben();
10 function direktschreiben(Schreiben $obj)
11 {
12   $obj->oeffnen();
13   $obj->schreiben();
14 }
15 direktschreiben($beispiel);
```

Listing 9–23 *Über Type Hints lässt sich sicherstellen, dass nur Objekte einer bestimmten Klasse übergeben werden (typdeklaration.php).*

Übrigens funktioniert es ebenfalls, wenn Sie eine abgeleitete Klasse von Datei-schreiben benutzen. Im folgenden Beispiel gibt es eine Klasse Dateischoenschrei-ben, die von Dateischreiben abgeleitet ist:

```
01 interface Schreiben
02 {
03   /* wie oben */
04 }
05 class Dateischreiben implements Schreiben
06 {
07 /* wie oben */
08 }
09 class Dateischoenschreiben extends Dateischreiben
10 {
11 }
12 $beispiel = new Dateischoenschreiben();
13
14 function direktschreiben(Dateischreiben $obj)
15 {
16   $obj->oeffnen();
17   $obj->schreiben();
18 }
19 direktschreiben($beispiel);
```

Listing 9–24   *Es funktioniert auch mit abgeleiteten Klassen (typdeklaration_2.php).*

Wenn Sie hingegen die Funktion direktschreiben() mit einem nicht passenden Objekt aufrufen, erhalten Sie eine Fehlermeldung:

```
01 class Anders
02 {
03 }
04 $test = new Anders();
05 function direktschreiben(Schreiben $obj)
06 {
07   $obj->oeffnen();
08   $obj->schreiben();
09 }
10 direktschreiben($test);
```

Listing 9–25   *Mit einer Instanz einer anderen Klasse funktioniert es nicht (pdeklaration_fehler.php).*

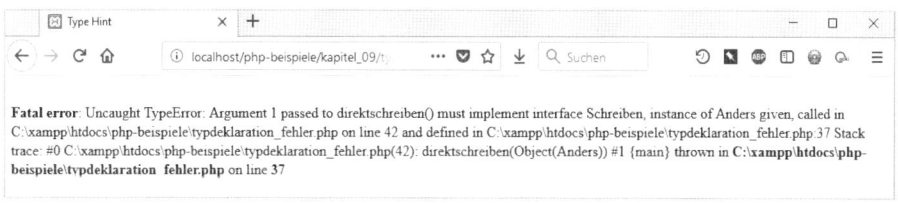

Abb. 9–15   *Wird nicht das richtige Objekt übergeben, erhalten Sie eine Fehlermeldung.*

9.11 static – auch ohne Objekt aufrufbar

Das nächste Schlüsselwort, das vorgestellt werden soll, ist static.

9.11.1 Statische Methoden

Statische Methoden – auch Klassenmethoden genannt – können Sie aufrufen, ohne ein Objekt erstellt zu haben. Sie sind praktisch für Funktionalität, die unabhängig von irgendwelchen Objektfunktionen ist.

Erinnern Sie sich an das Beispiel zur Ausgabe eines Datums mit deutschen Wochentagen und Monatsnamen aus Kapitel 6? Hier sehen Sie es noch einmal:

```
01 class Datum
02 {
03   public function ausgeben()
04   {
05     date_default_timezone_set("Europe/Berlin");
06     $tage = [
07        "Mon" => "Montag",
08        "Tue" => "Dienstag",
09        "Wed" => "Mittwoch",
10        "Thu" => "Donnerstag",
11        "Fri" => "Freitag",
12        "Sat" => "Samstag",
13        "Sun" => "Sonntag"];
14     $wochentag = $tage[date("D")];
15     $monate = [
16        "Jan" => "Januar",
17        "Feb" => "Februar",
18        "Mar" => "März",
19        "Apr" => "April",
20        "Mai" => "Mai",
21        "Jun" => "Juni",
22        "Jul" => "Juli",
23        "Aug" => "August",
24        "Sep" => "September",
25        "Oct" => "Oktober",
26        "Nov" => "November",
27        "Dec" => "Dezember"];
28     $monat = $monate[date("M")];
29     $wochentag = $tage[date("D")];
30     echo "$wochentag, den ";
31     echo date("j. " ) .$monat;
32   }
33 }
34 $heute = new Datum();
35 $heute->ausgeben();
```

Listing 9–26   *Datum ausgeben lassen (date_deutsch_oo.php)*

Um das aktuelle Datum auszugeben, müssen Sie wie gewohnt ein neues Objekt der Klasse initialisieren und dann die gewünschte Methode aufrufen:

```
$heute = new Datum();
$heute->ausgeben();
```

Einfacher geht es durch static. Wenn Sie die Methode ausgeben() als static deklarieren, können Sie auf sie zugreifen, ohne ein Objekt der Klasse erstellen zu müssen. Ergänzen Sie zuerst bei der Methode Folgendes:

```
public static function ausgeben()
```

Dann können Sie diese Methode direkt aufrufen:

```
Datum::ausgeben();
```

Listing 9–27   *Direkter Zugriff auf statische Methoden (static.php)*

9.11.2   Statische Eigenschaften

Neben Methoden können auch Eigenschaften als statisch deklariert werden:

```
01 class Beispiel
02 {
03   public static $zahl = 42;
04   public function ausgeben()
05   {
06     return self::$zahl;
07   }
08 }
09 echo Beispiel::$zahl;
10 /*Folgende Zeile erzeugt einen Hinweis, wenn Fehlerlevel Strict */
11 /*echo Beispiel::ausgeben();*/
12 echo "<br />\n";
13
14 $bsp = new Beispiel();
15 echo $bsp->ausgeben();
```

Listing 9–28   *Auch Eigenschaften können als statisch deklariert werden (static_eigenschaft.php).*

Im Beispiel sehen Sie, dass die Eigenschaft $zahl in der Klasse Beispiel als statisch deklariert wird (Zeile 3). Dann können Sie direkt darauf zugreifen, und zwar über Beispiel::$zahl (Zeile 9). Außerdem gibt es die Methode ausgeben(), die zeigt, wie Sie innerhalb der Klasse über self auf die statische Eigenschaft zugreifen können (Zeile 6).

Wenn Sie versuchen, auf die nicht statisch definierte Methode direkt zuzugreifen, erhalten Sie bei entsprechendem Fehlermeldungslevel einen Deprecated-Hinweis. Sie können aber ein neues Objekt initiieren und dann wie gewohnt auf die Methode zugreifen.

Statische Eigenschaften ähneln den Klassenkonstanten (siehe Abschnitt 9.5). Aber im Unterschied zu den Klassenkonstanten, auf die Sie nur lesend zugreifen können, können Sie statische Eigenschaften auch verändern:

```
Beispiel::$zahl = 45;
```

Statische Eigenschaften können dazu verwendet werden, um zu zählen, wie viele Instanzen einer Klasse erstellt wurden:

```
01 class Beispiel
02 {
03   static $count = 0;
04   public function __construct()
05   {
06     self::$count++;
07     echo "Nummer der Instanz: " . self::$count;
08   }
09 }
10 $a = new Beispiel();
11 echo "<br />\n";
12 $b = new Beispiel();
```

Listing 9–29   *Instanzen lassen sich über statische Eigenschaften zählen (instanzenzaehler.php).*

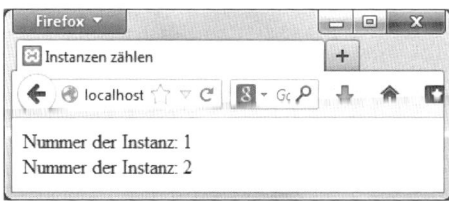

Abb. 9–16   *Die Instanzen werden gezählt.*

Übung 3

Definieren Sie eine Klasse Math mit mindestens zwei statischen Methoden:

▨ Die Methode wurzel() soll die Quadratwurzel liefern. Hierfür können Sie sqrt()[1] benutzen.

▨ Die Methode absolut() soll den absoluten Wert einer Zahl berechnen, was Sie über die PHP-Funktion abs() bewerkstelligen können.

▨ Sie können gerne noch weitere Methoden integrieren.

▨ Rufen Sie die Methoden dann auf.

---

1.   *http://php.net/manual/de/function.sqrt.php*

9.11.3   Late Static Binding

Late Static Binding betrifft die Behandlung von statischen Methoden oder Eigenschaften bei der Vererbung. Sehen wir uns ein Beispiel an:

```
01 class Elternklasse {
02   public function test() {
03     self::ausgabe();
04   }
05
06   public static function ausgabe() {
07     echo "Elternklasse: Klassenname ist: " . __CLASS__;
08   }
09 }
10
11 class Kindklasse extends Elternklasse {
12   public static function ausgabe() {
13     echo "Abgeleitete Klasse: Klassenname ist: " . __CLASS__;
14   }
15 }
16
17 $a = new Elternklasse();
18 $a->test();
19 echo "<br />\n";
20 $b = new Kindklasse();
21 $b->test();
```

Listing 9–30   *Der Aufruf der überschriebenen statischen Kindklasse funktioniert nicht (ohne_late_static_binding.php).*

Hier wird eine Elternklasse mit zwei Methoden definiert: Die Methode test() in Zeile 2 ruft die statische Methode ausgabe() auf. Die statische Methode ausgabe() (Zeile 6) gibt einen Text aus und die aktuelle Klasse über die vordefinierte Konstante __CLASS__.

In Zeile 11 wird eine Kindklasse definiert, die von der Elternklasse abgeleitet ist. Sie überschreibt die statische Methode ausgabe() der Elternklasse – ein etwas anders lautender Text und Klassenname werden ausgegeben.

In Zeile 17 wird eine neue Instanz der Elternklasse erstellt und die Methode test() aufgerufen. Dann wird in Zeile 20 eine neue Instanz der Kindklasse definiert und hier ebenfalls die Methode test() aufgerufen. Wie Sie aber in der Ausgabe in Abbildung 9–17 sehen, wird in beiden Fällen die statische Methode ausgabe() der Elternklasse aufgerufen.

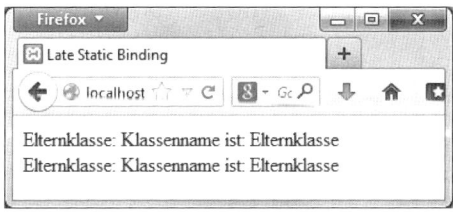

Abb. 9–17   *Beide Male wird die Methode ausgabe() der Elternklasse aufgerufen.*

Das liegt daran, dass sich self auf die aktuelle Klasse bezieht, in der es steht, und nicht auf die Klasse, von der aus die Methode aufgerufen wurde. self wird nämlich beim Kompilieren durch den Namen der Klasse ersetzt, in der es steht. Und damit erfolgt auch, wenn die Methode test() von der Kindklasse aufgerufen wurde, ein Aufruf von Elternklasse::ausgabe().

Was hier fehlt, ist eine Möglichkeit, auf die Klasse zuzugreifen, die die Methode aufgerufen hat. Dies ist durch den Einsatz von static möglich. Dieses wird später, das heißt nicht zur Kompilierzeit, sondern zur Laufzeit, durch den Namen der aufrufenden Klasse ersetzt.

```
01 class Elternklasse {
02   public function test() {
03     static::ausgabe();
04   }
05
06   public static function ausgabe() {
07     echo "Elternklasse: Klassenname ist: " . __CLASS__;
08   }
09 }
10
11 class Kindklasse extends Elternklasse {
12   public static function ausgabe() {
13     echo "Abgeleitete Klasse: Klassenname ist: " . __CLASS__;
14   }
15 }
16
17 $a = new Elternklasse();
18 $a->test();
19 echo "<br />\n";
20 $b = new Kindklasse();
21 $b->test();
```

Listing 9–31   *So funktioniert der Zugriff auf die statische Methode der Kindklasse (late_static_binding.php).*

Jetzt sieht die Ausgabe aus wie gewünscht – beim Aufruf von $b->test() wird die statische Methode der Kindklasse aufgerufen.

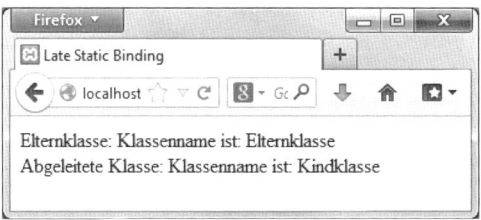

Abb. 9–18   *Wie gewünscht wird die statische Methode der Kindklasse aufgerufen.*

9.12 Weitere magische Methoden

Formal erkennen Sie magische Methoden an den beiden Unterstrichen (__) am Anfang. Zwei magische Methoden haben Sie bereits kennengelernt – nämlich die Konstruktor- und die Dekonstruktor-Methode (siehe Abschnitt 9.2), die automatisch aufgerufen werden, wenn ein neues Objekt erstellt bzw. ein Objekt zerstört wird. Nun zu weiteren magischen Methoden.

9.12.1 __set() und __get()

Die beiden magischen Methoden __set() und __get() werden automatisch aufgerufen, wenn ein Zugriff auf eine nicht definierte Eigenschaft erfolgt: __set() bei einem schreibenden, __get() bei einem lesenden Zugriff. Wenn Sie __set() und __get() in Ihrer Klasse implementieren, können Sie festlegen, was in diesem Fall geschehen soll.

```
01 class Beispiel
02 {
03   public $vorname;
04   public function halloSagen()
05   {
06     echo "Hallo {$this->vorname}";
07   }
08   public function __set($eigenschaft, $wert)
09   {
10     if ($eigenschaft == "alter") {
11       echo "Das Alter ist hier nicht relevant.";
12     } else {
13       echo "Sie wollen die Eigenschaft $eigenschaft setzen, die es nicht
              gibt.";
14     }
15   }
16   public function __get($eigenschaft)
17   {
18     echo "Die Eigenschaft $eigenschaft gibt es nicht.";
19   }
20 }
21
22 $bsp = new Beispiel();
23 $bsp->vorname = "Amina";
24
25 $bsp->halloSagen();
26 echo "<br />\n";
27 $bsp->alter = 2;
28 echo "<br />\n";
29 echo $bsp->name;
```

Listing 9–32 *Über __get() und __set() definiert man, was bei einem Zugriff auf eine nicht vorhandene Eigenschaft geschehen soll (get_set.php).*

In der Klasse `Beispiel` wird die Eigenschaft `$vorname` (Zeile 3) und die Methode `halloSagen()` implementiert. In Zeile 8 steht die magische Methode `__set()`, die bestimmt, was passieren soll, wenn eine Eigenschaft, die nicht definiert ist, gesetzt wird. `__set()` erwartet zwei Parameter – zuerst die Eigenschaft, die gesetzt wird, und dann den Wert, auf den die Eigenschaft gesetzt wird. Beide können Sie innerhalb der Methode auslesen. Im Beispiel wird gezeigt, dass man je nach gesetzter Eigenschaft auch unterschiedliche Dinge tun kann: Dafür überprüfen Sie, welchen Wert die Eigenschaft hat. Im Beispiel wird geprüft, ob es sich dabei um die Eigenschaft `$alter` handelt, und falls dem so ist, eine entsprechende Meldung ausgegeben.

> Wenn Sie hier mehr Fälle prüfen wollen, sollten Sie die `switch`-Konstruktion benutzen.

In Zeile 16 wird die magische `__get()`-Methode implementiert: Sie erwartet nur einen Parameter: die Eigenschaft, die ausgelesen wird. Auch hier wird eine Meldung ausgegeben.

In Zeile 22 wird ein neues Objekt erstellt. Das Zuweisen des Vornamens funktioniert wie gewohnt. In Zeile 27 wird versucht, die Eigenschaft `$alter` zu setzen. Jetzt wird die `__set()`-Methode aufgerufen. In Zeile 29 wird der Versuch unternommen, die nicht existierende Eigenschaft `$name` auszugeben. In diesem Fall wird die `__get()`-Methode aufgerufen.

Abb. 9–19   *Die vordefinierten Meldungen beim Zugriff auf die nicht definierten Eigenschaften werden ausgegeben.*

Wann ist der Einsatz von `__get()` und `__set()` sinnvoll? Beispielsweise könnten seltener benötigte Eigenschaften einer Klasse in eine Datei ausgelagert werden. Diese wird erst bei Bedarf geladen – über eine `__get()`-Methode, wenn auf eine unbekannte Eigenschaft zugegriffen wird.

9.12.2   __call() und callStatic() – Magie für Methoden

Das, was __get() und __set() bei Eigenschaften machen, macht __call() für Methoden. __call() wird – sofern in der Klasse implementiert – aufgerufen, wenn eine nicht definierte Methode eingesetzt wird:

```
01 class Beispiel
02 {
03   public $vorname;
04   public function halloSagen()
05   {
06     echo "Hallo {$this->vorname}";
07   }
08   public function __call($methode, $argumente)
09   {
10     echo "Sie haben $methode aufgerufen. Die gibt's nicht.  ";
11   if (!empty($argumente)) {
12       echo "Die übergebenen Argumente: ";
13       foreach ($argumente as $el) {
14         echo "$el ";
15       }
16     }
17   }
18 }
19
20 $bsp = new Beispiel();
21 echo "<br />\n";
22 $bsp->verabschieden("tschüss", "morgen");
```

Listing 9–33   *Aufruf einer nicht definierten Methode (call.php)*

Im Beispiel sehen Sie wieder die Klasse Beispiel. Implementiert ist dieses Mal die Methode __call() in Zeile 8. Sie erwartet zwei Parameter: zuerst den Methodennamen und danach die Parameterliste. Auf beide können Sie innerhalb der magischen Methode __call() zugreifen. Die Parameterliste (der zweite übergebene Parameter) ist wie zu erwarten ein Array. Ob Parameter übergeben wurden, wird mit !empty() überprüft, und gegebenenfalls werden die übergebenen Parameter ausgegeben.

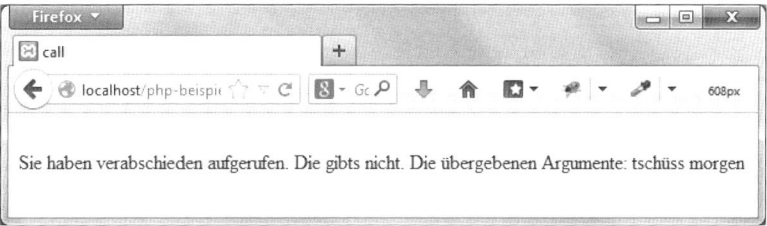

Abb. 9–20   *Beim Aufruf einer Methode, die in der Klasse nicht implementiert ist, wird die vorbereitete*
                Meldung ausgegeben.

Außerdem können Sie auch den Aufruf von unbekannten statischen Methoden abfangen. Hierfür gibt es die magische Methode __callStatic().

```
class Beispiel
{
  static function __callStatic($methode, $argumente)
  {
    echo "Sie haben die statische Methode '$methode' aufgerufen. ";
  }
}
Beispiel::etwas();
```

Listing 9–34   *__callStatic() im Einsatz (callstatic.php)*

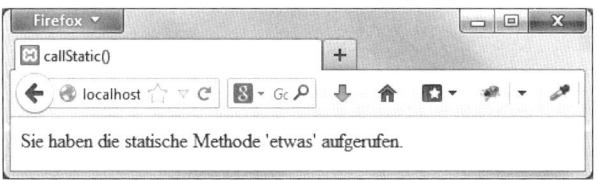

Abb. 9–21   *Sie können auch den Aufruf unbekannter statischer Methoden abgefangen.*

9.12.3   Ausgabe steuern über __toString()

Möchten Sie schnell Informationen zu einem Objekt erhalten, können Sie var_dump() benutzen. Dieses liefert Ihnen – neben der Information, dass es sich um ein Objekt handelt – die aktuell gesetzten Eigenschaften. Nehmen wir als Beispiel noch einmal die Klasse Kunde:

```
require_once "kunde.php";
$neuerKunde = new Kunde ("Anja");
$neuerKunde->speichern(20);
echo "<pre>";
echo "Infos über var_dump()\n";
var_dump($neuerKunde);
```

Abb. 9–22   *Informationen über das Objekt können über var_dump() ausgegeben werden.*

Auch print_r() liefert brauchbare Ergebnisse:

```
echo "Infos über print_r()\n";
print_r($neuerKunde);
echo "</pre>";
```

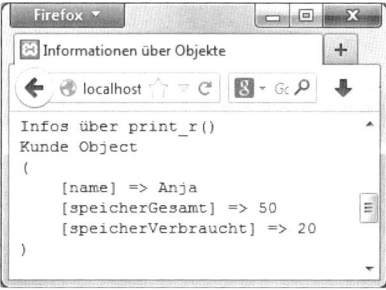

Abb. 9–23   *So sehen die per print_r() ausgegebenen Informationen aus.*

Schließlich können Sie Objekte wie Arrays in einer foreach-Schleife durchlaufen und erhalten alle öffentlichen Eigenschaften und die aktuellen Werte:

```
echo "Objekte lassen sich wie ein Array durchlaufen<br />\n";
foreach($neuerKunde as $k => $v) {
  echo "$k: $v<br />\n";
}
```

Listing 9–35   *Informationen über Objekte ausgeben lassen (informationen.php)*

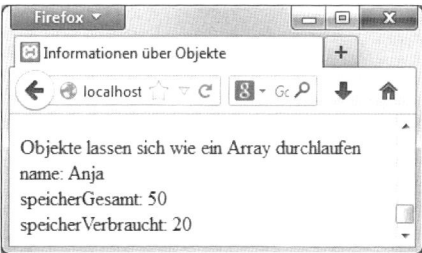

Abb. 9–24   *Dieses Mal werden Eigenschaften und Werte über eine foreach-Schleife ausgegeben.*

Wenn Sie jedoch direkt ein Objekt per print oder echo ausgeben lassen, liefert dies ein unbefriedigendes Ergebnis. Dies lässt sich mit der magischen Methode __to-String() ändern. Wenn Sie diese in einer Klasse definieren, können Sie dort bestimmen, was ausgegeben werden soll, wenn print oder echo bei einem Objekt benutzt wird.

Die magische Methode __toString() muss einen String zurückliefern.

```
01 require_once "kunde.php";
02 class Premiumkunde extends Kunde
03 {
04   public $speicherGesamt = 100;
05   public $farbSchema;
06   public function __construct($name, $speicherVerbraucht = 0, $farbSchema =
     "Sonnenaufgang")
07   {
08     $this->name = $name;
09     $this->speicherVerbraucht = $speicherVerbraucht;
10     $this->farbSchema = $farbSchema;
11   }
12   public function __toString()
13   {
14     $string = "Instanz von Premiumkunde<br />\n"
15             . "Folgende Eigenschaften sind definiert: <br />\n"
16             . "<ul>\n"
17             . "<li>Name: " . $this->name . "</li>\n"
18             . "<li>speicherVerbraucht: " . $this->speicherVerbraucht .
               "</li>\n"
19             . "<li>farbSchema: " . $this->farbSchema . "</li>\n"
20             . "</ul>\n";
21      return $string;
22   }
23 }
24
25 $pk = new Premiumkunde("Hans-Heinerich");
26 echo $pk;
```

Listing 9–36   *In der Klasse Premiumkunde wird die __toString()-Methode implementiert (tostring.php).*

Im Beispiel wird in der Klasse Premiumkunde in Zeile 12 die __toString()-Methode implementiert. In dieser Methode wird ein String mit Informationen zum jeweiligen Objekt zusammengestellt. Die Eigenschaften sollen in Form einer Liste ausgegeben werden. Die __toString()-Methode gibt diesen String mit return zurück.

In Zeile 26 sehen Sie, dass das Objekt direkt per echo ausgegeben wird. Jetzt wird die __toString-Methode aufgerufen und gibt das gewünschte Ergebnis aus.

Abb. 9–25   *Mit __toString() lässt sich die Ausgabe beliebig gestalten.*

Informationen über Objekte bzw. Klassen erhalten Sie auch über verschiedene von PHP vordefinierte Funktionen:

- `class_exists()` erwartet als Parameter den Namen einer Klasse und gibt true zurück, wenn die Klasse existiert, ansonsten `false`.

- `interface_exists()` überprüft entsprechend die Existenz eines Interfaces.

- `get_class_methods()` erwartet als Parameter den Namen einer Klasse und gibt ein Array mit den definierten Methoden zurück.

- `get_class_vars()` erwartet als Parameter den Namen einer Klasse und gibt ein Array mit den vordefinierten Eigenschaften zurück.

- `get_object_vars()` liefert die öffentlichen Eigenschaften eines Objekts.

- `get_class()` zur Ermittlung der Klassennamen eines Objekts haben Sie bereits kennengelernt (siehe Abschnitt 9.2).

- `get_parent_class()` liefert entsprechend zu einem Objekt den Namen der Elternklasse.

- `is_subclass_of()` erwartet zwei Strings als Parameter und gibt an, ob das zuerst genannte Objekt eine Instanz einer Unterklasse der Klasse ist, die im zweiten Parameter genannt wird.

- Über den Operator `instanceof` können Sie feststellen, ob ein gegebenes Objekt zu einer bestimmten Klasse gehört.

Eine vollständige Auflistung finden Sie unter *http://php.net/manual/de/ref.class-obj.php*.

9.13 Klassen automatisch laden

Bei der objektorientierten Programmierung in PHP werden häufig alle Klassen in eigenen Dateien untergebracht, die dann bei Bedarf eingebunden werden. Dieses Laden sollten Sie automatisieren.

Dafür gibt es in PHP die magische Methode `__autoload()`. Allerdings ist diese seit PHP 7.2. deprecated, das heißt, sie wird in einer der nächsten Versionen von PHP nicht mehr unterstützt werden. Wir sehen diese aber trotzdem kurz an, weil Sie Ihnen noch oft begegnen wird. Danach kommen wir zu einer zukunftsfähigeren Alternative.

Im Gegensatz zu den vorher beschriebenen magischen Methoden – wie `__construct()`, `__destruct()`, `__get()`, `__set()`, `__call()` oder auch `__callStatic()` – wird `__autoload()` nicht innerhalb der Klasse definiert, sondern *außerhalb*.

`__autoload()` wird automatisch aufgerufen, wenn ein Objekt einer Klasse erstellt ist, deren Definition nicht vorhanden ist. `__autoload()` erwartet als Parameter den Namen der Klasse.

Nehmen wir einmal an, dass die Datei, in der die Klasse steht, genauso heißt wie die Klasse, nur zusätzlich mit der Endung *.php*. Dann lässt sich __autoload() folgendermaßen implementieren:

```php
function __autoload($klasse) {
  require_once $klasse . ".php";
}
$obj  = new Beispiel1();
$obj->info();
$obj2 = new Beispiel2();
$obj2->info();
```

Listing 9–37   *Klassen automatisch laden (autoload.php)*

Das heißt: Wenn ein Objekt von einer nicht geladenen Klasse erstellt wird, wird die Datei mit dem dazugehörigen Namen und der Endung `.php` eingebunden.

> Hier ist `require_once` die richtige Art der Einbindung – sollte die Einbindung nicht klappen, soll das Skript abgebrochen werden. Außerdem sorgt `require_once` dafür, dass die Datei wirklich nur einmal eingebunden wird. Eine mehrfache Einbindung und damit auch eine mehrfache Klassendefinition würde einen Fehler erzeugen.

Damit das Beispiel funktioniert, müssen natürlich die zwei externen Dateien *Beispiel1.php* und *Beispiel2.php* existieren und die jeweiligen Klassendefinitionen enthalten.

Im Beispiel sind sie einfach gehalten: Sie definieren beide nur eine Methode info(), die ausgibt, dass die aktuelle Klasse geladen ist.

```php
<?php
class Beispiel1
{
  public function info()
  {
    echo get_class($this) . " wurde geladen. ";
  }
}
```

Listing 9–38   *Die eine geladene Datei (Beispiel1.php)*

Da die eingebundene Datei *Beispiel1.php* PHP-Code enthält, muss dieser auch in der eingebundenen Datei mit <?php eingeleitet werden. Die Datei *Beispiel2.php* sieht genauso aus wie *Beispiel1.php*, außer, dass die Klasse Beispiel2 heißt.

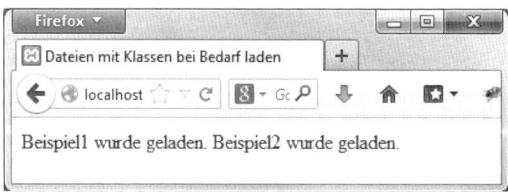

Abb. 9–26   *Die Dateien mit den Klassendefinitionen wurden über __autoload() geladen.*

Falls jedoch die Datei nicht existiert, die über __autoload() eingebunden wird, erhalten Sie eine entsprechende Fehlermeldung.

Wie erwähnt ist allerdings __autoload() seit PHP 7.2 deprecated. Stattdessen können Sie spl_autoload_register() verwenden. Diese Funktion erwartet als Parameter den Namen der Klasse, die sich um das automatische Laden kümmern soll. Im folgenden Beispiel wird als Parameter eine anonyme Funktion übergeben:

```
spl_autoload_register(function ($klasse) {
    require_once $klasse . ".php";
});

$obj  = new Beispiel1();
$obj->info();
$obj2 = new Beispiel2();
$obj2->info();
```

Listing 9–39   *Einen Autoloader registrieren (spl_autoload_register.php)*

Übung 4

Klassennamen werden üblicherweise in Großbuchstaben, Dateinamen oft in Kleinbuchstaben geschrieben. Wie könnte man das Beispiel *spl_autoload_register.php* so modifizieren, dass es trotzdem funktioniert?

Es kann mühsam sein, sich selbst um das automatische Laden von Klassen zu kümmern. Eine gute Alternative besteht im Einsatz der Autoload-Funktionalität von Composer. Details dazu unter *https://getcomposer.org/doc/01-basic-usage.md#autoloading*.

9.14   Referenzen, Klone und Vergleiche

Eine Besonderheit zeigt sich bei der Zuweisung von Objekten zu Variablen. Sehen wir uns zum Vergleich einmal an, wie es sich bei normalen Variablen verhält. Angenommen, Sie speichern in einer Variablen einen Wert:

```
$a = 5;
```

und weisen dann die Variable $a einer anderen Variablen zu:

```
$b = $a;
```

Dann hat $b ebenfalls den Wert 5. Ändern Sie jetzt den Wert von $a, so ist $b davon nicht betroffen:

```
$a++;
echo $b; /* gibt weiter 5 aus */
```

9.14.1   Referenzen und Klone

Bei Objekten ist dies jedoch anders. Wenn Sie ein Objekt einer anderen Variablen zuweisen, kopieren Sie damit nicht das gesamte Objekt, sondern die Variable erhält *nur eine Referenz* auf dieses Objekt.

```
01 class Beispiel
02 {
03   public $farbe;
04   public function info()
05   {
06     echo "Farbe ist {$this->farbe}<br />\n";
07   }
08 }
09 $obj1 = new Beispiel();
10
11 $obj2 = $obj1;
12 $obj1->farbe = "blau";
13 $obj1->info();
14 $obj2->info();
15
16 $obj1->farbe = "orange";
17 $obj2->info();
```

Im Listing wird eine einfache Klasse namens Beispiel erzeugt. Sie hat die Eigenschaft $farbe und eine Methode info(), die die aktuelle Farbe ausgibt.

In Zeile 9 wird eine Instanz der Klasse Beispiel erzeugt. In Zeile 11 wird dieses Objekt der Variablen $obj2 zugewiesen. Schließlich wird in Zeile 12 die Eigenschaft $farbe des Objekts $obj1 auf blau gesetzt. Für beide Objekte wird die Methode info() aufgerufen (Zeilen 13 und 14): Da $obj2 nur eine Referenz auf $obj1 enthält, ist das Ergebnis dasselbe. Beide Male wird ausgegeben: »Farbe ist blau«.

Das zeigen auch noch einmal die Zeilen 16 und 17. In Zeile 16 wird die Eigenschaft $farbe von $obj1 auf den Wert orange gesetzt. Liest man danach diese Eigenschaft über die info()-Methode aus, zeigt sich, dass auch bei $obj2 die Eigenschaft $farbe den Wert orange hat. Da $obj2 nur eine Referenz auf $obj1 enthält, betreffen alle Änderungen, die Sie an $obj1 durchführen, genauso $ob2. Es sind einfach zwei verschiedene Namen für dasselbe Objekt.

> Übrigens: Wenn Sie Objekte an Funktionen übergeben, passiert genau dasselbe – sie werden als Referenzen übergeben.

Falls Sie jedoch nicht eine Referenz auf ein Objekt erstellen möchten, sondern ein Objekt mit allen Eigenschaften kopieren möchten, sodass Sie danach zwei Objekte haben, die sich unabhängig voneinander verändern lassen, dann müssen Sie ein Objekt über clone klonen.

Erweitern wir dafür einmal das Beispiel von eben. Die Klassendefinition bleibt wie gehabt.

```
09 $obj1 = new Beispiel();
10
11 $obj2 = $obj1;
12 $obj1->farbe = "blau";
13 $obj1->info();
14 $obj2->info();
15
16 $obj3 = clone $obj1;
17 $obj1->farbe = "orange";
18 $obj3->info();
19 $obj2->info();
```

Listing 9–40   *Referenzen und Klone (referenzen_klone.php)*

In Zeile 16 wird $obj3 als Klon von $obj1 mit allen Eigenschaften erstellt. Wird jedoch nach dem Klonvorgang $obj1 verändert – in Zeile 17 wird die Eigenschaft $farbe auf orange gesetzt – so betrifft dies $obj3 nicht mehr. Die Zeile 18 erzeugt die Ausgabe »Farbe ist blau« – denn das entspricht dem Wert, den die Eigenschaft $farbe in dem Moment hatte, als $obj3 als Klon von $obj1 erstellt wurde.

Abb. 9–27   *Referenzen und Clone*

Soll beim Klonen mehr geschehen, müssen Sie die magische Methode __clone() in Ihrer Klasse implementieren. Sie wird automatisch aufgerufen, wenn ein Objekt geklont wird. Hier könnten Sie beispielsweise einzelne Eigenschaften wieder zurücksetzen, bei denen ein anderer Anfangswert wichtig ist.

9.14.2   Objekte vergleichen

Zum Vergleichen von Objekten können Sie == und === verwenden. Diese verhalten sich jedoch bei Objekten anders als bei normalen Variablen. == überprüft, ob die Eigenschaften identisch sind, === überprüft hingegen, ob der Objekt-Handler identisch ist, also auf dasselbe Objekt verweist.

Ein Beispiel demonstriert die Unterschiede:

```
01 class Beispiel
02 {
03   public $farbe;
04   public function info()
05   {
06     echo "Farbe ist {$this->farbe}<br />\n";
07   }
08 }
09 $obj1 = new Beispiel();
10 $obj1->farbe = "Blau";
11
12 $obj2 = $obj1;
13 $obj3 = clone $obj1;
14
15 echo "<pre>";
16 var_dump($obj1 == $obj2);
17 var_dump($obj1 === $obj2);
18
19 var_dump($obj1 == $obj3);
20 var_dump($obj1 === $obj3);
21 echo "</pre>";
```

Listing 9–41   *Referenzen und Klone vergleichen (objekte_vergleichen.php)*

Im Listing wird wieder eine einfache Beispielklasse mit der Eigenschaft $farbe
benutzt. In Zeile 9 wird ein neues Objekt instanziiert und die Eigenschaft $farbe
auf Blau gesetzt.

In Zeile 12 wird eine Referenz auf $obj1 erstellt und in $obj2 gespeichert.
$obj1 und $obj2 verweisen so auf dasselbe Objekt.

In Zeile 13 wird mit clone eine Kopie von $obj1 erstellt und in der Variable
$obj3 gespeichert. $obj3 hat damit dieselben Eigenschaften wie $obj1, ist aber ein
eigenständiges Objekt.

Dann werden ab Zeile 16 mehrere Vergleiche durchgeführt, und das Ergebnis
wird mit var_dump() direkt ausgegeben. Wie zu erwarten, ergibt $obj1 == $obj2
und $obj1 === $obj2 den booleschen Wert true: Beide verweisen schließlich auf
dasselbe Objekt.

Auch $obj1 == $obj3 ergibt true, da die Eigenschaften der beiden Objekte
übereinstimmen. Allerdings sind sie verschiedene Objekte, deswegen ergibt $obj1
=== $obj3 den booleschen Wert false.

Abb. 9–28   *Das Ergebnis der Vergleiche*

9.15 Namensräume

Bei großen Projekten, die nicht objektorientiert programmiert sind, kann es leicht zu Namenskonflikten kommen, wenn es mehrere Funktionen mit einem vorgegebenen Namen gibt, also beispielsweise zwei Funktionen mit dem Namen starten(). Diese Art von Konflikten ist bei der objektorientierten Programmierung weniger wahrscheinlich, weil die Funktionen – dann als Methoden – ja an die jeweiligen Klassen gebunden sind. Zwei Methoden mit dem Namen starten(), die bei unterschiedlichen Klassen definiert sind, stören sich nicht. Was ist aber, wenn bei einem Projekt mehrere externe Bibliotheken zum Einsatz kommen, die zwei gleichnamige Klassen haben? Denkbar ist das immer bei so generischen Klassen wie User oder Ähnlichem. Genau an dieser Stelle kommen die Namensräume ins Spiel – die neben Klassen auch bei Funktionen und Konstanten relevant sind.

Das PHP-Manual vergleicht Namensräume mit Ordnern im Dateisystem. Innerhalb von zwei verschiedenen Ordnern können Dateien desselben Namens vorkommen, ohne dass sich diese in die Quere kommen.

9.15.1 Grundlegendes

Einen Namensraum geben Sie hinter dem Schlüsselwort namespace an. Danach können Sie die zu dem Namensraum gehörigen Klassen, Funktionen und Konstanten definieren.

```
namespace meinprojekt;
class Benutzer {}
function wastun() {
  echo "getan";
}
const zahl = 42;
```

Die namespace-Anweisung muss sich im Code zualleroberst befinden. Es dürfen sich keine PHP-Befehle (mit Ausnahme von declare() zur Angabe einer Codierung) darüber befinden, auch darf kein HTML-Code davor ausgegeben werden. Ansonsten erhalten Sie die in Abbildung 9–29 gezeigte Fehlermeldung.

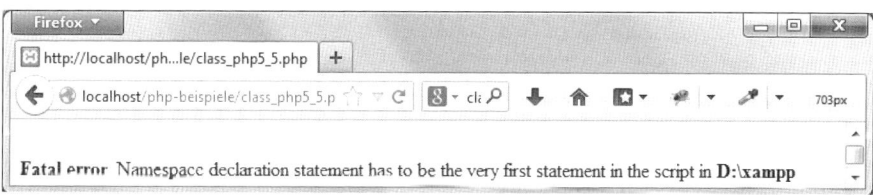

Abb. 9–29   *Wenn vor der namespace-Anweisung etwas anderes steht, erzeugt das einen fatalen Fehler.*

Innerhalb der Datei selbst, in der Sie den Namensraum deklariert haben, können Sie dann die Klassen, Funktionen oder Konstanten direkt benutzen, weil Sie sich ja innerhalb dieses Namensraums befinden:

```
namespace meinprojekt;
class Benutzer {}
function wastun() {
  echo "getan";
}
const zahl = 42;
wastun();
$a = new Benutzer();
echo " " . zahl;
```

Listing 9–42   *Namensraum definieren und dazugehörige Klassen, Funktionen und Konstanten einsetzen*
                 (namensraum.php)

> Über die vordefinierte Konstante __NAMESPACE__ haben Sie Zugriff auf den aktuell benutzten Namensraum.

Wenn Sie hingegen die Datei *namensraum.php* in eine andere Datei einbinden und hierin auf eine Klasse, Funktion oder Konstante zugreifen möchten, müssen Sie den Namensraum davor angeben. Dafür geben Sie zuerst den Namensraum, dann einen Backslash als Separator und schließlich die Klasse, Funktion oder Konstante an:

```
require "namensraum.php";
/* das geht nicht: */
// wastun();
/* das hingegen geht */
meinprojekt\wastun();
```

Listing 9–43   *Die Funktion wastun() aus dem Namensraum meinprojekt wird benutzt*
                 (namensraum_benutzen.php).

Bei der direkten Angabe von wastun() erhalten Sie hingegen eine Fehlermeldung, dass die entsprechende Funktion nicht gefunden wurde.

Die Namen von Namensräumen können selbst auch den Backslash beinhalten, sodass sich diese noch besser organisieren lassen. Üblicherweise baut man Namensräume so auf, dass zuerst der Name des Herstellers und danach der Name des Pakets angegeben wird. Dadurch ist bei der Verwendung immer klar, worum es sich handelt, und gleichnamige Pakete kommen sich nicht in die Quere:

```
namespace pear2\text_diff;
namespace zend\controller;
```

9.15.2 Absolut und relativ

Selbstverständlich können Sie in mehreren Dateien denselben Namensraum definieren. Aber auch das Umgekehrte ist möglich: die Definition von mehreren
Namensräumen innerhalb einer Datei. Dafür geben Sie einfach die Namensräume untereinander an:

```
namespace Eins;
const zahl = 1;
namespace Zwei;
```

Nehmen wir jetzt an, Sie möchten innerhalb des Namensraums Zwei die Konstante zahl aufrufen.

Die erste Möglichkeit, die fehlschlägt, ist, den Namen der Konstante direkt
anzugeben:

```
namespace Zwei;
echo zahl;
```

Das kann nicht funktionieren, da zahl ja im aktuellen Namensraum nicht definiert ist.

Ein zweiter Ansatz könnte so aussehen, dass man den Namensraum folgendermaßen angibt:

```
namespace Zwei;
echo Eins\zahl;
```

Aber auch das funktioniert nicht, denn Eins\zahl ist eine relative Angabe und
wird damit *im Verhältnis zum aktuellen Namensraum* Zwei aufgelöst. So wird
nach der Konstante Zwei\Eins\zahl gesucht, die es nicht gibt.

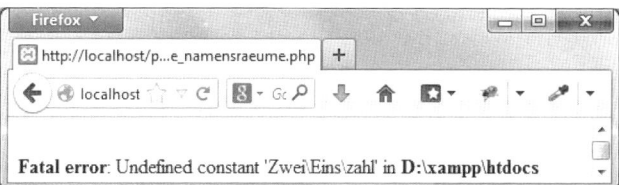

Abb. 9–30   *Die Fehlermeldung zeigt deutlich, dass Eins\zahl innerhalb des Namensraums Zwei als*
Zwei\Eins\zahl aufgelöst wird.

Um innerhalb des Namensraums Zwei auf ein Element des Namensraums Eins
zuzugreifen, müssen Sie eine *absolute Angabe* wählen, indem Sie vor der
Namensraumangabe einen Backslash schreiben:

```
namespace Zwei;
echo \Eins\zahl;
```

Hier sehen Sie noch einmal das Beispiel in seiner Gesamtheit:

```
namespace Eins;
const zahl = 1;

namespace Zwei;
/* geht nicht, zahl ist im aktuellen Namensraum nicht definiert */
// echo zahl;
/* geht nicht, da Eins\zahl in Zwei\Eins\zahl aufgelöst wird */
//echo Eins\zahl;
/* so geht es: */
echo \Eins\zahl;
```

Listing 9–44   *Einsatz mehrerer Namensräume in einer Datei (mehrere_namensraeume.php)*

Diese Art von absoluten und relativen Angaben erinnert natürlich deutlich an die Pfadangaben im Dateisystem, und man kann sie ganz ähnlich betrachten. Auf die absoluten Angaben werden wir gleich noch mal zu sprechen kommen.

Es gibt eine alternative Syntax für die Verwendung von mehreren Namensräumen innerhalb einer Datei: Sie können den zum jeweiligen Namensraum gehörenden Code auch in geschweifte Klammern einfassen:

```
namespace Eins {
  const zahl = 1;
}
namespace Zwei {
  echo \Eins\zahl;
}
```

Listing 9–45   *Zum Namensraum gehöriger Code kann in geschweifte Klammern gesetzt werden*
              (mehrere_namensraeume_alternativ.php).

Wichtig ist aber dann, dass Sie keinen Code außerhalb der Namensraum-Angaben, also außerhalb der geschweiften Klammern notieren, sonst erhalten Sie die in Abbildung 9–31 gezeigte Fehlermeldung.

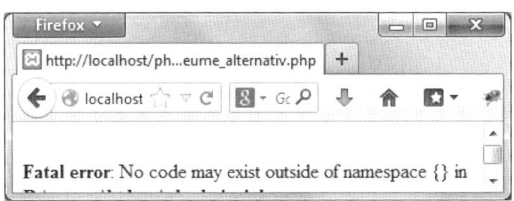

Abb. 9–31   *Kein Code ist außerhalb der geschweiften Klammern der namespace-Deklarationen erlaubt.*

9.15.3   Abkürzungen: use benutzen

Wenn die Namensräume lang werden, kann das viel Schreibarbeit bedeuten. Ver-
kürzungen sind über use möglich.

Nehmen wir einmal folgende »Bibliothek« an, die einen Namensraum definiert und hier der Einfachheit halber nur eine Konstante:

```
namespace anwendung\bibliothek;
const zahl = 42;
```

Listing 9–46   *Einfache Bibliothek (bibliothek.php)*

Wenn Sie jetzt außerhalb dieser Datei auf die Konstante zugreifen, müssen Sie den
Namensraum angeben, also beispielsweise anwendung\bibliothek\zahl schreiben.
Kürzer geht es über use:

```
require_once "bibliothek.php";
use anwendung\bibliothek as a;
echo a\zahl;
```

Listing 9–47   *Abkürzungen über use (usenutzen.php)*

Mit use wird a als Alias für den Namensraum definiert, sodass Sie über a\zahl auf
die Konstante zugreifen können. Wenn Sie den Alias im letzten Beispiel weglassen, können Sie auch bibliothek als Abkürzung nehmen. Das Folgende funktioniert deswegen ebenfalls:

```
require_once "bibliothek.php";
use anwendung\bibliothek;
echo bibliothek\zahl;
```

Listing 9–48   *Ohne Alias (usenutzen_2.php)*

Außerdem können Sie mit use auch einen Alias **für Klassen** definieren. Hierfür
brauchen wir erst einmal eine einfache Klassendefinition innerhalb eines
Namensraums:

```
namespace meinprojekt;

class Benutzer {
  public function __construct() {
    echo "Benutzer erstellt";
  }
}
```

Listing 9–49   *Definition der Klasse innerhalb des Namensraums meinprojekt (namensraum_beispiel.php)*

Jetzt soll die Klasse in einer anderen Datei verwendet werden, allerdings soll nicht
immer der vollständige Name benutzt werden. Dafür ist use da:

```
require "namensraum_beispiel.php";

use meinprojekt\Benutzer;
$a = new Benutzer();
```

Listing 9–50   *use dient zur Vereinfachung des Zugriffs auf Klassen (namensraum_use.php).*

Nach der Angabe von use `meinprojekt\Benutzer` können Sie die Klasse direkt als
`Benutzer()` verwenden.

> Das geht auch bei Funktionen:
>
>   use function My\Full\functionName as func;
>
> oder bei Konstanten:
>
>   use const My\Full\CONSTANT;

Das oben angegebene use `meinprojekt\Benutzer` ist eigentlich eine Abkürzung für:

```
use meinprojekt\Benutzer as Benutzer;
```

Und das heißt natürlich, Sie können mit as beliebige Aliasnamen für Ihre Klasse
vergeben:

```
require "namensraum_beispiel.php";

use meinprojekt\Benutzer as B;
$a = new B();
```

Listing 9–51   *Über use können Sie Aliasnamen für Klassen vergeben (namensraum_use_2.php).*

Seit PHP 7 können Sie use-Angaben auch gruppieren – was praktisch ist, wenn
Sie viele use-Angaben haben. Statt:

```
use some\namespace\ClassA;
use some\namespace\ClassB;
use some\namespace\ClassC as C;
```

können Sie auch kürzer schreiben:

```
use some\namespace\{ClassA, ClassB, ClassC as C};
```

9.15.4   Globaler Namensraum

Der globale Namensraum ist der namenlose Namensraum, in dem sich beispielsweise alle von PHP vordefinierten Funktionen wie `htmlspecialchars()`, `date()`
usw. befinden.

> Die magische Konstante `__NAMESPACE__` ist beim globalen Namensraum leer.

Wenn Sie innerhalb eines Namensraums ein Element aus dem globalen Kontext benutzen wollen, schreiben Sie einen Backslash an den Anfang:

```
namespace Eins;
/* ruft date() aus dem globalen Kontext auf */
$b = \date(...);
```

Diesbezüglich gibt es aber einen Unterschied zwischen Klassen auf der einen Seite und Funktionen und Konstanten auf der anderen Seite. Dieser zeigt sich, wenn ein Element im aktuellen Namensraum *nicht gefunden wird*: Dann wird nämlich bei Funktionen und Konstanten im globalen Namensraum gesucht, ob eine entsprechende Funktion bzw. Konstante dort existiert. Bei Klassen passiert das nicht. Wenn Sie eine Klasse aus dem globalen Namensraum benutzen wollen, müssen Sie, wenn Sie sich innerhalb eines anderen Namensraums befinden, vor dem Klassennamen *immer* einen Backslash schreiben.

Das heißt, Sie könnten, sofern es im Namensraum Eins keine Funktion mit Namen date() gibt, ebenfalls folgenden Code nutzen, um date() aus dem globalen Kontext aufzurufen:

```
namespace Eins;
/* ruft date() aus dem globalen Kontext auf, wenn date() im aktuellen
Namensraum nicht definiert ist */
$b = date(...);
```

9.15.5   Vollständigen Klassennamen ermitteln mit ::class

Über ::class können Sie den vollständigen Klassennamen ermitteln, was besonders praktisch in Kombination mit (komplexen) Namensräumen ist. Gehen wir einmal von folgendem Beispiel aus:

```
namespace Namens\Raum\Verschachtelt;
class BeispielKlasse {}

echo BeispielKlasse::class;
echo "<br />\n";
```

Listing 9–52   Klassennamen ermitteln mit ::class (class.php)

BeispielKlasse::class liefert dann den vollständigen Klassennamen inklusive Namensraumangabe, das heißt hier »Namens\Raum\Verschachtelt\BeispielKlasse«.

9.16   Traits – Code wiederverwenden

In PHP gibt es keine Mehrfachvererbung. Einige der damit verbundenen Beschränkungen lassen sich mit *Traits* umgehen. Traits erlauben es, ausgewählte Methoden und Eigenschaften in mehreren Klassen zu verwenden, die sich auf unterschiedlichen Hierarchieebenen befinden.

Einen Trait definieren Sie über das Schlüsselwort trait und können dann die gewünschten Methoden angeben:

```
trait beispieltrait {
  public function eins() {
     echo "eins<br />\n";
  }
  public function zwei() {
     echo "zwei<br />\n";
  }
}
```

Den Trait benutzen Sie durch das use-Schlüsselwort in einer Klasse:

```
class Beispiel {
  use beispieltrait;
}
```

Und danach können Sie auf die Methoden zugreifen, die eigentlich im Trait definiert sind, wenn Sie ein neues Objekt der Klasse erstellen.

```
$b = new Beispiel();
$b->eins();
$b->zwei();
```

Listing 9–53   *Beispiel für die Wiederverwendung von Methoden über Traits (traits.php)*

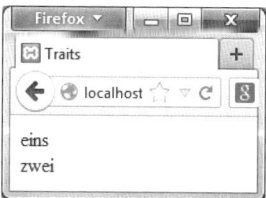

Abb. 9–32   *Ausgabe von Listing 9–53*

9.16.1   Konfliktlösungen

Jetzt gibt es bestimmte Regeln, die definieren, was sich durchsetzt, wenn es widersprechende Angaben innerhalb einer Klasse und in einem Trait gibt:

- Angenommen, eine Klasse benutzt einen Trait mit einer Methode a. Gleichzeitig gibt es aber in der Elternklasse der Klasse ebenfalls eine Methode a. Dann setzt sich die Methode aus dem Trait durch.

- Gibt es gleichnamige Methoden im Trait und in der Klasse, setzt sich die Methode in der Klasse selbst durch.

9.16.2   Mehrere Traits nutzen

Es können auch mehrere Traits innerhalb von einer Klasse benutzt werden. Dafür geben Sie diese durch Komma getrennt hinter use an:

```
trait a { }
trait b { }
class Beispiel {
  use a, b;
}
```

Auf diese Art können Sie auch Traits aus anderen Traits zusammensetzen:

```
trait a { }
trait b { }
trait c {
  use a, b;
}
```

Wenn jetzt beide Traits eine gleichnamige Methode besitzen, erzeugt das eine Fehlermeldung:

```
01 trait traitA {
02   public function eins() {
03     echo "A eins<br />\n";
04   }
05 }
06 trait traitB {
07   public function eins() {
08     echo "B eins<br />\n";
09   }
10 }
11
12 class Beispiel {
13   use traitA, traitB;
14 }
```

Listing 9–54   *Zwei Traits, die in einer Klasse benutzt werden, haben dieselben Methoden*
                 (traits_mehrfach_fehlermeldung_gleiche_methoden.php).

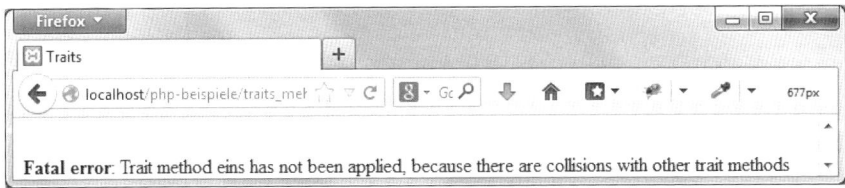

Abb. 9–33   *Fehlermeldung, wenn zwei Traits gleichnamige Methoden besitzen*

Die Lösung für dieses Problem besteht darin, dass Sie innerhalb von geschweiften Klammern bei use angeben, was bei Konfliktfällen gewählt werden soll. Um die verschiedenen Möglichkeiten zu demonstrieren, haben folgende Traits zwei gleichnamige Methoden:

```
01 trait traitA {
02   public function eins() {
03     echo "A eins<br />\n";
04   }
05   public function zwei() {
06     echo "A zwei<br />\n";
07   }
08 }
09 trait traitB {
10   public function eins() {
11     echo "B eins<br />\n";
12   }
13   public function zwei() {
14     echo "B zwei<br />\n";
15   }
16 }
```

Dann wird die Klasse definiert, die die beiden Traits verwendet. Innerhalb der geschweiften Klammern von use wird definiert, dass die Methode eins() von traitB anstelle der gleichnamigen Methode von traitA benutzt werden soll; genauso auch für die Methode zwei() von traitB. Für die Methode zwei() von traitA wird außerdem ein Alias definiert, über den diese Methode dann gesondert aufgerufen werden kann.

```
17 class Beispiel {
18   use traitA, traitB {
19     traitB::eins insteadof traitA;
20     traitB::zwei insteadof traitA;
21     traitA::zwei as zweiA;
22   }
23 }
```

Danach wird eine Instanz der Klasse erstellt, und die Traits werden aufgerufen:

```
24 $b = new Beispiel();
25 $b->eins();
26 $b->zwei();
27 $b->zweiA();
```

Listing 9–55   *Konflikte bei gleichnamigen Methoden mehrerer Traits lösen (traits_mehrfach.php)*

Abb. 9–34   *Das Ergebnis von Listing 9–55*

Wie Sie im letzten Beispiel gesehen haben, können Sie as benutzen, um einen anderen Namen für eine Methode zu vergeben. Sie können as ebenfalls nutzen, um die Sichtbarkeit von in Traits definierten Methoden zu modifizieren:

```
class MyClass1 {
  use HelloWorld { sayHello as protected; }
}
```

Noch ein paar weitere Hinweise zu Traits:

- In Traits können Sie Methoden als abstract (siehe auch Abschnitt 9.9.2) definieren. Genauso wie bei Klassen bedeutet das dann, dass die Klasse, die diesen Trait nutzt, die abstrakte Methode implementieren muss.

- Methoden in Traits können auf statische Variablen verweisen; auch können in Traits statische Methoden definiert werden.

- Meistens wird man in Traits Methoden definieren, Sie können in Traits aber auch Eigenschaften festlegen.

9.17   Fehlerbehandlung mit der Exception- und der Error-Klasse

Bisher ging es darum, wie Sie selbst Klassen definieren und nutzen. Daneben gibt es auch von PHP vordefinierte Klassen, und besonders praktisch sind die Exception-Klasse und die in PHP 7 eingeführte Error-Klasse.

9.17.1   Exception-Klasse

Exceptions (»Ausnahmen«) ermöglichen eine gezielte Fehlerbehandlung. Bei einem Fehler wird das Programm nicht sofort beendet, sondern der Fehler wird der aufrufenden Funktion mitgeteilt, die dann den Fehler behandeln kann. Zum Einsatz von Exceptions erstellen Sie neue Instanzen der von PHP vorgegebenen Klasse Exception.

Der Teil des Programms, der Probleme machen kann, wird dabei in einem try-Block notiert. Wenn ein Fehler auftritt, wird dieser durch den nachfolgenden catch-Block abgefangen.

Sehen wir uns das einmal am Beispiel an. Im Listing gibt es eine Funktion namens teilen(), die das Ergebnis der Division von 1 durch den übergebenen Parameter liefert.

```
function teilen($x)
{
  return 1/$x;
}
```

Ist jedoch der übergebene Wert 0, so würde es zu einem Fehler kommen. In diesem Fall wird in der verbesserten Version des Listings über `throw new Exception()` eine Ausnahme ausgelöst. Damit wird ein neues Objekt der `Exception`-Klasse erstellt. Genaueres zu dieser Klasse etwas später.

```
01 function teilen($x)
02 {
03    if($x==0) {
04       throw new Exception("Teilen durch 0! ");
05    } else {
06       return 1/$x;
07    }
08 }
```

> Wenn Sie sich hingegen in einer Datei befinden, die einen Namensraum deklariert, müssen Sie zum Zugriff auf die globale Exception-Klasse vor `Exception` einen Backslash schreiben:

```
throw new \Exception("Teilen durch 0! ");
```

Nun kommt der zweite Teil des Listings, in dem diese Funktion `teilen()` mit unterschiedlichen Parametern aufgerufen wird. Diese Funktionsaufrufe sind in einem try-Block gekapselt. Darauf folgt ein catch-Block mit der Fehlerbehandlung: Im Beispiel wird eine Meldung ausgegeben.

```
09 try {
10    echo teilen(4) . "<br />\n";
11    echo teilen(0) . "<br />\n";
12    echo teilen(5) . "<br />\n";
13 } catch (Exception $e) {
14    echo "Exception gefangen: " . $e->getMessage() . "<br />\n";
15 }
```

Listing 9–56   *Fehlerbehandlung über Exception (exception.php)*

Die Funktion `teilen()` wird dreimal aufgerufen. Der erste Aufruf (Zeile 10) verläuft normal. Beim zweiten Aufruf in Zeile 11 wird hingegen 0 als Parameter übergeben und damit die `Exception` ausgelöst. Wenn eine `Exception` ausgelöst wird, springt der PHP-Interpreter zum folgenden catch-Block (Zeile 13). Der Code nach der `Exception` und vor dem catch-Block (Zeile 12) wird hingegen nicht mehr ausgeführt

Abb. 9–35   *Der Fehler ist abgefangen.*

Bei der Instanziierung des neuen `Exception`-Objekts in Zeile 4 wird ein Text übergeben. Dieser beinhaltet die eigentliche Fehlermeldung, die Sie dann über die Methode `getMessage()` (Zeile 13) ausgeben lassen können.

Wollen Sie, dass bestimmter Code ausgeführt wird, unabhängig davon, ob der try- oder der catch-Block ausgeführt wird, brauchen Sie `finally`.

Den `finally`-Block notieren Sie nach try-catch – und er beinhaltet den Code, der immer ausgeführt wird. Das ist beispielsweise sinnvoll für irgendwelche Aufräumarbeiten, die auf jeden Fall durchgeführt werden sollen. Im Beispiel wurde der `finally`-Block ab Zeile 13 ergänzt.

```
09 try {
10   echo teilen(5) . "<br />\n";
11 } catch (Exception $e) {
12   echo "Exception gefangen: " . $e->getMessage() . "<br />\n";
13 } finally {
14   echo "auf jeden Fall ausgeführt<br />\n";
15 }
```

Listing 9–57   *finally (exception_finally.php)*

Abb. 9–36   *Ausgabe von Listing 9–57*

Differenzierte Meldungen

Die Fehlerbehandlung kann differenzierter gestaltet werden, indem Sie je nach Situation unterschiedliche Exceptions werfen (auslösen) und dabei einen Fehlercode übergeben. Beim Fangen der `Exception` kann je nach Fehlercode unterschiedlich reagiert werden. Auf den Fehlercode können Sie über die Methode `getCode()` der `Exception` zugreifen.

```
01 function teilen($x)
02 {
03   if (!is_numeric($x)){
04     throw new Exception("keine Zahl", 1);
05   } elseif ($x == 0)  {
06      throw new Exception("Teilen durch 0! ", 2);
07   } else {
08     return 1/$x;
09   }
10 }
11
```

```
12 try {
13   echo teilen(4) . "<br />\n";
14   echo teilen("hallo") . "<br />\n";
15 } catch (Exception $e) {
16   if ($e->getCode() == 2) {
17     echo "Falscher Wert: " . $e->getMessage();
18   } elseif ($e->getCode() == 1) {
19     echo "Falscher Datentyp: " . $e->getMessage();
20   }
21 }
```

Listing 9–58   *Exceptions mit unterschiedlichen Fehlercodes (exception_erweitert.php)*

Wieder sehen Sie die Funktion `teilen()`. Dieses Mal wird unterschieden: Ist der übergebene Parameter nicht numerisch, wird eine `Exception` mit dem Fehlercode 1 ausgelöst; ist er 0, erfolgt eine `Exception` mit dem Fehlercode 2.

In Zeile 16 wird beim Fangen der `Exception` unterschieden: Wenn der Fehlercode, der über `$e->getCode()` ermittelt wird, den Wert 2 hat, wird eine andere Meldung ausgegeben, als wenn er den Wert 1 hat (Zeile 18). Selbstverständlich lassen sich hier auch beliebige andere Reaktionen angeben – auch beispielsweise ein Abbruch des Skripts über `exit`.

> Ein weiteres Beispiel für den Einsatz von Exceptions zur Fehlerbehandlung zeigt Kapitel 12.

Die in PHP vordefinierte `Exception`-Klasse, die bisher zum Einsatz kam, kann auch erweitert werden. Sie hat folgende Eigenschaften und Methoden:

```
01 Exception implements Throwable {
02 /* Eigenschaften */
03 protected string $message ;
04 protected int $code ;
05 protected string $file ;
06 protected int $line ;
07 /* Methoden */
08 public __construct ([ string $message = "" [, int $code = 0 [, Throwable
   $previous = NULL ]]] )
09 final public string getMessage ( void )
10 final public Throwable getPrevious ( void )
11 final public mixed getCode ( void )
12 final public string getFile ( void )
13 final public int getLine ( void )
14 final public array getTrace ( void )
15 final public string getTraceAsString ( void )
16 public string __toString ( void )
17 final private void __clone ( void )
18 }
```

Exceptions implementieren das `Throwable`-Interface, das ist neu in PHP 7 und das verbindet die Exceptions mit der gleich vorgestellten Error-Klassen, die ebenfalls das Throwable-Interface implementieren.

Nun zu den Eigenschaften:

`$message`
die Meldung, die im Fehlerfall ausgegeben wird

`$code`
die Fehlernummer der Exception

`$file`
der Name der Datei, in der die Exception aufgetreten ist

`$line`
die Nummer der Zeile, in der die Exception aufgetreten ist

Nun zu den Methoden:

In Zeile 8 steht die Konstruktormethode. Fakultativ können ein Fehlertext und eine Fehlernummer übergeben werden. Der Standardfehlertext ist ein leerer String und die Standardfehlernummer 0.

Die anderen Methoden liefern die angegebenen Informationen:

`getMessage()` liefert die Fehlermeldung.

`getPrevious()` liefert die vorherige Exception.

`getCode()` liefert die Fehlernummer.

`getFile()` liefert die Datei, in der der Fehler aufgetreten ist.

`getLine()` liefert die Zeile.

`getTrace()` liefert den Stacktrace, das heißt Infos über Datei, Zeile und eventuell Funktion usw. als Array.

`getTraceAsString()` liefert dieselben Infos wie `getTrace()`, aber direkt als String zur Ausgabe.

9.17.2   Error-Klasse

Vielleicht ist Ihnen bereits aufgefallen, dass bei manchen Fehlermeldungen der zusätzliche Text »Catchable Error« erschien. Bestimmte Fehler können Sie seit PHP 7 abfangen. Dazu zählt beispielsweise der Aufruf einer nicht definierten Funktion. Sehen wir uns das am Beispiel an:

```
01 class Ressource
02 {
03   public function __construct()
04   {
05     echo "Ressourcen nutzen<br />";
06   }
07   public function __destruct()
08   {
09     echo "Ressourcen freigeben<br />";
10   }
11 }
12 try {
13   $ressource = new Ressource();
14   problem();
15 } catch (Exception $e) {
16   echo $e->getMessage() . "<br />";
17 } catch (Error $e) {
18   echo $e->getMessage() . "<br />";;
19 } finally {
20   echo "Finally aufgerufen<br />";
21 }
```

Listing 9–59   *Fehler fangen (error.php)*

Im Beispiel gibt es eine Klasse mit einer Konstruktor- und einer Destruktor-Methode. In Zeile 12 wird innerhalb eines try-Blocks ein Objekt der Klasse erstellt. Problematisch ist die Zeile 14: Die angegebene Funktion problem() existiert nicht.

Es folgen zwei catch-Blöcke: Im ersten werden Exceptions abgefangen, im zweiten Fehler (Error). Außerdem gibt es einen finally-Block.

An der Ausgabe sieht man, dass alles geklappt hat: Der Fehler konnte abgefangen werden, und auch die Destruktor- und die finally-Methoden werden ausgeführt – Letzteres wäre in Version vor PHP 7 nicht der Fall.

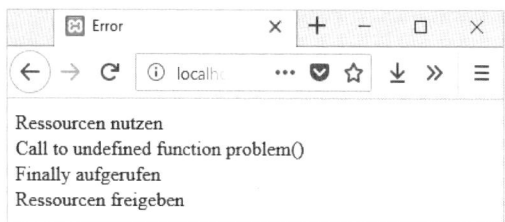

Abb. 9–37   *Der Fehler wird abgefangen und der Destruktor sowie finally ganz normal ausgeführt*

Da Error und Exception beide das `Throwable`-Interface implementieren, können Sie beide Arten von Fehlern/Probleme auch auf die folgende Art abfangen:

```
try {
  $ressource = new Ressource();
  problem();
} catch (Throwable $e) {
  echo $e->getMessage() . "<br />";
} finally {
  echo "Finally aufgerufen<br />";
}
```

Listing 9–60   *Throwable nutzen (error_2.php)*

Es gibt unter anderem folgende Fehlertypen:

`ArgumentCountError`
an eine Funktion oder Methode werden zu wenig Argumente übergeben.

`ArithmeticError`
Fehler bei mathematischen Operationen.

`ParseError`
Wenn ein Parse-Fehler auftritt, beispielsweise beim Aufruf von `eval()`.

`TypeError`
Wenn der von einer Funktion/Methode erwarteter Datentyp nicht korrekt ist.

9.18   Generatoren

Es gibt viele in PHP vordefinierte Klassen und Schnittstellen, wie beispielsweise das Iterator-Interface, eine Schnittstelle für selbstiterierende Objekte. Wenn Sie diese nutzen wollen, müssen Sie jedoch eine große Anzahl an Methoden implementieren, was relativ aufwendig ist. Einfacher geht das mit Generatoren. Um eine Generator-Funktion zu erstellen, genügt es, das `yield`-Schlüsselwort anzugeben: Jede Funktion, die `yield` beinhaltet, ist automatisch eine Generator-Funktion.

Sehen wir uns ein kleines Beispiel an: Die Funktion `generator_beispiel()` erzeugt einen Generator mit den Zahlen von 1 bis 6.

```
function generator_beispiel() {
  for ($i = 1; $i <= 6; $i++) {
    yield $i;
  }
}
```

Dann wird diese Funktion einmal testweise an `print_r()` übergeben und dann mit `foreach` durchlaufen.

```
print_r (generator_beispiel());
foreach (generator_beispiel() as $wert) {
  echo "$wert ";

}
```

Listing 9–61   *yield erstellt automatisch eine Generator-Funktion (generators.php).*

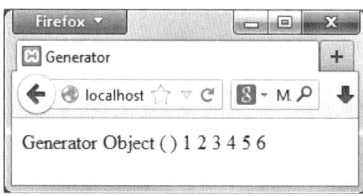

Abb. 9–38   *Arbeiten mit dem Generator*

> In PHP 7 gibt es zwei Neuerungen bei Generatoren: Sie können innerhalb eines Generators einen Rückgabewert mit `return` angeben, auf den Sie dann mit `getReturn()` zugreifen. Außerdem können Sie einen Generator über `yield from` in einem zweiten nutzen.

Warum aber – fragen Sie sich vielleicht – erstellt man nicht einfach ein Array und durchläuft dieses wie gewohnt? In unserem Beispiel hätten wir das natürlich genauso gut tun können. Bei großen Mengen an Daten gibt es allerdings einen großen Performance-Unterschied zwischen der normalen Array-Erstellung und dem Einsatz von Generatoren: Letztere sind wesentlich performanter.

Fazit: Generatoren sollten Sie wählen, wenn Sie eine große dynamisch erstellte Liste durchlaufen wollen.

9.19   Überblick über die bei der objektorientierten Programmierung benutzten Schlüsselwörter

Es gibt viele Schlüsselwörter, Operatoren und Methoden, die bei der objektorientierten Programmierung relevant sind. Die folgende Tabelle listet sie alphabetisch auf – mit kurzer Erklärung und Verweis auf den entsprechenden Abschnitt, in dem sie behandelt werden.

Schlüsselwort	Funktion	Abschnitt
`->`	Zugriff auf Eigenschaften und Methoden.	9.1
`::`	Doppel-Doppelpunkt-Operator, auch Gültigkeitsbereichsoperator oder Paamayim Nekudotayim genannt.	9.5, 9.7.2
`abstract`	Eine Methode, die als `abstract` deklariert wird, muss in einer abgeleiteten Klasse überschrieben werden.	9.9.2
`__call()`	Magische Methode, die automatisch aufgerufen wird, wenn eine in einer Klasse nicht definierte Methode eingesetzt wird.	9.12.2
`__callStatic()`	Magische Methode, die automatisch aufgerufen wird, wenn eine in einer Klasse nicht definierte statische Methode eingesetzt wird.	9.12.2
`clone`	Erstellt eine exakte Kopie eines Objekts, die dann unabhängig vom ursprünglichen Objekt verändert werden kann.	9.14
`__clone()`	Magische Methode, die automatisch aufgerufen wird, wenn ein Objekt geklont wird.	9.14
`const`	Dient zur Definition von Konstanten in Klassen.	9.5
`__construct()`	Methode, die automatisch aufgerufen wird, wenn ein neues Objekt erstellt wird.	9.2
`__destruct()`	Methode, die automatisch aufgerufen wird, wenn ein neues Objekt zerstört wird.	9.2
`extends`	Relevant bei der Vererbung zur Ableitung einer Klasse von der Basisklasse.	9.7
`final`	Eine als `final` definierte Methode kann in einer abgeleiteten Klasse nicht überschrieben werden.	9.9.1
`__get()`	Magische Methode, die automatisch aufgerufen wird, wenn versucht wird, eine nicht definierte Eigenschaft auszulesen.	9.12.1
`implements`	Eine Schnittstelle wird über `implements` implementiert, das heißt die Methodendefinitionen mit Inhalten gefüllt.	9.9.3
`insteadof`	Kann bei Traits benutzt werden, um anzugeben, welche der gleichnamigen Methoden verwendet werden soll.	9.16
`interface`	Eine Schnittstelle enthält nur öffentliche Eigenschaften, Konstanten und Methoden, wobei die Methoden noch nicht implementiert sind.	9.9.3
`namespace`	Dient zur Definition eines Namensraums.	9.15

→

Schlüsselwort	Funktion	Abschnitt
parent	Verweis auf die Elternklasse	9.7.1
private	Regelt den Zugriff auf Eigenschaften und Methoden: Auf als private gekennzeichnete Methoden/Eigenschaften kann nur innerhalb der Klasse selbst zugegriffen werden, nicht in einer abgeleiteten Klasse oder über ein Objekt.	9.8
protected	Regelt den Zugriff auf Eigenschaften und Methoden: Auf als protected gekennzeichnete Methoden/Eigenschaften kann innerhalb der Klasse selbst und in einer abgeleiteten Klasse zugegriffen werden, nicht über ein Objekt.	9.8
public	Regelt den Zugriff auf Eigenschaften und Methoden: Auf als public gekennzeichnete Methoden/Eigenschaften kann von überall zugegriffen werden; sie sind öffentlich.	9.8
self	Verweis auf die Klasse selbst.	9.5, 9.11
__set()	Magische Methode, die automatisch aufgerufen wird, wenn versucht wird, eine nicht definierte Eigenschaft zu setzen.	9.12.1
static	Kann bei Eigenschaften oder Methoden eingesetzt werden. Diese können dann direkt ohne Initialisierung eines neuen Objekts aufgerufen werden.	9.11
static	static kann anstelle von self zum Zugriff auf statische Methoden innerhalb einer Klassendefinition benutzt werden. Es wird später, das heißt nicht zur Kompilierzeit, sondern zur Laufzeit durch den Namen der aufrufenden Klasse ersetzt (Late Static Binding).	9.11.3
$this	Verweis auf das Objekt selbst.	9.2
__toString()	Magische Methode, die automatisch aufgerufen wird, wenn print oder echo bei einem Objekt benutzt wird. Damit können Sie bestimmen, welche Informationen dann ausgegeben werden sollen.	9.12.3
trait	Erlaubt die Codewiederverwendung.	9.16
use	Dient dem Import von Namensräumen in den aktuellen Kontext.	9.15.3

Tab. 9–1   *Überblick über die bei der Objektorientierung verwendeten Schlüsselwörter, Operatoren,*
magischen Methoden und mehr

10 Daten komfortabel verwalten mit MySQL/MariaDB

MySQL/MariaDB ist eines der am häufigsten in Verbindung mit PHP eingesetzten Datenbankmanagementsysteme. In diesem Kapitel erfahren Sie Grundlegendes zu MySQL/MariaDB: Sie sehen einerseits, wie Sie das kostenlose Tool phpMyAdmin zur Verwaltung von MySQL-Datenbanken nutzen, lernen andererseits aber die wichtigsten MySQL-/MariaDB-Befehle selbst zu schreiben.

Ein Datenbankmanagementsystem wie MySQL brauchen Sie zur Verwaltung Ihrer Daten, das heißt, um sie zu speichern, zu ändern oder auch zu löschen. Bei Daten kann es sich um alles Mögliche handeln – sei es, dass Sie die Kommentare zu einem Beitrag speichern möchten oder umfangreiche Termine, Neuigkeiten, Benutzer mit Kennwörtern, Adressen usw.

Solange es nicht zu viele Daten sind, lassen sich diese auch in assoziativen Arrays speichern. Assoziative Arrays werden aber bei komplexen Daten schnell unhandlich – und Sie möchten meistens auch Änderungen an diesen Daten vornehmen und speichern. Das ist auf dem gängigen Weg mit Arrays aber nicht möglich. Daten speichern können Sie natürlich auch mit Textdateien (siehe Kap. 12). Aber wesentlich komfortabler und besser zu verwalten sind Daten, die in einer Datenbank gespeichert sind. Zwei weitere Gründe, die für die Benutzung einer Datenbank sprechen, sind, dass sich zum einen Datenbanken ganz wunderbar über PHP ansprechen lassen und dass zum anderen eine Datenbank bei den meisten Hostingangeboten mit PHP auch schon dazugehört.

10.1 MySQL und mehr

Neben dem äußerst beliebten MySQL/MariaDB gibt es viele weitere Datenbankmanagementsysteme. Und PHP kann auch mit vielen anderen Datenbankmanagementsystemen zusammenarbeiten. Es gibt Erweiterungen für dBase, DB++, FrontBase, filePro, Firebird/InterBase, Informix, IBM DB2, Ingres II, MaxDB, mSQL, Mssql (Microsoft SQL Server), OCI8 (Oracle OCI8), Ovrimos SQL, Paradox (Paradox File Access), PostgreSQL und Sybase. Die Erweiterungen finden Sie im Manual.[1]

---

1. *http://www.php.net/manual/de/refs.database.php*

Eine Sonderrolle nimmt SQLite ein. Wenn in PHP die Unterstützung für SQLite installiert ist, können Sie die Datenbankfunktionalität von SQLite nutzen, ohne dass Sie zusätzliche Software benötigen, das heißt, Sie benötigen keinen Datenbankserver. Die Datenbank selbst wird in einer einzigen Datei gespeichert.

SQLite ist gut geeignet, wenn Sie häufig Inhalte aus einer Datenbank auslesen und nur sporadisch neue ergänzen. Werden hingegen häufig Daten in die Datenbank geschrieben, ist SQLite nicht so effizient.

PHP bietet standardmäßig Unterstützung für SQLite in der Version 3. Die Erweiterung SQLite3 bietet einen objektorientierten Zugriff und attraktive Features wie Prepared Statements (mehr dazu in Kap. 11).

PHP bietet neben diesen Erweiterungen zur Zusammenarbeit mit den einzelnen Datenbankmanagementsystemen auch mehrere Abstraktionsebenen für Datenbanksysteme. Damit können Sie Code schreiben, der unabhängig vom eingesetzten Datenbankmanagementsystem funktioniert.[2] Sie werden in Kapitel 11 sehen, wie Sie mit PDO arbeiten.

Im Folgenden wird gezeigt, wie Sie MySQL/MariaDB einsetzen, das ja bei den meisten Hostingpaketen im Internet mit PHP gebündelt ist und beispielsweise auch bei XAMPP automatisch mitinstalliert wird. Viele bekannte Open-Source-Projekte wie das Contentmanagementsystem TYPO3 oder die Blogging-Software WordPress basieren ebenfalls auf PHP & MySQL/MariaDB. Falls Sie später einmal mit einem anderen Datenbankmanagementsystem arbeiten, heißen die einzelnen benötigten PHP-Befehle zwar anders, aber das Grundprinzip ist dasselbe.

MySQL ist dual lizenziert. Zum einen ist es eine freie Software, die unter der General Public License (GPL) steht. MySQL kann aber auch mit einer kommerziellen Lizenz eingesetzt werden. Die kommerzielle Lizenz benötigen Sie, wenn Sie kommerzielle Software entwickeln und MySQL (die Software) mit Ihren Produkten ausliefern, aber gleichzeitig nicht den Quellcode unter der GPL publizieren. Genauere Informationen zur Lizenz lesen Sie unter *http://www.mysql.com/about/legal/*.

MariaDB ist durch eine Abspaltung (Fork) aus MySQL entstanden. An manchen Stellen ersetzt MaraDB das ursprünglich verwendete MySQL: So wird bei XAMPP seit 2015 automatisch MariaDB und nicht mehr MySQL installiert; da MariaDB ein »echtes« OpenSource-Projekt ist, passt es besser zu XAMPP. Die hier gezeigten Befehle funktionieren gleichermaßen mit MySQL und MariaDB, es macht also keinen Unterschied, ob Sie MariaDB verwenden oder MySQL einsetzen. In kleinen Details gibt es jedoch Unterschiede zwischen beiden Datenbankmanagementsystemen, diese finden Sie bei *https://mariadb.com/kb/en/library/ mariadb-vs-mysql-compatibility/* aufgelistet.

Sofern Sie nicht ein Komplettpaket wie XAMPP einsetzen, sondern bisher nur PHP und einen Webserver installiert haben, müssen Sie MySQL zusätzlich installieren. Wie das geht, erfahren Sie unter *https://dev.mysql.com/doc/refman/ 8.0/en/*

---

2.   *http://www.php.net/manual/de/refs.database.abstract.php*

windows-installation.html, die entsprechenden Informationen zu MariaDB bietet *https://mariadb.com/kb/en/library/getting-installing-and-upgrading-mariadb/*. Beim Provider ist das üblicherweise schon für Sie erledigt.

Unter XAMPP müssen Sie kontrollieren, ob der MySQL-Server gestartet ist und das sonst bei Bedarf nachholen (siehe Kap. 2).

Im Folgenden ist immer von MySQL die Rede, das Gesagte gilt aber genauso für MariaDB.

10.2   Datenbanken – Grundlegendes

Datenbanksysteme dienen zur elektronischen Datenverwaltung. Sie bestehen einerseits aus dem Datenbankverwaltungssystem und andererseits den eigentlichen Datenbanken mit den Daten. Am häufigsten eingesetzt werden *relationale* Datenbanksysteme. Das bedeutet, dass die einzelnen Daten in Tabellen gespeichert werden und die Tabellen in Relationen zueinander stehen.

In einer Tabelle könnten beispielsweise Produkte mit ihren Preisen gespeichert werden:

pfl_id	name	beschreibung	preis
1	Feldahorn	strauchartig, unter günstigen Bedingungen als Baum...	7.00
2	Warzenbirke	sommergrüne Laubbaum-Art aus der Gattung der Birke...	8.50
3	Pfeifenwinde	große, dachziegelartig übereinander liegenden Blät...	11.00
4	Filigranfarn	feine mehrfachgefiederte Wedel	4.00
5	Kahle Apfelbeere	Wildobst für viele Standorte	5.00
6	Essigrose	*NULL*	11.00
7	Büffelbeere	Gattung der Ölweidengewächse	2.00
8	Hopfenbuche	Pflanzengattung aus der Familie der Birkengewächse	6.00
9	Schmetterlingsstrauch	schöne Blüten	6.00

Abb. 10–1   *Tabelle mit Produkten*

Tabellen bestehen aus Zeilen (*rows*) und Spalten (*columns*). Eine Zeile einer Tabelle nennt man auch einen Datensatz (*record*). `7 - Büffelbeere - Gattung der Ölweidengewächse - 2.00` ist zum Beispiel ein Datensatz.

Statt von Spalten spricht man auch von Feldern (*fields*). Beim Erstellen einer Tabelle definieren Sie, wie viele Felder die Tabelle enthalten soll, und legen den Inhaltstyp der Felder fest. `preis` enthält beispielsweise nur Zahlen, `beschreibung` hingegen Zeichenketten. In SQL können Sie hier genaue Angaben über die Länge des Inhalts machen – welcher Art und wie groß beispielsweise die Zahlen sein können, die in `preis` abgespeichert werden.

In einem Datenbanksystem lassen sich mehrere Datenbanken anlegen, sinnvoll ist es, für jedes Projekt eine eigene Datenbank zu verwenden. Pro Datenbank können Sie dann wiederum beliebig viele Tabellen erstellen. Ein Beispiel, wann Sie Daten in verschiedene Tabellen aufteilen sollten, sehen Sie in Abschnitt 10.10.

Eigentlich ist es empfehlenswert, pro Projekt eine eigene Datenbank zu erstellen. Oft ist bei Hostingpaketen aber nur eine beschränkte Anzahl von Datenbanken erlaubt. Dann empfiehlt es sich, zusammengehörige Tabellen eines Projekts mit dem gleichen Präfix zu versehen, etwa pflanzen_lieferanten, pflanzen_produkte und akt_nachrichten, akt_user usw. Dann wissen Sie immer, was zusammengehört. Über solche Präfixe können Sie auch gleichzeitig mehrere Instanzen eines Contentmanagementsystems installieren, selbst wenn Ihnen nur eine Datenbank zur Verfügung steht.

MySQL – wie beispielsweise auch PostgreSQL oder Microsoft SQL Server – basieren auf der Datenbanksprache SQL (Standard Query Language). MySQL und PostgreSQL usw. haben dieselben Grundlagen und unterscheiden sich nur in Details; man spricht hier von verschiedenen SQL-Dialekten.

SQL stellt bestimmte Befehle zur Verwaltung der Datenbank zur Verfügung: zum Anlegen einer Datenbank, zur Erstellung der benötigten Tabellen und zum Ändern von Tabellen. Außerdem gibt es Befehle zum Einfügen von Daten in die Datenbank. Ganz wichtig und mächtig sind die Befehle, um bestimmte Datensätze – gefiltert nach unterschiedlichen Kriterien – auszulesen. Befehle zum Auslesen von Daten nennt man *Abfragen*.

Das Auslesen von Daten lässt sich über sogenannte Indizes beschleunigen. Beim Erstellen von Tabellen können Sie einen *Index* für Spalten definieren, nach denen häufig abgefragt wird. Bei einer Adresstabelle wäre es beispielsweise sinnvoll, einen Index für das Feld mit dem Nachnamen zu erstellen. Damit sind Abfragen nach Nachnamen schneller.

Ein besonderer Index ist der *Primärschlüssel*. Dies ist ein Index, der für sich die eindeutige Identifizierbarkeit eines Datensatzes erlaubt. Häufig wird für den Primärschlüssel eine fortlaufende Nummer verwendet. Der Nachname in einer Adresstabelle wäre kein guter Kandidat für einen Primärschlüssel, da es ja mehrere Personen mit denselben Nachnamen gibt. Auch die Kombination von Vorname und Nachname garantiert nicht die eindeutige Identifizierung. Deswegen ist in vielen Fällen ein eigenes Feld mit einer Nummer am besten. Eine Kundennummer oder eine Auftragsnummer sind ebenfalls gute Kandidaten für Primärschlüssel.

Wie ist der normale Ablauf, wenn Sie mit MySQL arbeiten? MySQL besteht aus dem MySQL-Server und verschiedenen MySQL-Clientprogrammen. Über die MySQL-Clientprogramme senden Sie die MySQL-Befehle an den MySQL-Server und erhalten das Ergebnis zurück. Zum Umfang von MySQL gehört auch das Clientprogramm *mysql* (Achtung, Kleinschreibung!). Dies ist ein recht spartanisches Kommandozeilentool.

Ein komfortables Clientprogramm, das eine Arbeit in einer grafischen Oberfläche ermöglicht, ist phpMyAdmin. phpMyAdmin ist ein in PHP geschriebenes Tool zur Verwaltung von MySQL-Datenbanken. Es ist bei den meisten Providern vorinstalliert und auch bei XAMPP mit dabei.

Wenn Sie mit MySQL arbeiten, werden Sie einen Teil der Kommunikation mit dem Datenbankserver über phpMyAdmin erledigen und den anderen großen Teil über Ihre selbst geschriebenen PHP-Skripte. In Ihren PHP-Skripten müssen Sie die MySQL-Befehle als Strings abspeichern und über vorgegebene PHP-Befehle an den MySQL-Server senden.

Im Normalfall läuft das so ab: Sie erstellen eine Datenbank und die dazugehörigen Tabellen in phpMyAdmin. Um die Daten auszulesen und auf einer Webseite auszugeben, programmieren Sie ein PHP-Skript mit den Befehlen zum Auslesen der Daten.

Das heißt, die Befehle zum Auswählen, Eingeben und Löschen von Datensätzen werden Sie üblicherweise in Ihrem PHP-Skript selbst schreiben. Hingegen werden Sie das Anlegen von Datenbank und Tabellen häufig über phpMyAdmin erledigen. Trotzdem sollten Sie auch den grundlegenden MySQL-Befehl zum Anlegen einer Tabelle kennen (beispielsweise weil Sie eine temporäre Tabelle in Ihrem Skript erstellen), aber Sie werden ihn nicht so häufig brauchen wie die Befehle für das Abfragen von Daten.

Deswegen werden Sie im Folgenden beides kennenlernen: die Bedienung von phpMyAdmin und die eigentlichen MySQL-Befehle.

10.3   phpMyAdmin

Bei XAMPP erreichen Sie phpMyAdmin über die Navigation im Dashboard. Alternativ dazu geben Sie *http://localhost/phpmyadmin/* in die Adresszeile Ihres Browsers ein.

> Bei Ihrem Provider sollte phpMyAdmin eigentlich schon vorinstalliert sein. Falls das nicht der Fall ist, finden Sie unter *http://wiki.phpmyadmin.net/pma/Quick_Install* Informationen zur Installation.

Standardmäßig, wenn Sie phpMyAdmin unter XAMPP installiert haben, läuft MySQL mit dem Benutzernamen root und ohne Passwort. In Kapitel 2 wurde schon darauf hingewiesen, dass XAMPP kein System für den produktiven Einsatz ist. Trotzdem sollten Sie zumindest ein Passwort für root vergeben.

Dafür ist zweierlei notwendig. Zuerst einmal müssen Sie MySQL das neue Passwort mitteilen und dann dieses Passwort in der Konfiguration von phpMyAdmin angeben.

10.3.1   root-Passwort vergeben

Um ein Passwort für den root-Benutzer zu setzen, rufen Sie die Shell über das XAMPP-Controll Panel auf. Hierfür klicken Sie auf den Shell-Button rechts.

Abb. 10–2   *Das Root-Passwort für MySQL über die Shell setzen*

Geben Sie dann ein:

```
mysqladmin.exe -u root password geheim
```

geheim ersetzen Sie dabei durch das Passwort, das Sie verwenden wollen. Dieses Passwort müssen Sie aber nun auch in phpMyAdmin angeben. Dafür öffnen Sie innerhalb Ihres XAMPP-Ordner den Unterordner phpMyAdmin und dort die Datei *config.inc.php*.

Sie finden dort die Informationen zur Authentifizierung.

```
/* Authentication type and info */
$cfg['Servers'][$i]['auth_type'] = 'config';
$cfg['Servers'][$i]['user'] = 'root';
$cfg['Servers'][$i]['password'] = '';
```

Geben Sie hier das Passwort an, also beispielsweise:

```
$cfg['Servers'][$i]['password'] = 'geheim';
```

Jetzt sollte auch phpMyAdmin wieder funktionieren.

Damit die Änderung wirksam wird, müssen Sie den MySQL-Server neu starten.

Weitergehende Sicherheit erhalten Sie, wenn Sie für die verschiedenen Nutzungen von MySQL eigene Benutzer anlegen. Bei den einzelnen Benutzern können Sie dann genau bestimmen, was diese bei einzelnen Datenbanken und einzelnen Tabellen tun dürfen oder eben nicht[3]. Bei vielen Standardhostingangeboten haben Sie dazu jedoch keine Rechte.

Nach diesen Vorbereitungen kann es losgehen. Sie erfahren jetzt alle notwendigen Schritte zum Anlegen, Füllen und Abfragen einer Datenbank.

---

3.   *https://dev.mysql.com/doc/refman/en/adding-users.html*

10.4   Datenbank anlegen und benutzen

Zuerst brauchen Sie eine Datenbank. In dieser Datenbank werden Sie die einzelnen Tabellen mit den Daten erstellen. Bei Ihrem Provider kann es je nach gewähl-
tem Hostingpaket sein, dass Sie nur eine Datenbank verwenden dürfen und diese
für Sie schon angelegt ist. Dann entfällt der Schritt, die Datenbank anzulegen.

   Zum Anlegen einer Datenbank in phpMyAdmin rufen Sie die Startseite von
phpMyAdmin auf.

> Wenn Sie wie eben ein Passwort für den Benutzer root angelegt haben, müssen Sie root
> und dieses Passwort ebenfalls beim Zugriff auf phpMyAdmin angeben!

Hier finden Sie oben den Reiter *Datenbank*. Ist dieser angeklickt, kommen Sie
auf eine neue Seite, wo Sie eine *Neue Datenbank* anlegen können. Vergeben Sie
dann einen Namen für die Datenbank, beispielsweise *garten*. Außerdem können
Sie die Kollation festlegen.

> Die Kollation bestimmt die Sortierung von sprachspezifischen Sonderzeichen wie das
> deutsche Ü, Ä, Ö und ß. Bei UTF-8 sind für das Deutsche utf8_general_ci, utf8_unico-
> de_ci und utf8_german2_ci geeignet.
>   *utf8_general_ci* ist die schnellste, allerdings wird ß als s einsortiert. Wenn das stört, ist
> utf8_unicode_ci die bessere Wahl. Bei beiden wird Ä wie A, Ö wie O und Ü wie U einsor-
> tiert. Außerdem gibt es noch utf8_german2_ci, bei dem die Sortierung der Umlaute wie
> im Telefonbuch erfolgt, das heißt, dass Ä wie AE behandelt wird, Ö wie OE und Ü wie UE.
>   Wenn Sie als Zeichensatz Latin1 nehmen, was im Wesentlichen ISO-8859-1 ent-
> spricht, so können Sie für die Kollation zwischen latin1_german1_ci und latin1_
> german2_ci wählen. latin1_german1_ci behandelt von der Sortierung her *Ä* wie *A*, *Ö*
> wie *O*, *Ü* wie *U* und *ß* wie *s*. Bei latin1_german2_ci wird hingegen *Ä* wie *AE*, *Ö* wie *Oe*, *Ü*
> wie *Ue* und *ß* wie *ss* behandelt.

Wenn Sie den Namen der Datenbank – für unsere Beispielanwendung lautet er
garten – angegeben haben, klicken Sie auf *Anlegen*.

Abb. 10–3   *Datenbank in phpMyAdmin erstellen*

Wenn Sie die Datenbank angelegt haben, müssen Sie auch MySQL mitteilen, dass Sie diese jetzt benutzen wollen. In phpMyAdmin geht das einfach: Klicken Sie sie im linken Bereich an.

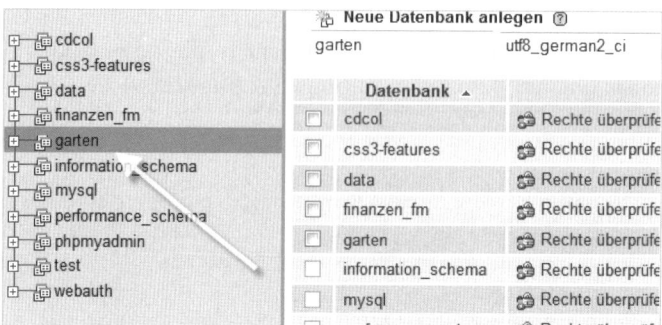

Abb. 10–4   *Aus der Liste der vorhandenen Datenbanken können Sie Ihre wählen.*

Die Datenbanken, die Sie bereits vorfinden, sind teilweise Datenbanken, die MySQL selbst für die Verwaltung benötigt. In der Datenbank *mysql* werden beispielsweise die Benutzerrechte gespeichert.

Jetzt zu den benötigten MySQL-Befehlen. Die Datenbank garten erstellen Sie mit folgendem Befehl:

```
CREATE DATABASE garten;
```

Bei zusätzlicher Angabe von Zeichensatz und Kollation lautet der Befehl:

```
CREATE DATABASE garten DEFAULT CHARACTER SET UTF8 COLLATE utf8_general_ci;
```

MySQL-Schlüsselwörter – im Listing zum Beispiel CREATE und DATABASE – können sowohl klein- als auch großgeschrieben werden. Weil es übersichtlicher ist und gewöhnlich so gehandhabt wird, werden MySQL-Befehle im Buch großgeschrieben, und Sie sollten sich das auch angewöhnen. Abgeschlossen wird ein MySQL-Befehl immer durch ein Semikolon.

MySQL-Befehle können Sie direkt über phpMyAdmin eingeben. Klicken Sie dafür auf den Reiter *SQL*. Sie erhalten ein großes Textfeld, in dem Sie die Befehle eingeben und über den Button *OK* abschicken können.

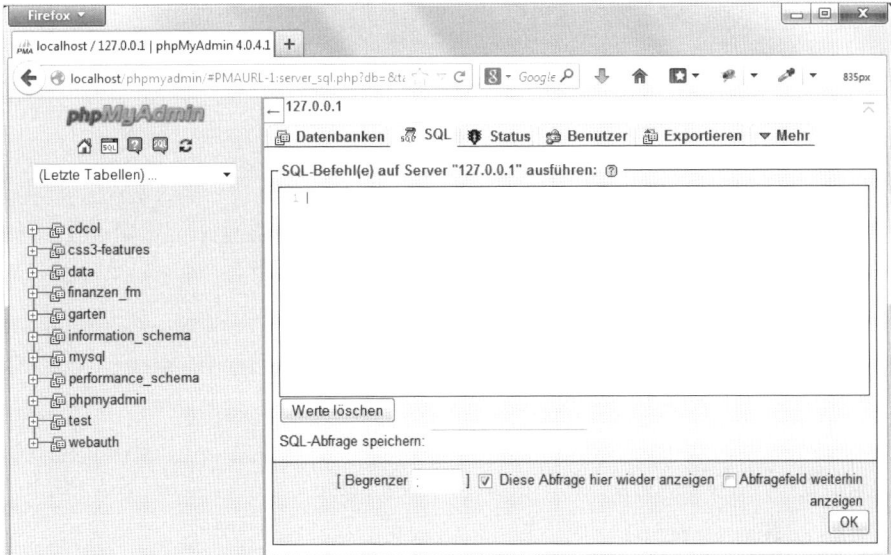

Abb. 10–5   *SQL-Befehle lassen sich über phpMyAdmin eingeben.*

Um MySQL mitzuteilen, dass Sie eine bestimmte Datenbank verwenden möchten, schreiben Sie:

```
USE garten;
```

Nützlich ist ebenfalls der Befehl:

```
SHOW DATABASES;
```

Damit können Sie ermitteln, welche Datenbanken bereits vorhanden sind. Über

```
SHOW TABLES;
```

können Sie sich die Tabellen anzeigen lassen. Derzeit gibt es noch keine, das wollen wir ändern.

10.4.1   Tabellen erstellen

Die Daten werden bei einem Datenbankmanagementsystem innerhalb von Tabellen gespeichert.

Sehen wir uns zuerst an, wie Sie eine Tabelle in phpMyAdmin erstellen: Kontrollieren Sie davor, dass die richtige Datenbank ausgewählt ist. Dann sehen Sie einen Bereich zum Anlegen einer Tabelle *Erzeuge Tabelle*. Bestimmen Sie zuerst, wie die Tabelle heißen und wie viele Spalten (Felder) sie enthalten soll. Im Beispiel heißt sie pflanzen und hat 4 Spalten. Klicken Sie dann auf *OK*.

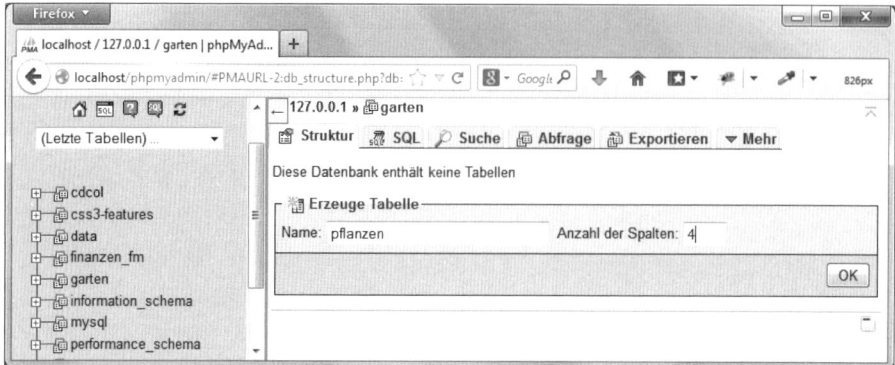

Abb. 10–6   *Neue Tabelle in phpMyAdmin anlegen*

Es erscheint als Nächstes ein Fenster, in dem Sie festlegen, wie die einzelnen Felder heißen und welcher Inhalt in den einzelnen Feldern gespeichert werden soll.

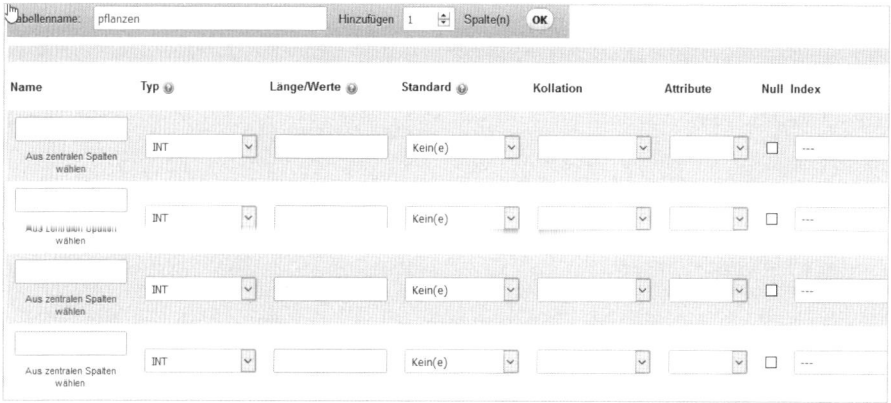

Abb. 10–7   *Spalten für die Tabelle angeben*

Name bestimmt den Namen der Spalte. Diesen können Sie auch *aus zentralen Spalten wählen*. Sie können nämlich eine zentrale Spaltenliste pro Datenbank haben und welche daraus auswählen – das erspart das wiederholte Schreiben derselben Spaltendefinitionen. Wir brauchen das aber nicht.

Typ ist der Inhaltstyp der Daten, also welche Daten Sie in diesem Feld speichern möchten. Genauere Informationen dazu in Abschnitt 10.5.

Länge/Werte legt bei Zeichenketten beispielsweise die mögliche Anzahl der Zeichen in einem Feld fest.

Standard: Sie können einen Standardwert vergeben, der genommen wird, wenn kein anderer Wert eingegeben wird.

Kollation: Sie können bei MySQL für alle Spalten einzeln festlegen, wie diese sortiert werden sollen. Ansonsten gilt die für die Datenbank als Ganzes bestimmte Kollation.

Attribute: Bei Zahlen können Sie über UNSIGNED bestimmen, dass sie sich nur im positiven Bereich befinden.

Null: Hier legen Sie fest, ob die Felder auch NULL enthalten dürfen. Wenn in einem Feld nichts steht, wird dieses dann von MySQL mit NULL gefüllt. NULL wird anders behandelt als beispielsweise die Zahl 0 und ein Leerstring.

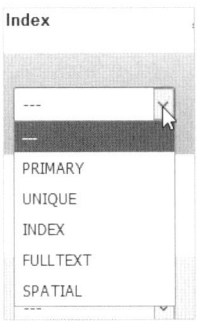

Abb. 10–8   *Optionen für Index*

Beim *Index* gibt es sechs Möglichkeiten, die sich ausschließen: *PRIMARY, UNIQUE, INDEX, FULLTEXT, SPATIAL* und keins von den fünf genannten. Am häufigsten – außer dem Standard, kein Index – werden Sie mit dem Primärschlüssel zu tun haben – der ersten Option (*PRIMARY*). Sie können aber auch einen Index für ein Feld vergeben, nach dem häufig gesucht wird, um die Abfrage zu beschleunigen. *UNIQUE* ist ein Index, der eindeutig ist. *FULLTEXT* ist für eine Volltextsuche. *SPATIAL* braucht man für spatiale Abfragen beispielsweise für Geodatenbanken.

A_I steht für auto_increment. Wenn Sie hier ein Häkchen machen, wird der Wert in diesem Feld automatisch bei jedem neuen Datensatz hochgezählt (inkrementiert). Das ist praktisch für das Feld mit dem Primärschlüssel zur eindeutigen Identifizierung eines Datensatzes. *Kommentare* bietet Raum für ... Kommentare.

VIRTUALITÄT ist nur relevant für Spalten, die beispielsweise berechnete Werte erhalten.

MIME-Typ ist zum Beispiel beim Speichern von Bildern wichtig.

Die letzten Optionen betreffen die interne Darstellung von Ergebnisseiten in phpMyAdmin. Falls Sie Bilder in Ihrer Datenbank speichern, könnten Sie beispielsweise festlegen, dass diese in phpMyAdmin als kleine Vorschaubilder angezeigt werden usw.

Für die Beispieltabelle namens pflanzen werden jetzt vier Felder benötigt, nämlich pfl_id, name, beschreibung und preis. Sie haben folgende Eigenschaften:

pfl_id ist eine eindeutige ID für jede Pflanze. Diese soll eine fortlaufende Nummer sein, eine ganze (große) Zahl, deswegen wird INT als *Typ* gewählt. Das Attribut UNSIGNED legt fest, dass nur positive Zahlen möglich sind. *Null* kreuzen Sie nicht an; das bedeutet, dass hier immer ein Wert eingetragen wird. Bei *Index* wählen Sie *PRIMARY* (es öffnet sich ein Zusatzfenster, hier lassen Sie die vorgeschlagenen Optionen). Setzen Sie zudem ein Häkchen bei *A_I* (auto_increment).

name enthält später den Namen der Pflanze. Hier wird als *Typ* VARCHAR gewählt. Dies bedeutet, dass Zeichenketten eingegeben werden können. Die *Länge* wird auf 100 beschränkt.

beschreibung enthält kurze Stichpunkte zur Beschreibung. *Typ* ist ebenfalls VARCHAR, die Zeichenzahl wird auf 250 festgelegt. Die Beschreibung ist nicht obligatorisch, das heißt in der Spalte *Null* setzen Sie ein Häkchen.

preis nimmt auf, was das Produkt kostet. Hier wird als *Typ* DECIMAL gewählt. Bei *Länge* wird über 9,2 bestimmt, dass der Betrag insgesamt nicht länger als 9 Zeichen (der Dezimalpunkt ist nicht mitgerechnet) sein kann und dass es zwei Stellen hinter dem Dezimalpunkt gibt. Da es sein kann, dass wir eine Pflanze aufnehmen wollen, deren Preis noch nicht feststeht, machen Sie ein Häkchen bei *Null*. Als Tabellenformat lassen Sie den Standard InnoDB.

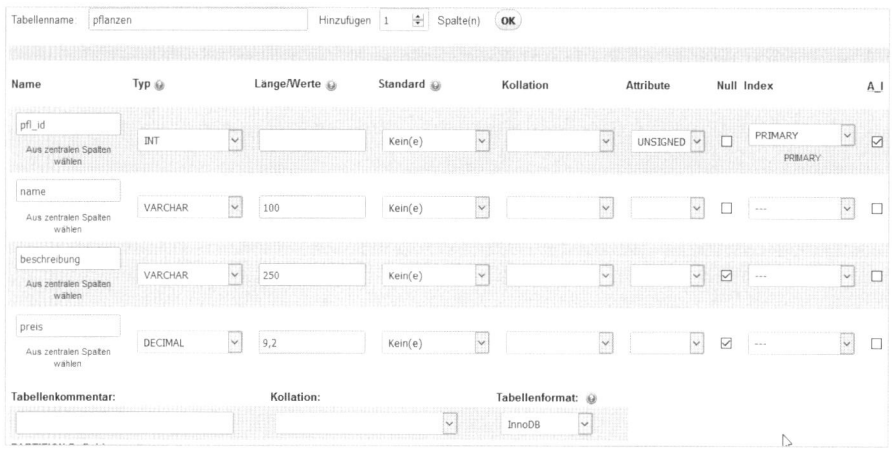

Abb. 10–9   *Die Tabelle pflanzen mit den gewählten Eigenschaften*

Wenn Sie auf *Speichern* klicken (eventuell müssen Sie dafür etwas nach unten scrollen), wird die Tabelle angelegt.

Sehen wir uns jetzt an, wie der zugehörige SQL-Befehl zum Erstellen der Tabelle lautet. Dieser lautet in der von phpMyAdmin üblichen Schreibung folgendermaßen:

```
CREATE TABLE `pflanzen` (
  `pfl_id` int(10) unsigned NOT NULL AUTO_INCREMENT,
  `name` varchar(100) NOT NULL,
  `beschreibung` varchar(250) DEFAULT NULL,
  `preis` decimal(9,2) DEFAULT NULL,
  PRIMARY KEY (`pfl_id`)
) ENGINE=InnoDB;
```

Listing 10–1   *Der Befehl zum Erstellen der Tabelle (tabelle_pflanzen.sql)*

Sehen wir uns den Aufbau des Befehls an:

CREATE TABLE ist der Befehl zum Erstellen einer Tabelle. Dann folgt der Name der Tabelle. Der Name der Tabelle – wie auch die gleich folgenden Namen der einzelnen Felder – stehen innerhalb von rückwärtsgerichteten Anführungszeichen (Backticks `). Dies ist prinzipiell nicht notwendig, solange Sie nicht eine Tabelle oder eine Spalte mit einem Namen versehen, der ein Schlüsselwort in MySQL ist. Wenn Sie beispielsweise eine Tabelle CREATE nennen wollen, brauchen Sie Backticks, ansonsten nicht. phpMyAdmin verwendet intern immer sicherheitshalber Backticks; sie erscheinen auch beispielsweise, wenn Sie Datenbankinhalte als SQL-Befehle exportieren.

In runden Klammern folgt eine Aufzählung der einzelnen Spalten: zuerst der Name, dann der Typ. Ebenfalls in runden Klammern beim Typ stehen eventuelle Längenangaben. Darauf folgt DEFAULT NULL oder NOT NULL. Zuletzt wird noch mit PRIMARY KEY der Primärschlüssel festgelegt. Außerhalb der Klammern steht hinter ENGINE der gewählte Typ für die Tabelle, im Beispiel InnoDB.

Tabellentypen in MySQL

Es gibt mehrere unterschiedliche Tabellentypen oder Speicher-Engines. Sie werden am häufigsten mit MyISAM und InnoDB zu tun haben.

MyISAM ist der alte Standardtabellentyp von MySQL (vor Version 5.5.5). Die verbesserte Version von MyISAM bei MariaDB heißt Aria. Im Allgemeinen ist MyISAM gut geeignet, wenn Sie hauptsächliche Daten abfragen und wenig einfügen oder updaten.

InnoDB ist der Standardtyp bei MySQL und ab MariaDB 10.2 und bietet mehr Features und eine besser Performance als MyISAM. Dieser Tabellentyp unterstützt die Definition von Integritätsregeln bei der Arbeit mit Fremdschlüsseln (mehr dazu in Abschnitt 10.10) und Transaktionen. Mit Transaktionen können Sie sicherstellen, dass mehrere Aktionen, die eine Einheit bilden, gemeinsam erfolgreich abgeschlossen oder gesamt verworfen werden. Ein Beispiel wäre eine Buchung von einem Konto auf ein anderes: Beide Aktionen, die Abbuchung und die Gutschrift, müssen durchgeführt oder verworfen werden. Es ist hingegen nicht erwünscht, dass nur die Abbuchung erfolgt, ohne dass gleichzeitig auch die Gutschrift stattfindet.

Weitere Informationen zu den Tabellentypen von MariaDB finden Sie unter
https://mariadb.com/kb/en/library/choosing-the-right-storage-engine/,
die entsprechenden bei MySQL unter
https://dev.mysql.com/doc/refman/en/myism-storage-engine.html und
https://dev.mysql.com/doc/refman/en/innodb-introduction.html.

Bevor Sie weitere mögliche Datentypen für die Felder von MySQL-Tabellen kennenlernen, ein Hinweis zur Schreibweise der MySQL-Befehle. Dass MySQL-
Schlüsselwörter groß- oder kleingeschrieben werden können, haben Sie bereits
erfahren. Wie sieht es aber mit der Groß-/Kleinschreibung von anderen Bezeich-
nern aus? Jede Tabelle entspricht einer Datei im Dateisystem, und je nach Tabellentyp kann sie auch mehreren entsprechen. Deswegen gelten für die Groß-/Klein-
schreibung von Datenbanken und Tabellen dieselben Regeln, die auch für das
zugrunde liegende Betriebssystem gelten: Unter Windows spielt die Groß-/Klein-
schreibung keine Rolle, unter Linux/Unix/macOS ist sie relevant. Um kompatib-
len Code zu schreiben, sollten Sie die Groß-/Kleinschreibung beachten. Am einfachsten ist es, wenn Sie für Tabellen und Datenbanken kleingeschriebene Namen
wählen. Bei Feldnamen, also Namen von Spalten, ist die Groß-/Kleinschreibung
prinzipiell nicht relevant.

10.5   Datentypen in MySQL für Tabellen

In der `pflanzen`-Tabelle wurden verschiedene Datentypen eingesetzt: `INT` für den
Primärschlüssel, `VARCHAR` für `name` und `beschreibung` sowie `DECIMAL` für den `preis`.
Welche weiteren Datentypen Sie in MySQL verwenden können, sehen Sie jetzt im
Überblick.

10.5.1   Numerische Datentypen

Es gibt verschiedene Typen für ganze Zahlen, die sich in ihrem Wertebereich
unterscheiden. Standardmäßig können sie positive und negative Werte aufnehmen. Sollen nur positive Werte gespeichert werden, geben Sie `UNSIGNED` an. Eine
weitere Option ist `ZEROFILL`: Dann füllt MySQL leere Stellen mit `0`, und automatisch wird von MySQL das Attribut `UNSIGNED` hinzugefügt.

In Tabelle 10–1 finden Sie die möglichen Datentypen für ganze Zahlen. In
Klammern hinter den MySQL-Schlüsselwörtern steht `M`. `M` ist optional. Dadurch
lässt sich die Anzeigenbreite definieren. Wenn ein Wert eingegeben wird, der kleiner ist als der für die Spalte festgelegte Wert, wird dieser dann mit Leerstellen bis
auf die bei `M` bestimmte Breite gefüllt.

In der folgenden Tabelle wird Ihnen der Begriff `UNSIGNED` begegnen. Das
bedeutet, dass der Datentyp nicht negativ sein kann und dafür einen doppelt so
großen Wertebereich aufnehmen kann.

Schlüsselwort	Erläuterung
TINYINT(M)	Sehr kleiner Integer, der Werte zwischen –128 und 127 aufnehmen kann. Bei UNSIGNED Werte zwischen 0 und 255. Wird oft für die Werte 1 (aktiviert) oder 0 (nicht aktiviert) genutzt.
BOOL, BOOLEAN	Synonyme zu TINYINT
SMALLINT(M)	Kleiner Integer mit einem Wertebereich von –32768 bis 32767. Bei UNSIGNED Werte von 0 und 65535.
MEDIUMINT(M)	Mittelgroßer Integer mit einem Wertebereich von –8388608 bis 8388607. Bei UNSIGNED Werte von 0 und 16777215.
INT(M)	Integer mit einem Wertebereich von –2147483648 bis 2147483647. Bei UNSIGNED Werte von 0 bis 4294967295. Wird am häufigsten benutzt.
INTEGER(M)	Synonym zu INT(M)
BIGINT(M)	Großer Integer mit einem Wertebereich von –9223372036854775808 bis 9223372036854775807. Bei UNSIGNED Werte von 0 bis 18446744073709551615.

Tab. 10–1   *Mögliche Datentypen für ganze Zahlen*

Fließkommazahlen werden – genauso wie in PHP – auch in MySQL mit einem Punkt geschrieben. Tabelle 10–2 listet die verschiedenen möglichen Typen von Fließkommazahlen auf. M und D in Klammern können Sie verwenden, um optional mit M die *gesamte Anzeigenbreite* und mit D die Stellen nach dem Punkt (es wird ja ein Punkt verwendet) anzugeben.

Schlüsselwort	Erläuterung
FLOAT(M,D)	Kleine Fließkommazahl mit einfacher Genauigkeit. Mögliche Werte liegen zwischen –3.402823466E+38 und –1.175494351E–38, 0 und der Bereich zwischen 1.175494351E–38 und 3.402823466E+38.
DOUBLE(M,D)	Fließkommazahl mit doppelter Genauigkeit. Mögliche Werte liegen zwischen –1.7976931348623157E+308 und –2.2250738585072014E–308, 0 und der Bereich zwischen 2.2250738585072014E–308 und 1.7976931348623157E+308.
DECIMAL(M,D)	Festkommazahl
DEC(M,D)	Synonym für DECIMAL
NUMERIC(M,D)	Synonym für DECIMAL
FIXED(M,D)	Synonym für DECIMAL

Tab. 10–2   *Mögliche Datentypen für Fließkommazahlen*

Der Unterschied zwischen Fließkomma- und Festkommazahlen (zum Beispiel Decimal) besteht darin, dass Festkommazahlen als Zeichenketten abgespeichert sind und es deswegen keine Rundungsfehler geben kann. Bei Fließkommazahlen kann immer auch gerundet werden, das heißt, hier werden keine exakten Werte gespeichert.

10.5.2   Datums- und Zeittypen

Verschiedene Typen stehen zur Speicherung von Datums- und Zeitwerten zur Verfügung. TIMESTAMP nimmt eine Sonderrolle ein. Dieser Wert ist praktisch, um die letzte Änderung zu dokumentieren. Denn standardmäßig wird die erste TIME-STAMP-Zelle einer Tabelle automatisch auf Datum/Uhrzeit der letzten Änderungs-aktion gesetzt. Wenn Sie einem Feld vom Typ TIMESTAMP als Wert NULL zuweisen, wird dieses auf den aktuellen Wert für Datum/Uhrzeit gesetzt.

Schlüsselwort	Erläuterung
DATE	Datum im Format YYYY-MM-DD. Mögliche Werte liegen zwischen 1000-01-01 und 9999-12-31.
DATETIME	Datum und Zeit im Format YYYY-MM-DD HH:MM:SS: Mögliche Werte liegen zwischen '1000-01-01 00:00:00' und '9999-12-31 23:59:59'.
TIMESTAMP	Zeitstempel. Mögliche Werte liegen zwischen '1970-01-01 00:00:00' und '2038-01-19 03:14:07'.
TIME	Zeitangabe. Mögliche Werte liegen zwischen '-838:59:59' und '838:59:59'.
YEAR	Jahr im Format YYYY oder auch YY. Angaben zwischen 0 und 69 werden zu 2000 bis 2069 konvertiert, Angaben zwischen 70 und 99 zu 1970 bis 1999.

Tab. 10–3   *Mögliche Datentypen für Fließkommazahlen*

In Datumsspalten können Sie die Zeit-/Datumsangabe wahlweise als Zahl oder als String angeben.

10.5.3   Datentypen für Strings

Auch für Strings gibt es unterschiedliche Datentypen, die Sie in Tabelle 10–4 auf-gelistet finden. M bestimmt die maximale Spaltenlänge. CHAR ist ein String fester Länge. Bei der Speicherung wird eine Zeichenkette, die weniger Zeichen enthält als bei M angegeben, durch Leerzeichen auf die Länge M gefüllt. Diese Auffüllung geschieht nicht beim Typ VARCHAR(M).

Schlüsselwort	Erläuterung
CHAR(M)	String fester Länge
VARCHAR(M)	String variabler Länge. Dies ist der am häufigsten benutzte String-Datentyp.
TINYTEXT	Maximallänge: 255 Zeichen
TEXT	Maximallänge: 65.535 Zeichen
MEDIUMTEXT	Maximallänge von 16.777.215 Zeichen
LONGTEXT	Maximallänge von 4.294.967.295 Zeichen

Tab. 10–4   *Mögliche Datentypen für Strings*

Eine Sonderrolle nehmen ENUM und SET ein.

Schlüsselwort	Erläuterung
ENUM('wert1', 'wert2', ...)	Auflistung möglicher Werte, von denen in einem konkreten Feld immer nur einer gespeichert wird.
SET('wert', 'wert2', ...)	Menge möglicher Werte. In einem konkreten Feld können mehrere dieser Werte aufgeführt werden.

Tab. 10–5   *Auflistung und Menge an möglichen Werten*

10.5.4   Binärdaten

Auch zum Speichern von Binärdaten wie beispielsweise für Bilder gibt es mehrere Datentypen.

Schlüsselwort	Erläuterung
TINYBLOB	Binärdaten mit Maximallänge von 255 Byte
BLOB	Binärdaten mit Maximallänge von 65.535 Byte
MEDIUMBLOB	Binärdaten mit Maximallänge von 16.777.215 Byte
LONGBLOB	Binärdaten mit Maximallänge von 4 GByte

Tab. 10–6   *Mögliche Datentypen für binäre Daten*

Häufig speichert man aber – beispielsweise bei einer Bildergalerie, die man über eine Datenbank verwaltet – in der Datenbank nicht die Bilder selbst, sondern nur ihren Pfad.

Übung 1

Legen Sie in phpMyAdmin eine neue Datenbank namens pizzaservice an. Erstellen Sie in dieser Datenbank zwei Tabellen: die eine für Kunden des Pizzaservices, die andere für Pizzasorten.

▦ kunde
Definieren Sie hier Spalten für folgende Informationen: id, vorname, nachname, strasse, plz, ort.

▦ pizzasorte
Definieren Sie hier Spalten für id, pizzasorte und preis!

10.6   Daten einfügen

Wenn die Tabellen erstellt sind, müssen sie mit Daten gefüllt werden. Diese können aus verschiedenen Quellen stammen:

- Handelt es sich um eine überschaubare Anzahl an Datensätzen, können Sie diese per Hand in phpMyAdmin eingeben.

- Daten können auch aus Formularen stammen, die die Benutzer ausfüllen. Hierfür benötigen Sie den MySQL-INSERT-Befehl, den Sie gleich kennenlernen.

- Wenn Sie die Daten bereits in einer Excel-Tabelle o.Ä. vorliegen haben, können Sie diese über phpMyAdmin importieren. Hierfür muss die Datei als CSV (Comma-separated Value) abgespeichert werden. Diese Option bieten alle gängigen Tabellenkalkulationsprogramme. Die Importoptionen finden Sie in phpMyAdmin unter *Importieren*.

Sehen wir uns zuerst an, wie Sie Daten in phpMyAdmin eintragen. Dafür wählen Sie die Tabelle aus, in die Sie Daten eintragen möchten, und klicken neben der Tabelle auf *Einfügen*.

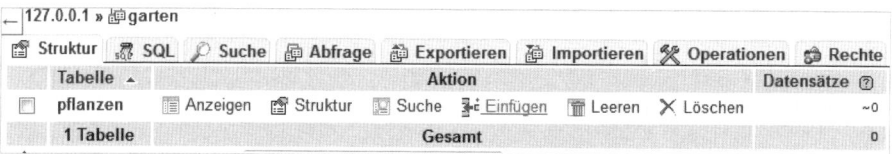

Abb. 10–10   *Die Option zum Einfügen ist rechts vom Tabellennamen zu finden.*

Sie erhalten ein Formular zum Eintragen der Daten. Die Inhalte fügen Sie unterhalb von *Wert* ein. Da MySQL den Wert für die pfl_id selbst vergeben soll, lassen Sie dieses Feld leer.

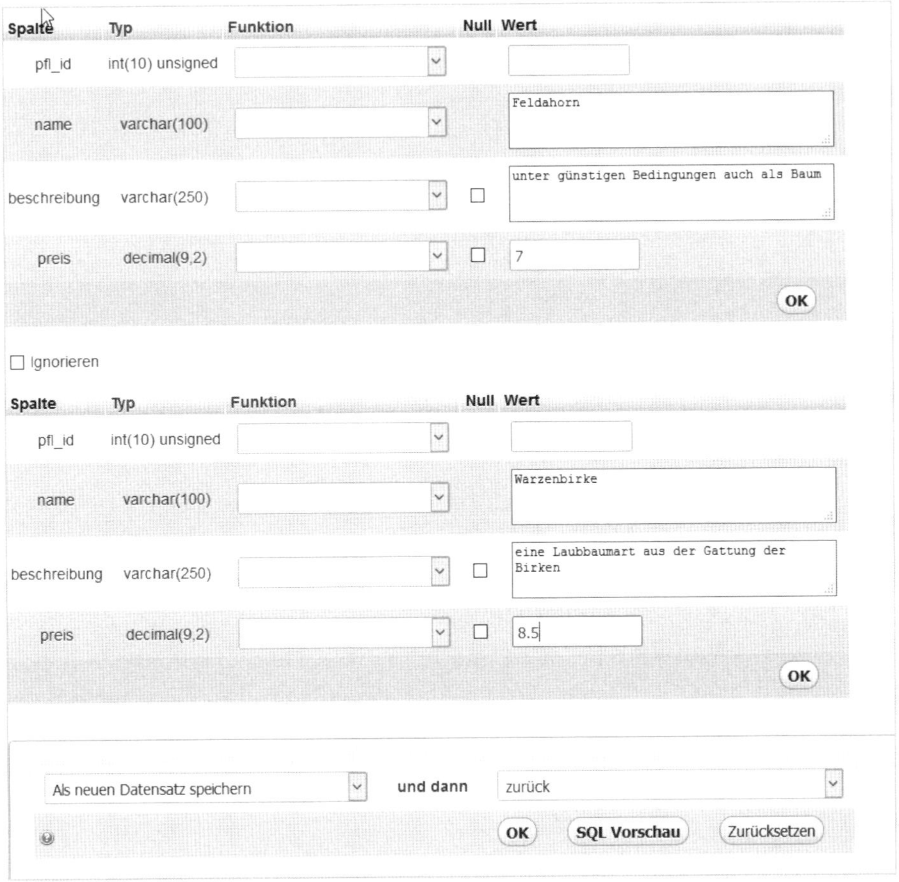

Abb. 10–11   *Daten eingeben über phpMyAdmin*

Standardmäßig werden zwei Formulare zum Eintragen von zwei Datensätzen angezeigt. Sie können auch nur das obere ausfüllen und dann auf *OK* klicken. Wollen Sie gleich weitere Datensätze eingeben, wählen Sie unten anstelle von *zurück* die Option *anschließend einen weiteren Datensatz einfügen*.

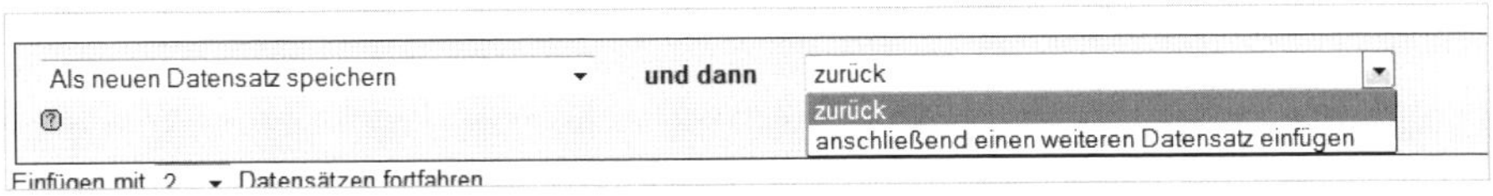

Abb. 10–12   *Sie können auch gleich weitere Formulare für mehr Eintragungen anfordern.*

Dann sehen Sie den MySQL-Befehl. Wenn man die Backticks entfernt, die von phpMyAdmin immer um Tabellennamen und Spalten eingefügt werden, aber hier nicht notwendig sind, sieht er folgendermaßen aus:

```
INSERT INTO garten.pflanzen (
pfl_id ,
name,
beschreibung,
preis
)
VALUES (
NULL , 'Feldahorn', 'strauchartig, unter günstigen Bedingungen auch als Baum', '7'
), (
NULL , 'Warzenbirke', 'sommergrüne Laubbaumart aus der Gattung der Birken', '8.5'
);
```

Listing 10–2   *Datensätze eintragen (tabelle_pflanzen_zweieintragen.sql)*

So lautet der Befehl für das gleichzeitige Eintragen von zwei Datensätze: Hinter
INSERT INTO folgt der Name der Tabelle.

> Im Beispiel ist zusätzlich auch der Name der Datenbank angegeben, was aber nicht not-
> wendig wäre.

In runden Klammern listen Sie durch Komma getrennt die Spaltennamen auf, in
die Sie Daten eintragen möchten. Dann folgen das Schlüsselwort VALUES und in
Klammern dahinter die Daten, die eingetragen werden sollen. Diese müssen der
vorher bei den Spalten angegebenen Reihenfolge entsprechen. Für das Feld pfl_id
geben Sie NULL als Wert an, damit MySQL den Autoinkrement-Wert selbst vergibt. Im Beispiel sehen Sie, dass alle Werte in Hochkommas stehen. Das ist bei
Strings obligatorisch; bei Zahlen wie dem Preis im Beispiel benötigen Sie das
Hochkomma nicht, können es aber trotzdem einsetzen.

Soll nur ein Datensatz eingetragen werden, geben Sie hinter VALUES keine zweite
runde Klammer mit Werten an.

```
INSERT INTO pflanzen (
pfl_id,
name,
beschreibung,
preis
)
VALUES (
NULL , 'Feldahorn', 'strauchartig, unter günstigen Bedingungen als Baum ', '7'
);
```

Wenn Sie Werte in allen Spalten und in genau der Reihenfolge eintragen möchten,
in der diese auch in der Tabelle stehen, können Sie die Spaltennamen auch weglassen:

```
INSERT INTO pflanzen
VALUES (
NULL, 'Feldahorn', 'strauchartig, unter günstigen Bedingungen als Baum ', '7'
)
```

Die Schreibweise mit der Angabe der Spaltennamen hat jedoch den Vorteil, dass der INSERT-Vorgang auch funktioniert, falls die Reihenfolge der Spalten in der Tabelle verändert wird oder neue Spalten hinzukommen.

Übung 2

Befüllen Sie die beiden in der letzten Übung erstellten Tabellen mit einigen Datensätzen. Testen Sie dabei sowohl das Einfügen von Datensätzen mit phpMyAdmin als auch die zugehörigen SQL-Befehle!

10.7 Datensätze verändern

Bestehende Datensätze lassen sich auch ändern. Lassen Sie sich hierfür zuerst den Inhalt der Tabelle anzeigen. Wenn Sie Ihre Datenbank ausgewählt haben, sehen Sie darunter die angelegten Tabellen und können auf einen Tabellennamen klicken. Sie sehen nun die bisher eingegebenen Daten.

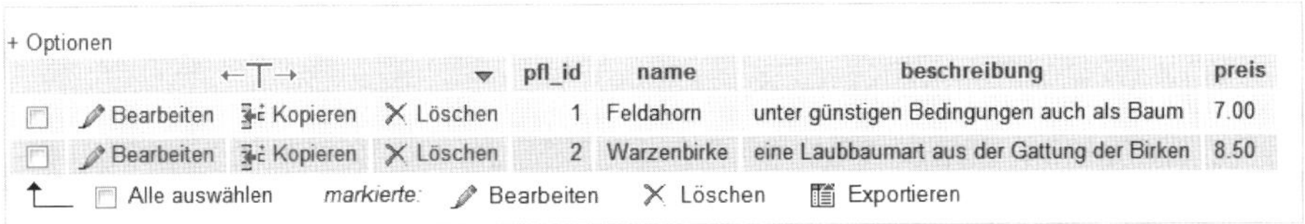

Abb. 10–13   *Stiftsymbol zum Bearbeiten eines Datensatzes*

Ein Klick auf *Bearbeiten* oder auf das Stiftsymbol vor einem Datensatz öffnet ein neues Formular, in dem Sie die bestehenden Inhalte modifizieren können.

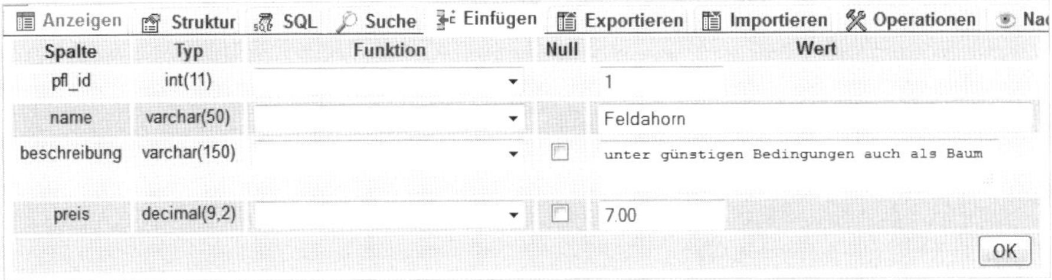

Abb. 10–14   *Hier lassen sich die eingetragenen Inhalte ändern.*

Verändern wir einmal den Preis des Feldahorns und klicken dann auf *OK*. Anschließend sehen Sie wieder den zugehörigen MySQL-Befehl, der ohne Backticks folgendermaßen lautet:

```
UPDATE pflanzen
SET preis = '5.50'
WHERE pfl_id =1;
```

Hinter dem MySQL-Schlüsselwort UPDATE steht der Name der Tabelle und dann folgt SET mit Spaltennamen und neuem Wert. Mit der WHERE-Klausel schränken Sie ein, welchen Datensatz oder welche Datensätze Sie verändern wollen; im Beispiel ist es nur der Datensatz mit pfl_id = 1. Mehr zur WHERE-Klausel lesen Sie in Abschnitt 10.9.2.

> Wenn Sie UPDATE ohne WHERE-Klausel verwenden, so führen Sie die Änderung bei allen Datensätzen der Tabelle durch.

10.8 Datensätze löschen

Neben dem Symbol zum Bearbeiten eines Datensatzes finden Sie auch die Möglichkeit, einen Datensatz zu löschen. Bevor der Datensatz gelöscht wird, fragt phpMyAdmin noch einmal nach, ob Sie das wirklich wollen.

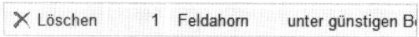

Abb. 10–15 *Der Link zum Löschen eines Datensatzes*

Der MySQL-Befehl lautet beispielsweise:

```
DELETE FROM pflanzen
WHERE pfl_id = 1;
```

Damit löschen Sie den entsprechenden Datensatz. Wieder ist es wichtig, eine WHERE-Klausel anzugeben, um den Löschvorgang auf bestimmte Datensätze zu beschränken.

> Wenn Sie einen Datensatz löschen, erhalten Sie eine nicht mehr durchgehende Folge von Autoinkrement-Werten. Das braucht Sie aber nicht zu irritieren – denn das ist das gewünschte Verhalten. Ein Primärschlüssel dient der eindeutigen Kennzeichnung eines Datensatzes und darf sich nicht ändern, wenn ein anderer Datensatz gelöscht wird.

10.9 Daten auslesen

Es gibt viele Möglichkeiten, die Daten auslesen zu lassen. Sie können die Daten nach unterschiedlichen Kriterien filtern, sie sortieren und auch Daten von mehreren Tabellen auslesen. Das Auslesen der Daten werden Sie im Normalfall in einem PHP-Skript vornehmen, das heißt, hierfür müssen Sie die zugrunde liegenden MySQL-Befehle kennen.

Um die Beispiele dieses Unterkapitels nachvollziehen zu können, brauchen Sie eine Tabelle mit etwas mehr Daten. Sie finden bei den Listings dieses Buchs auch die Datei *tabelle_pflanzen_mit_daten.sql*, die den vollständigen MySQL-

Code zur Erstellung der Tabelle und zum Einfügen von 8 Datensätzen enthält. Am einfachsten ist es, Sie löschen Ihre bisherige Tabelle und erstellen dann die Tabelle mit den Daten neu.

Zum Löschen der Tabelle in phpMyAdmin klicken Sie in phpMyAdmin im oberen Bereich Ihre Datenbank an, sodass unterhalb die Tabellen angezeigt werden. Dann können Sie durch einen Klick auf den entsprechenden Link die Tabelle löschen.

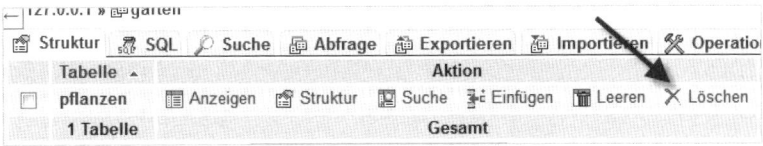

Abb. 10–16 *Tabelle löschen über phpMyAdmin*

Der zugehörige Befehl lautet:

```
DROP TABLE pflanzen;
```

Wechseln Sie dann zum SQL-Eingabefenster (Menüpunkt *SQL* in der horizontalen Menüleiste), fügen Sie den aus dem Listing *tabelle_pflanzen_mit_daten.sql* kopierten Code ein und bestätigen Sie mit *OK*.

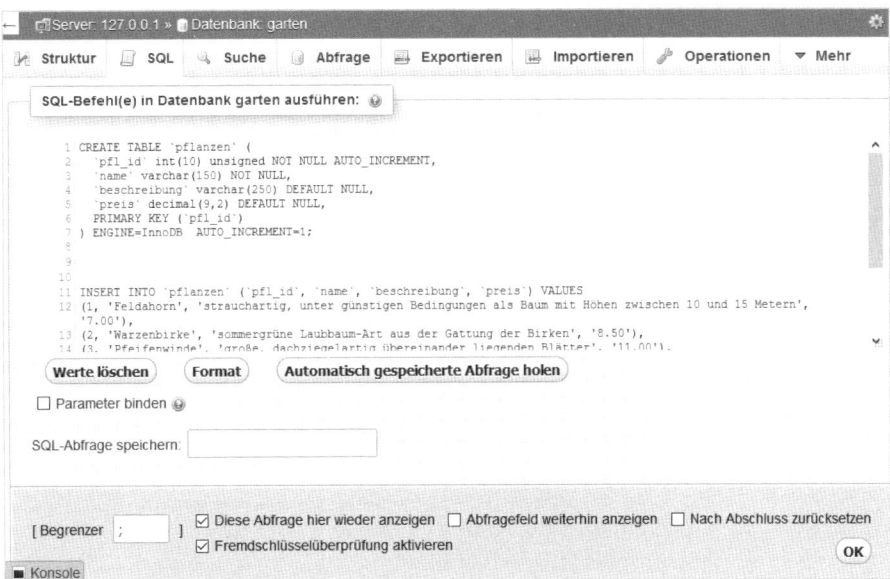

Abb. 10–17 *Die kopierten Befehle zum Erstellen und Befüllen der Tabelle können bei SQL in das Feld eingefügt und ausgeführt werden.*

Jetzt zu den Befehlen zum Auslesen von Daten. Verwenden Sie zum Testen der Befehle wieder den Menüpunkt *SQL*. Um alle Daten der Tabelle pflanzen auszulesen, schreiben Sie:

```
SELECT * FROM pflanzen;
```

Ein Klick auf *OK* zeigt das Ergebnis an.

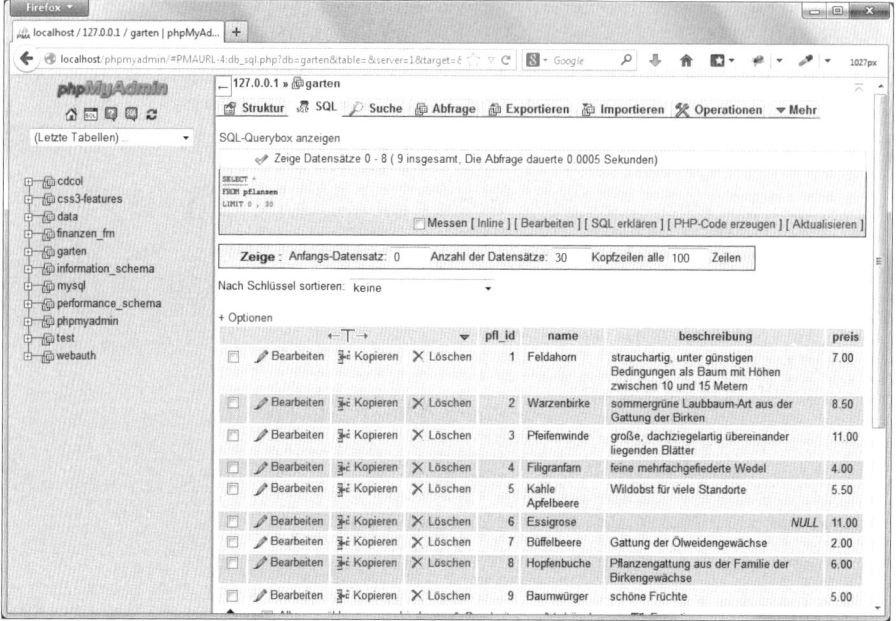

Abb. 10–18   *Alle Datensätze ausgeben lassen*

Statt die Befehle über das SQL-Fenster einzugeben, können Sie innerhalb von PHPMyAdmin unten links auch *Konsole* auswählen. Dann klappt ein Eingabefenster hoch, in dem Sie Befehle eingeben können. Einen Befehl senden Sie durch Strg+Enter ab. Ein erneuter Klick auf *Konsole* schließt das Fenster wieder.

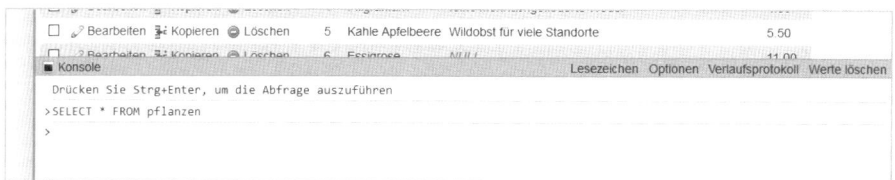

Abb. 10–19   *Befehle über Konsole eingeben*

Wenn Sie nicht alle Spalten, sondern nur ausgewählte ausgeben lassen möchten, so notieren Sie diese anstelle des Sternchens:

```
SELECT name, preis FROM pflanzen;
```

Außer in dem Fall, dass Sie wirklich alle Spalten benötigen, sollten Sie SELECT * meiden, weil es ineffektiv ist.

10.9.1   Datensätze sortieren und Anzahl beschränken

Mit ORDER BY bestimmen Sie die Sortierung:

```
SELECT name, preis FROM pflanzen ORDER BY preis;
```

name	preis ▲
Büffelbeere	2.00
Filigranfarn	4.00
Baumwürger	5.00
Kahle Apfelbeere	5.50
Hopfenbuche	6.00
Feldahorn	7.00
Warzenbirke	8.50
Pfeifenwinde	11.00
Essigrose	11.00

Abb. 10–20   *Die Pflanzen sind aufsteigend nach Preisen sortiert.*

Abbildung 10–20 zeigt, dass unsere Pflanzen jetzt nach Preisen sortiert sind. Soll bei gleichen Preisen noch ein weiteres Sortierkriterium angegeben werden, so schreiben Sie dieses nach einem Komma:

```
SELECT name, preis FROM pflanzen ORDER BY preis, name;
```

Das wirkt sich nur bei Pfeifenwinde und Essigrose aus, die beide denselben Preis haben: Dann wird die *Essigrose* vor der *Pfeifenwinde* angezeigt.

Um die Sortierreihenfolge umzukehren, schreiben Sie DESC.

```
SELECT name, preis FROM pflanzen ORDER BY preis DESC;
```

LIMIT begrenzt die Anzahl der angezeigten Datensätze. Mit dem folgenden Befehl werden die drei teuersten Pflanzen ausgegeben:

```
SELECT name, preis FROM pflanzen ORDER BY preis DESC LIMIT 3;
```

Wenn Sie hinter LIMIT *einen Wert* angeben, begrenzt dieser die Anzahl der zurückgegebenen Datensätze. Sie können hier auch *zwei* durch Komma getrennte Werte schreiben: Dann gibt der erste an, ab welcher Stelle die Daten zurückgegeben werden sollen, und der zweite, wie viele.

Mit SELECT DISTINCT entfernen Sie Duplikate. Wenn beispielsweise in einer Tabelle lieferanten die Adressen von den Lieferanten gespeichert sind, können Sie sich durch folgende Abfrage eine Liste der Orte ausgeben lassen, in denen es Lieferanten gibt. Durch DISTINCT werden Mehrfachnennungen unterdrückt.

```
SELECT DISTINCT ort
FROM lieferanten
ORDER BY ort;
```

10.9.2   Datensätze auswählen und filtern

Jetzt können Sie die Daten nach verschiedenen Kriterien filtern. Die Bedingungen werden hinter WHERE notiert. Durch folgenden Befehl erhalten Sie zum Beispiel nur Pflanzen, die mehr als 9 kosten:

```
SELECT name, preis FROM pflanzen WHERE preis > 9;
```

Mit = überprüfen Sie auf Übereinstimmung:

```
SELECT * FROM pflanzen WHERE name = "Büffelbeere";
```

Bei der Übereinstimmung ist die Groß-/Kleinschreibung nicht relevant. Soll etwas nicht übereinstimmen, verwenden Sie <>.

Eine Besonderheit gibt es bei der Überprüfung, ob in einer Spalte *nichts* steht. Um das nachzuvollziehen, brauchen wir einen Datensatz, bei dem in einem Feld nichts steht. Das ist bereits bei der Essigrose der Fall, denn hier gibt es keine Beschreibung. Um den Datensatz ohne Beschreibung zu finden, benötigen Sie folgenden Befehl:

```
SELECT *
FROM pflanzen
WHERE beschreibung IS NULL;
```

Entsprechend erhalten Sie mit IS NOT NULL alle Datensätze, in denen etwas bei der Beschreibung steht:

```
SELECT *
FROM pflanzen
WHERE beschreibung IS NOT NULL;
```

> Eine Überprüfung mit beschreibung = NULL oder beschreibung <> NULL führt hingegen nicht zum gewünschten Ergebnis!

Eben haben Sie gesehen, wie Sie auf genaue Übereinstimmung prüfen können. Sie können bei Vergleichen jedoch auch Platzhalter einsetzen. Der Unterstrich _ steht dabei für *ein* beliebiges Zeichen, das Prozentzeichen % für *beliebig viele* beliebige Zeichen. Beim Einsatz der Platzhalter benötigen Sie die Schlüsselwörter LIKE und NOT LIKE zum Vergleich.

Mit der folgenden Abfrage erhalten Sie alle Pflanzen, deren Name beere enthält:

```
SELECT *
FROM pflanzen
WHERE name LIKE '%beere%';
```

Sie können in MySQL nach Übereinstimmungen auch mithilfe von regulären Ausdrücken suchen.[4]

Prinzipiell ist die Suche mit LIKE aber ineffektiv – besser ist eine Volltextsuche.[5]

Mehrere Bedingungen können durch AND oder OR verknüpft werden. Über folgenden Befehl erhält man alle Pflanzen, deren Name beere *oder* ahorn beinhaltet:

```
SELECT *
FROM pflanzen
WHERE name LIKE '%beere%'
OR name LIKE '%ahorn%';
```

pfl_id	name	beschreibung	preis
1	Feldahorn	strauchartig, unter günstigen Bedingungen als Baum mit Höhen zwischen 10 und 15 Metern	7.00
5	Kahle Apfelbeere	Wildobst für viele Standorte	5.50
7	Büffelbeere	Gattung der Ölweidengewächse	2.00

Abb. 10–21   *Alle Pflanzen mit beere oder ahorn im Namen*

Bei AND müssen beide Bedingungen zutreffen. Im folgenden Beispiel muss der Name beere beinhalten *und* der Preis muss kleiner als 4 sein:

```
SELECT *
FROM pflanzen
WHERE name LIKE '%beere%'
AND preis < 4;
```

pfl_id	name	beschreibung	preis
7	Büffelbeere	Gattung der Ölweidengewächse	2.00

Abb. 10–22   *Nur Pflanzen mit beere im Namen, die weniger als 4 kosten*

---

4.   Mehr hierzu finden Sie im MySQL-Manual unter
     http://dev.mysql.com/doc/refman/en/pattern-matching.html.
5.   Mehr Informationen zur Volltextsuche finden Sie unter
     http://dev.mysql.com/doc/refman/ en/fulltext-search.html.

Um Vergleiche mit mehreren Werten durchzuführen, können Sie auch IN benutzen. Anstelle von

```
SELECT *
FROM pflanzen
WHERE pfl_id = 1 OR pfl_id = 2 OR pfl_id = 3;
```

schreiben Sie kürzer Folgendes:

```
SELECT *
FROM pflanzen
WHERE pfl_id IN (1, 2, 3);
```

pfl_id	name	beschreibung	preis
1	Feldahorn	strauchartig, unter günstigen Bedingungen als Baum mit Höhen zwischen 10 und 15 Metern	7.00
2	Warzenbirke	sommergrüne Laubbaum-Art aus der Gattung der Birken	8.50
3	Pfeifenwinde	große, dachziegelartig übereinander liegenden Blätter	11.00

Abb. 10–23   *Die Pflanzen mit pfl_id IN (1, 2, 3)*

Bei mehreren Bedingungen können Sie mit Klammern die Reihenfolge der Abarbeitung festlegen.

10.9.3   Datensätze zählen

Um zu ermitteln, wie viele Datensätze es sind, benutzen Sie COUNT(*):

```
SELECT COUNT(*)
FROM pflanzen;
```

Abb. 10–24   *Das Ergebnis der Zählung mit COUNT(*)*

Die Spaltenüberschrift können Sie durch AS und einen anderen Namen ändern:

```
SELECT COUNT(*) AS gesamt
FROM pflanzen;
```

Abb. 10–25   *So ist's lesbarer – hier wurde eine andere Spaltenüberschrift mit AS angegeben.*

AS zur Angabe eines anderen Spaltennamens funktioniert selbstverständlich nicht nur bei COUNT(*), sondern bei allen Spaltennamen, und Sie können es auch benutzen, um einen Alias bei einer Tabelle anzugeben.

Es gibt viele nützliche Funktionen, die MySQL Ihnen zur Verfügung stellt. Zum Beispiel können Sie mit MAX() in unserem Beispiel schnell ermitteln, was der höchste Preis einer Pflanze ist; entsprechend ermittelt MIN() den niedrigsten und AVG() den durchschnittlichen Preis bei unseren Pflanzen:

```
SELECT MIN(preis) AS MinPreis, MAX(preis) AS MaxPreis, AVG(preis) AS MittelPreis
FROM pflanzen;
```

MinPreis	MaxPreis	MittelPreis
2.00	11.00	6.666667

Abb. 10–26   *Preisstruktur der pflanzen-Tabelle*

Diese Funktionen werden normalerweise in Kombination mit GROUP BY-Klauseln benutzt (siehe Abschnitt 10.10.1). Wenn GROUP BY nicht angegeben ist wie im Beispiel hier, werden alle Datensätze gruppiert.

> Eine Übersicht über die MySQL-Funktionen finden Sie im MySQL-Manual unter *http://dev.mysql.com/doc/refman/en/functions.html*.

SELECT dient nicht nur dazu, Daten aus einer Tabelle auszulesen. Sie können es auch benutzen, um sich bestimmte Informationen anzeigen zu lassen oder beispielsweise Berechnungen durchzuführen. So geben Sie die Version von MySQL aus:

```
SELECT VERSION();
```

Über die folgende Anweisung ermitteln Sie das aktuelle Datum inklusive Uhrzeit:

```
SELECT NOW();
```

Und mit curtime() erhalten Sie die aktuelle Uhrzeit:

Abb. 10–27   *Beispielergebnis für SELECT CURTIME() in phpMyAdmin*

Sie können aber auch Berechnungen durchführen und MySQL als Taschenrechner nutzen:

```
SELECT 14 * 15;
```

gibt 210 aus.

Führen Sie folgende Abfragen anhand Ihrer Tabellen durch:

- Geben Sie alle Namen und Orte der Kunden aus, die in einem Ort wohnen, der mit M oder einem der davor stehenden Buchstaben im Alphabet beginnt.
- Suchen Sie nach allen Pizzen, bei denen Sie noch keinen Preis spezifiziert haben.
- Suchen Sie nach Pizzen, die mehr als 5 und weniger als 8 kosten.
- Zählen Sie, wie viele Kunden der Pizzaservice zurzeit hat.

10.10   Mit mehreren Tabellen arbeiten

Nehmen wir einmal an, wir möchten unsere Informationen zu den Pflanzen noch durch die Angabe der jeweiligen Lieferanten ergänzen. Von den Lieferanten selbst benötigen wir Name, Straße, PLZ und Ort.

In einem ersten Ansatz könnte man diese Information wie folgt in der Tabelle unterbringen:

pfl_id	name	beschreibung	preis	firma	strasse	plz	ort
1	Feldahorn	strauchartig, unter günstigen Bedingungen als Baum mit Höhen zwischen 10 und 15 Metern	7	Gärtnerbedarf Müller	Dorfstraße 8	12345	Dorfen
2	Warzenbirke	sommergrüne Laubbaum-Art aus der Gattung der Birken	8,5	Grünes Allerlei	Stadtstraße 9	54321	Stadt
3	Pfeifenwinde	große, dachziegelartig übereinanderliegende Blätter	11	Grünes Allerlei	Stadtstraße 9	54321	Stadt
4	Filigranfarn	feine mehrfachgefiederte Wedel	4	Grüner Finger	Am Waldrand	22333	Wald
5	Kahle Apfelbeere	Wildobst für viele Standorte	5	Grüner Finger	Am Waldrand	22333	Wald
6	Essigrose	kultivierte, robuste Rosenart	11	Gärtnerbedarf Müller	Dorfstraße 8	12345	Dorfen
7	Büffelbeere	Gattung der Ölweidengewächse	2	Gärtnerbedarf Müller	Dorfstraße 8	12345	Dorfen
8	Hopfenbuche	Pflanzengattung aus der Familie der Birkengewächse	6	Grüner Finger	Am Waldrand	22333	Wald
9	Baumwürger	schöne Früchte	5	Grüner Finger	Am Waldrand	22333	Wald

Tab. 10–7   *Pflanzentabelle mit (redundanten) Daten der Lieferanten*

Dies ist jedoch unpraktisch, weil die Informationen zu den Lieferanten *redundant* abgespeichert werden. Es kann passieren, dass die Adressen nicht konsistent eingegeben werden. Besonders deutlich zeigt sich der Nachteil dieser Lösung, wenn sich beispielsweise die Adresse der Firma *Grüner Finger* ändert: Dann muss die Adresse in mehreren Zeilen angepasst werden. Das ist fehleranfällig und kann zu Inkonsistenzen führen. Außerdem benötigt diese Art der Speicherung mehr Speicherplatz; das Durchsuchen und Analysieren der Daten ist mühsamer.

Besser ist es, die Informationen zu den Lieferanten in einer eigenen Tabelle unterzubringen und die Lieferanten mit einer ID zu versehen. Dann genügt es, die ID des jeweiligen Lieferanten bei jedem Datensatz der pflanzen-Tabelle unterzubringen.

> Die richtige Darstellung von Daten und ihre Aufteilung auf Tabellen wird über sogenannte Normalformen beschrieben; den Vorgang selbst nennt man *Normalisierung*. Mehr Informationen dazu unter *http://de.wikipedia.org/wiki/Normalisierung_(Datenbank)*.

Das heißt, Sie brauchen eine weitere Tabelle namens lieferanten mit 5 Feldern.

Abb. 10–28   *Die neue Tabelle lieferanten hat 5 Felder.*

Folgende Angaben werden für die Felder gewählt:

- liefer_id ist vom Typ INT, hat das Attribut UNSIGNED, den Index Primary und soll automatisch hochgezählt werden (A_I).

- firma ist vom Typ VARCHAR und hat eine Länge von 50.

- strasse ist vom Typ VARCHAR mit einer Länge von 50, und NULL ist erlaubt.

- plz ist ebenfalls vom Typ VARCHAR, aber mit einer Länge von 5, und NULL ist erlaubt.

- ort ist auch vom Typ VARCHAR mit einer Länge von 50, und NULL ist erlaubt.

Wahlweise können Sie auch den folgenden MySQL-Befehl zum Erstellen der Tabelle eingeben:

```
CREATE TABLE lieferanten (
liefer_id INT UNSIGNED NOT NULL AUTO_INCREMENT PRIMARY KEY ,
firma VARCHAR( 50 ) NOT NULL ,
strasse VARCHAR( 50 ) NULL ,
plz VARCHAR( 5 ) NULL ,
ort VARCHAR( 50 ) NULL
) ENGINE = InnoDB ;
```

Listing 10–3   *Der SQL-Code zum Erstellen der Lieferantentabelle (tabelle_lieferantenstruktur.sql)*

Sie sehen, für die `liefer_id` wird `INT` als Typ gewählt, für die anderen Felder `VAR-CHAR`. Auch für `plz`, die Postleitzahl, ist `VARCHAR` der richtige Typ, denn mit Postleitzahlen führt man keine Berechnungen durch, und außerdem gibt es Postleitzahlen, die mit 0 beginnen. Zwar könnte man auch bei Zahlen festlegen, dass sie mit 0 aufgefüllt werden, aber einfacher ist es, `VARCHAR` als Typ zu wählen.

Dann müssen noch die folgenden Daten eingetragen werden. Dies können Sie wieder über das Eingabeformular von phpMyAdmin machen, das Sie über *Einfügen* erreichen. Oder Sie geben den folgenden MySQL-Befehl ein:

```
INSERT INTO lieferanten (firma, strasse, plz, ort)
VALUES ('Gärtnerbedarf Müller', 'Dorfstraße 8', '12345', 'Dorfen'),
('Grünes Allerlei', 'Stadtstraße 9', '54321', 'Stadt'),
('Grüner Finger', 'Am Waldrand', '22333', 'Wald');
```

Listing 10–4   *Die Daten für die Lieferantentabelle (tabelle_lieferantenstruktur.sql)*

Sie sehen im Beispiel, dass nicht alle Felder aufgezählt wurden – das Feld `liefer_id`, das ja über einen Autoinkrement-Wert von MySQL gefüllt wird, wird nicht aufgeführt. Die andere Möglichkeit, es aufzuführen, aber dann `NULL` als Wert zu bestimmen, haben Sie in Abschnitt 10.6 gesehen.

liefer_id	firma	strasse	plz	ort
1	Gärtnerbedarf Müller	Dorfstraße 8	12345	Dorfen
2	Grünes Allerlei	Stadtstraße 9	54321	Stadt
3	Grüner Finger	Am Waldrand	22333	Wald

Abb. 10–29   *Die Tabelle mit den Lieferanten*

Jetzt stehen beide Tabellen, aber es fehlt noch die Verknüpfung zwischen diesen. Hierfür benötigen wir eine weitere Spalte in der Tabelle `pflanzen`, in die wir die ID des Lieferanten eintragen, der die jeweilige Pflanze anbietet.

Um die Tabelle `pflanzen` per phpMyAdmin zu ändern, wählen Sie sie aus und lassen sich die Struktur anzeigen.

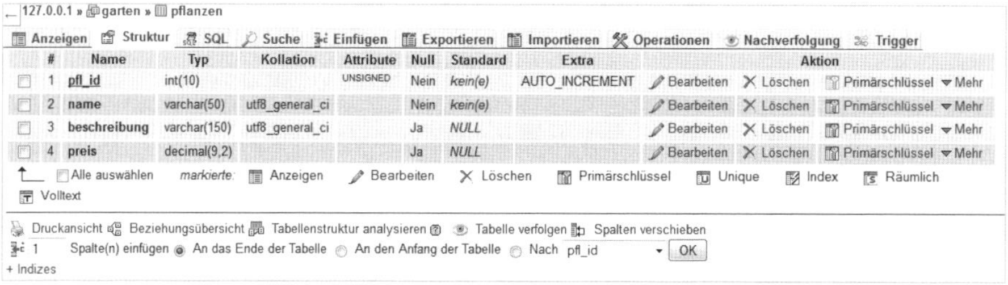

Abb. 10–30   *Die Struktur der Pflanzentabelle*

Unter der Tabelle mit der Struktur erscheint *1 Spalte(n) einfügen*. Außerdem lässt sich noch bestimmen, an welcher Stelle das neue Feld erscheinen soll. Die Voreinstellung *An das Ende der Tabelle* ist im Beispiel eine gute Wahl. Klicken Sie dann auf *OK*.

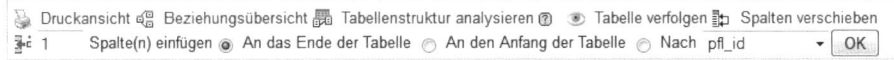

Abb. 10–31   *Über phpMyAdmin können Sie ein weiteres Feld in der Tabelle pflanzen ergänzen.*

Nennen Sie das neue Feld `liefer_id`. Es ist vom Typ `INT`, `UNSIGNED`, und als Default
können Sie `NULL` vorgeben. Über *Speichern* wird die Änderung der Tabelle `pflan-`
`zen` ausgeführt. Wieder sehen Sie den zugehörigen MySQL-Befehl:

```
ALTER TABLE `pflanzen` ADD `liefer_id` INT UNSIGNED NULL ;
```

Listing 10–5   *Der Befehl zum Einfügen eines Felds (tabelle_pflanzen_aendern.sql)*

Zum Ändern einer Tabelle dient der Befehl `ALTER TABLE`, dann folgt der Tabellenname. Über `ADD` wird ein Feld hinzugefügt. Weitere Optionen für `ALTER TABLE` finden Sie wieder im MySQL-Manual[6].

Wenn die neue Spalte in der Tabelle *pflanzen* ergänzt ist, können Sie sie mit
den entsprechenden IDs der Lieferantentabelle füllen.

Lassen Sie sich zuerst die Inhalte von *pflanzen* anzeigen. Jetzt können Sie die
einzelnen Datensätze auswählen und über das Stift-Symbol bearbeiten.

Der MySQL-Befehl, den Sie zur Eintragung der `liefer_id` bei einem Datensatz brauchen, wird wieder angezeigt und lautet:

```
UPDATE `garten`.`pflanzen` SET `liefer_id` = '1' WHERE `pflanzen`.`pfl_id` =1
LIMIT 1 ;
```

Ohne Backticks lässt er sich auch so schreiben:

```
UPDATE pflanzen SET liefer_id = '1' WHERE pflanzen.pfl_id =1 LIMIT 1;
```

Um alle Datensätze auf einmal zu bearbeiten, wählen Sie alle Datensätze über
Alle auswählen aus und klicken dann auf *Bearbeiten* hinter *markierte*.

Abb. 10–32   *Über phpMyAdmin lassen sich schnell auch mehrere oder sogar alle Datensätze auf einmal*
bearbeiten.

Den vollständigen Code zum Eintragen der `liefer_id` in der Pflanzentabelle finden Sie
auch als Listing unter dem Namen *tabelle_pflanzen_lieferid_eintragen.sql*.

---

6.   *http://dev.mysql.com/doc/refman/en/alter-table.html*

pfl_id	name	beschreibung	preis	liefer_id
1	Feldahorn	strauchartig, unter günstigen Bedingungen als Baum mit Höhen zwischen 10 und 15 Metern	7.00	1
2	Warzenbirke	sommergrüne Laubbaum-Art aus der Gattung der Birken	8.50	2
3	Pfeifenwinde	große, dachziegelartig übereinander liegenden Blätter	11.00	2
4	Filigranfarn	feine mehrfachgefiederte Wedel	4.00	3
5	Kahle Apfelbeere	Wildobst für viele Standorte	5.50	3
6	Essigrose	NULL	11.00	1
7	Büffelbeere	Gattung der Ölweidengewächse	2.00	1
8	Hopfenbuche	Pflanzengattung aus der Familie der Birkengewächse	6.00	3
9	Baumwürger	schöne Früchte	5.00	3

Abb. 10–33   *Die IDs der Lieferanten sind jetzt den einzelnen Pflanzen zugeordnet.*

Wenn man mit mehreren Tabellen arbeitet, so stehen diese in bestimmten Relationen zueinander. Es gibt drei Typen von Relationen:

- *1:1* bedeutet, dass jeder Datensatz der einen Tabelle genau mit einem Datensatz der anderen Tabelle verknüpft ist; dieser Fall ist recht selten.

- *1:n* bedeutet, dass ein Datensatz der einen Tabelle mit mehreren Datensätzen der zweiten Tabelle verknüpft ist. Das ist der Fall, den wir hier haben: Ein Lieferant kann mehrere Pflanzen liefern. Umgekehrt wird jede Pflanze aber nur von genau einem Lieferanten geliefert.

- *n:m* bedeutet, dass ein Datensatz der einen Tabelle mit mehreren Datensätzen der zweiten Tabelle verknüpft ist und umgekehrt. Diesen Fall werden Sie in der nächsten Übung haben, wenn Sie eine weitere Tabelle für die Bestellungen erstellen.

Um jetzt zu jeder Pflanze den Firmennamen des Lieferanten anzeigen zu lassen, muss man beide Tabellen verknüpfen.

Bei FROM können Sie beide Tabellen angeben, und außerdem müssen Sie bei WHERE spezifizieren, über welches Feld die beiden Tabellen verknüpft werden sollen:

```
SELECT name, firma
FROM pflanzen, lieferanten
WHERE pflanzen.liefer_id = lieferanten.liefer_id;
```

Da die Spalte liefer_id in beiden Tabellen existiert, müssen Sie in der WHERE-Klausel zusätzlich vor dem Spaltennamen mit einem Punkt den Namen der Tabelle angeben.

name	firma
Feldahorn	Gärtnerbedarf Müller
Warzenbirke	Grünes Allerlei
Pfeifenwinde	Grünes Allerlei
Filigranfarn	Grüner Finger
Kahle Apfelbeere	Grüner Finger
Essigrose	Gärtnerbedarf Müller
Büffelbeere	Gärtnerbedarf Müller
Hopfenbuche	Grüner Finger
Baumwürger	Grüner Finger

Abb. 10–34   *Verknüpfte Tabellen: Zu allen Pflanzen wird der Firmenname des Lieferanten angezeigt.*

Dieses SELECT lässt sich auch über eine alternative Syntax schreiben – über einen sogenannten INNER JOIN:

```
SELECT name, firma
FROM pflanzen
INNER JOIN lieferanten
ON pflanzen.liefer_id = lieferanten.liefer_id;
```

Kreuzprodukt

name	firma
Feldahorn	Gärtnerbedarf Müller
Feldahorn	Grünes Allerlei
Feldahorn	Grüner Finger
Warzenbirke	Gärtnerbedarf Müller
Warzenbirke	Grünes Allerlei
Warzenbirke	Grüner Finger
Pfeifenwinde	Gärtnerbedarf Müller
Pfeifenwinde	Grünes Allerlei
Pfeifenwinde	Grüner Finger
Filigranfarn	Gärtnerbedarf Müller
Filigranfarn	Grünes Allerlei
Filigranfarn	Grüner Finger
Kahle Apfelbeere	Gärtnerbedarf Müller
Kahle Apfelbeere	Grünes Allerlei
Kahle Apfelbeere	Grüner Finger
Essigrose	Gärtnerbedarf Müller
Essigrose	Grünes Allerlei
Essigrose	Grüner Finger
Büffelbeere	Gärtnerbedarf Müller
Büffelbeere	Grünes Allerlei
Büffelbeere	Grüner Finger
Hopfenbuche	Gärtnerbedarf Müller
Hopfenbuche	Grünes Allerlei
Hopfenbuche	Grüner Finger
Baumwürger	Gärtnerbedarf Müller
Baumwürger	Grünes Allerlei
Baumwürger	Grüner Finger

Abb. 10–35   *Kreuzprodukt – alle möglichen Kombinationen*

Wenn Sie nicht angeben, wie zwei oder mehr Tabellen verknüpft werden sollen, erhalten Sie das *Kreuzprodukt* (kartesisches Produkt). Das bedeutet, dass jeder Datensatz der ersten Tabelle mit jedem Datensatz der zweiten Tabelle verknüpft wird. Das ist meistens kein erwünschtes Ergebnis.

```
SELECT name, firma
FROM pflanzen, lieferanten;
```

Fremdschlüssel definieren

Sie haben im Beispiel gesehen, wie Tabellen verknüpft werden. Das Feld `liefer_id` ist der Primärschlüssel in der Tabelle `lieferanten` und der Fremdschlüssel in der Tabelle `pflanzen`. Was passiert jetzt aber, wenn ein Lieferant gelöscht wird? Dann kann es sein, dass in der `pflanzen`-Tabelle noch ein Datensatz weiterexistiert, der auf diesen Lieferanten verweist. Darum, dass Daten nicht inkonsistent werden, müssen Sie sich beim Tabellentyp MyISAM selbst kümmern. Beim InnoDB-Tabellentyp können Sie über sogenannte *FOREIGN KEY Constraints* definieren, was in den einzelnen Fällen passieren soll.[7]

Hierfür sind mehrere Schritte notwendig: Zuerst müssen wir innerhalb der Tabelle `pflanzen` `liefer_id` zu einem Index machen. Innerhalb von phpMyAdmin können Sie dafür bei der Strukturansicht der Tabelle hinter der Spalte `liefer_id` auf *Index* klicken. Alternativ dazu führen Sie den folgenden Befehl aus:

```
ALTER TABLE `pflanzen` ADD INDEX(`liefer_id`);
```

Nun müssen wir die Beziehung definieren. Dafür klicken Sie auf *Beziehungsansicht* und definieren die Beziehung zwischen Feldern, das heißt welche zusammengehören. Außerdem können Sie festlegen, was bei einem DELETE oder einem UPDATE-Vorgang passieren soll. Im Beispiel legen wir fest, dass in den Spalten der Tabelle `pflanzen` bei `lieferanten_id` an dieser Stelle NULL angegeben wird, wenn Sie einen Lieferanten löschen.

Abb. 10–36   *Constraint definieren*

Alternativ geht es auch über diesen MySQL-Code:

```
ALTER TABLE `pflanzen` ADD CONSTRAINT `lieferantenconstraint` FOREIGN KEY
(`liefer_id`) REFERENCES `lieferanten`(`liefer_id`) ON DELETE SET NULL ON
UPDATE SET NULL;
```

Wenn Sie einen Lieferanten löschen, sehen Sie an der entsprechenden Stelle bei der `liefer_id` den Wert NULL. Im Beispiel wurde der dritte Lieferant gelöscht.

---

7.   *http://dev.mysql.com/doc/refman/en/innodb-foreign-key-constraints.html*

pfl_id	name	beschreibung	preis	liefer_id
1	Feldahorn	strauchartig, unter günstigen Bedingungen als Baum...	7.00	1
2	Warzenbirke	sommergrüne Laubbaum-Art aus der Gattung der Birke...	8.50	2
3	Pfeifenwinde	große, dachziegelartig übereinander liegenden Blät...	11.00	2
4	Filigranfarn	feine mehrfachgefiederte Wedel	4.00	NULL
5	Kahle Apfelbeere	Wildobst für viele Standorte	5.50	NULL
6	Essigrose	NULL	11.00	1
7	Büffelbeere	Gattung der Ölweidengewächse	2.00	1
8	Hopfenbuche	Pflanzengattung aus der Familie der Birkengewächse	6.00	NULL
9	Baumwürger	schöne Früchte	5.00	NULL

Abb. 10–37   *Nach Löschung des dritten Lieferanten steht in den entsprechenden Spalten NULL.*

Für die nun folgenden Beispiele sollten Sie aber wieder mit den ursprünglichen Daten (3 Lieferanten) arbeiten. Sie können ja jederzeit die Tabellen löschen und dann die Erstellung der Tabellen über den SQL-Code neu vornehmen. Dafür müssen Sie allerdings – der Fremdschlüsseldefinition wegen – zuerst die pflanzen-Tabelle löschen, bevor Sie die lieferanten löschen.

10.10.1   Weitere Beispiele für Abfragen über mehrere Tabellen

Sie haben gesehen, dass man Tabellen über einen INNER JOIN verknüpfen kann. Neben dem INNER JOIN werden Sie mitunter noch den LEFT JOIN und den RIGHT JOIN brauchen. Um deren Funktion zu sehen, sollten wir die Tabelle einmal modifizieren. Es kann ja jetzt sein, dass wir in der pflanzen-Tabelle eine Pflanze haben, für die noch kein Lieferant feststeht. Umgekehrt kann es auch einen Lieferanten geben, der derzeit noch keine Pflanzen liefert.

Ein neuer Lieferant wird eingefügt:

```
INSERT INTO lieferanten (liefer_id, firma, strasse, plz, ort)
VALUES (NULL, 'Gartenhandel Miu', 'Büchnerstraße 7', '12300',
'Unteroberübermoos');
```

Listing 10–6   *Ein weiterer Lieferant wird ergänzt (tabelle_lieferant_lieferantergaenzen.sql).*

Und ändern wir die Pflanzentabelle einmal so ab, dass beim Baumwürger kein Lieferant angegeben ist:

```
UPDATE pflanzen SET liefer_id = NULL WHERE pfl_id = 9;
```

Übrigens können Sie sich über SELECT LAST_INSERT_ID(); den zuletzt in die ID-Spalte eingefügten Autoinkrement-Wert ausgeben lassen.

Wenn Sie jetzt noch einmal zu allen Pflanzen die Lieferantennamen anzeigen lassen:

```
SELECT name, firma
FROM pflanzen, lieferanten
WHERE pflanzen.liefer_id = lieferanten.liefer_id;
```

ist das Ergebnis so wie in Abbildung 10–38 gezeigt.

name	firma
Feldahorn	Gärtnerbedarf Müller
Essigrose	Gärtnerbedarf Müller
Büffelbeere	Gärtnerbedarf Müller
Warzenbirke	Grünes Allerlei
Pfeifenwinde	Grünes Allerlei
Filigranfarn	Grüner Finger
Kahle Apfelbeere	Grüner Finger
Hopfenbuche	Grüner Finger

Abb. 10–38   *Das Ergebnis – die Pflanze ohne Lieferant taucht nicht auf.*

Auch ein INNER JOIN liefert dieses Ergebnis: Sie sehen nur Pflanzen, zu denen es Lieferanten gibt, und ebenso nur Lieferanten, die auch eine Pflanze liefern. Sollen jetzt *wirklich alle* Pflanzen mit ihren Lieferanten angezeigt werden – also auch diejenigen, für die es keinen Lieferanten gibt – können Sie LEFT JOIN benutzen:

```
SELECT name, firma
FROM pflanzen
LEFT JOIN lieferanten
ON pflanzen.liefer_id - lieferanten.liefer_id,
```

LEFT JOIN liefert von der links stehenden Tabelle (hier steht sie eigentlich nicht links, sondern davor) alle Datensätze. Das heißt: Jetzt wird die Pflanze ohne Lieferant, der Baumwürger, auch mit aufgeführt.

name	firma
Feldahorn	Gärtnerbedarf Müller
Essigrose	Gärtnerbedarf Müller
Büffelbeere	Gärtnerbedarf Müller
Warzenbirke	Grünes Allerlei
Pfeifenwinde	Grünes Allerlei
Filigranfarn	Grüner Finger
Kahle Apfelbeere	Grüner Finger
Hopfenbuche	Grüner Finger
Baumwürger	NULL

Abb. 10–39   *Jetzt werden alle Pflanzen angezeigt.*

Ändern Sie das LEFT JOIN in ein RIGHT JOIN, erhalten Sie alle Datensätze der rechts stehenden Tabelle, das heißt alle Lieferanten, auch wenn sie noch keine Pflanzen liefern.

```
SELECT name, firma
FROM pflanzen
RIGHT JOIN lieferanten
ON pflanzen.liefer_id = lieferanten.liefer_id;
```

name	firma
Feldahorn	Gärtnerbedarf Müller
Warzenbirke	Grünes Allerlei
Pfeifenwinde	Grünes Allerlei
Filigranfarn	Grüner Finger
Kahle Apfelbeere	Grüner Finger
Essigrose	Gärtnerbedarf Müller
Büffelbeere	Gärtnerbedarf Müller
Hopfenbuche	Grüner Finger
NULL	Gartenhandel Miu

Abb. 10–40   *Dieses Mal sind alle Lieferanten aufgeführt.*

Selbstverständlich hätten Sie dieses Ergebnis auch durch ein LEFT JOIN mit vertauschten Tabellen erreicht:

```
SELECT name, firma
FROM lieferanten
LEFT JOIN pflanzen
ON pflanzen.liefer_id = lieferanten.liefer_id;
```

Da die Namen der Spalten, über die die beiden Tabellen verknüpft werden, identisch sind, können Sie anstelle von ON pflanzen.liefer_id = lieferanten.liefer_id auch USING (liefer_id) benutzen:

```
SELECT name, firma
FROM pflanzen
RIGHT JOIN lieferanten
USING (liefer_id);
```

Ebenfalls sehr nützlich ist die GROUP BY-Klausel. Um zu ermitteln, wie viele Pflanzen die einzelnen Lieferanten liefern, müssen wir die Inhalte gruppieren:

```
SELECT liefer_id, COUNT(*)
FROM pflanzen
GROUP BY liefer_id;
```

liefer_id	COUNT(*)
NULL	1
1	3
2	2
3	3

Abb. 10–41   *Wie viele Pflanzen liefern die Lieferanten jeweils?*

Durch GROUP BY liefer_id erreichen wir, dass gleiche Lieferanten-IDs zusammengefasst werden.

Soll der Firmenname anstelle der Lieferanten-ID angezeigt werden, müssen die Tabellen wieder verknüpft werden:

```
SELECT firma, COUNT(*) AS Anzahl
FROM pflanzen, lieferanten
WHERE pflanzen.liefer_id = lieferanten.liefer_id
GROUP BY pflanzen.liefer_id;
```

firma	Anzahl
Gärtnerbedarf Müller	3
Grünes Allerlei	2
Grüner Finger	3

Abb. 10–42　　*Name des Lieferanten mit der Anzahl an Pflanzen, die er liefert*

Jetzt werden aber natürlich wieder nur die Datensätze berücksichtigt, die sich durch die liefer_id verknüpfen lassen.

Mit HAVING können Sie dann noch eine Bedingung formulieren, so werden durch folgende Abfrage nur die Lieferanten ausgegeben, die mehr als 2 Pflanzen liefern:

```
SELECT firma, COUNT(*) AS Anzahl
FROM pflanzen, lieferanten
WHERE pflanzen.liefer_id = lieferanten.liefer_id
GROUP BY pflanzen.liefer_id
HAVING Anzahl > 2;
```

firma	Anzahl
Gärtnerbedarf Müller	3
Grüner Finger	3

Abb. 10–43　　*: Nur die Lieferanten, die mehr als 2 Pflanzen liefern*

Übung 4

- Erstellen Sie eine weitere Tabelle namens bestellungen. Sie verwaltet die Bestellungen. In der Tabelle sind die kundenid, die id der bestellten Pizza, die Anzahl und das Datum gespeichert.
- Befüllen Sie die Tabelle mit ein paar Beispieldatensätzen.

Übung 5

- Lassen Sie einmal die Anzahl der Bestellungen, das Datum und die Pizzasorte auslesen.
- Im nächsten Schritt soll zusätzlich der Name des Kunden ausgegeben werden. Dafür müssen Sie drei Tabellen verknüpfen.
- Schreiben Sie den letzten Befehl mit einem INNER JOIN.
- Ermitteln Sie, wie viele Kunden es pro Ort gibt – hierfür müssen Sie übrigens keine Tabellen verknüpfen.

10.11 Inhalte exportieren und importieren

Häufig werden Sie Ihre Webprojekte lokal entwickeln und testen. Im letzten Schritt geht es dann daran, diese auf den Webspace beim Provider zu laden. Bei den PHP-Skripten ist das so weit kein Problem, denn diese laden Sie per FTP hoch. Aber was ist mit der Datenbank? Da funktioniert das anders.

Ihre Datenbank können Sie über phpMyAdmin exportieren. Wählen Sie zuerst einmal oben in der horizontalen Leiste die Datenbank aus.

Abb. 10–44   Die Datenbank wird oben durch Klick auf den Namen gewählt.

Wenn Sie hingegen oben eine einzelne Tabelle ausgewählt haben, wird nur diese Tabelle exportiert.

Klicken Sie dann auf den Menüpunkt *Exportieren*.

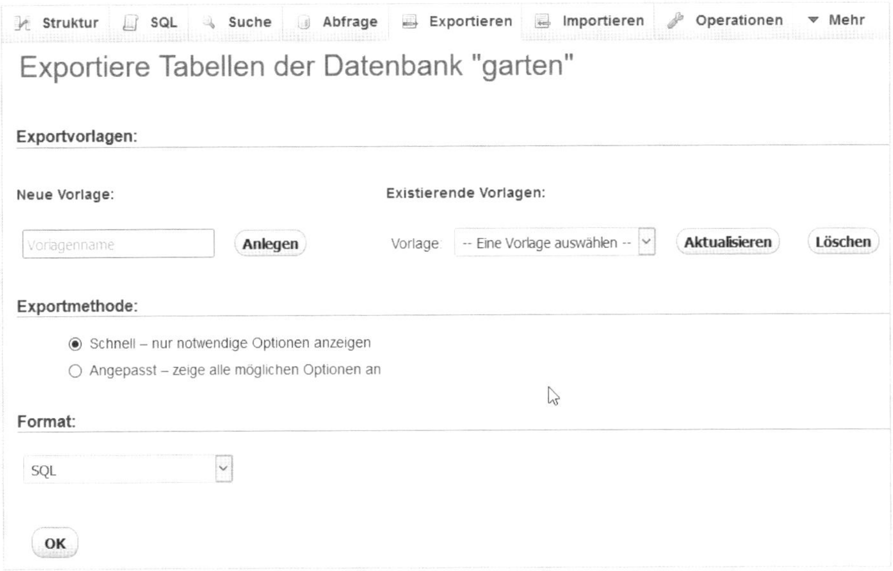

Abb. 10–45   Exportieren wählen in phpMyAdmin

Im ersten Bildschirm sehen Sie die Optionen für den schnellen Export: Bei diesem können Sie nur aus einer Auswahlliste das Format für den Export bestimmen. Weitere Optionen erhalten Sie, wenn Sie auf *Angepasst – zeige alle möglichen Optionen an* klicken (siehe Abb. 10–45).

Im Normalfall werden die Standardeinstellungen, die beim schnellen Export voreingestellt sind, eine gute Wahl sein. Ansonsten haben Sie hier weitere nützliche Optionen:

Wenn Sie bei Format *SQL* wählen, erhalten Sie eine Datei mit allen SQL-Befehlen, die für das Erstellen bzw. Befüllen der Datenbank notwendig sind. Ein weiteres nützliches Format ist CSV (Comma-separated Values) oder *CSV für Excel*, wenn Sie die Daten in Excel weiterbearbeiten möchten.

Tabellen: Hier können Sie festlegen, welche Tabellen und ob jeweils nur die Struktur oder nur die Daten oder beides exportiert werden soll.

Ausgabe legt beispielsweise die Zeichencodierung fest. Außerdem können Sie bestimmen, ob die Ausgabe in eine Datei erfolgen oder direkt angezeigt werden soll.

Bei den *Formatspezifischen Optionen* weiter unten können Sie beispielsweise die Fremdschlüsselprüfung deaktivieren oder auch die Kompatibilität zu älteren MySQL-Versionen erhöhen.

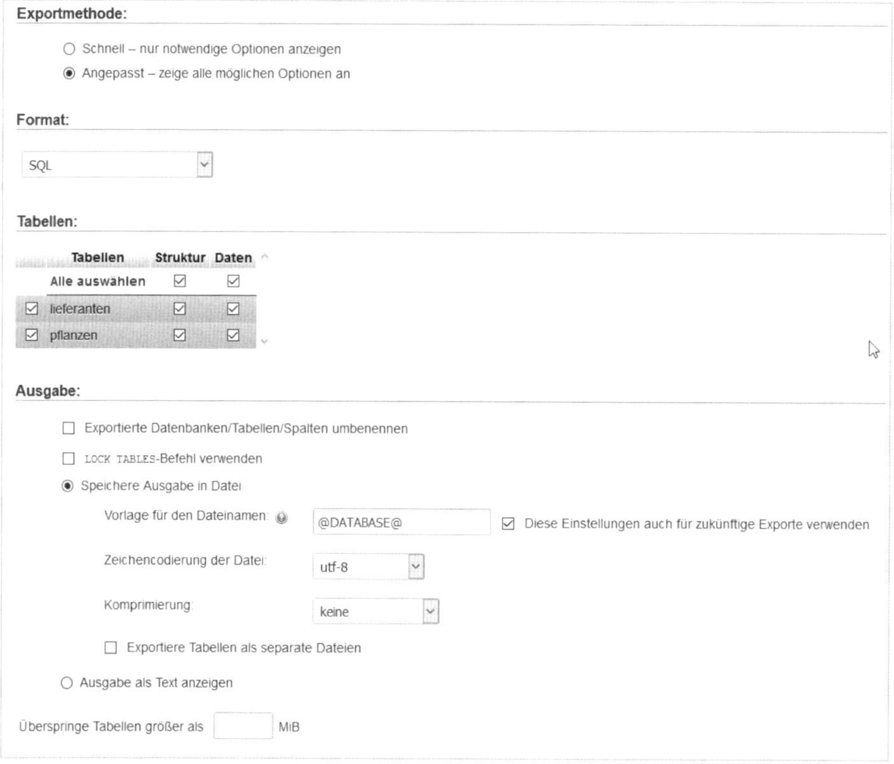

Abb. 10–46   *Jetzt gibt es wesentlich mehr Exportoptionen.*

Objekterstellungsoptionen: Hier bestimmen Sie etwa, ob bei der Definition von Tabellen IF NOT EXISTS hinzugefügt wird, was eine Fehlermeldung bei bereits vorhandenen gleichnamigen Tabellen verhindert. Außerdem können Sie *Tabellen- und Feldnamen in Backticks einschließen* deaktivieren, wenn Sie sicher sind, dass Sie keine geschützten Namen für Tabellen usw. benutzt haben.

Ein Klick auf *OK*, und die Datei wird erzeugt, und Sie können sie speichern.

Dann können Sie die Tabellendefinition und die Daten auf dem Zielsystem wieder importieren. Zuerst benötigen Sie eine Datenbank. Rufen Sie diese in php-MyAdmin auf, oder erstellen Sie eine nach Bedarf. Klicken Sie dann auf *Importieren* und wählen Sie die Datei aus. Als Typ geben Sie *SQL* an.

Beim Exportieren oder Importieren von sehr großen Tabellen kann es Probleme geben, wenn der Import-/Export-Vorgang länger dauert, als PHP-Skripten Zeit zur Ausführung gelassen wird. Verantwortlich dafür ist die Einstellung max_execution_time in der *php.ini*-Datei. Wenn Sie auf die Konfiguration Zugriff haben, können Sie den Wert heraufsetzen. Ansonsten sollten Sie die zu importierenden/exportierenden Daten portionieren, das heißt in kleinere Häppchen aufteilen.

10.12   Zusammenfassung

MySQL im Schnellverfahren – das Wichtigste haben Sie in diesem Kapitel erfahren. Sie haben gesehen, dass Sie MySQL-Befehle direkt eingeben oder auch das nützliche Tool phpMyAdmin dafür nutzen können.

Am Anfang müssen Sie immer eine Datenbank erstellen. Innerhalb der Datenbank definieren Sie dann Ihre Tabellen. Bei der Erstellung der Tabellen müssen Sie für jede Spalte genau den Typ angeben und weitere Optionen. Die Befehle zum Befüllen der Tabelle mit INSERT sollten Sie sich merken – diese brauchen wir wieder im nächsten Kapitel, genauso auch den Befehl, um einzelne Datensätze zu ändern (UPDATE) oder zu löschen (DELETE). Ganz zentral ist der Befehl, um Datensätze auszuwählen – SELECT. Hier haben Sie gesehen, wie Sie Bedingungen mit WHERE formulieren, sortieren können (ORDER) oder auch die Anzahl einschränken (LIMIT). Zum Schluss haben Sie erfahren, wie Sie Tabellen verknüpfen können und wie Sie Datenbanken exportieren und importieren, was Sie immer brauchen, wenn Sie eine lokal entwickelte Datenbank auf den endgültigen Server übertragen wollen.

Nach diesen MySQL-Grundlagen erfahren Sie im nächsten Kapitel, wie Sie mit PHP auf Ihre MySQL-Tabellen zugreifen.

11 PHP und MySQL

Nachdem Sie im letzten Kapitel wichtige MySQL-Grundlagen gelernt haben, sehen Sie nun, wie Sie mit PHP MySQL-Datenbanken ansprechen, um Daten anzeigen zu lassen, einzufügen, zu verändern oder zu löschen.

Zur Zusammenarbeit zwischen PHP und MySQL steht die MySQLi-API zur Verfügung. Alternativ dazu können Sie auch die datenbankunabhängige API wie PDO nutzen. Sie sehen in diesem Kapitel beides: Zuerst verwenden wir MySQLi für den Datenbankzugriff, danach PDO.

11.1 MySQLi – die verbesserte Erweiterung für MySQL

Zur Zusammenarbeit zwischen PHP und MySQL steht die MySQLi-API zur Verfügung. MySQLi steht für MySQL Improved Extension. Sie erlaubt zwei Arten der Programmierung: prozedural und objektorientiert. Außerdem bietet sie attraktive Features wie Prepared Statements.

> Neben MySQLi begegnet Ihnen vielleicht auch die MySQL-Schnittstelle. Diese ist allerdings seit PHP 5.5 veraltet und seit PHP 7 entfernt.

MySQLi können Sie objektorientiert oder prozedural verwenden. Hier soll die objektorientierte Vorgehensweise gezeigt werden. Ein Beispiel für die prozedurale Programmierweise mit MySQLi finden Sie in Abschnitt 11.8.

Die Schnittstelle MySQLi besteht aus drei Klassen:

- `mysqli` ist für den Verbindungsaufbau zuständig.
- `mysqli_result`-Objekte enthalten das Ergebnis von SELECT-Abfragen.
- `mysqli_stmt` können Sie für vorbereitete Anweisungen (Prepared Statements) benutzen. Mehr dazu in Abschnitt 11.6.

11.1.1   MySQLi verwenden

Mehrere Schritte sind notwendig, um per PHP das Ergebnis einer MySQL-Abfrage auszugeben:

1. Zuerst müssen Sie eine Verbindung zum Datenbankserver erstellen. Diesen Schritt hatten Sie übrigens bei der Verwendung von phpMyAdmin nicht gesehen, da phpMyAdmin ihn für Sie erledigt hat.

2. Außerdem müssen Sie die Datenbank auswählen, auf die Sie zugreifen möchten. Dies kann bei MySQLi aber auch in einem Schritt mit der Verbindung zum Datenbankserver erfolgen.

3. Dann müssen Sie die Abfrage an die Datenbank senden.

4. Als Nächstes muss das Ergebnis abgearbeitet und für die Webseite aufbereitet werden.

5. Am Ende schließen Sie die Verbindung.

Nun setzen wir die einzelnen Schritte per PHP um.

Um die Beispiele in diesem Kapitel nachzuvollziehen, brauchen Sie die Datenbank *garten*, die im letzten Kapitel erstellt und mit zwei Tabellen befüllt wurde. Sie finden den vollständigen Code zur Erstellung der beiden Tabellen auch in der Datei *tabellen_struktur_daten.sql* im Ordner des aktuellen Kapitels bei den Listings dieses Buchs.

Schritt 1 & 2: Verbindung erstellen und Datenbank auswählen

Ein erstes kleines Skript versucht, die Verbindung zum Datenbankserver herzustellen und gibt im Erfolgsfall sowie auch bei Fehlern eine entsprechende Meldung aus:

```
$mysqli = new mysqli("localhost", "root", "geheim", "garten");
if ($mysqli->connect_error) {
  echo "Fehler bei der Verbindung: " . mysqli_connect_error();
  exit();
}
echo "Verbindung hat geklappt";
$mysqli->close();
```

Als Erstes erstellen Sie ein neues Objekt mit `new mysqli()`. In Klammern übergeben Sie zuerst den Namen des Datenbankservers, dann den Benutzernamen, das Passwort und den Namen der Datenbank, auf die Sie zugreifen möchten. Diese Angaben müssen Sie an Ihre Umgebung anpassen.

Meist werden Sie für den Datenbankserver `localhost` wie im Beispiel verwenden. `localhost` steht dabei für das momentan genutzte System. Falls Sie hier etwas anderes bei Ihrem Hoster benutzen müssen, erfahren Sie das von Ihrem Hoster.

Sie erhalten dann ein Objekt zurückgeliefert, das die Verbindung zur Datenbank darstellt. Sie erhalten aber ebenfalls ein Objekt zurück, wenn die Verbindung nicht hergestellt werden konnte. Deswegen wird zur Überprüfung, ob alles geklappt hat, auf die Eigenschaft `connect_error` des `mysqli`-Objekts zurückgegriffen. Dieses beinhaltet eine Beschreibung des letzten Verbindungsfehlers. Ist ein Fehler aufgetreten, wird dieser ausgegeben und das Skript mit `exit()` beendet. Ansonsten erscheint die Meldung »Verbindung hat geklappt«, und die Verbindung wird über die `close()`-Methode geschlossen.

Schritt 3: Abfrage durchführen

Wenn die Verbindung steht, können Sie eine Abfrage durchführen. Diese schicken Sie über die `query()`-Methode des `mysqli`-Objekts an die Datenbank.

```
$ergebnis = $mysqli->query("SELECT name, beschreibung, preis FROM pflanzen;");
```

Als Ergebnis erhalten Sie ein Objekt vom Typ `mysqli_result`.

Schritt 4: Ergebnis für die Ausgabe aufbereiten

Das `mysqli_result`-Objekt bietet wiederum mehrere Methoden: Mit der Methode `fetch_array()` holen Sie sich den ersten Datensatz des Ergebnisses in Form eines Arrays.

```
$zeile = $ergebnis->fetch_array();
```

Dieses Array kann für einen ersten Überblick mit `print_r()` ausgegeben werden. Damit die Ausgabe von `print_r()` auch im Browser übersichtlich ist, wird das HTML-Element `pre` eingesetzt. Danach wird die Methode `close()` für das `mysqli_result`-Objekt aufgerufen und damit der Speicherplatz freigegeben, den das Objekt belegt hat.

```
echo "<pre>";
print_r($zeile);
echo "</pre>";
$ergebnis->close();
```

Schritt 5: Verbindung schließen

Am Schluss sollten Sie die Verbindung wieder schließen:

```
$mysqli->close();
```

Und alles zusammen

Hier sehen Sie noch einmal die einzelnen Schritte zusammen.

Ergänzt wurde außerdem `set_charset("utf8")`, das sicherstellt, dass als Zeichensatz auf dem Client wirklich UTF-8 eingesetzt wird. Das ist wichtig, damit die Umlaute auch korrekt dargestellt werden.

```
01 $mysqli = new mysqli("localhost", "root", "geheim", "garten");
02 if ($mysqli->connect_error) {
03   echo "Fehler bei der Verbindung: " . mysqli_connect_error();
04   exit();
05 }
06 if (!$mysqli->set_charset("utf8")) {
07   echo "Fehler beim Laden von UTF8 ". $mysqli->error;
08 }
09 $ergebnis = $mysqli->query("SELECT name, beschreibung, preis FROM
   pflanzen;");
10 $zeile = $ergebnis->fetch_array();
11 echo "<pre>";
12 print_r($zeile);
13 echo "</pre>";
14 $ergebnis->close();
15 $mysqli->close();
```

Listing 11–1   Eine Abfrage wird durchgeführt und der erste Datensatz als Array ausgegeben
(db_abfrage_ausfuehren.php).

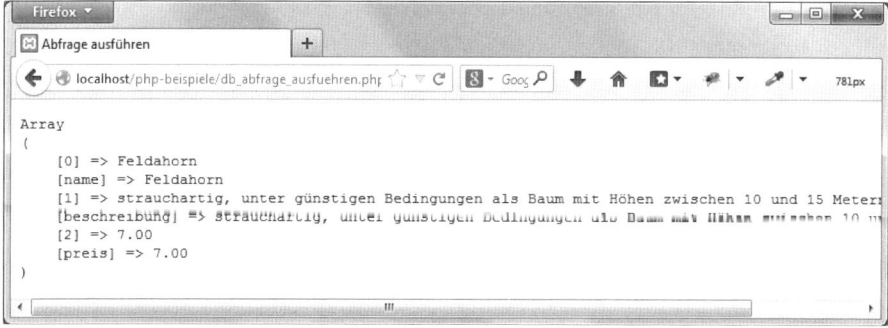

Abb. 11–1   Ein Array mit dem ersten Datensatz

Ergebnis besser aufbereiten

In Abbildung 11–1 sehen Sie, dass die Methode fetch_array() ein Array mit dem
Inhalt *des ersten Datensatzes* liefert. Das Array enthält als Schlüssel einerseits
Zahlen und andererseits die Spaltennamen. Das heißt, Sie können auf den Preis
der ersten Pflanze sowohl über $zeile[2] als auch über $zeile["preis"] zugreifen.

Jedoch hat fetch_array() uns nur den ersten Datensatz geliefert. Rufen Sie
fetch_array() erneut auf, erhalten Sie den nächsten Datensatz als Array zurückgeliefert. Das geht so lange, wie Datensätze vorhanden sind. Deswegen bietet es
sich an, diese Funktion innerhalb eines Bedingungsblocks einer while-Schleife
aufzurufen. Gibt es keinen Datensatz mehr, liefert fetch_array() NULL zurück, und
die Schleife ist damit beendet.

```
while($zeile = $ergebnis->fetch_array()) {
  echo "<strong>{$zeile['name']}</strong>: {$zeile['beschreibung']}
{$zeile['preis']}<br />\n";
}
```

Damit sieht das Beispiel folgendermaßen aus:

```
01 $mysqli = new mysqli("localhost", "root", "geheim", "garten");
02 if ($mysqli->connect_error) {
03   echo "Fehler bei der Verbindung: " . mysqli_connect_error();
04   exit();
05 }
06 if (!$mysqli->set_charset("utf8")) {
07   echo "Fehler beim Laden von UTF8 ". $mysqli->error;
08 }
09 $ergebnis = $mysqli->query("SELECT name, beschreibung, preis FROM
pflanzen;");
10 while($zeile = $ergebnis->fetch_array()) {
11   echo "<strong>{$zeile['name']}</strong>: {$zeile['beschreibung']}
{$zeile['preis']}<br />\n";
12 }
13 $ergebnis->close();
14 $mysqli->close();
```

Listing 11–2   *Alle Datensätze werden in einer Schleife ausgegeben (db_ausgabe_schleife.php).*

Zur Hervorhebung wird der Name der Pflanze in einem HTML-strong-Element eingeschlossen.

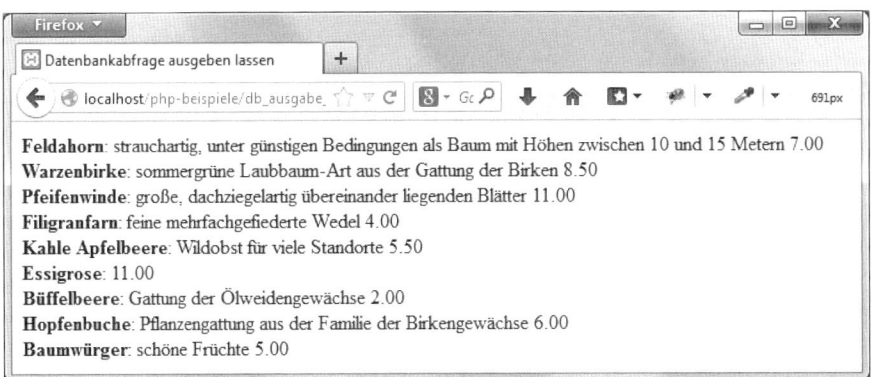

Abb. 11–2   *Alle Datensätze werden ausgegeben.*

Lässt man viele Daten ausgeben, bietet sich zur Darstellung eine Tabelle an. Wie das geht, zeigt Listing 11–3. Dabei gibt es noch eine weitere Ergänzung. An sich könnten innerhalb der Texte HTML-Tags enthalten sein, die die Anzeige empfindlich stören – oder noch schlimmer (vgl. Kap. 7). Deswegen sollten Sie sicherheitshalber die auszugebenden Daten immer mit htmlspecialchars() vorbehandeln.

```
01 $mysqli = new mysqli("localhost", "root", "geheim", "garten");
02 if ($mysqli->connect_error) {
03    echo "Fehler bei der Verbindung: " . mysqli_connect_error();
04    exit();
05 }
06 if (!$mysqli->set_charset("utf8")) {
07    echo "Fehler beim Laden von UTF8 ". $mysqli->error;
08 }
09 $ergebnis = $mysqli->query("SELECT name, beschreibung, preis FROM
pflanzen;");
10 echo "<table border='1'>\n";
11 while($zeile = $ergebnis->fetch_array()) {
12    echo "<tr><td>" . htmlspecialchars($zeile["name"]) . "</td>"
13       . "<td>" . htmlspecialchars($zeile["beschreibung"]) . "</td>"
14       . "<td>" . htmlspecialchars($zeile["preis"]) . "</td>"
15       . "</tr>\n";
16 }
17 echo "</table>";
18 $ergebnis->close();
19 $mysqli->close();
```

Listing 11–3   *Ergebnis als Tabelle ausgeben lassen (db_ausgabe_tabelle.php)*

Im Beispiel steht das `table`-Starttag vor dem Beginn der Schleife (Zeile 10) und das Endtag nach der Beendigung der Schleife in Zeile 17. Innerhalb der Schleife wird die Tabellenzeile (`tr`) mit den einzelnen Zellen (`td`) samt Inhalt ausgegeben.

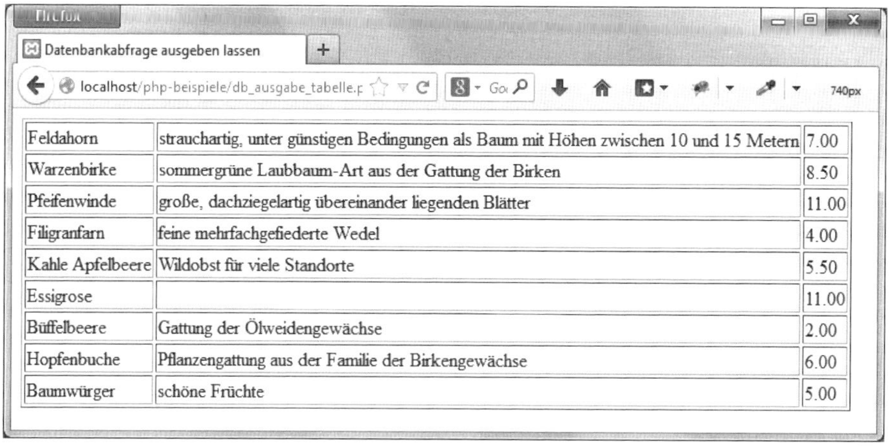

Abb. 11–3   *Ausgabe als Tabelle*

Neben `fetch_array()` gibt es folgende weitere Methoden, um die Datensätze aus-zulesen:

`fetch_assoc()` liefert den Datensatz nur in Form eines assoziativen Arrays.

`fetch_row()` liefert den Datensatz nur in Form eines indizierten Arrays.

fetch_array() macht also das, was fetch_assoc() und fetch_row() zusammen machen.

fetch_object() liefert einen Datensatz als Objekt zurück. Die einzelnen Spalten sind die Eigenschaften, und die Werte der Eigenschaften sind die Inhalte der Felder. Die while-Schleife zur Ausgabe lässt sich mit fetch_object() so realisieren:

```
while ($objekt = $ergebnis->fetch_object()) {
  echo "{$objekt->name}: {$objekt->beschreibung} {$objekt->preis}<br />\n";
}
```

Listing 11–4   *Einsatz von fetch_object() (db_ausgabe_fetch_object.php)*

Übung 1

Lassen Sie die Inhalte der Tabelle kunde, die Sie in den Übungen von Kapitel 10 erstellt haben, in Form einer HTML-Tabelle ausgeben lassen. Zur besseren Lesbarkeit soll jede zweite Zeile in einer anderen Farbe hinterlegt sein.

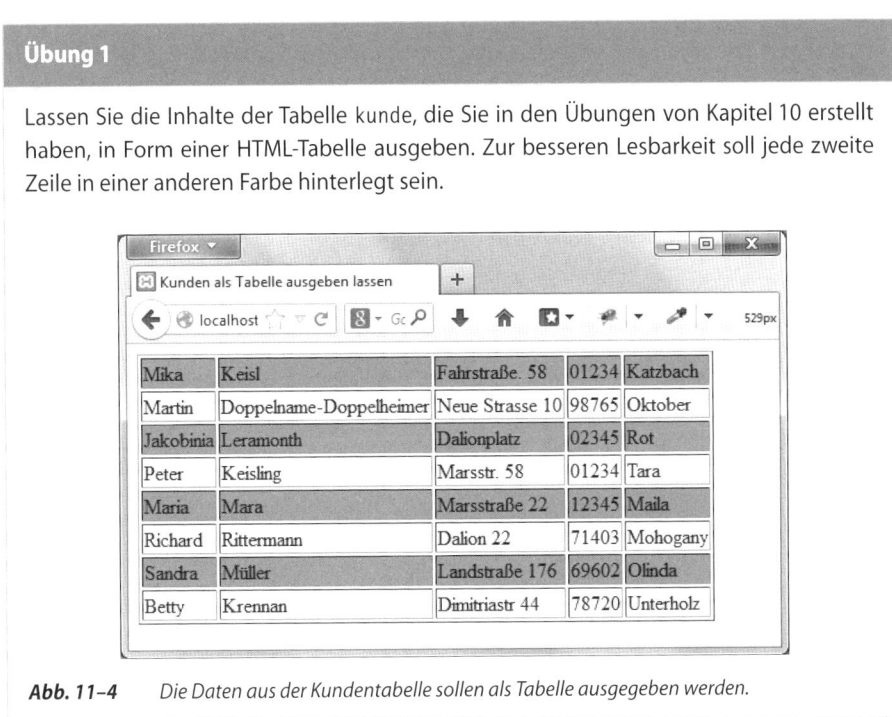

Abb. 11–4   *Die Daten aus der Kundentabelle sollen als Tabelle ausgegeben werden.*

11.2   MySQLi-Beispiel: Durch Datensätze blättern

Viele Datensätze sind es bisher in der Pflanzentabelle noch nicht, aber wenn es mehr wären, wäre es sehr praktisch, man könnte diese »seitenweise« anzeigen und es gäbe Links, um weiterzublättern. Das sehen Sie ebenfalls bei phpMy-Admin, wenn Sie dieses Tool benutzt haben, um mehr Datensätze anzusehen – oder Sie kennen es aus der Anzeige der Trefferlisten von Suchmaschinen.

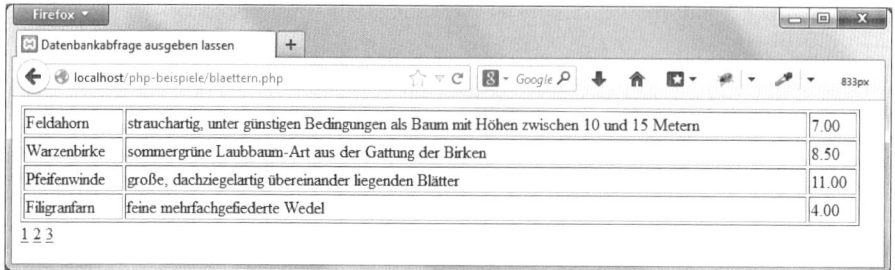

Abb. 11-5   *So soll es aussehen: Es werden nicht mehr alle Datensätze angezeigt, sondern nur ein Teil.*

Die weiteren Datensätze sind über Links am Ende der Anzeige zu erreichen.

Abb. 11-6   *Links zum Blättern durch die weiteren Datensätze*

Im Beispiel werden jeweils nur 4 Datensätze angezeigt, da es wenige Datensätze insgesamt sind, aber Sie können das Skript natürlich so anpassen, dass jedes Mal mehr Datensätze angezeigt werden.

Welche Datensätze angezeigt werden, wird unter anderem über einen Parameter gesteuert, der an die Dateinamen gehängt wird.

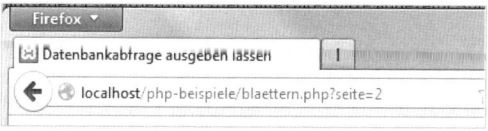

Abb. 11-7   *In der Adresszeile sieht man eine zusätzliche Angabe, die die jeweilige Anzeige steuert –*
im Beispiel sorgt ?seite=2 dafür, dass die zweite Seite der Datensätze angezeigt wird.

Nun zur Realisierung – hier sehen Sie zuerst einmal das gesamte Beispiel, das dann natürlich noch erklärt wird:

```
01 <!DOCTYPE html>
02 <html>
03  <head>
04   <meta charset="UTF-8" />
05   <title>Datenbankabfrage ausgeben lassen</title>
06   <style>
07    table {
08      width: 800px;
09    }
10   </style>
11 </head>
12 <body>
13 <?php
14 $mysqli = new mysqli("localhost", "root", "geheim", "garten");
15 if ($mysqli->connect_error) {
```

```
16   echo "Fehler bei der Verbindung: " . mysqli_connect_error();
17   exit();
18 }
19 if (!$mysqli->set_charset("utf8")) {
20   echo "Fehler beim Laden von UTF8 ". $mysqli->error;
21 }
22
23 if(!isset($_GET["seite"]) || !is_numeric($_GET["seite"])) {
24  $_GET["seite"] = 1;
25 }
26 $temp = $mysqli->query("SELECT COUNT(*) as anzahl FROM pflanzen") or
   die($mysqli->error);
27 $z = $temp->fetch_array();
28 $anzahl = $z["anzahl"];
29
30 $eintraege_pro_seite = 4;
31
32 if ($anzahl % $eintraege_pro_seite == 0) {
33   $hoechst = $anzahl / $eintraege_pro_seite;
34 }
35 else {
36  $hoechst = $anzahl / $eintraege_pro_seite + 1;
37 }
38
39 if ($_GET["seite"] > $hoechst || $_GET["seite"] < 1) {
40   $_GET["seite"] = 1;
41 }
42 $start = $_GET["seite"] * $eintraege_pro_seite - $eintraege_pro_seite;
43
44 $ergebnis = $mysqli->query("SELECT name, beschreibung, preis FROM pflanzen
   LIMIT $start, $eintraege_pro_seite ");
45 echo "<table border='1'>\n";
46 while($zeile = $ergebnis->fetch_array()) {
47   echo "<tr><td>" . htmlspecialchars($zeile["name"]) . "</td>"
48     . "<td>" . htmlspecialchars($zeile["beschreibung"]) . "</td>"
49     . "<td>" . htmlspecialchars($zeile["preis"]) . "</td>"
50     . "</tr>\n";
51 }
52 echo "</table>";
53
54 $ausgabe = "";
55 for($i=1; $i <= $hoechst; $i++) {
56   $ausgabe .= " <a href='" . htmlspecialchars($_SERVER["PHP_SELF"]) .
   "?seite=$i'>$i</a> ";
57 }
58 echo $ausgabe;
59
60 $ergebnis->close();
61 $mysqli->close();
62 ?>
63 </body>
64 </html>
```

Listing 11–5   *Durch Datensätze blättern (blaettern.php)*

In den Zeilen 6–10 wird eine minimale Formatierung per CSS eingefügt, um die Tabelle auf eine feste Größe zu setzen.

Der Verbindungsaufbau in den Zeilen 14–21 ist wie gehabt.

Dann müssen wir ermitteln, welche Seite angezeigt werden soll. Dafür lesen wir den $_GET-Parameter aus. Wenn dieser nicht vorhanden ist oder wenn er nicht numerisch ist, wird er auf 1 gesetzt und damit die erste Seite angezeigt.

```
23 if(!isset($_GET["seite"]) || !is_numeric($_GET["seite"])) {
24   $_GET["seite"] = 1;
25 }
```

Dazu, wie dieser Parameter überhaupt gesetzt wird, kommen wir am Schluss noch.

Außerdem müssen wir ermitteln, wie viele Datensätze es insgesamt gibt. Dafür greifen wir auf COUNT zurück:

```
26 $temp = $mysqli->query("SELECT COUNT(*) as anzahl FROM pflanzen") or
die($mysqli->error);
27 $z = $temp->fetch_array();
28 $anzahl = $z["anzahl"];
```

$anzahl beinhaltet jetzt die Anzahl der gesamten Datensätze.

Als Nächstes legen wir die Anzahl an Einträgen pro Seite fest. 4 ist ein sehr niedriger Wert, für einen echten Einsatz wäre das natürlich zu wenig! Aber so können wir auch bei wenig Datensätzen prüfen, ob das mit dem Blättern klappt:

```
30 $eintraege_pro_seite = 4;
```

Wenn wir jetzt gleich immer nur einen Teil der vorhandenen Datensätze anzeigen lassen wollen, so benötigen wir LIMIT. Damit können Sie die Anzahl der angezeigten Datensätze beschränken. Bevor wir den richtigen MySQL-String zusammensetzen, gibt es zuerst ein paar Vorüberlegungen, wie dieser aussehen soll. Der MySQL-Befehl für die erste Seite lautet beispielsweise:

```
SELECT * FROM pflanzen LIMIT 0, 4;
```

Das heißt, es sollen alle Pflanzen beginnend beim 0. Datensatz angezeigt werden und insgesamt 4 Stück.

Für die zweite Seite lautet der MySQL-Befehl:

```
SELECT * FROM pflanzen LIMIT 4, 4;
```

Für die dritte Seite hingegen:

```
SELECT * FROM pflanzen LIMIT 8, 4;
```

Und für die vierte Seite – wenn es denn so viele Pflanzen gäbe – entsprechend:

```
SELECT * FROM pflanzen LIMIT 12, 4;
```

Am Schluss steht immer 4, da wir ja immer 4 Datensätze anzeigen lassen wollen. Hier können wir also die Variable $eintraege_pro_seite verwenden.

Jetzt fehlt aber noch der Startwert, in den Beispielen also die Zahlen 0, 4, 8, 12. Diesen können wir über folgende Zeile herausfinden:

```
$start = $_GET["seite"] * $eintraege_pro_seite - $eintraege_pro_seite;
```

Dass diese Rechnung stimmt, probieren wir einmal im Kopf aus: Wenn $_GET["seite"] gleich 1 ist, erhalten wir den Startwert 0. Das passt für die erste Seite. Wenn $_GET["seite"] gleich 2 ist, kommen wir zum Startwert 4 usw. Passt.

Was aber noch etwas unschön ist: GET-Werte verlocken schon sehr dazu, sie zu manipulieren, schließlich muss der Benutzer nur die Adresszeile im Browser editieren. Deswegen sollten wir prüfen, ob der GET-Wert »im Rahmen« ist.

Nehmen wir an, wir haben 12 Datensätze und es sollen immer 3 Datensätze pro Seite angezeigt werden. Dann ist die höchstmögliche Seitenzahl 3.

Angenommen aber, wir haben 13 Datensätze und es sollen immer 4 Datensätze pro Seite angezeigt werden. Dann ist die höchstmögliche Seitenzahl 4. Auf der letzten Seite müssen ja nicht immer 4 Datensätze angezeigt werden, es können auch weniger sein. In diesem Fall wäre es nur einer.

Um zu ermitteln, ob die Anzahl der Datensätze sich genau auf die Seiten verteilt oder ob etwas übrig bleibt, können wir den Modulo-Operator einsetzen, der den ganzzahligen Rest einer Division zurückgibt.

Wenn die Seitenzahlen aufgehen, dann berechnet sich der höchste Wert über $anzahl / $eintraege_pro_seite. Wenn es nicht aufgeht, müssen wir noch 1 addieren.

```
32 if ($anzahl % $eintraege_pro_seite == 0) {
33   $hoechst = $anzahl / $eintraege_pro_seite;
34 }
35 else {
36   $hoechst = $anzahl / $eintraege_pro_seite + 1;
37 }
```

Damit haben wir die höchstmögliche Zahl ermittelt und können sicherstellen, dass unser $_GET-Wert darunter liegt. Außerdem soll er nicht kleiner als 0 sein. Wenn der Wert sich nicht in diesem Rahmen befindet, wechseln wir wieder auf die erste Seite.

```
39 if ($_GET["seite"] > $hoechst || $_GET["seite"] < 1) {
40   $_GET["seite"] = 1;
41 }
```

Und wir legen jetzt den Startwert fest – der Code war ja in den Überlegungen davor schon vorgestellt worden:

```
42 $start = $_GET["seite"] * $eintraege_pro_seite - $eintraege_pro_seite;
```

Damit können wir unser SELECT mit den korrekten Werten für LIMIT erstellen:

```
44 $ergebnis = $mysqli->query("SELECT name, beschreibung, preis FROM pflanzen
LIMIT $start, $eintraege_pro_seite ");
```

Die Ausgabe der Tabelle in den Zeilen 45–52 hat wieder keine Besonderheiten:

```
45 echo "<table border='1'>\n";
46 while($zeile = $ergebnis->fetch_array()) {
47   echo "<tr><td>" . htmlspecialchars($zeile["name"]) . "</td>"
48      . "<td>" . htmlspecialchars($zeile["beschreibung"]) . "</td>"
49      . "<td>" . htmlspecialchars($zeile["preis"]) . "</td>"
50      . "</tr>\n";
51 }
52 echo "</table>";
```

Schließlich müssen noch die Links zum Blättern erstellt werden. Der erzeugte HTML-Quellcode dafür soll beispielsweise folgendermaßen aussehen:

```
<a href='/php-beispiele/kap_11/blaettern.php?seite=1'>1</a>
<a href='/php-beispiele/kap_11/blaettern.php?seite=2'>2</a>
<a href='/php-beispiele/kap_11/blaettern.php?seite=3'>3</a>
```

Ausgegeben wird also *1 2 3* – jeweils als Link.

Das Link-Ziel ist der Pfad des aktuellen Skripts, an den ?seite=1 bzw. ?seite=2 oder ?seite=3 gehängt wird – darüber erstellen wir also unseren $_GET-Parameter. Die Ausgabe erfolgt in einer Schleife, damit es auch bei unterschiedlich vielen Datensätzen funktioniert:

```
54 $ausgabe = "";
55 for($i=1; $i <= $hoechst; $i++) {
56   $ausgabe .= " <a href='" . htmlspecialchars($_SERVER["PHP_SELF"]) .
   "?seite=$i'>$i</a> ";
57 }
58 echo $ausgabe;
```

Am Schluss kommen noch die üblichen Aufräumarbeiten – die Verbindung wird geschlossen usw.

Übung 2

Bei den im Blättern-Skript ausgegebenen Links sind auch die Links der aktuellen Seite Links, obwohl ein Klick auf sie nichts bewirkt. Schöner wäre es, wenn statt des Links auf die aktuelle Seite nur die Zahl stünde. Wie ließe sich das bewerkstelligen?

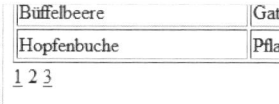

Abb. 11–8   *Auf der zweiten Seite ist die 2 nicht mehr verlinkt, sondern nur eine normale Ausgabe.*

11.3   MySQLi: Nützliche Informationen über das Ergebnis

Es gibt weitere nützliche Eigenschaften und Methoden des `mysqli`- und des `mysqli_result`-Objekts, über die Sie Informationen über das Ergebnis erhalten.

11.3.1   mysqli-Klasse

Die Eigenschaft `affected_rows` des `mysqli`-Objekts gibt die Anzahl der vom letzten MySQL-Befehl betroffenen Datensätze zurück. Dies ist besonders nützlich bei `INSERT`-, `DELETE`- oder `UPDATE`-Aktionen, um festzustellen, ob diese auch erfolgreich waren.

`insert_id` ist ebenfalls eine Eigenschaft des `mysqli`-Objekts und liefert den zuletzt automatisch eingetragenen ID-Wert.

`error` liefert, sofern vorhanden, die Fehlermeldung des letzten MySQL-Befehls.

`errno` beinhaltet den numerischen Fehlercode des letzten MySQL-Befehls.

Ein Beispiel, in dem beim MySQL-Befehl *absichtlich ein Fehler* eingebaut ist, demonstriert den Einsatz von `error` und `errno`:

```
01 require_once "db_daten.php";
02 $ergebnis = $mysqli->query("SELECT name as Pflanzenname beschreibung AS
   Kurzbeschreibung, preis AS Nettopreis FROM pflanzen WHERE preis < 7;");
03 if (!$ergebnis) {
04   echo "Der folgende Fehler ist aufgetreten: <strong>"
05       . $mysqli->error
06       . ".</strong><br />\n Die Fehlernummer: "
07       . $mysqli->errno;
08 } else {
09   echo "hat geklappt";
10   $ergebnis->close();
11 }
12 $mysqli->close();
```

Listing 11–6   *Abfrage mit eingebautem Fehler (db_fehler_query.php)*

In diesem Beispiel sehen Sie, dass der Code für die Verbindung ausgelagert ist und hier per `require_once` eingebunden wird (Zeile 1). Die Abfrage in Zeile 2 ist absichtlich fehlerhaft: Es fehlt ein Komma zwischen `Pflanzenname` und `beschreibung`. In diesem Fall schlägt die Methode `query()` fehl und gibt `false` zurück. In der Bedingung von `if` wird `$ergebnis` geprüft. Hier ist `!$ergebnis` wahr, und es kann auf die Fehlermeldung zugegriffen werden. Sie kann dann inklusive Nummer des Fehlercodes ausgegeben werden.

Im `else`-Zweig (ab Zeile 8) wird in Listing 11–6 nur eine Erfolgsmeldung ausgegeben und die Ressource wieder freigegeben – hier würde man normalerweise die Verarbeitung unterbringen, das heißt das Ergebnis in Form von einer Tabelle ausgeben lassen.

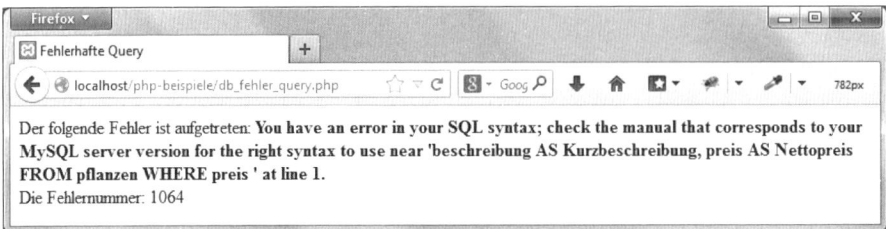

Abb. 11–9   *Die durch die falsche QUERY ausgelöste Fehlermeldung*

Wenn Sie nicht überprüfen, ob `query()` ausgeführt werden konnte und danach eine
Methode wie `fetch_array()` auf das `$ergebnis` anwenden, erhalten Sie die Fehlermeldung:»Fatal error: Call to a member function fetch_array() on a non-object in …«.
      Denn dann enthält `$ergebnis` den Wert `false` und ist kein Objekt; deswegen ergibt
der Einsatz von `fetch_array()` die entsprechende Fehlermeldung.

11.3.2   mysqli_result-Klasse

Auf weitere Informationen über das Ergebnis können Sie über das `mysqli_result`-
Objekt zugreifen.

`field_count`
Über diese Eigenschaft lesen Sie die Anzahl der Spalten aus.

`num_rows`
Diese Eigenschaft liefert die Anzahl der Datensätze eines Ergebnissatzes.

`fetch_fields()`
Diese Methode liefert Ihnen nützliche Informationen zu den einzelnen Spalten
als Objekt. Sie können den Namen bei Spalten sowie den ursprünglichen
Namen bei der Verwendung eines Aliases, den Namen der Tabelle und die
maximale Zeichenzahl ausgeben lassen.

```
01 require_once "db_daten.php";
02 $ergebnis = $mysqli->query("SELECT name as Pflanzenname, beschreibung AS
   Kurzbeschreibung, preis AS Nettopreis FROM pflanzen WHERE preis < 7;");
03 if ($ergebnis) {
04   $spaltenzahl = $ergebnis->field_count;
05   $zeilenzahl = $ergebnis->num_rows;
06   $betroffen = $mysqli->affected_rows;
07
08   echo "<p>Insgesamt $zeilenzahl Datensätze gefunden</p>\n";
09   echo "<p>Spaltenanzahl: $spaltenzahl</p>\n";
10   echo "<p>Betroffene Datensätze: $betroffen</p>\n";
11
12   echo "<h2>Informationen zu den einzelnen Spalten</h2>\n";
13   $infos = $ergebnis->fetch_fields();
14   foreach($infos as $inf) {
```

```
15      echo "<p>Name: " . $inf->name . "<br />\n";
16      echo "Urspr. Name: " . $inf->orgname . "<br />\n";
17      echo "Tabelle: " . $inf->table . "<br />\n";
18      echo "Längste Zeichenkette: " . $inf->max_length . "</p>\n";
19    }
20    $ergebnis->close();
21  }
22  $mysqli->close();
```

Listing 11–7   *Informationen ausgeben lassen (db_infos.php)*

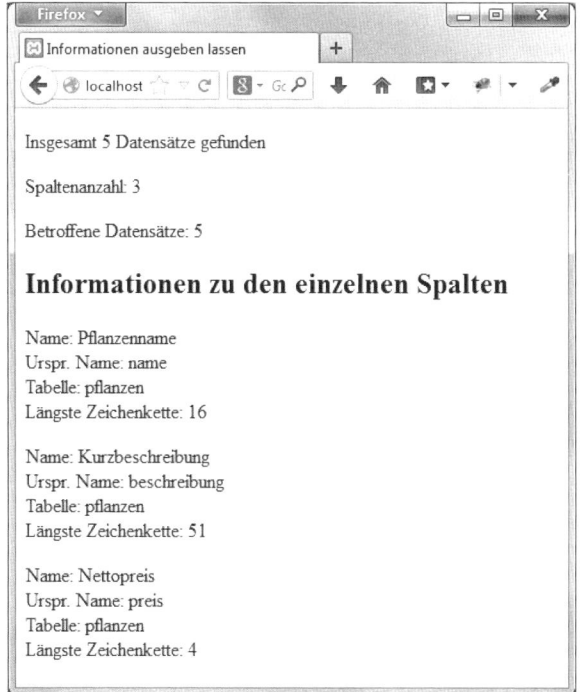

Abb. 11–10   *Informationen zum Ergebnis ausgeben lassen*

11.4   MySQLi: Sonderzeichen behandeln

Wenn Sie Daten in eine MySQL-Datenbank eintragen oder Abfragen formulieren, müssen Sie Zeichen, die in MySQL eine spezifische Bedeutung haben, maskieren, das heißt schützen. Wie das geht und warum das so ist, soll anhand eines Beispiels mit dem INSERT-Befehl gezeigt werden. Die Notwendigkeit der Behandlung von Sonderzeichen gilt aber gleichermaßen für andere MySQL-Befehle wie SELECT oder UPDATE.

Wollten wir beispielsweise einen Lieferanten mit dem Firmennamen *O'Briens Gartenbedarf* eintragen, so bekommen wir Probleme:

```
INSERT INTO lieferanten VALUES (NULL, 'O'Briens Gartenbedarf', 'Holzweg 2',
'12345', 'Dort');
```

Denn wenn gleichzeitig die einfachen Anführungszeichen als Begrenzungszeichen für Strings verwendet werden, vertragen die sich nicht mit dem Apostroph bei *O'Brien*. Dieser Apostroph muss geschützt, das heißt durch einen Backslash maskiert werden:

```
INSERT INTO lieferanten VALUES (NULL, 'O\'Briens Gartenbedarf', 'Holzweg 2',
'12345', 'Dort');
```

Welche Zeichen jeweils maskiert werden müssen, kann in den einzelnen Datenbankmanagementsystemen unterschiedlich sein. Deswegen nehmen Sie am besten zum »Escapen« eine Funktion, die speziell auf das jeweilige System – hier MySQL – zugeschnitten ist. Für die MySQLi-Erweiterung lautet die entsprechende Methode: `real_escape_string()`. Es ist eine Methode des `mysqli`-Objekts. Sie erwartet einen String als Parameter und liefert einen String zurück.

```
$firma = $mysqli->real_escape_string($firma);
```

Falls die Datenbankverbindung nicht hergestellt werden konnte, liefert `real_escape_string()` einen leeren String zurück.

Ein Beispiel demonstriert den INSERT-Vorgang unter Einsatz von `real_escape_string()`:

```
01 require_once "daten.php";
02 $firma   = "O'Briens Gartenbedarf";
03 $strasse = "Holzweg 2";
04 $plz     = "12345";
05 $ort     = "Dort";
06
07 $firma   = $mysqli->real_escape_string($firma);
08 $strasse = $mysqli->real_escape_string($strasse);
09 $plz     = $mysqli->real_escape_string($plz);
10 $ort     = $mysqli->real_escape_string($ort);
11 $insert  = "INSERT INTO lieferanten
12             (firma, strasse, plz, ort)
13             VALUES ('$firma', '$strasse', '$plz', '$ort')";
14 echo $insert;
15 if($ergebnis = $mysqli->query($insert)) {
16   echo "<br />\nAnzahl der veränderten Datensätze: "
17      . $mysqli->affected_rows;
18 } else {
19   echo $mysqli->error;
20 }
21 $mysqli->close();
```

Listing 11–8   *Datensatz eintragen (db_insert_escapen.php)*

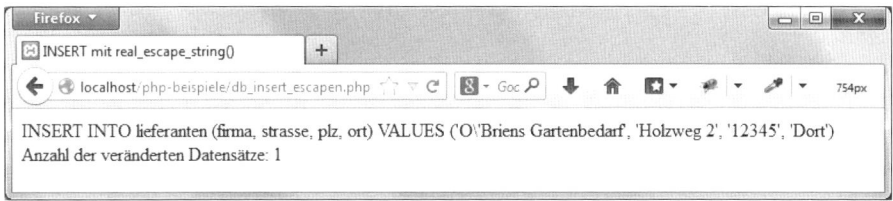

Abb. 11–11   *So klappt das Einfügen: Beim MySQL-Befehl sieht man, dass der Apostroph wie notwendig maskiert wurde.*

In der Datenbanktabelle werden dann die Inhalte korrekt eingefügt und ohne Backslash gespeichert.

Falls Sie mit einer veralteten PHP-Version zu tun haben und die Konfigurationseinstellung MAGIC QUOTES (siehe Kap. 7) aktiviert ist – was inklusive PHP 5.3.x ja noch möglich ist –, erhalten die Daten schon automatisch einen Backslash. Dies sehen Sie am nächsten Beispiel:

```
01 <?php
02 if (empty($_POST["firma"])) {
03 ?>
04 <form action="<?php echo htmlspecialchars($_SERVER["PHP_SELF"]) ?>"
   method="post">
05 Firma: <br /><input type="text" name="firma" /><br />
06 Straße: <br /><input type="text" name="strasse" /><br />
07 PLZ: <br /><input type="text" name="plz" /><br />
08 Ort: <br /><input type="text" name="ort" /><br />
09 <input type="submit" name="abgeschickt"/>
10 </form>
11 <?php
12 } else {
13   require_once "db_daten.php";
14   $firma   = $_POST["firma"];
15   $strasse = $_POST["strasse"];
16   $plz     = $_POST["plz"];
17   $ort     = $_POST["ort"];
18
19   $firma   = $mysqli->real_escape_string($firma);
20   $strasse = $mysqli->real_escape_string($strasse);
21   $plz     = $mysqli->real_escape_string($plz);
22   $ort     = $mysqli->real_escape_string($ort);
23   $insert = "INSERT INTO lieferanten
24            (firma, strasse, plz, ort)
25             VALUES ('$firma', '$strasse', '$plz', '$ort')";
26   echo $insert;
27   if($ergebnis = $mysqli->query($insert)) {
28     echo "<br />\nAnzahl der veränderten Datensätze: "
29         . $mysqli->affected_rows;
30   } else {
31     echo $mysqli->error;
32   }
```

```
33   $mysqli->close();
34 }
35 ?>
```

Listing 11–9   *Datensatz aus Formular in Datenbank schreiben (db_insert_formular.php)*

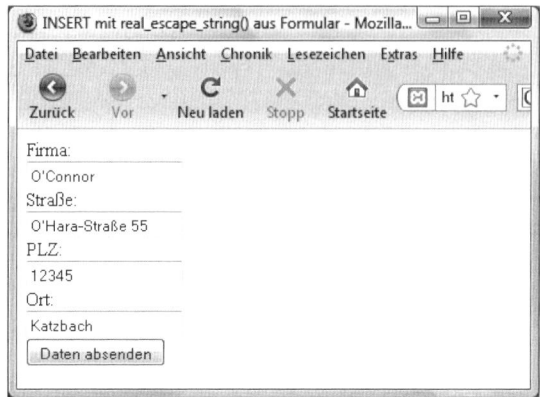

Abb. 11–12   *Der Beispieldatensatz mit Apostroph, der eingetragen werden soll*

In Zeile 2 wird überprüft, ob das Formularfeld mit dem Namen firma ausgefüllt wurde; wenn nicht, wird das Formular ausgegeben. Ansonsten findet ab Zeile 12 die Bearbeitung der Formulardaten statt: Sie werden mit real_escape_string() behandelt (ab Zeile 19). In Zeile 23 wird der INSERT-String zusammengesetzt und zur Veranschaulichung in Zeile 26 ausgegeben. In Zeile 27 wird der MySQL-Befehl an die Datenbank gesendet und in Zeile 29 die Anzahl der geänderten Zeilen ausgegeben.

Gibt man jetzt in das erstellte Formular Inhalte mit einfachen Apostrophen ein (Abb. 11–12), erhält man bei aktivierten MAGIC QUOTES nicht das gewünschte Ergebnis (Abb. 11–13).

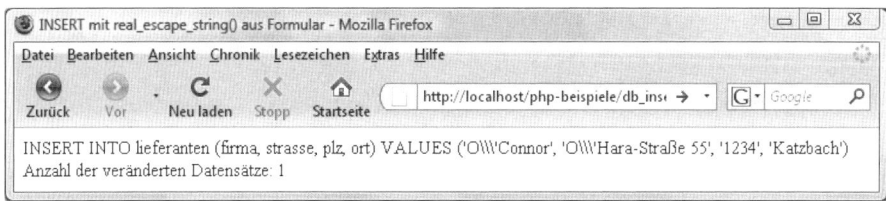

Abb. 11–13   *Eindeutig zu viele Backslashes ...*

Im Beispiel wird der INSERT-Befehl zu Testzwecken wieder ausgegeben. Sie sehen drei Backslashes vor den Apostrophen. Durch die MAGIC QUOTES wird einer eingefügt: O\'Connor. real_escape_string() ergänzt dann zwei weitere für die zwei Sonderzeichen – für den Apostroph und für den Backslash selbst.

Beim entsprechenden Datensatz in phpMyAdmin sieht man den Backslash als integralen Bestandteil des Inhalts:

Abb. 11–14 *Nicht erwünscht: Die Backslashes sind jetzt so in der Tabelle eingetragen.*

Dieses Problem werden Sie im Normalfall nicht haben, da Magic Quotes ja der Vergangenheit angehören. Anderenfalls gibt es mehrere Möglichkeiten:

Die beste Option ist, MAGIC QUOTES zu deaktivieren (siehe Kap. 7) und alle Daten, die Sie in eine Datenbanktabelle schreiben, mit real_escape_string() zu bearbeiten oder die in Abschnitt 11.6 erläuterten Prepared Statements zu benutzen, bei denen automatisch real_escape_string() auf die Daten angewendet wird. Dies ist die empfohlene Variante, die zukunftssicher ist, da es MAGIC QUOTES ja ab PHP-Version 5.4 nicht mehr gibt.

Falls Sie nicht auf die Konfiguration zugreifen können, können Sie die Backslashes auch entfernen und dann real_escape_ string() benutzen.

Sie können auch mit get_magic_quotes_gpc() prüfen, ob MAGIC QUOTES aktiviert sind, und in diesem Fall die Behandlung mit real_escape_string() unterlassen.

Im Folgenden wird von einer aktuellen PHP-Version ausgegangen, wo Magic Quotes keine Rolle mehr spielen.

11.5 SQL-Injections

Das Maskieren von MySQL-Sonderzeichen ist ganz wichtig als Schutz vor sogenannten SQL-Injections. Bei einer *SQL-Injection* versucht ein Angreifer, eigene Datenbankbefehle einzuschleusen. Die Ziele dabei sind, Zugriff auf geschützte Bereiche zu erhalten, weitere Daten von anderen Kunden zu sehen oder einfach nur Schaden anzurichten.

Hier einmal ein klassisches Beispiel für eine SQL-Injection. Nehmen wir an, es gibt eine Tabelle benutzer, die Benutzernamen mit zugehörigen Kennwörtern verwaltet. Die Benutzer müssen Benutzernamen und Passwort in ein Formular eintragen. Mit diesen Daten wird ein SELECT auf die Datenbank ausgeführt. Ist ein Datensatz zu der eingegebenen Kombination aus Benutzernamen und Passwort vorhanden, geht man davon aus, dass es sich um einen berechtigten Benutzer handelt. Nehmen wir weiter an, dass die Sonderzeichen nicht durch real_escape_ string() geschützt werden.

Der anfällige SELECT-Befehl sieht nun so aus:

```
$abfrage = "SELECT id, name FROM benutzer WHERE name='{$_POST['name']}' AND
passwort='{$_POST['passwort']}'";
```

Hier werden die Daten aus dem Formular *direkt und ungefiltert* in den Query-String eingebaut. Gibt jemand beispielsweise `florence` und `geheim` ein, ergibt sich folgender Query-String:

```
SELECT id, name FROM passwort WHERE name='florence' AND passwort='geheim'
```

Wenn jemand jedoch in das Formularfeld für den Benutzernamen Folgendes eingibt:

florence' OR 1='1

ergibt sich dieser `SELECT`-Befehl:

```
SELECT id, name FROM passwort WHERE name='florence' OR 1='1' AND passwort=''
```

Und damit wird die ID zurückgegeben, obwohl kein Passwort eingegeben wurde, und jemand hat sich allein durch Kenntnis eines Benutzernamens Zugriff verschafft.

Werden hingegen die Sonderzeichen maskiert – zum Beispiel durch `real_escape_string()` –, funktioniert das Ganze nicht mehr:

```
SELECT id, name FROM passwort WHERE name='florence\' OR 1=\'1' AND passwort=''
```

Das war jetzt nur ein Beispiel für eine SQL-Injection; es gibt viele weitere und komplexere. Beispielsweise kann bei einer SQL-Injection versucht werden, einen zusätzlichen SQL-Befehl abzusenden, der den Inhalt einer Tabelle löscht usw. Das ist jedoch über die vorgestellten `mysqli`-Befehle nicht möglich, da darüber standardmäßig *nur ein Befehl* abgesendet werden kann. Anders ist das hingegen bei der Methode `multi_query()` des `mysqli`-Objekts.

Den besten Schutz vor SQL-Injection bieten die weiter unten vorgestellten Prepared Statements: Einerseits wird dabei automatisch `real_escape_string()` eingesetzt, und andererseits ist dabei der MySQL-Befehl von den eingefügten Parametern logisch getrennt.

Wo wir gerade beim Thema Sicherheit sind: Ihre Zugangsdaten zum Datenbankserver verdienen selbstverständlich besonderen Schutz. Speichern Sie die Zugangsdaten in einer eigenen Datei, die Sie per `require` einbinden. Außerdem sollten Sie, sofern das bei Ihrem Provider möglich ist, die Zugangsdaten außerhalb der Document Root (bei XAMPP wäre das außerhalb von *htdocs*) des Webverzeichnisses speichern: Dann können diese nicht über das Internet angefordert werden. Steht diese Option nicht zur Verfügung, sollten Sie diese Daten zumindest in einem anderen Ordner abspeichern, den Sie über eine *.htaccess*-Datei (siehe Anhang A) vor einem direkten Zugriff schützen.

11.6   MySQLi: Prepared Statements – auf alles bestens vorbereitet

Prepared Statements sind eine alternative Art, MySQL-Anweisungen an den Datenbankserver zu senden, die mehrere Vorteile bietet.

Prepared Statements sind, wie der Name schon sagt, vorbereitete Anweisungen, bei denen die Anweisung erst einmal noch keine Werte enthält. Stattdessen werden *Platzhalter* übergeben. Sie sind eine sichere Methode zur Verhinderung von SQL-Injections, da zum einen die Gültigkeit der Parameter vom Datenbanksystem vor der Verarbeitung überprüft wird und zum anderen bei Prepared Statements die Abfragestruktur von den Parametern getrennt ist. Zudem bieten Prepared Statements einen Geschwindigkeitsvorteil, wenn eine Anweisung mit unterschiedlichen Parametern mehrmals durchgeführt wird – wenn also beispielsweise hintereinander mehrere gleich geformte INSERTs abgesetzt werden.

Bisher haben Sie mit zwei Klassen zu tun gehabt: mysqli und mysqli_result. Bei den vorbereiteten Anweisungen kommt eine neue Klasse zum Einsatz: mysqli_stmt. Ein erstes Beispiel zeigt, wie man eine vorbereitete Anweisung erstellt. Im Beispiel wird ein Datensatz eingetragen und im Browserfenster die Meldung »Anzahl der veränderten Datensätze : 1«" ausgegeben.

```
01 require_once "db_daten.php"
02 $name = "Schmetterlingsstrauch";
03 $beschreibung = "schöne Blüten";
04 $preis = 6;
05 if($stmt = $mysqli->prepare("INSERT INTO pflanzen
06                            (name, beschreibung, preis)
07                             VALUES (?, ?, ?)")) {
08   $stmt->bind_param("ssd", $name, $beschreibung, $preis);
09   $stmt->execute();
10   echo "Anzahl der veränderten Datensätze : "
11        . $stmt->affected_rows;
12   $stmt->close();
13 }
```

Listing 11–10 *Eine vorbereitete Anweisung (db_vorbereitet_anweisung.php)*

Wenn Sie die Methode prepare() bei einem mysqli-Objekt aufrufen, erhalten Sie ein mysqli_stmt-Objekt zurück. Das sehen Sie in Zeile 5. Dabei erhält $mysqli-> prepare() als Parameter die vorbereitete MySQL-Anweisung. Sie sieht aus wie gewohnt, enthält aber *Fragezeichen als Platzhalter* für die einzugebenden Daten.

Über die Methode bind_param() des mysqli_stmt-Objekts werden die Parameter mit PHP-Variablen verbunden (Zeile 8). $stmt->bind_param() enthält zuerst einen Formatierungsstring, der die Datentypen der einzelnen Parameter bestimmt. Jeder Buchstabe steht dabei für einen Parameter eines bestimmten Datentyps. "ssd" bedeutet, dass es drei Parameter gibt, wobei die ersten beiden Strings sind und der dritte eine Fließkommazahl ist. Danach werden die Variablen mit den Inhalten übergeben.

`$stmt->execute()` in Zeile 9 führt dann den MySQL-Befehl auch wirklich aus.

Anschließend wird über `$stmt->affected_rows` ermittelt, wie viele Datensätze geändert wurden (Zeile 11), und die Anzahl ausgegeben. Schließlich gibt `$stmt->close()` das stmt-Objekt wieder frei (Zeile 12).

Kommen wir noch einmal zum Formatierungsstring bei der vorbereiteten MySQL-Anweisung. Die Anzahl der Buchstaben im Formatierungsstring muss der Anzahl der übergebenden Parameter entsprechen. Hier ein paar weitere Beispiele für mögliche parametrisierte MySQL-Befehle. Nur zwei Parameter werden übergeben:

```
$stmt = $mysqli->prepare("INSERT INTO pflanzen (name, preis)
VALUES (?, ?,)";
$stmt->bind_param("sd", $name, $preis);
```

`NULL` kann auch direkt übergeben werden:

```
$stmt = $mysqli->prepare("INSERT INTO pflanzen (pflanzen_id, name, preis)
VALUES (NULL, ?, ?,)";
$stmt->bind_param("sd", $name, $preis);
```

Welche Zeichen im Formatierungsstring angegeben werden können, zeigt Tabelle 11–1.

Zeichen	Bedeutung
i	Integer (ganze Zahlen)
d	Fließkommazahl
b	BLOB
s	Strings

Tab. 11–1 *Mögliche Datentypen in Prepared Statements*

Sie können beim Binden der Parameter über `bind_param()` immer nur Variablen benutzen! Das Folgende würde also nicht funktionieren:

```
$stmt->bind_param("sd", $name, 14);
```

Gerade haben Sie gesehen, wie Sie über vorbereitete Anweisungen ein `INSERT` durchführen; nun ein Beispiel für ein `SELECT`:

```
01 require_once "db_daten.php";
02 $suche = "%beere%";
03 if($stmt = $mysqli->prepare("SELECT name, beschreibung, preis
04                             FROM pflanzen
05                             WHERE name LIKE ?")) {
06    $stmt->bind_param("s", $suche);
07    $stmt->execute();
08    $stmt->bind_result($name, $beschreibung, $preis);
```

```
09    echo "<table border='1'>\n";
10    while($stmt->fetch()) {
11      echo "<tr>\n\t<td>"
12          . htmlspecialchars($name)
13          . "</td>\n\t<td>"
14          . htmlspecialchars($beschreibung)
15          . "</td>\n\t<td>"
16          . htmlspecialchars($preis)
17          . "</td>\n</tr>\n";
18    }
19    $stmt->close();
20  }
21  $mysqli->close();
```

Listing 11–11 *Ein SELECT-Befehl über eine vorbereitete Anweisung (db_vorbereitet_select.php)*

Ein SELECT funktioniert bei vorbereiteten Anweisungen ganz ähnlich wie ein INSERT. Zuerst wird eine Anweisung mit der prepare()-Methode vorbereitet, und per bind_param() werden die Parameter gebunden. Im Beispiel wird ein SELECT mit LIKE benutzt. Sie sehen, dass bei der vorbereiteten Anweisung hinter LIKE nur das Fragezeichen steht. Die Platzhalter % werden bei der Variablen selbst eingefügt (Zeile 2).

Entscheidend ist jetzt Zeile 8: Hier werden die Spalten des Ergebnisses an Variablen gebunden. Im Beispiel sind es drei Spalten (name, beschreibung, preis), und entsprechend werden auch drei Variablen bei bind_result() angegeben.

Nun kann man mit fetch() die Ergebnisse in einer while-Schleife durchlaufen und ausgeben.

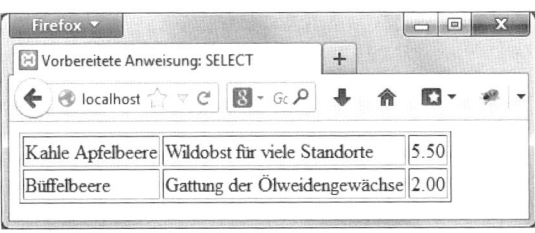

Abb. 11–15   *Das Ergebnis der Abfrage*

Optional können Sie nach $stmt->execute() noch $stmt->store_result() aufrufen, dann wird das ganze Ergebnis zum Client übertragen – ansonsten verbleibt es beim Server und wird erst durch fetch() zum Client übertragen. Wenn Sie $stmt->store_result() verwenden, können Sie mit $stmt->num_rows die Anzahl an Zeilen des Ergebnisses ermitteln. Danach sollten Sie den Speicherplatz mit free_-result() wieder freigeben.

```
01 require_once "db_daten.php";
02 $suche = "%beere%";
03 if($stmt = $mysqli->prepare("SELECT name, beschreibung, preis
04                              FROM pflanzen
05                              WHERE name LIKE ?")) {
06     $stmt->bind_param("s", $suche);
07     $stmt->execute();
08     $stmt->store_result();
09     $anzahl = $stmt->num_rows;
10     $stmt->bind_result($name, $beschreibung, $preis);
11     echo "<h2>Insgesamt $anzahl Ergebnisse für '$suche'</h2>\n";
12     echo "<table border='1'>\n";
13     while($stmt->fetch()) {
14       echo "<tr>\n\t<td>"
15         . htmlspecialchars($name)
16         . "</td>\n\t<td>"
17         . htmlspecialchars($beschreibung)
18         . "</td>\n\t<td>"
19         . htmlspecialchars($preis)
20         . "</td>\n</tr>\n";
21     }
22     $stmt->free_result();
23     $stmt->close();
24 }
25 $mysqli->close();
```

Listing 11–12 *Vorbereitete Anweisung mit store_result() (db_vorbereitet_store.php)*

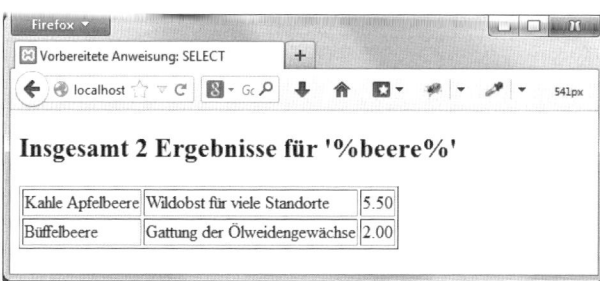

Abb. 11–16 *Das Ergebnis für die Abfrage – zusätzlich wird die Anzahl der Ergebnisse ausgegeben.*

11.7 MySQLi-Beispiel: Daten über ein Formular eingeben, ändern und löschen

An einem Beispiel soll jetzt die Eingabe per Formular in die Datenbank noch einmal demonstriert werden. Eingesetzt werden durchgängig Prepared Statements. Gezeigt wird ein Skript, das verwendet werden kann, um aktuelle Nachrichten online zu verwalten: Es können neue Nachrichten erstellt sowie bestehende verändert und gelöscht werden.

11.7.1   Vorbereitung

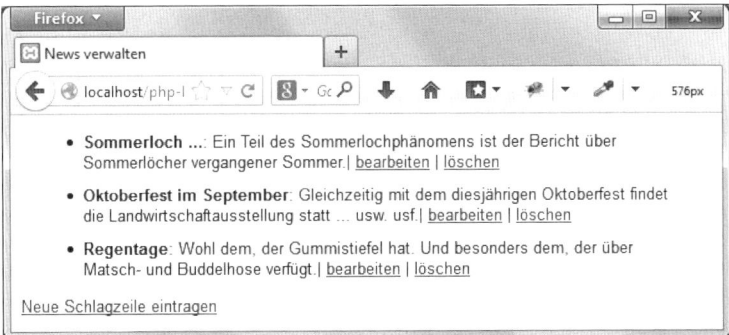

Abb. 11–17   *Die Anzeige aller Nachrichten inklusive jeweils eines Links zum Löschen und zum Bearbeiten*

Erst einmal muss hierfür eine Tabelle angelegt werden, die im Beispiel in einer neuen Datenbank mit Namen *news* erstellt wird – die Datenbank sollten Sie vorher anlegen. Dann können Sie die Tabelle mit folgendem Code erstellen:

```
CREATE TABLE aktuell (
   id INT(11) NOT NULL AUTO_INCREMENT PRIMARY KEY,
   titel VARCHAR(50) NOT NULL,
   text VARCHAR(250) NULL
) ENGINE=InnoDB;
```

Listing 11–13 *SQL-Befehle zur Erstellung der Tabelle aktuell (tabelle_aktuell_erstellen.sql)*

Außerdem sollten Sie ein paar Datensätze über phpMyAdmin eintragen oder den folgenden Code im SQL-Fenster von phpMyAdmin eingeben:

```
INSERT INTO aktuell (titel, text) VALUES
('Sommerloch ...', 'Ein Teil des Sommerlochphänomens ist der Bericht über
Sommerlöcher vergangener Sommer.'),
('Oktoberfest im September', 'Gleichzeitig mit dem diesjährigen Oktoberfest
findet die Landwirtschaftausstellung statt ... usw. usf.'),
('Regentage', 'Wohl dem, der Gummistiefel hat. Und besonders dem, der über
Matsch- und Buddelhose verfügt.');
```

Listing 11–14 *Drei Datensätze für die Tabelle aktuell (tabelle_aktuell_daten.sql)*

Kommen wir jetzt zur PHP-Programmierung. Im Beispiel werden vier Skripte zum Verwalten der Nachrichten benötigt. Im »echten« Einsatz würden Sie diese Skripten in einem eigenen Ordner unterbringen, der über eine *.htaccess*-Datei geschützt ist, das heißt, nur nach Eingabe eines Passworts erreichbar ist. Schließlich sollen nur berechtigte Benutzer neue Nachrichten eintragen dürfen. Die Anzeige der Nachrichten wird hingegen in eine andere öffentlich zugängliche Seite integriert – aber ohne die Links zum Bearbeiten der Nachrichten.

Sehen wir uns jetzt an, welche vier Skripte zur Verwaltung der Inhalte benutzt werden:

anzeigen.php stellt alle Nachrichten dar. Jede Nachricht ist außerdem mit einem Link zum Löschen und Bearbeiten versehen, die zu den entsprechenden Skripten führen. Außerdem gibt es einen Link, um eine neue Nachricht zu erstellen.

neu.php beinhaltet ein Formular zum Eintragen einer neuen Nachricht.

bearbeiten.php: Dieses Skript wird über *anzeigen.php* aufgerufen und erlaubt es, ausgewählte Nachrichten zu bearbeiten: Diese werden in einem Formular angezeigt und können editiert werden.

loeschen.php macht das, was der Name verspricht.

11.7.2 Skript zur Anzeige

Beginnen wir mit dem Skript zur Anzeige:

```
01 <!DOCTYPE html>
02
03 <html>
04  <head>
05   <meta charset="UTF-8" />
06   <title>News verwalten</title>
07   <style>
08   body { font-size: 80%; font-family: sans-serif; }
09   ul { width: 40em; }
10   li { margin: 10px;}
11   </style>
12 </head>
13 <body>
14 <?php
15 require_once "db_daten_aktuell.php";
16 if($stmt = $mysqli->prepare("SELECT id, titel, text FROM aktuell")) {
17   $stmt->execute();
18   $stmt->bind_result($id, $titel, $text);
19   echo "<ul>\n";
20   while($stmt->fetch()) {
21     echo "<li><strong>"
22         . htmlspecialchars($titel)
23         . "</strong>: "
24         . htmlspecialchars($text)
25         . "| <a href='bearbeiten.php?id="
26         . (int)$id
27         . "'>bearbeiten</a> "
28         . "| <a href='loeschen.php?id="
29         . (int)$id
30         . "'>löschen</a>"
31         . "</li>";
32   }
33   echo "</ul>\n";
```

```
34    $stmt->close();
35 }
36 $mysqli->close();
37 ?>
38 <a href="neu.php">Neue Schlagzeile eintragen</a>
39 </body>
40 </html>
```

Listing 11–15 *Das Skript zur Ausgabe aller Nachrichten (anzeigen.php)*

Zu Beginn stehen der HTML-Header sowie ein paar minimale CSS-Formatierungen in den Zeilen 8–10.

Der PHP-Code beginnt in Zeile 14. Zuerst wird in Zeile 15 die Datei *db_daten_aktuell.php* eingebunden, die die Zugangsdaten enthält – passen Sie die Inhalte dieser Datei noch an Ihre Umgebung an!

Im Beispiel werden durchgängig Prepared Statements eingesetzt. Zeile 16 erstellt das Prepared Statement, in Zeile 17 wird es ausgeführt, und in Zeile 18 werden die Spalten des Ergebnisses an Variablen gebunden. Ausgegeben werden die Nachrichten als ungeordnete Liste: Vor und nach der while-Schleife werden <ul> (Zeile 19) und </ul> (Zeile 33) ausgegeben. Innerhalb der while-Schleife werden die li-Elemente für die einzelnen Nachrichten geschrieben: Zuerst wird der Titel ausgegeben und dann der Text. Dahinter stehen die Links zum Bearbeiten und zum Löschen, über die die entsprechenden Skripte aufgerufen werden. Damit aber die richtige Nachricht bearbeitet oder gelöscht wird, muss die jeweilige id der Nachricht übergeben werden. Sehen wir uns das einmal genauer an:

```
25              . "| <a href='bearbeiten.php?id="
26              . (int)$id
27              . "'>bearbeiten</a>"
```

Damit wird ein Link zusammengestellt, der beispielsweise so aussieht:

```
<a href='bearbeiten.php?id=1'>bearbeiten</a>
```

localhost/php-beispiele/bearbeiten.php?id=3

Abb. 11–18   *Wenn Sie mit der Maus über die einzelnen Links fahren, sehen Sie unten in der Statusanzeige des Browsers, dass immer die entsprechende ID angezeigt wird.*

Wenn der Link geklickt wird, kann in der Datei bearbeiten.php über $_GET["id"] auf den übergebenen Wert zugegriffen und damit der richtige Datensatz ausgelesen werden. Nach demselben Prinzip werden auch die Links zur Datei *loeschen.php* zusammengesetzt.

In Zeile 38 wird dann noch ein Link zur Datei *neu.php* eingefügt, über die sich eine neue Nachricht eintragen lässt.

11.7.3   Neue Nachricht verfassen

Im Skript *neu.php* wird ein Formular angezeigt, in das Sie eine neue Nachricht eintragen können.

Abb. 11–19   *Das Formular zum Eingeben einer neuen Nachricht*

```
01 <?php
02 require_once "db_daten_aktuell.php";
03 $host = htmlspecialchars($_SERVER["HTTP_HOST"]);
04 $uri  = rtrim(dirname(htmlspecialchars($_SERVER["PHP_SELF"])), "/\\");
05 $extra = "anzeigen.php";
06 if (empty($_POST["titel"])) {
07 ?>
08 <!DOCTYPE html>
09
10 <html>
11  <head>
12   <meta charset="UTF-8" />
13   <title>News eingeben</title>
14   <style>
15   body { font-size: 80%; font-family: sans-serif; }
16   </style>
17 </head>
18 <body>
19 <form method="post" action="<?php echo
   htmlspecialchars($_SERVER["PHP_SELF"]); ?>">
20 Titel <br />
21 <input type="text" name="titel" maxlength="25" /><br />
22 Text <br />
23 <textarea name="text" rows="5" cols="30"></textarea><br />
24 <input type="submit" />
25 </body>
26 </html>
27 <?php
28 } else {
29  if ($stmt = $mysqli->prepare("INSERT INTO aktuell (titel, text) VALUES (?,
   ?)")) {
```

```
30      $titel = $_POST["titel"];
31      $text = $_POST["text"];
32      $stmt->bind_param("ss", $titel, $text);
33      $stmt->execute();
34      $stmt->close();
35      $mysqli->close();
36      header("Location: http://$host$uri/$extra");
37    }
38 }
39 ?>
```

Listing 11–16 *Ein neue Nachricht eintragen (neu.php)*

Wenn eine neue Nachricht eingetragen wurde, soll automatisch wieder auf die *anzeigen.php*-Seite umgeleitet werden. Um hierfür die benötigte absolute URL zusammenzustellen, werden in den Zeilen 3–5 die entsprechenden Komponenten definiert (siehe hierzu auch Kap. 8).

In Zeile 6 wird überprüft, ob $_POST["titel"] nicht gesetzt oder leer ist. Wenn dies der Fall ist, wird eine HTML-Seite inklusive Formular ausgegeben (Zeilen 8–26).

Falls $_POST["titel"] nicht empty ist, wurde das Formular bereits ausgefüllt und etwas beim Titel eingetragen. In diesem Fall findet die Verarbeitung statt (Zeile 28). Zuerst wird die vorbereitete Anweisung erstellt (Zeile 29), dann die Variablen definiert und gebunden (Zeile 32) und schließlich die Anweisung ausgeführt (Zeile 33). In Zeile 36 findet die Umleitung auf die Startseite statt. Damit das funktioniert, darf hier im else-Zweig oder davor keine Ausgabe von HTML-Code erfolgt sein – außer es ist eine Ausgabepufferung aktiviert.

11.7.4   Nachricht löschen

Das Löschen-Skript soll nur über die Seite *anzeigen.php* aufgerufen werden. Wenn die Nachricht gelöscht wurde, erfolgt sofort wieder eine Umleitung zu *anzeigen.php*. Deswegen wird hier kein HTML-Grundgerüst benötigt, denn das Skript erzeugt keine im Browser sichtbare Ausgabe.

```
01 <?php
02 require_once "db_daten_aktuell.php";
03 $host = htmlspecialchars($_SERVER["HTTP_HOST"]);
04 $uri  = rtrim(dirname(htmlspecialchars($_SERVER["PHP_SELF"])), "/\\");
05 $extra = "anzeigen.php";
06 if(!isset($_GET["id"]) || !is_numeric($_GET["id"])) {
07   header("Location: http://$host$uri/$extra");
08 }
09 $id = $_GET["id"];
10 if($stmt = $mysqli->prepare("DELETE FROM aktuell WHERE id=?")) {
11   $stmt->bind_param("i", $id);
12   $stmt->execute();
13   $stmt->close();
```

```
14   $mysqli->close();
15   header("Location: http://$host$uri/$extra");
16 }
17 ?>
```

Listing 11–17 *Das Skript zum Löschen (loeschen.php)*

Zu Beginn (Zeilen 3–5) werden wieder die Komponenten für die absolute URL zur Umleitung definiert. In Zeile 6 wird überprüft, ob die Variable $_GET["id"] gesetzt und numerisch ist. Falls das nicht der Fall ist, bedeutet das, dass das Löschen-Skript direkt aufgerufen oder die URL manipuliert wurde, und es findet direkt eine Umleitung auf die *anzeigen.php*-Seite statt (Zeile 7).

Ansonsten wird der Löschvorgang wieder über vorbereitete Statements durchgeführt (Zeile 10 ff.). Am Schluss findet die Umleitung zu *anzeigen.php* statt (Zeile 15).

11.7.5   Bestehende Nachrichten bearbeiten

Um bestehende Nachrichten zu bearbeiten, ist etwas mehr Aufwand erforderlich. Bei der Bearbeitung gibt es zwei voneinander relativ unabhängige Vorgänge:

- Wenn das Skript über *anzeigen.php* aufgerufen wurde, wird die ID des Datensatzes übergeben, der bearbeitet werden soll. Jetzt müssen Titel und Text zur entsprechenden ID über SELECT ausgelesen und im Formular angezeigt werden.

- Wird das Formular abgesendet, muss der UPDATE-Vorgang durchgeführt werden und wieder eine Umleitung zu *anzeigen.php* erfolgen.

Sehen wir uns das Skript einmal an:

```
01 <?php
02 require_once "db_daten_aktuell.php";
03 $host = htmlspecialchars($_SERVER["HTTP_HOST"]);
04 $uri  = rtrim(dirname(htmlspecialchars($_SERVER["PHP_SELF"])), "/\\");
05 $extra = "anzeigen.php";
06 if (empty($_POST["titel"])) {
07   if(!isset($_GET["id"]) || !is_numeric($_GET["id"])) {
08     header("Location: http://$host$uri/$extra");
09   }
10 ?>
11 <!DOCTYPE html>
12
13 <html>
14  <head>
15   <meta charset="UTF-8" />
16   <title>News verwalten</title>
17   <style>
18   body { font-size: 80%; font-family: sans-serif; }
19   </style>
20 </head>
```

```
21 <body>
22 <?php
23    $id = $_GET["id"];
24    if($stmt = $mysqli->prepare("SELECT id, titel, text
25       FROM aktuell WHERE id=?")) {
26    $stmt->bind_param("i", $id);
27    $stmt->execute();
28    $stmt->bind_result($id, $titel, $text);
29    $stmt->fetch();
30    $stmt->close();
31    $mysqli->close();
32    }
33 ?>
34 <form method="post" action="<?php echo
   htmlspecialchars($_SERVER["PHP_SELF"]); ?>">
35 Titel <br />
36 <input type="text" name="titel" value="<?php echo htmlspecialchars($titel);
   ?>" /><br />
37 Text <br />
38 <textarea name="text" rows="5" cols="30"><?php echo
   htmlspecialchars($text); ?></textarea><br />
39 <input type="hidden" name="id" value="<?php echo $id; ?>" />
40 <input type="submit" />
41 </body>
42 </html>
43 <?php
44 } else {
45    $id = (int)$_POST["id"];
46    if($stmt = $mysqli->prepare("UPDATE aktuell
47             SET titel=?, text=? WHERE id=?")) {
48      $titel = $_POST["titel"];
49      $text = $_POST["text"];
50      $stmt->bind_param("ssi", $titel, $text, $id);
51      $stmt->execute();
52      $stmt->close();
53      $mysqli->close();
54      header("Location: http://$host$uri/$extra");
55    }
56 }
57 ?>
```

Listing 11–18 *Das Skript zum Bearbeiten bestehender Datensätze (bearbeiten.php)*

Den Anfang (Zeilen 1–4) kennen Sie schon. Interessant ist jetzt die Überprüfung
in Zeile 6. Wenn $_POST["titel"] leer ist, soll das Formular mit den Inhalten
angezeigt werden. Dafür ist die id der Nachricht notwendig, die modifiziert werden soll. Diese wird im Normalfall über die URL übergeben, beispielsweise als
bearbeiten.php?id=3. Sollte diese jedoch nicht gesetzt sein, also *bearbeiten.php*
ohne Parameter aufgerufen sein, oder sollte die id nicht numerisch sein, findet
sofort wieder eine Umleitung zu *anzeigen.php* statt (Zeile 8).

Ansonsten wird über eine vorbereitete Anweisung in Zeile 24 der gesamte Datensatz zur ID geholt, und die Ergebnisse werden an Variablen gebunden. Da es sich nur um einen Datensatz handelt, braucht fetch() in Zeile 29 nicht in einer Schleife aufgerufen zu werden, sondern es genügt ein einmaliger Aufruf.

Ab Zeile 34 wird das Formular erstellt, und die ausgelesenen Werte werden in die Formularfelder voreingetragen. In Zeile 39 wird außerdem die id in ein verstecktes Feld eingetragen.

```
39 <input type="hidden" name="id" value="<?php echo $id; ?>" />
```

Wenn das Formular abgeschickt wurde und bei titel etwas eingetragen ist, wird der else-Zweig ausgeführt, der in Zeile 44 beginnt. Zuerst wird eine vorbereitete Anweisung für den UPDATE-Vorgang erstellt (Zeile 46 ff.). Damit der richtige Datensatz verändert wird, ist die id notwendig – und diese wurde ja über das versteckte Feld übertragen und steht damit in $_POST["id"].

Beim ersten Aufruf von *bearbeiten.php* über die *anzeigen.php*-Seite hängt am Dateinamen die id des Datensatzes (*bearbeiten.php?id=2*). Wenn das Formular hingegen abgesendet wird, wird es an *bearbeiten.php* gesendet – ohne Parameter. Dafür, dass die id jetzt ausgelesen werden kann, wurde sie im Formular in ein verstecktes Feld eingetragen.

Am Schluss wird die vorbereitete Anweisung ausgeführt (Zeile 51), und es findet wieder eine Umleitung zu *anzeigen.php* (Zeile 54) statt.

Übung 3

Ergänzen Sie das Beispiel noch um eine Log-in-Funktionalität, wie sie in Kapitel 8 vorgestellt wurde. Es sollen nur Benutzer mit dem korrekten Benutzernamen und dem korrekten Passwort Zugriff auf die Bearbeitungsfunktionen haben.

11.8　MySQLi-Schnittstelle prozedural

Bisher wurde durchgängig die MySQLi-Schnittstelle objektorientiert genutzt, Sie können sie aber auch prozedural verwenden. Hierzu ein Beispiel, in dem alle Datensätze der Tabelle *pflanzen* ausgelesen und als Tabelle angezeigt werden:

```
01 $db = mysqli_connect("localhost", "root", "geheim", "garten");
02 if (!$db) {
03   echo "Fehler bei der Verbindung: " . mysqli_connect_error();
04   exit();
05 }
06 $ergebnis = mysqli_query($db, "SELECT name, beschreibung, preis FROM
   pflanzen;");
07 echo "<table border='1'>\n";
08 while($zeile = mysqli_fetch_array($ergebnis)) {
09   echo "<tr><td>" . htmlspecialchars($zeile["name"]) . "</td>"
10       . "<td>" . htmlspecialchars($zeile["beschreibung"]) . "</td>"
```

```
11            . "<td>" . htmlspecialchars($zeile["preis"]) . "</td>"
12            . "</tr>\n";
13 }
14 echo "</table>";
15 mysqli_close($db);
```

Listing 11–19 Daten als Tabelle ausgeben (db_ausgabe_prozedural.php)

Die Verbindung wird in Zeile 1 über `mysqli_connect()` hergestellt, das einen Handle für die Verbindung zurückgibt. Dieser muss in Zeile 6 zur Durchführung der Abfrage als erster Parameter an `mysqli_query()` übergeben werden. `mysqli_query()` gibt eine Ergebniskennung zurück, die dann in Zeile 8 an `mysli_fetch_array()` übergeben wird, um die einzelnen Datensätze auszulesen.

11.9   Grundlegende Operationen mit PDO

Angenommen, Sie erstellen Ihre Applikation unter Verwendung von MySQL oder MariaDB. Wenn jetzt aus irgendwelchen Gründen ein anderes Datenbankmanagementsystem zum Einsatz kommen soll, müssen Sie Ihren Code an allen entsprechenden Stellen umschreiben. Schöner wäre es, es gäbe eine Abstraktionsmöglichkeit, das heißt, man könnte die Befehle so allgemein formulieren, dass sie unabhängig vom gerade verwendeten Datenbankmanagementsystem sind. Damit kann man das Datenbankmanagementsystem ändern, ohne jeden Datenbankbefehl anpassen zu müssen. Und genau das ist der Vorteil der PDO-Datenbankabstraktionsschicht. PDO steht für PHP Data Objects.

Damit Sie mit PDO arbeiten können, muss die Erweiterung aktiviert sein, was standardmäßig der Fall ist. Kontrollieren können Sie es in der Ausgabe von `phpinfo()`. Suchen Sie nach *PDO support*. Außerdem brauchen Sie den Treiber für das Datenbankmanagementsystem, das Sie verwenden wollen.[1] Welche Treiber installiert sind, erfahren Sie ebenfalls aus `phpinfo()`.

PDO

PDO support	enabled
PDO drivers	mysql, sqlite

pdo_mysql

PDO Driver for MySQL	enabled
Client API version	mysqlnd 5.0.12-dev - 20150407 - $Id: b396954eeb2d1d9ed7902b8bae237b287f21ad9e $

pdo_sqlite

PDO Driver for SQLite 3.x	enabled
SQLite Library	3.20.1

Abb. 11–20   Informationen aus phpinfo() zur PDO-Erweiterung und den installierten Datenbanktreibern

---

1.   *http://php.net/manual/de/pdo.drivers.php*

11.9.1   Verbindung erstellen

Zuerst müssen Sie eine Verbindung erstellen über die PDO-Klasse, die eine Verbindung zwischen PHP und einem Datenbankserver repräsentiert.

```
try {
  $db = new PDO("mysql:host=localhost;dbname=garten;charset=UTF8", "root",
"geheim");
} catch (PDOException $e) {
  echo "Konnte Verbindung nicht erstellen " . $e->getMessage();
}
```

Listing 11–20 *PDO: Verbindung erstellen (pdo_verbindung.php)*

Im try-Block wird versucht, eine Verbindung herzustellen. Wenn das fehlschlägt, wird im catch-Block eine PDO-Exception erzeugt und eine Meldung ausgegeben.

Für die Verbindung wird ein neues PDO-Objekt erstellt. Ihm wird ein sogenannter *Data Source Name* (DNS) übergeben, im Beispiel mysql:host=localhost;dbname=garten;charset=UTF8. Er besteht aus:

- einem Präfix (im Beispiel mysql) – dieses gibt das Datenbankmanagementsystem an, das genutzt werden soll – und

- darauf folgenden mit Semikolon getrennten Schlüssel-Wert-Paaren mit Informationen, wie die Verbindung stattfinden soll, das heißt bei MySQL Host, Datenbankname sowie Zeichensatz.

Danach folgen der Benutzername und das Passwort

Wenn Sie ein anderes Datenbankmanagesystem verwenden wollen, müssen Sie die passenden Daten übergeben. Sehen wir uns das am Beispiel von SQLite an. SQLite ist ebenfalls ein Datenbankmanagementsystem, wobei eine SQLite-Datenbank aus einer einzigen Datei besteht, in der alle Tabellen, Indizes usw. gespeichert sind. Hier könnte der DNS folgendermaßen aussehen:

```
$db = new PDO("sqlite:C:\\xampp\\htdocs\\php-beispiele\\beispiel.db");
```

In diesem Fall brauchen wir als Präfix sqlite und außerdem die Angabe zur Datei, in der die Daten gespeichert werden.

11.9.2   Daten einfügen, ändern und löschen

Um Daten einzufügen, zu ändern oder zu löschen, können Sie die Methode exec() nutzen. Beginnen wir mit dem Einfügen:

```
01 try {
02     $db = new PDO("mysql:host=localhost;dbname=garten;charset=UTF8", "root",
       "geheim");
03     $db->setAttribute(PDO::ATTR_ERRMODE, PDO::ERRMODE_EXCEPTION);
04     $sql = "INSERT INTO pflanzen
05             (name, beschreibung, preis)
06             VALUES ('Ramblerrose', 'Blüte im Juni und Juli', 7)";
```

```
07   $betroffeneZeilen = $db->exec($sql);
08   echo $betroffeneZeilen . " Datensatz/Datensätze geändert";
09 } catch (PDOException $e) {
10   echo "Hat nicht geklappt: " . $e->getMessage();
11 }
```

Listing 11–21 *Datensatz einfügen (pdo_einfuegen.php)*

Der Code ist wieder in einen try-catch-Block geschrieben. Zeile 3 setzt den Fehlermodus auf Exception – dazu kommen wir etwas später noch genauer. In Zeile
4 wird der INSERT-Befehl formuliert und in Zeile 7 an die exec()–Methode des
PDO-Objekts übergeben. Zurückgegeben wird die Anzahl der betroffenen
Datensätzen. Diese werden in Zeile 8 ausgegegeben.

Ein UPDATE funktioniert im Prinzip genauso – auch hier wird der SQL-Befehl
mit exec() ausgeführt:

```
01 try {
02   $db = new PDO("mysql:host=localhost;dbname=garten;charset=UTF8", "root",
     "geheim");
03   $db->setAttribute(PDO::ATTR_ERRMODE, PDO::ERRMODE_EXCEPTION);
04   $sql = "UPDATE pflanzen
05           SET beschreibung = 'wunderschöne Blüte im Juni und Juli'
06           WHERE pfl_id = 10";
07   $betroffeneZeilen = $db->exec($sql);
08   echo $betroffeneZeilen . " Datensatz/Datensätze geändert";
09 } catch (PDOException $e) {
10   echo "Hat nicht geklappt: " . $e->getMessage();
11 }
```

Listing 11–22 *Datensatz ändern (pdo_aendern.php)*

Auf dieselbe Art lässt sich auch ein Datensatz löschen.

```
01 try {
02   $db = new PDO("mysql:host=localhost;dbname=garten;charset=UTF8", "root",
     "geheim");
03   $db->setAttribute(PDO::ATTR_ERRMODE, PDO::ERRMODE_EXCEPTION);
04   $sql = "DELETE FROM pflanzen
05           WHERE pfl_id = 10";
06   $betroffeneZeilen = $db->exec($sql);
07   echo $betroffeneZeilen . " Datensatz/Datensätze geändert";
08 } catch (PDOException $e) {
09   echo "Hat nicht geklappt: " . $e->getMessage();
10 }
```

Listing 11–23 *Datensatz löschen (pdo_loeschen.php)*

11.9.3   Datensätze auslesen

Es gibt mehrere Möglichkeiten, Daten mit PDO ausgeben zu lassen. Das SELECT
führen Sie am besten mit query() aus. Sie erhalten das Ergebnis als PDO-State-

ment-Objekt. Dieses lässt sich direkt in einer foreach-Schleife verwenden. Im folgenden Beispiel lassen wir Namen und Beschreibungen aller Pflanzen ausgeben, die eine Beschreibung haben:

```
01 try {
02   $db = new PDO("mysql:host=localhost;dbname=garten;charset=UTF8", "root",
     "geheim");
03   $db->setAttribute(PDO::ATTR_ERRMODE, PDO::ERRMODE_EXCEPTION);
04   $sql = "SELECT name, beschreibung FROM pflanzen WHERE beschreibung IS NOT
     NULL";
05   foreach($db->query($sql) as $zeile) {
06     echo $zeile[0] . ": " . $zeile[1] . "<br />\n";
07   }
08 } catch (PDOException $e) {
09   echo "Hat nicht geklappt: " . $e->getMessage();
10 }
```

Listing 11–24 *Datensätze mit PDO ausgeben lassen (pdo_ausgeben.php)*

In Zeile 4 wird das SELECT formuliert. Die foreach-Schleife beginnt in Zeile 5. In runden Klammern von foreach steht $db->query(), dem wir das formulierte SELECT übergeben. Wir können es an dieser Stelle verwenden wie ein Array und genauso durchlaufen. Innerhalb von foreach (Zeile 6) wird der Name, gefolgt von der Beschreibung ausgegeben.

Übung 4

Lassen Sie einmal den Inhalt von $zeile im Beispiel *pdo_ausgeben.php* mit print_r() ausgeben. Wie könnte man also noch auf die einzelnen Felder zugreifen?

Im letzten Beispiel hatten wir direkt über query() iteriert. Eine Alternative dazu besteht im Einsatz von fetch(). Beim ersten Durchgang liefert fetch() die erste Zeile des Ergebnissets, beim nächsten die folgende usw. Dabei können Sie über eine Konstante angeben, in welchem Format Sie das Ergebnis haben möchten. Zur Auswahl stehen unter anderem:

PDO::FETCH_ASSOC
assoziatives Array mit Spaltennamen als Schlüssel

PDO::FETCH_NUM
indiziertes Array

PDO::FETCH_OBJ
anonymes Objekt mit Eigenschaften, die den Spalten entsprechen

PDO::FETCH_CLASS
Instanz der angegebenen Klasse, wobei die Spalten des Ergebnisses den Eigenschaften der Klasse entsprechen (dazu später noch ein Beispiel)

Diese Angabe lässt sich direkt bei fetch() setzen oder global über die folgende Angabe:

```
$db->setAttribute(PDO::ATTR_DEFAULT_FETCH_MODE, PDO::FETCH_OBJ);
```

Im nächsten Beispiel verwenden wir FETCH_ASSOC:

```
01 try {
02   $db = new PDO("mysql:host=localhost;dbname=garten;charset=UTF8", "root",
     "geheim");
03   $db->setAttribute(PDO::ATTR_ERRMODE, PDO::ERRMODE_EXCEPTION);
04   $sql = "SELECT name, beschreibung FROM pflanzen WHERE beschreibung IS NOT
     NULL";
05   $ergebnis = $db->query($sql);
06   while ($zeile = $ergebnis->fetch(PDO::FETCH_ASSOC)) {
07     echo $zeile["name"] . ": " . $zeile["beschreibung"] . "<br />\n";
08   }
09 } catch (PDOException $e) {
10   echo "Hat nicht geklappt: " . $e->getMessage();
11 }
```

Listing 11–25 *Ausgabe mit fetch() (pdo_ausgeben_2.php)*

Neben fetch() gibt es auch fetchAll(). Damit erhalten Sie ein verschachteltes Array mit allen Zeilen des Ergebnisses:

```
01 try {
02   $db = new PDO("mysql:host=localhost;dbname=garten;charset=UTF8", "root",
     "geheim");
03   $db->setAttribute(PDO::ATTR_ERRMODE, PDO::ERRMODE_EXCEPTION);
04   $sql = "SELECT name, beschreibung FROM pflanzen WHERE beschreibung IS NOT
     NULL";
05   $ergebnis = $db->query($sql);
06   $alles = $ergebnis->fetchALL(PDO::FETCH_ASSOC);
07   echo "<pre>";
08   print_r($alles);
09   echo "</pre>";
10 } catch (PDOException $e) {
11   echo "Hat nicht geklappt: " . $e->getMessage();
12 }
```

Listing 11–26 *fetchAll() (pdo_ausgeben_3.php)*

Abb. 11–21   *Mit fetchAll() erhalten Sie alle Datensätze als verschachteltes Array.*

11.9.4   Anzahl der Datensätze ermitteln

Kommen wir nun dazu, wie man die Anzahl an Datensätzen ermitteln kann.
Dafür gibt es zwei Wege – wobei der zweite günstiger ist, wie Sie gleich sehen
werden.

Beim PDOStatement-Objekt, das query() zurückliefert, können Sie die
Methode rowCount() einsetzen, um die Anzahl der Datensätze im Ergebnis zu
ermitteln.

```
01 try {
02   $db = new PDO("mysql:host=localhost;dbname=garten;charset=UTF8", "root",
     "geheim");
03   $db->setAttribute(PDO::ATTR_ERRMODE, PDO::ERRMODE_EXCEPTION);
04   $sql = "SELECT name, beschreibung FROM pflanzen WHERE beschreibung IS NOT
     NULL";
05   $ergebnis = $db->query($sql);
06   $anzahl = $ergebnis->rowCount();
07   echo "<p>Anzahl der Datensätze: $anzahl</p>\n";
08   while ($zeile = $ergebnis->fetch(PDO::FETCH_ASSOC)) {
09     echo $zeile["name"] . ": " . $zeile["beschreibung"] . "<br />\n";
10   }
11 } catch (PDOException $e) {
12   echo "Hat nicht geklappt: " . $e->getMessage();
13 }
```

Listing 11–27   *Anzahl ermitteln mit rowCount() (pdo_anzahl_datensaetze.php)*

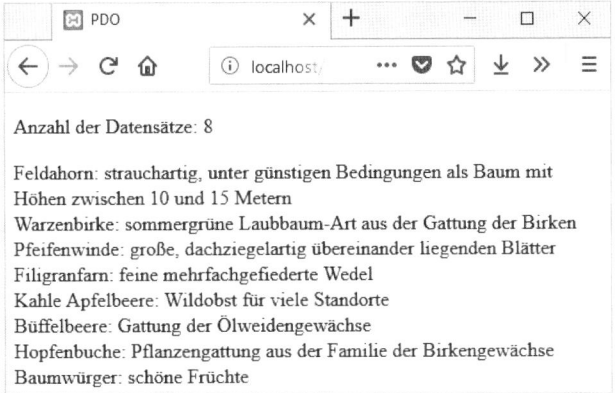

Anzahl der Datensätze: 8

Feldahorn: strauchartig, unter günstigen Bedingungen als Baum mit
Höhen zwischen 10 und 15 Metern
Warzenbirke: sommergrüne Laubbaum-Art aus der Gattung der Birken
Pfeifenwinde: große, dachziegelartig übereinander liegenden Blätter
Filigranfarn: feine mehrfachgefiederte Wedel
Kahle Apfelbeere: Wildobst für viele Standorte
Büffelbeere: Gattung der Ölweidengewächse
Hopfenbuche: Pflanzengattung aus der Familie der Birkengewächse
Baumwürger: schöne Früchte

Abb. 11–22   *Die Anzahl der Datensätze ermitteln*

Das klappt bei MySQL/MariaDB wunderbar. Allerdings finden Sie einen wichtigen Hinweis bei rowCount() im PHP-Manual »However, this behaviour is not
guaranteed for all databases and should not be relied on for portable applica-
tions«.[2] Dieses Verhalten kann also nicht für alle Datenbankmanagementsysteme
garantiert werden. Konkret funktioniert es beispielsweise bei SQLite nicht. Deswegen empfiehlt sich ein anderer Weg, der unabhängig vom verwendeten Datenbankmanagementsystem funktioniert. Sie ermitteln die Anzahl über SELECT
COUNT(pfl_id) und lesen diese Zahl mit fetchColumn() aus:

```
01 try {
02   $db = new PDO("mysql:host=localhost;dbname=garten;charset=UTF8", "root",
     "geheim");
03   $db->setAttribute(PDO::ATTR_ERRMODE, PDO::ERRMODE_EXCEPTION);
04   $sql = "SELECT name, beschreibung FROM pflanzen WHERE beschreibung IS NOT
     NULL";
05   $ergebnis = $db->query($sql);
06   $sqlanzahl = "SELECT COUNT(pfl_id) FROM pflanzen WHERE beschreibung IS NOT
     NULL";
07   $ergebnisanzahl = $db->query($sqlanzahl);
08   $anzahl = $ergebnisanzahl->fetchColumn();
09   echo "<p>Anzahl der Datensätze: $anzahl</p>\n";
10   while ($zeile = $ergebnis->fetch(PDO::FETCH_ASSOC)) {
11     echo $zeile["name"] . ": " . $zeile["beschreibung"] . "<br />\n";
12   }
13 } catch (PDOException $e) {
14   echo "Hat nicht geklappt: " . $e->getMessage();
15 }
```

Listing 11–28   *Dieses Mal klappt es auch mit anderen Datenbankmanagementsystemen*
                    (pdo_anzahl_datensaetze_2.php).

2.   *http://php.net/manual/de/pdostatement.rowcount.php*

Das Ergebnis ist dasselbe wie im vorherigen Beispiel, aber es würde beispielsweise auch bei SQLite funktionieren. Dieses Beispiel zeigt klar die Begrenzungen von PDO, es ist datenbankunabhängig, aber Sie müssen aufpassen, nicht Features einzusetzen, die nur in bestimmten Datenbankmanagementsystemen funktionieren.

`fetchColumn()` können Sie auch sonst verwenden: Es gibt eine einzelne Spalte der aktuellen Zeile des Ergebnisses zurück, beim nächsten Aufruf eine einzelne Spalte von der nächsten Zeile. Wenn keine Zeilen mehr vorhanden sind, wird `false` zurückgegeben. Und falls Sie nicht die erste Spalte haben wollen, können Sie den Index der gewünschten Spalte übergeben.

11.10   PDO: Fehlermodi

Bei den bisherigen Beispielen haben wir immer den Fehlermodus bei PDO auf Exception gesetzt. Prinzipiell stehen bei PDO drei Fehlermodi zur Auswahl:

`ERRMODE_EXCEPTION`
Bei einem Fehler wird eine Exception geworfen.

`ERRMODE_SILENT`
Stiller Modus, dies ist der Standard.

`ERRMODE_WARNING`
Eine Warnung wird bei einem Fehler ausgegeben.

Bisher haben wir `ERRMODE_EXCEPTION` genutzt. Das ist praktisch, denn im Falle eines Fehlers können wir das Problem im catch-Block behandeln und erhalten eine hilfreiche Fehlermeldung. Im folgenden Beispiel ist ein Fehler im SELECT eingebaut – der Tabellenname ist falsch geschrieben.

```
01 try {
02   $db = new PDO("mysql:host=localhost;dbname=garten;charset=UTF8", "root",
     "geheim");
03   $db->setAttribute(PDO::ATTR_ERRMODE, PDO::ERRMODE_EXCEPTION);
04   $sql = "SELECT name, beschreibung FROM pflanzn WHERE beschreibung IS NOT
     NULL";
05   $ergebnis = $db->query($sql);
06   while ($zeile = $ergebnis->fetch(PDO::FETCH_ASSOC)) {
07       echo $zeile["name"] . ": " . $zeile["beschreibung"] . "<br />\n";
08   }
09 } catch (PDOException $e) {
10   echo "Hat nicht geklappt: " . $e->getMessage();
11 }
```

Listing 11–29 *Ein Fehler im SELECT (pdo_fehlermodus.php)*

Abb. 11–23   *Fehlermeldung*

Der stille Modus ist der Standard, das heißt wenn Sie keinen Fehlermodus auswählen. Kommentieren wir einmal die folgende Zeile aus:

```
//$db->setAttribute(PDO::ATTR_ERRMODE, PDO::ERRMODE_EXCEPTION);
```

Listing 11–30   *Eine Zeile wird auskommentiert (pdo_fehlermodus_2.php).*

Im stillen Modus erzeugt der falsche SQL-Befehl keine Fehler, ein Fehler tritt erst in der `while`-Schleife auf.

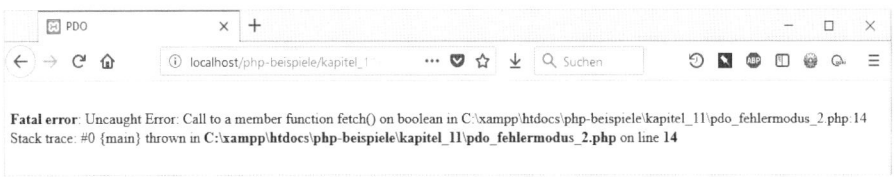

Abb. 11–24   *Ein Fehler tritt in der while-Schleife auf.*

Der fatale Fehler weist aber schon darauf hin, wie wir im stillen Modus eine Fehlermeldung zum SQL-Code erhalten. In diesem Fall gibt `query()` `false` zurück. Wir müssen also diesen Rückgabewert überprüfen.

```
01 try {
02   $db = new PDO("mysql:host=localhost;dbname=garten;charset=UTF8", "root",
     "geheim");
03   //$db->setAttribute(PDO::ATTR_ERRMODE, PDO::ERRMODE_EXCEPTION);
04   $sql = "SELECT name, beschreibung FROM pflanzn WHERE beschreibung IS NOT
     NULL";
05   $ergebnis = $db->query($sql);
06   if ($ergebnis !== false) {
07     while ($zeile = $ergebnis->fetch(PDO::FETCH_ASSOC)) {
08       echo $zeile["name"] . ": " . $zeile["beschreibung"] . "<br />\n";
09     }
10   } else {
11     print_r($db->errorInfo());
12   }
13 } catch (PDOException $e) {
14   echo "Hat nicht geklappt: " . $e->getMessage();
15 }
```

Listing 11–31   *Rückgabewert von query() überprüfen (pdo_fehlermodus_3.php).*

Wie überprüfen den Rückgabewert von query(). Nur wenn dieser nicht false ist (Zeile 6), lassen wir in einer while-Schleife die Inhalte ausgeben. Sonst wird die Fehlermeldungen über errorInfo() ausgegeben. errorInfo() liefert ein Array mit Angaben zum Fehler, nämlich zwei Fehlernummern und außerdem den Fehlertext.

Abb. 11–25   *Jetzt erhält man eine aufschlussreiche Fehlermeldung.*

Wenn wir also den stillen Modus nutzen, müssen wir den Rückgabewerte von query() (oder exec()) überprüfen. Diesen Schritt sparen wir uns, wenn wir wie bisher den Fehlermodus ERRMODE_EXCEPTION verwenden.

11.11 PDO Prepared Statements

Prepared Statements haben viele Vorteile – einer der wichtigsten Vorteile ist sicher, dass die SQL-Befehle von den Daten getrennt sind und dass damit ein Benutzer nicht so einfach SQL-Code unterschleusen kann. Prepared Statements können Sie natürlich auch bei PDO nutzen.

Beginnen wir mit einem INSERT.

```
01 try {
02   $db = new PDO("mysql:host=localhost;dbname=garten;charset=UTF8", "root",
     "geheim");
03   $db->setAttribute(PDO::ATTR_ERRMODE, PDO::ERRMODE_EXCEPTION);
04   $sql = "INSERT INTO pflanzen
05           (name, beschreibung, preis)
06           VALUES (?, ?, ?)";
07   $stmt = $db->prepare($sql);
08   $stmt->execute(["Schmetterlingsflieder", "lockt Schmetterlinge und
     Bienen an", 10]);
09   echo $stmt->rowCount() . " Datensatz/Datensätze betroffen";
10 } catch (PDOException $e) {
11   echo "Hat nicht geklappt: " . $e->getMessage();
12 }
```

Listing 11–32 *Prepared Statements bei PDO: INSERT (pdo_prepared_einfuegen.php)*

Im SQL-Statement verwenden wir Fragezeichen statt der eigentlichen Werte (Zeile 6). Beim PDO-Objekt wird dann prepare() aufgerufen und das SQL-Statement übergeben (Zeile 7). Zurückgegeben wird ein PDO-Statement-Objekt, das in Zeile 8 mit execute() ausgeführt wird, wobei execute() die zu verwendenden

Werte als Array erhält. Die Anzahl der geänderten Datensätze kann dann mit
rowCount() (Zeile 9) ermittelt werden.

Statt der Fragezeichen können Sie auch benannte Parameter nutzen –
dadurch wird der Code gerade bei längeren SQL-Statements besser lesbar.

```
01 try {
02   $db = new PDO("mysql:host=localhost;dbname=garten;charset=UTF8", "root",
     "geheim");
03   $db->setAttribute(PDO::ATTR_ERRMODE, PDO::ERRMODE_EXCEPTION);
04   $sql = "INSERT INTO pflanzen
05           (name, beschreibung, preis)
06           VALUES (:name, :beschreibung, :preis)";
07   $stmt = $db->prepare($sql);
08   $stmt->execute([
09     ":name" => "Schmetterlingsflieder",
10     ":beschreibung" => "lockt Schmetterlinge und Bienen an",
11     ":preis" => 10
12   ]);
13   echo $stmt->rowCount() . " Datensatz/Datensätze betroffen";
14 } catch (PDOException $e) {
15   echo "Hat nicht geklappt: " . $e->getMessage();
16 }
```

Listing 11–33 *Einfügen mit benannten Parametern (pdo_prepared_einfuegen_benannt.php)*

In Zeile 6 sehen Sie, dass statt der Fragezeichen Namen für die Parameter stehen.
Diese Namen werden im assoziativen Array verwendet, das an execute() übergeben wird (Zeilen 8–12).

Ein SELECT funktioniert ähnlich. Im Beispiel lassen wir uns alle Pflanzen ausgeben, deren Preis kleiner als 8 ist.

```
01 try {
02   $db = new PDO("mysql:host=localhost;dbname=garten;charset=UTF8", "root",
     "geheim");
03   $db->setAttribute(PDO::ATTR_ERRMODE, PDO::ERRMODE_EXCEPTION);
04   $sql = "SELECT name, beschreibung, preis
05           FROM pflanzen
06           WHERE preis < :preis";
07   $stmt = $db->prepare($sql);
08   $stmt->execute([
09     ":preis" => 8
10   ]);
11   while ($zeile = $stmt->fetch(PDO::FETCH_ASSOC)) {
12     echo $zeile["name"] . ": " . $zeile["beschreibung"] . " (".
     $zeile["preis"] .")<br />\n";
13   }
14 } catch (PDOException $e) {
15   echo "Hat nicht geklappt: " . $e->getMessage();
16 }
```

Listing 11–34 *Ausgabe mit benannten Parametern (pdo_prepared_ausgeben.php)*

In den Zeilen 4–6 wird der SQL-Befehl formuliert, wobei ein benannter Parameter benutzt wird. Dieser wird in Zeile 9 dann mit dem gewünschten Wert belegt.

11.12   PDO: Daten als Objekte einer bestimmten Klasse zurückgeben lassen

PDO bietet viele Möglichkeiten. Wir wollen uns hier noch eine Sache ansehen, nämlich, wie wir das Ergebnis einer Abfrage als Objekt einer zuvor definierten Klasse zurückgeben lassen können. Das ist praktisch, um die Aufgaben, die ein Programm hat, auf verschiedene Dateien aufzuteilen, und das sorgt für eine gute Organisation des Codes. Dabei werden wir im letzten Schritt noch den HTML-Code in einer eigenen Datei auslagern, um die Präsentation von der Programmlogik separat zu halten.

Zuerst erstellen wir die Klasse `Pflanze`. Sie hat dieselben Eigenschaften wie die Spalten der Tabelle. Außerdem gibt es Methoden, um die Angaben auszulesen und dabei teilweise zu modifizieren.

```
01 <?php
02
03 class Pflanze
04 {
05   protected $name;
06   protected $beschreibung;
07   protected $preis;
08
09   public function nameausgeben()
10   {
11     return mb_strtoupper($this->name);
12   }
13
14   public function beschreibungausgeben()
15   {
16     return $this->beschreibung;
17   }
18
19   public function preisausgeben()


20   {
21     return number_format($this->preis, 2, ",", ".") . " Euro";
22   }
23 }
```

Listing 11–35 Klasse Pflanze (Pflanze.php)

In einer weiteren Datei erstellen wir unsere Datenbankverbindung und führen einen SELECT aus; außerdem wird *Pflanze.php* mit require eingebunden. Das Entscheidende: Bei fetchAll() wählen wir als Modus PDO::FETCH_CLASS.

```
01 <?php
02 require "Pflanze.php";
03 try {
04   $pdo = new PDO("mysql:host=localhost;dbname=garten;charset=UTF8", "root",
     "geheim");
05   $stmt = $pdo->prepare("SELECT * FROM pflanzen");
06   $stmt->execute();
07   $pflanzen = $stmt->fetchAll(PDO::FETCH_CLASS, "Pflanze");
08   print_r($pflanzen);
09 }
10 catch (PDOException $e){
11   echo  "Fehler: " . $e->getMessage();
12 }
```

Listing 11–36 *Die Ergebnisse als Objekte einer Klasse zurückgeben lassen (pdo_fetch_class.php)*

Bei fetchAll() geben wir FETCH_CLASS an und als zweiten Parameter unsere vorher
definierten Klasse Pflanze. Danach lassen wir das Ergebnis einmal mit print_r()
ausgeben. Als Resultat haben wir ein Array von Pflanze-Objekten.

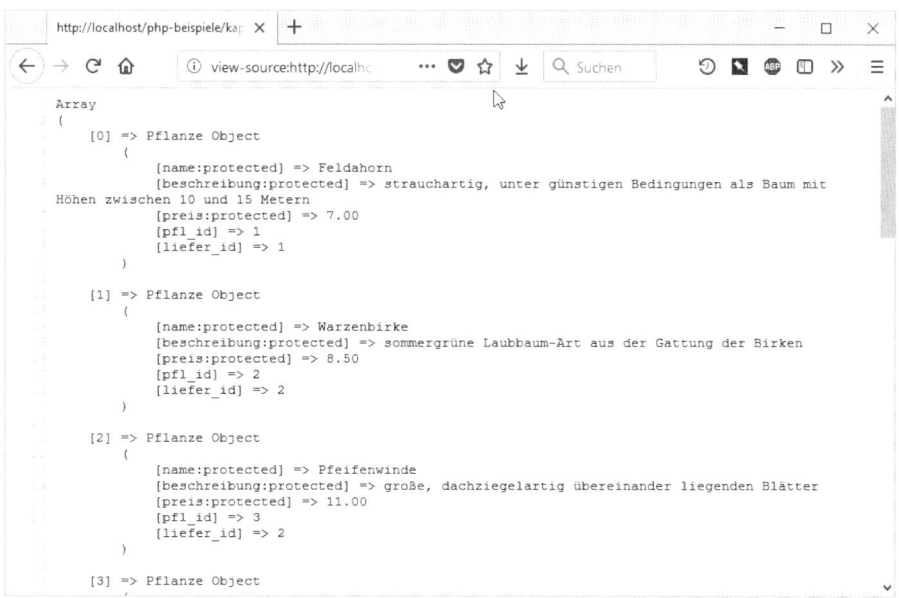

Abb. 11–26   *Ein Array von Pflanze-Objekten*

Die Eigenschaften, die wir in der Klasse definiert (und auf protected) gesetzt
haben, sind entsprechend gekennzeichnet. Zusätzlich sind aber auch pfl_id und
liefer_id aus der Tabelle als Eigenschaften vorhanden.

Wir können die in der Klasse definierten Methoden nutzen. Das machen wir im nächsten Beispiel:

```
01 require "Pflanze.php";
02 try {
03   $pdo = new PDO("mysql:host=localhost;dbname=garten;charset=UTF8", "root",
     "geheim");
04   $stmt = $pdo->prepare("SELECT * FROM pflanzen");
05   $stmt->execute();
06   $pflanzen = $stmt->fetchAll(PDO::FETCH_CLASS, "Pflanze");
07   //print_r($pflanzen);
08   foreach ($pflanzen as $pflanze) {
09     echo "<p>" . $pflanze->nameausgeben() . ": "
10       . $pflanze->beschreibungausgeben()
11       . "<em> " . $pflanze->preisausgeben()
12       . "</em></p>\n";
13   }
14 }
15 catch (PDOException $e){
16   echo  "Fehler: " . $e->getMessage();
17 }
```

Listing 11–37 *Methoden aus der Klasse nutzen (pdo_fetch_class_2.php)*

In der foreach-Schleife greifen wir auf die in der Klasse definierten Methoden zurück, die eine modifizierte Ausgabe der Inhalte ermöglichen.

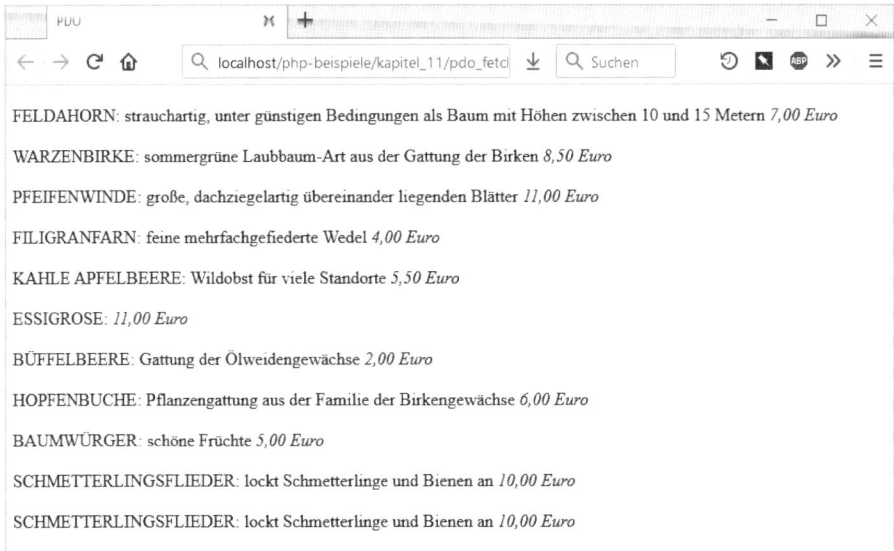

Abb. 11–27 *Das Ergebnis: eine bearbeitete Ausgabe*

Der Vorteil dieser Herangehensweise ist, dass wir die Logik in der Klasse definiert haben und diese nicht noch in der foreach-Schleife angeben müssen.

Wir können noch einen Schritt weitergehen in der Code-Organisation: Statt die foreach-Schleife direkt zu nutzen und in dem Skript SQL/PHP-Logik mit Ausgabe zu vermischen, können wir eine externe Datei einbinden, die sich um die Ausgabe kümmert. Im folgenden Beispiel wird diese eingebunden über include "pflanzen.view.php".

```php
01 <?php
02 require "Pflanze.php";
03 try {
04   $pdo = new PDO("mysql:host=localhost;dbname=garten;charset=UTF8", "root",
       "geheim");
05   $stmt = $pdo->prepare("SELECT * FROM pflanzen");
06   $stmt->execute();
07   $pflanzen = $stmt->fetchAll(PDO::FETCH_CLASS, "Pflanze");
08   include "pflanzen.view.php";
09 }
10 catch (PDOException $e){
11   echo  "Fehler: " . $e->getMessage();
12 }
```

Listing 11–38 *Dieses Mal ist die Ausgabe in einer eigenen Datei ausgelagert (pflanzenermitteln.php).*

Die Datei *pflanzen.view.php* für die Ausgabe müssen wir noch erstellen. Wir lassen die Pflanzen als Liste ausgeben und heben den Name fett und den Preis kursiv hervor.

```php
01 <!DOCTYPE html>
02 <html>
03 <head>
04   <meta charset="UTF-8"/>
05   <title>Pflanzen</title>
06 </head>
07 <body>
08 <ul>
09   <?php foreach ($pflanzen as $pflanze) : ?>
10     <li><strong><?= $pflanze->nameausgeben(); ?></strong>:
11       <?= $pflanze->beschreibungausgeben(); ?>
12       <em> <?= $pflanze->preisausgeben(); ?></em>
13     </li>
14   <?php endforeach; ?>
15 </ul>
16 </body>
17 </html>
```

Listing 11–39 *Datei für die Ausgabe (pflanzen.view.php)*

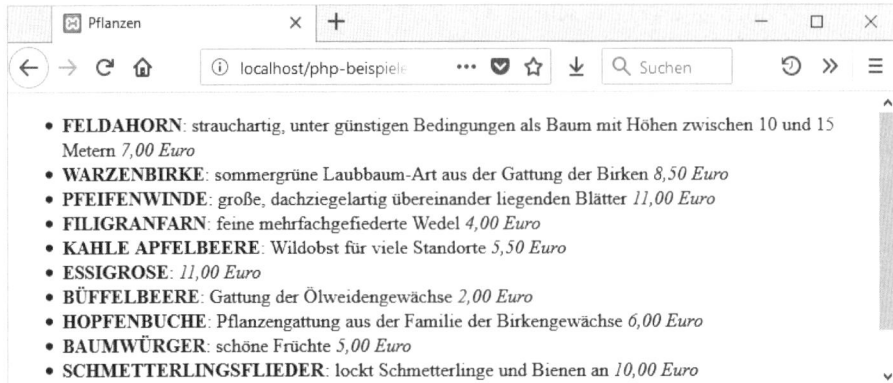

Abb. 11–28   *Die Ausgabe von pflanzenermitteln.php – unter Verwendung von Pflanze.php und*
                 pflanzen.view.php

Im letzten Beispiel sind damit drei Dateien beteiligt:

  Pflanze.php beinhaltet die Klassendefinition und ein Modell der Daten.

  pflanzen.view.php kümmert sich um die Ausgabe und die Erzeugung des
  HTML-Codes.

  pflanzenermitteln.php ist die Schnittstelle zwischen Datenbankverbindung
  und den anderen Dateien.

Das war nur ein kleines Beispiel dafür, wie sich Aufgaben separieren lassen – wir
kommen im Kapitel zum Framework Laravel darauf noch ausführlich zu sprechen.

11.13 Zusammenfassung

Um mit PHP Datenbankabfragen durchzuführen, sind mehrere Schritte notwendig: Sie müssen die Verbindung zur Datenbank herstellen, den MySQL-Befehl
formulieren und absenden und schließlich das Ergebnis entgegennehmen und
aufbereiten. Wenn bei einem SELECT mehrere Datensätze zurückgeliefert werden,
empfiehlt es sich, diese in einer Schleife abzuarbeiten. Wir haben uns ausführlich
damit beschäftigt, wie Sie diese Schritte mit der objektorientierten Variante der
MySQLi-Schnittstelle durchführen.

  Wenn Sie eine Datenbankabfrage mit Teilen aus Formulareingaben durchführen, müssen Sie unbedingt die Formulardaten überprüfen, um nicht eine SQL-
Injection zu riskieren. Eine schöne Möglichkeit, MySQL-Anweisungen an die
Datenbank zu schicken, sind die Prepared Statements, bei denen die Anweisungen und Daten getrennt sind.

  An einem kleinen Beispiel haben Sie gesehen, wie man Daten abfragt, über
ein Formular ändert oder auch einzelne Datensätze löscht.

Der zweite Teil des Kapitels hat die Schnittstelle PDO gezeigt. Diese ist eine Abstraktionsschnittstelle, die es erlaubt, die Datenbankoperationen so zu programmieren, dass sie auch bei einem Wechsel des Datenbbankmanagementsystems funktionieren. Am Schluss haben Sie gesehen, wie Sie Ihren Code in verschiedene Aufgabenbereiche teilen können, in dem Sie die Datenzeilen als Objekte einer Klasse zurückgeben lassen und die Ausgabe separat in einem eigenen Dokument vornehmen.

Datenbanken sind ungeheuer mächtig und ermöglichen eine komfortable Verwaltung von Daten aller Art. Aber PHP kann selbstverständlich auch mit Textdateien arbeiten. Mehr dazu erfahren Sie im nächsten Kapitel.

12 Dateien lesen und schreiben, Verarbeitung von XML und Erzeugung von PDF-Dokumenten

PHP stellt Ihnen viele praktische Funktionen für die Arbeit mit Dateien zur Verfügung. Sie können auf die Inhalte von lokalen Dateien genauso zugreifen wie auch Dateien auf entfernten Webservern auslesen. Eine eigene Schnittstelle macht das Auslesen von XML-Dateien zum Kinderspiel – Sie sehen in diesem Kapitel, wie leicht man so die Newsfeeds von anderen Seiten ausgeben kann. Schließlich erfahren Sie, wie Sie mit Archiven (ZIP, PHAR) arbeiten und mit PHP PDF-Dokumente erzeugen können.

12.1 Wichtige Basis: Dateirechte

Um auf Dateien zuzugreifen, müssen Sie die entsprechenden Rechte besitzen. Auf Linux-/Unix-Systemen gibt es ein ausgeklügeltes Rechtesystem. Da die meisten Server im Internet unter Linux laufen, ist es wichtig, die Grundlagen zu kennen.

Unterschieden werden drei verschiedene Rechte:

Leserechte (abgekürzt als r)
Um eine Datei zu lesen, benötigen Sie Leserechte für diese Datei.

Schreibrecht (w)
Um eine Datei beschreiben zu können, brauchen Sie Schreibrechte.

Recht zum Ausführen (x)
Damit können Sie beispielsweise eine Datei als Programm starten.

Diese verschiedenen Typen von Rechten gelten auch für Ordner: Allerdings brauchen Sie sinnvollerweise für Ordner, um die Dateien genauer anschauen zu können, Schreib- und *Ausführrechte*.

Zudem werden drei Gruppen von Nutzern unterschieden:

der Besitzer einer Datei bzw. eines Ordners

die Gruppe, zu der der Besitzer gehört

andere (der Rest der Welt)

Wie die Rechte bei einzelnen Dateien oder Ordnern vergeben sind, wird durch eine *zehnstellige* Anzeige dargestellt. Abbildung 12–1 zeigt als Beispiel, wie die Dateirechte im FTP-Programm FileZilla dargestellt werden.

index.php	2907	PHP-Datei	20.09.2008	00:22	-rw-r--r--
texte.php	6542	PHP-Datei	20.09.2008	00:36	-rw-r--r--
referenzen-profil.php	2461	PHP-Datei	20.09.2008	00:40	-rw-r--r--

Abb. 12–1 *Dateirechte in FileZilla: Die Angaben zu den Rechten sehen Sie in der letzten Spalte.*

FileZilla zeigt bei den einzelnen Dateien als Berechtigungen -rw-r--r-- an. Dies lässt sich in vier Bestandteile zerlegen:

- -

  An erster Stelle steht -, das kennzeichnet hier, dass es sich um eine Datei handelt. Bei einem Ordner stünde stattdessen d (*directory*).

Darauf folgen die jeweils dreistelligen Angaben zu den Rechten der Benutzer:

- rw-

  Die erste Dreiergruppe bezeichnet die Rechte des Eigentümers. rw- in der Abbildung bedeutet beispielsweise, dass der Besitzer Lese- und Schreibrechte, aber keine Ausführrechte besitzt.

- r--

  Das darauf folgende r-- charakterisiert die Rechte der Gruppe.

- r--

  Die zuletzt folgende Dreiergruppe beschreibt die Rechte von anderen an dieser Datei, beispielsweise ebenfalls r--.

Diese Rechte können Sie über Ihr FTP-Programm ändern. Bei FileZilla erledigen Sie das, indem Sie auf die Datei bzw. das Verzeichnis mit der rechten Maustaste klicken und *Dateiattribute* wählen. Dann können Sie die Rechte durch einen Klick in die entsprechenden Kästchen vergeben.

Abb. 12–2 *Die Rechte in FileZilla*

Sie sehen bei FileZilla in Abbildung 12–2 auch einen numerischen Wert, nämlich 644. Die Rechte können nämlich auch auf eine andere Art angegeben werden. Dabei steht

- 4 für das Leserecht,
- 2 für Schreibrecht und
- 1 für das Recht, eine Datei auszuführen.

Diese Werte werden addiert. Wiederum stehen die Rechte für den Benutzer vor den Rechten für die Gruppe und den Rechten für den Rest der Welt. 755 bedeutet beispielsweise: Alle Rechte (Lesen, Schreiben, Ausführen = 4+2+1) für den Besitzer, Leserecht und Ausführrecht für die Gruppe (4+1) und den Rest der Welt und wäre ein typischer Wert, den Sie brauchen, wenn Sie möchten, dass PHP in ein Verzeichnis schreiben kann.

Falls Sie die Dateirechte per PHP setzen möchten, geht das auch über den Befehl chmod(). Dieser erwartet als ersten Parameter die Datei und als zweiten die Rechte in oktaler Form. Hier muss eine 0 vorangestellt werden.

```
chmod("beispieldatei.txt", 0666);
```

12.2   Schnell zum gewünschten Ziel über file_get_contents() und file_put_contents()

Es gibt verschiedene Methoden, um per PHP auf Dateien zuzugreifen oder auch in Dateien zu schreiben. Sehr komfortabel und mit wenig Aufwand lassen sich die Funktionen file_get_contents() und file_put_contents() einsetzen.

12.2.1   Inhalte schnell auslesen

file_get_contents() liest den Inhalt einer Datei ein und speichert ihn in einem String. Für das folgende Beispiel benötigen Sie eine kleine Textdatei namens *beispieldatei.txt*, die sich in demselben Verzeichnis wie das PHP-Skript befinden muss. Sie sieht so aus:

```
Eine Beispieldatei mit mehreren Zeilen Text.
Das war die erste und hier ist die zweite.
Eine dritte folgt hier.
```

Listing 12–1   *Die Textdatei beispieldatei.txt*

Diese Datei lässt sich dann per PHP auslesen:

```
$datei = "beispieldatei.txt";
$inhalt = file_get_contents($datei);
echo strtoupper($inhalt);
```

Listing 12–2   *Den Text aus einer Datei auf einmal auslesen (text_auslesen.php)*

Der Inhalt der Datei *beispieldatei.txt* wird in der Variablen $inhalt gespeichert und in Großbuchstaben ausgegeben.

Abb. 12–3   *Der Inhalt der Datei in Großbuchstaben*

Vorsicht ist geboten, wenn Sie Benutzern erlauben, über ein Formularfeld anzugeben, welche Datei geöffnet werden soll. Dabei besteht die Gefahr, dass ein Benutzer einen manipulierten Dateinamen angibt und sich dadurch eine Datei mit nicht für ihn gedachten Informationen anzeigen lässt. Deswegen sollten Sie in diesem Fall immer die eingegebene Datei gegen eine Liste von erlaubten Dateien prüfen oder zumindest verbotene Zeichen wie ../ entfernen.

In diesem Beispiel wird jedoch nicht überprüft, ob die Datei überhaupt eingelesen werden kann. Falls Sie sich beim Dateinamen verschrieben haben, erhalten Sie eine hässliche Fehlermeldung. Deswegen sollten Sie vor der Ausgabe eine Prüfung durchführen. Hierzu können Sie die Tatsache nutzen, dass file_get_contents() im Fehlerfall false zurückgibt. Ein erster Ansatz könnte folgendermaßen aussehen:

```
$datei="datei.txt";
$inhalt = @file_get_contents($datei);
if ($inhalt == false) {
  echo "Hat nicht geklappt";
}
```

Sie sehen, dass erst einmal über das @-Zeichen vor file_get_contents() eventuelle Warnungen unterdrückt werden. Dann wird der Rückgabewert überprüft.

Allerdings gibt es noch einen Schönheitsfehler: Falls in der eingelesenen Datei 0 steht oder die Datei leer ist, würde ebenfalls »Hat nicht geklappt« ausgegeben: Durch das automatische Typecasting verwandelt PHP 0 in false. Deswegen brauchen Sie hier den Identitätsoperator ===, der bei der Prüfung auch den Typ berücksichtigt:

```
$datei="datei.txt";
$inhalt = @file_get_contents($datei);
if ($inhalt === false) {
  echo "Hat nicht geklappt";
}
else {
  echo "Inhalt ist: $inhalt";
}
```

Listing 12–3   *Integrierte Überprüfung (text_auslesen_mit_pruefung.php)*

Im Beispiel wird jetzt die *datei.txt* eingelesen, die nur die 0 enthält. Es erscheint die richtige Meldung.

Abb. 12–4   *Auch wenn in der Datei nur eine 0 steht, klappt das Auslesen.*

> Bisher hat sich die auszulesende Datei immer im selben Verzeichnis befunden, in dem auch das PHP-Skript gespeichert ist. Sollte das nicht der Fall sein, müssen Sie die Pfade entsprechend anpassen.

Beachten Sie, dass Sie bei Windows-Systemen den sonst unter Windows nicht üblichen / als Trennzeichen verwenden können. Der Vorteil: Diese Schreibung funktioniert unabhängig vom eingesetzten Betriebssystem.

Unter Windows könnten Sie allerdings auch den Backslash benutzen, müssen diesen aber maskieren:

```
$datei="unterverzeichnis\\beispieldatei.txt";
```

Das klappt dann aber nur unter Windows.

file_get_contents() können Sie benutzen, um die Inhalte von anderen Web-seiten einzulesen. Dies funktioniert allerdings nur, wenn die Konfigurationsein-stellung allow_url_fopen auf On steht. Diese Einstellung nehmen Sie in der *php.ini* vor. Ein Beispiel, wie sich file_get_contents()() zum Zugriff auf entfernte Dateien nutzen lässt, finden Sie unter dem Namen *externe_dateien_auslesen.php* bei den Listings dieses Buchs. Falls das Auslesen externer Webseiten nicht klappt, kann das auch daran liegen, dass der Webserver erkennt, dass ein Skript und nicht ein Browser auf die Webseite zugreift, und in diesem Fall keinen Inhalt ausliefert.

12.2.2   In Dateien schreiben

Parallel zu file_get_contents() gibt es file_put_contents(), um in eine Datei zu schreiben. Diese Funktion erwartet zwei Parameter: zuerst den Namen der Datei, in die geschrieben werden soll, und dann den zu schreibenden Inhalt. Im folgen-den Listing wird ein einfacher Seitenaufrufzähler realisiert:

```
$datei = "beschreibbar/zaehler.txt";
$anzahl = @file_get_contents($datei);
if ($anzahl !== false) {
  $anzahl++;
  @file_put_contents($datei, $anzahl);
  echo "Dies ist der $anzahl. Aufruf";
}
```

Listing 12–4   *Mit file_put_contents() schreibt man in eine Datei (text_schreiben.php).*

Voraussetzung für diesen Zähler ist, dass die Datei *zaehler.txt* im angegebenen Ordner existiert, beschreibbar ist und dass darin ein Anfangswert steht. Über `file_get_contents()` wird der aktuelle Wert ausgelesen, dann wird er um eins hochgezählt und wieder erneut in die Datei geschrieben. Wenn Sie die Seite mehrmals aufrufen, sehen Sie, dass der Zähler hochgezählt wird.

Abb. 12–5   *Die Anzahl der Aufrufe wird gezählt.*

Dies ist ein sehr einfacher Zähler, weil er auch bei einem Reload hochzählt. Wenn Sie wollen, dass ein Reload nicht gezählt wird, sondern nur Besuche von verschiedenen Besuchern oder Besuche, zwischen denen eine gewisse Zeitspanne liegt, so müssen Sie mehr Aufwand betreiben.

> Prinzipiell funktioniert `file_put_contents()` ebenso wie `file_get_contents()` auch bei entfernten Dateien. Meist aber besitzen Sie bei entfernten Webservern keine Schreibrechte – außer per FTP.

12.3   Schritt für Schritt mit fopen() & Co.

Die beiden gerade vorgestellten Funktionen sind wunderbar, da alles »automatisch« geschieht. Mehr Kontrolle haben Sie allerdings, wenn Sie die Schritte einzeln durchführen – damit können Sie beispielsweise Dateien auch zeilenweise auslesen und bearbeiten.

12.3.1   Eine Datei in verschiedenen Modi öffnen

Zuerst müssen Sie hierfür die Datei mit der Funktion fopen() öffnen. Schreiben Sie bei fopen() als ersten Parameter den Dateinamen. Als zweiten Parameter geben Sie an, *wozu* Sie die Datei öffnen möchten. Dabei wird unterschieden, ob Sie die Datei zum Lesen (r) oder zum Schreiben (w, x, a) öffnen wollen. Außerdem wird bei bestimmten Modi ein möglicherweise bestehender Inhalt überschrieben (w) oder nicht (a). Zusätzlich kann noch unterschieden werden, was passieren soll, wenn die Datei noch nicht existiert. Tabelle 12–1 zeigt die möglichen Modusangaben.

Modusangabe	Funktion
r	Lesen
r+	Lesen und Schreiben. Der Dateizeiger wird am Anfang platziert, und von dort aus wird eventuell vorhandener Text überschrieben.
w	Schreiben. Falls die Datei bereits einen Inhalt hat, wird dieser gelöscht. Wenn die Datei nicht existiert, wird versucht, sie anzulegen.
w+	Lesen und Schreiben. Falls die Datei bereits einen Inhalt hat, wird dieser gelöscht. Wenn die Datei nicht existiert, wird versucht, sie anzulegen.
x	Erstellt eine neue Datei, um in sie zu schreiben. Falls die Datei schon existiert, wird false zurückgegeben und eine Warnung ausgegeben.
x+	Erstellt eine neue Datei, um aus ihr zu lesen oder in sie zu schreiben. Falls die Datei schon existiert, wird false zurückgegeben und eine Warnung ausgegeben.
a	Beim Schreiben in die Datei werden die Daten angehängt, das bedeutet, bestehende Daten werden nicht überschrieben. Falls die Datei noch nicht existiert, wird versucht, sie anzulegen.
a+	Lesen und Schreiben. Beim Schreiben in die Datei werden die Daten angehängt, das bedeutet, bestehende Daten werden nicht überschrieben. Falls die Datei noch nicht existiert, wird versucht, sie anzulegen.
b	Binary-Modus. Dies ist nur bei Windows-Systemen relevant. Wird mit den anderen Modusangaben kombiniert.
t	Textmodus, also das Gegenteil zu b. Nur sinnvoll bei Windows. Wird mit den anderen Modusangaben kombiniert.

Tab. 12–1   *Modusangaben bei fopen()*

Noch eine Anmerkung zu t und b. Diese sind nur bei Windows relevant. Der Hintergrund hierfür ist, dass verschiedene Betriebssysteme unterschiedliche Zeichen für die Zeilenenden verwenden. Windows benutzt \r\n, Unix/Linux hingegen \n und macOS \r. Wenn Sie bei Windows den Textmodus (t) wählen, dann wird \n durch \r\n bei der Arbeit mit der Datei ersetzt. Das PHP-Manual empfiehlt, t zu verwenden, wenn Sie als Zeilenbegrenzer \n verwenden und sicherstellen möchten, dass die Datei korrekt mit einer Anwendung wie Notepad dargestellt wird. In allen anderen Fällen sollten Sie b benutzen.

So öffnen Sie eine Datei zum Lesen:

```
$dh = fopen("beispieldatei.txt", "rb");
```

fopen() gibt Ihnen dann einen Dateihandle zurück, den Sie weiteren Funktionen zur Arbeit mit Dateien übergeben, beispielsweise fgets() und feof().

12.3.2   Zeilenweise auslesen

Um den Inhalt einer Datei zeilenweise auszulesen, verwenden Sie fgets(), das Ihnen den Inhalt einer einzelnen Zeile zurückgibt. Dann wird der Dateizeiger weiterbewegt, sodass beim nächsten Aufruf von fgets() die nächste Zeile gelesen wird. Am besten setzen Sie deswegen fgets() in einer Schleife ein: In der Bedingung der Schleife überprüfen Sie mit feof(), ob das Ende der Datei erreicht ist.

```
$datei="beispieldatei.txt";
$dh = fopen($datei, "r");
echo "<ul>\n";
while (!feof($dh)) {
  $zeile = fgets($dh);
  echo "<li>" . htmlspecialchars($zeile) . "</li>\n";
}
echo "</ul>\n";
fclose($dh);
```

Listing 12–5   *Mit fgets() lesen Sie zeilenweise aus einer Datei (text_zeilenweise.php).*

Im Beispiel wird eine Datei zum Lesen geöffnet. Der Inhalt wird mit fgets() zeilenweise ausgelesen und in eine ungeordnete Liste geschrieben. Sicherheitshalber werden mögliche HTML-Sonderzeichen mit htmlspecialchars() geschützt. Am Ende wird der Dateihandle mit fclose() wieder geschlossen.

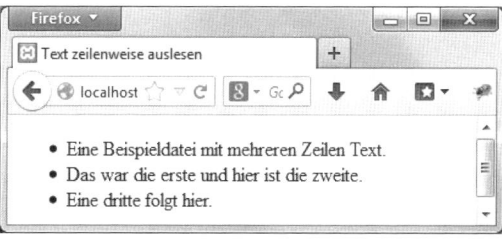

Abb. 12–6   *Der Inhalt der Datei wird als ungeordnete Liste ausgegeben.*

Zum Auslesen von Daten können Sie neben fgets() auch fread() nehmen. Es erwartet als ersten Parameter ein Dateihandle und als zweiten die Anzahl an Bytes, die gelesen werden soll.

```
$inhalt = fread($dh, 150);
```

Häufig werden Inhalte in Dateien im CSV-Format abgespeichert, das bedeutet, dass die Inhalte durch Komma getrennt sind. Eine solche Datei sieht beispielsweise so aus:

```
"Gärtnerbedarf Müller","Dorfstraße 8","12345","Dorfen"
"Grünes Allerlei","Stadtstraße 9","54321","Stadt"
"Grüner Finger","Am Waldrand","22333","Wald"
"Gartenhandel Miu","Büchnerstraße 7","12300","Unteroberübermoos"
```

Listing 12-6   *Eine Datei im CSV-Format (lieferanten.csv)*

Speziell für den Umgang mit solchen Dateien gibt es `fgetcsv()`, das die `fget()`-Variante für CSV-Dateien ist: Sie übergeben ihm einen Dateihandler, und es liefert Ihnen als Rückgabewert die Elemente der Zeile als Array.

Übung 1

Lesen Sie einmal die Inhalte von *lieferanten.csv* und lassen Sie sie ausgeben. Im ersten Schritt können Sie `fget()` benutzen.

Ersetzen Sie `fget()` dann durch `fgetcsv()` und lassen Sie sich das zurückgegebene Array mit `print_r()` ausgeben.

Dann können Sie die einzelnen Elemente des Arrays durchlaufen und die Inhalte schön sortiert als Tabelle anzeigen lassen.

Abb. 12-7   *Die Inhalte der CSV-Datei werden als Tabelle ausgegeben.*

12.3.3   In Dateien schreiben

`fwrite()` dient zum Schreiben in Dateien. Geben Sie als ersten Parameter den Dateihandle und als zweiten den zu schreibenden Inhalt an:

```
$inhalte = ["Riesenrad", "Achterbahn", "Schießstand"];
$datei ="beschreibbar/beispiel.txt";
$dh = fopen($datei, "w");
foreach ($inhalte as $inhalt) {
  fwrite($dh, "$inhalt ");
}
fclose($dh);
```

Listing 12-7   *Zum Schreiben von Inhalten können Sie fwrite() benutzen (text_schreiben_fwrite.php).*

Im Beispiel wird eine Datei mit fopen() im Modus w geöffnet: Das heißt, sie wird zum Schreiben geöffnet, und falls sie nicht existiert, wird versucht, sie anzulegen. Dann wird der Inhalt eines vorher definierten Arrays in die Datei geschrieben. Das PHP-Skript erzeugt keine im Browserfenster sichtbare Ausgabe. Wenn Sie aber danach in die Datei *beispiel.txt* im Ordner *beschreibbar* schauen, sollte der Inhalt des Arrays dort hineingeschrieben sein.

12.3.4   Prüfungen durchführen

Das Beispiel funktioniert natürlich nur, wenn das Verzeichnis auch beschreibbar ist. Ob das der Fall ist, können Sie mit is_writable() feststellen. Diese Funktion gibt true zurück, wenn das Verzeichnis beschreibbar ist, ansonsten false.

Parallel dazu überprüft is_readable(), ob eine Datei lesbar ist. Ob eine Datei existiert, prüft hingegen file_exists(), und mit is_file() können Sie feststellen, ob etwas überhaupt eine Datei ist.

Diese Funktionen können bei einer Fehlerbehandlung mit Exceptions (Genaueres zur Exception-Klasse finden Sie in Kap. 9) eingesetzt werden, wie das folgende Listing zeigt: Hier wird eine Klasse Dateilesen definiert: Diese definiert Methoden zum Öffnen, Lesen und Schließen einer Datei. Bei den einzelnen Schritten werden Überprüfungen durchgeführt und bei Problemen Ausnahmen ausgelöst:

```
01 class Dateilesen
02 {
03   protected $datei;
04   protected $dh;
05   public function __construct($datei)
06   {
07    $this->datei = $datei;
08   }
09   public function oeffnen()
10   {
11     if (!file_exists($this->datei)) {
12       throw new Exception("Datei gibt's nicht");
13     }
14     if (!is_readable($this->datei)) {
15       throw new Exception("nicht lesbar");
16     }
17     $this->dh = @fopen($this->datei, "r");
18     if ($this->dh == false) {
19       throw new Exception("ging nicht");
20     }
21   }
22   public function lesen()
23   {
24     $zeile = fgets($this->dh, 1024);
25     if ($zeile === false) {
26       throw new Exception("Lesen gescheitert");
```

```
27    }
28    return htmlspecialchars($zeile);
29  }
30  public function schliessen()
31  {
32    fclose($this->dh);
33  }
34 }
```

Listing 12–8   *Klasse zum Lesen der Datei (Dateilesen.php)*

In der Konstruktormethode in Zeile 5 wird eine Datei entgegengenommen und der Eigenschaft $datei zugewiesen. In der oeffnen()-Methode in Zeile 9 finden mehrere Überprüfungen statt, so beispielsweise, ob die Datei existiert (Zeile 11) oder ob sie überhaupt lesbar ist (Zeile 14). Ansonsten wird die Datei in Zeile 17 geöffnet.

Die Methode lesen() in Zeile 22 liest eine Zeile und gibt sie mit htmlspecial-chars() behandelt zurück (Zeile 28). Wenn das Lesen nicht funktioniert, wird wieder eine Exception ausgelöst. Schließlich gibt es noch die schliessen()-Methode ab Zeile 30.

Im Dokument *datei_pruefe_exception.php* wird *Dateilesen.php* eingebunden sowie ein try- und ein catch-Zweig definiert.

```
01 require "Dateilesen.php";
02 try {
03    $meinedatei = new Dateilesen("beschreibbar/zaehler.txt");
04    $meinedatei->oeffnen();
05    echo $meinedatei->lesen();
06    $meinedatei->schliessen();
07 } catch (Exception $e) {
08    echo "Folgender Fehler ist aufgetreten: "
09           . $e->getMessage();
10 }
```

Listing 12–9   *try-catch für mögliche Fehler in der Datei (datei_pruefen_exception.php)*

Im try-Zweig ab Zeile 2 wird ein neues Objekt der Dateilesen-Klasse erstellt und versucht, die angegebene Datei zu öffnen und zu lesen. Falls es Fehler gibt, werden diese durch den catch-Zweig ab Zeile 7 abgefangen. Über $e->getMessage() wird die Fehlermeldung ausgegeben.

Sie haben jetzt Beispiele gesehen, wie Sie mit fopen() eine Datei öffnen. Möchten Sie hingegen Dateien nicht öffnen, sondern beispielsweise nur die Dateinamen auslesen, können Sie mit opendir() ein Verzeichnis öffnen und mit readdir() seinen Inhalt auslesen. Ein Beispiel dazu finden Sie in Kapitel 13, wenn es darum geht, zu allen JPEG-Bildern eines Verzeichnisses kleine Vorschaubilder zu erstellen.

12.4 XML-Dateien auslesen

Nun geht es um eine besondere Art von Dateien, nämlich um die XML-Dateien.

XML steht für eXtensible Markup Language und ist eigentlich eine Metasprache, die festlegt, wie Markup-Sprachen zu definieren sind. Bei konkreten XML-Dokumenten kann man selbst entscheiden, wie die Elemente heißen sollen. XML wird im Allgemeinen für den Datenaustausch benutzt. Neben XHTML, das eine XML-Anwendung ist, gibt es viele weitere, wie beispielsweise DocBook für Dokumentationen oder RSS/Atom für Newsfeeds. Bevor wir dazu kommen, wie Sie auf Newsfeeds von anderen Seiten zugreifen, sehen wir uns erst einmal an, wie Sie mit PHP XML-Dateien verarbeiten können.

12.4.1 Zugriff auf XML-Dateien – Grundlagen

Das Folgende ist ein Beispiel für ein kleines XML-Dokument:

```
01 <?xml version="1.0" encoding="UTF-8"?>
02 <person id="nr1">
03   <name>
04     <vorname>Werner</vorname>
05     <nachname>Weberknecht</nachname>
06   </name>
07   <adresse art="privat">
08     <plz>12345</plz>
09     <ort>Am Hügel</ort>
10   </adresse>
11 </person>
```

Listing 12–10 *Ein Beispiel für ein XML-Dokument (xml_beispiel.xml)*

XML-Dokumente bestehen immer aus einem Wurzelelement, das alles andere umfasst. In diesem Beispiel ist es person. Darin verschachtelt können sich weitere Elemente befinden, die immer aus Start- und Endtag bestehen. Elemente können über Attribute näher gekennzeichnet werden – im Beispiel art="privat" in Zeile 7.

Alle XML-Formate folgen den XML-Regeln. Diese besagen beispielsweise, dass zu jedem Starttag auch ein Endtag gehört oder dass Attributwerte in Anführungszeichen stehen müssen. Die einzelnen XML-Dokumente unterscheiden sich nun darin, wie die Elemente heißen, wie sie verschachtelt sind und wo welche Attribute vorgesehen sind. Ein XML-Dokument, das diesen Regeln folgt, wird als *wohlgeformt* bezeichnet. Nur wohlgeformte Dokumente sind XML-Dokumente.

PHP bietet eine komfortable Möglichkeit, auf die Inhalte von XML-Dokumenten zuzugreifen und auch XML-Dokumente selbst zu erstellen. Die magische Erweiterung heißt *SimpleXML* und wird ihrem Namen gerecht. Dabei wird das XML-Dokument in ein Objekt konvertiert. XML-Knoten sind dabei Eigenschaften, und Attribute können über Array-Indizes angesprochen werden.

Sehen wir uns ein Beispiel an: Über `simplexml_load_file()` wird eine XML-Datei geladen. Zurückgegeben wird ein Objekt, über das `print_r()` einen Überblick verschafft:

```php
$xmldatei = "xml_beispiel.xml";
$xml = simplexml_load_file($xmldatei);
echo "<pre>";
print_r($xml);
echo "</pre>";
```

Listing 12–11   *XML-Daten laden (xml_load_file.php)*

Abbildung 12–8 zeigt die Grundstruktur: ein SimpleXML-Element-Objekt, wobei die Unterelemente selbst wieder, sofern sie weitere Unterelemente haben, SimpleXML-Element-Objekte sind.

Einen Fall von verschachtelten Objekten finden Sie auch in Kapitel 9.

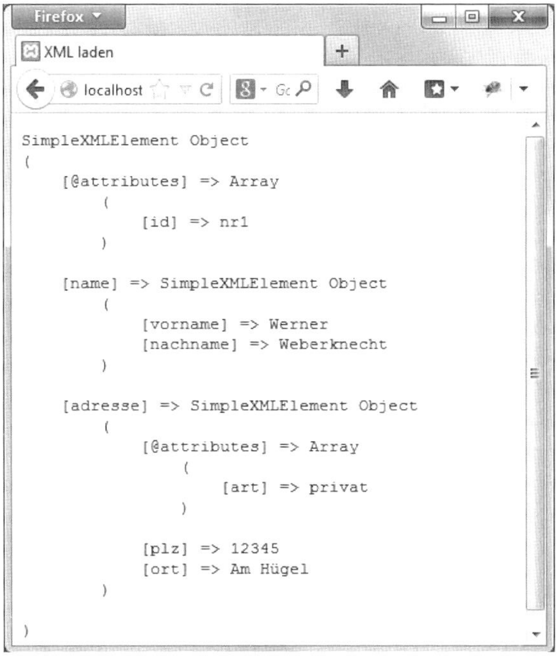

Abb. 12–8   *So sieht die Grundstruktur des XML-Objekts aus.*

Schauen wir uns nun an, wie man auf die einzelnen Inhalte zugreifen kann. Den Vornamen geben Sie so aus:

```
echo $xml->name->vorname;
```

Auf Attribute können Sie zugreifen, indem Sie das Element als Array behandeln und den Namen des Attributs als Index notieren. Das Wurzelelement person brauchen Sie nicht mehr anzugeben.

```
echo $xml["id"];
```

Ebenso können Sie auf das Attribut des Elements adresse zugreifen:

```
echo "Die Adresse ist " . $xml->adresse["art"];
```

Das Beispiel zeigt den Zugriff auf einzelne Elemente:

```
01 $xmldatei = "xml_beispiel.xml";
02 $xml = simplexml_load_file($xmldatei);
03 echo "<p>"
04    . $xml->name->vorname
05    . " "
06    . $xml->name->nachname
07    . " wohnt in "
08    . $xml->adresse->plz
09    . " "
10    . $xml->adresse->ort
11    . ". <br /> Diese Adresse ist "
12    . $xml->adresse["art"]
13    . ".</p>";
```

Listing 12–12   *Einzelne Elemente gezielt ansprechen (xml_daten_ausgeben.php)*

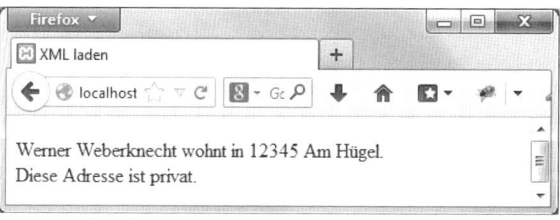

Abb. 12–9   *Auf einzelne Elemente zugreifen*

Häufig haben Sie bei XML-Dokumenten mehrere gleichnamige Elemente. Diese können Sie dann mit einer foreach-Schleife durchlaufen oder die einzelnen über ihren numerischen Index ansprechen. Um dies zu demonstrieren, wird die XML-Datei modifiziert. Sie soll nun zwei Adresselemente enthalten:

```
01 <?xml version="1.0" encoding="UTF-8"?>
02 <person id="nr1">
03   <name>
04     <vorname>Werner</vorname>
05     <nachname>Weberknecht</nachname>
06   </name>
07   <adresse art="privat">
08     <plz>12345</plz>
09     <ort>Am Hügel</ort>
10   </adresse>
11   <adresse art="beruflich">
12     <plz>12345</plz>
13     <ort>Stadt</ort>
14   </adresse>
15 </person>
```

Listing 12–13 *Dieses Mal gibt es zwei adresse-Elemente (xml_beispiel_2.xml).*

```
01 $xmldatei= "xml_beispiel_2.xml";
02 $xml = simplexml_load_file($xmldatei);
03 /* alle durchlaufen */
04 foreach($xml->adresse as $adr) {
05   echo $adr["art"]
06       . ": "
07       . $adr->plz
08       . " "
09       . $adr->ort
10       . "<br />\n";
11 }
12 /* auf die erste Adresse zugreifen */
13 echo "Die erste Adresse ist ";
14 echo $xml->adresse[0]->plz
15       . " "
16       . $xml->adresse[0]->ort;
```

Listing 12–14 *Mehrere gleichnamige Elemente ausgeben lassen (xml_foreach.php)*

In Listing 12–14 sind es nun zwei adresse-Elemente in der XML-Datei (Listing 12–13). Um alle zu durchlaufen, verwenden Sie eine foreach-Schleife (Zeile 4 in Listing 12–14), und einzelne Elemente sprechen Sie über ihren numerischen Index an, wie die Zeilen 14 und 16 zeigen.

Abb. 12–10   *Ausgabe von mehreren gleichnamigen Elementen*

Bisher haben wir die XML-Daten immer aus einer Datei geladen, Sie können die XML-Daten jedoch auch als String übergeben. Dann brauchen Sie die Funktion `simplexml_load_string()`:

```
$xmldatei = "<gruss>Hallo</gruss>";
$xml = simplexml_load_string($xmldatei);
print_r($xml);
```

Listing 12–15 *XML kann auch direkt aus einer Datei geladen werden (xml_aus_string.php).*

12.4.2 Auf Newsfeeds zugreifen

Sie können der Funktion `simplexml_load_file()` auch eine URL übergeben und damit auf XML-Daten auf einem entfernten Server zugreifen. Dies soll am Beispiel von Newsfeeds gezeigt werden.

> Newsfeeds sind aktuelle Nachrichten, die Webseiten im XML-Format bereitstellen. Diese können Benutzer mit einem Newsfeeds-Reader lesen, oder sie können – wie gleich gezeigt – über ein Skript drauf zugreifen.

Als Beispiel sollen die Schlagzeilen der News von http://php.net/ als Liste ausgegeben werden. Die einzelnen Titel sollen verlinkt sein und direkt auf den vollständigen Eintrag führen (Abb. 12–11).

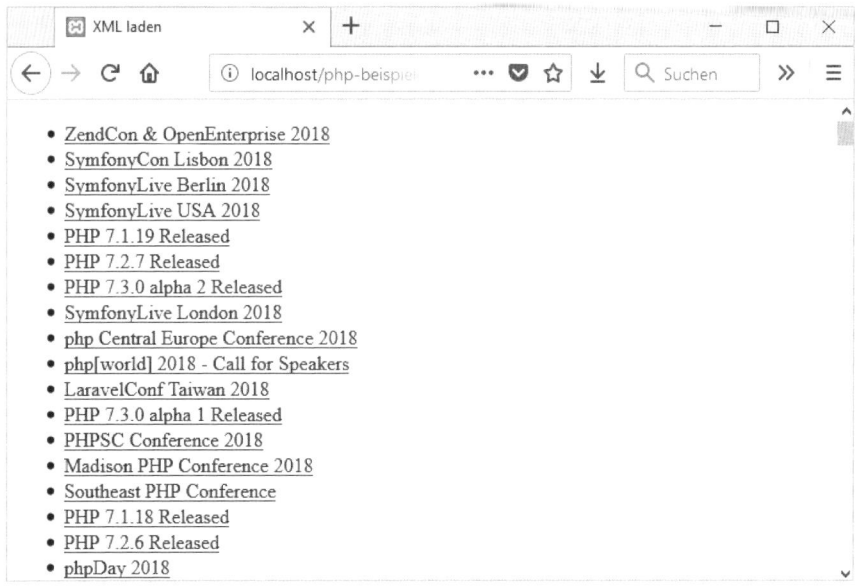

Abb. 12–11 *Den Newsfeed von php.net ausgeben lassen*

Zuerst einmal brauchen Sie die URL des Newsfeeds. Diese können Sie herausfinden, wenn Sie auf der Webseite von http://www.php.net/ im Firefox unter *Lesezeichen* auf *Diese Seite abonnieren* gehen und einen der Feeds auswählen. (Eventuell müssen Sie vorher das Menü einblenden lassen, indem Sie an den oberen Rand des Browsers mit der rechten Maustaste klicken und *Menüleiste* wählen).

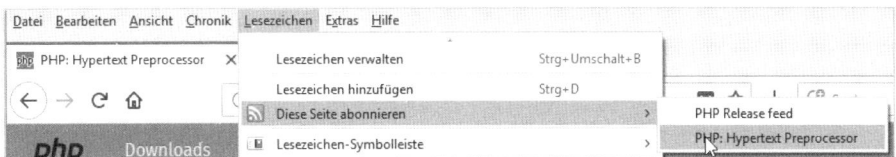

Abb. 12–12   *Die URL des Newsfeeds von php.net ermitteln*

Damit kennen Sie die URL. Jetzt müssen Sie sich die Struktur der XML-Datei ansehen und insbesondere, wo die gewünschten Informationen – Titel und Link – stehen. Die Struktur erhalten Sie über folgenden Vierzeiler:

```
$xml = simplexml_load_file("http://www.php.net/feed.atom");
echo "<pre>";
print_r($xml);
echo "</pre>";
```

Listing 12–16 *So lassen Sie sich schnell die Struktur eines Newsfeeds ausgeben (atom_php_net_struktur.php).*

```
SimpleXMLElement Object
(
    [title] => PHP.net news & announcements
    [updated] => 2018-06-26T03:41:29-05:00
    [link] => SimpleXMLElement Object
        (
            [@attributes] => Array
                (
                    [href] => http://www.php.net/feed.atom
                    [rel] => self
                )

        )

    [icon] => http://php.net/images/news/php-logo.gif
    [id] => http://php.net/archive/index.php
    [author] => SimpleXMLElement Object
        (
            [name] => Webmaster
            [uri] => http://php.net/contact
            [email] => php-webmaster@lists.php.net
        )

    [entry] => Array
        (
            [0] => SimpleXMLElement Object
                (
                    [title] => ZendCon & OpenEnterprise 2018
                    [id] => http://php.net/archive/2018.php#id2018-06-26-1
                    [published] => 2018-06-26T08:41:29+00:00
                    [updated] => 2018-06-26T08:41:29+00:00
                    [category] => SimpleXMLElement Object
```

Abb. 12–13   *Ausschnitt aus der Ausgabe von atom_php_net_struktur.php*

Sie sehen, dass es im Dokument mehrere entry-Elemente gibt, die die einzelnen Nachrichten enthalten. Die Informationen, die uns interessieren, sind Unterelemente von entry:

- title beinhaltet den Titel der Nachricht. Auf den Titel der ersten Nachricht können Sie also per $xml->entry[0]->title zugreifen.

- Im href-Attribut des link-Elements steht die URL des vollständigen Beitrags. Die URL der ersten Nachricht erreichen Sie über $xml->entry[0]->link["href"].

Um die Titel und die Links aller entry-Elemente auszulesen, werden die entry-Elemente in einer foreach-Schleife durchlaufen. Sicherheitshalber werden Titel und URL vor der Ausgabe mit htmlspecialchars() und utf8_encode() behandelt. Da an sich $xml->entry[0]->title ein Objekt ist und kein String, wird es vorher noch per (string) in einen String umgewandelt.

> (string) sollten Sie ebenfalls verwenden, wenn Sie andere String-Funktionen auf SimpleXML-Objekte anwenden möchten oder wenn Sie einen String-Vergleich durchführen.

```php
$xml = simplexml_load_file("http://www.php.net/feed.atom");
echo "<ul>\n";
foreach($xml->entry as $artikel) {
  $titel = htmlspecialchars((string)$artikel->title);
  $link = htmlspecialchars((string)$artikel->link["href"]);
  echo "<li><a href=\"$link\">$titel</a></li>\n";
}
echo "</ul>\n";
```

Listing 12–17   Die Titel mit Links der php.net-News werden als Liste ausgegeben (atom_php_net.php).

12.5   Arbeiten mit Archiven

Archivformate ermöglichen es Ihnen, mehrere Dateien zusammenzupacken und komprimiert abzuspeichern. In diesem Abschnitt beschäftigen wir uns mit zwei Formaten: dem sicher bekannten ZIP-Format und den Phar-Archiven.

12.5.1   Erstellen und Lesen von ZIP-Dateien

ZIP kennen Sie sicher als Archivformat. Das ZIP-Format erlaubt es, mehrere Dateien zusammenzufassen und zusätzlich zu komprimieren. Um ZIP-Archive zu erstellen und auszulesen, stellt PHP besondere Funktionen bereit.

Sehen wir uns in einem Beispiel an, wie man ein ZIP-Archiv erzeugt. Im folgenden Beispiel wird ein ZIP-Archiv mit dem Namen *meinArchiv.zip* erstellt, das die Dateien *lieferanten.csv* und *xml_foreach.php* enthält:

```
$zip = new ZipArchive();
if ($zip->open("meinArchiv.zip", ZipArchive::CREATE)!== TRUE) {
  exit("konnte Datei nicht öffnen");
}
$zip->addFile("lieferanten.csv");
$zip->addFile("xml_foreach.php");
$zip->close();
echo "ok";
```

Listing 12–18 *Ein Zip-Archiv wird erzeugt (zip_erstellen.php).*

Zuerst wird ein neues Objekt der von PHP vorgegebenen Klasse `ZipArchive` erstellt. Mit der Methode `open()` definieren Sie ein neues Archiv. Im Beispiel wird `open()` im Bedingungsausdruck einer `if`-Anweisung angegeben. Klappt es nicht, wird das Skript mit `exit` abgebrochen. Der erste Parameter von `open()` ist der Dateiname der ZIP-Datei, der zweite ist der Modus, für den das Archiv geöffnet werden soll. Wir wollen es zum Erstellen/Beschreiben öffnen.

Über `addFile()` ergänzen Sie Dateien zum Archiv; `close()` schließt das Archiv und speichert die Änderungen.

Abb. 12–14   *Das erstelle Zip-Archiv mit zwei Dateien*

Ein weiteres Beispiel zeigt, wie man ZIP-Archive öffnet, um sie auszulesen und Informationen über die Dateien zu erhalten:

```
01 $zip = new ZipArchive();
02 $zip->open("MeinArchiv.zip");
03 echo "Anzahl an Dateien " . $zip->numFiles . "<br />";
04 for ($i=0; $i < $zip->numFiles; $i++) {
05     echo "<br />Name: " . $zip->statIndex($i)["name"];
06     echo "<br />Größe: " .  $zip->statIndex($i)["size"];
07 }
```

Listing 12–19 *ZIP-Datei auslesen (zip_lesen.php)*

Zuerst wird ein neues `ZipArchive`-Objekt erstellt und dann *MeinArchiv.zip* geöffnet. Über das `ZipArchive`-Objekt haben Sie Zugriff auf verschiedene Methoden und Eigenschaften. Die Eigenschaft `numFiles` benennt die Anzahl der im Archiv gespeicherten Dateien, und wir lassen sie einmal ausgeben (Zeile 3).

Dann durchlaufen wir alle Dateien – die `for`-Schleife geht von 0 bis zur Anzahl der Dateien des Archivs. Über die Eigenschaft `statIndex()` erhält man die Informationen zu einer einzelnen Datei. Welche gemeint ist, muss man als Zahl übergeben. Wir nehmen hier den Zähler `$i` aus der `for`-Schleife, um auf alle

Dateien nacheinander zuzugreifen. Dann können wir Informationen auslesen wie den Namen (Zeile 5) oder die Größe (Zeile 6).

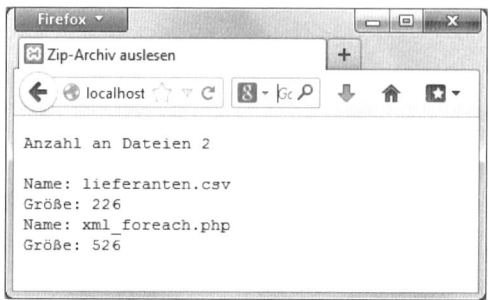

Abb. 12–15   *Informationen über die Dateien in einem ZIP-Archiv auslesen*

12.5.2   Phar-Archiv

Phar-Archive ermöglichen es, eine gesamte PHP-Anwendung in einer Datei zusammenzufassen, um die Verteilung und Installation zu vereinfachen.

Erstellen von Phar-Archiven

Standardmäßig ist die *Erstellung* von Phar-Archiven allerdings aus Sicherheitsgründen deaktiviert. Das ist auch richtig so: Zumindest auf Produktivsystemen müssen Sie Phar-Archive nur lesen, sie aber nicht schreiben. Sehen wir uns trotzdem einmal an, wie Sie ein Phar-Archiv erstellen können.

Zuerst einmal müssen Sie hierfür in *php.ini* phar.readonly auf Off stellen, die *php.ini*-Datei speichern und den Webserver neu starten.

Nehmen wir an, Sie haben ein Unterverzeichnis im aktuellen Ordner namens *pharvorlage*, das folgende Datei beinhaltet:

```php
<?php
echo "hallo von phar";
```

Listing 12–20   *Im Beispiel ist es nur eine Datei, die im Ordner gespeichert ist. Bei einer echten Anwendung wären es mehrere (index.php).*

Dann genügt zum Erstellen des Phar-Archivs folgender Code:

```php
$phar = new Phar("phar_beispiel.phar");
$phar->buildFromDirectory("pharvorlage");
```

Listing 12–21   *Das Phar-Archiv wird erstellt (phar_erstellen.php).*

Zuerst wird mit new Phar() ein neues Objekt der Phar-Klasse erstellt und dabei der Name der Datei übergeben, unter der das Phar-Archiv gespeichert werden soll. Der Methode buildFormDirectory() übergeben Sie den Namen des Verzeichnisses, in dem sich die Dateien befinden, die im Archiv aufgenommen werden sollen.

Wenn Sie danach in Ihr aktuelles Verzeichnis schauen, finden Sie eine neue Datei mit dem Namen *phar_beispiel.phar* vor und wissen, dass das Archiv angelegt wurde.

Phar-Archive benutzen

Das erstellte Phar-Archiv können Sie wie jede andere Bibliothek auch benutzen. Wenn Sie es beispielsweise per `include` einbinden, wird die *index.php*-Datei des Archivs eingebunden:

```
include "phar_beispiel.phar";
```

Listing 12–22 *Das Phar-Archiv kann per include eingebunden werden (phar_nutzen.php).*

Mehr Optionen stehen zur Verfügung, wenn Sie mit der `Phar`-Klasse arbeiten. In der Dokumentation der `Phar`-Klasse sehen Sie, dass diese die Klasse `Directory-Iterator` erweitert:

```
Phar extends DirectoryIterator
```

`DirectoryIterator` liefert Ihnen nützliche Informationen über Dateien.

> Einen Überblick über den Aufbau der Klasse `Phar` inklusive aller Methoden liefert das PHP-Manual unter *http://de2.php.net/manual/en/class.phar.php*.

Hierzu ein Beispiel:

```
$phar = new Phar("phar_beispiel.phar", 0)
foreach ($phar as $datei) {
  echo $datei->getFilename() . "<br/>";
  echo htmlspecialchars(file_get_contents($datei->getPathName()));
}
```

Listing 12–23 *Informationen über die Dateien des Phar-Archivs auslesen (phar_nutzen_2.php)*

Zuerst wird ein neues Objekt der `Phar`-Klasse erstellt. Danach wird dieses in einer Schleife durchlaufen, da es ja im Normalfall mehrere Dateien enthält. Der Dateiname wird über `getFilename()` ausgelesen, und schließlich werden die Inhalte ausgegeben.

Abb. 12–16   *Die Ausgabe von Listing 12–23 funktioniert natürlich nur, wenn das Phar-Archiv vorhanden ist.*

12.6   PDF-Dokumente erzeugen

PDF (Portable Document Format) ist ein plattformunabhängiges Dateiformat für Dokumente, das vom Unternehmen Adobe Systems entwickelt und 1993 veröffentlicht wurde. Das Besondere an PDFs ist, dass Leser das PDF-Dokument immer in der Form betrachten und ausdrucken können, die der Autor festgelegt hat. PDF ist weit verbreitet im Web, und selbstverständlich können Sie mit PHP auch PDF-Dokumente erzeugen. Dafür gibt es eine Reihe von fertigen Bibliotheken. Hier soll als Beispiel *dompdf*[1] gezeigt werden, das Sie nutzen können, um aus HTML-Dateien PDF-Dokumente zu erzeugen.

12.6.1   Vorbereitungen

Am Anfang steht die Installation. Diese geht am besten über Composer. Falls Sie Composer noch nicht installier haben – in Kapitel 2 finden Sie eine Erläuterung, wie die Installation von Composer funktioniert.

Rufen Sie eine Eingabeaufforderung/das Terminal auf und wechseln Sie dann in das Verzeichnis, in das Sie dompdf installieren wollen (üblicherweise innerhalb von *htdocs*). Geben Sie nun ein:

```
composer require dompdf/dompdf
```

```
C:\WINDOWS\system32\cmd.exe                                        —   □   ×
C:\xampp72\htdocs\php-beispiele>composer require dompdf/dompdf
Using version ^0.8.2 for dompdf/dompdf
./composer.json has been updated
Loading composer repositories with package information
Updating dependencies (including require-dev)
Package operations: 4 installs, 0 updates, 0 removals
  - Installing sabberworm/php-css-parser (8.1.0): Downloading (100%)
  - Installing phenx/php-svg-lib (v0.3.2): Downloading (100%)
  - Installing phenx/php-font-lib (0.5.1): Downloading (100%)
  - Installing dompdf/dompdf (v0.8.2): Downloading (100%)
Writing lock file
Generating autoload files
```

Abb. 12–17   *Installation von dompdf*

Wenn Sie im Verzeichnis bereits ein Composer-Paket installiert haben, gibt es schon eine *composer.json*-Datei, die die vorher installierten Pakete mit ihren Abhängigkeiten auflistet, außerdem haben Sie auch einen *vendor*-Ordner mit den Unterordnern der Pakete. Durch die Installation von dompdf wird *composer.json* erweitert, und im *vendor*-Ordner werden die zusätzlichen Unterordner mit den Dateien angelegt. Falls Sie noch keine Bibliothek im Verzeichnis installiert haben, werden *composer.json* sowie der *vendor*-Ordner angelegt.

---

1.   *https://github.com/dompdf/dompdf*

12.6.2 PDF-Dokument erzeugen lassen

Kommen wir zu einem Beispiel. Wir wollen ein PDF-Dokument mit dem Text »Hallo PDF-Dokument« erzeugen lassen. Bei Aufruf der Seite erscheint direkt das Dialogfenster, über das der Benutzer das PDF-Dokument öffnen oder speichern kann.

```
01 <?php
02 require "vendor/autoload.php";
03
04 use Dompdf\Dompdf;
05
06 $dompdf = new Dompdf();
07
08 $dompdf->loadHtml("Hallo PDF-Dokument");
09
10 $dompdf->setPaper("A4", "landscape");
11
12 $dompdf->render();
13
14 $dompdf->stream();
```

Listing 12–24 *Ein PDF-Dokument erzeugen lassen (dompdf.pdf)*

In Zeile 2 wird der Autoloader von Composer eingebunden, der sich zuverlässig ums Laden der Klassen kümmert, die wir erstellen. Zeile 4 definiert den benötigten Namenraum, in Zeile 6 wird ein neues Dompdf-Objekt erzeugt.

Auf dieses greifen wir zu und nutzen vordefinierte Methoden: Mit loadHTML() wird HTML-Code geladen; setPaper() setzt Papiergröße und Orientierung. Mit render() wird das PDF erzeugt und mit stream() schließlich im Browser ausgegeben.

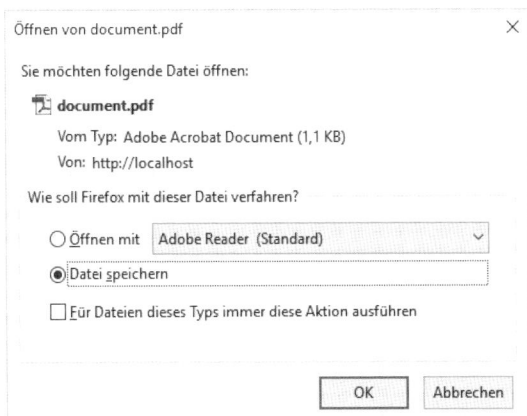

Abb. 12–18 *Bei Aufruf der PHP-Datei erscheint ein Fenster zum Anzeigen oder Speichern des erzeugten PDF-Dokuments.*

Das erzeugte PDF-Dokument ist allerdings noch nicht sehr ausgefeilt. Wir wollen nun ein Dokument mit mehr Inhalt auf Basis einer vorhandenen HTML-Datei erstellen. Es soll ein PDF-Dokument aus der Datei *beispiel.html* erzeugt werden, diese stammt ursprünglich aus Kapitel 3 und beinhaltet ein paar Formatierungen mit CSS.

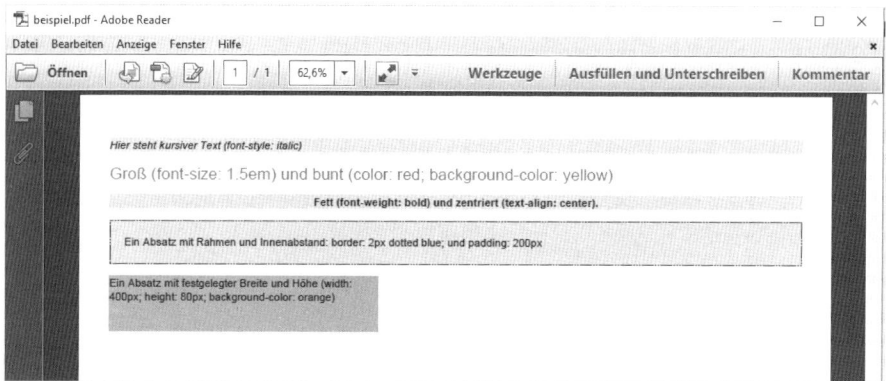

Abb. 12–19   *Das PDF-Dokument mit den Formatierungen aus der HTML-Datei*

Kommen wir zum Code.

```
01 <?php
02 require "vendor/autoload.php";
03
04 use Dompdf\Dompdf;
05 use Dompdf\Options;
06
07 $options = new Options();
08 //Verzeichnis anpassen!
09 $options->set("chroot", "C:\xampp\htdocs");
10
11 $dompdf = new Dompdf($options);
12
13 $dompdf->loadHtmlFile("beispiel.html");
14
15 $dompdf->setPaper("A4", "landscape");
16
17 $dompdf->render();
18
19 $dompdf->stream("beispiel");
```

Listing 12–25 *PDF aus externer HTML-Datei erstellen (dompdf_extern.php)*

Die geänderten Stellen sind fett hervorgehoben: Zeile 7 wird ein Namensraum ergänzt und in Zeile 9 ein neues Options-Objekt erstellt. Diese beiden Schritte sind notwendig, um in Zeile 9 das Verzeichnis anzugeben, in dem sich das HTML-Dokument befindet – das müssen Sie an Ihre Umgebung anpassen!

Bei der Erstellung des dompdf-Objekts werden die definierten Optionen übergeben. Mit `loadHtmlFile()` wird das übergebene HTML-Dokument geladen. Der bei `stream()` in Zeile 19 stehende Name wird als Dateiname benutzt.

Das war nur ein kleiner Einblick in die Möglichkeiten von dompdf. Weitere finden Sie in der Dokumentation.

Außerdem gibt es natürlich mehr Bibliotheken, die bei der Erstellung von PDF-Dokumenten helfen. Sie finden sie, wenn Sie bei *https://packagist.org/* nach *PDF* suchen.

12.7   Zusammenfassung

PHP kann mit den unterschiedlichsten Dateitypen umgehen. Zuerst haben wir uns mit den Dateirechten beschäftigt. Sie haben gesehen, dass es unterschiedliche Rechte gibt und dass Sie diese beispielsweise über Ihr FTP-Programm festlegen können. Das werden Sie sicher häufiger brauchen. Dann haben wir uns mit dem Auslesen und Schreiben von normalen Dateien beschäftigt.

Aber PHP kann nicht nur mit einfachen Textdateien umgehen, sondern auch mit allen möglichen anderen Dateitypen: Sehr einfach geht die Bearbeitung von XML-Dateien mit der SimpleXML-Schnittstelle. Danach haben Sie gesehen, dass man mit PHP auch Archive im ZIP- oder Phar-Format schreiben kann. Zum Schluss haben wir die dompdf-Bibliothek für die Erzeugung von PDF-Dokumenten benutzt. Bei den Sonderformaten haben Sie gesehen, dass für diese oft besondere Klassen zur Verfügung stehen – deswegen ist es gut, dass Sie Grundlagen der Objektorientierung kennen, selbst wenn Sie Ihre Programme hauptsächlich prozedural aufbauen.

Auch im nächsten Kapitel geht es um ein besonderes Dateiformat – nämlich um die Erzeugung von Bildern über PHP.

13 Mit Grafiken arbeiten

Bisher haben wir im Wesentlichen immer Texte ausgeben lassen. Mit PHP können Sie aber auch ganz wunderbar Grafiken bearbeiten: Sie erfahren in diesem Kapitel, wie die Grafikbearbeitung prinzipiell funktioniert, und sehen an einem Beispiel, wie Sie Thumbnails erstellen und dynamische Diagramme generieren.

13.1 Bildbearbeitung mit PHP – Grundlegendes

Es gibt verschiedene Erweiterungen für die Arbeit mit Grafiken. *Exif* ist für die Arbeit mit den EXIF-Metainformationen von Grafiken gedacht, *ImageMagick* und *GD* sind für die Bearbeitung von Grafiken vorgesehen. Hier soll die Bildbearbeitung und -erzeugung mit der Standarderweiterung *GD* gezeigt werden.

> Zuerst einmal sollten Sie überprüfen, ob GD installiert ist. Dies verrät wieder ein Blick in die Ausgabe von `phpinfo()`. Suchen Sie hier nach *gd*. Wie Sie die GD-Erweiterung installieren, erfahren Sie im PHP-Manual[1].

13.1.1 Einfache Bilder erstellen

Zum Erstellen von Bildern brauchen Sie eine PHP-Datei, die nur PHP-Code enthält – also kein HTML-Grundgerüst: Sie dient ja allein der Erzeugung der Grafik, im Beispiel einer JPEG-Grafik. Das Skript ist kurz:

```php
<?php
header ("Content-type: image/jpg");
$bild = imagecreatetruecolor(100, 50);
imagejpeg($bild);
imagedestroy($bild);
```

Listing 13–1   Ein JPEG-Bild wird erstellt (bild_erstellen.php).

---

1.   *http://www.php.net/manual/de/image.installation.php*

Zuerst wird der Header mit dem richtigen MIME-Typ definiert.

> Vor der Zeile mit dem Header darf nichts ausgegeben werden. Sonst erhalten Sie die
> Fehlermeldung »Header already sent ...« (siehe hierzu auch Kap. 8).

Das Bild selbst erstellen Sie mit der Funktion `imagecreatetruecolor()`. Sie erwartet
als Parameter die Breite und Höhe des Bilds in Pixeln. `imagecreatetruecolor()`
gibt ein Handle auf das Bild zurück, über das Sie das Bild dann im Weiteren
ansprechen können. Schließlich dient die Funktion `imagejpeg()` zur Erstellung der
JPEG-Grafik, und `imagedestroy()` gibt den Speicher wieder frei. Beide erwarten
den Handle des Bilds als Parameter.

Jetzt benötigen wir noch ein weiteres Skript, in dem die Grafik angezeigt wird
– ein ganz normales HTML-Dokument, ganz ohne PHP-Code. In diesem wird die
Grafik über das `img`-Element eingebunden. Als Pfad wird bei `src` der *Name der
PHP-Datei* angegeben.

```
<img src="bild_erstellen.php" alt="" />
```

Listing 13–2　　*Das per PHP erstellte Bild wird in einer HTML-Datei eingebunden (bild_ausgeben.html).*

Zugegebenermaßen ist das Bild selbst noch nicht sehr ausgefeilt: Es ist einfach ein
schwarzes Rechteck in der angegebenen Größe.

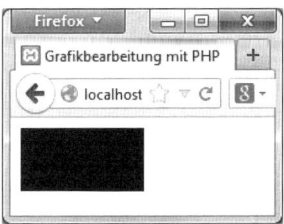

Abb. 13–1　　*Das per PHP erstellte »Bild«*

Im bisherigen Beispiel wird das Bild über das PHP-Skript ausgegeben, und um es
anzuzeigen, muss das PHP-Skript eingebunden werden. Sie können das Bild aber
auch direkt als JPEG abspeichern. Hierfür geben Sie als zweiten Parameter von
`imagejpeg()` den Bildnamen an, unter dem es gespeichert werden soll.

```php
<?php
$bild = imagecreatetruecolor(300, 400);
imagejpeg($bild, "bild.jpg");
imagedestroy($bild);
```

Listing 13–3　　*Jetzt wird das Bild abgespeichert (bild_erstellen2.php).*

Das werden wir brauchen, wenn wir in Abschnitt 13.2 Thumbnails von Bildern aus einem Ordner erstellen lassen.

Wenn Sie dieses Skript aufrufen, erzeugt es im Browser keine sichtbare Ausgabe, aber danach sollten Sie in Ihrem Ordner das Bild *bild.jpg* vorfinden.

In JPEG-Bildern können Sie über 16 Mio. Farben darstellen lassen. JPEG eignet sich damit besonders gut für Fotos. Alternativen dazu sind GIF mit nur 256 Farben für flächige Grafiken oder PNG. PNG bietet eine verlustfreie Komprimierung und unterstützt genauso wie JPEG *True Color*, das heißt über 16 Mio. Farben, zumindest in der Version PNG 24. Daneben gibt es auch PNG 8, das nur 8-Bit-Grafiken mit 256 verschiedenen Farben erlaubt. Zum Erstellen von GIF oder PNG gibt es parallel zu `imagejpeg()` die Funktionen `image-gif()` und `imagepng()`.

Welche Formate von Ihrer aktuellen PHP-Installation unterstützt werden, zeigt die Ausgabe von `gd_info()`. Ein entsprechendes Listing finden Sie unter dem Namen *info_formate.php*.

Mit verschiedenen Funktionen können Sie auf Ihrem Bild Formen zeichnen. Dafür müssen Sie erst einmal Farben zuweisen. Hierzu dient die Funktion `image-colorallocate()`, der Sie als ersten Parameter den Bild-Handle übergeben und dahinter die gewünschte RGB-Farbe. Sie können die Werte für Rot, Grün und Blau dezimal oder auch hexadezimal angeben.

```
$weiss = imagecolorallocate($bild, 255, 255, 255);
```

Die Farbe können Sie zum Beispiel bei der Funktion `imagefilledrectangle()` einsetzen, mit der sich ein gefülltes Rechteck zeichnen lässt:

```
imagefilledrectangle($bild, 10, 10, 100, 50, $weiss);
```

Diese Funktion erwartet als ersten Parameter den Bild-Handle, dann die x- und y-Koordinate der oberen linken Ecke des Bilds und die x- und y-Koordinate der unteren rechten Ecke sowie schließlich die Farbe. Parallel zu `imagefilled-rectangle()` gibt es `imagerectangle()`, das ein Rechteck ohne Füllung nur mit Konturen erstellt.

Auch Text kann ausgegeben werden. Hierfür dient die Funktion `imagestring()`.

```
imagestring($bild, 5, 30, 15, $text, $weiss);
```

Sie erwartet als ersten Parameter wieder den Bild-Handle, und der zweite Parameter benennt die Nummer des Fonts. Dies kann eine Zahl von 1 bis 5 sein; dann wird einer der integrierten Fonts genommen. Die beiden nächsten Parameter benennen die x- und die y-Koordinate der linken oberen Ecke. Es folgen noch der Text, der ausgegeben werden soll, und die Farbe, in der der Text geschrieben werden soll.

Im folgenden Listing wird ein Rechteck gezeichnet und darauf ein Text gesetzt:

```
01  <?php
02  header ("Content-type: image/png");
03  $bild = imagecreatetruecolor(200, 50);
04  $weiss = imagecolorallocate($bild, 255, 255, 255);
05  $rot = imagecolorallocate($bild, 255, 0, 0);
06  $text = "Grafik mit Text";
07  imagefilledrectangle($bild, 10, 10, 190, 40, $rot);
08  imagestring($bild, 5, 30, 15, $text, $weiss);
09  imagepng($bild);
10  imagedestroy($bild);
```

Listing 13–4   *Text in Grafik (bild_mit_text.php)*

Sie sehen: Dieses Mal wird ein PNG-Bild erstellt und der entsprechende Header gesendet (Zeile 2). Ein Bild mit 200 Pixeln Breite und 50 Pixeln Höhe wird erzeugt (Zeile 3), und zwei Farben werden definiert (Zeilen 4 und 5). `imagefilled rectangle()` in Zeile 7 zeichnet das Rechteck, und `imagestring()` ergänzt den Text (Zeile 8). Schließlich wird das PNG-Bild ausgegeben und der Bild-Handle wieder freigegeben.

Abb. 13–2   *Text auf der Grafik*

Sie können neben Rechtecken auch andere Formen zeichnen: `imageellipse()` zeichnet eine Ellipse, `imagearc()` ein Bogenstück, `imagepolygon()` ein Polygon. Zu allen dreien gibt es die ausgefüllten Varianten: `imagefilledellipse()`, `imagefilled-arc()` oder `imagefilledpolygon()`. Diese und weitere Funktionen finden Sie im Manual unter *http://www.php.net/manual/de/book.image.php*.

13.2   Vorschaubilder per PHP erzeugen

Wenn Sie viele Bilder auf einer Webseite präsentieren möchten, bietet es sich an, zuerst einmal zur Verringerung der Ladezeit kleine Vorschaubilder anzuzeigen. Interessiert sich jemand für das Bild, kann er sich das größere Original ansehen. Um Vorschaubilder automatisch zu erstellen, muss man per PHP bereits vorhandene Bilder bearbeiten, was wir uns jetzt ansehen. Abbildung 13–3 demonstriert, wie es aussehen soll: Von allen Bildern aus einem vorgegebenen Ordner werden automatisch Vorschaubilder erzeugt und angezeigt.

Im Beispiel geht es darum, wie man mit PHP kleinere Bildchen automatisch erzeugt. Die Präsentation der großen Bilder ist derzeit nicht ausgefeilt, sie werden einfach im selben Browserfenster angezeigt. Hier könnte man mit JavaScript schöne weitergehende Effekte erreichen – beispielsweise die Bilder in der Art einer *Lightbox* anzeigen lassen: Bei dieser verdunkelt sich der Seitenhintergrund leicht, und die großen Bilder erscheinen leicht animiert. Für solche Zwecke nehmen Sie am besten ein jQuery-Plug-in wie beispielsweise *Fancybox*. [2]

Abb. 13–3   *Links: kleine Vorschaubilder. Wenn man auf eines klickt, wird die größere Version angezeigt (rechts).*

Im Beispiel gibt es zwei Dateien:

vorschaubilder.php ist für die Erstellung der Vorschaubilder verantwortlich.

vorschaubilder_ausgeben.php sorgt für die Ausgabe der Vorschaubilder.

Außerdem gibt es zwei Ordner, die beide vorhanden sein müssen:

bilder enthält die Bilder, von denen Vorschaubilder erzeugt werden sollen.

vorschaubilder soll später die kleinen Bilder aufnehmen, ist zu Beginn jedoch noch leer.

Erst einmal zum Skript *vorschaubilder.php*. Dieses liest alle Bilder aus dem Unterordner *bilder* aus, erstellt die Thumbnails und speichert sie im Unterordner *vorschaubilder*.

Am Anfang steht das Auslesen aller JPEG-Bilder aus dem Ordner *bilder*:

```
01 $bv = "bilder";
02 $vb = "vorschaubilder";
03 $verzeichnis = opendir($bv);
04 $bilder = [];
05 while (($datei = readdir($verzeichnis)) !== false) {
06   if (preg_match("/\.jpe?g$/", $datei)) {
07     $bilder[] = $datei;
08   }
09 }
10 closedir($verzeichnis);
```

---

2.   *https://fancyapps.com/fancybox/3/*

Der Ordner wird über opendir() in Zeile 3 geöffnet. Der Inhalt wird mit readdir() in einer while-Schleife ausgelesen (Zeile 5): Ist keine Datei mehr vorhanden, gibt readdir() false zurück, und damit wird die Schleife beendet.

Bei der Überprüfung wird mit !== sichergestellt, dass auch der Datentyp übereinstimmt. Wenn Sie hingegen Folgendes schreiben würden:

```
while ($datei = readdir($verzeichnis)) {
```

würde die Schleife vorzeitig abgebrochen, wenn eine Datei 0 heißt, was ja ebenfalls als false gedeutet würde. Das verhindern wir mit !==.

Ob es sich beim jeweiligen Dateinamen um ein JPEG-Bild handelt, prüft der reguläre Ausdruck in Zeile 6:

```
"/\.jpe?g$/"
```

Er bedeutet, dass zuerst ein Punkt erforderlich ist (\.), dem jpeg oder jpg folgt (jpe?g), die sich am Ende befinden müssen – der Ausdruck ist über das $-Zeichen am Ende verankert.

Wenn der Dateiname auf das Muster passt, wird er als Arrayelement dem Array $bilder hinzugefügt (Zeile 7). Danach wird das Verzeichnis über closedir() wieder geschlossen (Zeile 10).

Jetzt geht es an die Erstellung der Thumbnails. Dabei werden vier neue Funktionen eingesetzt: imagecreatefromjpeg() dient zum Öffnen eines bereits vorhandenen JPEG-Bilds, über imagesx() und imagesy() lesen Sie die Breite und die Höhe eines Bilds aus. Die Größe eines Bilds ändern Sie über imagecopyresampled().

```
11 foreach ($bilder as $bild) {
12     $b = imagecreatefromjpeg("$bv/$bild");
13     $originalbreite = imagesx($b);
14     $originalhoehe = imagesy($b);
15     $neuebreite = 200;
16     $neuehoehe = floor($originalhoehe * ($neuebreite / $originalbreite));
17     $neuesbild = imagecreatetruecolor($neuebreite, $neuehoehe);
18     imagecopyresampled($neuesbild, $b, 0, 0, 0, 0, $neuebreite, $neuehoehe,
        $originalbreite, $originalhoehe);
19     echo "Thumbnail erzeugt für $bild<br />";
20     imagejpeg($neuesbild, "$vb/$bild");
21     imagedestroy($neuesbild);
22 }
```

Listing 13–5   *Die Vorschaubilder erzeugen (vorschaubilder.php)*

Über eine foreach-Schleife (Zeile 11) werden alle Elemente des $bilder-Arrays durchlaufen. In Zeile 12 wird über imagecreatefromjpeg() das Bild eingelesen, und in den Zeilen 13 und 14 werden seine Ausmaße ermittelt. Als neue Breite des Thumbnails werden in Zeile 15 200 Pixel festgelegt – das können Sie natürlich an Ihren Bedarf anpassen. Da die Bilder proportional skaliert werden können, wird die neue Höhe in Zeile 16 proportional basierend zur ursprünglichen Höhe berechnet und der Wert mit floor() gerundet.

Zeile 17 erstellt ein neues Bild-Handle mit den neu berechneten Werten. Das Bild wird dann über imagecopyresampled() erzeugt. Sehen wir uns diese Zeile einmal genau an:

```
18   imagecopyresampled($neuesbild, $b, 0, 0, 0, 0, $neuebreite, $neuehoehe,
$originalbreite, $originalhoehe);
```

imagecopyresampled() erwartet als ersten Parameter den neuen Bild-Handle, als zweiten den Bild-Handle des ursprünglichen Bilds. Die nächsten vier Parameter bestimmen die Koordinaten der oberen linken Ecke des neuen und des ursprünglichen Bilds: Sie könnten über imagecopyresampled() nämlich auch einen Teil aus einem Bild ausschneiden. Über 0, 0, 0, 0 wird dafür gesorgt, dass das gesamte Bild genommen wird. Schließlich erwartet die Funktion dann noch die Angabe von Breite und Höhe des neuen sowie des ursprünglichen Bilds.

Zeile 19 gibt eine Meldung aus, welches Thumbnail erzeugt wurde. In Zeile 20 wird das neue Bild mit dem ursprünglichen Namen im Ordner für die Vorschaubilder abgespeichert.

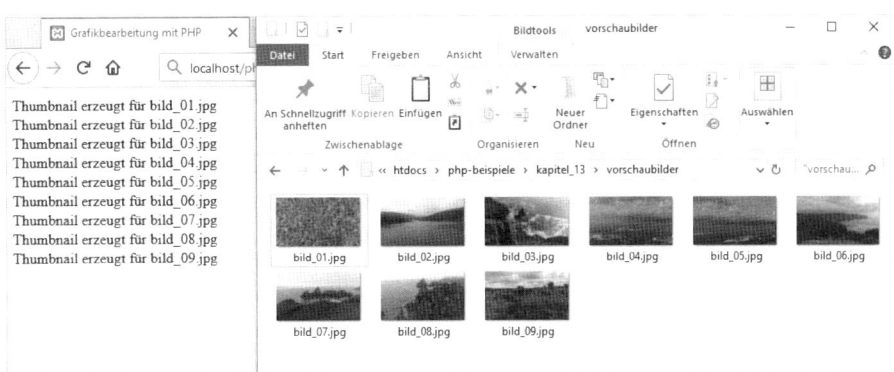

Abb. 13–4   *Das Ergebnis von vorschaubilder.php: Im Browser gibt es Erfolgsmeldungen, und danach sind die kleinen Bildchen im Ordner vorhanden.*

Beachten Sie, dass, um das Beispiel kompakt zu halten, bei unserem Beispiel keine Überprüfungen auf mögliche Fehler durchgeführt werden.

Es fehlt noch die Ausgabe der Vorschaubilder, die ebenfalls automatisch erfolgen soll: In der Datei *vorschaubilder_ausgeben.php* werden zuerst wieder alle JPEG-Bilder ausgelesen:

```
01 $bv = "bilder";
02 $verzeichnis = opendir($bv);
03 $bilder = [];
04 while (($datei = readdir($verzeichnis)) !== false) {
05   if (preg_match("/\.jpe?g$/", $datei)) {
06     $bilder[] - $datei;
07   }
08 }
09 closedir($verzeichnis);
```

Für jedes dort gefundene Bild wird in einer foreach-Schleife das Bild angezeigt und mit einem Link auf das große Bild ausgegeben:

```
10 foreach($bilder as $bild) {
11    echo "<a href='bilder/$bild'><img src='vorschaubilder/$bild' alt=''
/></a>\n";
12 }
```

Listing 13–6   *Vorschaubilder anzeigen (vorschaubilder_ausgeben.php)*

Der dadurch erzeugte HTML-Code sieht beispielsweise so aus:

```
<a href='bilder/blumen.jpg'><img src='vorschaubilder/blumen.jpg' alt=''
/></a>
```

Die Anordnung der Bilder könnte über float geschehen – im Beispiel wird aber das neue CSS-Layoutmodul Gridlayout dafür verwendet.

13.2.1   Weitere Bildbearbeitungen

Es gibt viele weitere Möglichkeiten, um Bilder mit PHP zu bearbeiten. So können Sie mit der Funktion imageflip() Bilder auch spiegeln. Dieser Funktion übergeben Sie zuerst den Handler für das Bild und als zweiten Parameter eine Konstante, die angibt, wie das Bild gespiegelt werden soll. Im folgenden Beispiel wird ein Bild geladen, dann wird es vertikal und horizontal gespiegelt und wieder ausgegeben:

```
$datei = "bilder/bild_07.jpg",
$bild = imagecreatefromjpeg($datei);
imageflip($bild, IMG_FLIP_BOTH);
header("Content-type: image/jpg");
imagejpeg($bild);
imagedestroy($bild);
```

Listing 13–7   *Bild drehen (gd_imageflip.php)*

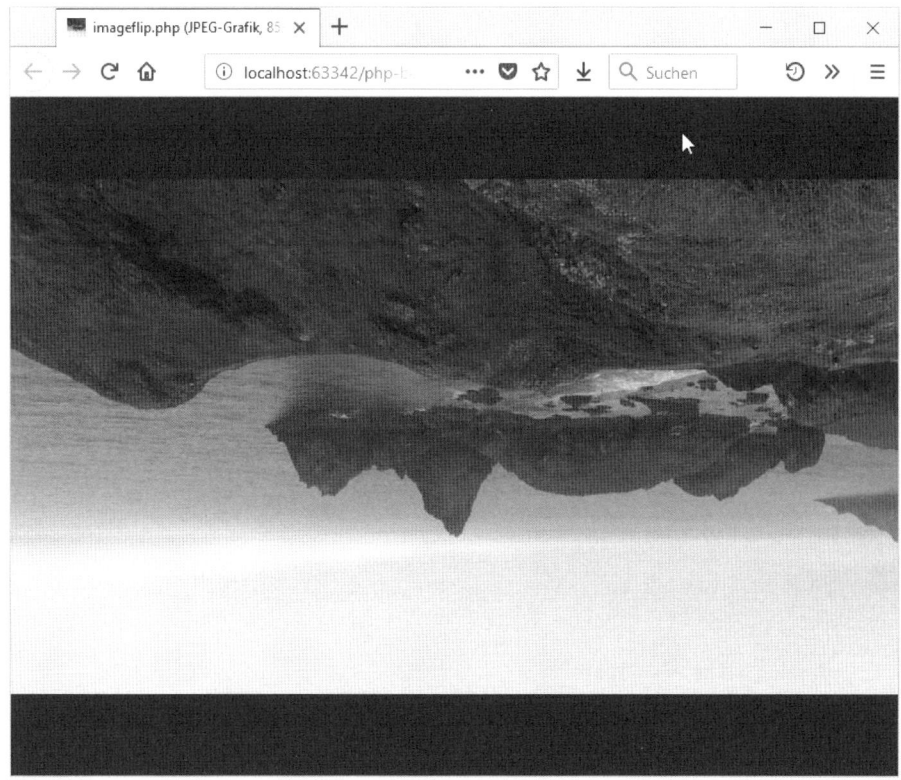

Abb. 13–5   *Mit imageflip() können Sie Bilder spiegeln.*

Weitere Bildbearbeitungsfunktionen sind `imagecrop()` zum Beschneiden von Bildern und `imagewebp()`, um WebP-Bilder zu erstellen. WebP ist ein neues Bildformat, das jedoch noch eine durchwachsene Browserunterstützung hat.[3]

13.3   Diagramme erstellen

Die Grafikbearbeitungsfunktionen lassen sich auch zur Erstellung von dynamischen Diagrammen verwenden, beispielsweise um den aktuellen Stand einer Umfrage zu visualisieren. Solche Diagramme können Sie im Prinzip selbst erstellen: mithilfe der vorgestellten Funktionen wie `imagefilledrectangle()` für ein Balkendiagramm oder `imagefilledarc()` für ein Tortendiagramm. Bei einem schlichten Diagramm ist das noch einfach zu machen, für komplexere Diagramme inklusive Beschriftung und Achsen wird es dann schon aufwendiger. Da hilft die Bibliothek *JpGraph*[4] weiter. JpGraph ist für den nichtkommerziellen Einsatz kostenlos, für die kommerzielle Nutzung müssen Sie eine Lizenz erwerben.[5]

---

3.   Aktuelle Informationen hierzu finden Sie unter *http://caniuse.com/webp*.
4.   *http://jpgraph.net/*
5.   *http://jpgraph.net/pro/*

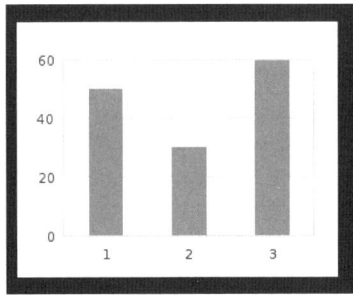 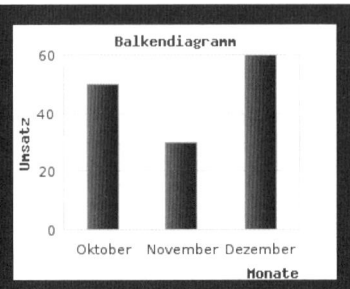

Abb. 13–6   *Balkendiagramme über JpGraph*

Um JpGraph zu benutzen, müssen Sie es erst herunterladen[6] und entpacken. Dieses Paket beinhaltet zwei Ordner: *docs* für die Dokumentation und *src* für die Dateien, die Sie dann einbinden müssen.

13.3.1   Balkendiagramme

Erstellen wir erst einmal das in Abbildung 13–6 links dargestellte Balkendiagramm:

```
01 <?php
02 header ("Content-type: image/png");
03 require "jpgraph/src/jpgraph.php";
04 require "jpgraph/src/jpgraph_bar.php";
05
06 $daten = [50, 30, 60];
07 $graph = new Graph(260, 200, "PNG");
08 $graph->SetScale("textlin");
09 $bplot = new BarPlot($daten);
10 $graph->Add($bplot);
11 $graph->Stroke();
```

Listing 13–8   *Ein einfaches Balkendiagramm (balkendiagramm_1.php)*

Der Code zur Erstellung des Diagramms steht in einer puren PHP-Datei ohne HTML-Grundgerüst. Zuerst (Zeile 2) wird der erforderliche Header erstellt. Dann werden in den Zeilen 3 und 4 die benötigten Dateien eingebunden. Im Beispiel wird davon ausgegangen, dass sich die Dateien in einem Unterverzeichnis mit Namen *jpgraph* befinden – hier müssen Sie bei Bedarf den Pfad noch anpassen.

> Die Datei *jpgraph.php* wird bei allen Diagrammtypen benötigt, *jpgraph_bar.php* hingegen nur bei Balkendiagrammen.

---

6.   *http://jpgraph.net/download/*

In Zeile 6 stehen die Zahlenwerte, die dargestellt werden sollen, in Form eines Arrays. Diese Daten könnten aber selbstverständlich auch aus einer Datenbank stammen.

Zeile 7 erstellt eine neue Grafik, in Klammern werden die Breite, die Höhe und das Format übergeben. Mit der Methode SetScale() wird die Skala für die x- und y-Achse bestimmt: textlin bedeutet, dass die x-Achse Text enthält, die y-Achse hingegen linear ist. Mit new BarPlot() wird ein neues Balkendiagramm erstellt und ihm gleichzeitig die Daten übergeben. Jetzt muss mit der Methode Add() noch das Diagramm dem Bild hinzugefügt werden (Zeile 10), und über die Methode Stroke() wird das Diagramm gezeichnet.

Das Diagramm lässt sich jetzt noch verfeinern (Abb. 13–6, rechts):

```php
01 <?php
02 header ("Content-type: image/png");
03 include "jpgraph/src/jpgraph.php";
04 include "jpgraph/src/jpgraph_bar.php";
05
06 $daten = [50, 30, 60];
07 $xachse = ["Oktober", "November", "Dezember"];
08 $graph = new Graph(260, 200, "auto");
09 $graph->SetScale("textlin");
10 $graph->SetShadow();
11 $graph->img->SetMargin(40, 30, 20, 40);
12 $bplot = new BarPlot($daten);
13 $bplot->SetFillgradient("red", "black", GRAD_VER);
14 $graph->Add($bplot);
15 $graph->xaxis->SetTickLabels($xachse);
16 $graph->title->Set("Balkendiagramm");
17 $graph->xaxis->title->Set("Monate");
18 $graph->yaxis->title->Set("Umsatz");
19 $graph->title->SetFont(FF_FONT1, FS_BOLD);
20 $graph->yaxis->title->SetFont(FF_FONT1, FS_BOLD);
21 $graph->xaxis->title->SetFont(FF_FONT1, FS_BOLD);
22 $graph->Stroke();
```

Listing 13–9   *Erweitertes Balkendiagramm (balkendiagramm_2.php)*

Die ersten Zeilen sind wie gehabt. In Zeile 7 wird ein zusätzliches Array mit den Beschriftungen der x-Achse definiert. Die Methode SetShadow() ergänzt einen Schatten um das Bild. Mit SetMargin() werden die Ränder festgelegt (Zeile 11). Für die Balken wird ein Farbverlauf bestimmt (Zeile 13), der von Rot zu Schwarz geht.

Nun werden diverse Beschriftungen gesetzt: In Zeile 15 erhalten die einzelnen Balken auf der x-Achse die Monatsnamen. Zeile 16 vergibt einen Titel für das gesamte Diagramm, und die Zeilen 17 und 18 geben der x- und y-Achse eine Beschriftung. Für die Beschriftungen wird über SetFont() in Zeile 19 eine von mehreren mitgelieferten Standardschriften gesetzt und als Schriftschnitt fett bestimmt.

13.3.2   Tortendiagramm

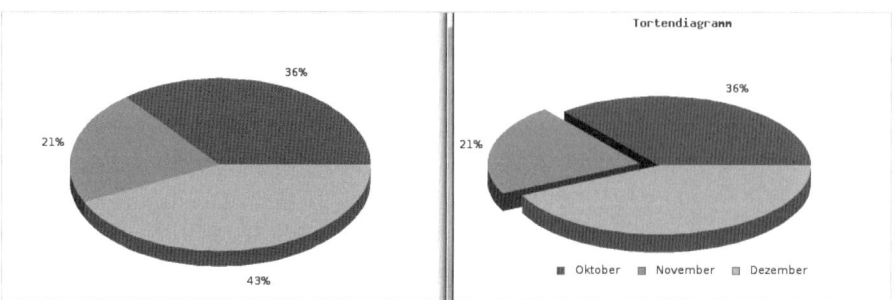

Abb. 13–7   *Auch 3-D-Tortendiagramme lassen sich erstellen.*

Die Erstellung des einfachen Tortendiagramms ist ganz ähnlich wie die des einfachen Balkendiagramms:

```
01 <?php
02
03 header ("Content-type: image/png");
04 require "jpgraph/src/jpgraph.php";
05 require "jpgraph/src/jpgraph_pie.php";
06 require "jpgraph/src/jpgraph_pie3d.php";
07
08 $daten = [50, 30, 60];
09 $graph = new PieGraph(450, 300, "PNG");
10 $p1 = new PiePlot3D($daten);
11 $graph->Add($p1);
12 $graph->Stroke();
```

Listing 13–10   *Ein einfaches Tortendiagramm (tortendiagramm_1.php)*

Sie sehen, dass für die 3-D-Tortendiagramme neben der immer benötigten Datei *jpgraph.php* zwei weitere Dateien eingebunden werden (Zeilen 5 und 6). Zur Erstellung des 3-D-Tortendiagramms wird eine neue Instanz von PieGraph erstellt und dann eine neue Instanz von PiePlot3D. Wieder wird über Add() das Diagramm hinzugefügt und über Stroke() gezeichnet.

Das derzeitige Diagramm ist noch sehr schlicht und kann natürlich erweitert werden. Die erweiterte Version soll aussehen wie in Abbildung 13–7 rechts. Die im Vergleich zur Basisversion geänderten Stellen sind hervorgehoben.

```
01 <?php
02
03 header ("Content-type: image/png");
04 require "jpgraph/src/jpgraph.php";
05 require "jpgraph/src/jpgraph_pie.php";
06 require "jpgraph/src/jpgraph_pie3d.php";
07
08 $daten = [50, 30, 60];
09 $legende = ["Oktober", "November", "Dezember"];
10 $graph = new PieGraph(450, 300, "PNG");
11 $graph->SetShadow();
12 $p1 = new PiePlot3D($daten);
13 $p1->ExplodeSlice(1);
14 $p1->SetCenter(0.45);
15 $p1->SetLegends($legende);
16 $p1->SetAngle(40);
17 $p1->SetSliceColors(["red", "blue", "green"]);
18 $graph->title->Set("Tortendiagramm");
19 $graph->title->SetFont(FF_FONT1,FS_BOLD);
20 $graph->Add($p1);
21 $graph->Stroke();
```

Listing 13–11 *Erweitertes 3-D-Tortendiagramm (tortendiagramm_2.php)*

ExplodeSlice() (Zeile 13) bewirkt, dass ein Tortenstück etwas herausbewegt wird: In Klammern geben Sie an, welches, wobei die Zählung bei 0 beginnt. Über SetCenter() in Zeile 14 versetzen Sie das Zentrum des Diagramms, damit die Legende, die in Zeile 15 gesetzt wird, Platz findet. SetAngle() bestimmt, wie schräg das 3-D-Diagramm angezeigt werden soll; die möglichen Werte liegen zwischen 10 und 80. Über SetSliceColor() legen Sie die Farben der Tortenabschnitte fest. Außerdem wird wieder ein Titel für das Diagramm und die Schrift bestimmt.

Dies ist natürlich nur ein kleiner Ausschnitt aus den Funktionen, die JpGraph bietet – weitere Informationen hierzu finden Sie in der bei JpGraph mitgelieferten Dokumentation. In dieser sind auch sehr viele Diagramme mit Beispielcode aufgeführt, und außerdem gibt es eine Auflistung der einzelnen Klassen mit ihren Methoden und Eigenschaften.

13.4   Zusammenfassung

Mit PHP können Sie auch Grafiken erstellen. Wir haben uns hier mit der GD-Bibliothek zur Grafikerzeugung beschäftigt. Eine Grafik können Sie über eine PHP-Datei erstellen, die zuerst den Grafikformat-Header beinhaltet und danach den Code zur Erzeugung des Bilds. Die PHP-Datei können Sie dann an allen Stellen nutzen, wo Sie sonst auf Bilder verweisen, also beispielsweise innerhalb eines `<img src="…">`-Elements. Alternativ dazu lässt sich eine Grafik aber auch abspeichern.

In einem Beispiel haben wir uns angesehen, wie man eine Bildbearbeitung mit PHP durchführt, und uns Vorschaubildchen automatisch erzeugen lassen. An diesem Beispiel haben Sie auch erfahren, wie Sie mit PHP einen Ordner durchlaufen und auf alle Dateinamen zugreifen.

Wenn Sie ausgefeilte Diagramme erstellen wollen, kommen Sie rascher zum Ziel, wenn Sie eine PHP-Bibliothek wie JpGraph benutzen.

14 PHP-Frameworks am Beispiel von Laravel

Wenn mehrere Personen gemeinsam an einem Projekt arbeiten oder auch wenn die Projekte an sich komplexer werden, lohnt sich der Einsatz eines Frameworks. In diesem Kapitel sehen wir uns am Beispiel des beliebten PHP-Frameworks Laravel die Funktionsweise von Frameworks an.

14.1 Vorteil von Frameworks

Bei so gut wie allen Projekten muss man auch Aufgaben lösen, die an sich nichts Neues sind ... und bei denen die Wahrscheinlichkeit groß ist, dass sie bereits jemand anderes gelöst hat. Wenn man als Einzelkämpfer unterwegs ist, kann man sich nach und nach eine eigene Bibliothek mit Funktionalitäten aufbauen, die man bereits in Projekten gebraucht hat und die sich wiederverwenden lassen. Oder aber man kann zu einem Framework greifen und den Code von anderen weiterverwenden, der oft besser durchdacht und gründlicher getestet ist.

Frameworks bieten noch weitere Vorteile:

Effizienz
Statt viele Zeilen Code selbst zu schreiben, können Sie auf vordefinierte Funktionen/Bibliotheken zurückgreifen. Damit wird die Entwicklung einfacher und schneller. Es gibt üblicherweise Tools für die Formularüberprüfung, für den Umgang mit Sessions/Cookies, zum Filtern von Input, zur Authentifizierung, für Tests und vieles mehr.

Sicherheit
ist heute ein wichtiges Thema. PHP-Frameworks bieten oft bewährte Strategien, um die Sicherheit der Anwendung zu gewährleisten. So werden beispielsweise bei der Ausgabe von Inhalten HTML-spezifische Sonderzeichen üblicherweise automatisch maskiert, oder es gibt automatisch ein zusätzliches verstecktes Feld in Formularen, um CSFR (Cross-Site-Request-Forgery)[1] zu verhindern.

Organisation

Frameworks geben einen Weg vor, wie der Code zu organisieren und zu schreiben ist. Das reicht von einfachen Vorgaben für Speicherorte von Dateien über Konventionen der Benennung bis hin zur Aufteilung von Aufgaben. Damit muss man im Team diese Vereinbarungen nicht mehr treffen und könnte beispielsweise auch leichter während des Projekts zusätzliche Entwickler hinzunehmen. Ebenso ist es einfacher, bei Problemen Unterstützung von der Community des Frameworks zu erhalten.

MVC

Bei Frameworks werden üblicherweise die Aufgaben getrennt, was sich besonders bei großen Projekten empfiehlt. Laravel folgt der MVC-(Model-View-Controller-)Architektur – darauf kommen wir noch zu sprechen. So etwas selbst zu realisieren, wäre relativ aufwendig.

Weniger ist mehr

Die Code-Menge, die man selbst schreiben muss, reduziert sich beim Einsatz eines Frameworks; das bedeutet, es geht schneller, und außerdem minimiert sich die Fehlerquote.

Frameworks haben natürlich auch Nachteile

Jedes Framework braucht **Zeit zur Einarbeitung,** und so lohnt sich der Einsatz eines Frameworks als Einzelkämpfer eher, wenn Sie mehrere Projekte damit realisieren. Dieser Nachteil gilt nicht für die Entwicklung im Team, wo man ohne einen Einsatz eines Frameworks eine genaue Dokumentation mit Vorgaben für die Code-Organisation erstellen müsste.

Vom Framework vorgesehene Aufgaben realisiert man im Allgemeinen wesentlich schneller. Wenn man aber etwas anderes umsetzen möchte, kann der **Aufwand** größer sein.

Performance: Im Allgemeinen ist eine mit einem Framework erstellte Applikation weniger schnell als eine direkt in PHP umgesetzte, weil beim Framework mehr Abstraktionsebenen benutzt werden. Meist ist das jedoch nicht so gravierend, weil die Performance-Engpässe an anderen Stellen liegen (zum Beispiel Datenbank, Frontend-Organisation).

---

1.   Bei einem CSRF wird ein Angriff über eine Transaktion in einer Webanwendung durchgeführt. Dabei bedient sich der Angreifer eines Opfers, der angemeldet sein muss. Das lässt sich dadurch verhindern, indem in Formularen ein zusätzliches Feld mit versteckten Informationen eingebunden wird. Einen ersten Einstieg in das Thema bietet der Artikel in der Wikipedia unter *http://de.wikipedia.org/wiki/Cross-Site-Request-Forgery.*

Und eine Anmerkung noch zur Abgrenzung von Frameworks gegenüber Con-
tentmanagementsystemen (CMS): Wenn man ein Blog realisieren möchte, wird
man mit einem CMS wie WordPress schneller zum Ziel kommen, als wenn man
die Blogfunktionalität mit einem Framework programmiert. WordPress etwa bietet direkt nach der Installation alles Notwendige, um erste Beiträge zu verfassen.
Bei einem Framework haben Sie nach der Installation alles vorbereitet, damit Sie
Ihren Code schreiben können.

Es gibt eine Reihe von großen und bekannten Frameworks, beispielsweise
Symfony, CakePHP, CodeIgniter oder das Zend-Framework. Sitepoint führt
regelmäßig eine Umfrage nach dem besten Framework durch. Wie die Einschät-
zung für 2015 aussah, sehen Sie in der Abbildung 14–1 – Laravel ist ungeschla-
gen an der Spitze.

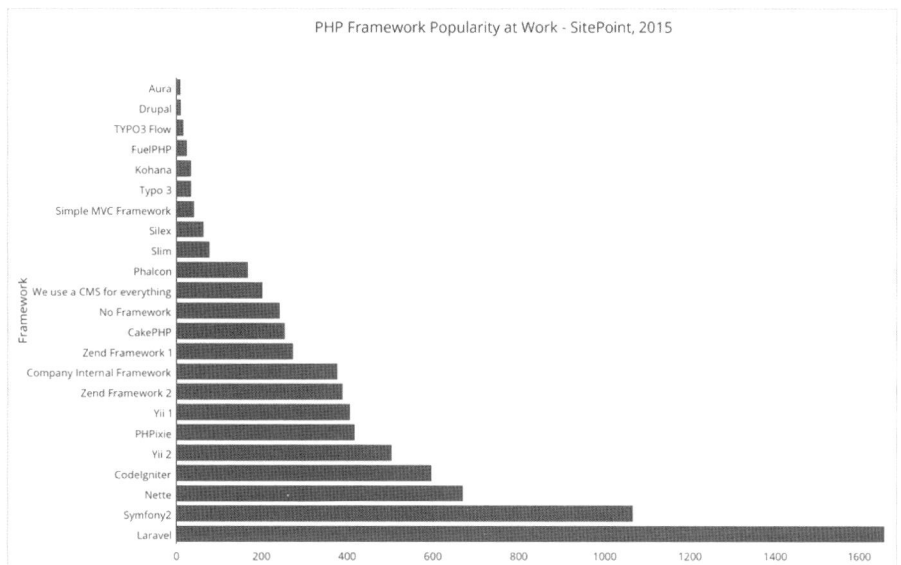

Abb. 14–1   *https://www.sitepoint.com/best-php-framework-2015-sitepoint-survey-results/*

Wir werden uns im Folgenden das Framework Laravel genauer ansehen. Es ist
jünger als andere PHP-Frameworks und stammt aus dem Jahr 2012.

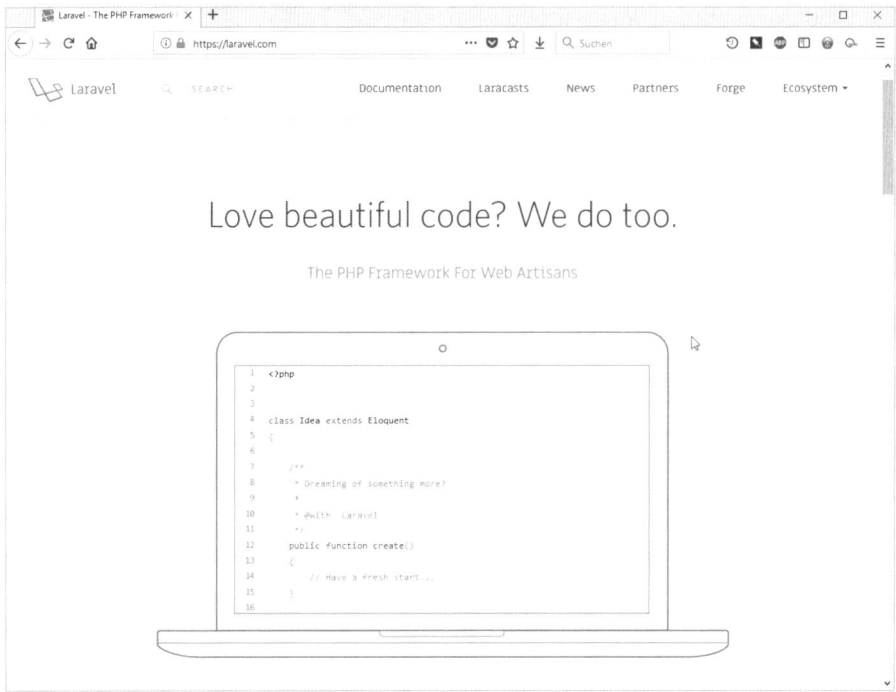

Abb. 14–2   *Laravel – das PHP-Framework für Webkünstler*

Was bringt es aber, sich als Einsteiger mit Laravel zu beschäftigen?

Sie lernen das MVC-Pattern am Beispiel kennen. Vielleicht hat es Sie schon immer gestört, dass PHP-Code so mit HTML vermischt wird und dann dazwischen noch MySQL-Befehle auftauchen? Laravel trennt die Belange, und der Code wird übersichtlicher und klarer.

Sie lernen gängige Konzepte und Best-Practice-Vorgehensweisen in der Entwicklung kennen – so sehen Sie beispielsweise, dass die Ordnerstruktur des Projekts keineswegs die URLs des Webauftritts diktieren muss.

Das Handling von Datenbanken und Abfragen von Tabellen werden wesentlich vereinfacht. Falls Sie einmal von MySQL als Datenbanksystem auf SQLite wechseln möchten, so müssen Sie hierfür nur eine Zeile ändern.

Es ist eine Möglichkeit, die PHP-Kenntnisse auf das nächste Level zu heben.

Sie sehen die objektorientierte Programmierung in der Praxis.

Warum aber Laravel und nicht ein anderes Framework? Eine solche Entscheidung ist immer auch etwas willkürlich und soll keineswegs heißen, dass die anderen großen PHP-Frameworks schlechter sind.

Die Stärken von Laravel sind folgende:

- Laravel gilt als einstiegsfreundlich.

- Laravel setzt auf den Paket-Manager Composer.

- Es basiert auf mehreren bewährten Komponenten des Symfony-Frameworks.[2]

- Laravel bietet Blade als mächtige Template-Engine, wobei Sie nicht verpflichtet sind, Blade einzusetzen.

- Laravel verwendet Eloquent ORM zum bequemen Handling von Datenbanken.

14.2   Installation von Laravel

Am Anfang steht die Installation, die aktuellste Information dazu finden Sie auf der Webseite des Projekts[3]. Ich zeige Ihnen hier, wie man Laravel über den PHP-Paket-Manager Composer installiert. Bei der Installation wie auch bei der Arbeit mit Laravel werden wir teilweise die Kommandozeile verwenden ... das ist übrigens kein Rückschritt ins letzte Jahrtausend, sondern erlaubt es, manche Aufgaben schneller umzusetzen.

Wir sehen uns hier die Installation von Laravel 5.6 an. Um die notwendigen Schritte nachvollziehen zu können, benötigen Sie Composer. Die Installation von Composer ist in Kapitel 2 beschrieben. Falls Sie Composer noch nicht installiert haben, führen Sie am besten jetzt die Installation durch.

Außerdem sollten Sie Git (*https://git-scm.com/download/*) installiert haben.

Git ist Ihnen sicher schon begegnet, als Sie den Code irgendwelcher Open-Source-Projekte heruntergeladen haben. Git wurde ursprünglich von Linus Torvalds zur Verwaltung des Linux-Kernels entwickelt und ist ein Versionierungs-Tool, das heißt, es ermöglicht die Arbeit mit verschiedenen Zwischenzuständen eines Projekts. Laravel hat folgende Voraussetzungen:

- PHP >= 7.1.3

- OpenSSL PHP Extension

- PDO PHP Extension

- Mbstring PHP Extension

- Tokenizer PHP Extension

- XML PHP Extension

- Ctype PHP Extension

- JSON PHP Extension

Ob alle Voraussetzungen vorhanden sind, können Sie über die Ausgabe von `phpinfo()` überprüfen.

---

2.   Welche Komponenten das sind, verrät *http://symfony.com/projects/laravel*.
3.   *http://laravel.com/*

14.2.1 Laravel mithilfe von Composer installieren

Kommen wir zur Installation von Laravel. Laravel wird nicht global installiert, sondern projektweise. Über Composer können wir ein Projekt anlegen, das Laravel verwendet. Sie haben zwei Möglichkeiten für den Ort des Projekts: Entweder installieren Sie Ihr Laravel-Projekt innerhalb von *htdocs*, oder aber Sie installieren es an einem anderem Ort und verwenden den integrierten Webserver von PHP.

Wechseln Sie mit `cd` in den gewünschten Speicherort. Dann lautet der Befehl zur Installation:

```
composer create-project --prefer-dist laravel/laravel meinlaravelprojekt
```

Nehmen wir die Bestandteile des Befehls einmal unter die Lupe:

- `composer` ruft Composer auf.

- Über `create-project` wird ein neues Projekt erstellt.

- Bei `laravel/laravel` bezeichnet die erste Angabe den Hersteller und die zweite das Paket. Bei Laravel heißen beide gleich, Sie finden in der Auflistung der Pakete bei Packagist aber auch Beispiele, wo Hersteller und Paketname unterschiedlich lauten. Dass sie im Beispiel gleich sind, könnten Sie auch bei der Packagist-Seite nachsehen.

- Im Beispiel habe ich `meinlaravelprojekt` als Projektname gewählt, Sie können natürlich einen anderen wählen.

- Statt `--prefer-dist` könnten Sie auch `--prefer-source` schreiben. `source` und `dist` sind zwei Arten, Pakete herunterzuladen. Bei `source` würde die Installation vom Versionskontrollsystem Git benutzt. `--prefer-dist` sorgt für eine schnellere Installation und funktioniert auch ohne Git.

Die Installation dauert ein bisschen, während die Meldungen über den Bildschirm huschen. Am Schluss erhalten Sie einen Application Key.

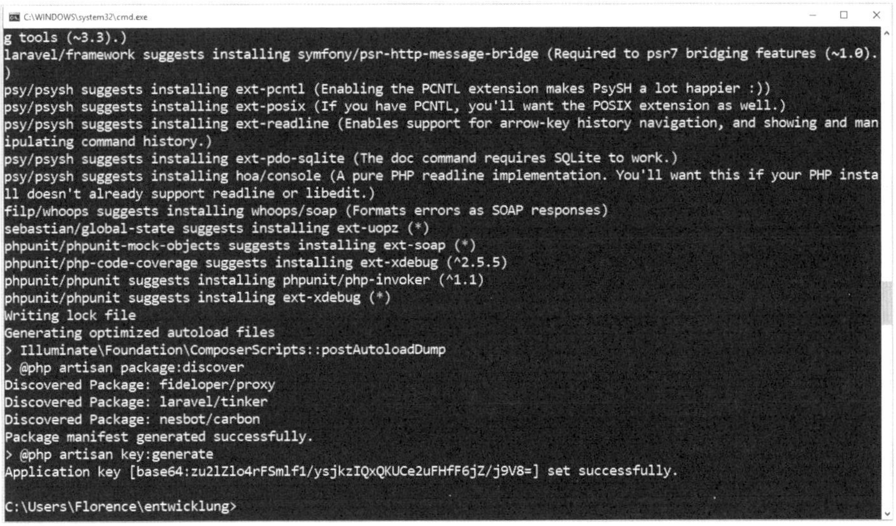

Abb. 14–3 Die Installation von Laravel ist abgeschlossen, wenn Sie den Application Key erhalten.

14.2.2 Laravel-Projekt innerhalb von htdocs

Wenn Sie Ihr Laravel-Projekt innerhalb von *htdocs* erstellt haben, können Sie in das entsprechende Verzeichnis wechseln und dort das Unterverzeichnis *public* aufrufen. Jetzt sollten Sie den Laravel-Startbildschirm sehen (Abb. 14–4).

14.2.3 Lavarel-Projekt außerhalb von htdocs

Wenn Sie Laravel außerhalb von *htdocs* installiert haben, müssen Sie den bei PHP integrierten Webserver starten. Dafür wechseln Sie in den Ordner des neu erstellten Projekts. Im Beispiel geht das über den Befehl:

```
cd meinlaravelprojekt
```

Geben Sie dann ein:

```
php artisan serve
```

Jetzt erscheint die Meldung

»Laravel development server started; <http://127.0.0.1:8000>«.

Wenn Sie die Adresse *http://127.0.0.1:8000* oder *http://localhost:8000* im Browser aufrufen, erscheint der Startbildschirm von Laravel.

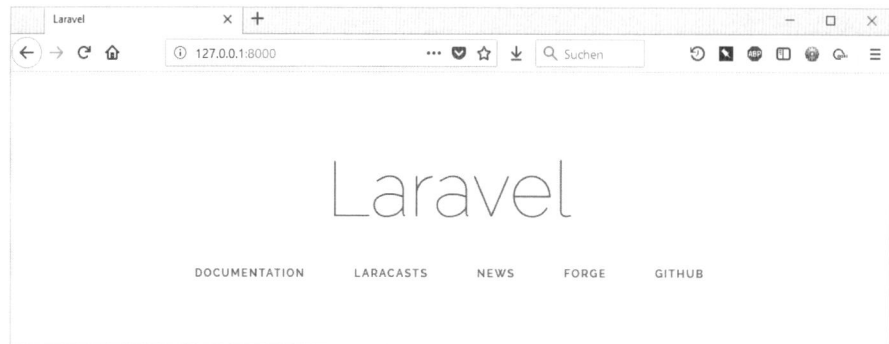

Abb. 14–4 *Die Installation hat geklappt: Laravels minimalistischer Startbildschirm mit nützlichen Links*

> Das gerade verwendete `artisan` ist der Name des Kommandozeilen-Tools von Laravel, das eine große Anzahl an nützlichen Befehlen für die Anwendungsentwicklung bereitstellt.

Den Webserver stoppen Sie durch Strg+C bzw. Ctrl+C. Wenn Sie das nächste Mal wieder mit Ihrem Laravel-Projekt arbeiten wollen, müssen Sie die zwei Schritte wiederholen: mit der Kommandozeile in das Projektverzeichnis wechseln und den Webserver starten.

14.3 Erste Begegnung mit Laravel

Ein Blick in das Projektverzeichnis zeigt viele Ordner und Dateien, die automatisch angelegt wurden.

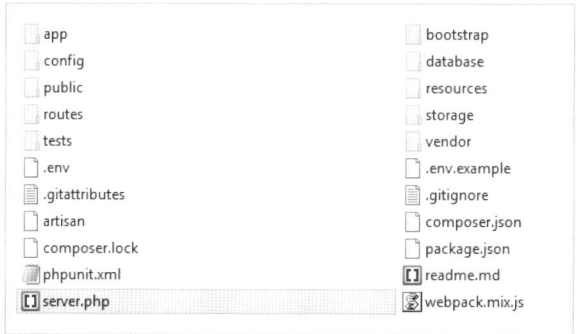

Abb. 14–5 *Dateien im Laravel-Projektordner*

Wir wollen uns ansehen, woher die Informationen für die Startseite stammen (Abb. 14–4). Eine erste Vermutung könnte sein, dass diese aus den Dateien aus dem *public*-Verzeichnis kommen, aber ein Blick in *public* zeigt zwar eine *index.php*-Datei, jedoch nicht die Inhalte, die zu sehen sind.

Wir müssen uns an eine andere Stelle begeben: Die zentrale Steuerungsstelle, bei der wir anfangen, ist die Datei *web.php*. Sie befindet sich innerhalb von *routes*. Hier steht der folgende Code:

```
Route::get('/', function () {
    return view('welcome');
});
```

Dieser Code reagiert auf eine Anforderung über die Übertragungsmethode GET, die ja die Standardmethode ist, mit der Webseiten aufgerufen werden. In Klammern hinter get() steht der Pfad, auf den reagiert werden soll; im Beispiel kennzeichnet / das Hauptverzeichnis des Projekts.

Der zweite Parameter bei get() ist eine anonyme Funktion (eine Closure, siehe Kap. 5). In dieser findet sich return view('welcome');. Das bedeutet, dass eine View mit dem Namen welcome zurückgegeben werden soll.

Auf den ersten Blick sieht es so aus, als wäre get() eine statische Methode der Klasse Route. Und überhaupt ergibt sich der Eindruck, als ob Laravel eine ausgesprochene Vorliebe für statische Methoden hätte ... denn diese Art des Methodenaufrufs wird Ihnen bei Laravel sehr häufig begegnen. Aber das täuscht. Wenn Sie in der API-Dokumentation von Laravel nachsehen, werden Sie bei der Klasse Route keine statische Methode mit Namen get() finden. Das liegt daran, dass Laravel hier sogenannte Facaden benutzt (technisch gesehen erweitert die Route-Klasse die Facade-Klasse); diese erlauben den schnellen Zugriff auf Methoden über die statische Syntax, obwohl die Methoden im Hintergrund anders gebildet sind. Detaillierte Informationen zu Facaden finden Sie in der Dokumentation von Laravel.

Das Verfahren ist an sich ganz schlau: So haben wir die einfache Form des Zugriffs, aber trotzdem werkeln im Hintergrund nicht-statische Methoden, die sich leichter testen lassen.

Dass wirklich diese Methode aufgerufen wird, können wir testen, indem wir die derzeitige return-Zeile auskommentieren und stattdessen einen einfachen String zurückgeben lassen.

```
//return view('welcome');
return 'Hallo auf der Startseite';
```

Wenn wir jetzt die Startseite von Laravel aufrufen, erscheint der angegebene Text.

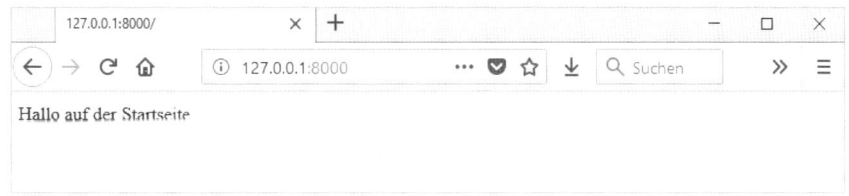

Abb. 14–6   *Die abgeänderte Startseite*

Wir wollen die Änderungen wieder rückgängig machen, um herauszufinden, was es mit `view('welcome')` auf sich hat. Damit wird eine View aufgerufen mit Namen welcome + Endung. Die Views finden Sie in *resources/views*. Hier befindet sich die Datei *welcome.blade.php*. Die Endung *.blade.php* bedeutet, dass das Template-System Blade benutzt wird – darauf kommen wir später noch zu sprechen. Die Datei *welcome.blade.php* sieht im Wesentlichen aus wie eine normale HTML-Datei. Dass sie für die Ausgabe zuständig ist, können Sie überprüfen, indem Sie eine kleine textliche Änderung am Dokument vornehmen. Bei:

```
<div class="title m-b-md">
                Laravel
            </div>
```

können Sie etwa ein Smiley im Titel ergänzen:

```
<div class="title m-b-md">
                Laravel :)
            </div>
```

Ein Aufruf von *http://localhost:8000* zeigt die ergänzte Überschrift (sofern Sie die Zeile mit return in *WelcomeController.php* wieder auf den ursprünglichen Wert gesetzt haben).

Oberhalb der Überschrift finden Sie innerhalb von *welcome.blade.php* den folgenden Code:

```
@if (Route::has('login'))
            <div class="top-right links">
                @auth
                    <a href="{{ url('/home') }}">Home</a>
                @else
                    <a href="{{ route('login') }}">Login</a>
                    <a href="{{ route('register') }}">Register</a>
                @endauth
            </div>
        @endif
```

Das ist ein Beispiel für das Blade-Template-System, mit dem Sie auch Verzweigungen definieren können. Im Beispiel werden zusätzliche Links angezeigt, wenn eine Log-in-Route zur Verfügung steht.

Fassen wir die Ergebnisse des ersten Spaziergangs durch Laravel zusammen.

- In *web.php* legen Sie fest, was passieren soll, wenn ein Benutzer eine bestimmte URL des Projekts aufruft.

- Im Beispiel wird eine View aufgerufen.

- In der View stehen der HTML-Code und ausgewählte PHP-Variablen, aber kein sonstiger PHP-Code. Damit haben wir eine klare Aufgabenteilung und keine Vermischung von HTML und PHP-Code.

Sehen wir uns jetzt die einzelnen Komponenten – das Routing, die Views – genauer an und kommen wir dann auch zu Controllern und Beispielen für die Zusammenarbeit mit einer Datenbank.

14.4 Routing

In der Datei *web.php* im Ordner *routes* legen Sie die Routen, das heißt Wege, fest, bestimmen, welche URLs zu welchen Inhalten führen. Warum braucht man das aber überhaupt? Bisher sind wir auch ohne ausgekommen ... eine Datei wie *produkte.php* wird eben über *http://example.com/produkte.php* aufgerufen, und das klappt vorzüglich.

Bei komplexeren Projekten kann es allerdings vorkommen, dass man schönere URLs möchte, statt *http://example.com/produkte.php?kat=24* will man etwa folgende URL http://example.com/produkte/schneehosen haben. Oder aber man will nicht, dass die gewünschten URLs die Ordnerstruktur des Projekts diktieren. Ich möchte also beispielsweise nicht unbedingt einen Ordner *blog* erstellen, nur weil ich die URL *http://example.com/blog* benötige.

Genau in solchen Fällen hilft das Routing. Beim Routing wird eine URL genommen, in Bestandteile zerlegt und darauf basierend die richtige Datei aufgerufen.

Wir hatten uns eben das folgende Beispiel angesehen:

```
Route::get('/', function () {
  return view('welcome');
});
```

In diesem Fall wird die eine View aufgerufen. Um die Funktionsweise des Routing zu verstehen, wollen wir einfache Beispiele bauen, die ohne View funktionieren. In unseren Beispielen soll nur eine Textmeldung ausgegeben werden, wenn ein Pfad aufgerufen wird.

Ergänzen wir folgenden Code in der Datei *web.php* nach den dort stehenden Angaben:

```
Route::get('produkte', function()
{
  return 'Produkte, Produkte, Produkte';
});
```

Wieder wird die Route-Klasse mit get() verwendet. Zuerst steht der Pfad, um den es geht – in diesem Fall produkte – und danach eine anonyme Funktion, in der im Beispiel der Text »Produkte, Produkte, Produkte« mit return zurückgegeben wird. Dieser Text erscheint, wenn man die Adresse *http://localhost:8000/produkte* im Webbrowser eingibt.

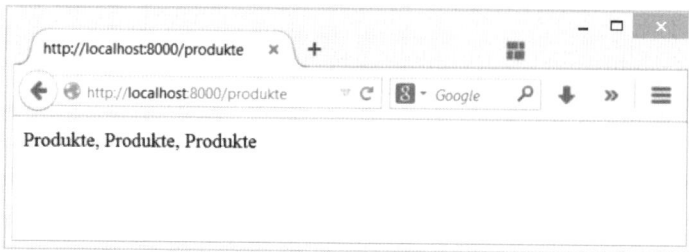

Abb. 14–7   *Bei unserer ersten Route-Definition wird ein einfacher Text angezeigt.*

Sie können auch komplexere URLs definieren – im folgenden Beispiel ist produkte/schneehosen angegeben:

```
Route::get('produkte/schneehosen', function()
{
  return 'Schneehosen ...';
});
```

Wenn man jetzt *http://localhost:8000/produkte/schneehosen* als URL eingibt, erscheint der entsprechende Text »Schneehosen ...«.

Sie können auch mit Parametern arbeiten wie im folgenden Beispiel: Beachten Sie die geschweiften Klammern um die Variable bei der Angabe des Pfads. Die Variable wird dann der anonymen Funktion übergeben, sodass wir innerhalb der anonymen Funktion auf sie zugreifen können:

```
Route::get('benutzer/{name}', function($name)
{
  return 'Hallo ' . $name;
});
```

Wenn Sie *http://localhost:8000/benutzer/Florence* aufrufen, wird »Hallo Florence« ausgegeben; bei *http://localhost:8000/benutzer/Anne* würde entsprechend »Hallo Anne« erscheinen.

Außerdem können Sie die eingegebenen Routen überprüfen. In folgendem Beispiel wird die Meldung »Hallo Benutzer«" gefolgt von der angegebenen ID nur ausgegeben, wenn die id aus Zahlen besteht. Die Überprüfung wird dabei mithilfe des von Laravel dafür vorgesehenen where realisiert.

```
Route::get('benutzer/{id}', function($id)

{
    return 'Hallo Benutzer ' . $id;
})
->where('id', '[0-9]+');
```

where übergeben Sie zuerst die Variable, die überprüft werden soll, und als zweiten Parameter einen regulären Ausdruck (mehr zu regulären Ausdrücken in Kap. 6). Im Beispiel wird definiert, dass es sich um beliebig viele Zahlen zwischen 0 und 9 handeln muss, eine Zahl aber auf jeden Fall vorhanden sein muss.

Reihenfolge der Route-Definitionen

Bei mehreren Route-Definitionen ist die Reihenfolge entscheidend: Die Definitionen werden in der Reihenfolge berücksichtigt, wie sie dastehen. Deswegen sollten Sie die speziellen Routen vor den allgemeineren schreiben. Nehmen wir folgende Einträge:

```
Route::get('benutzer/{name}', function($name)
{
  return 'Hallo ' . $name;
});
Route::get('benutzer/{id}', function($id)
{
  return 'Hallo Benutzer mit der Nummer' . $id;
})
->where('id', '[0-9]+');
```

Jetzt wird bei Aufruf von *http://localhost:8000/benutzer/111* ausgegeben »Hallo 111«. Nur wenn wir die Reihenfolge der beiden Angaben umdrehen, erhalten wir bei *http://localhost:8000/benutzer/111* die Ausgabe »Hallo Benutzer mit der Nummer 111«.

> Natürlich können Sie mit Routen noch wesentlich mehr machen, beispielsweise auf andere Typen von Anforderungen als GET reagieren usw. Ausführliche Informationen dazu finden Sie in der Dokumentation von Laravel.

14.5 Controller

Sie könnten alle Logik, wie Anforderungen gehandhabt werden sollen, in *web.php* definieren. Manchmal ist es aber besser, diese Logik in einer eigenen Klasse unterzubringen, und dafür gibt es Controller.

Einen Controller können Sie innerhalb von *web.php* folgendermaßen aufrufen:

```
Route::get('/', 'MeinController@index');
```

Damit wird ein Controller mit dem Namen MeinController angefordert und seine index()-Methode ausgeführt. Controllers stehen im Ordner *Controllers*, der sich innerhalb von *app/Http* befindet.

Wir wollen einen einfachen Controller bauen, der nur einen Text ausgibt. Wir könnten diese Datei per Hand erstellen – schneller geht es, wenn wir den Controller von artisan erzeugen lassen. Dafür schreiben wir im Projektverzeichnis:

```
php artisan make:controller MeinController
```

Die einzelnen Komponenten bedeuten dabei:

1. Das nützliche Tool artisan können Sie nur über php aufrufen, deswegen steht am Anfang php artisan.

2. make:controller erstellt den Controller. Über make können Sie viele weitere Vorlagen erzeugen lassen.

3. MeinController ist der Name des Controllers.

Abb. 14–8   *Einen Controller erzeugen*

Danach erhalten Sie die Meldung, dass der Controller erzeugt wurde. Innerhalb von *app/Http/Controllers* finden Sie nun eine neue Datei MeinController.php vor mit folgendem Inhalt:

```php
<?php

namespace App\Http\Controllers;

use Illuminate\Http\Request;

class MeinController extends Controller
{
    //
}
```

Am Anfang steht die Namensraumangabe. Wichtig ist außerdem, dass der Controller die Controller-Klasse erweitert. Nun ergänzen wir noch eine index()-Methode, die im Beispiel einen Text ausgibt. Damit sieht der Controller folgendermaßen aus:

```php
<?php

namespace App\Http\Controllers;

use Illuminate\Http\Request;

class MeinController extends Controller
{
    public function index()
    {
        return 'Hallo aus dem Controller';
    }
}
```

Wie rufen wir aber den Controller jetzt auf? Dafür ergänzen wir in *web.php*:

```php
Route::get('hallo', 'MeinController@index');
```

Bei Eingabe von *http://localhost:8000/hallo* erhalten wir den Text aus der Controller-Datei: »Hallo aus dem Controller«.

14.6   Resource Controllers und Routes

Der gerade erstellte Controller hatte keine vordefinierten Methoden. Häufig brauchen Sie Controller im Umgang mit Ressourcen wie beispielsweise Daten aus Datenbanktabellen. Dann benötigen Sie Methoden, um alle Datensätze anzeigen zu lassen, nur einzelne, um Datensätze zu verändern oder zu löschen. Einen solchen Controller erzeugen Sie über den folgenden Befehl:

```
php artisan make:controller SongsController --resource
```

Im Vergleich zum vorherigen Befehl hat sich eine Sache geändert: Zum Schluss wurde --resource ergänzt. Der erstellte Controller sieht folgendermaßen aus:

```php
<?php

namespace App\Http\Controllers;

use Illuminate\Http\Request;

class SongsController extends Controller
{
    /**
     * Display a listing of the resource.
     *
     * @return \Illuminate\Http\Response
     */
    public function index()
    {
        //
    }

    /**
     * Show the form for creating a new resource.
     *
     * @return \Illuminate\Http\Response
     */
    public function create()
    {
        //
    }

    /**
     * Store a newly created resource in storage.
     *
     * @param  \Illuminate\Http\Request  $request
     * @return \Illuminate\Http\Response
     */
    public function store(Request $request)
    {
        //
    }
```

```php
/**
 * Display the specified resource.
 *
 * @param  int  $id
 * @return \Illuminate\Http\Response
 */
public function show($id)
{
    //
}

/**
 * Show the form for editing the specified resource.
 *
 * @param  int  $id
 * @return \Illuminate\Http\Response
 */
public function edit($id)
{
    //
}

/**
 * Update the specified resource in storage.
 *
 * @param  \Illuminate\Http\Request  $request
 * @param  int  $id
 * @return \Illuminate\Http\Response
 */
public function update(Request $request, $id)
{
    //
}

/**
 * Remove the specified resource from storage.
 *
 * @param  int  $id
 * @return \Illuminate\Http\Response
 */
public function destroy($id)
{
    //
}
}
```

Es ist eine große Anzahl an Methoden bereits vordefiniert. Diese haben folgende Funktionen:

`index()`
Auflistung aller Daten

`create()`
Formular für neuen Datensatz

`store()`
Datensatz speichern

`show($id)`
einzelnen Datensatz zeigen

`edit($id)`
einzelnen Datensatz bearbeiten

`update(Request $request, $id)`
geänderten Datensatz speichern

`destroy($id)`
Datensatz löschen

Das sind genau die Hauptoperationen, die man im Umgang mit Datensätzen üblicherweise verwendet.

Um diese nutzen zu können, brauchen wir mehrere Routen, die die einzelnen Methoden aufrufen. Sie könnten diese einzeln definieren, aber es geht auch schneller. Schreiben Sie in *web.php* die folgende Zeile:

```
Route::resource('songs', 'SongsController');
```

Damit werden alle notwendigen Routen erstellt. Das können Sie überprüfen, indem Sie sich alle definierten Routen anzeigen lassen. Damit die von uns vorher definierten Routen nicht auftauchen, kommentiere ich einmal alle anderen Routen aus, sodass in *web.php* nur die eine Routendefinition steht, nämlich:

```
Route::resource('songs', 'SongsController');
```

Die vorhandenen Routen können wir wieder über `artisan` anzeigen lassen. Schreiben Sie:

```
php artisan route:list
```

```
C:\Users\Florence\entwicklung\meinlaravelprojekt>php artisan route:list
-------------------------+---------------+                       +--------+
| Domain | Method  | URI           | Name          | Action       |        |
+--------+---------+---------------+---------------+--------------+--------+
|        | GET|HEAD | api/user      |               | Closure                      |
|        | GET|HEAD | songs         | songs.index   | App\Http\Controllers\SongsController@index |
|        | POST    | songs         | songs.store   | App\Http\Controllers\SongsController@store |
|        | GET|HEAD | songs/create  | songs.create  | App\Http\Controllers\SongsController@create |
|        | GET|HEAD | songs/{song}  | songs.show    | App\Http\Controllers\SongsController@show |
|        | PUT|PATCH | songs/{song} | songs.update  | App\Http\Controllers\SongsController@update |
|        | DELETE  | songs/{song}  | songs.destroy | App\Http\Controllers\SongsController@destroy |
|        | GET|HEAD | songs/{song}/edit | songs.edit | App\Http\Controllers\SongsController@edit |
+--------+---------+---------------+---------------+--------------+--------+

C:\Users\Florence\entwicklung\meinlaravelprojekt>
```

Abb. 14–9   *Alle Routen anzeigen lassen*

Sie finden alle Routen aufgeführt, die Sie mit dem einzelnen Befehl erstellt haben. Sehen wir uns an, was die Angaben bedeuten, und beginnen wir mit der zweiten Zeile:

- Method: GET
- URI: songs
- Name: songs.index
- Action: App\Http\Controllers\SongsController@index

Das bedeutet: Wenn über die Methode get die URI *songs* aufgerufen wird, wird die index()-Methode des SongsControllers aufgerufen. Diese Route heißt außerdem songs.index – in manchen Fällen ist es praktisch, wenn man für Routen Namen vergibt, über die man sie auch ansprechen kann

Kommen wir zur nächsten Zeile:

- Method: POST
- URI: songs
- Name: songs.store
- Action: App\Http\Controllers\SongsController@store

Wenn per POST die URI *songs* aufgerufen wird, wird die store()-Methode des SongsControllers aufgerufen. Das bedeutet, dass ich bei dem Formular, um neue Songs zu erstellen, als Action die URI songs angebe und als Method POST. Und dann wird automatisch die store()-Methode aufgerufen.

Sehen wir uns noch eine dritte Zeile an und überspringen wir dabei eine:

- Method: GET
- URI: songs/{song}
- Name: songs.show
- Action: App\Http\Controllers\SongsController@show

Wenn eine URI wie *songs/42* aufgerufen wird, wird die show()-Methode unseres Controllers genutzt, um genau diesen Song einzeln anzuzeigen.

Vielleicht fragen Sie sich, was das Ganze eigentlich soll? Im Umgang mit Ressourcen wie beispielsweise Songs brauchen wir Methoden, um diese anzuzeigen und zu verwalten. Unabhängig davon, um was es sich genau handelt – prinzipielle Arten der Verwaltung benötigt man immer. Jetzt kann man sich überlegen, wie man handhaben möchte, dass bei einer bestimmen URI eine bestimmte Aktion geschieht. Und man kann sich dafür ein Prinzip überlegen.

Die Alternative zur Konzeption eines eigenen Prinzips, besteht darin, ein bereits durchdachtes Prinzip einzusetzen. Und dieses Prinzip, das Sie hier sehen, ist ein durchdachtes und bekanntes Prinzip, es folgt dem REST-Prinzip.

> REST steht für Representational State Transfer und ist ein Programmierparadigma für verteilte Systeme.

Bei REST geht es um einfache URIs, die um Ressourcen herum strukturiert sind. (Wie diese aussehen können, haben Sie gerade gesehen). Man verwendet dabei HTTP-Verben, um anzugeben, wie man auf die URI reagiert. Sie haben gerade gesehen, dass nur durch das HTTP-Verb unterschiedliche Aktionen ausgelöst werden: Beim Aufruf von *songs* mit GET werden alle Songs angezeigt, beim Aufruf von *songs* mit POST wird ein Song gespeichert. Derzeit geschieht bei uns noch nichts, weil unsere Methoden im SongsController noch leer sind. Das werden wir etwas später zumindest teilweise ändern. Vorher sehen wir uns aber an, wie genau man mit Views arbeitet.

14.7   Views

Das V steht beim MVC-Muster für Views, das heißt die optische Präsentation. Die Views enthalten in unseren Beispielen den eigentlichen HTML-Code. Den Aufruf einer View haben Sie schon gesehen in der standardmäßig definierten Route innerhalb von *web.php*.

```
Route::get('/', function () {
    return view('welcome');
});
```

Die View, auf die hier verwiesen wird, befindet sich im Ordner *resources/views*. Dort gibt es ein Dokument *welcome.blade.php*. Hier befindet sich der bei Aufruf von *http://localhost:8000* gezeigte Inhalt.

Bei der Angabe *view('welcome')* sind zwei Sachen bemerkenswert. Zuerst einmal steht hier *welcome*; die aufgerufene Datei heißt aber *welcome.blade.php*. Es ist eine Konvention in Laravel, dass Sie an dieser Stelle die Endung weglassen können. Zwei Endungen sind möglich: Wenn Sie Ihre Views in normalem PHP-

Code schreiben, verwenden Sie die Endung *.php*. Wenn Sie stattdessen die mächtige Template-Engine Blade einsetzen, müssen Sie Ihren Views die Endung *.blade.php* geben.

Zum zweiten zeigt das Beispiel, dass keine vollständige Pfadangabe geschrieben wird. Es heißt also nicht `return view('resources/views/welcome')`, da Laravel weiß, wo Views gespeichert werden (genauso ist es bei der Controller-Angabe in *web.php*, auch hier schreiben Sie nicht den vollständigen Pfad).

14.7.1   Views mit PHP pur

Wir werden jetzt ein einfache View mit PHP pur erstellen und uns danach ansehen, wie eine View unter Benutzung von Blade funktioniert. Unser Dokument sieht folgendermaßen aus – neben dem HTML-Grundgerüst enthält es eine `h1`-Überschrift:

```
01 <!doctype html>
02 <html>
03   <head>
04     <meta charset="utf-8">
05     <title>Meine Sicht der Dinge</title>
06   </head>
07   <body>
08     <h1>Hallo, hallo im Info-View</h1>
09   </body>
10 </html>
```

Dieses Dokument wird unter dem Namen *informationen.php* im Verzeichnis *resources/views* abgespeichert.

In *web.php* können wir dafür sorgen, dass dieses Dokument aufgerufen wird, wenn jemand *http://localhost:8000/informationen* aufruft (den Aufruf über einen Controller sparen wir uns, um das Beispiel einfach zu halten).

```
Route::get('informationen', function() {
  return view('informationen');
});
```

14.7.2   Daten an Views übergeben

Kommen wir nun dazu, wie man Daten an eine View übergeben kann. Dafür gibt es verschiedene Möglichkeiten. Eine besteht darin, dass man als zweiten Parameter bei der `view`-Funktion ein assoziatives Array schreibt, bei dem der Schlüssel der Name der Variablen und der zugewiesene Wert der Inhalt ist. Im folgenden Beispiel übergeben wir eine Variable mit dem Namen `thema`, die den String `Frameworks` beinhaltet:

```
Route::get('informationen/frameworks', function() {
  return view('informationen', ['thema' =>'Frameworks']);
});
```

Jetzt können wir in unserer View die Variabel $thema ausgeben lassen:

```
01 <!doctype html>
02 <html>
03   <head>
04     <meta charset="utf-8">
05     <title>Meine Sicht der Dinge</title>
06   </head>
07   <body>
08      <h1>Hallo, hallo im Info-View, hier geht's um
09     <?php echo $thema; ?></h1>
10     </body>
11 </html>
```

Bei Aufruf von *http://localhost:8000/informationen/frameworks* wird ausgegeben: »Hallo, hallo im Info-View, hier geht's um Frameworks«.

14.7.3   Externe Dateien einbinden

Üblicherweise setzt man bei HTML-Dokumenten auch externe Dateien ein, wie Stylesheets oder JavaScript-Dateien. Wie das funktioniert, sehen wir uns am Beispiel einer CSS-Datei an, die wir einbinden wollen. Entscheidend ist der Speicherort: Diese Datei wird im Ordner *public* abgespeichert. Damit das Ganze übersichtlicher bleibt, erstellen wir einen Unterordner *css* im Ordner *public*. In diesem speichern wir das Stylesheet ab, das ich *stil.css* genannt habe und das folgenden Inhalt hat:

```
body {
  background: #FFF7A8;
  color: #444;
  font-family: sans-serif;
  border:10px solid #F4645F;
  margin: 10px;
  padding: 20px;
  border-radius: 10px;
}
```

Die Formatierungen sollen deutlich zeigen, ob die Einbindung des Stylesheets geklappt hat oder nicht. Nun müssen wir noch den Verweis in unserer View-Datei integrieren, und das geht über folgende Zeile:

```
<link rel="stylesheet" href="<?php echo asset('css/stil.css'); ?>">
```

Diese Zeile steht im head-Bereich des Dokuments *informationen.php*:

```
<!doctype html>
<html>
  <head>
    <meta charset="utf-8">
    <title>Meine Sicht der Dinge</title>
    <link rel="stylesheet" href="<?php echo asset('css/stil.css'); ?>">
  </head>
  <body><!-- der Rest ist wie gehabt -->
```

Zur Arbeit mit externen Dateien stellt Laravel die *asset()*-Hilfsfunktion zur Verfügung. Dieser übergeben wir den Pfad vom *public*-Verzeichnis aus gerechnet.

Ein Blick in den Quellcode der Datei bei Aufruf von *http://localhost:8000/informationen/* zeigt, dass die Auflösung der Pfadangabe geklappt hat.

Abb. 14–10   *Der Pfad wurde über die Funktion asset() erzeugt.*

14.7.4   Blade-Templates

Bisher haben wir Variablen in unseren Views mit echo ausgeben lassen. Wenn wir Blade-Templates einsetzen, können wir uns das sparen; außerdem bieten Blade-Templates weitere praktische Vereinfachungen. Um die Template-Engine Blade einzusetzen, müssen wir die Endung unserer View ändern: Wir speichern unsere View unter dem Namen *informationen.blade.php* ab. Dann können wir die Variablenausgabe vereinfachen und auf das echo sowie die umgebenden PHP Tags verzichten.

```
<h1>Hallo, hallo im Info-View, hier geht's um
{{$thema}}</h1>
```

Wenn Sie Variablennamen wie im Beispiel innerhalb von {{ und }} in einem Blade-Template schreiben, werden diese automatisch ausgegeben und eventuell vorhandene HTML-Sonderzeichen maskiert.

> Falls Sie einmal nicht möchten, dass diese Umwandlung von HTML-Sonderzeichen stattfindet, schreiben Sie {!! $variable !!}.

In unserer View verwenden wir noch in einem Verweis auf die Stylesheet-Datei echo. Auch das können wir uns sparen, wenn wir mit Blade arbeiten:

```
<link rel="stylesheet" href="{{asset('css/stil.css')}}">
```

Blade kann aber natürlich wesentlich mehr. So bietet Blade eine komfortable Abkürzungen für Kontrollstrukturen und Schleifen. Sehen wir uns eine Verzweigung an. Damit wir unterschiedliche Fälle haben, modifizieren wir einmal die

Route so, dass verschiedene Daten entgegengenommen werden (die ursprüngliche Route für informationen/frameworks sollten Sie auskommentieren):

```
Route::get('informationen/{thema}', function($thema) {
  return view('informationen', ['thema' => $thema]);
});
```

Innerhalb von *informationen.blade.php* lassen wir dann je nach Thema eine andere Meldung ausgeben:

```
<body>
  <h1>Hallo, hallo im Info-View, hier geht's um
  {{$thema}}</h1>
  @if ($thema == "Frameworks")
    wie beispielsweise Laravel
  @else
    also nicht um Frameworks
  @endif
</body>
```

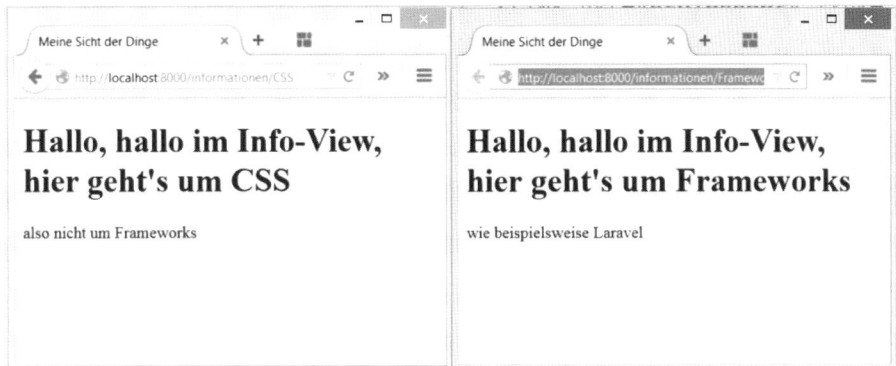

Abb. 14–11   *Je nach aufgerufener URL erscheinen unterschiedliche Texte.*

14.7.5   Views organisieren

Bei Projekten mit mehreren Unterseiten gibt es üblicherweise auf den Unterseiten gleichbleibende Bestandteile. Wenn wir nach dem bisherigen Schema mehrere Unterseiten erstellen, müssten wir auf jeder Seite die Bestandteile wiederholen … unschön! Um solche Wiederholungen zu vermeiden, können Sie in Laravel mit Master-Templates und abgeleiteten Templates arbeiten.

Erstellen wir einmal ein Master-Template im *views*-Ordner, das wir passenderweise *master.blade.php* nennen. Im Beispiel enthält das Template das normale HTML-Grundgerüst, die einzige Besonderheit ist @yield('inhalt') an der Stelle, wo später individuelle Inhalte aus einzelnen Views erscheinen sollen:

```
01 <!doctype html>
02 <html>
03   <head>
04     <meta charset="utf-8">
05     <title>Meine Sicht der Dinge</title>
06   </head>
07   <body>
08     @yield('inhalt')
09   </body>
10 </html>
```

Erstellen wir eine weitere View, die dieses Master-Template verwendet. Dafür definieren wir eine Datei mit Namen *eins.blade.php*, die ebenfalls im *view*-Verzeichnis abgespeichert wird. Der Name des Master-Templates wird in dieser Datei hinter @extends() angegeben. An der Stelle, wo der Inhalt eingefügt wird, schreiben wir @section und den Namen des Bereichs. Beendet wird der Bereich mit @endsection.

```
@extends('master')
@section('inhalt')
<h1>EINS</h1>
@endsection
```

Der Text innerhalb von @section('inhalt') – im Beispiel eine einfache Überschrift mit dem Text »EINS« – wird dann an der im Master-Template dafür reservierten Stelle ausgegeben.

Jetzt müssen wir noch dafür sorgen, dass diese Datei aufgerufen wird. Hierfür definieren wir innerhalb von *web.php* Folgendes:

```
Route::get('eins', function() {
  return view('eins');
});
```

Bei Aufruf von *http://localhost:8000/eins* erhalten wir das gewünschte Ergebnis.

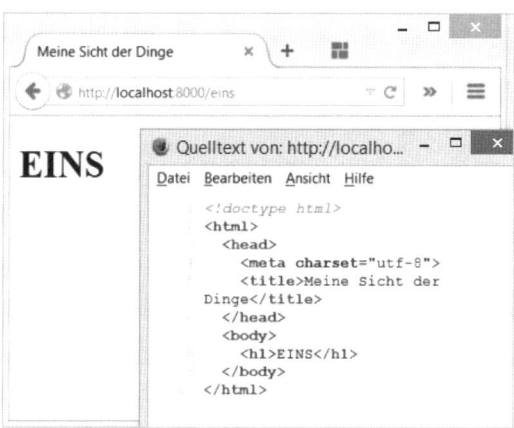

Abb. 14–12   *Bei Aufruf des abgeleiteten Templates wird auf die Inhalte des Master-Templates zugegriffen.*

Übung 1

Definieren Sie im Master-Template einen weiteren Bereich für den Seitentitel.

Erstellen Sie dann ein weiteres abgeleitetes Template mit Namen *zwei.blade.php*, das einen Inhalt für den Seitentitel und einen anderen Text für den Bereich 'inhalt' festlegt.

Definieren Sie in *web.php*, dass diese Datei bei Aufruf von *http://localhost:8000/zwei* angezeigt wird!

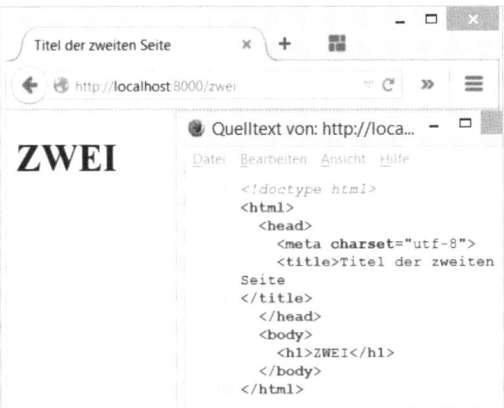

Abb. 14–13   *Ausgabe bei Aufruf von http://localhost:8000/zwei*

Was für ein Seitentitel wird jetzt angezeigt, wenn Sie *http://localhost:8000/eins* aufrufen?

14.8   Datenbanken mit Laravel nutzen

Eine Sache fehlt noch. Wir haben uns bisher nicht angesehen, wie die Arbeit mit Datenbanken innerhalb von Laravel funktioniert, und das holen wir nach. Zuerst kümmern wir uns um die Konfiguration, dann sehen wir uns an, wie man Tabellen über Migrations automatisch generieren lassen und das auch wieder rückgängig machen kann. Schließlich kommen wir zu zwei Möglichkeiten, Abfragen abzusetzen: über den Query-Builder oder über das ORM-Tool Eloquent.

14.8.1   Datenbankzugriff konfigurieren

Um mit Datenbanken zu arbeiten, müssen wir zuerst einmal eine Datenbank anlegen. Ich habe über phpMyAdmin eine Datenbank mit dem Namen *laraveldb* erstellt.

> Die folgenden Beispiele funktionieren nur, wenn MySQL gestartet ist. Wenn Sie PHPMy-Admin zum Anlegen der Datenbank und zum Überprüfen der Tabellen nutzen, müssen Sie außerdem Apache starten – auch wenn wir sonst mit dem PHP-internen Webserver arbeiten.

Als Nächstes müssen wir Laravel die Zugangsdaten und den Namen der Datenbank mitteilen. Öffnen Sie dafür die Datei *.env* im Hauptverzeichnis.

> Sollte diese Datei nicht vorhanden sein, kopieren Sie die Datei .env.example und speichern Sie sie unter dem Namen .env ab.

Tragen Sie dann an den vorgesehenen Stellen die Zugangsdaten ein. Im folgenden beispielhaften Ausschnitt aus *.env* ist die Standardverbindung auf mysql gesetzt, die Datenbank heißt laraveldb, der Benutzername lautet root und das Passwort geheim. Die anderen Angaben werden nicht geändert.

```
DB_CONNECTION=mysql
DB_HOST=127.0.0.1
DB_PORT=3306
DB_DATABASE=laraveldb
DB_USERNAME=root
DB_PASSWORD=geheim
```

Als Nächstes überprüfen wir im *config*-Ordner die Datei *database.php*. Hier finden Sie alle die Datenbank betreffenden Einstellungen. Sie finden auch den Hinweis, dass als Datenverbindungsart der Wert aus der *.env*-Datei genommen werden soll und als Fallback mysql.

```
'default' => env('DB_CONNECTION', 'mysql'),
```

Etwas weiter unten stehen die Zugangsdaten mysql:

```
'mysql' => [
            'driver' => 'mysql',
            'host' => env('DB_HOST', '127.0.0.1'),
            'port' => env('DB_PORT', '3306'),
            'database' => env('DB_DATABASE', 'forge'),
            'username' => env('DB_USERNAME', 'forge'),
            'password' => env('DB_PASSWORD', ''),
            'unix_socket' => env('DB_SOCKET', ''),
            'charset' => 'utf8mb4',
            'collation' => 'utf8mb4_unicode_ci',
            'prefix' => '',
            'strict' => true,
            'engine' => null,
        ],
```

Wir brauchen an dieser Stelle **keine Änderungen** vorzunehmen, da wir die Zugangsdaten in der Datei *.env* eingetragen haben, auf die mit der env()-Hilfsfunktion verwiesen wird. Die Angaben env('DB_DATABASE', 'forge') bedeutet, dass die Konstante DB_DATABASE aus der *.env*-Datei verwendet wird und falls der Wert dort nicht gesetzt wird, eine Datenbank mit Namen forge genommen wird.

Prinzipiell ist es besser, sensible Daten nicht einfach so in eine Datei einzutragen, sondern in einer separaten Datei zu speichern wie etwa in *.env*. Über die Datei *.gitignore*, die sich im Hauptverzeichnis der Laravelinstallation befindet, dafür gesorgt, dass bei Verwendung des Versionsverwaltungstools Git die Datei *.env* nicht mitübertragen wird. Wenn Sie die Datei *.gitignore* im Hauptverzeichnis ansehen, finden Sie die *.env*-Datei aufgeführt.

Die *.env*-Datei beinhaltet Informationen über die aktuelle Umgebung, das heißt, sie wird bei jedem Projekt anders aussehen.

14.8.2   Tabellen automatisch erstellen lassen

Jetzt haben wir die Datenbank angelegt und in Laravel die Zugangsdaten angegeben. Im nächsten Schritt könnten wir die Tabellen in phpMyAdmin o. Ä. anlegen. Hier möchte ich allerdings einen anderen Weg vorführen. Wir können in Laravel sogenannte Migrations definieren. Migrations ermöglichen eine Versionskontrolle für die Datenbank. Die Anweisungen an die Datenbank werden innerhalb von PHP-Klassen definiert. Beispielsweise kann man eine PHP-Klasse für die Tabellendefinitionen anlegen. Die Erstellung der Tabelle lässt sich dann jederzeit anstoßen, aber auch rückgängig machen. Das ist etwa praktisch bei der Weitergabe der Anwendung, um die Tabellen erstellen zu lassen. Außerdem sind Migrations praktisch bei der Arbeit im Team; es lässt sich dadurch sicherstellen, dass an der Definition der Tabelle vorgenommene Änderungen an alle Teammitglieder weitergegeben werden.

Laravel beinhaltet standardmäßig schon zwei Beispiel-Migrations. Sie finden sie im Ordner *database/migrations*. Sehen wir uns die Migration an, in deren Namen *create_users_table* vorkommt:

```
01  <?php
02
03  use Illuminate\Support\Facades\Schema;
04  use Illuminate\Database\Schema\Blueprint;
05  use Illuminate\Database\Migrations\Migration;
06
07  class CreateUsersTable extends Migration
08  {
09      /**
10       * Run the migrations.
11       *
12       * @return void
13       */
14      public function up()
15      {
16          Schema::create('users', function (Blueprint $table) {
17              $table->increments('id');
18              $table->string('name');
19              $table->string('email')->unique();
```

```
20              $table->string('password');
21              $table->rememberToken();
22              $table->timestamps();
23          });
24      }
25
26      /**
27       * Reverse the migrations.
28       *
29       * @return void
30       */
31      public function down()
32      {
33          Schema::dropIfExists('users');
34      }
35 }
```

Die Klasse CreateUsersTable beinhaltet zwei Methoden: Die Methode up() definiert die Felder der Tabelle, die Methode down() löscht die Tabelle. down() beinhaltet immer den Code, um die in up() definierten Schritte rückgängig zu machen. Die Erstellung einer Tabelle macht man rückgängig, indem man sie löscht. Wenn hingegen in der up()-Methode eine Änderung an der Tabellenstruktur definiert wird, so würde in der down()-Methode die Änderung zurückgenommen werden.

Laravel beinhaltet diese Migration als Beispiel, und sicher wird man in vielen Applikationen eine Tabelle für die Benutzerverwaltung brauchen. Falls nicht, können Sie diese Migration jederzeit löschen. Wir wollen das Migration-Beispiel aber erst einmal behalten, um die Funktionsweise von Migrations genauer zu untersuchen. Derzeit gibt es zwei vordefinierte Migrations, aber das heißt nicht, dass die zugehörigen Tabellen existieren. Um die Tabellen zu erstellen, müssen wir die Migration durchführen. Dafür rufen Sie die Kommandozeile/das Terminal auf, wechseln in Ihr Projektverzeichnis und schreiben den Befehl:

```
php artisan migrate
```

Es erscheint eine Erfolgsmeldung, und wir können uns in phpMyAdmin überzeugen, dass die Tabellen generiert wurden (außerdem findet sich auch eine Laravel-interne Tabelle mit Namen *migrations*, die Sie normalerweise nicht anfassen sollten).

Je nach verwendeter MySQL-Version können Sie allerdings auch eine Fehlermeldung wegen der Key-Länge erhalten »Specified key was to long«. Falls Sie diese Fehlermeldung erhalten, können Sie sich folgendermaßen behelfen:

Öffnen Sie die Datei *AppServiceProvider.php*, die sich im Ordner *app/Providers* befindet. Ergänzen Sie dort zwei Zeilen. Oben schreiben Sie eine zusätzliche Namensraumangabe:

```
use Illuminate\Support\Facades\Schema;
```

Und innerhalb der boot()-Methode notieren Sie die folgende Zeile:

```
Schema::defaultStringLength(191);
```

AppServiceProvider.php sieht dann folgendermaßen aus – ergänzt wurden die beiden fett hervorgehobenen Stellen, nämlich Zeile 6 und Zeile 18.

```
01 <?php
02
03 namespace App\Providers;
04
05 use Illuminate\Support\ServiceProvider;
06 use Illuminate\Support\Facades\Schema;
07
08 class AppServiceProvider extends ServiceProvider
09 {
10     /**
11      * Bootstrap any application services.
12      *
13      * @return void
14      */
15     public function boot()
16     {
17         //
18         Schema::defaultStringLength(191);
19     }
20
21     /**
22      * Register any application services.
23      *
24      * @return void
25      */
26     public function register()
27     {
28         //
29     }
30 }
```

Dann löschen Sie alle angelegten Tabellen durch den folgenden Befehl und führen gleichzeitig die Migration erneut durch:

```
php artisan migrate:fresh
```

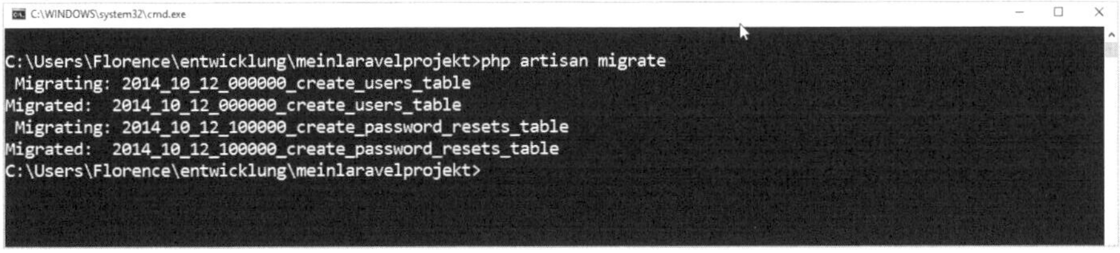

Abb. 14–14   *Die Tabellen wurden erstellt.*

Angenommen, wir wollen die Tabellenstruktur ändern. Dann können wir die Tabellen löschen, die Änderung an der Klassendefinition vornehmen und die Migration erneut anstoßen. Zum Löschen der Tabellen dient:

```
php artisan migrate:rollback
```

Darauf können wir die Änderung durchführen und über php artisan migrate die veränderten Tabellen neu erstellen lassen.

Eine eigene Migration

Wir wollen als Nächstes eine eigene Migration definieren. Es soll eine Tabelle für Songs angelegt werden: mit einer ID, einem Albumtitel und einem Song-Titel sowie Feldern mit Zeitangaben, wann der entsprechende Datensatz angelegt und wann er verändert wurde. Um nicht zu viel selbst schreiben zu müssen, lassen wir eine hilfreiche Schablone für die Klasse erzeugen. Dafür verwenden wir folgenden Befehl:

```
php artisan make:migration create_songs_table —create=songs
```

Die einzelnen Bestandteile des Befehls bedeuten dabei:

- make:migration dient zur Erstellung der Migration.

- create_songs_table ist der Handler für die Migration, dabei muss es sich um eine eindeutige Bezeichnung handeln, und es sollte aus dem Namen hervorgehen, welchen Zweck die Migration hat.

- --create bedeutet, dass wir eine Tabelle erstellen wollen, wobei der Name der Tabelle dahinter angegeben ist, im Beispiel songs.

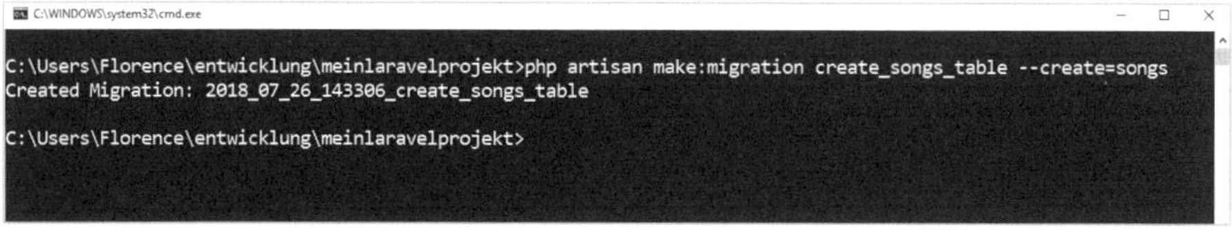

Abb. 14–15   *Die Migration erstellen*

Es erscheint die Meldung, dass die Migration erstellt wurde, und der Dateiname wird angegeben. Diese Datei sollten Sie jetzt innerhalb Ihres Projektordners im Unterordner *migrations* finden. Sie sieht folgendermaßen aus:

```
01 use Illuminate\Database\Migrations\Migration;
02
03 class CreateSongsTable extends Migration
04 {
05     /**
06      * Run the migrations.
07      *
08      * @return void
09      */
```

```
10      public function up()
11      {
12          Schema::create('songs', function (Blueprint $table) {
13              $table->increments('id');
14              $table->timestamps();
15          });
16      }
17
18      /**
19       * Reverse the migrations.
20       *
21       * @return void
22       */
23      public function down()
24      {
25          Schema::dropIfExists('songs');
26      }
27 }
```

Sehen wir uns die Klasse genauer an. CreateSongsTable erweitert die Migration-Klasse (Zeile 3). Wie zu erwarten, gibt es zwei Methoden up() (Zeile 10) und down()(Zeile 23). Die up()-Methode erstellt die Tabelle. Standardmäßig sind zwei Angaben zu Feldern vorhanden:

Über $table->increments('id') wird ein automatisch hochzählendes Index-Feld mit Namen id definiert.

$table->timestamps() erzeugt zwei weitere Felder: created_at mit der Angabe, wann der Datensatz erstellt wurde, und updated_at für das Datum der letzten Änderung.

In der down()-Methode wird die Erstellung der Tabelle rückgängig gemacht, das heißt die Tabelle gelöscht.

```
23      public function down()
24      {
25          Schema::dropIfExists('songs');
26      }
```

Unsere Tabelle benötigt zwei weitere Felder: eines für den Song-Namen und ein weiteres für den Namen des Albums. Das geht über folgende Ergänzungen inner-halb der up()-Methode:

```
$table->string('name');
$table->string('album');
```

Über `string()` definiert man ein Varchar-Feld. Die `up()`-Methode sieht nach den beiden ergänzten Feldern folgendermaßen aus:

```
public function up()
    {
        Schema::create('songs', function (Blueprint $table) {
            $table->increments('id');
            $table->string('name');
            $table->string('album');
            $table->timestamps();
        });
    }
```

> Zur Definition der Tabellenstruktur verwenden wir den Schema-Builder, das heißt die Klasse Schema. Das ist eine in Laravel vordefinierte Klasse zur Arbeit mit Tabellen. Das Besondere: Die einzelnen Aktionen sind unabhängig vom verwendeten Datenbankmanagementsystem. Wenn Sie beispielsweise von MySQL auf SQLite wechseln, müssen Sie das nur innerhalb von *.env* angeben und die Zugangsdaten anpassen – an Ihrem Code zur Definition der Tabellen ändert sich hingegen nichts.

Jetzt können wir die Migration anstoßen über:

```
php artisan migrate
```

Ein Blick in phpMyAdmin zeigt die neu erstellte Tabelle. Die Tabelle lässt sich aber jederzeit löschen über:

```
php artisan migrate:rollback
```

Damit wir Daten zum Experimentieren haben, sollten Sie jetzt Ihre Tabelle mit zwei, drei Datensätzen per phpMyAdmin befüllen.

> Alternativ zum händischen Befüllen können Sie eine Tabelle auch »seeden«, das heißt automatisch befüllen lassen. Dafür gibt es in Laravel die DatabaseSeeder-Klasse, die sich innerhalb von *database/seeds* befindet. Weitere Informationen finden Sie in der Laravel-Dokumentation unter dem Titel: »Seeding«.

14.8.3   Query-Builder

Eine Möglichkeit, mit der Datenbank innerhalb von Laravel zu interagieren, besteht im Einsatz des Query-Builders. Wir wollen uns alle Inhalte der Tabelle anzeigen lassen:

```
$songs = DB::table('songs')->get();
return dd($songs);
```

DB ist die vordefinierte Klasse, hinter `table` kommt der Name der Tabelle. `get()` liest alle Zeilen der Tabelle aus. Die bei `return` eingesetzte Hilfsfunktion `dd()` steht für »dump and die«, das heißt, es wird der Inhalt der Variablen angezeigt und das Skript beendet.

Der Einfachheit halber verwende ich die Datenbankoperationen zuerst direkt in *web.php* – die Ausgabe soll bei Aufruf von *http://localhost:8000/allesongs* erscheinen.

```
Route::get('allesongs', function()
{
  $songs = DB::table('songs')->get();
  return dd($songs);

});
```

```
Collection {#195 ▼
  #items: array:4 [▼
    0 => {#196 ▼
      +"id": 1
      +"name": "The Combine"
      +"album": "Screen Memories"
      +"created_at": "2018-07-26 00:00:00"
      +"updated_at": "2018-07-26 00:00:00"
    }
    1 => {#203 ▼
      +"id": 2
      +"name": "Teenage Witch"
      +"album": "Screen Memories"
      +"created_at": "2018-07-26 00:00:00"
      +"updated_at": "2018-07-26 00:00:00"
    }
    2 => {#204 ▼
      +"id": 3
      +"name": "Heaven is Real"
      +"album": "Love is Real"
      +"created_at": "2018-07-26 00:00:00"
      +"updated_at": "2018-07-26 00:00:00"
    }
    3 => {#205 ▼
      +"id": 4
      +"name": "Do your Best"
      +"album": "Love is Real"
      +"created_at": "2018-07-26 00:00:00"
      +"updated_at": "2018-07-26 00:00:00"
    }
  ]
}
```

Abb. 14–16   *Die Ausgabe aller Datensätze der songs-Tabelle*

Über $song->name greifen wir auf den Liednamen zu.

```
$songs =DB::table('songs')->get();
foreach ($songs as $song) {
  var_dump ($song->name);
}
```

Sie können einzelne Datensätze über eine where-Klausel auswählen. Im folgenden Beispiel wird der Song mit der id=1 gewählt.

```
$song =DB::table('songs')->where('id', '1')->get();
return $song;
```

Und folgender Befehl würde nur die Namen aller Songs zurückgeben:

```
$songs =DB::table('songs')->select('name')->get();
return $songs;
```

Weitere Beispiele für die Funktionsweise des Query-Builder, der einem auf intuitive Art erspart, MySQL-Befehle zu schreiben, finden Sie in der Laravel-Dokumentation unter »Query Builder«.

14.8.4 Eloquent ORM

Ein noch komfortableres Handling von Operationen mit Datenbanktabellen bietet Eloquent ORM. ORM steht für Object Relational Mapper (objektrelationale Abbildung) und ist eine Art, eine Datenbankzeile zu einem Objekt zu mappen. Eloquent ist die Active-Record-Implementation bei Laravel. Active Record ist ein sogenanntes Entwurfsmuster. Es definiert, wie man auf Daten aus einer Datenbank zugreift. Zu jeder Datenbanktabelle gibt es eine passende Klasse, ein Model. Ein Objekt der Klasse entspricht genau einer Tabellenzeile. Wenn man ein neues Objekt erzeugt, wird eine neue Zeile in der Tabelle erzeugt.

Zuerst einmal müssen wir dafür die Klasse für unsere Tabelle definieren. Ein Beispiel, wie so etwas aussieht, finden Sie in der Datei *User.php* im Unterordner *app*.

Wir kopieren aber nicht diesen Code, sondern lassen uns von Laravel unser Model erstellen. Dafür gibt es wieder einen make-Befehl:

```
php artisan make:model Song
```

Danach finden Sie die neu erstellte Datei *Song.php* innerhalb des Ordners *app*:

```
<?php

namespace App;

use Illuminate\Database\Eloquent\Model;

class Song extends Model
{
    //
}
```

Sie müssen nicht bestimmen, auf welche Tabelle sich das Model bezieht. Wenn nichts weiter angegeben ist, geht Laravel davon aus, dass der Klassenname (im Beispiel Song) genauso lautet wie die Tabelle (songs), nur dass der Klassenname im Singular ist und die Tabelle im Plural. Genauso könnten wir beispielsweise eine Klasse User zum Zugriff auf die Tabelle users verwenden. Falls diese Benennungen nicht passen, müssen Sie Laravel den Namen der Tabelle mitteilen über die Eigenschaft $table. Mit der folgenden Definition könnten wir etwa auf eine Tabelle mit Namen lieder zugreifen:

```
class Song extends Model
{
    protected $table = 'lieder';
}
```

Außerdem wird erwartet, dass es in der Tabelle einen Primärschlüssel mit dem Namen id gibt sowie Timestamp-Felder. Falls das nicht der Fall ist, könnten Sie mit einer protected Eigenschaft $primary den Namen des Primärschlüsselfelds angeben. Und falls Sie keine Timestamps-Felder benutzen, so ändern Sie das in der Model-Definition über

```
public $timestamps = false;
```

Datensätze mit Eloquent eintragen

Das Eintragen von Datensätzen ist sehr intuitiv. Eine gute Möglichkeit, um das auszutesten, besteht im Einsatz von Tinker.

> Tinker ist eine REPL (read-eval-print loop), das heißt eine interaktive Shell, die eine direkte Interaktion mit der Anwendung erlaubt.

Tinker rufen Sie auf über:

```
php artisan tinker
```

Zum Verlassen von tinker geben Sie exit ein.

Dann können Sie einen neuen Song auf folgende Art eintragen:

```
$song = new App\Song;
$song->name = 'Touchdown';
$song->album = 'Screen Memories';
$song->save();
```

Um eine neue Zeile in unsere Tabelle einzufügen, legen wir ein neues Objekt an. Beim Objekt setzen wir die Eigenschaften, die den Spalten entsprechen, und am Schluss rufen wir die save()-Methode zum Speichern auf.

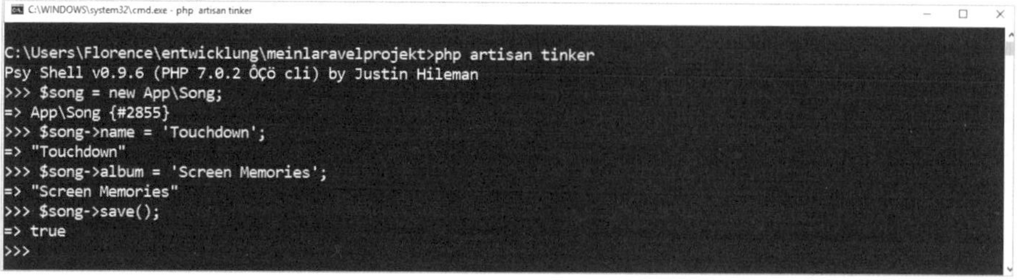

Abb. 14–17   *Einen neuen Song eintragen*

Es ist eine sehr intuitive Art, einen neuen Datensatz zu erstellen. Die anderen Elo-
quent-Befehle sind ähnlich einleuchtend. Für die Anzeige aller Songs schreiben
Sie etwa:

```
$songs = App\Song::all();
```

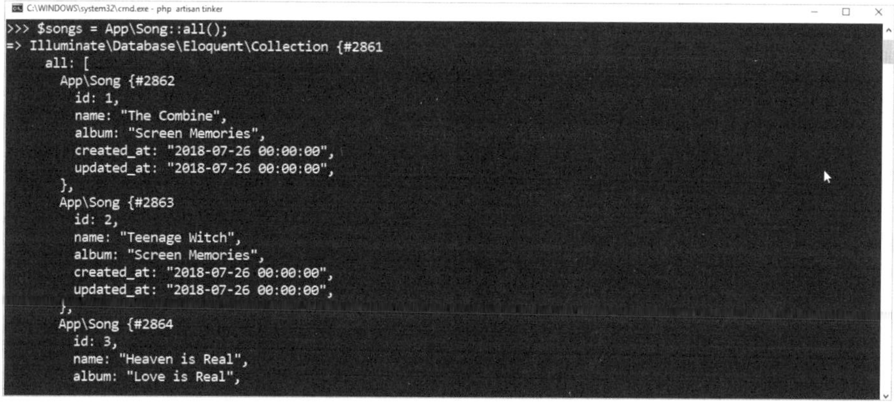

Abb. 14–18   *Alle Songs ausgeben lassen*

`App\Song::all();` entspricht also einem »SELECT * FROM songs«.

Mass Assignment

Wir haben uns eben angesehen, wie man Daten in die Tabelle einträgt, indem
man ein neues Objekt der Klasse erstellt und die Eigenschaften setzt, die den einzelnen Feldern der Tabelle entsprechen. Sie können auch Datensätze einfügen,
indem Sie dem neuen Objekt ein Array mit Feldinhalten übergeben. Diesen Code
ergänzen wir einmal innerhalb von *web.php*:

```
Route::get('eintragen', function() {
    $song = App\Song::create(
        [
            'name' => 'Pure Rockets',
            'album' => 'Love is Real'
        ]
    );
});
```

Wenn Sie nun allerdings http://localhost:8000/eintragen aufrufen, erhalten Sie eine Fehlermeldung über eine `MassAssignmentException`.

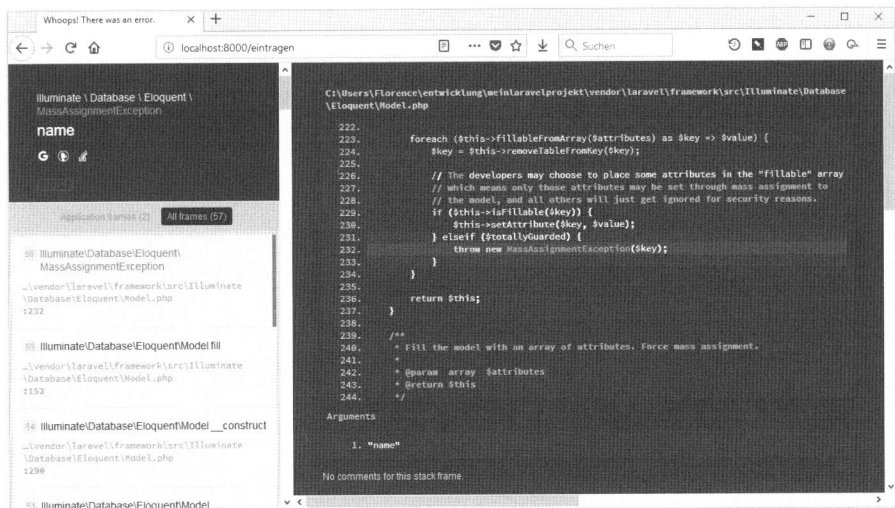

Abb. 14-19   *Mass Assignment-Fehlermeldung*

Den Fehler beheben Sie, indem Sie die Eigenschaft `$fillable` in Ihrem Model setzen und die beiden Felder angeben, die bei der `create`-Methode gefüllt werden dürfen.

```php
<?php

namespace App;

use Illuminate\Database\Eloquent\Model;

class Song extends Model
{
    protected $fillable = ['name', 'album'];
}
```

Wenn Sie http://localhost:8000/eintragen noch einmal aufrufen, ist die Fehlermeldung mit Hinweis auf eine `MassAssignmentException` verschwunden.

Was aber hat es damit auf sich? Die Methode, Inhalte in die Datenbank über die create-Methode einzufügen, ist besonders praktisch, wenn diese Inhalte aus einem Formular kommen. Das ist allerdings ein Sicherheitsrisiko, weil Formularfelder manipuliert werden können, und damit könnten Benutzer auch Feldinhalte füllen, die gar nicht für eine automatische Befüllung vorgesehen sind. Und genau das verhindert Laravel an dieser Stelle.

Nehmen wir ein Beispiel, damit Sie sich vorstellen können, warum das ein potenzielles Sicherheitsrisiko ist. Gehen wir von einer Tabelle zur Speicherung von Nutzerdaten aus, unter anderem mit den Feldern für den Benutzernamen, für das Kennwort und für die Berechtigung. Die Berechtigung ist ein Feld, in dem wir intern die Rechte des Nutzers speichern. Nehmen wir jetzt an, wir haben ein Formular mit einem Feld für den Benutzernamen und ein Feld für das Kennwort. Jetzt könnte – auch wenn im Formular nur zwei Felder vorgesehen sind – der Benutzer das Formular manipulieren und ein weiteres Feld für die Berechtigung ergänzen. Dass Formularfelder manipuliert werden können, wissen Sie ja auch aus Kapitel 7. Wenn ein Benutzer das Formular dann absendet und wir der create-Methode das Array mit den Inhalten übergeben, würden alle drei Felder der Tabelle befüllt, obwohl es gar nicht vorgesehen war, dass das Feld berechtigung durch das Formular befüllt wird. Und genau das verhindert Laravel und gibt die MassAssignmentException zurück.

Sie können jetzt über Eigenschaften $fillable oder $guarded bestimmen, welche Felder bei einer Mass Assignment zugewiesen werden dürfen oder welche nicht. $guarded funktioniert wie eine Blacklist: Dahinter schreiben Sie die Felder, die geschützt werden sollen. Bei unserem Beispiel könnten wir auf die folgende Art angeben, dass das Feld berechtigung nicht bei einer Mass Assignment gefüllt werden darf:

```
protected $guarded = ['berechtigung'];
```

Umgekehrt können Sie über die Eigenschaft $fillable die Felder benennen, die auf diese Art gefüllt werden dürfen – und das haben wir eben bei unserer Song-Klasse gemacht.

Übrigens können Sie die vor Mass Assignment geschützten Felder jederzeit explizit füllen.

```
$user->berechtigung = 'admin';
$user->save();
```

14.9   Einmal alles zusammen

Sie haben bisher einzelne Komponenten kennengelernt: Sie haben erfahren, wie Sie Controller erstellen, Sie haben Views kennengelernt und Sie haben gesehen, wie man mit Datenbanktabellen mit dem QueryBuilder oder Eloquent arbeitet. Jetzt wollen wir diese verschiedenen Komponenten zusammenfügen und einen Controller nutzen, um alle Songs über eine View ausgeben lassen. Wie haben bereits folgende Definition in unserer *web.php*-Datei:

```
Route::resource('songs', 'SongsController');
```

Damit sind alle Routen definiert, und es ist festgelegt, dass bei einem Aufruf von *songs* die index()-Methode des SongsControllers aufgerufen wird. Die index()-Methode des SongsControllers erweitern wir, sodass in einer View alle Songs angezeigt werden. Öffnen Sie die Datei *SongsController.php* innerhalb von *app/Http/Controllers*.

Ergänzen Sie zuerst die Namensraumangabe (fett hervorgehoben) App\Song;

```php
<?php

namespace App\Http\Controllers;

use Illuminate\Http\Request;
use App\Song;
```

Dann befüllen wir die index()-Methode:

```php
class SongsController extends Controller
{
    /**
     * Display a listing of the resource.
     *
     * @return \Illuminate\Http\Response
     */
    public function index()
    {
        $songs = Song::all();
        return view('songs.index', compact('songs'));
    }
/* Rest wie gehabt */
}
```

Zwei Zeilen sind ergänzt:

Über Song::all() erhalten wir alle Songs.

In der nächsten Zeile rufen wir die view()-Hilfsfunktion auf. Wir geben als
ersten Parameter die View an, die aufgerufen werden soll, im Beispiel
songs.index. Damit wählen wir eine View mit Namen *index*, die sich in dem
Unterordner *songs* befindet. Als zweiten Parameter übergeben wir mithilfe
der compact()-Funktion die Daten, im Beispiel die Songs.

compact() ist keine Erfindung von Laravel, sondern eine Funktion in PHP. Sie erstellt ein
Array mit Variablen und deren Werten. Diese Funktion ist praktisch, um mehrere Daten
an eine View zu übergeben.

Nun brauchen wir noch die View. Innerhalb von *resources/views* erstellen wir
einen Unterordner *songs* und in diesem eine Datei *index.blade.php*. Sie sieht folgendermaßen aus:

```
01  <!doctype html>
02  <html>
03    <head>
04      <meta charset="utf-8">
05      <title>Songs</title>
06    </head>
07    <body>
08      <ul>
09      @foreach ($songs as $song)
10        <li>{{$song->name}} aus dem Album {{$song->album}}</li>
11      @endforeach
12      </ul>
13    </body>
14  </html>
```

Das Entscheidende geschieht in den Zeilen 9–11: Hier sehen Sie, wie Sie in Blade eine foreach-Schleife erstellen. Über diese foreach-Schleife durchlaufen wir alle Songs und greifen dabei auf den Namen und das Album zu.

Wenn Sie *http://localhost:8000/songs* aufrufen, erhalten Sie eine Liste der Song-Titel inklusive Album. Sicherheitshalber sollten Sie davor alle Angaben in *web.php* bis auf Route::resource('songs', 'SongsController'); auskommentieren.

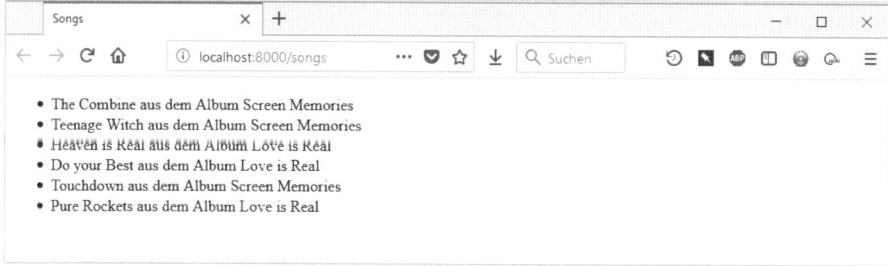

Abb. 14–20   *Alle Songs als Liste ausgeben lassen*

Damit sind wir am Ende unseres Streifzugs durch Laravel angekommen. Was ich in diesem Kapitel vorgestellt habe, ist natürlich nur ein kleiner Ausschnitt aus den Möglichkeiten, die Laravel bietet.

14.10   Zusammenfassung

Fassen wir die wichtigsten Dinge aus Laravel noch einmal zusammen:

routes/web.php ist die zentrale Datei, die steuert, was geschehen soll, wenn der Benutzer eine bestimmte URL angibt. Einfache Logik können Sie innerhalb von *routes/web.php* direkt angeben, bei komplexeren Dingen empfiehlt es sich, eine Controller-Klasse mit einer Methode der Controller-Klasse zu benennen, die das weitere Handling übernimmt. Controller-Klassen werden im Verzeichnis *app/Http/Controllers* abgespeichert.

Die eigentliche Präsentation der Daten, das heißt im unseren Fall den HTML-Code, übernehmen die Views. Die Views werden über die `view()`-Hilfsfunktion aufgerufen und im Verzeichnis *resources/views* gespeichert. Man kann Views mit normalem PHP-Code erstellen und die Variablen mit `echo` ausgeben lassen. Alternativ dazu bietet sich der Einsatz der Template-Engine Blade an, wo Variablen durch doppelte geschweifte Klammern ausgegeben werden. Die Wiederverwendung von Template-Bestandteilen kann man über Master-Templates und Kind-Templates steuern.

Für die Arbeit mit Datenbanken bietet Laravel einiges: Migrations ermöglichen eine Versionskontrolle für Datenbanken, und bei der Definition der Tabellen hilft der Schema-Builder. Für die Formulierung von Abfragen kann man den Query-Builder verwenden. Noch mächtiger ist Eloquent ORM, die Active-Record-Implementation in Laravel.

Laravel bringt nützliche Tools für die Arbeit mit Anwendungen mit: `artisan` bietet mit `make` die schnelle Erstellung von Vorlagen an. Und über `tinker` können Sie direkt mit Ihrer Anwendung interagieren.

15 jQuery, Ajax und PHP

Wenn Sie Webseiten erstellen und viel mit PHP arbeiten, werden Sie irgendwann auch auf jQuery stoßen oder sind es vielleicht schon. jQuery ist das JavaScript-Framework, das immer noch am häufigsten eingesetzt wird, da es seinem eigenen Motto »Weniger schreiben, mehr tun« wirklich gerecht wird. Dieses Kapitel führt in die clientseitige Programmierung mit jQuery ein und zeigt am Beispiel die Zusammenarbeit von PHP mit jQuery, genauer genommen erfahren Sie, wie Ajax funktioniert.

> Natürlich gibt es sehr viele attraktive Alternativen zu jQuery. So können Sie beispielsweise auch JavaScript pur[1] schreiben – heute eher eine Option als noch zu Zeiten der Browserkriege, wo die Unterschiede zwischen den Browsern die JavaScript-Programmierung erschwerten.
>
> Außerdem ist eine Reihe von attraktiven Frameworks erschienen: etwa React[2], Angular[3] oder Vue.js[4].

15.1 jQuery für Anwendungen

Die meisten Webseiten sind keine »reinen« Webseiten, sondern ähneln immer mehr Anwendungen. Anwendungen, wie man sie früher nur auf dem Computer direkt installieren konnte, lassen sich heute immer häufiger auch über Webtechnologien realisieren. Damit so etwas möglich wird, braucht man zum einen serverseitige Sprachen wie PHP, die bestimmte Inhalte aus Datenbanken abfragen oder auch dorthin speichern. Zum anderen braucht man eine clientseitige Programmierung. »Clientseitig« bedeutet, dass die Skripte im Browser (das heißt im Client) ausgeführt werden.

---

1. Den Vorteil von JavaScript pur zeigt das Projekt *http://www.vanilla-js.com/* deutlich – und nicht irritieren lassen von der Webseite: Hier wird so getan, als wäre Vanilla.Js ein Framework, ist es aber nicht. Wenn Sie die Datei herunterladen, ist sie leer.
2. *https://reactjs.org/*
3. *https://angular.io/*
4. *https://vuejs.org/*

Intuitive Benutzeroberflächen mit Drag-and-drop, sich ausklappende Bereiche, Tabs, die unterschiedliche Inhalte anzeigen – für all solche Dinge ist als clientseitige Skriptsprache im Browser meistens JavaScript zuständig. Die klassischen
auf Webseiten benötigten Features können Sie sehr gut mit jQuery bewerkstelligen. jQuery ist im Kern eine JavaScript-Datei, die Sie in Ihren Seiten einbinden
können. Danach stehen Ihnen neben den klassischen JavaScript-Befehlen diejenigen von jQuery zur Verfügung.

jQuery bietet diverse Möglichkeiten, um manche mit reinem JavaScript
umständliche Dinge bequem und schnell zu bewerkstelligen Weniger schreiben
und mehr erreichen – das ist jQuery.

Abb. 15–1   *»Write less, do more« – das Motto von jQuery*

Attraktiv an jQuery sind auch die vielen Plug-ins, die es gibt, und dank derer Sie
gängige Komponenten wie Diashows usw. mit ein paar Zeilen Code und wenig
Aufwand einbinden.

15.2   Vorbereitungen

Zuerst benötigen Sie die jQuery-Bibliothek, die Sie unter

http://jquery.com/download/

herunterladen können.

Sie können jQuery dann herunterladen – dabei sollten Sie die komprimierte
(compressed) Version nehmen; bei ihr sind Leerzeichen und Zeilenumbrüche entfernt. Das ist gut für die Performance, damit die Datei schnell lädt, aber schlecht
zum Lesen. Falls es Sie interessiert, was eigentlich in der JavaScript-Datei von
jQuery steht, sehen Sie sich am besten die andere Variante (uncompressed) an.

Um die jQuery-Bibliothek einzubinden, notieren Sie eine zusätzliche Angabe
im head-Bereich Ihres Dokuments:

```
<script type="text/javascript" src="jquery.min.js"></script>
```

Dabei verweist die Angabe bei src auf Ihre jQuery-Datei, die im Beispiel
jquery.min.js heißt und im selben Verzeichnis wie das HTML-Dokument liegt.
Wenn Sie die Datei in einem Unterordner abgelegt haben, müssen Sie die Angabe
entsprechend anpassen. Die Angabe text/javascript ist der MIME-Typ von Java-
Script, seit HTML5 können Sie sie auch weglassen.

Alternativ können Sie auch jQuery von einem CDN (*Content Distribution
Network* oder auch *Content Delivery Network*) laden – das heißt direkt von
einem fremden Server im Internet. Das hat Vorteile für die Performance, denn

CDN werden meist von großen Internetfirmen wie Google betrieben, die eine entsprechend leistungsfähige Infrastruktur bereitstellen, teilweise wird aber geraten, aus datenschutzrechtlichen Gründen nur mit lokalen Dateien zu arbeiten. Mögliche CDNs finden Sie ebenfalls auf der Seite von jQuery unter *https://code.jquery.com/*. Mit einem Klick auf eine gewählte Version erhalten Sie direkt den Code, den Sie in Ihr HTML-Dokument kopieren müssen. Er kann beispielsweise folgendermaßen aussehen:

```
<script
  src="https://code.jquery.com/jquery-3.3.1.min.js"
  integrity="sha256-FgpCb/KJQlLNfOu91ta32o/NMZxltwRo8QtmkMRdAu8="
  crossorigin="anonymous"></script>
```

Unterhalb der Einbindung der jQuery-Datei können Sie dann weitere JavaScript-Befehle angeben. Im Beispiel schreiben wir folgenden Code:

```
<script>
$(document).ready(function() {
  /* Hier steht der Code zum Ausführen */
});
</script>
```

Der Abschluss besteht wirklich aus `});`. Zuerst steht die geschweifte Klammer, dann eine runde Klammer und danach ein Semikolon. Die runde Klammer gehört zu `ready(` und die geschweifte Klammer zu `function() {`.

Oft soll JavaScript erst dann ausgeführt werden, wenn das Dokument vollständig geladen ist. Der Browser arbeitet eine HTML-Seite mit JavaScript-Code von oben bis unten durch, und er beginnt mit dem Ausführen des Skripts in dem Moment, wo er auf den entsprechenden Code stößt. Das kann problematisch sein: Wenn Sie etwa per JavaScript den Inhalt eines Elements ändern wollen, dann geht das natürlich erst, wenn das entsprechende HTML-Element auch geladen wurde.

Genau dafür, dass bestimmter Code erst in dem Moment ausgeführt wird, wenn der HTML-Code des Dokuments vollständig geladen ist, sorgt `$(document).ready(function() { });`. Ihren Code schreiben Sie immer zwischen die geschweiften Klammern der Funktion (eine sogenannte *anonyme Callbackfunktion*), wenn dieser erst nach dem vollständigen Laden der Webseite ausgeführt werden soll.

> Das Dollarzeichen im Code ist übrigens ein Alias für das Objekt `jQuery`. Es ist praktisch und kurz und hat ja ansonsten in JavaScript keine besondere Funktion (im Gegensatz beispielsweise zu PHP). Sie könnten aber überall statt `$` auch `jQuery` schreiben.

Da man `$(document).ready(function() { })` so häufig braucht, gibt es eine Kurzform, die folgendermaßen aussieht:

```
$(function() {
  /* hier steht der Code zum Ausführen */
});
```

15.3   Versteckenund Einblenden eines Containers

Nun sind Sie bereit für ein erstes kleines Beispiel: Wir wollen eine Box mit Inhalt
per jQuery verstecken lassen, und dann soll sie langsam eingeblendet werden.

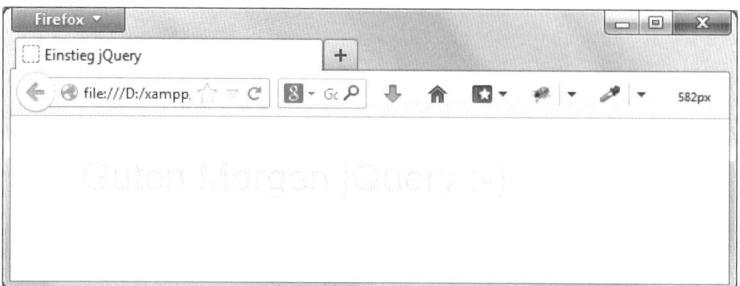

Abb. 15–2   *Beim Einblenden …*

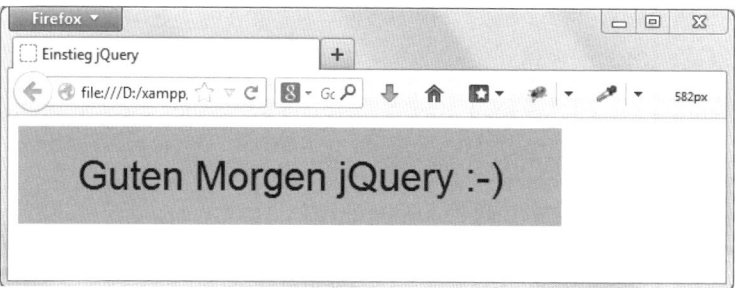

Abb. 15–3   *: … und jetzt ist das Element ganz da.*

Den Code hierfür sehen Sie zuerst einmal gesamt, danach werden die einzelnen
Teile besprochen:

```
01 <!DOCTYPE html>
02 <html>
03 <head>
04 <meta charset="UTF-8" />
05 <title>Einstieg jQuery</title>
06 <style>
07 #beispiel {
08   width: 400px;
09   background-color: orange;
10   color: black;
11   font: 200% sans-serif;
12   text-align: center;
13   padding: 20px;
14 }
```

```
15 </style>
16 <script src="jquery.min.js"></script>
17 <script>
18 $(function() {
19   $('#beispiel').hide().fadeIn(4000);
20 });
21 </script>
22 </head>
23 <body>
24 <div id="beispiel">
25  Guten Morgen jQuery :-)
26 </div>
27 </body>
28 </html>
```

Listing 15–1   *Ein erstes Beispiel für jQuery (jquery_beispiel.html)*

In den Zeilen 6–14 gibt es ein paar Formatierungen mit CSS – das Element erhält eine Größe, und Farben werden definiert.

In Zeile 16 sehen Sie die Einbindung von jQuery, und in den Zeilen 17–21 gibt es einen weiteren JavaScript-Teil, den wir uns gleich noch genauer ansehen.

In den Zeilen 24–26 befindet sich ein div-Element, das durch id="beispiel" eindeutig gekennzeichnet ist.

Jetzt noch einmal zu den Zeilen 18–20. In Zeile 18 steht $(function() {, was dafür sorgt, dass der danach folgender Code erst ausgeführt wird, wenn das Dokument geladen ist. Der Code, der dann ausgeführt werden soll, steht in Zeile 19:

```
19   $('#beispiel').hide().fadeIn(4000);
```

Durch $('#beispiel') wählen Sie das Element mit id="beispiel" aus. Danach folgt nach einem Punkt, was geschehen soll: Der Methodenaufruf hide() versteckt das Element. Nach einem weiteren Punkt steht ein weiterer Befehl, der angibt, was nach dem Verstecken geschehen soll. fadeIn() dient in jQuery dazu, ein Element langsam einzublenden. Die Angabe in Klammern bestimmt die Geschwindigkeit der Animation in Millisekunden.

Anstatt den Code innerhalb von $(function() {, und }); zu platzieren, können Sie ihn übrigens auch an das Ende des Dokuments schreiben – vor das schließende body-Element. Im Listing *jquery_beispiel_alternativ.html* können Sie sich das ansehen.

15.4 Elemente mit jQuery auswählen

Im letzten Beispiel haben Sie gesehen, wie Sie ein Element anhand seiner ID auswählen können. Das Element mit id="beispiel" wählen Sie aus über:

```
$('#beispiel')
```

Das schaut genauso aus wie der CSS-Selektor #beispiel, und das kommt auch nicht von ungefähr. Sie können in jQuery Elemente ganz komfortabel über die von CSS bekannten Selektoren auswählen[5]:

- Um ein Element anhand seines Namens auszuwählen, schreiben Sie den Namen des Elements. So wählen Sie mit $('p') beispielsweise alle p-Elemente aus.

- Sie können Elemente ebenso über Klassen auswählen. Nehmen wir an, Sie haben ein Element mit der Klasse achtung, also <p class="achtung"> ...</p>, so können Sie dieses Element (sowie alle weiteren Elemente, bei denen das Klassenattribut entsprechend angegeben ist) anhand der Klasse auswählen, indem Sie $('.achtung') schreiben.

- Wollen Sie nur Elemente auswählen, die Nachfahren von anderen Elementen sind, also beispielsweise nur alle a-Elemente, wenn sie innerhalb eines Elements mit id="navi" stehen, so notieren Sie $('#navi a') – ganz genau so, wie Sie es aus CSS kennen.

Durch $('#navi a') wird beispielsweise in folgendem HTML-Ausschnitt nicht der erste, sondern nur der zweite und der dritte Link ausgewählt:

```
<a href="http://de.yahoo.com">Yahoo</a>
<nav id="navi">
  <a href="#">Home</a>
  <a href="#">Impressum</a>
</nav>
```

Sie können Elemente auch aufgrund der *Attribute* auswählen, die sie haben. Attributselektoren werden in eckigen Klammern geschrieben. a[href$=doc] wählt beispielsweise a-Elemente aus, sofern sie ein href-Attribut haben, dessen Wert auf doc endet, also beispielsweise Links auf Word-Dokumente. Wenn Sie dieses Element mit jQuery auswählen wollen, schreiben Sie den Ausdruck wieder in einfache Anführungszeichen innerhalb von $(), also: $('a[href$=doc]').

Seit CSS3 gibt es die Möglichkeit, das soundsovielte Kindelement über den Ausdruck :nth-child() auszuwählen. Wenn Sie jedes zweite tr-Element auswählen wollen, schreiben Sie tr:nth-child(even). Auch das funktioniert in jQuery.

Neben den aus CSS bekannten Selektoren bietet jQuery aber noch weitere Selektionsmöglichkeiten, die auch verkettet werden können:

---

5. Übrigens können Sie auch in JavaScript pur zur Auswahl von Elementen CSS-Selektoren nutzen, nämlich über document.querySelector() bzw. document.querySelectorAll(). Bei JavaScript müssen Sie jedoch unterschiedlich verfahren, je nachdem, ob Sie ein Element oder mehrere zurückerhalten. Bei jQuery brauchen Sie sich darum nicht zu kümmern.

:even wählt gerade Kindelemente aus.

:odd wählt entsprechend ungerade aus.

:animated wählt nur animierte Elemente aus.

Eine große Anzahl an jQuery-spezifischen Selektoren ermöglicht die komfortable Auswahl an Formularelementen:

:radio selektiert Radiobuttons.

:submit selektiert den Submit-Button.

Die vollständige Liste der möglichen Selektoren finden Sie in der Dokumentation von jQuery unter *http://api.jquery.com/category/selectors/*.

15.5   Formatierungen zuweisen und Elementinhalte bearbeiten

Der erste Schritt besteht üblicherweise darin, Elemente auszuwählen. Im zweiten Schritt möchte man dann mit den ausgewählten Elementen etwas machen – beispielsweise die Formatierung ändern oder den Inhalt neu setzen. Beginnen wir mit der Anpassung der Formatierung.

```
01 <!DOCTYPE html>
02 <html>
03 <head>
04   <meta charset="UTF-8" />
05   <title>Formatierung anpassen</title>
06   <script src="jquery.min.js"></script>
07   <script>
08   $(function() {
09       $('h1').css( {
10           'background-color' : '#aaa',
11           'color' : 'white',
12           'border' : '20px dashed black',
13       });
14       $('li:even').css('font-style','italic');
15   });
16   </script>
17 </head>
18 <body >
19 <h1>Eine Überschrift</h1>
20 <h2>Eine weitere Überschrift</h2>
21 <ul>
22   <li>Fenchel</li>
23   <li>Minigurke</li>
24   <li>Salat</li>
25 </ul>
26 </body>
27 </html>
```

Listing 15–2   *Mit jQuery die Formatierungen verändern (formatierung_aendern.html)*

Gehen wir das Beispiel durch. Das HTML-Dokument beinhaltet zwei Überschriften und eine Liste (Zeilen 19–25). Nach der Einbindung von jQuery steht ein weiteres script-Element. Innerhalb von $(function() { und }); wird die h1-Überschrift ausgewählt und mithilfe von .css() die Formatierung verändert. Übergeben werden die gewünschten Formatierungen in der Objektliteralsyntax. Das heißt, Sie schreiben innerhalb der runden Klammern von css() geschweifte Klammern, die auf- und zugehen müssen {}. Innerhalb dieser geschweiften Klammern weisen Sie den Eigenschaften ihre Werte zu, indem Sie einen Doppelpunkt dazwischen angeben:

```
'color' : 'white'
```

Zwischen diesen Zuweisungen schreiben Sie ein Komma. Auf diese Art können Sie mehrere CSS-Angaben auf einmal setzen.

Zeile 14 zeigt eine ander Art, CSS-Angaben zu setzen: Hier wird jedes gerade li-Element ausgewählt (die Zählung beginnt bei 0, und 0 ist gerade) und kursiv gesetzt.

> Natürlich hätten Sie diese Formatierungen auch direkt in CSS setzen können. Interessant ist das Setzen von Formatierungen mit jQuery dann, wenn diese Formatierungen dynamisch als Reaktion auf eine Aktion des Nutzers erfolgen.

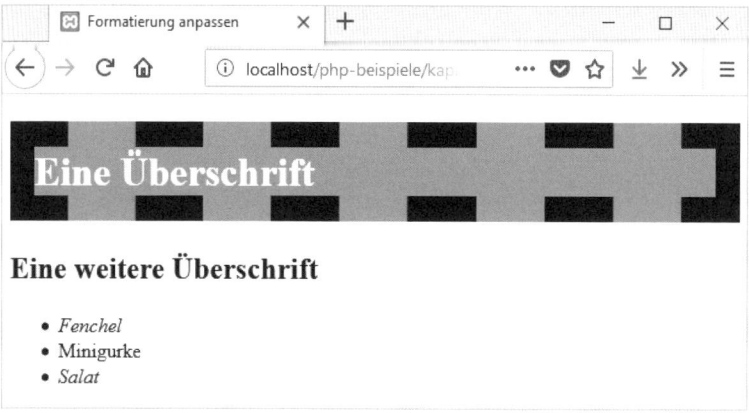

Abb. 15–4   *Mit jQuery gesetzte Formatierungen*

In den Browserentwicklungstools zum Beispiel von Firefox können Sie gut sehen, wie jQuery gewirkt hat. Die Firefox-Entwicklertools rufen Sie durch Klick mit der rechten Maustaste in Ihr Dokument auf. Wählen Sie im Kontextmenü *Element untersuchen*. Expandieren Sie dann im unteren Bereich die Elemente, sodass Sie die einzelnen Elemente sehen. Sie erkennen dann, dass jQuery die Formatierungen über style-Attribute ergänzt hat. Sie sehen in den Entwicklertools also

nicht mehr den ursprünglichen HTML-Quellcode, sondern das Ergebnis nach der
Wirkung von jQuery.

Abb. 15–5   *In den Entwicklertools sieht man die Code-Ergänzungen.*

Der Befehl css() ist praktisch, um direkt CSS-Formatierungen durchzuführen,
was im Fall dynamischer Zuweisungen oft gemacht wird. Aber in der Regel ist es
besser, die CSS-Formatierungen nicht mit dem JavaScript-Code zu mischen, sondern im Stylesheet zu belassen. Für unser Beispiel geht das folgendermaßen: Wir
ergänzen per jQuery nicht mehr direkt die CSS-Formatierungen, sondern fügen
Klassen über addClass() hinzu:

```
$(function () {
  $('h1').addClass('ueb');
  $('li:even').addClass('bet');
});
```

Außerdem müssen Sie dann die CSS-Klasse in Ihrem Stylesheet definieren:

```
<style>
.ueb {
  background-color: #aaa;
  color: white;
  border: 20px dashed black;
}
.bet {
  font-style: italic;
}
</style>
```

Listing 15–3   *Ausschnitt aus formatierung_klassen.html*

Parallel zu addClass() zum Ergänzen von Klassen gibt es removeClass(), das eine Klasse
entfernt. Zusätzlich existiert toggleClass(), mit der Sie eine Klasse hinzufügen, wenn sie
nicht vorhanden ist, oder entfernen, wenn sie bereits beim Element vorhanden ist.

15.6 Inhalte verändern

Eine weiterer praktischer jQuery-Befehl ist html(). Diesen können Sie nutzen, um HTML-Code in ein Element zu schreiben. Hierzu ein Beispiel:

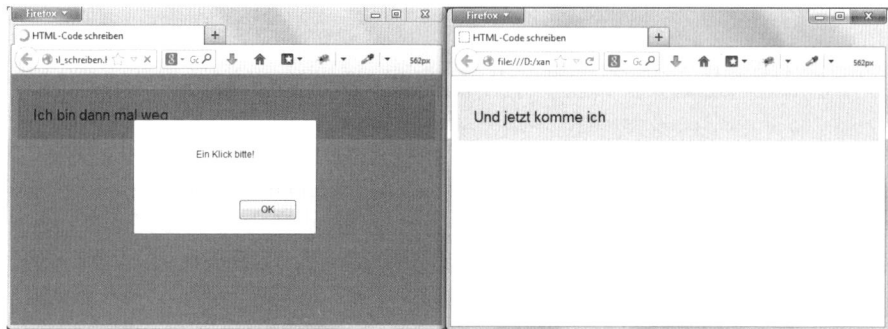

Abb. 15–6 *Der ursprüngliche Text des Absatzes ist zu Beginn zu sehen (links). Nachdem Sie die Meldung weggeklickt haben, ist der Text ausgetauscht (rechts).*

```
01 <!DOCTYPE html>
02 <html>
03 <head>
04   <meta charset="UTF-8"/>
05   <title>HTML-Code schreiben</title>
06   <style>
07     body {
08       font-size: 120%;
09       font-family: sans-serif;
10     }
11
12     p {
13       background-color: #ddd;
14       padding: 20px;
15     }
16   </style>
17   <script src="jquery.min.js"></script>
18   <script>
19     $(function () {
20       alert('Ein Klick bitte!');
21       $('.weg').html('Und jetzt komme ich');
22     });
23   </script>
24 </head>
25 <body>
26 <p class="weg">Ich bin dann mal weg ... </p>
27 </body>
28 </html>
```

Listing 15–4 *In HTML-Elemente schreiben (html_schreiben.html)*

Zuerst zum HTML-Code: Hier (Zeile 24) gibt es einen Absatz mit `class="weg"` und einem Inhalt.

In den Zeilen 17–20 steht der jQuery-Code. Zuerst wird in Zeile 18 eine Meldung ausgegeben. `alert()` ist ein klassischer JavaScript-Befehl für Meldungsfenster. Im Beispiel dient es dazu, das Skript anzuhalten, damit Sie den ursprünglichen Text des Absatzes sehen können.

In Zeile 19 wird mit `$('.weg')` das Element mit dem Attribut `class="weg"` ausgewählt. Über `html()` wird ein neuer Text in dieses Element geschrieben.

Übrigens können Sie `html()` nicht nur nutzen, um HTML-Code in Elemente zu schreiben. Sie können es auch zum Auslesen von HTML-Code einsetzen. Dazu brauchen Sie nur den Parameter wegzulassen.

15.7   Ereignisse in jQuery

Bisher führen unsere Beispiele den Code immer direkt beim Laden der Webseite aus. Das Interessante an JavaScript und damit auch an jQuery ist aber, dass Sie bereits im Client auf die Aktionen des Benutzers reagieren können – Sie können etwas Bestimmtes tun, wenn ein Benutzer mit dem Mauszeiger über einen Bereich der Webseite fährt, einen Bereich verlässt, etwas anklickt, eine Option bei einem Auswahlfeld wählt oder Ähnliches. All das können Sie hingegen mit PHP nicht, denn PHP kann immer erst tätig werden, nachdem der Link geklickt ist oder nachdem das Formular abgesendet wurde.

Die Aktionen des Benutzers lösen in JavaScript sogenannte Ereignisse oder *Events* aus. Die Reaktion auf diese Ereignisse nennt man Eventhandling.

Ein kleines Beispiel demonstriert das Eventhandling in jQuery– eine Meldung soll erscheinen, wenn man auf einen Absatz klickt (im Gegensatz zum Beispiel vorher, in dem die Meldung automatisch erschien!).

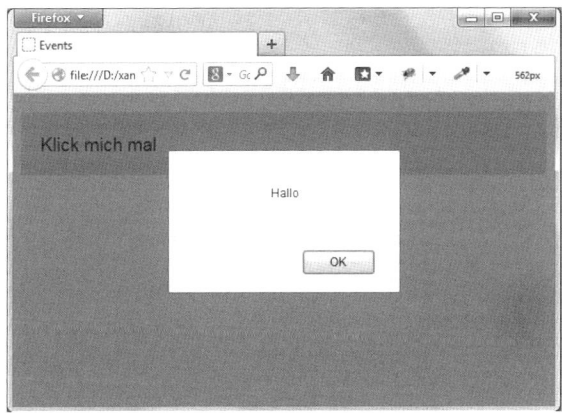

Abb. 15–7   *Diese Meldung erscheint erst, wenn jemand auf den Absatz klickt.*

Im HTML-Code haben wir einen Absatz mit einer ID:

```
<p id="meldung">Klick mich mal</p>
```

Im JavaScript-Bereich steht der Code wie immer innerhalb von $(function() { und });. Es soll eine Meldung ausgegeben werden, wenn jemand auf den Absatz klickt. Dafür wählen wir das Element mit id="meldung" aus und fangen dann das Klickereignis über die jQuery-Methode on() ab. An on() übergeben Sie zuerst das Ereignis, das Sie abfangen wollen – im Beispiel click –, und außerdem eine anonyme Funktion, die das beinhaltet, was geschehen soll, wenn das Ereignis eintritt. Hier soll eine einfache Meldung mit alert() gezeigt werden:

```
$(function() {
  $('#meldung').on('click', function() {
    alert('Hallo');
  });
});
```

Listing 15–5   *Auf das Klickereignis reagieren (event_click.html)*

Wenn Sie Inhalte wechselnd ein- und ausblenden wollen, können Sie auf toggle() zurückgreifen.

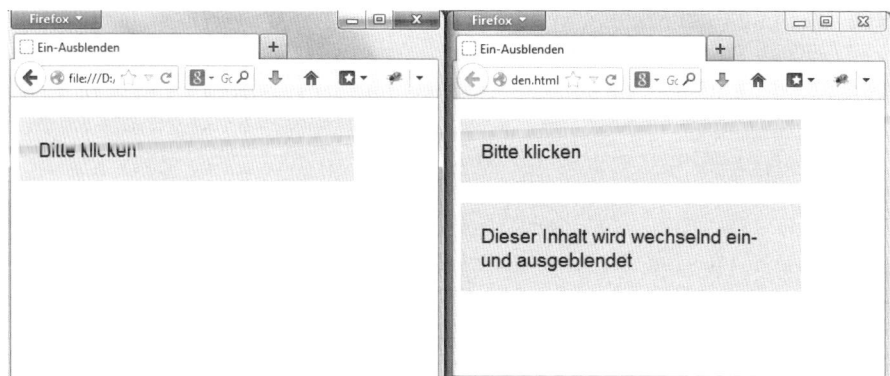

Abb. 15–8   *Durch einen Klick auf den ersten Absatz werden die Inhalte darunter ein- oder ausgeblendet.*

Bei folgendem Beispiel gibt es zwei HTML-Elemente:

```
<p id="einaus">Bitte klicken</p>
<p id="inhalt">Dieser Inhalt wird wechselnd ein- und ausgeblendet</p>
```

Bei einem Klick auf den ersten Absatz soll der zweite entweder ein- oder ausgeblendet werden.

Das Skript wird erst ausgeführt, wenn das Dokument geladen ist:

```
$(function() {
```

Zuerst soll das Element mit id="inhalt" versteckt werden:

```
$('#inhalt').hide();
```

Außerdem soll etwas mit dem ersten Absatz geschehen. Über `css()` setzen wir die Eigenschaft `cursor` auf `pointer`. Damit ändert sich der Mauszeiger bei diesem Bereich in ein Händchen. Zusätzlich soll der Klick abgefangen werden:

```
$('#einaus').css('cursor', 'pointer').on('click', function() {
```

Innerhalb der geschweiften Klammern definieren wir, dass das Element mit `id="inhalt"` wechselnd angezeigt und ausgeblendet wird:

```
$('#inhalt').toggle();
```

Dann müssen wir noch die Klammern der `on()`-Funktion schließen:

```
});
```

Und die beiden letzten Klammern gehören zu `$(function() {` vom Anfang:

```
});
```

Hier sehen Sie noch einmal das Beispiel in seiner Gesamtheit:

```
01 <!DOCTYPE html>
02 <html>
03 <head>
04   <meta charset="UTF-8" />
05   <title>Ein-Ausblenden</title>
06   <style>
07     body {
08       font-size: 120%;
09       font-family: sans-serif;
10     }
11     p {
12       background-color: #ddd;
13       padding: 20px;
14       width: 300px;
15     }
16   </style>
17   <script src="jquery.min.js"></script>
18   <script>
19 $(function() {
20     $('#inhalt').hide();
21     $('#einaus').css('cursor', 'pointer').on('click', function() {
22       $('#inhalt').toggle();
23     });
24   });
25   </script>
26 </head>
27 <body >
28   <p id="einaus">Bitte klicken</p>
29   <p id="inhalt">Dieser Inhalt wird wechselnd ein- und ausgeblendet</p>
30 </body>
31 </html>
```

Listing 15–6   *Abwechselndes Ein- und Ausblenden (einausblenden.html)*

Genauso wie das Klickereignis können Sie auch mit anderen Events arbeiten: Mit
mouseover können Sie abfangen, dass der Besucher einer Webseite die Maus über
einen Bereich bewegt, mit mouseout können Sie reagieren, wenn jemand einen
Bereich mit der Maus wieder verlässt. change erlaubt es, bestimmten Code ausführen zu lassen, wenn jemand bei einer Auswahlliste eine andere Option auswählt. Zu change gibt es in Abschnitt 15.8 ein Beispiel.

> Eine vollständige Liste von allen Events finden Sie in der Dokumentation zu jQuery unter
> *http://api.jquery.com/category/events/*.

15.8 Mit jQuery Daten von PHP anfordern

Sie kennen das Zusammenspiel von Formularen und PHP (siehe auch Kap. 7).
Der Benutzer trägt etwas in ein Formularfeld ein und drückt auf den Absendebut-
ton. Die Seite mit dem Formular verschwindet – ob für kurz oder lang ist abhängig u. a. von der Verbindungsgeschwindigkeit –, und dann erscheint die Antwort-
seite. Das ist das klassische Schema und war früher die normale Form der
Interaktion mit dem Benutzer.

15.8.1   Kurz vorgestellt: Ajax

Mit *Ajax* ist das anders. Mit Ajax können Sie Anfragen an den Server asynchron
ausführen, das heißt im Hintergrund.

Ajax steht eigentlich für Asynchronous JavaScript And XML. XML, weil als
Datenformat für die Antwort oft mit XML gearbeitet wurde. Der Begriff Ajax
wird heute weiterverwendet, weil er kurz und cool ist – auch wenn man meist nicht
mehr XML als Rückgabeformat einsetzt, sondern beispielsweise JSON (*JavaScript
Object Notation*) oder direkt Text, wie Sie gleich im Beispiel sehen.

Das Entscheidende an Ajax ist der erste Bestandteil der ausgeschriebenen
Notation – der Begriff »asynchron«.

Die Wikipedia schreibt zu synchroner Kommunikation:

»Unter synchroner Kommunikation versteht man in der Informatik und Netz-
werktechnik einen Modus der Kommunikation, bei dem die Kommunikations-
partner (Prozesse) beim Senden oder beim Empfangen von Daten immer synchro-
nisieren, also warten (blockieren), bis die Kommunikation abgeschlossen ist«.[6]

Die synchrone Kommunikation ist also ähnlich wie ein Ping-Pong-Spiel, bei
dem immer nur der etwas tun kann, der gerade den Ball hat.

Bei der asynchronen Datenübertragung ist das anders: Bei der asynchronen
Kommunikation erfolgt »das Senden und Empfangen von Daten zeitlich versetzt

---

6. *http://de.wikipedia.org/wiki/Synchrone_Kommunikation*

und ohne Blockieren des Prozesses durch bspw. Warten auf die Antwort des Emp-
fängers«.[7]

Zurück zu unserem Formularbeispiel. Setzt man Ajax ein, so kann das folgendermaßen ablaufen:

Der Benutzer gibt etwas in das Formular ein oder wählt etwas aus einer Auswahlliste. Wenn er das getan hat, findet *im Hintergrund eine Anfrage an den Server statt*. Der Server liefert die Antwort. Währenddessen ist die Seite mit dem Formular im Browser aber nicht verschwunden (wie im klassischen Fall), sondern der
Benutzer kann weiter an ihr arbeiten. Und wenn Antworten vom Server eintreffen,
können diese direkt in die vorhandene Seite mit dem Formular eingefügt werden.

Das Ganze funktioniert über asynchrones JavaScript. Mit JavaScript können
Sie auch Anfragen an den Server wegschicken und die Antworten, in dem
Moment, in dem sie eintreffen, entgegennehmen und die Inhalte der vorhandenen
Webseite aktualisieren.

Ein Beispiel soll zeigen, wie Sie eine asynchrone Anfrage an den Server mit
jQuery durchführen. Auf dem Server wird dann ein PHP-Skript angefordert, das
bestimmte Informationen zurückliefert.

15.8.2   Asynchron Inhalte mit GET versenden

Und so soll das erste Beispiel aussehen: Es gibt ein Formular mit einer Auswahlliste. Wenn der Benutzer etwas auswählt, werden die zu seiner Auswahl passenden Inhalte auf der Seite dargestellt. Das Entscheidende: Das Ganze funktioniert,
ohne dass ein Absende-Button gedrückt wurde; auch wird die Seite nicht neu
geladen. Die Datenübertragung zwischen Client und Server findet im Hintergrund statt.

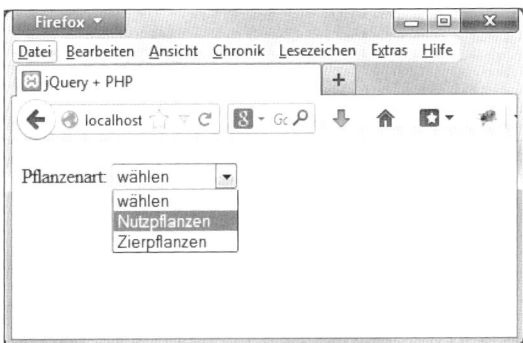

Abb. 15–9   *Eine einfache Auswahlliste*

---

7. *http://de.wikipedia.org/wiki/Asynchrone_Kommunikation*

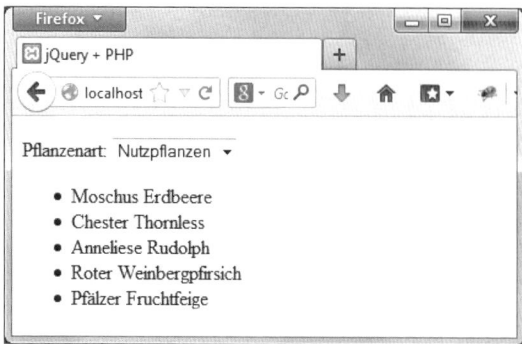

Abb. 15–10   *Wählt man etwas aus, wird direkt die Ausgabe angezeigt.*

Die vorherigen reinen jQuery-Beispiele dieses Kapitels waren lauffähig, wenn Sie sie
direkt in einem Browser geladen haben, beispielsweise über einen Doppelklick auf die
Datei. Dieses Beispiel hingegen, das auch PHP involviert, funktioniert nur, wenn Sie es
über den Server aufrufen.

Beginnen wir zuerst einmal mit dem Formular mit dem Auswahlfeld – es hat so
weit keine Besonderheiten. Es handelt sich um ein form-Element, in dem sich eine
select-Liste mit den einzelnen Optionen zur Auswahl befindet:

```
<form>
  <p>
    <label for="art">Pflanzenart</label>:
    <select id="art" name="art">
      <option value="">wählen</option>
      <option value="Nutzpflanzen">Nutzpflanzen</option>
      <option value="Zierpflanzen">Zierpflanzen</option>
    </select>
  </p>
</form>
<div id="ausgabe"></div>
```

Außerdem gibt es unterhalb des Formulars ein div-Element mit id="ausgabe".
Dort sollen die Ergebnisse der Abfrage angezeigt werden.

Wenn wir die Aufgabe mit den klassischen Methoden ohne Ajax programmieren würden, müssten wir normalerweise in das Formular einen Absende-Button
integrieren. Außerdem würden wir im form-Starttag die Übertragungsart spezifizieren und bei action das Skript benennen, das die Verarbeitung übernehmen soll.

Wir machen hier nichts dergleichen, sondern beginnen mit der JavaScript-
Programmierung:

```
01 $(function () {
02   $('#art').on('change', function() {
03     if($(this).val() != "") {
04       $.get(
05         "daten.php",
06         { wahl: $(this).val() },
07         function(daten) {
08           $('#ausgabe').html(daten);
09         });
10     }
11   });
12 });
```

Am Anfang steht wieder $(function(), da der Code erst ausgeführt werden soll, wenn die Webseite geladen ist.

In Zeile 2 verwenden wir den Eventhandler change. Damit reagieren wir darauf, dass eine Änderung beim Auswahlfeld mit id="art" ausgeführt wird. Was dann geschehen soll, beginnt in Zeile 3.

Zuerst einmal überprüfen wir, ob der aktuelle Wert nicht gleich dem Leerstring ist. val() ist ein jQuery-Befehl, um den Wert (Inhalt) von Formularfeldern auszulesen.

Wir haben in unserem Feld drei option-Elemente. Beim ersten ist als value="" angegeben – der Leerstring –, und es wird der Text *wählen* angezeigt:

```
<select id="art" name="art">
  <option value="">wählen</option>
  <option value="Nutzpflanzen">Nutzpflanzen</option>
  <option value="Zierpflanzen">Zierpflanzen</option>
</select>
```

Wir wollen nur eine Aktion ausführen, wenn eine der anderen Optionen gewählt ist. Das erreichen wir mit der Überprüfung if($(this).val() != "") aus Zeile 3.

Nur wenn eine Option mit einem Wert für value gewählt wurde, wird der folgende Code ausgeführt:

```
04       $.get(
05         "daten.php",
06         { wahl: $(this).val() },
07         function(daten) {
08           $('#ausgabe').html(daten);
09         });
```

$.get() ist eine jQuery-Methode, um GET-Requests asynchron durchzuführen.
Sie erwartet mehrere Parameter:

- Zuerst den Namen des Skripts, das asynchron aufgerufen werden soll. Im Beispiel heißt das Skript *daten.php*.

- Als zweiten Parameter können Sie Daten angeben, die an das Skript übergeben werden sollen. Im Beispiel übergeben wir einen Parameter mit Namen
  wahl, dem der gerade über die Auswahlliste im Formular ausgewählte Wert
  zugewiesen wird.

- Als dritten Parameter geben Sie eine Funktion an, die aufgerufen wird, wenn
  die Antwort des Servers eintrifft. Diese Funktion enthält als Parameter die
  Daten, die das Skript zurückliefert; was mit ihnen geschehen soll, steht im
  Funktionsrumpf.

Im Beispiel fügen wir in Zeile 8 diese erhaltenen Daten mit html() in das Element
mit id="ausgabe" ein.

Jetzt fehlt noch das PHP-Skript. Das Skript muss die per GET übertragenen
Daten entgegennehmen und darauf basierend Inhalte zurückliefern.

```php
01  <?php
02    if((isset($_GET["wahl"])) && ($_GET["wahl"] == "Nutzpflanzen")) {
03      $pflanzen = ["Moschus Erdbeere", "Chester Thornless",
04                   "Anneliese Rudolph", "Roter Weinbergpfirsich",
05                   "Pfälzer Fruchtfeige"];
06      echo ausgeben($pflanzen);
07    }
08    else if((isset($_GET["wahl"])) && ($_GET["wahl"] == "Zierpflanzen")) {
09      $pflanzen = ["Gelber Frauenschuh", "Knabenkraut",
10                   "Duftschneeball", "Studentenblume",
11                   "Storchschnabel"];
12      echo ausgeben($pflanzen);
13    }
14
15    function ausgeben($was)
16    {
17      $str = "<ul>";
18      foreach ($was as $w) {
19        $str .= "<li>$w</li>";
20      }
21      $str .= "</ul>";
22      return $str;
23    }
```

Listing 15–7   *Das PHP-Skript daten.php*

Das Skript ist weniger ungewöhnlich.

> Beachten Sie aber, dass dieses Skript wirklich nur aus dem im Listing gezeigten Code besteht. Es beinhaltet kein HTML-Grundgerüst. Das ist typisch für Daten, die per Ajax angefordert werden,

Zuerst wird überprüft, ob der GET-Parameter gesetzt ist und den Wert Nutzpflanzen hat (Zeile 2). Ist dies der Fall, wird ein Array mit Nutzpflanzen definiert.

> Im Beispiel wird direkt ein Array definiert. An dieser Stelle könnte natürlich auch eine Datenbankabfrage stattfinden, die eine Ergebnismenge zurückliefert.

Dann wird eine Funktion ausgeben() aufgerufen, die für eine ordentliche Ausgabe sorgt. Sie ist in Zeile 15 definiert.

In Zeile 8 wird überprüft, ob der per GET übertragene Parameter den Wert Zierpflanzen hat. Ist das der Fall, wird ein anderes Array zusammengestellt. Danach wird wieder die Funktion ausgeben() aufgerufen.

In den Zeilen 15–23 wird die Funktion ausgeben() definiert. Die Funktion erwartet ein Array und erzeugt daraus eine ungeordnete Liste, die zurückgegeben wird (Zeile 22).

Wenn Sie das Skript pur aufrufen, also beispielsweise mit daten.php?wahl=Nutzpflanzen, so liefert es Ihnen – ohne sonstigen HTML-Code drum herum – eine Liste mit den angegebenen Nutzpflanzen.

Bei uns wird dieses Skript jedoch nicht pur aufgerufen, sondern per JavaScript/jQuery. Und JavaScript/jQuery wartet auf die Rückgabe des PHP-Skripts und baut den zurückgegebenen Inhalt in das Element mit id="ausgabe" ein.

15.8.3   Ajax: Formulardaten per POST versenden

Kommen wir noch zu einem zweiten Beispiel für Ajax. Dieses Mal wollen wir Formulardaten per POST versenden.

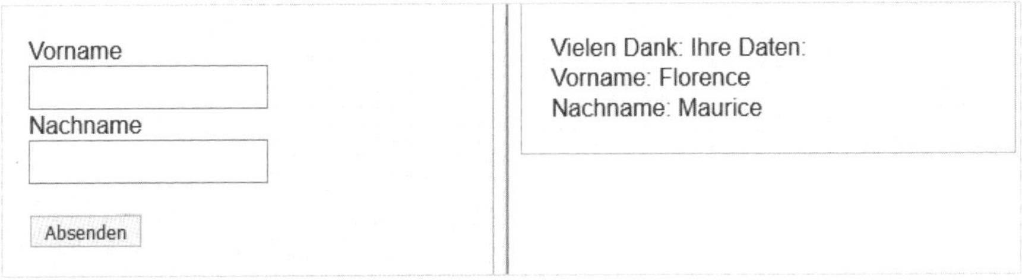

Abb. 15–11   *Links: Formular – rechts: Darstellung nach dem Absenden*

Wir haben ein HTML-Formular mit einem Feld für den Vornamen, einem für den Nachnamen sowie einen Absende-Button.

```
01 <div class="container">
02  <form id="meinformular" action="senden.php" method="post">
03   <div class="textfeld">
04       <label for="Vorname">Vorname</label>
05       <input type="text" id="Vorname" name="Vorname">
06   </div>
07   <div class="textfeld">
08       <label for="Nachname">Nachname</label>
09       <input type="text" id="Nachname" name="Nachname">
10   </div>
11   <div>
12       <input type="submit" value="Absenden">
13   </div>
14  </form>
15 </div>
```

Außerdem gibt es einen CSS-Teil mit ein paar grundlegenden Formatierungen. Diese sind nicht wesentlich, durch diese Formatierungen soll jedoch deutlich erkennbar sein, dass die von PHP zurückgesendeten Daten *in derselben Datei* angezeigt werden, in der vorher das Formular stand. Sie finden diese Formatierungen in der Beispieldatei in den Downloaddateien. Sehen wir uns nun den jQuery-Teil an:

```
01 <script src="jquery.min.js"></script>
02 <script>
03  var $form = $('#meinformular');
04  $form.on('submit', function (e) {
05    e.preventDefault();
06    var url = $form.attr('action');
07    $.post(
08      url,
09      $form.serialize(),
10      function (daten) {
11        $('.container').html('Vielen Dank: ' + daten);
12      }
13    )
14  });
15 </script>
```

Listing 15–8   *Daten aus einem Formular per Ajax senden (formular_post.html)*

Zuerst binden wir jQuery ein, dann folgt ein weiterer `script`-Bereich. Zuerst speichern wir einen Zugriff auf das Formular in der Variablen `$form`. In Zeile 4 reagieren wir auf das Submit-Ereignis. Dafür verwenden wir die `on()`-Methode, der wir zuerst das Ereignis – eben `submit` – übergeben und als zweiten Parameter eine anonyme Funktion mit dem Parameter `e`. Dieser repräsentiert das Ereignis selbst. Wir könnten darüber weitere Informationen über das Ereignis erhalten. Im

Beispiel wird er benötigt, um in Zeile 5 die Standardaktion mit `preventDefault()` zu unterbinden. Die Standardaktion bei einem `submit` ist ein Absenden des Formulars. Da wir den Versand jedoch selbst übernehmen wollen, müssen wir die Standardaktion außer Kraft setzen.

In Zeile 6 lesen wir die URL aus dem Formular aus. Für den Zugriff auf Attribute bietet jQuery die Methode `attr()`, der man das Attribut übergibt, das man auslesen möchte

In Zeile 7 kommt `$.post()`, über das sich ein POST-Request per Ajax durchführen lässt. Zuerst übergeben wir den Skriptnamen (in der Variablen `url` gespeichert), das per Ajax aufgerufen werden soll. Dann folgen die Daten, die versendet werden sollen. Dafür kann man `serialize()` verwenden, das alle Formulardaten in serialisierter Form weiterreicht. Die darauffolgende anonyme Funktion (Zeilen 10–12) wird aufgerufen, wenn der Datenversand erfolgreich war, und enthält die Daten aus dem externen Skript. Diese erscheinen im `.container`-Element und ersetzen das dort vorher stehende Formular.

Das PHP-Skript sieht folgendermaßen aus:

```php
<?php
//E-Mail-Versand usw.
echo "Ihre Daten:<br> ";
foreach ($_POST as $name => $wert) {
  echo htmlspecialchars($name)
    . ": "
    . htmlspecialchars($wert)
    . "<br>";
}
```

Listing 15–9   *Die Verarbeitung per PHP (senden.php)*

Im PHP-Skript werden alle erhaltenen Daten ausgegeben – sie erscheinen dann wieder auf der ursprünglichen Seite. Hier würde bei echten Beispielen eine Aktion wie ein E-Mail-Versand oder das Eintragen der Daten in ein Formular stattfinden – und die Meldung »Vielen Dank für Ihre Anfrage« o. Ä. würde als Anzeige genügen.

Wie Sie sehen, macht jQuery die Arbeit mit Ajax sehr einfach – man muss sich um keine Details kümmern, sondern nur die notwendigsten Angaben hinschreiben – alles andere geschieht im Hintergrund.

Wenn Sie nicht jQuery nutzen wollen, aber trotzdem Unterstützung bei Ajax suchen, so sollten Sie sich einmal Axios (*https://github.com/axios/axios*) ansehen.

15.9   Zusammenfassung und Ausblick

In diesem Kapitel haben Sie einen Einblick in die clientseitige Programmierung und das Zusammenspiel von clientseitigem JavaScript und serverseitigem PHP gewonnen. Da man heute häufig zu jQuery als JavaScript-Bibliothek greift und dieses das Handling wesentlich vereinfacht, haben wir mit jQuery gearbeitet. Sie haben gesehen, wie Sie mit jQuery Elemente auswählen und verändern. Außerdem haben Sie erfahren, wie Sie mit jQuery auf Benutzerereignisse reagieren können.

Zwei Beispiele haben demonstriert, wie jQuery und PHP zusammenarbeiten können. Wir haben die Daten aus einem Formular asynchron an ein PHP-Skript gesendet und direkt in die Seite eingebaut, ohne dass diese wie bei der klassischen Formularverarbeitung neu geladen werden musste. Beim ersten Beispiel haben wir hierfür GET verwendet, beim zweiten als Übertragungsart POST.

Dieses Kapitel konnte natürlich nur eine kleine Einführung in jQuery sein, das ein sehr mächtiges Tool ist. Sehr interessant sind auch die jQuery-Plug-ins; das sind jQuery-Erweiterungen für bestimmte Bedürfnisse. So bieten etwa die Plug-ins von jQuery UI Komponenten für schöne Benutzeroberflächen wie Tabs, Accordion (Aus-/Einklappen), Kalender und mehr.[8] Aber es gibt noch mehr Plug-ins, beispielsweise für eine Diashow[9], und viele, viele mehr.

Die letzten beiden Kapitel haben den Bereich von purem PHP verlassen: Sie haben zum einen gesehen, wie sich Code mit dem PHP-Framework Laravel organisieren lässt oder wie PHP mit jQuery zusammenarbeitet.

Es gibt viele Möglichkeiten, PHP einzusetzen. Welchen Weg Sie hier auch wählen ... ich wünsche Ihnen Spaß und Erfolg bei Ihren Projekten!

---

8.   *http://jqueryui.com/*
9.   *http://www.malsup.com/jquery/cycle/*

A Anhang

In Kapitel 2 haben Sie ein Beispiel gesehen, wie Sie PHP über die *php.ini*-Datei konfigurieren. Aber das ist nicht die einzige Möglichkeit zur Konfiguration von PHP. Was Sie an welchen Stellen einstellen können, ist in diesem Anhang aufgeführt. Außerdem finden Sie eine Kurzeinführung ins Debugging mit phpdbg.

A.1 Konfigurationsmöglichkeiten für PHP

Konfigurationen an PHP können Sie an verschiedenen Stellen vornehmen:

- Die zentrale Stelle für die Konfiguration von PHP ist die *php.ini*-Datei. Hier können Sie alle Einstellungen vornehmen. Diese gelten dann für alle PHP-Skripte – außer sie werden von Einstellungen an spezielleren Stellen überschrieben. Diese Konfigurationsdatei wird beim Start von PHP eingelesen. Bei Änderungen müssen Sie den Webserver erneut starten.

- Die *httpd.conf* ist die Hauptkonfigurationsdatei des Apache-Webservers. Auch hier können Einstellungen vorgenommen werden, wenn PHP als Apachemodul verwendet wird.

- Der Apache-Webserver kann auch über dezentral angelegte *.htaccess*-Dateien gesteuert werden. In diesen können Sie bestimmte PHP-Konfigurationen vornehmen. Sie gelten dann für die PHP-Skripte in dem Verzeichnis, in dem die *.htaccess*-Datei liegt.

- Außerdem können Sie bestimmte Einstellungen auch im Skript selbst vornehmen.

Eine *.htaccess*-Datei ist eine Datei, die genauso – also *.htaccess* – heißt. Sie dient zur Konfiguration von Webservern wie Apache, wobei die dort vorgenommenen Einstellungen nur für das Verzeichnis gelten, in dem die *.htaccess*-Datei liegt. Damit Sie Einstellungen in der *.htaccess*-Datei setzen können, muss für die Verzeichnisse, in denen die *.htaccess*-Dateien liegen, die Apache-Direktive `AllowOverride` auf `Options` oder `All` gesetzt sein.

In *.htaccess*-Dateien können Sie wesentlich mehr als nur PHP-Konfigurationen ändern. Allgemeine Informationen zu diesen äußerst nützlichen Dateien lesen Sie unter *http://de.wikipedia.org/wiki/htaccess* und *https://wiki.selfhtml.org/wiki/Webserver/htaccess*.

Nicht alle Einstellungen können an allen Stellen vorgenommen werden. Welche Direktiven Sie an welchen Stellen einstellen können, wird über mehrere Konstanten festgelegt. Diese Konstanten finden Sie in der Übersicht *http://www.php.net/ manual/de/ini.php* bei den einzelnen Direktiven aufgeführt:

Konstante	Bedeutung
PHP_INI_USER	Direktive kann im Skript selbst mit `ini_set()`, über die Windows-Registry oder auch in der `.user.ini` eingestellt werden.
PHP_INI_PERDIR	Direktive kann in `php.ini`, `.htaccess`, `httpd.conf` oder auch in der `.user.ini` gesetzt werden.
PHP_INI_SYSTEM	Direktive kann nur in `php.ini` oder `httpd.conf` gesetzt werden.
PHP_INI_ALL	Direktive kann überall gesetzt werden.

Tab. A–1   *Konstanten, die angeben, wo eine bestimmte Direktive gesetzt werden kann*

Einstellungen über die *http.conf* und die *.htaccess* können Sie nur vornehmen, wenn PHP als Apache-Modul installiert ist.

A.1.1   Einstellungen in httpd.conf oder .htaccess setzen

Um Einstellungen in der *httpd.conf* oder der *.htaccess* zu setzen, gibt es vier Apache-Konfigurationsdirektiven:

 `php_value` *Name Wert* setzt die Direktive auf den bei `Name` angegebenen Wert.

Handelt es sich beim Wert um einen booleschen Wert, so benutzen Sie stattdessen:

 `php_flag` *Name on|off*: Das setzt die Direktive `Name` auf den booleschen Wert on oder off.

Nur in der *httpd.conf*, nicht jedoch in einer *.htaccess*-Datei, können Sie die beiden folgenden Konfigurationsdirektiven benutzen:

 `php_admin_value` *Name Wert*

 `php_admin_flag` *Name Wert*

Diese haben die Besonderheit, dass die so gesetzten Werte nicht über eine *.htaccess*-Datei überschrieben werden können.

Wenn man in der *.htaccess*-Datei die Short-Open-Tags auf on setzen möchte, so geht das über folgende Zeile:

```
php_flag short_open_tag on
```

Listing 1–1   *Einstellung für Short-Open-Tags (.htaccess))*

Wenn Sie beispielsweise über eine *.htaccess*-Datei eine andere Einstellung angegeben haben, so sehen Sie das auch in der Ausgabe von phpinfo(). In dieser werden zwei Werte angezeigt: der lokal gesetzte (Local Value) und der allgemein geltende (Master Value) Wert. Sind beispielsweise über eine *.htaccess*-Datei die Short-Open Tags aktiviert, diese aber ansonsten deaktiviert, sehen Sie in der Ausgabe eines in diesem Verzeichnis ausgeführten phpinfo()-Befehls als lokalen Wert On und als Masterwert Off.

Abb. A–1   *Zuerst wird der lokal gesetzte Wert und dann der globale angezeigt.*

A.1.2   Informationen zur Konfiguration auslesen und Einstellungen im Skript setzen

Um Ihre Skripte an die aktuelle Konfiguration anzupassen, können Sie die aktuelle Konfiguration auslesen. Über ini_get() ermitteln Sie, wie eine bestimmte Direktive gesetzt ist, die Sie ini_get() übergeben:

```
echo "display_errors = " . ini_get("display_errors");
```

Zum Setzen von Einstellungen dient ini_set(). Damit können Sie beispielsweise den Include-Path auch direkt im Skript selbst setzen. Mit dem folgenden Code wird zuerst der aktuelle Include-Path ermittelt und dann durch einen weiteren ergänzt:

Unix/Linux:

```
ini_set("include_path",ini_get("include_path")."/php/includes");
```

Windows:

```
ini_set("include_path",ini_get("include_path").";c:\\php\\includes");
```

Es gibt einen wichtigen Unterschied bei der *php.ini*-Datei zwischen Linux und Windows: Pfade werden in der *php.ini* bei Linux mit einem Slash / angegeben, bei Windows mit einem Backslash \. Mehrere Pfadangaben wie beispielsweise bei den Include-Pfaden werden unter Linux mit Doppelpunkt, unter Windows mit Semikolon getrennt.

A.2   Debugging mit phpdbg

Auch wenn man besser wird bei der PHP-Programmierung, hört man nicht auf, Fehler zu machen. Oder anders gesagt: Auch dann macht das Programm nicht immer das, was es soll. Aber je komplexer die Anwendungen werden, desto komplexer wird auch die Fehlersuche. In Kapitel 5 haben Sie gesehen, wie Sie mit dem Parse Error zurechtkommen. Schwieriger ist es, wenn das Programm nicht macht, was es soll – und es keine Fehlermeldung gibt.

Die erste Möglichkeit, die Sie dann haben, ist, Kontrollausgaben in Ihren Code zu integrieren. Wenn Sie wissen wollen, welchen Wert eine Variable hat, können Sie sich den Wert über echo ausgeben lassen. Das ist praktisch, hat allerdings einen großen Nachteil: Sie müssen dafür das Originalskript bearbeiten/ändern. Außerdem müssen Sie sich im Zweifelsfall zusätzlich darum kümmern, dass der normale Nutzer diese Debug-Ausgaben nicht zu sehen bekommt.

Für Letzteres gibt es Lösungen – so könnten Sie besondere Debug-Ausgaben mit error_log($ausgabe); in den Fehlerlog des Webservers schreiben lassen.

```php
<?php
$i = 1;
error_log("i hat den Wert: $i");
```

Listing 1–2   *Fehlermeldung mit error_log() schreiben (error_log.php)*

Wenn Sie dieses Programm ausführen, finden Sie danach im *apache\logs\error.log* eine weitere Zeile mit dem Inhalt:

```
i hat den Wert 1;
```

Damit kommt die Fehlermeldung dort an, wo sie soll. Es bleibt allerdings das Problem bestehen, dass Sie die Datei selbst bearbeiten müssen, um dem Fehler auf die Spur zu kommen.

Besser ist es, einen externen Debugger zu nutzen. Dann müssen Sie nichts am Skript, das untersucht werden soll, ändern. Es ist aber ein bisschen Konfiguration bzw. eine andere Herangehensweise notwendig.

Es gibt verschiedene Debugger. Wir sehen uns den sehr einfachen phpdbg an, der seit PHP 5.6 direkt in PHP integriert ist.

> Großer Beliebtheit erfreut sich xdebug[1]. xdebug ist eine Erweiterung für PHP, die bei der Entwicklung und dem Debuggen hilft. Er lässt sich mit Entwicklungsumgebungen wie PHPStorm nutzen.[2]

---

1. *https://xdebug.org/*
2. *https://www.jetbrains.com/help/phpstorm/configuring-xdebug.html*

Debuggt werden soll die folgende Datei:

```
01 $i = 0;
02 $arr = [1, 2, 3];
03 if ($i = 1) {
04   echo "ja ";
05 } else {
06   echo "nein ";
07 }
08 foreach($arr as $a) {
09   $output = $a . " \n";
10 }
11 echo "output: $output";
```

Listing 1–3   *Material für die Fehlersuche (debuggen_dbg.php)*

Ein Problem ist beispielsweise in Zeile 3: Hier wird $i auf einen neuen Wert gesetzt – es sollte aber eine Überprüfung stattfinden.

Um mit phpdbg zu arbeiten, öffnen Sie ein Terminal/eine Kommandozeile und wechseln in das Verzeichnis, wo sich die zu debuggende Datei befindet. Geben Sie dann ein:

```
phpdbg -e debuggen_dbg.php
```

Im Beispiel heißt die Datei, die wir debuggen wollen, *debuggen_dbg.php*.

> Mit quit können Sie den Debugger verlassen.

```
C:\xampp72\htdocs\php-beispiele\anhang_a>phpdbg -e debuggen_dbg.php
[Welcome to phpdbg, the interactive PHP debugger, v0.5.0]
To get help using phpdbg type "help" and press enter
[Please report bugs to <http://bugs.php.net/report.php>]
[Successful compilation of C:\xampp72\htdocs\php-beispiele\anhang_a\debuggen_dbg.php]
prompt> _
```

Abb. A–2   *Debuggen mit phpdbg*

Jetzt können wir mit dem Debugger interagieren. Wir können beispielsweise Breakpoints setzen; an diesen Stellen hält das Programm dann an. Soll ein Breakpoint in Zeile 4 definiert werden, schreiben Sie:

```
break 4
```

Das Programm antwortet mit

```
[Breakpoint #0 added at …]
```

Wenn Sie danach das Programm mit

```
run
```

laufen lassen, hält es an der angegebenen Zeile an und zeigt diese sowie zwei weitere an. Mit `continue` können Sie das Programm bis zum Ende laufen lassen. Bei Bedarf können Sie sich bei einem Breakpoint den derzeitigen Wert der Variablen anzeigen lassen über

```
info vars
```

```
Address          Refs    Type       Variable
0x23586a69b80    1       array      $argv
0x23586a69ba0    1       int        $argc
int (1)
0x23586a20080    1       int        $i
int (0)
0x23586a20090    2       array      $arr
0x23586a200a0    1       unknown    $a
0x23586a200b0    1       unknown    $output
```

Abb. A–3   *Den Inhalt von Variablen anzeigen lassen*

Praktisch ist es, sogenannte Watchpoints zu setzen. Damit verfolgen Sie, wie sich die Werte von Variablen ändern. Wir wollen im Beispiel sehen, wie (und ob sich) $i verändert. Dafür schreiben wir:

```
watch $i
```

Das Programm antwortet mit

```
[Added watchpoint $0 for $i]
```

Wenn wir mit `continue` das Programm weiter ausführen, erhalten wir eine Information, wenn sich die Variable ändert:

```
[Breaking on watchpoint $i]
Old value: 0
New value: 1
```

Wir erhalten auch die Zeilen angezeigt, wo diese Änderung erfolgt.

Im Beispiel gibt das uns den Hinweis, dass wir die Variable $i an dieser Stelle ändern – wo wahrscheinlich eher eine Überprüfung mit doppeltem Gleichheitszeichen durchgeführt werden sollte.

Das war ein kleiner Einblick in phpdbg – Sie wissen jetzt, was Breakpoints und Watchpoints sind und warum es praktischer ist, einen externen Debugger einzusetzen, als Kontrollausgaben in der Datei selbst vorzunehmen. Dieses Wissen wir Ihnen auch bei der Verwendung anderer Debugger hilfreich sein.

B Lösungen zu den Übungen

Die Lösungen finden Sie auch bei Ihren Listings im Ordner *loesungen*. Für jedes Kapitel gibt es einen eigenen Unterordner.

B.1 Kapitel 3

Übung 1

Eine mögliche Lösung sieht folgendermaßen aus:

```
01 <!DOCTYPE html>
02 <html>
03 <head>
04   <meta charset="UTF-8" />
05   <title>Strukturierungen</title>
06 </head>
07 <body>
08   <h1>Überschrift der ersten Ebene</h1>
09   <h2>Überschrift der zweiten Ebene</h2>
10   <p>Ein normaler Absatz<br />mit Zeilenumbruch</p>
11   <p>Ein normaler Absatz<br />mit Zeilenumbruch</p>
12   <h3>Überschrift der dritten Ebene</h3>
13   <p>Ein normaler Absatz<br />mit Zeilenumbruch</p>
14   <h4>Eine Überschrift der vierten Ebene</h4>
15   <p>Ein normaler Absatz ohne Zeilenumbruch</p>
16 </body>
17 </html>
```

Listing B–1   *ueberschriften.html*

Übung 2

```
01 <!DOCTYPE html>
02 <html>
03 <head>
04 <meta charset="UTF-8" />
05 <title>Beispiel</title>
06 </head>
07 <body>
08 <h1>Wiederholungsübung</h1>
09 <p>Und hier steht ein Absatz</p>
10 <img src="landschaft.jpg" width="90" height="120" alt="Landschaft" />
11 <ul>
12   <li>Äpfel</li>
13   <li>Bananen</li>
14   <li>Kiwi</li>
15 </ul>
16 <a href="http://php.net">php.net</a>
17 </body>
18 </html>
```

Listing B–2   *beispiel.html*

Übung 3

Die bei dieser Übung zu ergänzenden Zeilen sind im folgenden Listing hervorgehoben – zum einen ist es die Überschriftzeile, die dank colspan="2" über zwei
Spalten geht, und zum anderen am Ende zwei weitere Zeilen mit Abfahrtszeiten.

```
01 <!DOCTYPE html>
02 <html>
03 <head>
04 <meta charset="UTF-8" />
05 <title>Tabelle - Grundgerüst</title>
06 </head>
07 <body>
08   <table border="1">
09     <tr>
10       <th colspan="2">Verbindungen</th>
11     </tr>
12     <tr>
13       <th>Abfahrt Hbf</th><th>Ankunft Katzenreuth</th>
14     </tr>
15     <tr>
16       <td>20:07</td><td>20:27</td>
17     </tr>
18     <tr>
19       <td>20:27</td><td>20:47</td>
20     </tr>
```

```
21     <tr>
22       <td>20:47</td><td>21:07</td>
23     </tr>
24     <tr>
25       <td>21:07</td><td>21:27</td>
26     </tr>
27   </table>
28 </body>
29 </html>
```

Listing B–3   *tabelle_erweitert.html*

B.2   Kapitel 4

Übung 1

Eine mögliche Lösung sieht folgendermaßen aus – natürlich können Sie die Variablen auch anders benennen, und Sie haben sicher andere Inhalte für die Variablen gewählt!

```php
<?php
$vorname = "Frieda";
$nachname ="Fliege";
$ort = "Fliegenheim";
echo "$vorname $nachname wohnt in $ort.";
?>
```

Listing B–4   *variablendefinitionen.php*

Übung 2

Eine Lösung unter Verwendung des Modulo-Operators sieht folgendermaßen aus:

```php
$zahl1 = 22;
$zahl2 = 4;
$erg = $zahl1 % $zahl2;
echo "$zahl1 % $zahl2 ergibt $erg.";
```

Listing B–5   *operatoren.php*

Übung 3

```php
$orte = ["Ambach", "Berg", "Starnberg", "Tutzing", "Seeshaupt"];
foreach ($orte as $ort) {
  echo "$ort<br />\n";
}
```

Listing B–6   *arrays.php*

Übung 4

```php
$orte = ["Ambach", "Berg", "Starnberg", "Tutzing", "Seeshaupt"];
echo "<ul>\n";
foreach ($orte as $ort) {
  echo "\t<li>$ort</li>\n";
}
echo "</ul>\n";
```

Listing B-7   *arrays_liste.php*

Wichtig ist bei dieser Aufgabe, dass <ul> und </ul> außerhalb der foreach-Schleife ausgegeben werden. Würden Sie diese hingegen innerhalb der geschweiften Klammern von foreach platzieren, würde ja für jeden Ort ein <ul> und </ul> erzeugt – und das ist nicht gewünscht. <li> und </li> hingegen müssen innerhalb der geschweiften Klammern von foreach stehen, da diese ja mehrmals – genau genommen für jeden Ort – ausgegeben werden sollen.

> Im Beispiel wurde außerdem über \n und \t der erzeugte HTML-Code übersichtlich gestaltet.

Übung 5

```php
$texte = ["Lorem ipsum dolor sit amet",
          "Überall dieselbe alte Leier. Das Layout ist fertig, der Text
             lässt auf sich warten.",
          "Weit hinten, hinter den Wortbergen, fern der Länder Vokalien und
             Konson antien leben die Blindtexte.",
          "Manchmal benutzt man Worte wie Hamburgefonts, Rafgenduks oder
             Handgloves, um Schriften zu testen." ];
$max = count($texte)-1;
$zufallszahl = rand(0, $max);
echo $texte[$zufallszahl];
```

Listing B-8   *zufallstexte.php*

Übung 6

Folgender Code gibt das vordefinierte assoziative Array $_SERVER aus:

```php
foreach ($_SERVER as $k => $v){
  echo "Schlüssel: $k, Wert: $v<br />\n";
}
```

Listing B-9   *server_array.php*

Übung 7

Für diese Übung müssen Sie sich – ganz ähnlich wie bei Übung 4 – überlegen, welche Teile innerhalb der geschweiften Klammern von `foreach` stehen müssen und welche außerhalb. Da es insgesamt nur eine Tabelle sein soll, brauchen Sie nur ein `<table>` und auch nur ein `</table>`. Diese beiden müssen vor bzw. nach der `foreach`-Schleife ausgegeben werden.

Für jedes Schlüssel-Wert-Paar soll über `<tr>` eine neue Zeile erzeugt werden, und diese muss auch mit `</tr>` beendet werden. Schlüssel und Wert stehen beide innerhalb von `<td>` und `</td>`:

```
echo "<table border='1'>\n";
foreach ($_SERVER as $k => $v){
  echo "\t<tr><td>$k</td><td>$v</td></tr>\n";
}
echo "</table>\n";
```

Listing B–10 *server_array_tabelle.php*

Wenn Sie Gitternetzlinien über `border='1'` anzeigen lassen möchten, müssen Sie auf die Anführungszeichen achten. Da `"` verwendet wird, um den String zu begrenzen, können Sie innerhalb des Strings nicht ebenfalls `"` benutzen – sondern brauchen die einfachen Anführungszeichen `'`.

Übung 8

Die Datei mit den Links zu den Übungen aus diesem Kapitel sieht folgendermaßen aus:

```
<?php
$dateien = ["arrays.php", "arrays_liste.php", "operatoren.php",
"server_array.php", "server_array_tabelle.php","variablendefinitionen.php",
"zufallstexte.php"];
foreach ($dateien as $datei) {
  echo "<a href='$datei'>$datei</a><br />\n";
}
?>
```

Listing B–11 *dateiliste.inc.php*

Bei diesem Dokument wird kein HTML-Grundgerüst benötigt, da diese Links ja in einem anderen Dokument eingebunden werden.

Dann gibt es ein weiteres Dokument, in das diese Datei eingebunden wird:

```
01 <!DOCTYPE html>
02 <html>
03  <head>
04   <meta charset="UTF-8" />
05   <title>Eingebundene Datei</title>
06 </head>
07 <body>
08 <h1>PHP-Übungen</h1>
09 <?php
10   include "dateiliste.inc.php";
11 ?>
12 </body>
13 </html>
```

Listing B–12   einbinden.php

B.3   Kapitel 5

Übung 1

```
$zahl = 15;
if ($zahl % 2 == 0) {
  echo "$zahl ist gerade<br />";
}
else {
  echo "$zahl ist ungerade<br />";
}
```

Listing B–13   gerade_ungerade.php

Übung 2

Um den Seitenhintergrund unterschiedlich einzufärben, wird eine neue Variable benötigt. Im Beispiel heißt sie $hg. Parallel zur Variablen $gruss wird sie jeweils befüllt, aber mit unterschiedlichen Farben.

Die Farbangabe wird dann innerhalb des Kopfbereichs ausgegeben:

```
body {
  background-color: <?php echo $hg; ?>;
}
```

Das gesamte Beispiel sieht folgendermaßen aus:

```
01 <?php
02   date_default_timezone_set("Europe/Berlin");
03   $uhrzeit = date("H");
04   if ($uhrzeit < 5 || $uhrzeit > 20) {
05      $gruss = "Gute Nacht";
06      $hg = "#886CEA";
07   } elseif ($uhrzeit < 11) {
08      $gruss = "Guten Morgen";
09      $hg = "#66EDF0";
10   } elseif ($uhrzeit < 15) {
11      $gruss = "Guten Mittag";
12      $hg = "#D1F066";
13   } elseif ($uhrzeit < 18) {
14      $gruss = "Guten Nachmittag";
15      $hg = "#F09366";
16   } else  {
17      $gruss = "Guten Abend";
18      $hg = "#F066DF";
19   }
20 ?>
21 <!DOCTYPE html>
22 <html>
23  <head>
24   <meta charset="UTF-8" />
25   <title>Unterschiedliche Begrüßung </title>
26 <style>
27   body {
28     background-color: <?php echo $hg; ?>;
29   }
30 </style>
31 </head>
32 <body>
33 <?php
34   echo $gruss;
35 ?>
36 </body>
37 </html>
```

Listing B–14   *untersch_begr.php*

Übung 3

Da die Nummerierung bei 1 beginnen soll, wird $i zu Beginn auf 1 gesetzt. Die Schleife soll so lange laufen, wie $i < 21 ist. Zusätzlich muss $i noch ausgegeben werden für die Nummerierung.

```
$i = 1;
while ($i < 21) {
   echo "$i. Ich will immer brav und artig dokumentieren.<br />\n";
   $i++;
}
```

Listing B–15   *while_nummeriert.php*

Übung 4

Wenn Sie das kleine Einmaleins mithilfe von while-Schleifen ausgeben möchten, dürfen Sie nicht vergessen, den Zähler zu setzen und zu erhöhen. Innerhalb von while steht ja nur die Bedingung.

```
01 <!DOCTYPE html>
02 <html>
03  <head>
04   <meta charset="UTF-8" />
05   <title>Einmaleins</title>
06 </head>
07 <body>
08 <table border="1">
09 <?php
10 $i = 1;
11 while ($i <= 10) {
12   echo "<tr>\n";
13   $j = 1;
14   while ($j <= 10) {
15     $zahl = $i*$j;
16     echo "\t<td>$zahl</td>\n";
17     $j++;
18   }
19   echo "</tr>\n";
20   $i++;
21 }
22 ?>
23 </table>
24 </body>
25 </html>
```

Listing B–16   *einmaleins_while.php*

Das Setzen des Zählers muss jeweils außerhalb der while-Schleife erfolgen. In Zeile 10 außerhalb der äußeren Schleife wird der für die äußere Schleife benötigte Zähler gesetzt.

In Zeile 13, das heißt vor der inneren while-Schleife, wird der Zähler für die innere Schleife gesetzt.

Die Erhöhung des Zählers hingegen muss innerhalb der jeweiligen Schleife erfolgen, weil der Zähler ja bei jedem Durchlauf der Schleife erhöht werden soll.

Übung 5

```
function arrayinfo($arr) {
  echo "<pre>";
  print_r($arr);
  echo "</pre>";
}
$arr = ["ehne", "mehne", "muh"];
arrayinfo($arr);
```

Listing B–17   *funktion_printr_pre.php*

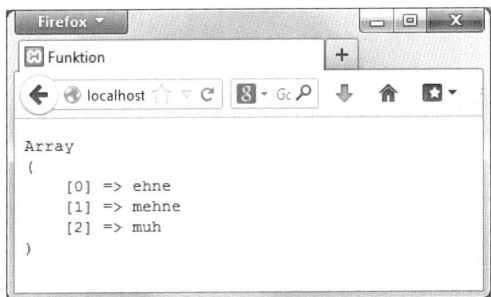

Abb. B–3   *Die Funktion gibt das Array sehr übersichtlich aus.*

Und nun die zweite Variante der Funktion:

```
function dd($arr) {
  echo "<pre>";
  var_dump($arr);
  echo "</pre>";
  die();
}
$arr = ["ehne", "mehne", "muh"];
dd($arr);
```

Listing B–18   *funktion_var_dump_die.php*

Übung 6

Die erste Funktion – definiert in Zeile 2 – funktioniert ohne Defaultparameter.
Bei der zweiten Funktion – definiert in Zeile 12 – ist ein Defaultparameter angegeben. Sie lässt sich mit einem oder zwei Parametern aufrufen.

```
01 /* Ohne Defaultparameter */
02 function kostenberechnen($anzstunden, $stundensatz) {
03   $gesamt = $stundensatz * $anzstunden;
04   return $gesamt;
05 }
06 $anzstunden = 12;
07 $stundensatz = 80;
08 $kosten = kostenberechnen($anzstunden, $stundensatz);
09 echo "Die Kosten: $kosten<br />\n";
10
11 /* Mit Defaultparameter */
12 function kostenberechnen2($anzstunden, $stundensatz = 75) {
13   $gesamt = $stundensatz * $anzstunden;
14   return $gesamt;
15 }
16
17 $anzstunden = 10;
18
19 /* Aufruf nur mit Anzahl der Stunden, der Defaultparameter wird genommen */
20 $kosten = kostenberechnen2($anzstunden);
21 echo "Die Kosten: $kosten<br />\n";
22
23 /* Aufruf mit zwei Parametern - der angegebene Stundensatz wird genommen */
24 $kosten = kostenberechnen2($anzstunden, 60);
25 echo "Die Kosten: $kosten<br />\n";
```

Listing B–19   *funktion_standardparameter.php*

B.4   Kapitel 6

Übung 1

Angenommen, jemand gibt nur ein Leerzeichen ein, so würde das als Inhalt ausgewertet und empty() würde false ausgeben. Deswegen empfiehlt es sich, zuerst die
Leerzeichen mit trim() zu entfernen und dann die Überprüfung durchzuführen.

```
$eingabe = "   ";
$eingabe = trim($eingabe);
if (empty($eingabe)) {
  echo "das ist zu wenig";
}
```

Listing B–20   *empty_trim.php*

Übung 2

Folgendes gibt 007 aus. 0 wird als Füllzeichen bestimmt, und 3 legt die Länge des Strings fest:

```
printf("%03d", 7);
```

Listing B–21   *printf.php*

Übung 3

Im Beispiel soll sowohl der Betrag als auch das Ergebnis richtig formatiert angezeigt werden:

```
function brutto($netto)
{
  return number_format($netto * 1.19, 2, ",", ".");
}
$betrag = 24;
$bruttowert = brutto($betrag);
echo number_format($betrag, 2, ",", ".") . " Euro ergibt $bruttowert Euro inkl.
MWSt.<br />\n";
```

Listing B–22   *brutto_netto_formatiert.php*

Übung 4

Mit folgendem Code können Sie prüfen, ob etwas eine JPEG-Datei ist:

```
$datei ="blume.jpg";
if (preg_match("/\.jpe?g$/", $datei)) {
  echo "passt";
}
```

Listing B–23   *jpeg_dateien.php*

Sehen wir uns das Muster noch einmal genau an:

```
/\.jpe?g$/
```

/ und / sind die Begrenzer.

■ Am Anfang wird nach einem Punkt gesucht, der üblicherweise vor der Endung steht – denn uns interessieren ja nur Dateien mit der Endung jpeg oder jpg. Wenn jpeg an einer anderen Stelle steht, ist das für uns nicht relevant. Da der Punkt ein Sonderzeichen ist – er steht ja normalerweise für ein beliebiges Zeichen –, müssen wir ihn über \. maskieren.

■ Dann folgen die Zeichen jpe, wobei das e fakultativ ist – was durch das Fragezeichen gekennzeichnet wird.

Nach dem g steht das $-Zeichen, um zu kennzeichnen, dass unser String mit der angegebenen Zeichenfolge enden muss.

Diesen regulären Ausdruck sehen Sie in Kapitel 13 live im Einsatz.

Übung 5

date("w") gibt den Wochentag als Zahl zwischen 0 (Sonntag) und 6 (Samstag) zurück. Das kann man in einer if-Anweisung benutzen.

```php
date_default_timezone_set("Europe/Berlin");
$tag = date("w");
if ($tag == 0 || $tag == 6) {
  echo "Schönes Wochenende";
}
else {
  echo "Gute Woche";
}
```

Listing B–24   *wochenende.php*

Übung 6

Auf Französisch kann man das Datum beispielsweise wie folgt ausgeben lassen:

```php
$formatter = new IntlDateFormatter(
    "fr-FR ",
    IntlDateFormatter::LONG,
    IntlDateFormatter::NONE,
    "Europe/Berlin",
    IntlDateFormatter::GREGORIAN,
    "EEEE dd. MMMM YYYY"
);
$weihnachten = new DateTime("24.12.2022");
echo $formatter->format($weihnachten);
```

Listing B–25   *DateTime_franzoesisch.php*

B.5   Kapitel 7

Übung 1

Zuerst muss das Formular um die beiden Felder ergänzt werden:

```
01 <form action="verarbeitung.php" method="get">
02 Ihr Vorname: <br />
03 <input type="text" name="vorname" size="20" maxlength="30" />
04 <br />
05 Ihr Nachname: <br />
06 <input type="text" name="nachname" size="20" maxlength="30" /><br />
07 E-Mail: <br />
08 <input type="email" name="email" size="20" maxlength="30" />
09 <br />
10 Telefon: <br />
11 <input type="tel" name="telefon" size="20" maxlength="30" />
12 <br />
13 <input type="submit" value="Abschicken" />
14 </form>
```

Listing B–26   *formular.php*

Das email- und das tel-Feld können Sie mit PHP genau wie andere Textfelder behandeln. Beim email-Feld gibt es nur, wenn der Browser es unterstützt, eine integrierte Überprüfung, ob der eingetragene Inhalt auch wirklich eine E-Mail-Adresse ist. Außerdem wird bei Smartphones automatisch die richtige Tastatur ausgewählt. Beim tel-Feld findet keine Überprüfung statt.

Im Verarbeitungsskript wird in zwei zusätzlichen Zeilen auf die Inhalte der neu ergänzten Formularfelder zugegriffen:

```
echo "Ihre Eingaben<br />\n";
echo "Vorname: " . htmlspecialchars($_GET["vorname"]) . "<br />\n";
echo "Name: " . htmlspecialchars($_GET["nachname"]) . "<br />\n";
echo "E-Mail: " . htmlspecialchars($_GET["email"]) . "<br />\n";
echo "Telefon: " . htmlspecialchars($_GET["telefon"]) . "<br />\n";
```

Listing B–27   *verarbeitung.php*

Übung 2

Das um zwei Felder ergänzte Formular:

```
01 <!DOCTYPE html>
02 <html>
03  <head>
04    <meta charset="UTF-8" />
05    <title>Beispielformular</title>
06 </head>
07 <body>
08 <?php
09 if (!isset($_GET["vorname"])) {
10 ?>
11 <form action="<?php echo htmlspecialchars($_SERVER["PHP_SELF"]);?>"
      method="get">
12 Ihr Vorname: <br />
13 <input type="text" name="vorname" size="20" maxlength="30" />
14 <br />
15 Ihr Nachname: <br />
16 <input type="text" name="nachname" size="20" maxlength="30" />
17 <br />
18 E-Mail: <br />
19 <input type="email" name="email" size="20" maxlength="30" />
20 <br />
21 Telefon: <br />
22 <input type="tel" name="telefon" size="20" maxlength="30" />
23 <br />
24 <input type="submit" value="Abschicken" />
25 </form>
26 <?php
27 } else {
28     echo "Ihre Eingaben<br />\n"
29     . "Vorname: " . htmlspecialchars($_GET["vorname"])
30     . "<br />\n Name: " . htmlspecialchars($_GET["nachname"])
31     . "<br />\n E-Mail: " . htmlspecialchars($_GET["email"])
32     . "<br />\n Telefon: " . htmlspecialchars($_GET["telefon"])
33     . "<br />\n";
34 }
35 ?>
36 </body>
37 </html>
```

Listing B–28   *formular_oder_auswertung.php*

Übung 3

Dank Short-Open-Tags lassen sich die Inhalte mit weniger Code wieder eintragen. Die geänderten Stellen sind fett hervorgehoben

```
Ihr Vorname: <br />
<input type="text" name="vorname" size="20" maxlength="30" value="<?=
$vorname; ?>" />
<br />
Ihr Nachname: <br />
<input type="text" name="nachname" size="20" maxlength="30"  value="<?=
$nachname; ?>" />
```

Listing B–29   *formular_voreingetragen*

Übung 4

Die einfachste Variante des Formulars zur Eingabe für den Betrag, zu dem der
Bruttowert berechnet werden soll, sieht folgendermaßen aus:

```
01 <!DOCTYPE html>
02 <html>
03 <head>
04 <meta charset="utf-8" />
05 <title>Brutto-Netto interaktiv</title>
06 </head>
07 <body>
08 <form method="get" action="<?php htmlspecialchars($_SERVER['PHP_SELF']); ?>">
09 Nettowert:<br />
10 <input type="text" name="wert" size="3" /><br />
11 MWSt.-Satz<br />
12 <select name="faktor">
13   <option value="7">7%</option>
14   <option value="19">19%</option>
15 </select>
16 <br />
17 <input type="submit" value="Absenden" />
18 </form>
19 <?php
20 function bruttoberechnen($wert, $faktor)
21 {
22   return $wert * (100 + $faktor) / 100;
23 }
24 if (!empty($_GET["wert"])) {
25   $netto = $_GET["wert"];
26   $faktor = $_GET["faktor"];
27   $ergebnis = bruttoberechnen ($netto, $faktor);
28   echo "<br />$netto ergibt  $ergebnis brutto, bei einem MWST. von $faktor %";
29 }
30 ?>
31 </body>
32 </html>
```

Listing B–30   *formular_netto_brutto.php*

Beim Formular verwenden wir für den Faktor für die Berechnung folgende option-Felder innerhalb des select-Elements:

```
13    <option value="7">7%</option>
14    <option value="19">19%</option>
```

Dadurch wird 7% oder 19% angezeigt, jedoch der Wert 7 oder 19 übertragen (das, was bei value steht), und damit lässt sich rechnen.

Dieses Beispiel kann jetzt noch in verschiedene Richtungen erweitert werden – so wäre es beispielsweise sinnvoll, weitere Überprüfungen zu integrieren, wie sie in Abschnitt 7.5.3 vorgestellt werden.

Übung 5

Die für die Checkboxen ergänzten Teile sind im folgenden Beispiel hervorgehoben:

```
01 <!DOCTYPE html>
02 <html>
03  <head>
04   <meta charset="UTF-8" />
05   <title>Beispielformular</title>
06 </head>
07 <body>
08 <?php
09 if (!isset($_GET["vorname"])) {
10 ?>
11 <form action="<?php echo htmlspecialchars($_SERVER["PHP_SELF"]);?>"
      method="get">
12 Ihr Vorname: <br />
13 <input type="text" name="vorname" size="20" maxlength="30" />
14 <br />
15 Ihr Nachname: <br />
16 <input type="text" name="nachname" size="20" maxlength="30" />
17 <br />
18 E-Mail: <br />
19 <input type="email" name="email" size="20" maxlength="30" />
20 <br />
21 Telefon: <br />
22 <input type="tel" name="telefon" size="20" maxlength="30" />
23 <br />
24 Interessengebiete: <br />
25 <input type="checkbox"  name="thema[]" value="HTML" />HTML
26 <input type="checkbox"  name="thema[]" value="CSS" />CSS
27 <input type="checkbox"  name="thema[]" value="JavaScript" />JavaScript
28 <input type="checkbox"  name="thema[]" value="PHP" />PHP<br />
29 <input type="submit" value="Abschicken" />
30 </form>
31 <?php
```

```
32 } else {
33    echo "Ihre Eingaben<br />\n"
34    . "Vorname: " . htmlspecialchars($_GET["vorname"])
35    . "<br />\n Name: " . htmlspecialchars($_GET["nachname"])
36    . "<br />\n E-Mail: " . htmlspecialchars($_GET["email"])
37    . "<br />\n Telefon: " . htmlspecialchars($_GET["telefon"])
38    . "<br />\n";
39    if (isset($_GET["thema"]) && is_array($_GET["thema"])){
40    echo "Die gewählten Themen: <br />\n ";
41    echo "<ul>\n";
42    foreach($_GET["thema"] as $th) {
43      echo "<li>" . htmlspecialchars($th) . "</li>\n";
44    }
45    echo "</ul>\n";
46    }
47 }
48 ?>
49 </body>
50 </html>
```

Listing B–31   *formular_mit_checkbox.php*

Übung 6

Die notwendigen Ergänzungen für das E-Mail-Feld, das in die Überprüfung mit-
einbezogen werden soll, sind hervorgehoben.

```
01 <!DOCTYPE html>
02 <html>
03  <head>
04   <meta charset="UTF-8" />
05   <title>Formulareingaben validieren</title>
06   <style>
07     .fehler { color: red; font-weight: bold; }
08    </style>
09 </head>
10 <body>
11 <?php
12 $themen = ["...", "HTML", "CSS", "JavaScript", "PHP"];
13 if (isset($_POST["gesendet"])) {
14   formverarbeiten();
15 } else {
16   formausgeben();
17 }
18 function formausgeben($vorname= "", $nachname = "", $email = "", $thema =
     "", $fehler="")
19 {
20   global $themen;
21   if (!empty($fehler)) {
22     echo "<p class='fehler'>$fehler</p>";
23   }
```

```
24 ?>
25 <form method="post" action="<?php echo
     htmlspecialchars($_SERVER["PHP_SELF"]); ?>">
26 Vorname <br />
27 <input type="text" name="vorname" size="20" maxlength="30" value="<?php
     echo htmlspecialchars($vorname); ?>" />
28 <br />
29 Nachname* <br />
30 <input type="text" name="nachname" size="20" maxlength="30" value="<?php
     echo htmlspecialchars($nachname); ?>" />
31 <br />
32 E-Mail* <br />
33 <input type="text" name="email" size="20" maxlength="30" value="<?php echo
     htmlspecialchars($email); ?>" />
34 <br />
35 Themenwunsch* <br />
36 <select name="thema">
37 <?php
38   foreach ($themen as $el) {
39     if ($el == $thema) {
40       $gew = " selected='selected' ";
41     } else {
42       $gew = "";
43     }
44     echo "<option value='$el' $gew>$el</option>\n";
45   }
46 ?>
47 </select>
48 <br />
49 <input type="submit" name="gesendet" />
50 </form>
51 <?php
52 }
53 function formverarbeiten()
54 {
55   global $themen;
56   isset($_POST["nachname"]) && is_string($_POST["nachname"]) ? $nachname =
     trim($_POST["nachname"]) : $nachname= "";
57   isset($_POST["vorname"])  && is_string($_POST["vorname"])  ? $vorname =
     trim($_POST["vorname"]) : $vorname= "";
58   isset($_POST["email"])  && is_string($_POST["email"])  ? $email =
     trim($_POST["email"]) : $email= "";
59   isset($_POST["thema"]) && is_string($_POST["thema"])? $thema =
     $_POST["thema"] : $thema = "";
60   $fehler = "";
61   if (empty($nachname)) {
62     $fehler = "Bitte geben Sie Ihren Nachnamen an. ";
63   }
64   if (empty($email)) {
65     $fehler .= "Bitte geben Sie Ihre Mail-Adresse an. ";
66   }
```

```
67    if (!in_array($thema, $themen) || $thema == "...") {
68       $fehler .= "Bitte wählen Sie ein Thema";
69    }
70    if (strlen($fehler) > 0) {
71       formausgeben($vorname, $nachname, $email, $thema, $fehler);
72    } else {
73       echo "Vielen Dank für Ihre Eingaben";
74    //mail versenden;
75    }
76 }
77 ?>
78 </body>
79 </html>
```

Listing B–32   *formular_validierung_erg.php*

Wichtig ist, dass Sie in Zeile 65 einen Punkt vor das = setzen. Wenn Sie das vergessen und der Benutzer sowohl seinen Namen als auch seine E-Mail-Adresse nicht angibt, so wird nur eine Fehlermeldung angezeigt, nämlich diejenige bezüglich der fehlenden E-Mail-Adresse. Der Punkt ist wichtig, da er dafür sorgt, dass der Inhalt der Fehlermeldung jeweils ergänzt wird.

Übung 7

Zur Überprüfung, ob die E-Mail-Adresse syntaktisch korrekt ist, sind nur drei zusätzliche Zeilen notwendig:

```
64    if (empty($email)) {
65       $fehler .= "Bitte geben Sie Ihre Mail-Adresse an. ";
66    }
67    if (filter_var($email, FILTER_VALIDATE_EMAIL) === false) {
68       $fehler .= "Bitte geben Sie eine gültige E-Mail-Adresse an. ";
69    }
```

Listing B–33   *Ausschnitt aus formular_validierung_erg_email_prf.php*

Nach den Zeilen zur Überprüfung, ob irgendetwas eingetragen ist (Zeilen 64–66), die Sie bereits in der letzten Übung ergänzt hatten, folgen die drei Zeilen, in denen die E-Mail-Adresse überprüft wird. Wenn sie nicht das korrekte Format hat, wird eine passende Fehlermeldung an den Fehlermeldungsstring angehängt.

B.6   Kapitel 8

Übung 1

Bei der Cookie-Übung ist wichtig, dass das Setzen des Cookies erfolgt, bevor eine andere Ausgabe getätigt wurde – oder Sie müssen die Ausgabepufferung aktivieren. Das Cookie wird im Beispiel gesetzt, wenn das Formular abgesendet wurde und etwas in das Formularfeld eingetragen ist.

```
01 <?php
02 if (!empty($_GET["name"])) {
03   setcookie("name", $_GET["name"], time()+7200);
04 }
05 ?>
06 <!DOCTYPE html>
07 <html>
08 <head>
09 <meta charset="utf-8" />
10 <title>Cookies</title>
11 </head>
12 <body>
13 <form method="get" action="<?php htmlspecialchars($_SERVER['PHP_SELF']); ?>">
14 Name:<br />
15 <input type="text" name="name" /><br />
16 <input type="submit" value="Absenden" />
17 </form>
18 </body>
19 </html>
```

Listing B–34   *cookiesetzen.php*

Und die Datei zum Auslesen des Cookies:

```
01 <!DOCTYPE html>
02 <html>
03 <head>
04 <meta charset="utf-8" />
05 <title>Cookies</title>
06 </head>
07 <body>
08 <?php
09 if (isset($_COOKIE["name"])) {
10   echo "Hallo " . htmlspecialchars($_COOKIE["name"]);
11 }
12 else {
13   echo "Hallo Unbekannter";
14 }
15 ?>
16 </body>
17 </html>
```

Listing B–35   *cookielesen.php*

Übung 2

Die entsprechenden Zeilen in *login.php* heißen in der ausführlichen Variante:

```
if(isset($_POST["name"])) {
  $name = $_POST["name"];
} else {
  $name = "";
}
if(isset($_POST["passwort"])) {
  $passwort_aktuell = $_POST["passwort"];
} else {
  $passwort_aktuell = "";
}
```

Listing B–36   *login.php*

Um unterschiedliche Fehlermeldungen ausgeben zu lassen, muss man den Wert $_GET["f"] auslesen:

```
if (isset($_GET["f"]) && ($_GET["f"] == 1 )) {
  echo "<p class='fehler'>Benutzer nicht vorhanden</p>";
}
elseif (isset($_GET["f"]) && ($_GET["f"] == 2 )) {
  echo "<p class='fehler'>Passwort passt nicht</p>";
}
```

Listing B–37   *start.php*

Prinzipiell ist es aus Sicherheitsgründen ungünstig, dem Besucher genaue Informationen darüber zu geben, was nicht gestimmt hat. Am allerschlimmsten wäre der Hinweis „Ihr Passwort passt nicht zum eingegebenen Benutzernamen. Es passt aber zum Benutzername XY. Sind Sie vielleicht XY?"

B.7   Kapitel 9

Übung 1

```
01 class Fahrzeug
02 {
03   public $hersteller;
04   public $farbe;
05   public function __construct($farbe, $hersteller)
06   {
07     $this->farbe=$farbe;
08     $this->hersteller = $hersteller;
09   }
10   public function starten()
11   {
12    echo "gestartet<br />\n";
13   }
```

```
14   public function stoppen()
15   {
16    echo "gestoppt<br />\n";
17   }
18 }
19 $f = new Fahrzeug("rot", "Mobile");
20 $f->starten();
21 $f->stoppen();
```

Listing B–38   *fahrzeug_beispiel.php*

Übung 2

```
01 class Auto extends Fahrzeug
02 {
03   public $kilometerstand;
04   public function __construct($farbe, $hersteller, $kilometerstand)
05   {
06     $this->farbe=$farbe;
07     $this->hersteller = $hersteller;
08     $this->kilometerstand = $kilometerstand;
09   }
10   public function fahren($kilometer)
11   {
12     $this->kilometerstand = $this->kilometerstand + $kilometer;
13     echo "Aktueller Kilometerstand: " . $this->kilometerstand . "<br />\n";
14   }
15 }
16 $f = new Auto("grau", "XY", 22);
17 $f->starten();
18 $f->fahren(30);
19 $f->stoppen();
```

Listing B–39   *fahrzeug_auto.php*

Übung 3

```
01 class Math
02 {
03   public static function wurzel($zahl)
04   {
05    return sqrt($zahl);
06   }
07
08   public static function absolut($zahl)
09   {
10    return abs($zahl);
11   }
12 }
```

```
13 echo Math::wurzel(9);
14 echo "<br />\n";
15 echo Math::absolut(-54);
```

Listing B–40   *math_beispiel.php*

Übung 4

strtolower() macht aus Großbuchstaben Kleinbuchstaben – und so kann man den Klassennamen weiter großschreiben, auch wenn der Dateiname in Kleinbuchstaben geschrieben ist.

```
spl_autoload_register(function ($klasse) {
  require_once strtolower($klasse) . ".php";
});
```

Listing B–41   *spl_autoload_register.php*

B.8   Kapitel 10

Übung 1

Die Struktur für die Tabelle kunde:

```
CREATE TABLE kunde (
  id int(11) NOT NULL AUTO_INCREMENT,
  name varchar(70) DEFAULT NULL,
  vorname varchar(70) DEFAULT NULL,
  strasse varchar(70) DEFAULT NULL,
  plz int(5) unsigned zerofill DEFAULT NULL,
  ort varchar(70) DEFAULT NULL,
  PRIMARY KEY (id)
) ENGINE=InnoDB  DEFAULT CHARSET=utf8;
```

Und so kann die Struktur für die Tabelle pizzasorte aussehen:

```
CREATE TABLE pizza (
  id int(11) NOT NULL AUTO_INCREMENT,
  pizzasorte varchar(70) DEFAULT NULL,
  preis decimal(5,2) DEFAULT NULL,
  PRIMARY KEY (id)
) ENGINE=InnoDB  DEFAULT CHARSET=utf8;
```

Listing B–42   *tabellen_erstellen.sql*

Übung 2

Folgender Befehl kann benutzt werden, um die kunde-Tabelle mit Datensätzen zu füllen:

```
INSERT INTO kunde (id, name, vorname, strasse, plz, ort) VALUES
(NULL, 'Keisl', 'Mika', 'Fahrstraße. 58', 01234, 'Katzbach'),
(NULL, 'Doppelname-Doppelheimer', 'Martin', 'Neue Strasse 10', 98765, 'Oktober'),
(NULL, 'Leramonth', 'Jakobinia', 'Dalionplatz', 02345, 'Rot'),
(NULL, 'Keisling', 'Peter', 'Marsstr. 58', 01234, 'Tara'),
(NULL, 'Mara', 'Maria', 'Marsstraße 22', 12345, 'Maila'),
(NULL, 'Rittermann', 'Richard', 'Dalion 22', 71403, 'Mohogany'),
(NULL, 'Müller', 'Sandra', 'Landstraße 176 ', 69602, 'Olinda'),
(NULL, 'Krennan', 'Betty', 'Dimitriastr 44', 78720, 'Unterholz');
```

Der SQL-Befehl zum Befüllen der Tabelle mit den Pizzasorten lautet folgendermaßen:

```
INSERT INTO pizza (id, pizzasorte, preis) VALUES
(NULL, 'Margherita', 6.90),
(NULL, 'Funghi', 7.50),
(NULL, 'Peperoni', 8.50),
(NULL, 'Calzone', 9.50),
(NULL, 'Frutti di Mare', 10.50),
(NULL, 'Hawai', 6.70),
(NULL, 'Ziegenkäse', 9.90),
(NULL, 'Thunfisch', 5.50),
(NULL, 'Origano', 4.50),
(NULL, 'Teuer', 10.50),
(NULL, 'Pizzasorte', 3.50);
```

Listing B–43   *tabellen_fuellen.sql*

Übung 3

Geben Sie alle Namen und Orte der Kunden aus, die in einem Ort wohnen, der mit M oder einem der davor stehenden Buchstaben im Alphabet beginnt:

```
SELECT name, ort
FROM kunde
WHERE ort < "M";
```

Suchen Sie nach allen Pizzen, bei denen Sie noch keinen Preis spezifiziert haben:

```
SELECT *
FROM pizza
WHERE preis IS NULL;
```

Suchen Sie nach Pizzen, die mehr als 5 und weniger als 8 kosten:

```
SELECT *
FROM pizza
WHERE preis > 5
AND preis < 8;
```

Zählen Sie, wie viele Kunden der Pizzaservice zurzeit hat:

```
SELECT COUNT(*) FROM kunde;
```

Übung 4

Tabelle für die Bestellungen definieren:

```
CREATE TABLE bestellungen (
    id int(11) NOT NULL AUTO_INCREMENT,
    kundenid int(11) DEFAULT NULL,
    pizzaid int(11) DEFAULT NULL,
    anzahl int(11) DEFAULT NULL,
    datum date DEFAULT NULL,
    PRIMARY KEY (id)
) ENGINE=InnoDB  DEFAULT CHARSET=UTF8;
```

Ein paar Musterdatensätze:

```
INSERT INTO bestellungen (id, kundenid, pizzaid, anzahl, datum) VALUES
(NULL, 1, 2, 2, '2018-11-07'),
(NULL, 1, 3, 1, '2018-11-07'),
(NULL, 2, 5, 3, '2018-08-10'),
(NULL, 2, 9, 1, '2018-08-10'),
(NULL, 4, 4, 1, '2018-08-10'),
(NULL, 4, 5, 2, '2018-08-10'),
(NULL, 4, 2, 3, '2018-08-10'),
(NULL, 1, 1, 33, '2018-08-13'),
(NULL, 1, 8, 2, '2018-08-13'),
(NULL, 4, 9, 4, '2018-08-13'),
(NULL, 1, 8, 1, '2018-08-13'),
(NULL, 1, 7, 1, '2018-08-13'),
(NULL, 7, 9, 1, '2018-08-19'),
(NULL, 7, 7, 1, '2012-08-19'),
(NULL, 14, 1, 22, '2018-11-11'),
(NULL, 14, 1, 22, '2018-11-11'),
(NULL, 14, 1, 22, '2018-11-11'),
(NULL, 1, 1, 1, '2018-08-08'),
(NULL, 1, 1, 1, '2018-08-20'),
(NULL, 12, 9, 2, '2018-10-16');
```

Listing B–44   *bestellungen.sql*

Übung 5

Lassen Sie einmal die Anzahl der Bestellungen, das Datum und die Pizzasorte auslesen:

```
SELECT bestellungen.anzahl, bestellungen.datum, pizza.pizzasorte FROM
bestellungen, pizza
WHERE
bestellungen.pizzaid = pizza.id;
```

Im nächsten Schritt soll zusätzlich der Name des Kunden ausgegeben werden. Dafür müssen Sie drei Tabellen verknüpfen:

```
SELECT kunde.name, bestellungen.anzahl, bestellungen.datum, pizza.pizzasorte
FROM bestellungen, pizza, kunde
WHERE bestellungen.pizzaid = pizza.id
AND bestellungen.kundenid = kunde.id;
```

Schreiben Sie den letzten Befehl mit einem INNER JOIN:

```
SELECT kunde.name, bestellungen.anzahl, bestellungen.datum, pizza.pizzasorte
FROM bestellungen
INNER JOIN (pizza, kunde)
ON (bestellungen.pizzaid = pizza.id AND bestellungen.kundenid = kunde.id);
```

Ermitteln Sie, wie viele Kunden es pro Ort gibt – hierfür müssen Sie übrigens keine Tabellen verknüpfen:

```
SELECT ort, COUNT( * ) AS gesamt
FROM kunde
GROUP BY (
ort
);
```

Listing B–45   *abfragen.sql*

B.9   Kapitel 11

Übung 1

Um die Kundentabelle auszugeben, muss das ursprüngliche Beispiel etwas modifiziert werden. Wenn Sie die Kundentabelle in einer eigenen Datenbank erstellt haben, ist es wichtig, diese bei der Verbindungserstellung anzugeben! Die Zebratabelle wird über CSS realisiert.

```
01 <!DOCTYPE html>
02 <html>
03 <head>
04   <meta charset="UTF-8"/>
05   <title>Kunden als Tabelle ausgeben lassen</title>
06   <style>
```

```
07   tr:nth-child(2n) {
08      background-color: #aaaaaa;
09   }
10   </style>
11 </head>
12 <body>
13 <?php
14 $mysqli = new mysqli("localhost", "root", "geheim", "pizzaservice");
15 if ($mysqli->connect_error) {
16    echo "Fehler bei der Verbindung: " . mysqli_connect_error();
17    exit();
18 }
19 if (!$mysqli->set_charset("utf8")) {
20    echo "Fehler beim Laden von UTF8 " . $mysqli->error;
21 }
22 $ergebnis = $mysqli->query("SELECT vorname, name, strasse, plz, ort FROM
   kunde;");
23
24 echo "<table border='1'>\n";
25 while ($zeile = $ergebnis->fetch_array()) {
26    echo "<tr><td>" . htmlspecialchars($zeile["vorname"]) . "</td>"
27       . "<td>" . htmlspecialchars($zeile["name"]) . "</td>"
28       . "<td>" . htmlspecialchars($zeile["strasse"]) . "</td>"
29       . "<td>" . htmlspecialchars($zeile["plz"]) . "</td>"
30       . "<td>" . htmlspecialchars($zeile["ort"]) . "</td>"
31       . "</tr>\n";
32
33 }
34 echo "</table>";
35
36 $ergebnis->close();
37 $mysqli->close();
38 ?>
39 </body>
```

Listing B–46   40 </html>kunden_tabelle.php

Übung 2

Bei der Verbesserung der Blätternfunktion müssen Sie nur Änderungen an der Ausgabe der Links/Nicht-Links unterhalb der Tabelle vornehmen:

```
01 $ausgabe = "";
02 for($i=1; $i <= $hoechst; $i++) {
03    if ($_GET["seite"] == $i ) {
04       $ausgabe .= " $i ";
05    }
06    else {
07       $ausgabe .= " <a href='" . htmlspecialchars($_SERVER["PHP_SELF"]) .
          "?seite=$i'>$i</a> ";
```

```
08   }
09 }
10 echo $ausgabe;
```

Listing B–47   *blaettern.php*

In Zeile 3 wird überprüft, ob `$_GET["seite"]` dem aktuellen Zähler in der for-Schleife entspricht. Ist das der Fall, wird einfach nur der Zähler ausgegeben, weil wir uns auf der aktuellen Seite befinden. Ansonsten wird wie gehabt der Link erzeugt.

Weiter oben im Skript hatten wir, sofern `$_GET["seite"]` nicht gesetzt ist, `$_GET["seite"]` auf den Wert 1 gesetzt. Deswegen können wir hier davon ausgehen, dass `$_GET["seite"]` einen Wert hat.

Übung 3

Die Lösung finden Sie vollständig in Ihrem Lösungsordner dieses Kapitels. Wichtig dabei ist, dass Sie *alle involvierten Dateien* schützen – also neben *anzeigen.php* auch *bearbeiten.php*, *neu.php* auch *loeschen.php*! Ansonsten könnte ja jemand einen Dateinamen erraten und dann beliebige Inhalte eingeben … Folgende Anpassungen müssen Sie durchführen:

- Zuerst einmal brauchen Sie die Datei *start.php* aus Kapitel 8, die das Formular zum Einbinden der Log-in-Daten beinhaltet.
- Ebenfalls aus Kapitel 8 benötigen Sie *login.php*, in der Sie aber jetzt auf *anzeigen.php* umleiten.
- In *anzeigen.php* wie auch in den anderen Dateien ergänzen Sie einen if-Zweig ganz am Anfang (den Sie aus *willkommen.php* aus Kapitel 8 kopieren können):

```
<?php
session_start();
if (isset($_SESSION["login"]) && $_SESSION["login"] == "ok") {
?>
<!DOCTYPE html>
```

Danach geht der Rest wie gehabt – aber am Ende der Datei folgt noch der else-Zweig:

```
</html>
<?php
} else {
  $host  = htmlspecialchars($_SERVER["HTTP_HOST"]);
  $uri   = rtrim(dirname(htmlspecialchars($_SERVER["PHP_SELF"])), "/\\");
  $extra = "start.php";
  header("Location: http://$host$uri/$extra");
}
?>
```

Diese Ergänzungen müssen Sie ebenfalls in den anderen Dateien unterbringen.

Das Beispiel ließe sich natürlich noch an mehreren Stellen verbessern. So könnte man häufig benötigte Code-Teile auslagern und natürlich auch Benutzernamen und Kennwort aus einer Datenbank auslesen, anstatt sie fest in einer Datei zu codieren.

Übung 4

`print_r()` können Sie innerhalb der `foreach`-Schleife einsetzen, sonst findet keine andere Änderung am Code statt:

```
foreach($db->query($sql) as $zeile) {
  print_r($zeile);
}
```

Listing B–48   *pdo_ausgeben_mod.php*

Als Ergebnis sieht man ein Array, bei dem die einzelnen Elemente über den Spaltennamen oder über einen Index angesprochen werden können.

```
Array
(
    [name] => Feldahorn
    [0] => Feldahorn
    [beschreibung] => strauchartig, unter günstigen Bedingungen als Baum mit
Höhen zwischen 10 und 15 Metern
    [1] => strauchartig, unter günstigen Bedingungen als Baum mit Höhen
zwischen 10 und 15 Metern
)
```

Sie könnten also in der `foreach`-Schleife auch den Spaltennamen angeben:

```
foreach($db->query($sql) as $zeile) {
    echo $zeile["name"] . ": " . $zeile["beschreibung"] . "<br />\n";
  }
```

Listing B–49   *pdo_ausgeben_mod_2.php*

B.10   Kapitel 12

Übung 1

Im ersten Schritt wird das von fgetcsv() zurückgegebene Array mit print_r()
ausgegeben. Damit die Anzeige übersichtlicher ist, wird das HTML-Element pre
eingesetzt:

```
$datei="lieferanten.csv";
$dh = fopen($datei, "r");
echo "<pre>";
while (!feof($dh)) {
  $zeile = fgetcsv($dh);
  print_r($zeile);
}
fclose($dh);
echo "</pre>";
```

Listing B–50   *csv_lesen_vorbereitung.php*

Abb. B–3   *Einzelne Zeilen der CSV-Datei als Array*

Im nächsten Schritt werden die einzelnen Elemente des Arrays mit foreach durchlaufen und in einer Tabelle ausgegeben:

```
01 $datei="lieferanten.csv";
02 $dh = fopen($datei, "r");
03 echo "<table>\n";
04 while (!feof($dh)) {
05   $zeile = fgetcsv($dh);
06   echo "<tr>\n";
07   foreach ($zeile as $z) {
08     echo "<td>$z</td>";
09   }
10   echo "</tr>\n";
11 }
12 echo "</table>\n";
13 fclose($dh);
```

Listing B–51 *csv_lesen.php*

B.11 Kapitel 14

Übung 1

Im Master-Template (*master.blade.php*) wird @yield('seitentitel') ergänzt:

```
01 <!doctype html>
02 <html>
03   <head>
04     <meta charset="utf-8">
05     <title>@yield('seitentitel')</title>
06   </head>
07   <body>
08     @yield('inhalt')
09   </body>
10 </html>
```

Die Datei *zwei.blade.php*, die ebenfalls innerhalb von *resoures/views* abgespeichert wird, sieht folgendermaßen aus:

```
@extends('master')
@section('seitentitel')
Titel der zweiten Seite
@endsection

@section('inhalt')
<h1>ZWEI</h1>
@endsection
```

Der Aufruf wird über einen Eintrag in *web.php* definiert:

```
Route::get('zwei', function() {
  return view('zwei');
});
```

Nun zu *eins.blade.php*, wo derzeit der Bereich seitentitel nicht definiert ist: Wenn Sie *http://localhost:8000/eins* aufrufen, wird einfach ein leerer Seitentitel (<title></title>) angezeigt, es erscheint aber keine Fehlermeldug. Das heißt, Sie müssen nicht alle in Ihrem Master-Template definierten Bereiche auch in Ihren abgeleiteten Templates einsetzen.

Index